Standpunkte der Ethik

Lehr- und Arbeitsbuch für die gymnasiale Oberstufe

Herausgegeben von Hermann Nink

Erarbeitet von Carl Gneist, Johannes Hilgart, Burkhard Hoffmann, Claudia Kroneis und Hermann Nink

Schöningh

www.schoeningh-schulbuch.de
Schöningh Verlag, Jühenplatz 1–3, 33098 Paderborn

Druck 5 4 3 2 1 / Jahr 2015 14 13 12 11
Die letzte Zahl bezeichnet das Jahr dieses Druckes.

Umschlaggestaltung: Franz-Josef Domke, Hannover; unter Verwendung von Paul Klee, rhythmisches strenger und freier, 1930, 59, Kleisterfarbe auf Papier auf Karton, 47x61,5 cm, Städtische Galerie im Lenbachhaus, München,
© VG Bild-Kunst, Bonn 2010
Druck und Bindung: westermann druck GmbH, Braunschweig

ISBN 978-3-14-025006-1

Inhaltsverzeichnis

Mit * gekennzeichnete Texte sind Originalbeiträge der Autoren.

Selbst denken! Philosophie als Grundlage der Ethik

Antony Gormley (geb. 1950): Learning to think

Wie hat der Künstler in seiner Installation den Prozess des Denkens dargestellt?

Philosophie (gr.): Freundschaft/Liebe zur Weisheit

Bertrand Russell (1872–1970, rechts sitzend) bei einer Demonstration gegen Atomrüstung

Wer sind wir? Wo kommen wir her? Wohin gehen wir? Was erwartet uns?
Ernst Bloch (1885–1977), deutscher Philosoph

Der Mensch ist zur Freiheit verdammt.
Jean-Paul Sartre (1905–1980), französischer Philosoph

Was wirklich ist, ist auch vernünftig.
G.W. Friedrich Hegel (1770–1831), deutscher Philosoph

Ich weiß, dass ich nichts weiß.
Sokrates (um 470–399 v. Chr.), griechischer Philosoph

Lernen, ohne zu denken, ist nutzlos. Denken, ohne zu lernen, ist gefährlich.
Konfuzius (551–497 v. Chr.), chinesischer Philosoph

Es gibt kein richtiges Leben im falschen.
Theodor W. Adorno (1903–1969), deutscher Philosoph

Immanuel Kant (1724–1804) im Kreis von Freunden und Bekannten bei regelmäßigen Tischgesellschaften

G. W. Friedrich Hegel (1770–1831) während einer Vorlesung am Katheder

1 Beschreiben Sie, in welchen Situationen sich die abgebildeten Philosophen befinden. Welche Rückschlüsse auf ihr Verständnis von Philosophie lässt dies zu?

2 Bilden Sie Gesprächsgruppen zu den einzelnen Zitaten und erörtern Sie deren Sinn und Bedeutung. Klären Sie dabei, welche Erfahrungen die Zitate artikulieren, welche Fragen bzw. Themen angesprochen werden und worin das Philosophische an diesen Aussagen besteht.

3 Formulieren Sie im anschließenden Plenum mögliche Grundfragen der Philosophie.

Die Philosophen haben die Welt nur verschieden interpretiert; es kommt darauf an, sie zu verändern.
Karl Marx (1818–1883), deutscher Philosoph und Ökonom

Ich denke, also bin ich.
René Descartes (1596–1650), französischer Philosoph

Der wahre Philosoph ist gewillt, alle vorgefassten Meinungen einer Prüfung zu unterziehen.
Bertrand Russell (1872–1970), britischer Mathematiker und Philosoph

Alle Philosophie ist Sprachkritik. – Der Zweck der Philosophie ist die logische Klärung der Gedanken. Die Philosophie ist keine Lehre, sondern eine Tätigkeit.
Ludwig Wittgenstein (1889–1951), österreichisch-britischer Philosoph

Man kann nicht zweimal in denselben Fluss steigen.
Heraklit (um 530–480 v. Chr.), griechischer Philosoph

Es gibt keine Philosophie, die man lernen kann, man kann nur lernen zu philosophieren.
Immanuel Kant (1724–1804), deutscher Philosoph

Mit dem Wissen wächst der Zweifel.
Johann Wolfgang Goethe (1749–1832), deutscher Dichter

René Descartes (1596–1650) auf einem Spaziergang in Amsterdam

Richard David Precht (geb. 1964) berichtet in der Einleitung seines Buches „Wer bin ich und wenn ja, wie viele? Eine philosophische Reise“ (2007) von seiner Bekanntschaft mit der Philosophie. Es begann während eines Urlaubs auf der griechischen Insel Naxos, bei dem ein Buch des griechischen Philosophen Platon eine wichtige Rolle spielte.

Richard David Precht: Mein Weg zur Philosophie

Im Sommer 1985 lagen unter einem Felsvorsprung zwei junge, gerade 20-jährige Männer. Der eine hieß Jürgen und kam aus Düsseldorf, der andere war ich. Wir hatten uns erst vor wenigen Tagen am Strand kennengelernt und diskutierten über ein Buch, das ich aus der Bibliothek meines Vaters mit in den Urlaub genommen hatte: ein inzwischen arg ramponiertes Taschenbuch, von der Sonne ausgebleicht, mit einem griechischen Tempel auf dem Umschlag und zwei Männern in griechischem Gewand. Platon: Sokrates im Gespräch.

Die Atmosphäre, in der wir unsere bescheidenen Gedanken leidenschaftlich austauschten, brannte sich mir so tief ein wie die Sonne auf der Haut. Abends, bei Käse, Wein und Melonen, sonderten wir uns ein wenig von den anderen ab und diskutierten weiter unsere Vorstellungen. Vor allem die Verteidigungsrede, die Sokrates laut Platon gehalten haben soll, als man ihn wegen des Verderbens der Jugend zum Tode verurteilte, beschäftigte uns sehr. Mir nahm sie – für einige Zeit – die Angst vor dem Tod, ein Thema, das mich zutiefst beunruhigte; Jürgen war weniger überzeugt.

Jacques Louis David (1748–1825): Der Tod des Sokrates

Jürgens Gesicht ist mir entfallen. Ich habe ihn nie wieder getroffen, auf der Straße würde ich ihn heute sicher nicht erkennen. [...] Ganze Passagen aus der Apologie[1] des Sokrates in meinem Kopf dagegen sind mir geblieben und begleiten mich gewiss bis ins Altenpflegeheim; mal sehen, ob sie dann immer noch die Kraft haben, mich zu beruhigen.

Das leidenschaftliche Interesse für Philosophie habe ich nicht mehr verloren. [...] Was blieb, war die Suche nach dem richtigen Leben und nach überzeugenden Antworten auf die großen Fragen des Lebens. Ich beschloss, Philosophie zu studieren. Das Studium in Köln begann allerdings mit einer Enttäuschung. Bislang hatte ich mir Philosophen als spannende Persönlichkeiten vorgestellt, die so aufregend und konsequent lebten, wie sie dachten. Faszinierende Menschen wie Theodor W. Adorno[2], Ernst Bloch[3] oder Jean-Paul Sartre[4]. Doch die Vision einer Einheit aus kühnen Gedanken und einem kühnen Leben verflüchtigte sich beim Anblick meiner zukünftigen Lehrer sofort: langweilige ältere Herren in braunen oder blauen Busfahreranzügen. [...]

Immerhin brachte mir einer von ihnen schließlich doch das Denken bei. Er lehrte mich, nach dem „Warum“ zu fragen und sich nicht mit schnellen Antworten zu begnügen. Und er paukte mir ein, dass meine Gedankengänge und Argumentationen lückenlos sein sollten, sodass jeder einzelne Schritt möglichst streng auf dem anderen aufbaut.

Ich verbrachte wunderbare Studienjahre. [...] Das Schöne an der Philosophie ist, dass sie kein Fach ist, das man je zu Ende studiert.

1 Was bewog den Autor zu seiner Beschäftigung mit der Philosophie?

2 Worin hat seine Enttäuschung über das Philosophiestudium bestanden?

3 Diskutieren Sie den Schlusssatz.

---

[1] Apologie (gr.): Verteidigungsrede (→ Biografie des Sokrates, S. 372)
[2] Theodor W. Adorno (1903–1969): deutscher Philosoph (s. S. 109)
[3] Ernst Bloch (1885–1977): deutscher Philosoph
[4] Jean-Paul Sartre (1905–1980): französischer Philosoph (s. S. 86 ff.)

Otfried Höffe: Gegenstand und Methode der Philosophie

Otfried Höffe ist Professor für Philosophie an der Universität Tübingen. Der nebenstehende Text stammt aus seinem Werk „Kleine Geschichte der Philosophie“ (2001).

Wir erwarten von der Philosophie, dass sie sich grundlegenden Fragen stellt, um sie ebenso grundlegend zu beantworten. In der Tat befasst sie sich mit Grundfragen, die sogar die gesamte Menschheit bedrängen und sich zu drei Leitfragen bündeln lassen: (1) Was ist die Natur, und was können wir von ihr wissen? (2) Wie sollen wir als einzelne Personen und als Gemeinwesen leben? (3) Was dürfen wir von einem guten Leben erhoffen, sei es in diesem oder einem künftigen Leben?

Dazu kommen Fragen, die eine ganze Epoche bewegen, etwa die Frage nach dem Verhältnis von Vernunft und Offenbarung oder die nach einem Fortschritt in der Geschichte. [...]

Weil sich derartige Fragen vielleicht verdrängen, aber schwerlich abweisen lassen, darf man sagen: Philosophieren tut not.

Die Philosophie will nicht die Welt, in der wir leben, verzaubern oder ihr eine mystische Tiefe geben. Schon gar nicht schafft sie Illusionen, vielmehr sucht sie zu kaum vermeidbaren Grundfragen überzeugende Antworten. [...]

In der Regel erzählen Philosophen nicht, was die Griechen Mythen nennen: Geschichten von Göttern und Helden, von Anfang und der Ordnung sowohl in der Natur als auch der Gesellschaft. Philosophen berufen sich auch nicht auf eine religiöse Offenbarung, ein Wort Gottes, oder auf eine Überlieferung, eine Tradition.

Selbst wenn sie dies zum Gegenstand machen, arbeiten sie ausschließlich mit Mitteln der allgemeinen Menschenvernunft: mit (sachgerechten) Begriffen, mit (widerspruchsfreien und erklärungskräftigen) Gründen, Argumenten und mit elementaren Erfahrungen, beispielsweise, dass es eine Welt gibt, die von verschiedenartigen Wesen bevölkert ist, und unter ihnen sprach- und denkfähige Lebewesen vorkommen. [...]

Weil jedes der drei philosophischen Mittel in der Mehrzahl existiert, erweitert sich die Philosophie bald um die Suche nach einem geordneten Zusammenhang. Sowohl die Begriffe als auch die Argumente, nicht zuletzt ihre Ordnung und sprachliche Gestalt heißen bei den Griechen *logos*. Das Lebenselexier der Philosophie besteht im Logos mit seinen vier Gesichtspunkten: Begriff, Argument, „logische“ Ordnung und Sprache. Durch die Sprache wird das Philosophieren zum Gespräch, sogar zum Streitgespräch: zum Disput sowohl mit den Zeitgenossen als auch mit den großen Philosophen der Geschichte. [...]

Wer „Warum?“ fragt, bohrt in die Sache hinein, wobei Philosophen tiefer und tiefer zu bohren pflegen, radikal im wörtlichen Sinn: Sie gehen unter die Oberfläche und suchen die Wurzeln der jeweiligen Sache. Dabei ist ihrem bohrenden Was- und Warum-Fragen nichts entzogen. Auch das Selbstverständlichste wird infrage gestellt, die eigene Überlieferung eingeschlossen: Die Selbstkritik ist ein wesentlicher Bestandteil der Philosophie.

1 Warum „tut Philosophieren not“?

2 Was unterscheidet die Philosophie vom Mythos und von der Religion?

3 Was kennzeichnet philosophisches Denken? Finden Sie eine Definition. (→ Methode, S. 14)

Philosophie: Freundschaft/Liebe zur Weisheit (gr. philós = Freund, sophía = Weisheit). Der Begriff stammt aus der griechischen Antike. Als ihr Begründer gilt der griechische Philosoph Thales von Milet (um 600 v. Chr.). Gemäß der Lehre des Sokrates ist ein Philosoph ein *nach dem wahren Wissen Strebender*, er beschäftigt sich demnach mit dem Grund, dem Wesen und dem Sinn der Dinge und Erscheinungsformen. Die Philosophie unterteilt sich in verschiedene Bereiche (z. B. Anthropologie, Ethik) und findet in mehreren Disziplinen Anwendung (z. B. Geschichtsphilosophie, Rechtsphilosophie). (Graphik, s. S. 132)

Karl Jaspers: Anfang und Ursprung der Philosophie

Karl Jaspers (1883–1969), deutscher Philosoph und Psychiater. Der nebenstehende Text stammt aus seiner Schrift „Einführung in die Philosophie" (1950).

Die Geschichte der Philosophie als methodisches Denken hat ihre Anfänge vor zweieinhalb Jahrtausenden, als mythisches Denken aber viel früher.

Doch Anfang ist etwas anderes als Ursprung. Der Anfang ist historisch und bringt für die Nachfolgenden eine wachsende Menge von Voraussetzungen durch die nun schon geleistete Denkarbeit. Ursprung aber ist jederzeit die Quelle, aus der der Antrieb zum Philosophieren kommt. Durch ihn erst wird die je gegenwärtige Philosophie wesentlich, die frühere Philosophie verstanden.

Dieses Ursprüngliche ist vielfach. Aus dem *Staunen* folgt die Frage und die Erkenntnis, aus dem *Zweifel* am Erkannten die kritische Prüfung und die klare Gewissheit, aus der *Erschütterung des Menschen* und dem Bewusstsein seiner Verlorenheit die Frage nach sich selbst. Vergegenwärtigen wir uns zunächst diese drei Motive.

Erstens: Plato sagte, der Ursprung der Philosophie sei das *Erstaunen*. Unser Auge hat uns „des Anblicks der Sterne, der Sonne und des Himmelsgewölbes teilhaftig werden lassen". Dieser Anblick hat uns „den Trieb zur Untersuchung des Alls gegeben. Daraus ist uns die Philosophie erwachsen, das größte Gut, das dem sterblichen Geschlecht von den Göttern verliehen ward". Und Aristoteles: „Denn die Verwunderung ist es, was die Menschen zum Philosophieren trieb: Sie wunderten sich zuerst über das ihnen aufstoßende Befremdliche, gingen dann allmählich weiter und fragten nach den Wandlungen des Monds, der Sonne, der Gestirne und der Entstehung des Alls."

Sich wundern drängt zur Erkenntnis. Im Wundern werde ich mir des Nichtwissens bewusst. Ich suche das Wissen, aber um des Wissens selber willen, nicht „zu irgendeinem gemeinen Bedarf". Das Philosophieren ist wie ein Erwachen aus der Gebundenheit an die Lebensnotdurft. Das Erwachen vollzieht sich im zweckfreien Blick auf die Dinge, den Himmel und die Welt in den Fragen: was das alles und woher das alles sei – Fragen, deren Antwort keinem Nutzen dienen soll, sondern an sich Befriedigung gewährt.

Zweitens: Habe ich Befriedigung meines Staunens und Bewunderns in der Erkenntnis des Seienden gefunden, so meldet sich bald der *Zweifel*. Zwar häufen sich die Erkenntnisse, aber bei kritischer Prüfung ist nichts gewiss. Die Sinneswahrnehmungen sind durch unsere Sinnesorgane bedingt und täuschend, jedenfalls nicht übereinstimmend mit dem, was außer mir unabhängig vom Wahrgenommenen an sich ist. Unsere Denkformen sind die unseres menschlichen Verstandes. Sie verwickeln sich in unlösbare Widersprüche. Überall stehen Behauptungen gegen Behauptungen. Philosophierend ergreife ich den Zweifel, versuche ihn radikal durchzuführen, nun aber entweder mit der Lust an der Verneinung durch den Zweifel, der nichts mehr gelten lässt, aber auch seinerseits keinen Schritt voran tun kann – oder mit der Frage: wo denn Gewissheit sei, die allem Zweifel sich entziehe und bei Redlichkeit jeder Kritik standhalte. Der berühmte Satz des Descartes „Ich denke, also bin ich" war ihm unbezweifelbar gewiss, wenn er an allem anderen zweifelte. Denn selbst die vollkommene Täuschung in meinem Erkennen, die ich vielleicht nicht durchschaue, kann mich nicht auch darüber täuschen, dass ich doch bin, wenn ich in meinem Denken getäuscht werde.

Der Zweifel wird als methodischer Zweifel die Quelle kritischer Prüfung jeder Erkenntnis. Daher: ohne radikalen Zweifel kein wahrhaftiges Philosophieren. Aber entscheidend ist, wie und wo durch den Zweifel selbst der Boden der Gewissheit gewonnen wird.

Und nun *drittens*: Hingegeben an die Erkenntnis der Gegenstände in der Welt, im Vollzug des Zweifels als des Weges zur Gewissheit bin ich bei den Sachen, denke ich

Auguste Rodin (1840–1917): Der Denker

Markus Lüpertz (geb. 1941): Philosophin

nicht an mich, nicht an meine Zwecke, mein Glück, mein Heil. Vielmehr bin ich selbstvergessen befriedigt im Vollzug jener Erkenntnisse.

Das wird anders, wenn ich meiner selbst in meiner Situation mir bewusst werde.

Der Stoiker Epiktet[1] sagte: „Der Ursprung der Philosophie ist das *Gewahrwerden der eigenen Schwäche und Ohnmacht.*" Wie helfe ich mir in der Ohnmacht? Seine Antwort lautete: indem ich alles, was nicht in meiner Macht steht, als für mich gleichgültig betrachte in seiner Notwendigkeit, dagegen, was an mir liegt, nämlich die Weise und den Inhalt meiner Vorstellungen, durch Denken zur Klarheit und Freiheit bringe.

Vergewissern wir uns unserer menschlichen Lage. Wir sind immer in Situationen. Die Situationen wandeln sich, Gelegenheiten treten auf. Wenn sie versäumt werden, kehren sie nicht wieder. Ich kann selber an der Veränderung der Situation arbeiten. Aber es gibt Situationen, die in ihrem Wesen bleiben, auch wenn ihre augenblickliche Erscheinung anders wird und ihre überwältigende Macht sich in Schleier hüllt: Ich muss sterben, ich muss leiden, ich muss kämpfen, ich bin dem Zufall unterworfen, ich verstricke mich unausweichlich in Schuld. Diese Grundsituationen unseres Daseins nennen wir *Grenzsituationen*. Das heißt, es sind Situationen, über die wir nicht hinauskönnen, die wir nicht ändern können. Das Bewusstwerden dieser Grenzsituationen ist nach dem Staunen und dem Zweifel der tiefere Ursprung der Philosophie.

---

[1] Epiktet (um 50–138): römischer Philosoph, Angehöriger der Stoa, einer antiken Philosophenschule (s. S. 140)

Pier Francesco Mola (1612–1666): Sokrates mit dem Spiegel

1 Worin besteht nach Jaspers der Unterschied zwischen Anfang und Ursprung der Philosophie?

2 Nennen und erklären Sie die drei Ursprünge der Philosophie.

3 Setzen Sie Jaspers' Beispiele in Bezug zu Ihren eigenen Erfahrungen.

4 Nach Jaspers stellt die Philosophie Fragen, deren Antwort „keinem Nutzen dienen soll". Was meint er damit? Diskutieren Sie diese Auffassung.

5 Zu den Kunstwerken: Beschreiben Sie Haltung und Ausdruck der dargestellten Personen. Was sagen diese über den Charakter der Figuren und über ihre Art zu philosophieren aus?

Edward Hopper (1882–1967), amerikanischer Maler. Seine Bilder zeigen typisch amerikanische Landschaften, Städte und Situationen, in denen Menschen in ihrer Einsamkeit und Verlorenheit dargestellt sind. Seine Malweise ist gekennzeichnet von einem zur Stilisierung neigenden Realismus mit einer besonderen Art der Lichtgestaltung.

Edward Hopper: Exkursion in die Philosophie (1959)

1 Versuchen Sie, bevor Sie den Text lesen, eine eigene Beschreibung und Deutung des Bildes. Überlegen Sie, worin der Zusammenhang zwischen Bild und Titel besteht.

Wilhelm Schmid (geb. 1953), deutscher Philosoph. Der nebenstehende Text stammt aus seinem Buch „Schönes Leben? Einführung in die Lebenskunst“ (2000).

Wilhelm Schmid: „Exkursion in die Philosophie“ – Edward Hoppers Bild

Ein Ausschnitt aus dem Alltag zweier Menschen: Ein grübelnder Mann, die Stirn in Falten gelegt und mit strengen Bügelfalten in den Hosenbeinen, sinnt angestrengt über etwas nach. Er ist nicht allein, nicht zu übersehen ist die halb entblößte Frau hinter ihm, hingestreckt auf eine Liege, an deren Rand er sitzt, und abgewandt von ihm, ihr Gesicht ist nicht sichtbar. Die quer übers Kopfkissen hingegossenen Haare könnten verraten, dass sie sich abrupt von ihm weggedreht hat, und sie macht nicht die geringsten Anstalten, sich ihm wieder zuzuwenden. Auch er schenkt ihr keinen Blick, er bleibt am Rand der Liege sitzen, in sich zusammengesunken und etwas verkrampft, eine Gestalt der Ratlosigkeit. Unklar bleibt das Verhältnis zwischen beiden, unklar, ob es um dieses Verhältnis geht, unklar, ob es noch ein Verhältnis gibt, unklar erst recht, welchen Sinn in diesem Bild von 1959 die „Exkursion in die Philosophie“ haben soll.

Offenkundig kommt es nicht auf die Verteilung der Geschlechterrollen an; dass sie austauschbar sind, zeigte Edward Hopper schon zehn Jahre früher, als er 1949 eine ähnliche Szene malte. [...] Hinter der vordergründigen Alltäglichkeit verbirgt sich eine vielsagende, in keiner Weise eindeutige Situation. „Sie wissen ja“, sagte er, „welche Fülle von Gedanken und Impulsen in ein Werk eingehen.“ Nicht die Verteilung der Rollen, nicht die Besonderheit des Verhältnisses, sondern die Beispielhaftigkeit der Situation ist von Interesse: beispielhaft für die Ratlosigkeit in bestimmten Situationen des Lebens, für den Stillstand des Lebens in dem Moment, in dem etwas, vielleicht alles, infrage steht; beispielhaft auch dafür, dass diese Ratlosigkeit, dieses Infragestehen vorzugsweise dort zu erfahren ist, wo es um die Dinge der Liebe zu gehen scheint. [...]

Platon[1] zufolge sollte das Individuum sich von der unmittelbar sinnlichen Erfahrung abwenden, um der Idee der „wahren Schönheit" sich zuzuwenden, die nie enttäuschend sein würde. So versucht es wohl auch der Protagonist, der die „Exkursion in die Philosophie" unternimmt. Seine Haltung ist beinahe die des Denkers von Rodin[2], der über dem Höllentor brütet. Die Sorge zerfurcht seine Stirn. Die sinnliche Schönheit, die hinter ihm liegt, hat er verraten oder sie hat ihn verlassen. Welches Buch hat der Mann da aufgeschlagen? Es scheint unwichtig zu sein, denn er hat es bereits wieder aus der Hand gelegt. Sollte es ein Buch der Philosophie gewesen sein, so hilft ihm deren große Weisheit in dieser Situation wohl auch nicht weiter. Oder er hat dem Buch eine wichtige Anregung entnommen und sinnt weiter darüber nach. [...]
Exemplarisch festgehalten ist der Moment des *Innehaltens*, das Innehalten als Moment der Philosophie, der Reflexion, verkörpert von der sitzenden und sinnenden Gestalt, eine Darstellung des Denkens im seitlich einfallenden Licht, die in der Geschichte der Kunst zur Metapher der Philosophie geworden ist. Man kann bemängeln, dass die Darstellung den männlichen Protagonisten privilegiert. Aber auch die Frau hält inne, sie verbirgt ihr Gesicht. Die antike Philosophie legt bereits Zeugnis ab von dieser merkwürdigen Haltung des Innehaltens: Sokrates, der zum Symposion[3] geht, bleibt plötzlich stehen, irgendetwas beschäftigt ihn, er will es durchdenken und kommt erst später nach. Ähnlich der Protagonist in Hoppers Bild, der sein Symposion vielleicht schon hinter sich hat und über die Erfahrungen nachdenkt, die er gemacht hat. Das Buch der großen Weisheit legt er zur Seite und beginnt selbst Fragen zu stellen, denn darin besteht die Exkursion in die Philosophie: Was habe ich gemacht und vielleicht falsch gemacht? Warum ist es so gekommen, wie es nun ist? Wie kann ich mit der Situation zurechtkommen? Wie kann das Leben gelebt, wie geändert werden? Die Exkursion in die Philosophie ist das anfängliche Nachdenken über das, was ist und was geschehen ist, aber auch das sorgsame Vorbereiten der Reise in den weit vorausliegenden Raum, um ihn zu erforschen und zu erschließen. Das ist der Sinn der Exkursion: Das *Danach* ist zugleich ein *Davor* – zwar nach einer Erfahrung, aber immer schon vor einer anderen.

2 Wie deutet Schmid das Bild? Worin sieht er die „Exkursion in die Philosophie"?

3 Vergleichen Sie das Philosophieverständnis von Schmid mit dem von Jaspers. Welche Gemeinsamkeiten und Unterschiede stellen Sie fest?

4 Verfassen Sie einen Essay zu dem Thema „Exkursion in die Philosophie" (→ Methode, S. 19).

1 Platon (427–347 v. Chr.): griechischer Philosoph. Zu dem hier angesprochenen Zusammenhang vgl. das Höhlengleichnis auf S. 32 f.
2 Auguste Rodin (1840–1914): französischer Bildhauer, s. S. 10
3 Symposion (gr.): in der Antike ein Gastmahl, bei dem das philosophische Gespräch im Vordergrund stand

Rolf Elberfeld (Hg.): Was ist Philosophie? Programmatische Texte von Platon bis Derrida, Stuttgart (reclam) 2006

Christoph Helferich: Geschichte der Philosophie, München (dtv) 72009

Edmund Jakoby: 50 Klassiker: Philosophen. Denker von der Antike bis heute, Hildesheim (Gerstenberg) 72007

Martin Cohen: 99 philosophische Rätsel, Frankfurt (Campus) 2001

Begriffe definieren

Oft kann man in politischen Debatten, in anspruchsvollen Talkshows oder in Unterrichtsdiskussionen erleben, wie die Gesprächsteilnehmer **aufeinander einreden**, in höchster Lautstärke, mit Eifer und Sachkenntnis – und dennoch nichts dabei herauskommt, weil die Diskutierenden **aneinander vorbeireden**. Die Sprecher haben nämlich die Begriffe, um die es geht, zuvor nicht bestimmt.

Wenn in einem Ethik-Kurs, etwa in einer Diskussion, darum gestritten wird, ob 16-Jährige schon wirklich lieben können, müsste zuvor geklärt werden, was die Kursteilnehmer unter „Liebe" verstehen. Sie müssten den Begriff definieren und diese Definition in der Diskussion verwenden.

Ein anderer Kurs streitet sich, was eigentlich mit „Ethik" im Unterschied zu „Moral" überhaupt gemeint ist. Auch hier wird man nicht weiterkommen ohne Definitionen.

Was heißt definieren?

Das Wort leitet sich her von lat. finis: die Grenze, das Ende und heißt also: Abgrenzen einer Wortbedeutung von anderen Bedeutungen.

Das Definieren ist eindeutig zweckbestimmt: Es soll das Gespräch, die Kommunikation zwischen Menschen zu einem Ergebnis führen.

Wie geht man beim Definieren vor?

Es gibt bestimmte Verfahrensweisen, um einen Gegenstand oder Begriff zu klären.

1. Die ursprüngliche Wortbedeutung feststellen, evtl. die Herkunft aus einer anderen Sprache. Die Etymologie, die Geschichte des Wortes, erhellt oft die Bedeutung (zu finden z. B. in Friedrich Kluge: Etymologisches Wörterbuch der deutschen Sprache: „Liebe [...] urverwandt mit lat. *lubens* = gern und der altindischen Wurzel **lubh* = begehren [...]").
2. Den allgemeinen Oberbegriff (die Gattung) und den spezifizierenden Unterbegriff (die Art) finden, wobei der Unterbegriff die wesentlichen, unterscheidenden Merkmale angibt: „Pizza ist ein <u>Nahrungsmittel aus Teig</u> (= Oberbegriff), das in runde, flache Formen geknetet, mit verschiedenen anderen Nahrungsmitteln belegt und schließlich in speziellen Öfen gebacken wird."
   „Liebe ist eine <u>Form der Bindung zwischen Menschen</u>, die ???"
   „Ethik ist ???"
   „Moral ist ???"

Hier lohnt es sich innezuhalten und zu prüfen, ob die bisherigen Abgrenzungen für den Zweck des Gesprächs genügend eng bzw. weit gefasst wurden. Dafür hat sich ein weiteres Verfahren bewährt:

3. Verwandte Begriffe suchen, um Feinbestimmungen vornehmen zu können:
   Zu „Ethik": Moral, Gewissen, Spielregeln, ... ???
   Zu „Liebe": Freundschaft, Verliebtheit, Flirt, ... ???
   In der Abgrenzung zu diesen benachbarten Begriffen (Wortfeldern) wird der gesuchte Begriff immer schärfer definiert.
   Ebenso hilfreich ist das Verfahren, den zu klärenden Begriff mit seinem gegenteiligen Begriff zu konfrontieren:
   Liebe – Hass
   Ethik – ???
   Moral – ???

4. In einem weiteren Definitionsakt, der sehr praxisnah ist, wird die Verwendung des Begriffs im alltäglichen Sprachgebrauch bzw. in feststehenden Redensarten geprüft:
   „Ich bin in dich verliebt"; „ich liebe dich"; „sie machten Liebe"; „Mutterliebe"; „ich liebe Schokolade"; „in ewiger Liebe, dein ..."
   Oder: „Die Mannschaft hat Moral bewiesen!" (Was ist damit gemeint?); „ein unmoralischer Mensch ..." (Kann man sagen: „... ein unethischer Mensch"?)

1 Ersetzen Sie die Fragezeichen durch eigenständige Formulierungen (Punkte 2 bis 4).

2 Erstellen Sie eine abschließende Definition von Liebe – Moral – Liebesmoral.

Gedankengänge darstellen und prüfen

Darstellung einer ethischen Argumentation

Philosophische und ethische Texte sind oft sehr komplex und vielschichtig. Um den gedanklichen und argumentativen Kern solcher Texte freizulegen und zu veranschaulichen, kann man entweder die Argumentation in ihrer logischen Struktur darstellen (s. S. 17) oder mithilfe einer Strukturskizze (mögliche Gliederungspunkte sind: Fragestellung/Problematik, These, Argumente, Erläuterungen/Beispiele) oder einer Mindmap den „roten Faden" sichtbar machen.

Beispiel (Textgrundlage: Peter Singer: Nur Personen haben ein Recht auf Leben (s. S. 180)):

Nur Wesen mit einem Lebensinteresse haben ein unbedingtes Recht auf Leben. (1)
Menschliche Föten und Neugeborene haben kein Lebensinteresse. (2)

Menschliche Föten haben kein unbedingtes Recht auf Leben. (3)

Überprüfung einer ethischen Argumentation

Eine Argumentation wie die von Peter Singer lässt sich überprüfen hinsichtlich des **Wahrheitsgehalts der Prämissen und der Konklusion oder in Bezug auf die logische Gültigkeit**.
Singers Argument ist demnach logisch gültig, der Wahrheitsgehalt und die Geltung der Prämissen jedoch ist umstritten und bedarf daher zusätzlicher Belege und Begründungen. Auch zeigt das Beispiel die besondere Problematik ethischer Argumentation. So enthält Singers Argument eine normative (1) und eine empirische Prämisse (2); die Konklusion ist normativ.
Normative Aussagen bedürfen einer anderen Form der Begründung als deskriptive Aussagen. Sie enthalten stets direkte oder indirekte Werturteile und Handlungsanweisungen. Sie „verlangen" auch, dass sich derjenige, der sie vertritt, in seinem Handeln auch an ihnen orientiert. Daher ist es erforderlich, den normativen Charakter eines Satzes auch sprachlich deutlich zu machen. Es kann irreführend sein, normative Aussagen so zu formulieren, als handle es sich um deskriptive Sätze („Morden ist böse" statt „Du sollst nicht töten!", s. S. 107).

Mithilfe der folgenden Fragen lässt sich der Gedankengang eines Textes, seine Aussagen und Argumente, überprüfen, bestätigen oder kritisieren:
- Sind die im Argumentationszusammenhang genannten empirischen Fakten nachvollziehbar und korrekt? Können sie als Basis dienen für ein moralisch-ethisches Argument oder beruht die Argumentation auf einem Sein-Sollen-Fehlschluss (s. S. 106)?
- Ist die Argumentation logisch gültig oder widersprechen sich miteinander verbundene Aussagen? Wird aus Einzelfällen zu schnell auf eine allgemeine Gesetzesmäßigkeit geschlossen?
- Hat der Text einen „roten Faden" oder enthält er gedankliche Sprünge?
- Dienen Metaphern, Vergleiche und Analogien der Präzisierung und Veranschaulichung oder „hinken" sie?
- Was sind die Prämissen der Argumentation? Werden sie deutlich benannt oder stillschweigend vorausgesetzt?
- Werden die normativen Aussagen als solche kenntlich gemacht und überzeugend begründet?

1 Erstellen Sie eine Argumentationsskizze für Spaemanns Text „Alle Menschen sind Personen" (s. S. 181).

2 Unterscheiden Sie zwischen empirischen und normativen Prämissen und Konklusionen.

3 Weisen Sie verschiedene Argumentationstypen (→ Methode, S. 17) in den Texten von Spaemann und Singer nach.

4 Überprüfen Sie Singers und Spaemanns Argumentation mithilfe des Fragenkatalogs.

Texte verstehen und deuten (Hermeneutik)

Liest man einen Text, setzt man sich als Leser unmittelbar mit der Frage nach dessen Sinn auseinander. Die Geisteswissenschaften entwickelten dazu ein besonderes Verfahren, die sogenannte **„hermeneutische Methode“** (von gr. hermeneuein = auslegen), eine Vorgehensweise, die sich zugleich **als verstehenden und deutenden Auslegungsprozess** gegen die Kausalgesetzlichkeit der Naturwissenschaften abgrenzt.

Literarische Texte, insbesondere auch philosophische, erfordern gerade in ihrer ethischen Dimension eine solche sinngerichtete Auslegung. Im Rahmen der Hermeneutik als Theorie des Verstehens wird dargestellt, wie der Leser zu einem einheitlichen Bedeutungszusammenhang kommt und wie er sich in Bezug auf seine Wirklichkeitserfahrung einen Entwurf des Verstehens macht. Dieser tritt demnach aus dem Dreieck der beim Lesen zwangsläufig entstehenden Beziehung zwischen Autor, Text und Leser als **Intention** (Absicht) hervor.

So bedarf es demnach beim Verständnis philosophischer bzw. ethischer Texte eines zunächst subjektiven, individuellen Vorverständnisses, auch wenn es aufgrund der unterschiedlichen Sprachverwendung noch so allgemein ist. Denn durch den darauf folgenden Versuch des Verstehens eignet man sich dann Wissen über das zu behandelnde Gebiet an, mit dem das Vorverständnis erweitert und korrigiert wird. Mit diesem erweiterten Verständnis wiederum lässt sich der Text besser verstehen und das ursprüngliche Textverständnis wird erneut erweitert. Durch diese spiralförmige bzw. zirkelförmige Bewegung erschließt sich die Aussage allmählich in der Weise, wie sie vom Autor beabsichtigt wurde.

Dabei gliedert sich der so entstehende Leseprozess in drei Phasen:

- vorläufiges, **assoziatives Gesamtverständnis** (Was ist das Thema des Textes? Welche Kernaussagen lassen sich feststellen? Was verbinde ich selbst mit dem genannten Thema? Welches Vorwissen und welche Vorerfahrung werden für das Verständnis vorausgesetzt?)
- **Analyse von Einzelmerkmalen** (Wie lässt sich der Text inhaltlich gliedern? Welche inhaltlichen Bezüge werden neben der Kernaussage noch angesprochen? Welcher formelle Aufbau ist erkennbar? Wie stellt sich die sprachliche Gestaltung des Textes dar?)
- Synthese der Einzelelemente zu einem reflektierten, differenzierten **Sekundär- bzw. Gesamtverständnis** (Wie lassen sich Inhalt, Aufbau, Form, Stil, Vorwissen und Kontextbezüge zu *einer* Aussage zusammenfassen?)

Die Einzelaussagen und deren sprachliche Verankerung werden im Zuge des Interpretationsprozesses in einen erweiterten Zusammenhang gestellt, indem sie erst ihre Bedeutung insgesamt entfalten. Dabei gilt das **Prinzip der Reziprozität** (Wechselseitigkeit): Weiterführende Ergebnisse lassen immer einen veränderten Blick auf das bereits Gesagte zu, welches ohne die Beachtung der Einzelelemente jedoch nicht zustande gekommen wäre.

So bildet der Verstehensprozess eigentlich ein **Paradoxon**: Das, was verstanden werden soll, muss schon vorher irgendwie erfasst worden sein, um zum Verständnis weiterhin beizutragen; Verstehen im hermeneutischen Sinne ist demnach nicht geradlinig, sondern spiralförmig.

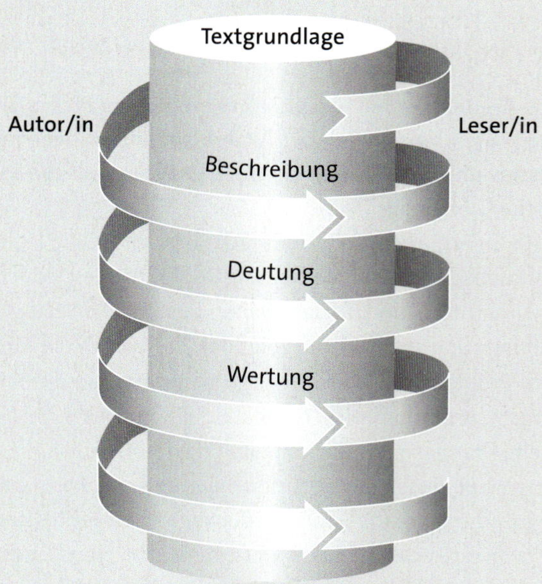

Verstehen als hermeneutische Spirale

1 Erläutern Sie, inwiefern Kontextwissen und persönliche Erfahrungen den Verstehensprozess prägen.

2 Erschließen Sie Platons Höhlengleichnis (s. S. 32 f.) mithilfe des hermeneutischen Zirkels.

Folgerichtig und stimmig argumentieren

Logisches Argumentieren

Ein **Argument** ist eine Begründung für eine Behauptung bzw. These. In der **Logik**[1] bezeichnet der Begriff Argument verschiedene Formen von Schlussfolgerungen. Ein Argument in diesem Sinne besteht aus mehreren Sätzen: Die Sätze, die die Gründe für eine Schlussfolgerung enthalten, nennt man Vordersätze oder Prämissen; den Satz, der die Schlussfolgerung enthält, Nachsatz oder Konklusion. Zwei dieser Schlussformen sind besonders wichtig:

Deduktion (der Schluss vom Allgemeinen zum Besonderen)

Alle Menschen sind sterblich.	Prämisse
Sokrates ist ein Mensch.	Prämisse
Sokrates ist sterblich.	Konklusion

Wenn die Prämissen als wahr behauptet werden, dann ist auch die Konklusion notwendig wahr. Ob die Prämissen tatsächlich wahr sind (→ Methode, S. 18), spielt für die **logische Gültigkeit** eines Arguments keine Rolle, da diese sich rein formal nur auf das Schlussverfahren bezieht. So kann ein Argument gültig sein, auch wenn eine Prämisse und die Konklusion nach unserem Kenntnisstand unwahr sind: Alle Menschen sind unsterblich. Sokrates ist ein Mensch. Sokrates ist unsterblich. **Gültig** ist demnach ein deduktives Argument, wenn die Bejahung der Prämissen und der Konklusion keinen logischen Widerspruch ergeben. Ein logischer **Widerspruch** ist die Verknüpfung einer Aussage mit der Verneinung dieser Aussage, zum Beispiel wenn man behauptet, alle Menschen seien sterblich und Sokrates ist ein Mensch, aber Sokrates sei nicht sterblich.

Induktion (von besonderen Fällen zu einem allgemeinen Grundsatz oder Gesetz)

Alle Philosophen, die bis zum Tag X beobachtet worden sind, sind gestorben.	Prämisse
Alle Philosophen sind sterblich.	Konklusion

Wenn die Prämisse(n) wahr sind, folgt daraus nicht notwendig die Wahrheit der Konklusion, da hier aus zeitlich und räumlich gebundenen Einzelfällen auf eine allgemeingültige Aussage geschlossen wird. So könnte ja in Zukunft ein Philosoph geboren werden, der nicht stirbt. Die Konklusion eines induktiven Arguments geht also über den Gehalt der Prämissen hinaus. Daher sollte man induktive Konklusionen als **Hypothesen** ansehen, die zu überprüfen und ggf. zu korrigieren sind.

Wichtige Argumentationstypen zur Begründung von Thesen

Analogieargument: Ein erörterter Sachverhalt wird mit einem anderen Bereich verglichen.
Autoritätsargument: Zur Stützung der These beruft man sich auf eine anerkannte Autorität, z. B. auf die Aussagen eines Philosophen oder einer Institution (z. B. Grundgesetz, Kant).
Empirisches Argument: Man nimmt Bezug auf gemeinsame, von allen nachvollziehbare Erfahrungen oder auf wissenschaftlich gesicherte Fakten.
Normatives Argument: Allgemein akzeptierte Wertmaßstäbe und Normen (Meinungsfreiheit, Menschenwürde) werden zur Begründung einer These herangezogen.

1 Welchen Erkenntniswert haben Deduktionen und Induktionen?

2 Finden Sie Beispiele für die einzelnen Argumentationstypen.

[1] Logik (gr.): Lehre vom folgerichtigen Denken und Argumentieren

Gedankenexperimente durchführen

„Schrödingers Katze"

Stellen wir uns eine Kiste vor, durch deren Außenseiten keinerlei Verbindung zwischen dem Inneren und der Umgebung möglich ist. In diese Kiste wurde zuvor eine Katze gesetzt und zusätzlich ein Gerät, das durch ein Quantenereignis, in dieser Situation der Zerfall eines radioaktiven Atoms, in Gang gesetzt werden kann. Wichtig ist dabei zu wissen, dass der Zerfall eines Teilchens und damit das Freisetzen von radioaktiver Strahlung nicht bestimmbar ist, d. h., er lässt sich nicht berechnen, sondern lediglich mit einem statistischen Wert (der Halbwertszeit) annähernd voraussehen. Die Versuchsanordnung ist so ausgerichtet, dass, wenn das Quantenereignis eintritt, im Inneren der Kiste durch die Zerstörung einer Kapsel eine tödliche Menge Cyanid freigesetzt wird und die Katze somit getötet wird. Sie bleibt jedoch am Leben, falls das Quantenereignis nicht eintritt.
Wir können annehmen, dass für die Beobachter des Versuchs die Wahrscheinlichkeit, dass der radioaktive Zerfall stattgefunden hat, bei fünfzig Prozent liegt. Ebenso wahrscheinlich ist jedoch, dass er nicht stattgefunden hat. Aus diesen Prämissen (Voraussetzungen) schließt die Quantenmechanik, dass die Katze für die Beobachter in einem besonderen Zustand schwebt: Sie existiert innerhalb der alternativen Möglichkeiten, zugleich tot *oder* lebendig zu sein. Nachprüfbar wird der Zustand erst, wenn einer der Beobachter nach der Katze in der Kiste sieht. Das bedeutet aber auch, dass sich der Zustand der Katze mit dieser Sinneswahrnehmung erst einstellt!

Bei Schrödingers Katze handelt es sich um ein **Gedankenexperiment** des österreichischen Physikers Erwin Schrödinger aus dem Jahre 1935, das die Unvollständigkeit der Quantenmechanik veranschaulichen sollte. Was hier zunächst ethisch erschreckend klingt, ist ein **Gedankenspiel**, das natürlich in dieser Weise nicht in die Realität umzusetzen ist. Aber genau so wie in den Naturwissenschaften, in denen man bestimmte Versuchsanordnungen arrangiert, um zu nachweisbaren, empirischen Ergebnissen zu gelangen, bedient sich die Philosophie seit Jahrtausenden dieser Möglichkeit, neue Einsichten zu gewinnen. So wird rein gedanklich eine Situation geschaffen, die bewusst ungewöhnlich und unwahrscheinlich erscheint, um dann **hypothetisch** philosophische Gedankengänge zu erläutern oder auch Thesen anschaulich zu begründen.
Am Anfang des Gedankengangs steht eine grundsätzliche, meist **philosophische Frage**, deren man sich mit einer zunächst reinen Annahme eines **Standpunktes** nähert, die durch eine fiktive, aber informierende **Situationsbeschreibung (Kontext)** erweitert wird, um zu den daraus zu ziehenden **Schlussfolgerungen** zu gelangen, die es erlauben, die zu Anfang aufgeworfene Frage zu beantworten. Daran kann sich eine weiterführende Argumentation anschließen.

Es ist auch möglich, solche Gedankenexperimente nicht nur selbst durchzuführen, sondern sogar zu entwickeln. Charakteristisches Merkmal bilden dabei entsprechende sprachliche Formulierungen, die die Annahme des Fallbeispiels in den Vordergrund stellen (Nehmen wir an ...; Angenommen, dass ...; Stellen wir uns vor, dass ...). Damit wird deutlich, dass es einer erfundenen Ausgangssituation bedarf, die zunächst einfach in ihrer Fiktivität angenommen werden muss und nicht hinterfragt werden sollte, um den Nutzen des Experiments aus der rückwärtsgerichteten Erschließung (vom Ergebnis zu den Annahmen) zu ermöglichen. Die sich aus dem Gedankenkonstrukt ergebenden Folgen werden differenziert durchdacht und zur weiteren Erkenntnisgewinnung herangezogen.
Philosophische Vorstellungen können genauer erläutert werden, indem man in verschiedene Rollen schlüpft oder eine besondere Stellung einnimmt (z. B. als Außerirdischer, als Tier etc.), aber auch völlig neue Gedanken können daraus entwickelt werden.

1 Gliedern Sie das Gedankenexperiment von John Rawls (s. S. 246 f.) und ordnen Sie Ihre Unterteilung den entsprechenden Phasen zu.

2 Führen Sie selbst ein Gedankenexperiment zu George Berkeleys Aussage „Esse est percipi – Sein ist wahrgenommen werden" durch, indem Sie ein konkretes Fallbeispiel entwerfen.

Einen Essay schreiben

Ein **Essay** (frz.: Versuch, Kostprobe) ist ein (relativ kurzer) Prosatext, der sich betont subjektiv, facettenreich und meist skeptisch zu einer wissenschaftlichen oder zu einer (aktuellen) Frage des geistigen Lebens befasst. Als offene Form unterscheidet er sich von einer streng wissenschaftlich-sachlichen Abhandlung (z. B. korrekte Zitate, aber Verzicht auf Quellenangaben).

Begründer dieser eigenständigen literarischen Form ist der französische Philosoph und Schriftsteller Michel de Montaigne (1533–1592).

Merkmale sind u. a.: Originalität des Themas bzw. der Idee, Folgerichtigkeit der Gedankenführung, klare Herausstellung der eigenen Meinung (aber keine Propaganda oder Pamphlet), argumentativ, Argumentation mit Beispielen illustrierend, Einsatz rhetorischer Mittel nicht als Selbstzweck, sondern der Argumentation dienend.

Der nachfolgende Text ist ein Auszug aus Montaignes Essay „Über Demokrit und Heraklit", zwei griechische Philosophen der Antike.

Michel de Montaigne: Über Demokrit und Heraklit

Der Mensch offenbart sich und verrät sich in jedem Teilchen gleichermaßen, in jedem Tun.

Demokrit und Heraklit waren zwei Philosophen, von denen der erste, da er das Menschsein nichtswürdig und lächerlich fand, sich den Leuten dementsprechend nie anders als mit spöttisch lachendem Gesicht zeigt, während der andere wegen ebendieses Menschseins mit uns Mitleid und Erbarmen fühlte und daher stets ein trauriges Gesicht trug:

Der eine lachte, ging er aus dem Haus,
der andre brach sogleich in Tränen aus.

Mir gefällt die Gemütsart Demokrits besser – nicht weil es angenehmer ist zu lachen als zu weinen, sondern weil sie eine größere Geringschätzung ausdrückt und uns strenger richtet als die andre; denn mir scheint, wir könnten, wenn es nach unseren Verdiensten ginge, nie genug verachtet werden. Dem Beweinen und Erbarmen ist stets eine gewisse Wertschätzung dessen beigemischt, was man beweint; die Dinge, die man verspottet, hält man hingegen für wertlos. Meiner Meinung nach findet sich in uns weniger Elend als Eitelkeit und weniger Infamie als Ignoranz. Nicht so sehr von Bösen sind wir erfüllt wie von Leere. Wir sind nicht so erbarmungs- wie nichtswürdig.

Deshalb war Diogenes, der stillvergnügt in seiner Tonne herumtollte und eines Tages sogar den großen Alexander zum besten hielt, mit seiner Auffassung, wir seien nur Fliegen und ausgemachte Windbeutel, ein weit schärferer, schonungsloserer und nach meinem Empfinden realistischerer Richter als Timon, den man den Menschenhasser nannte; denn was man haßt, das nimmt man bitterernst. Dieser wünschte uns leidenschaftlich Tod und Verderben auf den Hals und floh den Umgang mit uns als gefährlich, weil er uns alle für bösartig hielt. Jener hingegen schätzte uns als derart unbedeutend ein, daß er in unserer Verderbnis keinerlei Ansteckungsgefahr sah; er mied uns daher nicht aus Angst, sondern weil er auf unsere Gesellschaft keinen Wert legte. Weder guter noch böser Taten hielt er uns für fähig. [...]

Das Besondere unseres Menschseins besteht darin, daß wir zugleich des Lachens fähige und lächerliche Wesen sind.

(Aus lizenzrechtlichen Gründen ist dieser Text nicht in reformierter Rechtschreibung gedruckt.)

1 Beschreiben Sie Thema und Gedankengang des Essay-Auszugs von Montaigne.

2 Verfassen Sie einen Essay zu dem letzten Satz des Textes.

Donato Bramante (1595–1624): Demokrit und Heraklit

Filme untersuchen – Grundbegriffe der Filmanalyse

Der Film nutzt – wie ein Roman – verschiedene Möglichkeiten des Erzählens. Das Mittel, das Erzählmedium des Films, ist die Kamera. Was sie aufnimmt und vor allem wie sie dieses Geschehen aufnimmt, entscheidet über den dem Zuschauer möglichen Blick. Zur Untersuchung, zur Beschreibung und Deutung des Gesehenen, sind einige Begriffe aus der Filmsprache wichtig, die hier präsentiert werden.

Grundbegriffe

Sequenz: Zusammenhängende Einheit eines Films, z. B. verbunden durch einen Schauplatz; Unterteilung in einzelne Szenen möglich

Einstellung: Kleinste Einheit im Film zwischen zwei Schnitten, auch Blende genannt

Schnitt: Wechsel der Einstellung

Harter Schnitt: Wechsel der Einstellung ohne Übergang

Schnitt/Gegenschnitt: Kontrastierung zweier Einstellungen in mehrfachem Wechsel, bei Dialogen auch Schuss-Gegenschuss genannt

On-/Off-Ton: Ton innerhalb bzw. außerhalb der Szene

Akustische Klammer: Zwei oder mehr Einstellungen werden durch ein Geräusch (Ton/Musik) miteinander verbunden.

Rüdiger Steinmetz u. a.: *Filme sehen lernen.* Grundlagen der Filmästhetik, Frankfurt a. M. (Zweitausendeins) 2005 [Medienpaket: Text und DVD]

Kameraeinstellungen

Vogel-, Normal- oder Froschperspektive: Blickpunkt, von der Kamera gesehen

Schwenk, Zoom, Fahrt: Bewegungen der Kamera

Einstellungsgrößen (mit Beispielen, auf die Darstellung von Menschen bezogen):

Panorama: Der Kamerablick ist ausschweifend über eine Landschaft gerichtet.
Weit: Eine Landschaft ist zu sehen, in der der Mensch verschwindend klein ist.
Totale: Mehrere Menschen werden in einem Rahmen oder Raum gezeigt, in dem diese Menschen sichtbar Teil dieses Raumes sind.
Halbtotale: Menschen sind als Ganzes zu sehen – etwa in einer Gruppe in Aktion.
Halbnah: (Wenige) Menschen sind von der Hüfte aufwärts in einer Umgebung zu sehen.
Amerikanisch: Ähnlich der halbnahen Einstellung wird der Mensch auf Knie- oder Hüfthöhe gezeigt (vor allem im Western bei Duellen).
Nah: Der Mensch wird vom Kopf bis zur Mitte des Oberkörpers gezeigt.
Groß: Der Blick ist konzentriert auf den Kopf des Menschen.
Detail: Vom Gesicht ist nur ein Detail zu sehen.

1 Zeichnen Sie als Skizze die beschriebenen Einstellungsgrößen.

2 Beschreiben Sie die Wirkung der verschiedenen Möglichkeiten der Kameraführung.

3 Beschreiben Sie mithilfe der o. g. Begriffe die Eröffnungssequenzen (ca. 10 Min.) des Films „Das weiße Band" (s. S. 209). Welche Besonderheiten stellen Sie fest? Welche Wirkung erzielen diese Gestaltungsmittel beim Zuschauer?

Was ist der Mensch? – Anthropologische Grundfragen

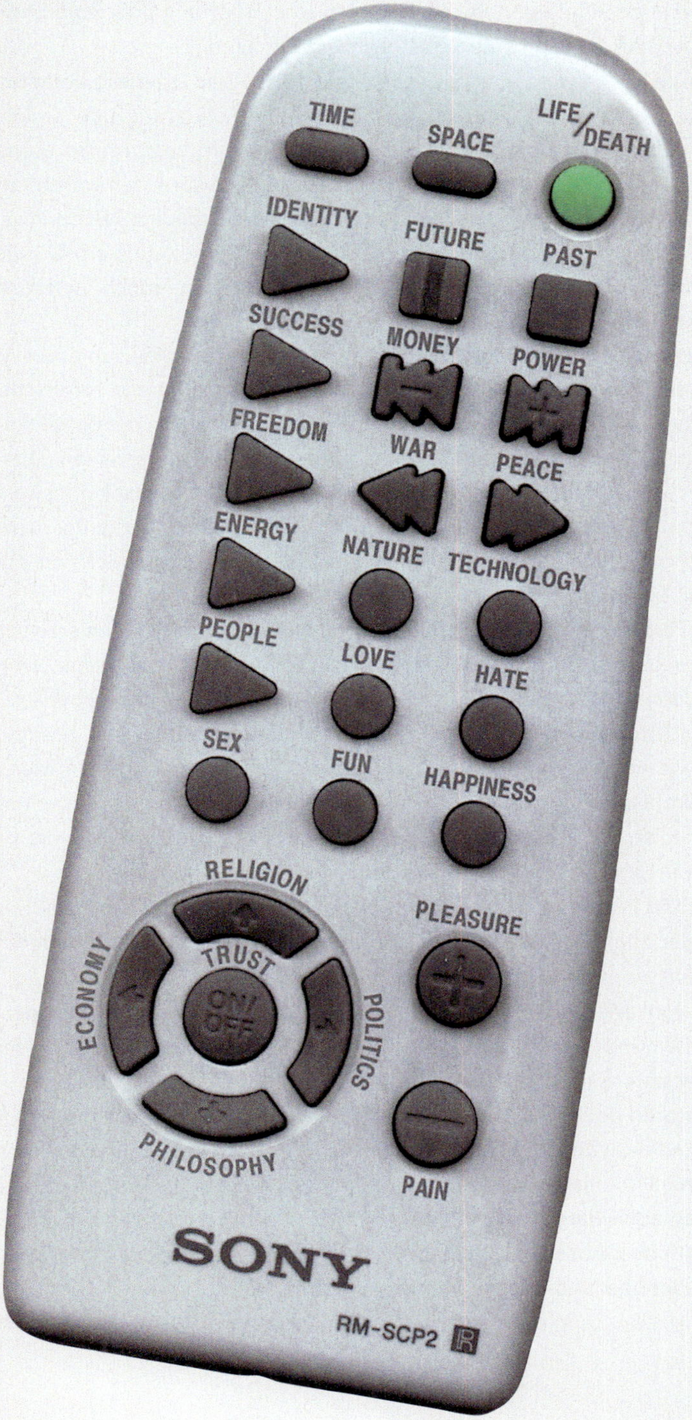

Nebojša Šerić-Shoba (geb. 1968): Remote Control

1. Überlegen Sie: Welche Tasten wurden in Ihrem bisherigen Leben am häufigsten bedient? Wer hat diese Tasten betätigt?
2. Fehlen Ihrer Meinung nach bestimmte Tasten? Wenn ja, welche?
3. Welches Bild vom Leben des Menschen entwirft das Kunstwerk? Setzen Sie sich damit kritisch auseinander.
4. Welche Tasten würden Sie in Zukunft am liebsten bedienen? Begründen Sie. Was würde dann wohl auf dem Bildschirm erscheinen?

Der Mensch ist ...

Mensch und Menschenbild*

„Was ist der Mensch?" Immanuel Kant erklärte diese Frage zu einer der wesentlichen Problemstellungen der Philosophie.

Der Mensch war schon immer bemüht, ein Bild von sich zu machen, gleich, ob es sich um ein Idealbild oder ein Zerrbild, um eine Erhöhung oder eine Erniedrigung, um eine Anmaßung oder eine Selbstbescheidung handelt.

Mythen, literarische und künstlerische Werke legten und legen ein beredtes Zeugnis davon ab: Geistesgeschichtliche Epochen wie die Aufklärung und philosophische Strömungen wie der Existenzialismus propagierten ein bestimmtes Menschenbild bzw. legten es ihrem Denken zugrunde. Biblische Texte sprechen vom Menschen als einem **„Geschöpf Gottes"** und von dessen **„Gottesebenbildlichkeit"** und verkünden, dass der Mensch mit der „Unsterblichkeit seiner Seele" Anteil am Göttlichen und Ewigen habe, in seinem leibgebundenen irdischen Leben jedoch fehlerhaft und daher „erlösungsbedürftig" sei.

War in der antiken und mittelalterlichen Philosophie die Auffassung vom Menschen und von seiner Stellung und Bestimmung im Weltganzen noch vergleichsweise erhaben, so musste das menschliche Selbstverständnis durch die **Entdeckungen von Kopernikus, Darwin und Freud** erhebliche Beschränkungen erfahren: Die Erde und damit der Mensch ist nicht Mittelpunkt der Welt; der Mensch ist keineswegs exklusives Geschöpf Gottes, sondern ein Produkt evolutionärer Entwicklung; menschliches Handeln ist nicht nur von freien Willensentscheidungen, sondern zu erheblichen Teilen von Unbewusstem gesteuert.

Neueste **Forschungsergebnisse der Bio- und Neurowissenschaften** erzwingen einerseits eine bescheidenere Selbstsicht des Menschen, andererseits versucht der Mensch, durch Erforschung und Veränderung der Bausteine des Lebens (Gene) und der Natur (Atome) eine nahezu gottähnliche Position (zurück) zu gewinnen. Philosophen wie Hans Jonas sprechen in diesem Zusammenhang vom Menschen als einem **„entfesselten Prometheus"**, der, im Gegensatz zu seiner Fesselung im Mythos, dabei ist, frei von jedweder Einschränkung und niemandem gegenüber verantwortlich die Lebensbedingungen auf der Erde aufs Spiel zu setzen.

Naturgemäß liegen auch **ethisch-moralischen Sollensansprüchen** bestimmte Menschenbilder zugrunde, die es zu bestimmen und auch kritisch zu hinterfragen gilt. Sind Sollensnormen wie z. B. das Verbot der Lüge oder die Aufforderung zur Feindesliebe vom Menschen überhaupt zu leisten? Oder stellen solche oder ähnliche moralischen Imperative letztlich eine Überforderung dar, die von einem idealisierten und daher unrealistischen Menschenbild ausgehen? Oder aber wirken sie – wie auch die Skulpturen der Antike oder der Renaissance mit ihrem ethischen Anspruch, das Schöne und das Gute auszudrücken – als Ansporn, ein solches Ziel anzustreben?

So verschieden und z. T. auch gegensätzlich die Menschenbilder in Geschichte und Gegenwart auch waren und sind, tragen sie doch dazu bei, sich an ihnen zu messen und in kritischer Auseinandersetzung mit ihnen das Nachdenken über das allgemeine und/oder über das eigene „Menschsein" anzuregen.

Antworten aus Philosophie und Dichtung

Alfred Kubin (1877–1959): Der Mensch

Der Mensch ist weder Engel noch Tier, und das Unglück will es, dass, wer einen Engel aus ihm machen will, ein Tier aus ihm macht.

Blaise Pascal (1623–1662), französischer Mathematiker, Physiker und Religionsphilosoph

Der Mensch ist vielerlei, aber vernünftig ist er nicht.

Oscar Wilde (1854–1900), irischer Schriftsteller

Der Mensch ist das Maß aller Dinge, der seienden, dass sie sind, und der nicht seienden, dass sie nicht sind.

Protagoras (ca. 490–411 v. Chr.), griechischer Philosoph

Jeder Mensch ist ein Abgrund; es schwindelt einem, wenn man hinabsieht.

Georg Büchner (1813–1837), deutscher Dichter

Der Mensch ist ein nützliches Lebewesen, weil er dazu dient, durch den Soldatentod Petroleumaktien in die Höhe zu treiben, durch den Bergmannstod den Profit der Grubenherren zu erhöhen, sowie auch Kultur, Kunst und Wissenschaft.

Kurt Tucholsky (1890–1935), deutscher Schriftsteller

Vieles ist ungeheuer, nichts aber ist ungeheurer als der Mensch.

Sophokles (um 496–406 v. Chr.), griechischer Dichter

Wir vergöttern die Vollkommenheit, weil wir sie nicht erreichen können; wir würden sie verwerfen, wenn wir sie hätten. Das Vollkommene ist unmenschlich, denn das Menschliche ist unvollkommen.

Fernando Pessoa (1888–1935), portugiesischer Dichter

Jedoch der schrecklichste der Schrecken, das ist der Mensch in seinem Wahn.

Friedrich Schiller (1759–1805), deutscher Dichter

In der ganzen Schöpfung kann alles, was man will und worüber man etwas vermag, auch bloß als Mittel gebraucht werden; nur der Mensch, und mit ihm jedes vernünftige Geschöpf, ist Zweck an sich selbst.

Immanuel Kant (1724–1804), deutscher Philosoph

Es irrt der Mensch, solang er strebt.

Johann Wolfgang Goethe (1749–1832), deutscher Dichter

Der Mensch ist des Menschen Wolf.

Thomas Hobbes (1588–1679), englischer Philosoph und Staatstheoretiker

Mensch bin ich; nichts, was menschlich, acht' ich mir als fremd.

Terenz (um 193–159 v. Chr.), römischer Dichter

1 Welche Aussagen über den Menschen enthalten die Zitate?

2 Welchen der Aussagen stimmen Sie zu, welchen nicht? Begründen Sie.

Menschenbilder in Mythen, Philosophie und Wissenschaft

Selbstdeutungen des Menschen im Mythos

Franz von Stuck (1863–1928): Narziss.
Der schöne Jüngling Narziss verliebte sich dem Mythos zufolge in sein Spiegelbild. Aus Verzweiflung über die Unerfüllbarkeit dieser Liebe grämte er sich zu Tode und wurde von den Göttern in die gleichnamige Blume verwandelt.

„Amors Pfeil hat sie getroffen", „er ist schön wie Adonis", „sie leisten eine wahre Sisyphusarbeit", „narzisstische Persönlichkeitsstörung", „mit Argusaugen beobachten", „Achillesferse": einige wenige Beispiele für die Gegenwart mythischer Figuren in unserer Alltagssprache. Und während man einerseits lobt, dass ein Mythos (z. B. eines Autos, eines Ereignisses usw.) weiterlebt, sagt man jedoch andererseits abwertend, dass etwas in den „Bereich der Mythen" gehöre, demnach märchenhaft und erlogen sei.
Was ist ein Mythos? Worin liegt seine „Wahrheit"? Ursprünglich bedeutet das griechische Wort so viel wie „Wort", „Gesagtes", „Erzählung", „Sage". Vor der Entstehung abstrakten und rein begrifflichen Denkens haben die Menschen versucht, typische Lebenssituationen und Verhaltensweisen („Archetypen"[1]), aber auch (unerklärliche) Vorgänge in der Natur mittels bildhaften Erzählens festzuhalten, zu erklären und weiterzugeben. Die „Wahrheit" und bleibende Aktualität dieser Geschichten besteht darin, dass in ihnen Grundmuster menschlicher Existenz (z. B. Liebe, Schuld, Leid usw.) ausgesprochen und in einer erlebbaren Form überliefert und vermittelt sind. Darüber hinaus geben sie Auskunft über mögliche konkrete Lebensvollzüge und über Weltbilder früherer Kulturen. Dabei sind Mythen oft mehrdeutig und beschäftigen daher bis heute nicht nur Dichter, Philosophen und Künstler, sondern finden sich auch in der Alltagskultur wieder. Für den Philosophen Karl Jaspers beginnt mit dem mythischen Denken die Philosophie (s. S. 10 f.), wobei der Mythos für ihn keinen festen Erkenntnisinhalt vermittelt, sondern rätselhaft und geheimnisvoll ist und bleibt und deshalb immer wieder zu neuer Auslegung herausfordert.

Der griechische Mythos vom Eros (nach Platon)

Bei einem Gastmahl (Symposion) erzählte der Dichter Aristophanes den Mythos vom Urmenschen. Diese Geschichte zeichnete Platon in seinem Werk „Symposion" auf.

Unsere ursprüngliche Natur war nicht die gleiche wie jetzt, sondern ganz anders. Denn erstlich gab es drei Geschlechter von Menschen, nicht wie jetzt nur zwei, männliches und weibliches, sondern es gab noch ein drittes dazu, welches das gemeinschaftliche war von diesen beiden. [...]

[1] Archetypus (gr./lat.): zuerst geprägt, Urbild; in der Psychologie: urtümliche, allen Menschen angeborene und unbewusste Leitbilder von Verhaltensweisen und Erfahrungen

Ferner war die ganze Gestalt eines jeden Menschen rund, sodass Rücken und Brust im Kreise herumgingen. Und vier Hände hatte jeder und Schenkel ebenso viel als Hände und zwei Angesichter, auf einem kreisrunden Halse einander genau ähnlich, und einen gemeinschaftlichen Kopf für beide einander gegenüberstehende Angesichter und vier Ohren, auch zweifache Schamteile und alles Übrige, wie es sich hieraus ein jeder weiter ausmalen kann. Man ging aber nicht nur aufrecht wie jetzt, nach welcher Seite man wollte, sondern auch wenn jemand schnell wohin wollte, so machte er es, wie wenn man Purzelbäume schlägt und mit emporgestreckten Beinen sich im Kreise überschlägt. [...]

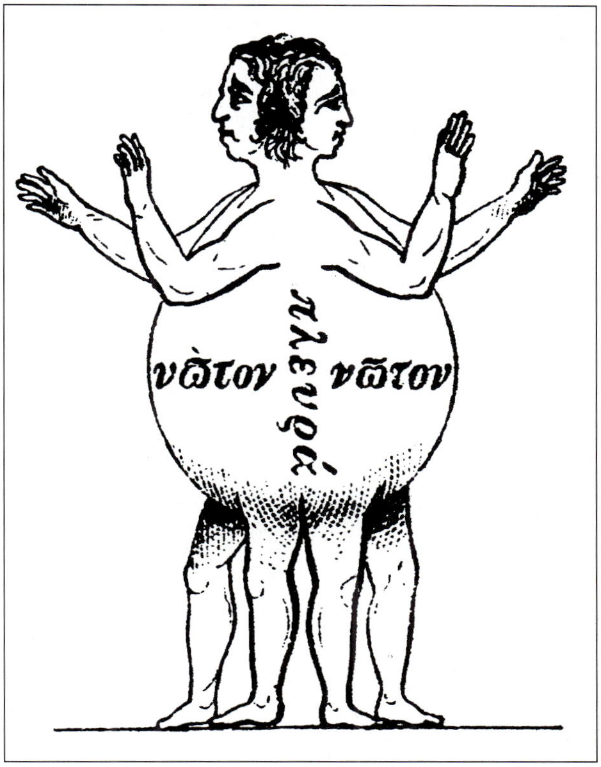

Doppelgeschlechtlicher Urmensch (Darstellung aus dem 19. Jh.).
Die griechischen Aufschriften lauten übersetzt: Rücken, Seite (senkrecht).

Zeus also und die anderen Götter ratschlagten, was sie mit ihnen tun sollten, und wussten nicht was. Denn es war weder tunlich, sie zu töten und wie bei den Giganten das ganze Geschlecht mit dem Blitz zu vernichten, denn dann wären sie auch um die Verehrung und die Opfer vonseiten der Menschen gekommen, noch konnten sie sie weiter freveln lassen. Mit Mühe endlich hatte Zeus sich etwas ersonnen und sagte: Ich glaube nun ein Mittel zu haben, wie es noch weiter Menschen geben kann und sie doch aufhören müssen mit ihrer Ausgelassenheit, wenn sie nämlich schwächer geworden sind. Denn jetzt, sprach er, will ich sie, jeden von ihnen, in zwei Hälften zerschneiden, so werden sie schwächer sein. [...]

Mit diesen Worten zerschnitt er die Menschen in zwei Hälften, wie wenn man Früchte zerschneidet, um sie einzumachen. Sobald er aber einen zerschnitten hatte, befahl er dem Apollon, ihm das Gesicht und den halben Hals herumzudrehen nach der Schnittfläche hin, damit der Mensch seine Zerschnittenheit vor Augen habe und sittsamer würde, und das Übrige befahl er ihm zu heilen. Als so ihre natürliche Gestalt entzweigeschnitten war, sehnte sich jedes nach seiner anderen Hälfte, und so kamen sie zusammen, umfassten sich mit den Armen und umschlangen einander in dem Bestreben, zusammenzuwachsen. [...]

Da erbarmte sich Zeus und gab ihnen ein anderes Mittel an die Hand, indem er ihnen die Schamteile nach vorne verlegte, denn vorher trugen sie auch diese nach außen und zeugten nicht eines in dem anderen, sondern in die Erde wie Zikaden. Nun aber verlegte er sie ihnen nach vorne und bewirkte vermittels ihrer das Zeugen ineinander, in dem weiblichen durch das männliche, deshalb, damit in der Umarmung, wenn der Mann eine Frau träfe, sie zugleich zeugten und Nachkommenschaft entstände, wenn aber ein Mann den anderen, sie doch Befriedigung hätten durch ihr Zusammensein und erquickt sich zu ihren Geschäften wenden und was sonst zum Leben gehört besorgen könnten ... Wenn aber einmal einer seine wahre eigne Hälfte antrifft, ein Knabenfreund oder jeder andere, dann werden sie wunderbar entzückt zu freundschaftlicher Einigung und Liebe wollen und wollen sozusagen auch nicht die kleinste Zeit voneinander lassen. [...]

Hiervon ist nun dies die Ursache, dass unsere ursprüngliche Naturanlage diese war und wir ein Ganzes waren, und dies Verlangen eben und Trachten nach dem Ganzen heißt Liebe. Und vordem, wie gesagt, waren wir eins. Jetzt aber sind wir wegen unserer Ungebärdigkeit von dem Gott auseinandergelegt und verteilt worden.

1 Informieren Sie sich über die im Einführungstext genannten mythologischen Figuren.

2 Wie werden im „Mythos vom Eros" Homo- und Heterosexualität dargestellt?

3 Wie erklärt der Mythos das Phänomen Liebe?

4 Recherchieren und definieren Sie die Begriffe „Eros", „Agape" (Caritas) und „Sexus". Welcher Aspekt der Liebe wird jeweils hervorgehoben?

Platon: Der Mythos von Prometheus

Es war also einmal eine Zeit, da gab es schon Götter, aber noch keine sterblichen Wesen. Als nun auch für diese die Zeit gekommen war, die das Schicksal für ihre Entstehung bestimmt hatte, formten die Götter sie im Schoß der Erde aus einem Gemisch von Erde und Feuer und allem, was sich mit Feuer und Erde verbinden lässt. Als sie im Begriffe waren, sie ans Licht zu bringen, gaben sie Prometheus[1] und Epimetheus[2] den Auftrag, diese Wesen auszustatten und einem jeglichen die Fähigkeiten zu verleihen, die ihm zukommen. Epimetheus erbat sich von Prometheus, diese Zuteilung selbst vorzunehmen. „Wenn ich damit fertig bin", sagte er, „so prüfe mein Werk." So überredete er ihn und begann mit der Verteilung. Dabei verlieh er den einen Stärke, aber keine Schnelligkeit, und die Schwächeren stattete er dafür mit Schnelligkeit aus. Den einen schenkte er Waffen, den anderen gab er eine wehrlose Natur und dachte für sie eine andere Fähigkeit aus, mit der sie sich erhalten konnten. Denjenigen Wesen, die er in Kleinheit gehüllt hatte, gab er Flügel, mit denen sie fliehen konnten, oder eine unterirdische Behausung; den anderen, die er zur Größe ausdehnte, gab er gerade darin die Möglichkeit zur Rettung, und mit allen Gaben schaffte er so einen Ausgleich. Das aber richtete er ein aus Vorsorge, damit keine ihrer Gattungen vertilgt werde. Nachdem er sie aber hinreichend vor der gegenseitigen Ausrottung geschützt hatte, dachte er auch einen Schutz für sie aus gegen die Jahreszeiten, die Zeus uns sendet, er umkleidete sie mit dichten Haaren und einer festen Haut, die ausreichten, um die Kälte abzuhalten, die aber auch die Hitze abwehren und, wenn sie zur Ruhe gingen, einem jeden Lebewesen als eigene und selbst gewachsene Decke dienen konnten. [...]

Weil nun aber Epimetheus nicht eben sehr gescheit war, hatte er, ohne es zu merken, alle Fähigkeiten für die vernunftlosen Wesen aufgebraucht; so blieb ihm als Einziges das Menschengeschlecht, das noch nicht ausgestattet war, und er wusste keinen Rat, was er damit anfangen sollte. Wie er noch in Verlegenheit ist, kommt Prometheus und will die Verteilung in Augenschein nehmen; er sieht, dass die übrigen Lebewesen mit allem angemessen ausgestattet sind, dass aber der Mensch nackt, ohne Schuhe, ohne Decken und ohne Waffen geblieben ist. Und schon war der schicksalhafte Tag da, an dem auch der Mensch aus der Erde ans Licht treten sollte. In seiner Verlegenheit, welches Mittel zur Rettung und Erhaltung er für den Menschen finden könnte, stiehlt er dem Hephaistos[3] und der Athene ihr kunstreiches Handwerk samt dem Feuer – denn es war unmöglich, es ohne Feuer zu erwerben oder nutzbar zu machen – und schenkt beides dem Menschen. Die Kunst, sein Leben zu führen, erhielt also der Mensch auf diese Weise; die Staatskunst hingegen besaß er noch nicht. Denn diese lag bei Zeus.

Die griechische Göttin Athene. Dem Mythos zufolge entsprang Athene dem Haupt des Zeus und wurde als Göttin der Weisheit, der Städte, der Künste und der Wissenschaft verehrt. Die meisten Abbildungen zeigen sie mit Helm und Lanze oder mit einer Eule, dem Symbol der Weisheit.

[1] Prometheus (gr.): vorbedacht, der Vorausdenkende
[2] Epimetheus (gr.): nachbedacht, der Nachherdenkende, Bruder des Prometheus
[3] Hephaistos (gr.): Gott des Feuers und der Schmiedekunst

Gustave Moreau (1826–1898): Die Leiden des Prometheus

50 Klassiker: Mythen. Die bekanntesten Mythen der griechischen Antike, dargestellt von Gerold Dommermuth-Gudrich, Hildesheim (Gerstenberg) [7]2004

Varianten des Prometheus-Mythos*

Der Mythos von Prometheus erfuhr mancherlei Wandlungen und Ergänzungen. So heißt es z. B. bei Hesiod[1], dass Prometheus aus in der Erde verborgenem Samen die Menschen erschuf und sie mit von den Tieren entlehnten guten und bösen Eigenschaften versah. In der Göttin Athene fand er eine Gönnerin, die diese Schöpfung bewunderte und ihr Geist und Weisheit gab. Da Zeus den Menschen das Feuer vorenthielt, stahl Prometheus dies vom Sonnenwagen, unterwies die Menschen in dessen Gebrauch und unterrichtete sie darüber hinaus in Wissenschaften und Kunstfertigkeiten. Daraufhin wurde Zeus auf die Menschen eifersüchtig und sann auf Rache. Er ließ eine wunderschöne Frau namens Pandora (die Allbeschenkte) formen, stattete sie mit einem Gefäß voller Unheil, von dem die Menschen bisher verschont geblieben waren, aus, schickte sie zu Epimetheus und brachte ihn gegen das Anraten des Prometheus dazu, das Geschenk anzunehmen. Pandora öffnete das Gefäß und es entwichen **Übel wie Krankheit, Neid, Habgier,** die von den Menschen Besitz ergriffen. Ein einziges Gut, das unten im Gefäß lag, **die Hoffnung, konnte nicht entweichen**, da Pandora den Deckel für immer zuschlug. Auch an Prometheus rächte sich Zeus, indem er ihn an einen Felsen schmieden und einen Adler täglich von seiner nachwachsenden Leber fressen ließ. Erst nach langen Qualen wurde Prometheus von Herakles befreit, musste aber weiterhin seine Ketten tragen.

[1] Hesiod (um 700 v. Chr.): griechischer Dichter

1 Wie unterscheidet der Mythos in den beiden Versionen zwischen Mensch und Tier?

2 Warum will Zeus dem Menschengeschlecht das Feuer vorenthalten?

3 Worin liegen Verdienst und Elend des Prometheus (s. dazu auch S. 267 ff.)?

4 Mit welcher Haltung hat der Maler den Prometheus dargestellt?

5 Lesen Sie das Gedicht „Prometheus“ von J. W. Goethe und zeigen Sie, wie er den Prometheus-Mythos interpretiert.

Der biblische Mythos von der Erschaffung des Menschen

50 Klassiker: Bibel. Die bekanntesten Geschichten des Alten Testaments, dargestellt von Christian Eckl, Hildesheim (Gerstenberg) 2001

Das Alte Testament schildert im Buch Genesis (Entstehung) in zwei verschiedenen Erzählungen, die um 1000 bzw. 500 v. Chr. entstanden sind, die Erschaffung der Welt als ein Werk Gottes. Während in einem der Berichte dargestellt wird, wie Gott den Menschen aus Erde bildete und ihm den göttlichen Atem einhauchte (Gen 2, 4b–3, 3,24), ist in dem anderen, jüngeren Bericht von einem 6-Tage-Werk die Rede, wonach der Mensch am sechsten Tag, demnach als Abschluss und Höhepunkt der Schöpfung, erschaffen wurde (Gen 1–2,4 a).
„Die Erzählungen der Urgeschichte sind weder als naturwissenschaftliche Aussagen noch als Geschichtsdarstellung, sondern als Glaubensaussagen über das Wesen der Welt und des Menschen und über deren Beziehung zu Gott zu verstehen" (Vorwort zur Einheitsübersetzung der Bibel, 1980).

Genesis 1, 26–31:

(26) Dann sprach Gott: Lasst uns Menschen machen als unser Abbild, uns ähnlich. Sie sollen herrschen über die Fische des Meeres, über die Vögel des Himmels, über das Vieh, über die ganze Erde und über alle Kriechtiere auf dem Land. (27) Und Gott schuf also den Menschen als sein Abbild; als Abbild Gottes schuf er ihn. Als Mann und Frau schuf er sie. (28) Gott segnete sie und sprach: Seid fruchtbar und vermehrt euch, bevölkert die Erde, unterwerft sie euch und herrscht über die Fische des Meeres, über die Vögel des Himmels und über alle Tiere, die sich auf dem Land regen. (29) Dann sprach Gott: Hiermit übergebe ich euch alle Pflanzen auf der ganzen Erde, die Samen tragen, und alle Bäume mit samenhaltigen Früchten. Euch sollen sie zur Nahrung dienen. (30) Allen Tieren des Feldes, allen Vögeln des Himmels und allem, was sich auf der Erde regt, was Lebensatem in sich hat, gebe ich alle grünen Pflanzen zur Nahrung. So geschah es. (31) Gott sah alles an, was er gemacht hatte: Es war sehr gut. Es wurde Abend, es wurde Morgen: der sechste Tag.

Genesis 2, 1–2:

(1) So wurden Himmel und Erde vollendet und ihr ganzes Gefüge.
(2) Am siebten Tag vollendete Gott das Werk, das er geschaffen hatte, und er ruhte am siebten Tag, nachdem er sein Werk vollbracht hatte.

Michelangelo (1475–1564): Die Erschaffung Adams

Der biblische Mythos vom Sündenfall und der Vertreibung aus dem Paradies

Nach der Schöpfung bestand die Erde aus dem Garten Eden, dem Paradies. Dort gab es neben anderen Bäumen den sogenannten „Baum der Erkenntnis" (von Gut und Böse), dessen Früchte zu essen den ersten Menschen von Gott verboten war. Aufgrund der Verführung durch eine Schlange aßen Adam und Eva dennoch die verbotene Frucht, was in der christlichen Tradition als „Sündenfall" bezeichnet wird.

Genesis 3, 7–24: (7) Da gingen beiden die Augen auf und sie erkannten, dass sie nackt waren. Sie hefteten Feigenblätter zusammen und machten sich einen Schurz. (8) Als sie Gott, den Herrn, im Garten gegen den Tagwind einherschreiten hörten, versteckten sich Adam und seine Frau vor Gott, dem Herrn, unter den Bäumen des Gartens. (9) Gott, der Herr, rief Adam zu und sprach: Wo bist du? (10) Er antwortete: Ich habe dich im Garten kommen hören; da geriet ich in Furcht, weil ich nackt bin, und versteckte mich. (11) Darauf fragte er: Wer hat dir gesagt, dass du nackt bist? Hast du von dem Baum gegessen, von dem zu essen ich dir verboten habe? (12) Adam antwortete: Die Frau, die du mir beigesellt hast, sie hat mir von dem Baum gegeben, und so habe ich gegessen. (13) Gott, der Herr, sprach zu der Frau: Was hast du getan? Die Frau antwortete: Die Schlange hat mich verführt, und so habe ich gegessen. (14) Da sprach Gott, der Herr, zur Schlange: Weil du das getan hast, bist du verflucht / unter allem Vieh und allen Tieren des Feldes. / Auf dem Bauch sollst du kriechen / und Staub fressen alle Tage deines Lebens. (15) Feindschaft setze ich zwischen dich und die Frau, / zwischen deinen Nachkommen und ihrem Nachwuchs. / Er trifft dich am Kopf, / und du triffst ihn an der Ferse. (16) Zur Frau sprach er: Viel Mühsal bereite ich dir, sooft du schwanger wirst. / Unter Schmerzen gebierst du deine Kinder. / Du hast Verlangen nach deinem Mann; / er aber wird über dich herrschen. (17) Zu Adam sprach er: Weil du auf deine Frau gehört und von dem Baum gegessen hast, von dem zu essen ich dir verboten hatte: So ist verflucht der Ackerboden deinetwegen. / Unter Mühsal wirst du von ihm essen, / alle Tage deines Lebens. (18) Dornen und Disteln lässt er dir wachsen, / und die Pflanzen deines Feldes musst du essen. (19) Im Schweiße deines Angesichts / sollst du dein Brot essen, / bis du zurückkehrst zum Ackerboden; / von ihm bist du ja genommen. / Denn Staub bist du, zum Staub musst du zurück. (20) Adam nannte seine Frau Eva (Leben), denn sie wurde die Mutter aller Lebendigen. (21) Gott, der Herr, machte Adam und seiner Frau Röcke aus Fellen und bekleidete sie damit. (22) Dann sprach Gott, der Herr: Seht, der Mensch ist geworden wie wir; er erkennt Gut und Böse. Dass er jetzt nicht die Hand ausstreckt, auch vom Baum des Lebens nimmt, davon isst und ewig lebt! (23) Gott, der Herr, schickte ihn aus dem Garten von Eden weg, damit er den Ackerboden bestellt, von dem er genommen war. (24) Er vertrieb den Menschen und stellte östlich des Gartens von Eden die Kerubim auf und das lodernde Flammenschwert, damit sie den Weg zum Baum des Lebens bewachten.

Masaccio (1401–1428): Die Vertreibung aus dem Paradies

1 Welche Aussagen macht der Mythos der Erschaffung des Menschen über die Stellung des Menschen in der Welt und sein Verhältnis zu Gott und Natur?

2 Worin besteht die Ursünde des Menschen? Welche Folgen resultieren daraus?

3 Worin bestehen Funktion und „Wahrheit" dieser mythischen Erzählungen? Was bedeutet der Mythos für das Leben eines gläubigen Menschen?

4 Zu den Bildern: Wie hat Michelangelo den biblischen Text interpretiert? Wie stellt Massacio den Sündenfall dar?

Bruce Chatwin (1940–1989), englischer Weltenbummler, Journalist, Kunstexperte und Romancier

Bruce Chatwin: Wie die Erde gesungen wurde … – der Mythos der australischen Ureinwohner

Bruce Chatwin lebte eine Zeit lang bei den Aborigines, den australischen Ureinwohnern, und gewann ihr Vertrauen. Dadurch gelang es ihm, in die Geheimnisse ihres Erdentstehungs-Mythos einzudringen. Über diese Erfahrungen schrieb er das Buch „Traumpfade". Darin erzählt er, wie die Aborigines die Wege, die ihre Ururahnen einst gingen, immer wieder abschreiten müssen, damit die Welt nicht verschwindet. Auf geheimnisvolle Weise ist jedem Ureinwohner auch heute noch der besondere Weg seiner persönlichen Ahnen bekannt, obwohl es darüber keine Karten oder Aufzeichnungen gibt. So ist ganz Australien von diesen Traumpfaden durchzogen, an Knotenpunkten kreuzen sie sich – deshalb sind dort heilige Orte. Inzwischen hat die Regierung diese Pfade und ihre Knotenpunkte anerkannt und berücksichtigt sie manchmal bei der Streckenführung im Straßenbau. Dazu werden dann Experten herangezogen, die selbst Aborigines sind.

Am Anfang war die Erde eine unendliche, finstere Ebene, getrennt vom Himmel und vom grauen Salzmeer und in schattenhaftes Zwielicht getaucht. Es gab weder Sonne noch Mond noch Sterne. Doch in weiter Ferne lebten die Himmelsbewohner: jugendlich unbekümmerte Wesen, mit menschlicher Gestalt, aber den Füßen von Emus[1], und ihr goldenes Haar glitzerte wie Spinnweben im Sonnenuntergang; zeitlos und ohne zu altern lebten sie seit eh und je in ihrem grünen, wasserreichen Paradies jenseits der westlichen Wolken.
Auf der Oberfläche der Erde waren die einzigen Merkmale einige Höhlungen, die eines Tages Wasserlöcher sein würden. Es gab keine Tiere und keine Pflanzen, doch um die Wasserlöcher ballte sich eine breiige Fülle von Materie: Klumpen von Ursuppe – lautlos, blind, nicht atmend, nicht wach und nicht schlafend –, und jeder Einzelne trug die Substanz des Lebens oder die Möglichkeit der Menschwerdung in sich.
Unter der Erdkruste jedoch glitzerten die Konstellationen, die Sonne schien, der Mond nahm zu und nahm ab, und alle Formen des Lebens lagen schlafend da: das Scharlachrot einer Wüstenwicke, das irisierende Licht auf einem Schmetterlingsflügel, der zuckende weiße Schnurrbart des alten Kängurumannes – sie ruhten wie Samen in der Wüste, die auf einen vorbeiziehenden Regenschauer warten müssen.
Am Morgen des ersten Tages hatte die Sonne das Verlangen, geboren zu werden. Am selben Abend sollten Sterne und Mond folgen. Die Sonne brach durch die Oberfläche, überflutete das Land mit goldenem Licht, wärmte die Höhlungen, unter denen jeder Ahne schlief.
Anders als die Himmelsbewohner waren diese Alten nie jung gewesen. Es waren lahme, erschöpfte Graubärte mit steifen Gliedern, und sie hatten in Abgeschiedenheit ewige Zeiten durchschlafen.
So kam es, dass an diesem ersten Morgen jeder schlummernde Ahne die Wärme der Sonne auf seinen Augenlidern lasten spürte und spürte, wie sein Körper Kinder gebar. Der Schlangenmann spürte, wie Schlangen aus seinem Nabel glitschten. Der Kakadumann spürte Federn. Der Witchettymann[2] spürte ein Schlängeln, die Honigameise ein Kitzeln, das Geißblatt spürte, wie seine Blätter und Blüten sich öffneten.

---

[1] Emu: australischer Straußenvogel
[2] Witchetty: In dem Witchetty-Busch leben die Witchetty-Grubs; Raupen, die bei den Aborigines als Nahrung beliebt sind.

Der Bandikutmann[1] spürte, wie junge Bandikuts unter seinen Armhöhlen hervorquollen. Alle „lebenden Geschöpfe", ein jedes an seiner eigenen, gesonderten Geburtsstätte, streckten sich dem Licht des Tages entgegen.

Auf dem Grund ihrer Höhlungen, die sich jetzt mit Wasser füllten, bewegten die Alten zuerst ein Bein, dann das andere Bein. Sie schüttelten ihre Schultern und reckten ihre Arme. Sie richteten ihre Körper aus dem Schlamm empor. Ihre Augenlider platzten auf. Sie sahen ihre Kinder im Sonnenschein spielen.

Der Schlamm fiel von ihren Schenkeln, wie Plazenta von einem Neugeborenen. Dann, dem ersten Schrei eines Neugeborenen ähnlich, öffnete jeder Ahne den Mund und rief „ICH BIN". „Ich bin Schlange ... Kakadu ... Honigameise ... Geißblatt!" Und dieses erste „Ich bin!", diese uranfängliche Namensgebung, galt – in diesem Augenblick und für alle nachfolgende Zeit – als die geheimste und heiligste Strophe des Ahnen-Lieds.

Jeder der Alten, die sich jetzt im Sonnenlicht wärmten, setzte seinen linken Fuß voran und rief einen zweiten Namen. Er setzte seinen rechten Fuß voran und rief einen dritten Namen. Er benannte das Wasserloch, die Riedbeete, die Gummibäume – er rief nach rechts und nach links, er rief alle Dinge ins Dasein und verwob ihre Namen zu Versen.

Die Alten sangen ihren Weg durch die ganze Welt. Sie sangen die Flüsse und Bergketten, die Salzpfannen und Sanddünen. Sie jagten, aßen, liebten, tanzten, töteten: Wo immer ihre Pfade hinführten, hinterließen sie eine musikalische Spur.

Sie hüllten die ganze Welt in ein Liednetz ein, und als die Erde schließlich gesungen war, fühlten sie sich müde. Wieder spürten sie in ihren Gliedern die eisige Bewegungslosigkeit ewiger Zeiten. Einige versanken in der Erde, auf der sie standen. Einige verkrochen sich in Höhlen. Einige schleppten sich zu ihrer „ewigen Heimstatt", zu den uralten Wasserlöchern, die sie geboren hatten.

Alle kehrten sie „zurück ins Innere".

1 Erklären Sie den komplizierten Mythos der Erdentstehung: Wie sah die Welt ganz zu Anfang aus? Wie kam es zu Licht und zur Gestalt der Erde? Wie entstand tierisches, pflanzliches und mineralisches Leben?

2 Welche Beziehung besteht zwischen Mensch und Umwelt für den, der mit diesem Mythos aufwächst?

3 Beschreiben Sie aus der Sicht von Aborigines unsere heutige Welt.

4 Vergleichen Sie das Verhältnis zwischen Mensch und Welt im biblischen, im prometheischen und im Aborigines-Mythos.

[1] Bandikut: Beuteldachs, Säugetier aus der Gattung der Beuteltiere; lebt in höheren Gebieten Australiens

Der griechische Philosoph **Platon** (427–347 v. Chr., → Biografie, S. 373) verwendet ähnlich wie im Mythos ein Bild, um einen abstrakten Zusammenhang zu veranschaulichen. Anders aber als im Mythos, wo das Bild für sich selbst spricht, hat es hier die Funktion, eine philosophische Auffassung zu verdeutlichen.
Das Höhlengleichnis hat mancherlei Deutungen erfahren: als bildhafte Darstellung der Ideenlehre, als Beschreibung eines Lern- und Bildungsprozesses, als Sinnbild für Möglichkeiten und Grenzen menschlichen Erkennens.

Platon: Das Höhlengleichnis – ein philosophischer Mythos

„Und jetzt will ich dir ein Gleichnis für uns Menschen sagen, wenn wir wahrhaft erzogen sind und wenn wir es nicht sind. Denke dir, es lebten Menschen in einer Art unterirdischer Höhle, und längs der ganzen Höhle zöge sich eine breite Öffnung hin, die zum Licht hinaufführt. In dieser Höhle wären sie von Kindheit an gewesen und hätten Fesseln an den Schenkeln und am Halse, sodass sie sich nicht von der Stelle rühren könnten und beständig geradeaus schauen müssten. Oben in der Ferne sei ein Feuer, und das gäbe ihnen von hinten her Licht. Zwischen dem Feuer aber und diesen Gefesselten führe oben ein Weg entlang. Denke dir, dieser Weg hätte an seiner Seite eine Mauer, ähnlich wie ein Gerüst, das die Gaukler vor sich, den Zuschauern gegenüber, zu errichten pflegen, um darauf ihre Kunststücke vorzuführen."
„Ja, ich denke es mir so."
„Weiter denke dir, es trügen Leute an dieser Mauer vorüber, aber so, dass es über sie hinwegragt, allerhand Geräte, auch Bildsäulen von Menschen und Tieren aus Stein und aus Holz und überhaupt Erzeugnisse menschlicher Arbeit. Einige dieser Leute werden sich dabei vermutlich unterhalten, andere werden nichts sagen."
„Welch seltsames Gleichnis! Welch seltsame Gefangene!"
„Sie gleichen uns! – Haben nun diese Gefangenen wohl von sich selber und voneinander etwas anderes gesehen als ihre Schatten, die das Feuer auf die Wand der Höhle wirft, der sie gegenübersitzen?"
„Wie sollten sie! Sie können ja ihr Leben lang nicht den Kopf drehen."
„Ferner: von den Gegenständen, die oben vorübergetragen werden? Doch ebenfalls nur ihre Schatten?"
„Zweifellos."
„Und wenn sie miteinander sprechen können, so werden sie in der Regel doch wohl von diesen Schatten reden, die da auf ihrer Wand vorübergehen." „Unbedingt." „Und wenn ihr Gefängnis auch ein Echo von der Wand zurückwirft, sobald ein Vorübergehender spricht, so werden sie gewiss nichts anderes für den Sprecher halten als den vorüberkommenden Schatten." „Entschieden nicht."
„Überhaupt werden sie nichts anderes für wirklich halten als diese Schatten von Gegenständen menschlicher Arbeit."
„Ja, ganz unbedingt." „Nun denke dir, wie es ihnen ergeht, wenn sie frei werden, die Fesseln abstreifen und von der Unwissenheit geheilt werden. Es kann doch nicht anders sein als so. Wenn einer losgemacht wird, sofort aufstehen muss, den Hals wenden, vorwärtsschreiten und hinauf nach dem Licht schauen muss – das alles verursacht ihm natürlich Schmerzen, und das Licht blendet ihn so, dass er die Gegenstände, deren Schatten er bis dahin sah, nicht erkennen kann –, was wird er dann wohl sagen, wenn man ihm erklärt: Bis dahin habe er nur eitlen Tand gesehen; jetzt sei er der Wahrheit viel näher und sähe besser; denn die Gegenstände hätten höhere Wirklichkeit, denen er jetzt zugewendet sei! Und weiter, wenn man auf die einzelnen Gegenstände hinzeigt und ihn fragt, was sie bedeuten. Er würde doch keine einzige Antwort geben können und würde glauben, was er bis dahin gesehen, hätte mehr Wirklichkeit, als was man ihm jetzt zeigt." „Weit mehr." „Und zwingt man ihn, das Licht selber anzusehen, so schmerzen ihn doch die Augen. Er wird sich umkehren, wird zu den alten Schatten eilen, die er doch ansehen kann, und wird sie für heller halten als das, was man ihm zeigt." „Ja, das wird er tun." „Und zieht man ihn gar den rauen, steilen Ausgang mit Gewalt hinauf und lässt nicht ab, bis man ihn hervor ins Sonnenlicht gezogen hat, so steht er doch Qualen aus, wehrt sich unwillig, und, ist er oben im Licht, so hat er die Augen voller Glanz und kann kein einziges von den Dingen sehen,

Platons Ideenlehre:
Mit seiner Ideenlehre schuf Platon die **erste einheitliche Erkenntnistheorie**.
Demnach ist die sinnlich erfahrbare Welt ständig Veränderungen und Wandlungen unterlegen. In ihr lässt sich das zeitlose und unwandelbar Wahre folglich nicht erkennen. Platon nahm daher an, dass es sich bei der Erfahrungswelt lediglich um das unvollkommene **Abbild** der **transzendenten**, d. h., übersinnlichen, übernatürlichen **Welt der Ideen** handelt. Eine Idee (gr. idéa = Erscheinung, Form) ist das allem Sichtbaren und sinnlich Erfahrbaren zugrunde liegende, unveränderliche, wahre und ewige Urbild. Diese Ideenwelt ist hierarchisch gegliedert. An höchster Stelle steht die **Idee des Guten**.

die wir wirklich nennen.“ „Nein, wenn es plötzlich geschieht, nicht.“ „Er muss sich an das Licht gewöhnen, wenn er die Gegenstände oben sehen will. Zuerst wird er wohl am besten die Schatten erkennen, später die Spiegelungen von Menschen und anderen Gegenständen im Wasser, dann sie selber. Weiter wird er die Himmelskörper sehen und den Himmel selber, und zwar besser bei Nacht die Sterne und den Mond, als bei Tage die Sonne und ihre Strahlen.“ „Freilich.“ „Schließlich wird er in die Sonne selber sehen können, also nicht bloß ihre Spiegelbilder im Wasser und anderswo hier unten erblicken, sondern sie selber oben an ihrem Ort. Er wird ihr Wesen begreifen.“ „Unbedingt.“ „Und dann vermag er den Schluss zu ziehen, dass sie es ist, die Jahreszeiten und Jahre hervorbringt, die über die ganze sichtbare Welt waltet und von der in gewissem Sinne alles, was man sieht, ausgeht.“

„Klar, so weit würde er allmählich kommen!“ „Nun weiter! Wenn man ihn dann an seine erste Wohnung, an sein damaliges Wissen und die Mitgefangenen dort erinnerte, würde er sich dann nicht glücklich preisen wegen seines Ortswechsels und die anderen bedauern?“ „Gar sehr!“ „Wenn sie damals Ehrenstellen und Preise untereinander ausgesetzt haben und Auszeichnungen für den Menschen, der die vorbeiziehenden Gegenstände am schärfsten erkannt und sich am besten gemerkt hat, welche vorher und welche nachher und welche zugleich vorbeizogen, und daher am besten auf das Kommende schließen könne, wird da nun dieser Mann besondere Sehnsucht nach ihnen haben und jene beneiden, die bei ihnen in Ehre und Macht sind? Oder wird es ihm gehen, wie Homer sagt, er begehre heftig Arbeit, um Lohn zu verrichten. Bei einem ärmlichen Mann auf dem Lande ... und alles eher erdulden, als wieder nun jene bloßen Meinungen zu besitzen und auf jene Art zu leben?“ „Lieber wird er alles über sich ergehen lassen, als dort zu leben!“

Platons Menschenbild:
Die dem Menschen innewohnende, präexistente und unsterbliche **Seele** hatte vor ihrer Einkehr in das „Gefängnis des Körpers“ Teilhabe an der Ideenwelt und damit vom wahren Wissen. Der Zugang zu der Welt der Ideen ist dem Menschen durch den Vorgang der **Wiedererinnerung** (Anamnese) möglich.
Platon sah die menschliche Seele in **Vernunft, Energie** und **Triebe** dreigeteilt. Er verwendet dazu das Bild eines **„Seelenwagens“**: ein Pferdegespann mit Wagen und Wagenlenker und mit zwei Pferden, von denen das eine nach oben (zur Geisteswelt), das andere nach unten (in die Welt der Triebe und Leidenschaften) zieht.
Der Wagenlenker als der vernünftige Seelenteil muss den Weg (nach oben) bestimmen.

Franz Kafka: Im Tunnel

Wir sind, mit dem irdisch befleckten Auge gesehn, in der Situation von Eisenbahnreisenden, die in einem langen Tunnel verunglückt sind, und zwar an einer Stelle, wo man das Licht des Anfangs nicht mehr sieht, das Licht des Endes aber nur so winzig, dass der Blick es immerfort suchen muss und immerfort verliert, wobei Anfang und Ende nicht einmal sicher sind. Rings um uns aber haben wir in der Verwirrung der Sinne oder in der Höchstempfindlichkeit der Sinne lauter Ungeheuer und ein je nach der Laune und Verwundung des Einzelnen entzückendes oder ermüdendes kaleidoskopisches Spiel. Was soll ich tun? Oder: Wozu soll ich es tun? sind keine Fragen dieser Gegenden.

1 Gestalten Sie in einem szenischen Spiel die Situation in der Höhle.

2 Stellen Sie die einzelnen Etappen des Gangs aus der Höhle ans Licht dar. Welches Bild von Welt und Mensch entwirft Platon?

3 „Platons Gleichnis besitzt heute noch Aktualität.“ Prüfen Sie, ob diese Behauptung zutrifft.

4 Vergleichen Sie das Höhlengleichnis mit Kafkas Parabel. Inwiefern lässt sich „Im Tunnel“ als moderne Antwort auf Platons Welt- und Menschenbild deuten?

Mensch und Kultur

Aristoteles (384–322 v. Chr., → Biografie, S. 374), griechischer Philosoph, entwickelte ein auf genauer Naturbeobachtung basierendes Verfahren, die Welt zu analysieren. Er bestimmte den Menschen als ein **„zoon politicon“** (gr.), ein Staaten bildendes Wesen. In den nebenstehenden Texten zeigt sich sein **teleologisches Weltbild**, das alle Abläufe in Welt und Natur auf ein Ziel gerichtet sieht (s. auch S. 61).

Aristoteles: Die Hand – „Werkzeug aller Werkzeuge“

Der Mensch ist das einzige Geschöpf mit aufrechter Haltung, weil seine Natur und sein Wesen göttlich sind. Die Aufgabe des göttlichen Wesens ist aber Denken und Sinnen. Dies wird erschwert, wenn die Körperlast von oben zu groß wird, weil die Last das Denken und den Allgemeinsinn zu unbeweglich macht. [...]

Da der Mensch aber nun aufrecht geht, braucht er vorn keinerlei Schenkel, und so hat ihm die Natur dafür Arme und Hände gegeben. Anaxagoras[1] meint, der Mensch sei deswegen das vernünftigste Geschöpf geworden, weil er Hände habe. Sinnvoller jedoch ist es, dass er Hände bekommen habe, weil er das vernünftigste Geschöpf ist. Denn die Hände sind ein Werkzeug, die Natur teilt aber, wie ein verständiger Mensch, jedes Werkzeug nur dem zu, der damit umgehen kann. Es ist ja auch passender, einem Flötenspieler Flöten zu geben, als einen nur deswegen als Flötenspieler zu bezeichnen, weil er Flöten besitzt. Sie fügt dem Größeren und Bedeutsameren das Geringere an, aber nicht dem Geringeren das Ehrwürdigere und Größere. Wenn es nun so besser ist, die Natur aber immer von allen Möglichkeiten die beste verwirklicht, **dann ist der Mensch nicht deshalb so vernünftig, weil er Hände hat, sondern er hat Hände, weil er das vernünftigste Geschöpf ist.** Denn der Vernünftigste kann auch wohl mit den meisten Werkzeugen gut umgehen, und die Hand bedeutet nicht nur ein Werkzeug, sondern viele, sie ist gleichsam das Werkzeug aller Werkzeuge. [...]

Diejenigen aber, die den Bau der Menschen bemängeln und ihn für das bedauernswerteste Geschöpf erklären, weil er ohne Schuhe sei und nackt und ohne Waffen zum Kampf, tun nicht recht daran. Denn die anderen Geschöpfe haben alle immer nur ein Hilfsmittel, das sie nicht mit einem anderen vertauschen können, sondern sie müssen gleichsam gestiefelt und gespornt schlafen und alles tun und können das Wärmekleid um ihren Leib niemals ablegen noch die Waffe, die sie nun mal haben, gegen eine andere vertauschen. Dem Menschen dagegen sind viele Hilfsmittel gegeben, und er kann diese noch verändern, er kann sich die Waffe aussuchen, wie er sie will und wo, da die Hand ihm zur Kralle, zur Schere, zum Horn wird und zum Speer, zum Schwerte und jeder anderen Waffe und jedem Werkzeug. Dies alles ist ja die Hand, weil sie es alles ergreifen und halten kann.

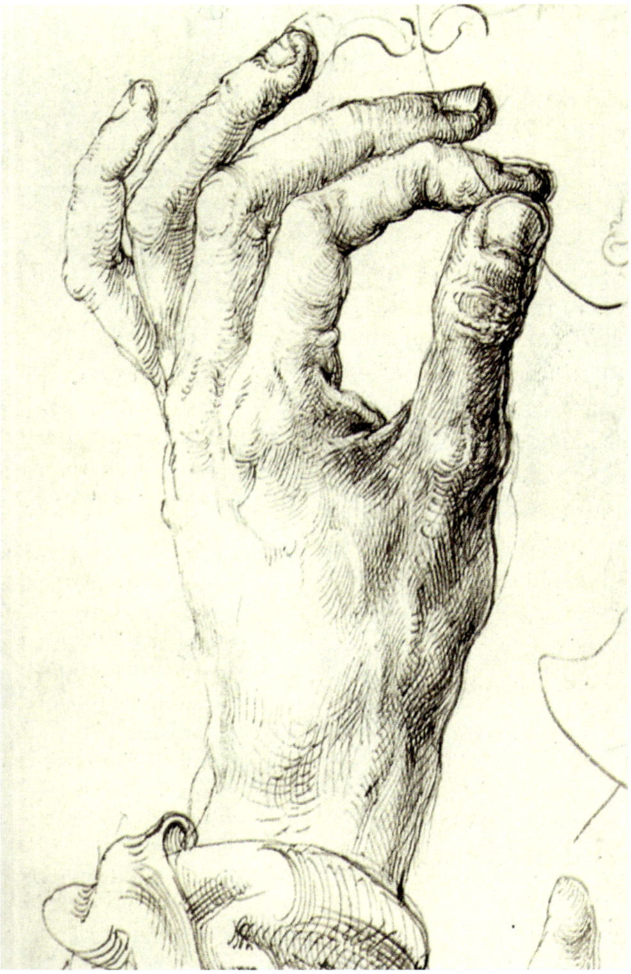

Albrecht Dürer (1471–1528): Studie einer Hand

[1] Anaxagoras (4. Jh. v. Chr.): griechischer Philosoph

Aristoteles: Der Mensch braucht Gemeinschaft

Es ist also notwendig, dass sich zuerst diejenigen Individuen verbinden, die ohne einander nicht sein können, also einmal Weibliches und Männliches der Fortpflanzung wegen – und zwar nicht aus Willkür, sondern nach dem auch der anderen Sinnenwesen und den Pflanzen innewohnenden Triebe, ein anderes, ihnen gleiches Wesen zu hinterlassen –, dann zweitens von Natur Herrschendes und Beherrschtes der Erhaltung wegen. Denn was von Natur dank seinem Verstande vorzusehen vermag, ist ein von Natur Herrschendes und von Natur Gebietendes, was dagegen mit den Kräften seines Leibes das so Vorgesehene auszuführen imstande ist, das ist ein Beherrschtes und von Natur Sklavisches, weshalb sich denn die Interessen des Herrn und des Sklaven begegnen. [...]

Aus diesen beiden Gemeinschaften nun entsteht zuerst das Haus. So ist denn die für das tägliche Zusammenleben bestehende natürliche Gemeinschaft das Haus oder die Familie. [...] Dagegen ist die erste Gemeinschaft, die aus mehreren Familien um eines über den Tag hinaus reichenden Bedürfnisses entsteht, die Dorfgemeinde. [...]

Endlich ist die aus mehreren Dorfgemeinden gebildete vollkommene Gesellschaft der Staat (polis), eine Gemeinschaft, die gleichsam das Ziel vollendeter Selbstgenügsamkeit (Autarkie) erreicht hat, die um des Lebens willen entstanden ist und um des vollkommenen Lebens willen besteht. Darum ist alles staatliche Gemeinwesen von Natur, wenn anders das Gleiche von den ersten und ursprünglichen menschlichen Vereinen gilt. Denn der Staat verhält sich zu ihnen wie das Ziel (telos), nach dem sie streben; das ist aber eben die Natur. [...]

Hieraus erhellt also, dass der Staat zu den von Natur bestehenden Dingen gehört und der Mensch von Natur ein staatliches Wesen ist und dass jemand, der von Natur und nicht bloß zufällig außerhalb des Staates lebt, entweder schlecht ist oder besser als ein Mensch, wie auch der von Homer[1] als ein Mann „ohne Geschlecht und Gesetz und Herd" gebrandmarkte. Denn er ist gleichzeitig von Natur ein solcher und „nach dem Kriege begierig", indem er isoliert dasteht wie ein Stein im Brett.

Dass aber der Mensch mehr noch als jede Biene und jedes schwarm- oder herdenweise lebende Tier ein Vereinswesen ist, liegt am Tage. Die Natur macht, wie wir sagen, nichts vergeblich. Nun ist aber einzig der Mensch unter allen animalischen Wesen mit der Sprache begabt. Die Stimme ist das Zeichen für Schmerz und Lust und darum auch den anderen Sinneswesen verliehen, indem ihre Natur so weit gelangt ist, dass sie Schmerz und Lust empfinden und beides einander zu erkennen geben. Das Wort aber oder die Sprache ist dafür da, das Nützliche oder das Schädliche und so denn auch das gerechte und das ungerechte anzuzeigen. Denn das ist den Menschen vor den anderen Lebewesen eigen, dass sie Sinn haben für Gut und Böse, für gerecht und ungerecht und was dem ähnlich ist. Die Gemeinschaftlichkeit dieser Ideen aber begründet die Familie und den Staat.

Darum ist denn auch der Staat der Natur nach früher als die Familie und als der einzelne Mensch, weil das Ganze früher sein muss als der Teil. [...]

Darum haben denn alle Menschen von Natur in sich den Trieb zu dieser Gemeinschaft, und der Mann, der sie zuerst errichtet hat, ist der Urheber der größten Güter. Denn wie der Mensch in seiner Vollendung das vornehmste Geschöpf ist, so ist er auch, des Gesetzes und Rechtes ledig, das schlechteste von allen.

1 Wodurch unterscheidet sich der Mensch nach Aristoteles von den anderen Lebewesen?

2 Wie deutet er die körperlichen Eigenheiten des Menschen? Untersuchen Sie in diesem Zusammenhang seine Argumentation gegen Anaxagoras (S. 34, Z. 6 f.).

3 Wie begründet Aristoteles seine Auffassung, dass „der Mensch von Natur ein staatliches Wesen" sei?

4 „Wer nicht in Gemeinschaft leben kann oder ihrer nicht bedarf, ist entweder ein Tier oder ein Gott." Diskutieren Sie diese These des Aristoteles.

5 Setzen Sie sich kritisch mit den Aussagen des Aristoteles auseinander. Welche seiner Vorstellungen sind Ihrer Meinung nach „überholt", welche heute noch gültig?

[1] Homer (8. Jh. v. Chr.): griechischer Dichter

Karl Marx (1818–1883, → Biografie, S. 379), deutscher Philosoph, entwickelte eine einflussreiche Lehre („Marxismus"), die dem Idealismus (Ideen bestimmen das menschliche Leben) eine materialistische Weltauffassung gegenüberstellt: Das Denken der Menschen fußt auf ihrer Arbeit, auf ihrer Produktion von materiellen Gütern und auf ihren Lebensbedingungen („Das Sein bestimmt das Bewusstsein."). (s. auch S. 93)

Karl Marx: Durch die Arbeit verändert der Mensch seine eigene Natur

Die Arbeit ist zunächst ein Prozess zwischen Mensch und Natur, ein Prozess, worin der Mensch seinen Stoffwechsel mit der Natur durch seine eigene Tat vermittelt, regelt und kontrolliert. Er tritt dem Naturstoff selbst als eine Naturmacht gegenüber. Die seiner Leiblichkeit angehörigen Naturkräfte, Arme und Beine, Kopf und Hand, setzt er in Bewegung, um sich den Naturstoff in einer für sein eignes Leben brauchbaren Form anzueignen. **Indem er durch diese Bewegung auf die Natur außer ihm wirkt und sie verändert, verändert er zugleich seine eigene Natur.** Er entwickelt die in ihr schlummernden Potenzen und unterwirft das Spiel ihrer Kräfte seiner eigenen Botmäßigkeit. Wir haben es hier nicht mit den ersten tierartig instinktmäßigen Formen der Arbeit zu tun. Wir unterstellen die Arbeit in einer Form, worin sie dem Menschen ausschließlich angehört. Eine Spinne verrichtet Operationen, die denen des Webers ähneln, und eine Biene beschämt durch den Bau ihrer Wachszellen manchen menschlichen Baumeister. Was aber von vorneherein den schlechtesten Baumeister vor der besten Biene auszeichnet, ist, dass er die Zelle in seinem Kopf gebaut hat, bevor er sie in Wachs baut. **Am Ende des Arbeitsprozesses kommt ein Resultat heraus, das beim Beginn desselben schon in der Vorstellung des Arbeiters, also schon ideal vorhanden war.** Nicht dass er nur eine Formveränderung des Natürlichen bewirkt; er verwirklicht im Natürlichen zugleich seinen Zweck, den der weiß, der die Art und Weise seines Tuns als Gesetz bestimmt und dem er seinen Willen unterordnen muss. Und diese Unterordnung ist kein vereinzelter Akt. Außer der Anstrengung der Organe, die arbeiten, ist der zweckmäßige Wille, der sich als Aufmerksamkeit äußert, für die ganze Dauer der Arbeit erheischt, und umso mehr, je weniger sie durch den eigenen Inhalt und die Art und Weise ihrer Ausführung den Arbeiter mit sich fortreißt, je weniger er sie daher als Spiel seiner eigenen körperlichen und geistigen Kräfte genießt.

Jonathan Borofsky (geb. 1942): Hammering Man. Die sich in ständiger Bewegung befindende Skulptur steht vor dem Messegelände in Frankfurt/Main.

1 Wie grenzt Marx die Tätigkeit des Tieres von der Arbeit des Menschen ab?

2 Inwiefern verändert der Mensch durch seine Arbeit auch seine eigene Natur? Setzen Sie die Aussage von Marx in Bezug zu Ihren eigenen Erfahrungen.

3 Warum stellt Arbeitslosigkeit nicht nur ein materielles Problem dar?

Arnold Gehlen: Der Mensch als Mängelwesen und als Prometheus[1]

Sieht man den Menschen theoretisch unbefangen an, so bemerkt man einige Merkmale, die zunächst einmal aufgezählt seien.
Er ist ‚organisch mittellos', ohne natürliche Waffen, ohne Angriffs- oder Schutz- oder Fluchtorgane, mit Sinnen von nicht besonders bedeutender Leistungsfähigkeit, denn jeder unserer Sinne wird von den ‚Spezialisten' im Tierreich weit übertroffen. [...] Die Gesamtheit dieser Merkmale fasst man unter dem Begriff der ‚Unspezialisiertheit' zusammen, und daher stammt die Berechtigung, den Menschen in einen beschreibenden und vergleichenden Gegensatz zum Tier zu bringen. [...]
Wir sehen weiter, wo wir auch hinblicken, den Menschen über die Erde verbreitet und trotz seiner physischen Mittellosigkeit sich zunehmend die Natur unterwerfen. Es ist dabei keine ‚Umwelt', kein Inbegriff natürlicher und urwüchsiger Bedingungen angebbar, der erfüllt sein muss, damit ‚der Mensch' leben kann, sondern wir sehen ihn überall, unter Pol und Äquator, auf dem Wasser und auf dem Lande, in Wald, Sumpf, Gebirge und Steppe ‚sich halten'. **Und zwar lebt er als ‚Kulturwesen', d.h. von den Resultaten seiner *voraussehenden*, geplanten und gemeinsamen Tätigkeit**, die ihm erlaubt, aus sehr beliebigen Konstellationen von Naturbedingungen durch deren voraussehende und tätige Veränderung sich Techniken und Mittel seiner Existenz zurechtzumachen. Man kann daher die ‚Kultursphäre' jeweils den Inbegriff tätig *veränderter* Bedingungen nennen, innerhalb deren der Mensch allein lebt und leben kann. Irgendwelche Waffen, Organisationsformen gemeinsamer Tätigkeit und Schutzmaßnahmen vor Feinden, vor der Witterung usw. gehören daher zu den Beständen auch der primitivsten Kultur, und ‚Naturmenschen', d.h. kulturlose gibt es überhaupt nicht.
Man muss die Resultate dieser geplanten, verändernden Tätigkeit einschließlich der dazugehörigen Sachmittel, Denk- und Vorstellungsmittel zu den physischen Existenzbedingungen des Menschen rechnen, und diese Aussage gilt für kein Tier. Die Bauten der Biber, die Vogelnester usw. sind niemals voraussehend geplant und gehen aus rein instinktiven Betätigungen hervor. Den Menschen als *Prometheus* zu bezeichnen, hat daher einen exakten und einen guten Sinn. Wenn man bemerkt, dass die Kultursphäre des Menschen in der Tat eine biologische Bedeutung hat, so liegt es nahe, den für die Zoologie bewährten Begriff der Umwelt auch hier anzuwenden, wie es meistens geschieht. Aber es besteht doch ein wesentlicher Unterschied: Ohne Zweifel muss man ja die organische Mittellosigkeit des Menschen und auf der anderen Seite seine kulturschaffende Tätigkeit aufeinander beziehen und als biologisch eng sich gegenseitig bedingende Tatsachen fassen. [...]
Der Mensch ist organisch ‚Mängelwesen' (*Herder*[2]), **er wäre in jeder natürlichen Umwelt lebensunfähig, und so muss er sich eine zweite Natur, eine künstlich bearbeitete und passend gemachte Ersatzwelt, die seiner versagenden organischen Ausstattung entgegenkommt, erst schaffen**, und er tut dies überall, wo wir ihn sehen. Er lebt sozusagen in einer künstlich entgifteten, handlich gemachten und von ihm ins Lebensdienstliche veränderten Natur, die eben die Kultursphäre ist. Man kann auch sagen, dass er biologisch zur Naturbeherrschung gezwungen ist.

Arnold Gehlen (1904–1976), deutscher Philosoph und Soziologe. Eines seiner wichtigsten Werke ist „Der Mensch. Seine Natur und seine Stellung in der Welt" (1940). Er versuchte, die Erkenntnisse der modernen Naturwissenschaften, insbesondere der Biologie, für das philosophische Denken nutzbar zu machen (s. auch S. 109 f.).

1 Worin ist der Mensch dem Tier unterlegen und wodurch gleicht er dies aus?

2 Wie interpretiert Gehlen den Prometheus-Mythos (s. S. 26 f.)? Stimmen Sie dieser Deutung zu?

3 Diskutieren Sie: Hat der Mensch sich durch seine „zweite Natur" in neue Abhängigkeiten begeben?

---

[1] Prometheus: der Vorausdenkende; Figur in der griechischen Mythologie (s. S. 26 f.)

[2] Johann Gottfried Herder (1744–1803): deutscher Schriftsteller, Philosoph und Theologe

Die Wendung zum Diesseits – das Menschenbild im Humanismus

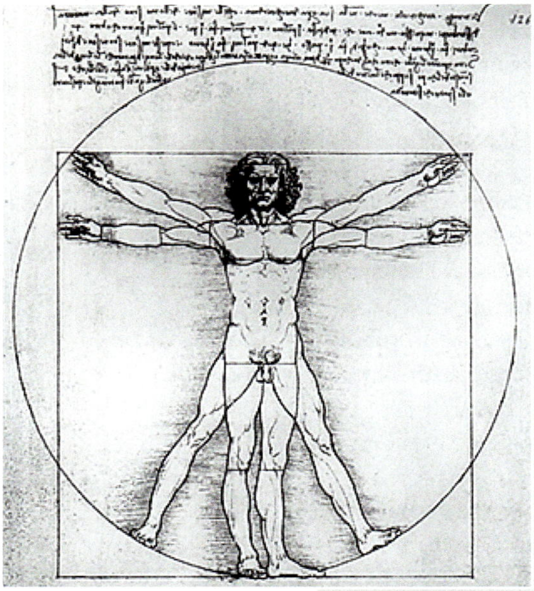

Leonardo da Vinci: Studie der menschlichen Proportionen nach Vitruv (1496).
In Anlehnung an die Proportionslehre des römischen Architekten und Ingenieurs Vitruv (gest. 27 v. Chr.) schuf Leonardo ein an Idealmaßen und hohem Selbstbewusstsein orientiertes Menschenbild.

Ursprung und Zielsetzung des Humanismus*

„Schöpfend aus den kulturellen, religiösen und humanistischen Traditionen Europas ..." So lautet der Anfang der Präambel des europäischen Grundlagenvertrages (2007). Was versteht man unter den **„humanistischen Traditionen Europas"**?
Der Begriff Humanismus leitet sich von dem lateinischen humanus = menschlich ab. Als Epochenbegriff bezeichnet der Humanismus eine wissenschaftliche, kulturelle und philologische[1] Bewegung des 14.–16. Jahrhunderts, die sich im Zeitalter der **Renaissance** von zu starker Bevormundung durch Theologie und Kirche mit ihrem vom Jenseits bestimmten Menschenbild befreite und sich um eine von **Menschenwürde** und **freier Persönlichkeitsentfaltung** gekennzeichnete Gestaltung des Lebens und der Gesellschaft bemühte.
Orientierungspunkt für die Humanisten war das neu entdeckte geistige Gut der **griechisch-römischen Antike**. Im Zentrum ihrer Bestrebungen stand die Beschäftigung mit der antiken lateinischen und griechischen (später auch hebräischen) Sprache und Dichtung, deren Studium nach Auffassung der Humanisten wesentlich zur Bildung beiträgt und einen Anschluss an die überragende Zivilisation der antiken Welt des Mittelmeerraums bietet. Diese war durch die mittelalterliche Theologie verfälscht und aus dem öffentlichen Bewusstsein verdrängt worden. Deshalb sahen viele Humanisten ihre Aufgabe im Auffinden und in der **textkritischen[2] Veröffentlichung der Schriften antiker Autoren.** Dies geschah jedoch nicht nur der eigenen Bildung wegen, sondern auch im Hinblick auf die **Erziehung** junger Menschen, die in gründlicher Auseinandersetzung mit den antiken Klassikern und Vorbildern (wie z. B. Cicero, Vergil, Ovid, Sappho, Penelope, Lucretia) nicht nur klüger, sondern auch sittlich reifer würden (**„humanistisches Bildungsideal"**).
Das geistige Zentrum und der Ausgangspunkt dieser Bewegung war **Italien** (vor allem Florenz), das außer den Dichtern Francesco Petrarca (gest. 1374, „der erste Humanist") und Giovanni Boccacio (gest. 1375) so herausragende Künstler wie Leonardo da Vinci (gest. 1519) und Michelangelo (gest. 1564) hervorbrachte.
Andere bedeutende Humanisten waren der Holländer Erasmus von Rotterdam (gest. 1536, s. S. 212), der Franzose Michel de Montaigne (gest. 1592) und der Engländer Thomas Morus (gest. 1535), der z. B. energisch darauf bestand, dass Mädchen die gleiche Erziehung erhalten sollten wie Jungen. Herausragende Vertreter in Deutschland waren u. a.: Johannes Reuchlin (1455–1522, „der erste deutsche Humanist"), Philipp Melanchthon (gest. 1560) und Ulrich von Hutten (gest. 1523).

[1] Philologie (gr.): Wissenschaft, die sich mit Sprache und Schrifttum befasst
[2] textkritisch: Verfahren zur möglichst wortgetreuen Erschließung eines nicht mehr oder nur verändert erhaltenen ursprünglichen Textes

Giovanni Pico della Mirandola: Über die Würde des Menschen

In den Schriften der Araber habe ich gelesen, der Sarazene[1] Abdala habe auf die Frage, was sozusagen auf der Bühne dieser Welt als das Bewundernswerteste erscheine, geantwortet, nichts erscheine der Bewunderung würdiger als der Mensch. [...]

Schon hatte der höchste Vater und Schöpfergott dieses Haus der Welt, das wir hier sehen, den hocherhabenen Tempel seiner Göttlichkeit nach den Gesetzen geheimer Weisheit kunstvoll errichtet. Die Gegend oberhalb des Himmels hatte er mit Geistern ausgestattet, des Himmels Sphären mit unsterblichen Seelen belebt und die schmutzigen und unreinen Bereiche der unteren Welt mit einer Schar von Lebewesen aller Art gefüllt.

Doch als das Werk vollendet war, da wünschte sein Erbauer, es sollte jemanden geben, der imstande wäre, die Einrichtung des großes Werkes zu beurteilen, seine Schönheit zu lieben, seine Größe zu bewundern. Deswegen dachte er, als alles schon vollendet war, zuletzt daran, den Menschen zu erschaffen. [...]

So traf der beste Bildner schließlich die Entscheidung, dass der, dem gar nichts Eigenes gegeben werden konnte, zugleich an allem Anteil habe, was jedem einzelnen Geschöpf nur für sich selbst zuteil geworden war.

Also nahm er den Menschen hin als Schöpfung eines Gebildes ohne besondere Eigenart, stellte ihn in den Mittelpunkt der Welt und redete ihn so an:

„Keinen bestimmten Platz habe ich dir zugewiesen, auch keine bestimmte äußere Erscheinung und auch nicht irgendeine besondere Gabe habe ich dir verliehen, Adam, damit du den Platz, das Aussehen und alle die Gaben, die du dir selber wünschst, nach deinem eigenen Willen und Entschluss erhalten und besitzen kannst. Die fest umrissene Natur der übrigen Geschöpfe entfaltet sich nur innerhalb der von mir vorgeschriebenen Gesetze. Du wirst von allen Einschränkungen frei nach deinem eigenen freien Willen, dem ich dich überlassen habe, dir selbst deine Natur bestimmen. In die Mitte der Welt habe ich dich gestellt, damit du von da aus bequemer alles ringsum betrachten kannst, was es auf der Welt gibt. Weder als einen Himmlischen noch als einen Irdischen habe ich dich geschaffen und weder sterblich noch unsterblich dich gemacht, damit du wie ein Former und Bildner deiner selbst nach eigenem Belieben und aus eigener Macht zu der Gestalt dich ausbilden kannst, die du bevorzugst. Du kannst nach unten hin ins Tierische entarten, du kannst aus eigenem Willen wiedergeboren werden nach oben in das Göttliche."

Welch übergroße Freigebigkeit des Vatergottes, welch übergroßes und bewundernswertes Glück des Menschen, dem gegeben ist zu haben, was er wünscht, und zu sein, was er zu sein verlangt. [...]

Denn siehst du einen Menschen, der seinem Bauche frönend auf der Erde kriecht, so ist es nur ein Strauch, kein Mensch, was du siehst; und siehst du einen, der sich blenden lässt vom leeren Gaukelspiel der Fantasie [...] und der, gelockt von den Verführungen der Wollust, als Sklave seiner Sinne lebt, ist es nur ein Tier, kein Mensch, was du siehst. Erblickst du einen Philosophen, der mit rechtem Maßstab alles unterscheidet, so sollst du ihn verehren: Er ist ein himmlisches, kein irdisches Wesen.

[1] Sarazene: im Mittelalter Bezeichnung für die Araber des Mittelmeerraums

Giovanni Pico della Mirandola (1463–1494), italienischer Philosoph und Humanist (s. auch S. 114), versuchte, 1487 in Rom einen „Weltkongress der Philosophen" einzuberufen, auf dem u. a. über seine zuvor veröffentlichten Thesen zu verschiedenen Wissensbereichen diskutiert werden sollte. Weil ein Teil dieser Thesen als „nicht rechtgläubig" galt, wurde der Kongress vom Papst verboten. Der nebenstehende Text stammt aus der von Mirandola geplanten (und erst nach seinem Tod veröffentlichten) Eröffnungsrede.

1 Worin liegen Ursprung und Zielsetzung des Humanismus?

2 Worin sieht Mirandola die Eigenart und die Würde des Menschen? Ermitteln Sie Gemeinsamkeiten und Unterschiede zum Prometheus-Mythos (s. S. 26).

3 Der Mensch als „Former und Bildner" seiner selbst (Z. 28). Prüfen Sie, ob sich diese Aussage auf heutige Formen des „Bodybuildings" beziehen lässt.

4 Was versteht man unter „humanistischer Bildung"? Überlegen Sie, ob dieses Bildungsideal heute noch zeitgemäß ist.

Ist der Mensch eine Maschine? – das Leib-Seele-Problem

Descartes' Rationalismus: Der von dem französischen Mathematiker und Philosophen René Descartes (1596–1650) begründete Rationalismus ist eine Denkrichtung, die davon ausgeht, dass die Welt mithilfe der Vernunft vollständig erklärbar ist. Indem Descartes alle menschliche Erkenntnis einem methodischen Zweifel (s. S. 10) unterwarf, versuchte er, eine unerschütterliche Grundlage allen Denkens zu finden. Das Ergebnis dieses Verfahrens fand Ausdruck in dem berühmt gewordenen Satz **„Cogito ergo sum"** (Ich denke, also bin ich). Hierin zeigt sich auch sein **dualistisches Welt- und Menschenbild**, das in der radikalen Trennung von Geist (res cogitans) und Materie (res extensa) besteht.

1 Skizzieren Sie Descartes' Menschenbild.

2 Nach Descartes verfügt der Mensch über zwei verschiedene Substanzen. Wie kann gemäß dieser Auffassung aus einem Gedanken eine körperliche Tätigkeit werden?

3 Entspricht die heutige Unterscheidung zwischen Hirntod und klinischem Tod (s. S. 293) dem Menschenbild Descartes'?

René Descartes: Körper und Geist sind verschieden

Daraus also, dass ich weiß, ich existiere und dass ich inzwischen bemerke, dass durchaus nichts anderes zu meiner Natur oder Wesenheit gehöre, als allein, dass ich ein denkendes Ding bin, schließe ich mit Recht, dass **meine Wesenheit allein darin besteht, dass ich ein denkendes Ding bin**. Und wenngleich ich vielleicht – oder vielmehr gewiss, wie ich später auseinandersetzen werde – einen Körper habe, der mit mir sehr eng verbunden ist, so ist doch – da ich ja einerseits eine klare und deutliche Idee meiner Selbst habe, sofern ich nur ein denkendes (*res cogitans*), nicht ein ausgedehntes Ding (*res extensa*) bin, und andererseits eine deutliche Idee vom Körper, sofern er nur ein ausgedehntes, nicht denkendes Ding ist – so viel gewiss, dass ich von meinem Körper wahrhaft verschieden bin und ohne ihn existieren kann. [...]
Und wenngleich der ganze Geist mit dem ganzen Körper verbunden zu sein scheint, so erkenne ich doch, dass, wenn man den Fuß oder den Arm oder irgendeinen anderen Teil des Körpers abschneidet, darum nichts vom Geiste weggenommen ist. Auch darf man nicht die Tätigkeit des Wollens, Empfindens, Erkennens als seine Teile bezeichnen, ist es doch ein und derselbe Geist, der will, empfindet und erkennt. Im Gegenteil aber kann ich mir kein körperliches, d. h. ausgedehntes Ding denken, das ich nicht in Gedanken unschwer in Teile teilen und eben dadurch als teilbar erkennen könnte, und das allein würde hinreichen, mich zu lehren, dass der Geist vom Körper gänzlich verschieden ist. [...]
Wenn es Maschinen mit den Organen und der Gestalt eines Affen oder eines anderen vernunftlosen Tieres gäbe, so hätten wir gar kein Mittel, das uns nur den geringsten Unterschied erkennen ließe zwischen dem Mechanismus dieser Maschinen und dem Lebensprinzip dieser Tiere; gäbe es dagegen Maschinen, die unseren Leibern ähnelten und unsere Handlungen insoweit nachahmten, wie dies für Maschinen wahrscheinlich möglich ist, so hätten wir immer zwei ganz sichere Mittel zu der Erkenntnis, dass sie deswegen keineswegs wahre Menschen sind. Erstens könnten sie nämlich niemals Worte oder andere Zeichen dadurch gebrauchen, dass sie sie zusammenstellen, wie wir es tun, um anderen unsere Gedanken bekannt zu machen. [...]
Das zweite Mittel ist dies: Sollten diese Maschinen auch manches ebenso gut oder vielleicht besser verrichten als irgendeiner von uns, so würden sie doch zweifellos bei vielem anderen versagen, wodurch offen zutage tritt, dass sie nicht aus Einsicht handeln, sondern nur zur Folge der Einrichtung ihrer Organe. Denn **die Vernunft ist ein Universalinstrument**, das bei allen Gelegenheiten zu Diensten steht, während diese Organe für jede besondere Handlung einer besonderen Einrichtung bedürfen; was es unwahrscheinlich macht, dass es in einer einzigen Maschine genügend verschiedene Organe gibt, die sie in allen Lebensfällen so handeln ließen, wie uns unsere Vernunft handeln lässt.

Julien Offray de La Mettrie: Der Mensch ist eine Maschine, der Geist ist ein Teil davon

Da nun aber einmal alle Funktionen der Seele dermaßen von der entsprechenden Organisation des Gehirns und des gesamten Körpers abhängen, dass sie offensichtlich nichts anderes sind als diese Organisation selbst, haben wir es ganz klar mit einer Maschine zu tun. [...] Ein paar Rädchen und Triebfedern mehr als bei den vollkommensten Tieren, ein Gehirn, das proportional näher beim Herzen liegt und somit bei gleichen Verhältnissen besser mit Blut versorgt ist, und ... was weiß ich? ... Unbekannte Ursachen brächten stets das empfindliche und verletzliche Gewissen sowie das Schuldgefühl hervor, das zur Materie genauso gehört wie das Denkvermögen; brächten, mit einem Wort, den ganzen Unterschied hervor, den man hier immer geltend macht. Reicht also die Organisation für eine vollständige Erklärung aus? Ja, und nochmals ja! Das Denken entwickelt sich doch ganz offensichtlich mit den Organen. Warum sollte die Materie, aus der sie bestehen, nicht auch Schuldgefühle hervorbringen können, seit sie irgendwann einmal im Laufe der Zeiten die Fähigkeit des Empfindens erworben hatte?

„Seele" ist also nur ein leeres Wort, von dem man keinerlei inhaltliche Vorstellung hat. Ein seriöser Denker sollte es nur gebrauchen, um den Teil in uns zu bezeichnen, der denkt. [...]

Ich glaube, *Descartes* wäre ein in jeder Hinsicht achtenswerter Mann, wenn er in ein Zeitalter geboren worden wäre, das er nicht erst hätte aufklären müssen. Dann hätte er verstanden, welcher **Wert in Erfahrung und Beobachtung** liegt und welche Gefahr darin, wenn man sie ignoriert. [...] Zwar hat sich dieser berühmte Philosoph in vielem getäuscht, aber schließlich war er es, der die tierische Natur erkannt und als Erster hieb- und stichfest bewiesen hat, dass Tiere reine Maschinen sind. [...] Denn so sehr er auch die Verschiedenheit zweier Substanzen gepriesen hat, so offensichtlich war dies schließlich nur eine List, eine formale Finesse, um die Theologen ein Gift schlucken zu lassen, das einer Analogie beigemischt ist, die jedermann durchschaut, nur sie nicht. Denn es ist sie, es ist diese ins Auge springende Analogie, die jeden Gelehrten und wahrhaft Kundigen zwingt zuzugeben, dass jene arroganten und eitlen Wesen – besser erkenntlich an ihrem Dünkel als an dem Namen Mensch – nichts als Tiere bzw. senkrecht kriechende Maschinen sind, so sehr sie sich auch darüber erheben wollen. [...]

Maschine sein, empfinden, denken, gut von böse genauso zu unterscheiden wissen wie blau von gelb ... kurz: mit Intelligenz und sicherem moralischen Instinkt geboren und nichts als Tier zu sein – dies also sind Dinge, die nicht widersprüchlicher sind als Affe oder Papagei zu sein und sich Lust zu verschaffen wissen.

Bei dieser Gelegenheit möchte ich Folgendes bemerken: Hätte man wohl je a priori[1] sagen können, dass ein Tropfen der Flüssigkeit, die bei der Paarung ausgestoßen wird, himmlische Freuden empfinden lässt; und dass aus ihm ein kleines Geschöpf entsteht, das, bestimmte Gesetzmäßigkeiten zugrunde gelegt, eines Tages gleiche Wonnen genießen wird? **Ich halte das Denken für so wenig unvereinbar mit der organisierten Materie, dass es mir geradezu eine ihrer Eigenschaften zu sein scheint: wie die Elektrizität, die Selbstbewegung, die Undurchdringlichkeit, die Ausdehnung usw.**

---

[1] a priori (lat.): vor jeder Erfahrung

Julien Offray de La Mettrie (1709–1751), französischer Arzt und Philosoph. Als überzeugter Materialist und Atheist verwarf er u. a. den Glauben an die Unsterblichkeit der Seele und die Willensfreiheit. Er wurde in Frankreich und Holland wegen seiner Ansichten verfolgt und fand Zuflucht am Hof Friedrichs des Großen in Potsdam, dem er als Arzt und als eine Art Hofnarr diente. Sein berühmtestes Werk trägt den Titel „L'homme machine" (1748).

1 De La Mettrie gilt als Vertreter eines materialistischen Menschenbildes. Weisen Sie dies an dem Text nach.

2 In welchen Punkten stimmen Descartes und de La Mettrie überein? Worin unterscheiden sie sich?

3 „Von zwei Ärzten ist immer derjenige der bessere, der sich mit der Physik bzw. Mechanik des Körpers besser auskennt." (de La Mettrie) Ist hiermit das entscheidende Kriterium für die Arztwahl genannt? (s. auch das Kapitel „Medizin und Ethik", S. 282 ff.)

Der Mensch – Von der Vermessung zur technischen Reproduktion

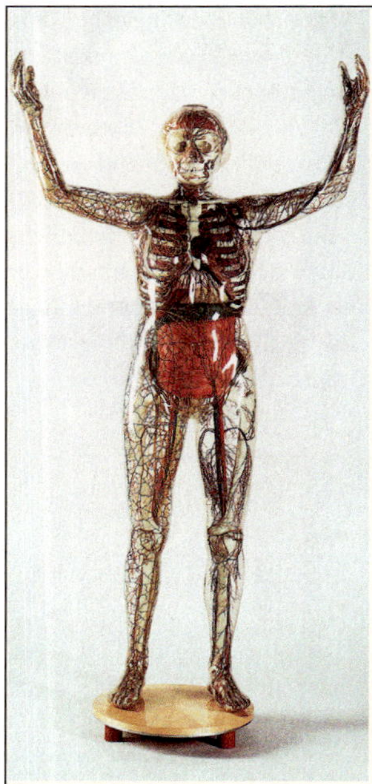

„Gläserner Mensch“

Der 1930 vom Deutschen Hygiene-Museum in Dresden präsentierte „Gläserne Mensch“ erregte weltweites Aufsehen. Die aus Kunststoff bestehende „durchsichtige Haut“ erlaubte erstmals eine dreidimensionale Sicht in das Innere des menschlichen Körpers. Einen vorläufigen Höhepunkt der Einblicke in den menschlichen Körper stellte die im Jahr 1997 erstmals präsentierte Ausstellung „Körperwelten – Einblick in den menschlichen Körper“ dar, in der mit einem speziellen Verfahren Leichen und deren Körperteile haltbar gemacht und einem Millionenpublikum unter dem Motto „Faszination des Echten“ gezeigt wurden.

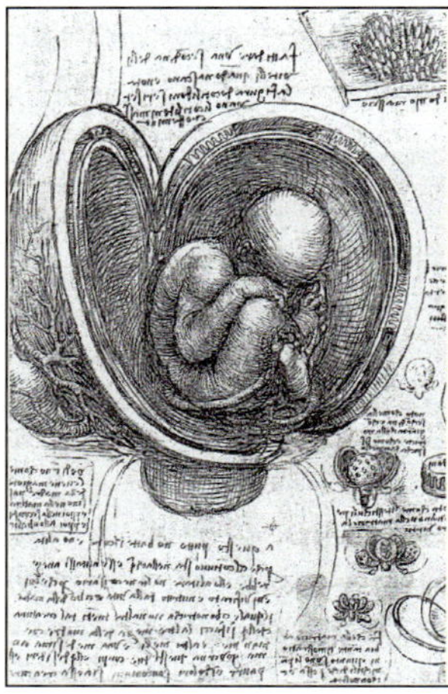

Der italienische Maler, Bildhauer, Architekt, Kunsttheoretiker, Naturforscher und Ingenieur gab in seinen anatomischen Zeichnungen vielfältige Einblicke in Bau und Funktionsweise des menschlichen Körpers.

Leonardo da Vinci (1452–1519): Der Fötus und die Innenwand der Gebärmutter

Der Uhrmacher Henri-Lois Jaquet-Droz baute 1773 eine künstliche Frau, die Klavier spielen konnte. Sie ist ein Beispiel für zahlreiche Versuche im 18. Jahrhundert, menschenähnliche Maschinen zu konstruieren. In E.T.A. Hoffmanns Novelle „Der Sandmann“ (1817) verliebt sich ein junger Student in „Olimpia“, einen solchen Androiden.

CD-Cover-Gestaltung der Musikgruppe „Kraftwerk“ (1991)

In den 70er-Jahren des vergangenen Jahrhunderts ließ die Gruppe „Kraftwerk“ ihre voll elektronisch produzierte Musik von roboterähnlichen Gestalten auf der Bühne inszenieren. Die Verschmelzung von Mensch und Maschine fand ihren Ausdruck in der programmatischen Textzeile „Wir sind die Roboter“. Damit bereitete „Kraftwerk“ den Weg für eine Musik vor, die ausschließlich an und von Computern hergestellt und gespielt wird.

1 Skizzieren und bewerten Sie die in den Bildern und Texten gezeigte Entwicklung der Beschäftigung des Menschen mit sich selbst.

2 „Der Mensch ist die erste Spezies der bekannten Welt, der die Bedingungen geschaffen hat, sich selbst zu ersetzen.“ (Michel Houellebecq, geb. 1958, frz. Schriftsteller, in „Der Mensch in 100 Jahren“) Wagen Sie eine Prognose.

Michael Hauskeller: Gleicht unser Bewusstsein einem Computerprogramm?

Michael Hauskeller (geb. 1964); der nebenstehende Text stammt aus seinem Werk „Mögliche Welten. Neue phantastische Reisen durch die Philosophie" (2006).

Kognitionswissenschaftler[1] neigen zu der Annahme, dass unser Gehirn im Prinzip nicht anders funktioniert als ein digitaler Computer. Informationen erlangen über die Nervenkanäle hinein und andere wieder hinaus. Es gibt also, vereinfacht gesagt, einen Input, einen Output und ein Programm, das regelt, welcher Output auf welchen Input folgen soll. Nichts anderes als dieses (beim Menschen freilich äußerst komplexe) Programm ist nun das, was wir Geist oder Bewusstsein nennen. Das Gehirn ist die Hardware, der Geist die Software. [...]

Dass sich die Sache jedoch nicht ganz so einfach verhält, wie es der Vergleich des Bewusstseins mit einem Computerprogramm suggeriert, hat der 1932 geborene amerikanische Philosoph John Searle in einem berühmt gewordenen und viel diskutierten Gedankenexperiment gezeigt.

Man stelle sich vor, Wissenschaftler hätten ein Programm ersonnen, mit dessen Hilfe ein Computer in die Lage versetzt wird, auf Chinesisch mit einem Benutzer zu kommunizieren. Man stellt ihm eine Frage auf Chinesisch und er antwortet auf Chinesisch, so wie es auch ein chinesisch Sprechender und verstehender Mensch täte, und er tut dies so perfekt, dass wir nicht entscheiden könnten, ob es tatsächlich der Computer selbst ist, der uns diese Antwort gibt, oder, den Computer als Medium benutzend, ein echter Chinese. Behauptet wird nun (von den Erfindern des Programms), dass ein Computer, der dies vermag, auch tatsächlich Chinesisch *versteht*, und zwar im gleichen Sinne des Wortes, wie wenn man sagt, dass ein Chinese Chinesisch *versteht*. [...]

Nehmen wir an, wir hätten es nicht mit einem Computer zu tun, sondern stattdessen mit einem Zimmer, in das ein Mensch eingesperrt ist. Ab und zu bekommt dieser Mensch chinesische Schriftzeichen in das Zimmer hineingereicht, und seine Aufgabe ist es nun, andere chinesische Schriftzeichen (die ihm in ausreichender Zahl zur Verfügung stehen) wieder hinauszureichen. Das Problem ist jedoch, dass dieser Mensch kein Wort Chinesisch spricht oder liest, sodass er nicht weiß, was die Schriftzeichen bedeuten, ja nicht einmal, dass es sich bei den hineingereichten Zeichen um Fragen handelt. Zum Glück aber hat er in seinem Zimmer ein in seiner eigenen Sprache abgefasstes Handbuch, das ihm zwar keine Übersetzung liefert, aber doch klare Anweisungen darüber, welche Schriftzeichen er wieder hinausreichen soll, wenn er dieses oder jenes Schriftzeichen hineingereicht bekommen hat. Dieses Handbuch ist so raffiniert abgefasst und der Mensch im Zimmer befolgt die darin vorgefundenen Anweisungen so gewissenhaft, dass diejenigen, die nicht im Zimmer sind und die Schriftzeichen hineinreichen (von denen sie sehr wohl wissen, was sie bedeuten), den Eindruck haben, der Mensch in dem Zimmer verstehe Chinesisch ebenso wie sie selbst.

In Wahrheit aber versteht er rein gar nichts. Das Einzige, was er nämlich tut, ist, Symbole hin- und herzuschieben. [...]

Die Fähigkeit, Chinesisch zu verstehen, beinhaltet mehr als nur die Fähigkeit, korrekt mit chinesischen Schriftzeichen umzugehen. Es muss die Fähigkeit hinzukommen, diesen Zeichen auch einen *Sinn* zu geben bzw. diesen Sinn zu erkennen. Man muss sie dazu benutzen können, *über* etwas zu sprechen oder nachzudenken. Der Mensch im Chinesisch-Zimmer kann das aber nicht. Wenn nun aber der Mensch im Zimmer kein Verständnis des Chinesischen hat, dann, so schließt Searle, hat ihn auch der digitale Computer nicht, auch wenn er noch so komplex und schnell wäre.

[1] Kognitionswissenschaft: Wissenschaft zur Erforschung des Bewusstseins

1 Vergegenwärtigen Sie sich die beiden Gedankenexperimente.

2 „Ein bloßer Computer kann vielleicht ein Verständnis des Chinesischen *simulieren*, aber er kann es nicht *haben*" (Michael Hauskeller). Erläutern Sie diese Aussage.

3 Warum haben im Experiment Mensch und Computer kein „Verständnis" des Chinesischen?

4 Diskutieren Sie mithilfe des Textes, ob unser Bewusstsein wie ein Computer arbeitet. Berücksichtigen Sie bei Ihren Antworten das diesen zugrunde liegende Menschenbild.

„Der Mensch ist nicht einmal Herr im eigenen Haus" – Das Menschenbild der Psychoanalyse

Sigmund Freud (1856–1939), Porträt von Salvador Dalí. Sigmund Freud (→ Biografie S. 381), war Arzt und gilt als Begründer der Psychoanalyse. Werke u. a.: „Die Traumdeutung" (1899), „Drei Abhandlungen zur Sexualtheorie" (1905), „Das Unbehagen in der Kultur" (1930, s. S. 148), „Warum Krieg?" – Publikation des Briefwechsels zwischen Freud und Einstein (1933, s. S. 213 f.)

Die Forschungen und Ergebnisse der Psychoanalyse haben, wie unterschiedlich sie sich aus wissenschaftlicher Sicht heute auch darstellen, das Menschenbild seit Anfang des 20. Jahrhunderts nachhaltig beeinflusst.
Sigmund Freud, der Begründer der Psychoanalyse, stellte sein Werk in eine Reihe mit den Forschungen von Kopernikus und Darwin. Dessen Entdeckungen bezeichnete Freud als „Kränkungen" der „naiven Eigenliebe der Menschheit". Als „empfindlichste" Kränkung wertete er seine Erkenntnis von der Rolle des Unbewussten für das menschliche Handeln: „Der Mensch ist nicht einmal Herr im eigenen Haus."

Sigmund Freud: Die psychische Struktur des Menschen

Zur Kenntnis dieses psychischen Apparates sind wir durch das Studium der individuellen Entwicklung des menschlichen Wesens gekommen. Die älteste dieser psychischen Provinzen oder Instanzen nennen wir das *Es;* sein Inhalt ist alles, was ererbt, bei Geburt mitgebracht, konstitutionell festgelegt ist, vor allem also die aus der Körperorganisation stammenden Triebe, die hier einen ersten uns in seinen Formen unbekannten psychischen Ausdruck finden.
Unter dem Einfluss der uns umgebenden realen Außenwelt hat ein Teil des Es eine besondere Entwicklung erfahren. Ursprünglich als Rindenschicht mit den Organen zur Reizaufnahme und den Einrichtungen zum Reizschutz ausgestattet, hat sich eine besondere Organisation hergestellt, die von nun an zwischen Es und Außenwelt vermittelt. Diesem Bezirk unseres Seelenlebens lassen wir den Namen des *Ichs.*
Die hauptsächlichen Charaktere des Ich. Infolge der vorgebildeten Beziehung zwischen Sinneswahrnehmung und Muskelaktion hat das Ich die Verfügung über die willkürlichen Bewegungen. Es hat die Aufgabe der Selbstbehauptung, erfüllt sie, indem es nach außen die Reize kennenlernt, Erfahrungen über sie aufspeichert (im Gedächtnis), überstarke Reize vermeidet (durch Flucht), mäßigen Reizen begegnet (durch Anpassung) und endlich lernt, die Außenwelt in zweckmäßiger Weise zu seinem Vorteil zu verändern (Aktivität); nach innen gegen das Es, indem es die Herrschaft über die Triebansprüche gewinnt, entscheidet, ob sie zur Befriedigung zugelassen werden sollen, diese Befriedigung auf die in der Außenwelt günstigen Zeiten und Umstände verschiebt oder ihre Erregungen überhaupt unterdrückt. In seiner Tätigkeit wird es durch die Beachtungen der in ihm vorhandenen oder in dasselbe eingetragen Reizspannungen geleitet. Deren Erhöhung wird allgemein als *Unlust,* deren Herabsetzung als *Lust* empfunden. Wahrscheinlich sind es aber nicht die absoluten Höhen dieser Reizspannung, sondern etwas im Rhythmus ihrer Veränderung, was als Lust und Unlust empfunden wird. Das Ich strebt nach *Lust,* will der *Unlust* ausweichen. Eine erwartete, vorausgesehene Unluststeigerung wird mit dem *Angstsignal* beantwortet, ihr Anlass, ob er von außen oder innen droht, heißt eine *Gefahr.* Von Zeit zu Zeit löst das Ich seine Verbindung mit der Außenwelt und zieht sich in den Schlafzustand zurück, in dem es seine Organisation weitgehend verändert. Aus dem Schlafzustand ist zu schließen, dass diese Organisation in einer besonderen Verteilung der seelischen Energie besteht.

Als Niederschlag der langen Kindheitsperiode, während der der werdende Mensch in Abhängigkeit von seinen Eltern lebt, bildet sich in seinem Ich eine besondere Instanz heraus, in der sich dieser elterliche Einfluss fortsetzt. Sie hat den Namen des *Über-Ichs* erhalten. Insoweit dieses Über-Ich sich vom Ich sondert und sich ihm entgegenstellt, ist es eine dritte Macht, der das Ich Rechnung tragen muss.
Eine Handlung des Ichs ist dann korrekt, wenn sie gleichzeitig den Anforderungen des Es, des Über-Ichs und der Realität genügt, also deren Ansprüche miteinander zu versöhnen weiß. Die Einzelheiten der Beziehung zwischen Ich und Über-Ich werden durchwegs aus der Zurückführung auf das Verhältnis des Kindes zu seinen Eltern verständlich. Im Elterneinfluss wirkt natürlich nicht nur das persönliche Wesen der Eltern, sondern auch der durch sie fortgepflanzte Einfluss von Familien-, Rassen- und Volkstradition sowie die von ihnen vertretenen Anforderungen des jeweiligen sozialen Milieus. Ebenso nimmt das Über-Ich im Laufe der individuellen Entwicklung Beiträge vonseiten späterer Fortsetzer und Ersatzpersonen der Eltern auf, wie Erzieher, öffentlicher Vorbilder, in der Gesellschaft verehrter Ideale. Man sieht, dass Es und Über-Ich bei all ihrer fundamentalen Verschiedenheit die eine Übereinstimmung zeigen, dass sie die Einflüsse der Vergangenheit repräsentieren, das Es den der ererbten, das Über-Ich im Wesentlichen den der von anderen übernommenen, während das Ich hauptsächlich durch das selbst Erlebte, also Akzidentelle und Aktuelle bestimmt wird.

Salvador Dalí (1904–1989): Venus von Milo mit Schubladen (1936).
Der spanische Maler Salvador Dalí war einer der Hauptvertreter des sogenannten **Surrealismus** (frz.: sur = über, réalisme = Realismus), einer Kunstrichtung in Literatur und bildender Kunst, die von Freuds Werken starke Impulse erhielt. Vor allem Dalí, der Freud 1938 in dessen Londoner Exil besuchte, trug mit seinen Bildern entscheidend zur Popularisierung von Freuds Lehren bei.

Die Entwicklung sexueller Lebensäußerungen nach Sigmund Freud*

Das Sexualleben beginnt mit der *„oralen Phase“*. Für den Säugling im ersten Lebensjahr ist die Nahrungsaufnahme und jede Berührung der Lippen mit Lust verbunden. In der zweiten Hälfte dieser Phase lernt das Kind, die Person, die sich ihm am häufigsten zuwendet, als „Mutter“ zu identifizieren. Im zweiten und dritten Lebensjahr folgt die *„anale Phase“*, in der die Ausscheidungsfunktionen das kindliche Interesse wecken. Im Lauf dieser Phase gewinnt das Kind die Fähigkeit, die Ausscheidungsorgane zu kontrollieren und somit Macht auszuüben. Es erhält dadurch auch eine andere Position gegenüber seinen Eltern.
In der folgenden *„genitalen Phase“* (drittes und viertes Lebensjahr) richtet sich das kindliche Interesse dem eigenen Sexualorgan zu. Das Kind stellt fest, dass es zwei Geschlechter gibt, und akzeptiert die Zugehörigkeit zu einem Geschlecht. Hier beginnt auch die *„ödipale Phase“*, die (nach der griech.-mythologischen Figur Ödipus benannte) Zuneigung zum gegengeschlechtlichen Elternteil, wobei der gleichgeschlechtliche Elternteil als Rivale empfunden wird.
Ist die Entwicklung in einer dieser Phasen erheblich gestört, kann der Mensch eine Neurose entwickeln, die in der Fixierung auf die jeweilige Phase besteht.

Sigmund Freud: Die Macht des Es

Niki de St. Phalle (geb. 1930): La mort.
Die französische Künstlerin gestaltet die Freud'sche Annahme zweier Grundtriebe, den des Eros (Lebenstrieb) und den des Thanatos (Todestrieb), auf eine eigenwillige Art und Weise: Die Frau, deren übertriebene Körperlichkeit auf Fruchtbarkeit und bunte Lebensfülle hinweist, bringt zugleich den Tod, indem sie Leben vernichtet. Diese Ambivalenz von Lebengeben und Lebennehmen zeigt sich auch in der Grundgestaltung des Pferdeumhangs und der Erde: Fruchtbares Hervorbringen steht neben soghaftem Verschlingen (in den Wellenlinien des Wassers).

Die Macht des Es drückt die eigentliche Lebensabsicht des Einzelwesens aus. Sie besteht darin, seine mitgebrachten Bedürfnisse zu befriedigen. Eine Absicht, sich am Leben zu erhalten und sich durch die Angst vor Gefahren zu schützen, kann dem Es nicht zugeschrieben werden. Dies ist die Aufgabe des Ichs, das auch die günstigste und gefahrloseste Art der Befriedigung mit Rücksicht auf die Außenwelt herauszufinden hat. Das Über-Ich mag neue Bedürfnisse geltend machen, seine Hauptleistung bleibt aber die Einschränkung der Befriedigungen.

Die Kräfte, die wir hinter den Bedürfnisspannungen des Es annehmen, heißen wir *Triebe*. Wir haben uns entschlossen, nur zwei Grundtriebe anzunehmen, den *Eros* und den *Destruktionstrieb*. [...] Das Ziel des ersten ist, immer größere Einheiten herzustellen und so zu erhalten, also Bindung, das Ziel des anderen im Gegenteil, Zusammenhänge aufzulösen und so die Dinge zu zerstören. Beim Destruktionstrieb können wir daran denken, dass als sein letztes Ziel erscheint, das Lebende in den anorganischen Zustand zu überführen. Wir heißen ihn darum auch *Todestrieb*. Wenn wir annehmen, dass das Leben später als das Leblose gekommen und aus ihm entstanden ist, so fügt sich der Todestrieb der erwähnten Formel, dass ein Trieb die Rückkehr zu einem früheren Zustand anstrebt. In den biologischen Funktionen wirken die beiden Grundtriebe gegeneinander oder kombinieren sich miteinander. So ist der Akt des Essens eine Zerstörung des Objekts mit dem Endziel der Einverleibung, der Sexualakt eine Aggression mit der Absicht der innigsten Vereinigung.

Dieses Mit- und Gegeneinanderwirken der beiden Grundtriebe ergibt die ganze Buntheit der Lebenserscheinungen. Über den Bereich des Lebenden hinaus führt die Analogie unserer beiden Grundtriebe zu dem im Anorganischen herrschenden Gegensatzpaar von Anziehung und Abstoßung. Es kann keine Rede davon sein, den einen oder anderen der Grundtriebe auf eine der seelischen Provinzen einzuschränken. Sie müssen überall anzutreffen sein. Einen Anfangszustand stellen wir uns in der Art vor, dass die gesamte verfügbare Energie des Eros, die wir von nun ab *Libido* heißen werden, im noch undifferenzierten Ich-Es vorhanden ist und dazu dient, die gleichzeitig vorhandenen Destruktionsneigungen zu neutralisieren. (Für die Energie des Destruktionstriebes fehlt uns ein der Libido analoger Terminus.) Späterhin wird es uns verhältnismäßig leicht, die Schicksale der Libido zu verfolgen, beim Destruktionstrieb ist es schwerer. Es ist unverkennbar, dass die Libido somatische[1] Quellen hat, dass sie von verschiedenen Organen und Körperstellen her dem Ich zuströmt. Man sieht das am deutlichsten an jenem Anteil der Libido, der nach seinem Triebziel als Sexualerregung bezeichnet wird. Die hervorragendsten der Körperstellen, von denen diese Libido ausgeht, zeichnet man durch den Namen *erogene Zonen* aus, aber eigentlich ist der ganze Körper eine solche erogene Zone. Das Beste, was wir vom Eros, also von seinem Exponenten, der Libido, wissen, ist durch das Studium der Sexualfunktion gewonnen worden, die sich ja in der landläufigen Auffassung, wenn auch nicht in unserer Theorie, mit dem Eros deckt.

1 Warum ist nach Freud der Mensch „nicht einmal Herr im eigenen Haus“? Erläutern Sie das Wirken der beiden Triebe anhand von Beispielen.

2 „Freuds Menschenbild reduziert den Menschen auf seine Triebe.“ Diskutieren Sie diese Aussage.

---

[1] somatisch (gr.): körperlich

Sigmund Freud: Die Bedeutung der Träume

Johann Heinrich Füssli (1741–1825): Der Nachtmahr. Die Mahr ist im Volksglauben ein Nachtgeist, der Albträume verursacht.
Eine Kopie des Bildes hing im Wartezimmer in Freuds Praxis in Wien.

Der Traum kann, wie allgemein bekannt, verworren, unverständlich, geradezu unsinnig sein, seine Angaben mögen all unserem Wissen von Realität widersprechen, und wir benehmen uns wie Geisteskranke, indem wir, solange wir träumen, den Inhalten des Traumes objektive Realität zusprechen.

Der Weg zum Verständnis („Deutung") des Traumes beschreiten wir, indem wir annehmen, dass das, was wir als Traum nach dem Erwachen erinnern, nicht der wirkliche Traumvorgang ist, sondern nur eine Fassade, hinter welcher sich dieser verbirgt. Dies ist unsere Unterscheidung eines **manifesten Trauminhaltes** und der **latenten Traumgedanken**. Der Vorgang, der aus den Letzteren den Ersteren hervorgehen ließ, heißen wir die **Traumarbeit**.

Das Studium der Traumarbeit lehrt uns an einem ausgezeichneten Beispiel, wie unbewusstes Material aus dem Es, Ursprüngliches und Verdrängtes, sich dem Ich aufdrängt, vorbewusst wird und durch das Sträuben des Ichs jene Veränderungen erfährt, die wir als **Traumentstellung** kennen. [...]

Die Beweise für die **Anteile des unbewussten Es an der Traumbildung** sind reichlich und von zwingender Natur. **a)** Das Traumgedächtnis ist weit umfassender als das Gedächtnis im Wachzustand. Der Traum bringt Erinnerungen, die der Träumer vergessen hat, die ihm im Wachen unzugänglich waren. **b)** Der Traum macht einen uneingeschränkten Gebrauch von sprachlichen Symbolen, deren Bedeutung der Träumer meist nicht kennt. Wir können aber ihren Sinn durch unsere Erfahrung bestätigen. Sie stammen wahrscheinlich aus früheren Phasen der Sprachentwicklung. **c)** Das Traumgedächtnis reproduziert sehr häufig Eindrücke aus der frühen Kindheit des Träumers, von denen wir mit Bestimmtheit behaupten können, nicht nur, dass sie vergessen, sondern dass sie durch Verdrängen unbewusst geworden sind. Darauf beruht die meist unentbehrliche Hilfe des Traumes bei der Rekonstruktion der Frühzeit des Träumers, die wir in der analytischen Behandlung der Neurosen versuchen. **d)** Darüber hinaus bringt der Traum Inhalte zum Vorschein, die weder aus dem reifen Leben noch aus der vergessenen Kindheit des Träumers stammen können. Wir sind genötigt, sie als Teil der archaischen Erbschaft anzusehen, die das Kind, durch das Erleben der Ahnen beeinflusst, vor jeder eigenen Erfahrung mit sich auf die Welt bringt. Die Gegenstücke zu diesem phylogenetischen Material finden wir dann in den ältesten Sagen der Menschheit und in ihren überlebenden Gebräuchen. Der Traum wird so eine nicht zu verachtende Quelle der menschlichen Vorgeschichte. [...]

Die Gesetze des Ablaufes im Unbewussten, die auf solche Art zum Vorschein kommen, sind sonderbar genug und ausreichend, das meiste, was uns am Traum fremdartig ist, zu erklären. Da ist vor allem eine auffällige Tendenz zur **Verdichtung**, eine Neigung, neue Einheiten zu bilden aus Elementen, die wir im Wachdenken gewiss auseinandergehalten hätten. Demzufolge vertritt oft ein einziges Element des manifesten Traumes eine ganze Anzahl von latenten Traumgedanken, als wäre es eine allen gemeinsame Anspielung, und ist überhaupt der Umfang des manifesten Traumes

Das Bild zeigt eine Szene aus dem Film „Spellbound“ des amerikanischen Regisseurs Alfred Hitchcock (1945). Es ist einer der ersten Hollywoodfilme, die sich mit Freuds Psychoanalyse beschäftigten. Es geht um ein Schuld-Trauma und einen daraus resultierenden Identitätsverlust, wobei die Analyse eines Traums im Zentrum der Handlung steht. Die Traum-Sequenzen entwarf der spanische Maler Salvador Dalí.

außerordentlich verkürzt im Vergleich zu dem reichen Stoff, aus dem er hervorgegangen ist. Eine andere von der früheren nicht ganz unabhängige Eigentümlichkeit der Traumarbeit ist die Leichtigkeit der **Verschiebung** psychischer Intensitäten (Besetzungen) von einem Element auf ein anderes, sodass oft im manifesten Traum ein Element als das deutlichste und dementsprechend wichtigste erscheint, dass in den Traumgedanken nebensächlich war, und umgekehrt wesentliche Elemente der Traumgedanken im manifesten Traum nur durch geringfügige Andeutungen vertreten werden. [...] Man begreift leicht, wie sehr durch diese Mechanismen der Verdichtung und Verschiebung die Deutung des Traumes und die Aufdeckung der Beziehungen zwischen manifestem Traum und latenten Traumgedanken erschwert werden kann. [...]

Diese Aufgabe ist in den allermeisten Fällen in befriedigender Weise lösbar, aber nur mithilfe der Assoziationen, die der Träumer selbst zu den Elementen des manifesten Inhaltes liefert. Jedes andere Verfahren ist willkürlich und ergibt keine Sicherheit. Die Assoziationen des Träumers aber bringen die Mittelglieder zum Vorschein, die wir in die Lücke zwischen beiden einfügen und mit deren Hilfe wir den latenten Inhalt des Traumes wiederherstellen, den Traum „deuten“ können. [...]

Jeder in Bildung begriffene Traum erhebt **mithilfe des Unbewussten einen Anspruch an das Ich auf Befriedigung eines Triebes**, wenn er vom Es, – auf Lösung eines Konfliktes, Aufhebung eines Zweifels, Herstellung eines Vorsatzes, wenn er von einem Rest der vorbewussten Tätigkeit im Wachleben ausgeht. Das schlafende Ich ist aber auf den Wunsch, den Schlaf festzuhalten, eingestellt, empfindet diesen Anspruch als eine Störung und sucht diese Störung zu beseitigen. Dies gelingt dem Ich durch einen Akt scheinbarer Nachgiebigkeit, indem es dem Anspruch eine unter diesen Umständen harmlose Wunscherfüllung entgegensetzt und ihn so aufhebt. Diese Ersetzung des Anspruches durch Wunscherfüllung bleibt die wesentliche Leistung der Traumarbeit. [...]

Beim Träumer meldet sich [beispielsweise] im Schlaf ein Bedürfnis nach Nahrung, er träumt von einer herrlichen Mahlzeit und schläft weiter. Er hatte natürlich die Wahl aufzuwachen, um zu essen, oder den Schlaf fortzusetzen. Er hat sich für Letzteres entschieden und den Hunger durch den Traum befriedigt.

1 Erläutern Sie die Begriffe „manifester Trauminhalt“, „Verdichtung“, „Verschiebung“ und „Traumarbeit“ an Beispielen.

2 Suchen Sie Beispiele für Traum und Traumdeutung in Kunst, Literatur und Film und stellen Sie diese in Form einer Ausstellung vor. Beziehen Sie die abgebildeten Beispiele mit ein.

Christoph Stölzl: Was bleibt von Freud?

Christoph Stölzl (geb. 1944), Historiker, lehrte Kulturmanagement an der Freien Universität Berlin.

Seit ihren Anfängen hatte Freuds Psychoanalyse auch Kritik erfahren. Sie reichte von seriöser naturwissenschaftlicher Falsifizierung bis zu wütender ideologischer Polemik. [...]
Was bleibt von Freud? Da ist, selten als Freud-Folge bemerkt, ein **gewandeltes Rechtsgefühl**. Die Relativierung des autonomen, aus überlegtem freien Willen allzeit verantwortlich handelnden Individuums durch die Freudsche Lehre hat ihre tiefsten Spuren bis heute im Strafrecht hinterlassen. Seit Freuds Theorie vom unverantwortlich antreibenden Es zum Standard unserer Vorstellung vom Menschen gehört, ist die psychologische Autopsie des Verbrechens eine herausfordernde Aufgabe für alle am Gerechtigkeitsprozess Beteiligten geworden. Strafprozesse handeln von der Überwältigung der Moral (die der Welt des Ichs angehört!) durch das Böse. Wie dieses Böse bewusster und damit strafwürdiger Entscheidung entstammt oder wie sehr es aus dem Unbewussten und Unverantwortlichen rührt, das zu entscheiden fällt der Justiz immer schwerer; sie bedient sich immer mehr der gutachterlichen Hilfe der Psychologie, um Gerechtigkeit „nach Freud" zu üben.
Was bleibt von Freud dort, wo er einst angefangen hat, **als vermeintlich exakter Wissenschaftler**? Der Fortschritt der Psychologie und der interkulturellen Anthropologie hat vom Alleinvertretungsanspruch der klassischen Psychoanalyse wenig übrig gelassen. Alle Forschungen über die frühe Kindheit und die Mutter-Kind-Konstellation lassen von Freuds Primat des Sexuellen kaum noch etwas gelten. Penisneid und Ödipuskomplex sind vom Thron ihrer Menschheitsgültigkeit herabgeholt, ebenso wie die Allgegenwart der sexuellen Symbolik in den Träumen. Was Freud benutzte, war nicht zeitloser Menschheitsstoff, sondern die historisch und kulturell definierte Familienkonstellation der viktorianischen Gesellschaft. Insbesondere das Verständnis von Weiblichkeit bei Freud ist unübersehbar zeitbedingt beschränkt. Vom Traum der frühen Freudianer, aus des Meisters Wegweisungen könne am Ende eine Art ewig gültige Grammatik oder besser noch Physiklehre der Seele entstehen, anhand derer man den Strom der Gedanken und Gefühle ähnlich nachprüfbar verfolgen könne wie den elektrischen Strom in Netzwerken, ist nichts übrig geblieben. Damit ist auch die zentrale Rolle der Psychoanalyse als Heilmethode relativiert. [...]
Dennoch **entspannt sich in der jüngsten Zeit der Gegensatz Naturwissenschaft contra Freud**. Gehirn- und Nervenforschung lehren: Zwar gibt es nicht das Unbewusste und das Bewusste in starrer Scheidung wie Keller und Dachgeschoss eines Hauses. Aber da wir endlich mehr über die Funktionsverteilung des Gehirns und seine Biochemie der Hormone und Botenstoffe wissen, rückt die exakte Vermessung auch der unbewussten Emotionen, Affekte und ethisch-moralischer Prägungen in Sichtweite.
Was bleibt von Freud? Er hat groß gefragt und große Antworten gegeben. Was immer von ihnen falsch war und der naturwissenschaftlichen Nachprüfung nicht standhält, es bleibt doch die **gewaltige Energie im Fragen** lebendig. [...]
Thomas Mann, hintersinnig wie immer, wenn er lobte, hat über Freud gesagt, mit ihm sei ein „Argwohn in die Welt gesetzt", ein „entlarvender Verdacht, die Verstecktheiten und Machenschaften der Seele betreffen, welcher, einmal geweckt, nie wieder daraus verschwinden kann".
So ist es: Freud hat uns uns interessant gemacht, das vergessen wir ihm nie.

1 Worin sieht der Autor die bleibende Bedeutung Freuds? Ziehen Sie zum Thema „Recht" die Seiten 252 ff. heran.

2 Recherchieren und problematisieren Sie den Begriff „Ödipuskomplex".

3 Prüfen Sie, ob die Beschäftigung mit den Theorien Freuds Ihr Bild von sich selbst und von Ihrem Leben beeinflusst hat.

Der Mensch zwischen Gut und Böse

Facetten des Bösen

Titus Lerner (geb. 1954): Faust-Mephisto

„Ich bin der Geist; der stets verneint! / Und das mit Recht; denn alles, was entsteht / Ist wert, dass es zugrunde geht; / Drum besser war's, dass nichts entstünde. / So ist denn alles, was ihr Sünde, / Zerstörung, kurz das Böse nennt, / Mein eigentliches Element."

Mephistopheles in Johann Wolfgang Goethes (1749–1832): „Faust, 1. Teil" (1808)

„Wenn ich ihn schlecht nenne, so darum, weil er das Gute ebenso aus einer Laune, aus einem Einfall tut wie das Schlechte, welches ich ihm zutraue. Er wird nie das Böse tun, um etwas zu erreichen, wie andere ihre Verbrechen begehen, um Geld zu besitzen, eine Frau zu erobern oder Macht zu gewinnen, er wird es tun, wenn es sinnlos ist, vielleicht, denn bei ihm sind immer zwei Dinge möglich, das Schlechte und das Gute, und der Zufall entscheidet."

Friedrich Dürrenmatt (1921–1990): „Der Richter und sein Henker" (1952)

Das Beunruhigende an der Person Eichmanns war doch gerade, dass er war wie viele und diese vielen weder pervers noch sadistisch, sondern schrecklich und erschreckend normal waren und sind.

Hannah Arendt (1905–1975) über den Naziverbrecher Adolf Eichmann

Im Gegensatz zum Inhalt vieler moderner Kindergeschichten ist im Märchen das Böse so gegenwärtig wie das Gute. In fast allen Märchen sind Gut und Böse in bestimmten Figuren und Handlungen verkörpert – so wie Gut und Böse auch im Leben jederzeit gegenwärtig sind und wie der Hang zu beidem in jedem Menschen liegt.

Bruno Bettelheim (1903–1990), Psychologe

Szene aus dem Walt Disney-Film „Schneewittchen und die sieben Zwerge" (1937)

Monstrosität fasziniert uns, weil sie den konservativen Republikaner im dreiteiligen Anzug anspricht, der in uns allen haust. Wir lieben und brauchen das Konzept der Monstrosität, weil es eine Bestätigung der Ordnung ist, nach der wir uns als Menschen alle sehnen, und ich möchte darüber hinaus noch die Mutmaßung anstellen, dass es nicht die körperliche oder geistige Missbildung selbst ist, die uns entsetzt, sondern vielmehr das Fehlen von Ordnung, auf die diese Deformierungen hinzudeuten scheinen.

Stephen King (geb. 1947), US-amerikanischer Schriftsteller

Der schwarze Mann in unseren Träumen mag verschwinden, wenn wir aufwachen. Und trotzdem wird er in der darauffolgenden Nacht zurückkehren, um uns erneut zu quälen. Unsere Lebensspanne mag begrenzt sein, doch die bösen Mächte des Universums währen ewig.

John Badham (geb. 1939), britischer Filmregisseur

Im Herzen noch des schlimmsten Kriminellen gibt es einen geheimen Garten der Unschuld. Und im Herzen auch des meistrespektierten Ehrenmannes gibt es eine Hölle.

Für mich ist das Böse die Erniedrigung. Böse ist ein Mensch, der dem anderen die Menschlichkeit abspricht.

Jacques Vergès (geb. 1925), französischer Jurist und Strafverteidiger

Irgendetwas bewegt uns, die größte Erniedrigung der kleineren vorzuziehen.

Stig Dagerman (1923–1954), schwedischer Schriftsteller

1 Welche Erscheinungsformen des Bösen zeigen sich in den Texten und Bildern? Ordnen Sie Ihre Überlegungen in einer Mindmap.

2 Versuchen Sie eine Definition des Bösen (→ Methode, S. 14).

3 Gestalten Sie eine Collage zum Thema „Facetten des Bösen".

Im religiösen Dualismus hat neben dem Guten auch das Böse eine Eigenwirklichkeit und Eigenmacht. Im Hinduismus z. B. wird es durch Kali, die *Gottheit des Bösen*, verkörpert. Ihre gewaltige Zerstörungskraft wird u. a. durch die vielen Arme symbolisiert.

Der „Höllendämon" Etrigan, Bildausschnitt aus dem Comic Sandman, Bd. 1: Präludium/Notturno (1988/1989).
Der englische Schriftsteller Neil Gaiman ist der Autor der fantastischen und düsteren Geschichten um den Sandman, den Herrn der Träume, der gegen zerstörerische dämonische Kräfte kämpfen muss, um die zerbrochene Ordnung des Universums wiederherzustellen.

Das Böse – theologische und philosophische Deutungen*

„Wie kommt das Böse in die Welt?“ Diese Frage stellt sich der Mensch seit Urzeiten angesichts seiner alltäglichen Erfahrung von Bosheit, Grausamkeit, Ungerechtigkeit, Zerstörung und Leid. Eine andere Frage: Wie ist die Existenz des Bösen mit dem Wirken eines allmächtigen und gütigen Gottes vereinbar? Ist seine Macht doch begrenzt oder hat er nicht nur das Gute im Sinn? So lautet das Grundproblem der **Theodizee.**

Der religiöse **Monismus**[1] versucht, das Problem dadurch zu lösen, dass er dem Bösen keine Eigenwirklichkeit zubilligt. Die göttliche Ordnung sei in sich gut, und das Böse sei auf die Begrenztheit und Unzulänglichkeit menschlichen Wissens zurückzuführen. Demgegenüber geht eine **dualistische** Deutung davon aus, dass das Böse die radikale Verneinung des Guten sei und damit doch Eigenwirklichkeit besitze. Nach der dualistischen Auffassung stehen das Gute und das Böse im ewigen Kampf gegeneinander, beide können vom Menschen bejaht und verehrt werden. Beispielhaft für eine solche Deutung ist der Manichäismus[2]. Die Theologie, aber auch die neuzeitliche Philosophie und Wissenschaft seit der Aufklärung versuchten, das Böse dadurch zu verstehen und zu bändigen, dass sie zwischen **metaphysischem**[3], **natürlichem** und **moralischem** Bösen unterschieden. Die Religion gab dem natürlichen Bösen (z. B. Erdbeben) einen metaphysischen Sinn, indem sie etwa eine Naturkatastrophe als Strafe Gottes für menschliches Fehlverhalten deutete. Dadurch rückte der Mensch selbst als der für das Böse letztlich Verantwortliche in den Mittelpunkt, was durch den Begriff des moralisch Bösen zum Ausdruck gebracht wird. Philosophen wie etwa Rousseau waren der Überzeugung, dass das Böse im Menschen durch Erziehung und Bildung bekämpft werden kann. Die neuzeitliche, von der Naturwissenschaft beeinflusste Philosophie versuchte, den Glauben an eine sinnvoll geordnete Welt mit der gegenteiligen Erfahrung von Chaos und Sinnlosigkeit zu vereinbaren, indem sie das sogenannte natürliche und metaphysische Böse als durch natürliche Gesetzmäßigkeiten erklärbare und durch moderne Technik berechenbare und zunehmend beherrschbare Katastrophen deutete. Nach Friedrich Nietzsche[4] ist das natürliche Böse lediglich eine Projektion von Menschen, die zwanghaft nach einem Sinn in der Welt suchen, anstatt die Sinnlosigkeit anzuerkennen und auszuhalten. Der Mensch schreibe der Natur unzulässigerweise moralische Merkmale zu, die diese gar nicht aufweise.

So ist das Böse im Lauf der Geschichte ein weitgehend **moralischer** und **anthropologischer** Begriff geworden. Wie schon im biblischen Sündenfallmythos angelegt (s. S. 29), erscheint das Böse seit der Aufklärung als eine Konsequenz der Wahl- und Entscheidungsfreiheit des Menschen. Nach Kant ist das Böse das Produkt eines bösen Willens. Eine Verkörperung dieser Vorstellung ist der Verbrecher, der bewusst und absichtlich Böses tut, obwohl er sich für das Gute entscheiden könnte. Doch auch dieser Versuch, das Böse auf einen Begriff zu bringen, hat sich als unzureichend erwiesen. So verdeutlicht Hannah Arendts Begriff der **„Banalität des Bösen“** im Zusammenhang mit Naziverbrechern (s. S. 168 f.), dass Menschen Böses aus Gleichgültigkeit, Gedankenlosigkeit, Routine tun, ohne dabei zwangsläufig mit dem Vorsatz zu handeln, Schrecken, Angst und Zerstörung zu verbreiten. Auch die Taten religiös oder politisch motivierter Selbstmordattentäter lassen sich nicht ausschließlich auf böse Motive reduzieren. Sie glauben Gutes zu tun, wenn sie Menschen töten.

Theodizee (gr. theos = Gott, dike = Gerechtigkeit): Versuch, die Existenz eines allmächtigen und gütigen Gottes angesichts des Übels und des Bösen in der Welt zu rechtfertigen. Der Philosoph Gottfried Wilhelm Leibniz (1646–1716), der diesen Begriff prägte, bezeichnete unsere Welt als die „beste unter allen möglichen Welten“. Alle Einwände bezüglich der Unvollkommenheit sind nach Leibniz auf das Unvermögen des Menschen, die „universale Harmonie zu verstehen“, zurückzuführen. Ähnlich sah dies der englische Dichter Alexander Pope (1688–1744): „Alles Übel in der Welt ist nur ein Teilaspekt. Im Gesamtzusammenhang der Schöpfung muss es als Gutes angesehen werden. Alles ist gut.“ Demgegenüber schrieb der französische Philosoph Voltaire (1694–1778, s. S. 360 f.) in einem Gedicht über das Erdbeben in Lissabon (1755): „Ihr ruft mit kläglicher Stimme: Alles ist gut, doch das Weltall straft euch Lügen!“
Das Theodizee-Problem ist Gegenstand des Buches *Hiob* im *Alten Testament*. Einen modernen Hiob gestaltet Joseph Roth in seinem Roman „Hiob“ (1930).

Franz von Stuck (1863–1928): Lucifer

Die römisch-mythologische Figur des *Luzifer* („Lichtbringer") verschmolz im Lauf der Geschichte mit der des *Satans* (hebräisch: „böser Engel", „Widersacher") und wurde zur **Personifikation des Bösen**. In der christlichen Überlieferung wurde Luzifer aus dem Kreis der Engel verstoßen, weil er so sein wollte wie Gott. Seit dem Mittelalter wird der Name synonym mit *Teufel* (gr.: diabolos) gebraucht. Die Faustsage (wie auch Goethes „Faust") verwendet die Bezeichnung *Mephisto(pheles)*.

Das Böse scheint sich demnach einer rationalen, erschöpfenden Erklärung zu entziehen. So wird der Mensch in seiner Auseinandersetzung mit dem Bösen immer wieder mit den Grenzen seiner Vernunft konfrontiert. Vielleicht liegt hier auch einer der Gründe für die eigentümliche Faszination, die der Mensch für das Böse empfindet und die bis heute ungebrochen scheint. Sie zeigt sich in Mythen, Märchen, literarischen Texten, aber auch in Filmen, Comics und Computerspielen. Diese Bilder vom Bösen sind sehr vielfältig: Das Böse erscheint als abstrakte, nicht greifbare Bedrohung unseres Alltags, als hässliche Monstrosität und Formlosigkeit im Gegensatz zur Schönheit und vollendeten Form, als Bestie in Menschengestalt oder als unscheinbarer Bürger, den die Verkettung verschiedener Umstände so zum Amokläufer werden lässt.

---

[1] Monismus: Lehre, die alles Sein auf *ein* Grundprinzip zurückführt (Gegensatz: Dualismus)

[2] Manichäismus: nach dem Perser Mani (um 216–277) benannte streng dualistische Lehre. Ihr zufolge stehen sich Geist und Materie, Licht und Finternis, Gut und Böse von Anbeginn an unabhängig voneinander und unversöhnlich gegenüber.

[3] Metaphysik: philosophische Disziplin, die nach den letzten Gründen des Seienden sucht, um die Wirklichkeit erschöpfend zu erklären

[4] Friedrich Nietzsche (1844–1900): deutscher Philosoph (→ Biografie, S. 380)

1 Stellen Sie die Aussagen des Textes in einer grafischen Übersicht dar.

2 Ordnen Sie die auf den vorherigen Seiten geäußerten Ansichten (einschließlich Ihrer eigenen) in diese Übersicht ein.

Der französische Philosoph **Jean-Jacques Rousseau** (1712–1778, → Biografie, S. 376) formulierte in seinem erzählerisch-pädagogischen Werk „Emil oder Über die Erziehung" erzieherische Grundsätze, die im behutsamen Wachsenlassen und Lenken der natürlichen und daher „guten" Fähigkeiten des Kindes bestehen.

Jean-Jacques Rousseau: Mensch, die Übel rühren von dir her!

Mensch, suche nicht weiter nach dem Urheber des Übels: Dieser Urheber bist du selbst. Es gibt kein anderes Übel als das, das du tust oder erleidest, und beide rühren von dir her. Das allgemeine Übel kann nur in der Unordnung liegen, und ich sehe im System der Welt eine Ordnung, die sich nie verleugnet. [...] Weil alles gut ist, gibt es keine Ungerechtigkeit. Die Gerechtigkeit ist unzertrennlich mit der Güte verbunden. Die Güte aber ist die notwendige Wirkung einer unbegrenzten Macht und die Selbstliebe, die jedem fühlenden Wesen eigen ist. [...] Besinnen wir uns auf uns selbst, mein junger Freund! Stellen wir jedes persönliche Interesse zurück und prüfen wir, wohin uns unsere Neigungen führen. Woran haben wir größere Freude: am Unglück oder am Glück der anderen? Was tun wir am liebsten und was lässt uns nach der Tat einen angenehmeren Eindruck zurück: eine Wohltat oder eine Bosheit? Was interessiert euch im Theater am meisten? Sind es die Missetaten, die euch Vergnügen machen? Weint ihr über die bestraften Verbrecher? Alles, sagt man, ist uns gleichgültig, unser Vorteil ausgenommen! Und doch trösten uns im Gegenteil Freundschaft und Menschenliebe in unserem Leid. Und selbst in unserer Freude wären wir zu einsam, zu unglücklich, wenn wir niemanden hätten, der sie mit uns teilt. Wenn es keine Moral im menschlichen Herzen gibt, woher kommt dann unsere Begeisterung für heroische Taten und diese Liebeswallung für große Seelen?

Paul Gauguin (1848–1903): Woher kommen wir? Was sind wir? Wohin gehen wir?. Der französische Maler zog Ende des 19. Jh. auf der Suche nach einer friedlichen Welt nach Tahiti. In seinem Bild gestaltete er seinen Traum von einer ursprünglichen Welt, in dem die Menschen friedvoll und im Einklang mit der Natur leben.

Der Erste, der ein Stück Land eingezäunt hatte und es sich einfallen ließ zu sagen: *dies ist mein* und der Leute fand, die einfältig genug waren, ihm zu glauben, war der wahre Gründer der bürgerlichen Gesellschaft. Wie viele Verbrechen, Kriege, Morde, wie viel Not und Elend und wie viele Schrecken hätte derjenige dem Menschengeschlecht erspart, der die 4 Pfähle herausgerissen oder den Graben zugeschüttet und seinen Mitmenschen zugerufen hätte: „Hütet euch, auf diesen Betrüger zu hören; ihr seid verloren, wenn ihr vergesst, dass die Früchte allen gehören und die Erde niemandem." [...] Die extreme Ungleichheit in der Lebensweise, das Übermaß an Müßiggang bei den einen, das Übermaß an Arbeit bei den anderen; [...] – das sind die unheilvollen Beweise dafür, dass die Mehrzahl unserer Leiden unser eigenes Werk sind und dass wir sie beinahe alle vermieden hätten, wenn wir die einfache, gleichförmige und solitäre Lebensweise beibehalten hätten, die uns von der Natur vorgeschrieben wurde.

Franz M. Wuketits (geb. 1955), Professor für Wissenschaftstheorie unter besonderer Berücksichtigung der Biowissenschaften. Er schrieb u. a. „Warum uns das Böse fasziniert. Die Natur des Bösen und die Illusionen der Moral" (1999).

Franz M. Wuketits: Die Natur des Bösen

Das Böse hat Karriere gemacht und fasziniert, „während das Gute aufgrund seiner Unauffälligkeit und Selbstverständlichkeit fast schon den Anstrich des Langweiligen hat" (A. Pieper). „Das Böse genießt einen Bonus. Es fesselt unsere Aufmerksamkeit. Schurken bemächtigen sich unserer Fantasie mit einer Kraft, mit der kein Tugendbold jemals mithalten kann" (L. Watson). Was wären auch unsere Mythen und Märchen ohne böse Hexen und Dämonen, was wäre unser Fernsehen ohne Krimis mit Übeltätern, denen keine Variante des Bösen fremd ist? Woher kommt diese Faszination? Haben wir uns tatsächlich erst durch unsere eigene Zivilisation aus dem sprichwörtlichen Paradies vertrieben? War am Anfang alles gut? Kaum, wie jedenfalls evolutionstheoretische Überlegungen nahelegen.

Die Natur kennt keine Moral. Sie ist moralisch absolut neutral. Gut und Böse sind Erfindungen des Menschen. Als wertendes Lebewesen neigt der Mensch allerdings dazu, auch die Natur nach seinen (moralischen) Vorstellungen zu beurteilen. Doch gibt es weder moralische noch unmoralische Tiere; was in der Natur zählt, ist das (genetische) Überleben, und dabei sind alle Mittel recht.

In dem US-amerikanischen Sciene-Fiction-Film „Avatar" (2009) wird der Typus des „edlen Wilden", der im Einklang mit sich und der Natur auf Pandora, einem fernen Planeten, lebt, von der technokratischen Zivilisation bedroht.

Der Wettbewerb ist in der Natur allgegenwärtig, und aggressives Verhalten gegenüber Artgenossen steht auf der Tagesordnung. Aggression ist gleichsam eine notwendige Kraft in der Evolution, und ohne Wettbewerb könnte die natürliche Auslese nicht stattfinden. Aber sie hat nichts mit Moral oder Unmoral zu tun. [...] Ebenso zu verabschieden ist der Mythos vom „edlen Wilden". Bekanntlich huldigte Rousseau der Meinung, dass der Mensch ursprünglich, im Naturzustand, gut gewesen und erst durch seine Kultur und Zivilisation böse geworden sei. So willkommen eine derartige Vorstellung auch heute noch vielen ist – sie ist nicht haltbar. Der vorgeschichtliche Mensch war kein Humanist, er kämpfte bloß um sein Überleben. Auch die im 20. Jh. lancierte These von der Friedfertigkeit der „Naturvölker" (oder „Wildbeuter", wie man heute sagt) entbehrt jeder Grundlage. Aggressives Verhalten kommt, wenngleich in abgestufter Form, in allen Gesellschaften vor. Hass, Neid und Rivalität sind gleichsam anthropologische Universalien (allgemeingültige Grundlagen menschlichen Zusammenlebens). [...] Wie alle anderen Lebewesen hatte Homo sapiens von vornherein „nur" ein Grundproblem zu lösen: das seines individuellen genetischen Überlebens. Und wie alle übrigen Arten war er bei der Wahl der Mittel nie zimperlich. Moralische Überlegungen sind ein Spätprodukt der Evolution, die Kategorien „Gut" und „Böse" waren in unserer Entwicklungsgeschichte die längste Zeit unbekannt.

Das Böse kam also nicht mit unserer Zivilisation in die Welt, sondern ist elementarer Bestandteil unserer Natur. Michel Lacroix schreibt: „Statt nach Gründen zu suchen, aus denen der Mensch, der von Natur aus gut ist, am Ende das Böse begeht, ist es vielleicht realistischer anzunehmen, dass die Neigung zum Bösen seiner Natur entspricht." Diese Annahme ist auf jeden Fall realistischer als die gegenteilige Vermutung, dass der Mensch von Natur aus gut – und irgendwann erst böse geworden – sei. Genau gesagt ist der Mensch von Natur aus weder gut noch böse, sondern trägt beide Anlagen in sich. [...] Der menschlichen Natur wohnt eine Bosheit inne, die aus der Erfahrung so „erwächst". Das Milieu, in dem ein Mensch aufgezogen wird, die sozialen Rahmenbedingungen seiner Existenz können den Hang zum Bösen verstärken. Aber der Mensch trägt, wie gesagt, durchaus auch die Neigung zur Hilfsbereitschaft in sich, die Neigung zum Guten. Seiner Veranlagung zu aggressivem Verhalten steht sein Hang zur Geselligkeit gegenüber, er kann Freude am sozialen Leben empfinden und ist imstande, sein Glück mit anderen zu teilen. [...] Die Zivilisation ist nicht als Gegensatz zur menschlichen Natur zu deuten, sondern kann die natürlichen Potenziale des Menschen verstärken – sei es zum Guten, sei es zum Bösen. So wie es aussieht, hat sie sich allerdings mit dem Bösen ganz gut arrangiert. Sollte sich die Menschheit eines Tages selbst ausrotten (was nicht auszuschließen ist), dann wird das die Folge von durch die Zivilisation potenzierten Naturkräften sein.

1 Welches Bild von Welt und Mensch entwirft Rousseau? Überlegen Sie, warum Rousseau den Menschen als Urheber des Bösen sieht.

2 Welches Bild von Natur und Mensch entwirft Wuketits? Wie begründet er, dass die Natur keine Moral kenne?

3 Überprüfen Sie, ob Wuketits' Kritik an Rousseau berechtigt ist. Antworten Sie aus der Sicht Rousseaus.

4 Problematisieren Sie den Typus des „edlen Wilden".

David Buss: Die Idee einer Evolution des Bösen ist gefährlich

David Buss (geb. 1953), amerikanischer Psychologe, lehrt an der Universität Austin/Texas. Werk u. a.: „Der Mörder in uns“ (2007).
Im nebenstehenden Text gibt er eine Antwort auf die Frage „Was ist Ihre gefährlichste Idee?“.

Die meisten Menschen stellen sich unter Folterern, Verfolgern, Räubern, Vergewaltigern und Mördern durchgedrehte, geifernde Ungeheuer vor, doch das ruhige, normal aussehende Konterfei ihres Spiegelbildes kommt der Wahrheit näher. Meine gefährliche Idee ist die, dass wir alle in unseren großen Gehirnen Adaptionsmerkmale besitzen mit der Funktion, abscheuliche Gräueltaten an Mitmenschen begehen zu können, die man gemeinhin als böse bezeichnet. [...]

Die Idee einer Evolution des Bösen ist in mehrer Hinsicht gefährlich. Wenn unsere Gehirne psychische Schaltkreise enthalten, die Mord, Genozid und sonstige Formen von Böswilligkeit auslösen, so kann man die Täter vielleicht nicht für ihr Gemetzel verantwortlich machen. Doch die Erkenntnis der Kausalfaktoren kann Mörder nicht entlasten, ob die Ursache nun in der evolutionären Herkunft des Menschen oder in neueren Einflüssen wie mütterlichem Alkoholismus, väterlicher Gewalt oder anderen Übeln wie Mobbing, Armut, Drogen oder Computerspielen. Gefährlich wäre es, wenn die Theorie des evolutionär bedingten mörderischen Geistes dazu missbraucht würde, Mörder ungestraft davonkommen zu lassen.

Die Idee einer Evolution des Bösen ist auch aus einem im hohen Maß bestürzenden Grund gefährlich. Wir möchten gerne glauben, dass sich das Böse objektiv in einer Reihe böser Taten oder in jenem Teil der Menschheit lokalisieren lässt, der Gräueltaten am anderen begeht, völlig ungeachtet der Täter- oder der Opferperspektive. Das ist jedoch ein Irrglaube, denn zwischen der Täter- und der Opferperspektive besteht ein tief greifender Unterschied. Zum Beispiel betrachten es viele als böse, ein Mitglied der eigenen Gruppe zu töten, nehmen aber gegenüber der Tötung von Fremden eine andere Haltung ein. Manche halten das biblische Gebot „Du sollst nicht töten“ für eine absolute Norm. Doch bei näherer textkritischer Analyse zeigt sich, dass es nur die Tötung von Stammesgenossen betraf.

Ein neueres Beispiel liefert der Konflikt mit den Terroristen. Osama bin Laden[1] hat verkündet: „Das Gebot, die Amerikaner und ihre Verbündeten – ob Zivilisten oder Militärs – zu töten, ist für jeden dazu fähigen Muslim in jedem dafür geeigneten Land eine persönliche Verpflichtung.“ Was aus der Sicht eines potenziellen amerikanischen Opfers ein Übel ist, stellt sich für Terroristen als ein Akt der Verantwortung im Dienste eines höheren moralischen Gutes dar. Ähnlich ließ Präsident Bush[2], als er die „Achse des Bösen“ beschwor, die Tötung der Vertreter jener Achse als moralisch erscheinen – ein Urteil, das für die Bedrohten zweifellos unter die Kategorie des Bösen fallen musste. [...]

Die Gefahr geht von jenen aus, die nicht einsehen wollen, dass wir die dunklen Seiten der menschlichen Natur nicht wegwischen können, indem wir sie auf Übel der modernen Kultur wie Armut, Krankheit oder Konfrontation mit Mediengewalt zurückführen.

Die Gefahr geht also davon aus, dass wir nicht in den Spiegel schauen, um uns dem Bösen in uns selbst zu stellen.

Josef Wilfling: Abgründe, München (Heyne) 2010

1 Aus welchen Gründen hält der Autor die Annahme einer „Evolution des Bösen“ für gefährlich?

2 Welche Sichtweise bzw. welche Haltung dem Bösen gegenüber empfiehlt er?

3 Diskutieren Sie vor allem über die Aussage des letzten Satzes.

[1] Osama bin Laden: saudi-arabischer Terrorist, verantwortlich u. a. für den Terroranschlag in New York (11.9.2001)

[2] George W. Bush: US-Präsident (2001 – 2009), erklärte die Länder Nord-Korea, Irak und Iran zur „Achse des Bösen“

Walter Schulz: Verharmlosen Aufklärung und Wissenschaft das Böse?

Walter Schulz (1912–2000) war Professor für Philosophie in Tübingen. Er schrieb u. a. „Philosophie in der veränderten Welt" (1972).

Das Böse lässt sich nicht eindeutig definieren, weder wissenschaftstheoretisch noch moralphilosophisch oder metaphysisch. Gleichwohl: Was wir mit dem Bösen meinen, ist ein sehr realer Sachverhalt, gleichsam ein anthropologisches „Urphänomen", dessen Wurzeln der *Egoismus* und dessen eklatanteste Ausprägung der Hang des Menschen zur Grausamkeit ist. Das sich in der *Grausamkeit* in seiner radikalen Form zeigende Böse erscheint uns als eine ständig drohende Gefahr des Menschen, und diese Tatsache wird – so meinen wir – durch die heute maßgebende Ethik der rationalen Aufklärung zugedeckt. [...]

Wie ist es möglich, dass Grausamkeiten nicht aus Mangel an aufklärerischer Emanzipation oder in irrationalem Rausch passieren, sondern in bürokratischer Überlegung rational geplant werden? Diese Frage lässt sich, so argumentiert man, nur beantworten, wenn man das negative Verhalten auf seine verschiedenen Faktoren hin analysiert. [...] Es wäre sicher verkehrt, solche Untersuchungen von Grund auf als verfehlt anzusehen. [...] Aber man muss zugleich wissen, dass die verwissenschaftlichte Fragestellung die Gefahr einer Verharmlosung der Probleme mit sich bringt. Dieser Gefahr begegnet man nur, wenn man sich von vornherein klarmacht, dass das Böse in all seinen Erscheinungen nicht wissenschaftlich restlos zu erklären ist – gelänge dies, dann würde das Böse kein wirklich ernst zu nehmendes Problem darstellen.

Das besagt für uns: Eine zeitgemäße Ethik muss sich gegen die Illusion wenden, dass eines Tages der Mensch, emanzipiert, mündig und sich selbst reflektierend, nur noch von der Vernunft gesteuert wird, jenseits von Gut und Böse. Die Ethik muss den Menschen sehen, wie er ist, und trotzdem an seine Freiheit appellieren. Dieser Appell wird gerade heute nur in der Verbindung mit der wissenschaftlichen Erforschung der menschlichen Situation im Allgemeinen und im Besonderen sinnvoll sein. Aber die wissenschaftliche Forschung und die von ihr her mögliche technologische Manipulation ersetzt nicht die Dimension verantwortlichen Tuns, die unter den Grundworten „Gut" und „Böse" steht. [...] Die Menschen müssen sich immer um eine Ordnung ihres Zusammenlebens bemühen, weil sie selbst diese Ordnung gefährden. Dass die Gestalten der Ordnung wechseln, ist klar. Aber die Differenz zwischen Ordnung und deren Negation ist ein Urphänomen des menschlichen Lebens. Auf diese Differenz weisen die beiden Begriffe Gut und Böse hin. Sie zeigen an, dass der Mensch selbst die Ordnung als das Gute nur herstellen kann im Gegenzug gegen seine eigene Tendenz zu deren Negation, das heißt dem Bösen.

Francisco Goya (1746–1828): Der Schlaf der Vernunft gebiert Ungeheuer

1 Beschreiben Sie das Bild und benennen Sie das Anliegen des Malers. Das spanische Wort für „Schlaf" kann auch „Traum" bedeuten. Überlegen Sie, inwiefern sich durch die verschiedene Übersetzung die Aussageabsicht ändert.

2 Verharmlosen Rousseau und Wuketits (s. S. 54 f.) das Böse (Z. 20 f.)?

3 Was fordert Schulz von einer „zeitgemäßen Ethik" (Z. 28 f.)?

Rüdiger Safranski (geb. 1945), philosophischer Essayist. Er schrieb u. a. „Das Böse und das Drama der Freiheit“ (1997).

Rüdiger Safranski: „Wir müssen uns dem Bösen stellen“ – Ein Interview

Ist die Sehnsucht nach einem geordneten System ein Versuch, das Böse abzuwehren?

Safranski: Zunächst muss man fragen, was die Lust an der Ordnung, an der systemischen Geschlossenheit ist. Die Kehrseite dieser Lust ist die Angst vor der Unordnung. Ein starker Ordnungswille konzipiert unterschwellig eine bestimmte Form des Bösen – das Böse ist das Zufällige, das Ungeordnete, das Chaotische. Das Chaos zu disziplinieren, in eine Form zu bringen, ist eine Wiederauflage des alten Schöpfungsmythos[1]. Am Anfang war das Chaos und dann tritt der liebe Gott ein und schafft Ordnung.

Warum wird das Chaotische als bedrohlich empfunden?

Safranski: Alles, was nicht kontrollierbar, was Schicksal, was Gnade ist, alles das, was nicht zur Verfügung steht, ist nicht einfach eine Herausforderung, sondern ist zunächst eine Beängstigung. Aus diesem Beängstigungspotenzial, dem In-der-Welt-Sein, Im-Ungewissen-Sein, kommt ein Bedürfnis nach Berechenbarkeit auf. Es muss viel Arbeit aufgewandt werden, um die dramatische Ungerechtigkeit, die durch die Natur ins Leben kommt, wenigstens zu verstehen. [...] Unsere westliche Kultur ist besonders stark auf Sicherheit programmiert, und das erzeugt natürlich auch ganz große Schwächen. Je mehr man Sicherheit will, umso mehr gewöhnt man sich auch an sie und umso hysterischer wird man bei jeder kleinen Unsicherheit. Auch Religionen sind unter anderem große imaginäre Versicherungssysteme. [...] Es gab immer wieder Versuche, ultimative Lösungen zu schaffen durch „Reinigung“ der Wirklichkeit, Beseitigung der Störquellen. Projekte wie zum Beispiel der real existierende Sozialismus in der Sowjetunion unter Stalin[2] waren Großversuche am Menschen. Durch die Eliminierung des Klassenfeindes und einer bestimmten Produktionsstruktur sollten die quasi objektiven Quellen des Bösen verstopft werden. Auch der Nationalsozialismus war ein solches Reinigungsprojekt. Die Gesellschaft sollte von Gift gereinigt werden. Für die Nazis waren die Juden und Kosmopoliten Gift. [...] Was für das Herrschaftsinteresse als das Böse galt, musste ausgerottet werden, um eine funktionierende Gesellschaft gestalten zu können. [...] Die Illusion der Reinigung der Welt und der Gesellschaft durch eine ultimative, vollständige Ausscheidung des Bösen, zum Beispiel durch Eroberung von „Schurkenstaaten“, kann selber zu einem Mechanismus werden, der die schlimmen Dinge erst produziert.

Richard Thiess: Mordkommission. Wenn das Grauen zum Alltag wird, München (dtv) 2010

Was sagt der alttestamentarische Mythos von Kain und Abel über das Böse?

Safranski: Auch im Mythos von Kain und Abel[3] wird eine Grundsituation vorgeführt. Zwei Brüder, die sich vergleichen. Kain ist mit einer großen Ungerechtigkeit konfrontiert. Sein Opfer wird von Gott weniger wohlgefällig aufgenommen als das seines Bruders Abel. Es ist nicht einzusehen, warum der Unterschied gemacht wird. Und weil der Unterschied gemacht worden ist, scheidet er sich von seinem Bruder ab, indem er ihn totschlägt. Er will den Unterschied eliminieren. Einen Unterschied zu meinen eigenen Ungunsten nicht ertragen zu können und darauf mit einer gewalttä-

---

[1] Schöpfungsmythos: hier: Altes Testament, Buch Genesis (s. S. 28)

[2] Stalin (1879–1953): sowjetischer Revolutionär und Politiker, wurde 1922 Generalsekretär der Kommunistischen Partei und errichtete eine diktatorische Herrschaft, indem er alle inneren Gegner umbringen („große Säuberung“) oder in Lagern („Gulags“) internieren ließ

[3] Altes Testament, Genesis 4, 1–16

tigen Eliminierung des Unterschiedenen zu reagieren, das ist im Mythos von Kain und Abel in sehr konzentrierter Form festgehalten. Mit diesem Modell können wir sehr viel begreifen, was immer noch geschieht: das Ressentiment[1], der Neid, die Empörung über die „Ungerechtigkeit" der Natur, des Zufalls ...

Bedeutet immer freier zu werden auch immer böser zu werden?

Safranski: Es kommt mir zunächst darauf an, dass der Zusammenhang, der zwischen der Freiheit und dem Bösen besteht, als grundsätzlich begriffen wird. Es macht keinen Sinn, über Freiheit zu reden, wenn man nicht zugleich feststellt, dass Freiheit heißt, nicht von einem Instinktprogramm gesteuert zu sein, sondern Optionen zu realisieren, und in dieser Skala der Optionen geht es von hell nach dunkel. Es gibt auch die Möglichkeit der Selbstvernichtung und der Vernichtung des anderen. Ich sage nicht, dass Freiheit das Böse ist, sondern Freiheit ist der Möglichkeitsraum, der es mit sich bringt, dass wir auch für die Negativität offen sind. Wir können Nein sagen, wir können auch das Nichts und die Vernichtung wählen. Wer sagt, dass gerade dann, wenn das sogenannte Böse in Erscheinung tritt, die Freiheit fehlt und nur der Triebzwang regiert, der hat einen sehr lebensfernen Begriff von Freiheit. Freiheit ist kein Erfolgsprogramm und das Böse ist nicht das Kranke, sondern es ist dasjenige, was ich tun kann, gerade weil ich ein freies Wesen bin. Deswegen ist die Freiheit das Abenteuer des Lebens und zugleich das Risikopotenzial. Steigerung der Freiheit heißt, dass man auch frei genug ist, die zerstörerischen Möglichkeiten, die man hat, selber zu zivilisieren. Steigerung der Freiheit heißt, die Negativität so integrieren zu können, dass etwas daraus wird. Steigerung der Freiheit ist nicht zugleich Steigerung des Bösen, sondern Steigerung der Freiheit bedeutet einen Gewinn an Fähigkeiten, mit unserer riskanten Natur produktiv umzugehen.

Bartolomeo Manfredi (1587 – 1620/21): Kain erschlägt Abel

1 Der Autor nennt Beispiele für beabsichtigte „Reinigungen" der Welt und der Gesellschaft (Z. 20 ff.) und bezeichnet diese als „Illusion". Erörtern Sie diese Ansicht.

2 Worin sieht Safranski das „Drama der Freiheit"? (s. auch das Kapitel „Der Mensch zwischen Freiheit und Determination", S. 68 ff.)

3 Nennen Sie Beispiele für eine geglückte „Integration der Negativität" (Z. 74).

[1] Ressentiment (frz.): auf Vorurteilen, Neid u. Ä. beruhende gefühlsmäßige Abneigung

Der Mensch in der Geschichte

Ist Geschichte sinnlos?

Georg Büchner (1813–1837), Autor und Arzt, ist einer der herausragendsten Dichter des 19. Jahrhunderts. Er kämpfte für die Armen, obgleich er die Vergeblichkeit des Kampfes voraussah. Mit seinen Theaterstücken „Woyzeck", „Danton" und „Leonce und Lena" schuf er Werke von hohem Rang. Wegen seiner revolutionären Schrift „Der Hessische Landbote", in der er die Macht der Fürsten 1832 angriff, musste er in die Schweiz fliehen. Dort schrieb er in einem Brief an seine Braut, was er in der Geschichte zu erkennen glaubte.

1 Überlegen Sie: Besteht nicht ein Widerspruch zwischen Büchners politischem Einsatz und seiner Geschichtsauffassung?

2 Versuchen Sie, für die vergangene Woche eine Zeitleiste von Ereignissen anzulegen, aus der sich so etwas wie ein Sinn oder eine Entwicklung zum Besseren hin ablesen lässt.
Diese Aufgabe kann gut mit einer Gruppenarbeit verbunden werden.

3 Betrachten Sie die Bilder unter der Fragestellung, welche Einstellung zur geschichtlichen Entwicklung sie nahelegen.

Georg Büchner: Der Fatalismus[1] in der Geschichte

„Gießen, um den 9.–12. März 1834.
Schon seit einigen Tagen nehme ich jeden Augenblick die Feder in die Hand, aber es war mir unmöglich, nur ein Wort zu schreiben. Ich studierte die Geschichte der Revolution. Ich fühlte mich wie zernichtet unter dem grässlichen Fatalismus der Geschichte. Ich finde in der Menschennatur eine entsetzliche Gleichheit, in den menschlichen Verhältnissen eine unabwendbare Gewalt, Allen und Keinem verliehen. Der Einzelne nur Schaum auf der Welle, die Größe ein bloßer Zufall, die Herrschaft des Genies ein Puppenspiel, ein lächerliches Ringen gegen ein ehernes Gesetz, es zu erkennen das Höchste, es zu beherrschen unmöglich […] Was ist das, was in uns lügt, mordet, stiehlt? Ich mag dem Gedanken nicht weiter nachgehen. Könnte ich aber dies kalte und gemarterte Herz an deine Brust legen!"

John Gast: Amerikanischer Fortschritt (1872)

Manhattan nach der Zerstörung des World-Trade-Centers (11.9.2001)

[1] Fatalismus (von lat. fatum = das Geschick): Resignation vor dem Schicksal, Schicksalsergebenheit

Arthur Schopenhauer: Die ewige Wiederkehr des Gleichen

Durchgängig und überall ist das echte Symbol der Natur der Kreis, weil er das Schema der Wiederkehr ist: Diese ist in der Tat die allgemeinste Form in der Natur, welche sie in Allem durchführt, vom Laufe der Gestirne an, bis zum Tod und der Entstehung organischer Wesen [...].

So weilt Alles nur einen Augenblick und eilt dem Tode zu. Die Pflanze und das Insekt sterben am Ende des Sommers, das Tier, der Mensch, nach wenig Jahren: Der Tod mäht unermüdlich. Desungeachtet aber, ja, als ob dem ganz und gar nicht so wäre, ist jederzeit Alles da und an Ort und Stelle, eben als wenn Alles unvergänglich wäre. Jederzeit grünt und blüht die Pflanze, schwirrt das Insekt, steht Tier und Mensch in unverwüstlicher Jugend da, und die schon tausend Mal genossenen Kirschen haben wir jeden Sommer wieder vor uns. Auch die Völker stehen da, als unsterbliche Individuen; wenn sie gleich bisweilen die Namen wechseln: Sogar ist ihr Tun, Treiben und Leiden allezeit dasselbe; wenngleich die Geschichte stets etwas Anderes zu erzählen vorgibt: Denn diese ist wie das Kaleidoskop, welches bei jeder Wendung eine neue Konfiguration zeigt, während wir eigentlich immer dasselbe vor Augen haben. Was also drängt sich unwiderstehlicher auf, als der Gedanke, dass jenes Entstehen und Vergehen nicht das eigentliche Wesen der Dinge treffe, sondern dieses davon unberührt bleibe, also unvergänglich sei, daher denn Alles und Jedes, was da sein WILL, wirklich fortwährend und ohne Ende da ist.

Arthur Schopenhauer (1788–1860), deutscher Philosoph (→ Biografie, S. 378)

Wenn die **Geschichte der Menschheit** nicht als willkürlich-zufällige Ansammlung einzelner Ereignisse erscheint, stellt sich die Frage nach einem gesetzmäßig ablaufenden Plan, der in ihr wirkt. Bewegt sie sich als *Universalgeschichte* in einem linearen, universalen Fortschrittsprozess auf ein Ziel (z. B. einer „klassenlosen Gesellschaft") hin (= **teleologische Geschichtsauffassung**)? Oder ist sie ein ewiger, unvermeidlicher Kreislauf des Immer-Gleichen (= **zyklische Geschichtsauffassung**)? Andererseits: Hat sich die Idee einer Universalgeschichte mit ihrer Berufung auf „letzte Prinzipien" und Sinnzuschreibungen nicht als Fiktion erwiesen? Sollte die Geschichte vielleicht vielmehr als *Multiversalgeschichte* verstanden werden? Mit solchen und ähnlichen Fragen beschäftigt sich die **Geschichtsphilosophie**.

Aphorismen zu „Geschichte"

Wenn über eine dumme Sache
endlich Gras gewachsen ist,
kommt sicher ein Kamel gelaufen,
das alles wieder runterfrisst.

Redensart

Es ereignet sich nichts Neues. Es sind immer die selben alten Geschichten, die von immer neuen Menschen erlebt werden.

William Faulkner (1897–1962), amerikanischer Schriftsteller

Die Geschichte soll nicht das Gedächtnis beschweren, sondern den Verstand erleuchten.

Gotthold Ephraim Lessing (1729–1781), deutscher Schriftsteller und Philosoph

Der schönste, reichste, beste und wahrste Roman, den ich je gelesen habe, ist die Geschichte.

Jean Paul (1763–1825), deutscher Schriftsteller

Die Geschichte ist nicht viel mehr als eine Aufzählung der Verbrechen, Narrheiten und Unglücksfälle der Menschheit.

Edward Gibbon (1737–1794), englischer Historiker

Wer sich der Geschichte nicht erinnert, ist dazu verdammt, sie zu wiederholen.

George Santayana (1863–1952), amerikanischer Philosoph und Schriftsteller

4 Was ist nach Ihrer Meinung im menschlichen Leben oder auf der Welt
– immer wiederkehrend,
– einmalig, jedes Mal neu?

5 Versuchen Sie, aus den Zitaten die jeweilige Einstellung zu Vergangenheit und Geschichte herauszulesen.

6 Formulieren Sie Ihre eigenen Aphorismen zu Geschichte: „Geschichte ist für mich ..."

Folgt die Geschichte einem verborgenen Plan?

Trotz des Chaos der Daten, der sinnlosen Vernichtung von menschlichem Leben, des Untergangs großer Reiche und ihrer jeweiligen, einstmals strahlenden Kultur muss es für Denker, die an einen Gott glauben, irgendwo ein verborgenes Gesetz geben, denn, wie Einstein sagte: „Gott würfelt nicht."
Diesen Gedanken verfolgte der Philosoph Hegel, der im 19. und 20. Jahrhundert den stärksten Einfluss auf alle diejenigen haben sollte, die sich nicht damit abfinden wollten, dass die menschliche Geschichte so sinnlos wie Roulette und ebenso wie dieses Spiel nur mit Wahrscheinlichkeitsrechnung zu erklären ist. Hegel bestimmte die Vorstellung von Geschichte bis in unsere Tage.

Georg Wilhelm Friedrich Hegel (1770–1831), deutscher Philosoph, dessen Geschichtsauffassung Karl Marx (s. S. 36) stark beeinflusste.

Der Weltgeist in der Geschichte – die Geschichtsphilosophie von G. W. F. Hegel*

Hegel entwickelte einen völlig systematischen, in sich logischen Verlauf der Weltgeschichte.
Gott ist der absolute Geist, die Kraft, die in allem wirkt: der Weltgeist. Diese Kraft kann nicht zufällig, wirr oder sinnlos sein. Sie ist vernünftig und in sich stimmig, eben göttlich. Die von Gott geschaffenen Naturgesetze sind nachweisbar logisch, also muss auch die menschliche Geschichte vernünftig organisiert sein. Alles, was real ist, ist vernünftig gestaltet, meint Hegel, auch wenn wir es vielleicht nicht gleich auf den ersten Blick erkennen. Irgendwann werden wir schon hinter die Gesetzlichkeit kommen, denn wir Menschen haben ebenfalls Geist, da wir von Gott (= absoluter Geist) ebenbildlich geschaffen wurden.
Hegel war überzeugt, in seiner „Philosophie der Geschichte" diese vernünftige Gesetzlichkeit aufgespürt zu haben. Das Prinzip heißt: Fortschritt in der Freiheit des Menschen. Freiheit wiederum bedeutet Einsicht in die große, alles durchwaltende Vernunft, mit der die Welt gestaltet ist, sodass auch alle menschlichen Verhältnisse kompromisslos vernünftig gestaltet werden können.
Nun konstruiert Hegel eine große Erzählung vom Durchgang der Weltgeschichte von den Orientalischen Reichen bis zu seiner Zeit, dem Deutschland des 19. Jahrhunderts.
„Das Erste, womit wir anzufangen haben, ist daher der **Orient**. Er ist das **Kindesalter** der Geschichte." Noch ist nur einer frei, der große Priesterkönig, der die Gesetze der Götter symbolisiert, dem alles gehört. Die Pracht orientalischer Paläste veranschaulicht diese überragende Freiheit der orientalischen Despoten für die Untertanen, die unfrei sind – für uns ist dieses Verhältnis heute immer noch in den Pyramiden der Pharaonen sichtbar.
Die griechische Antike, vor allem die Stadt Athen, stellt das **Jünglingsalter** der Weltgeschichte dar: Denn hier bilden sich Individualitäten heraus. Die Idee der menschlichen Freiheit ist zunächst nur in den schönen Körpern der Individuen verdeutlicht, so wie wir sie in den athe-

Pyramiden von Gizeh

Artemis von Gabii (4. Jh. v. Chr.)

nischen Plastiken des Phidias erkennen. Noch ist die Individualität nicht durchdacht und nicht in staatlichen Gesetzen festgestellt, sie wird gelebt. Der freie Mensch fühlt sich frei, indem er sich zu seiner freien Polis bekennt, die er gegen die orientalischen Reiche (z. B. die Perser) auch mit seinem Leben verteidigt. Die vielgestaltige Götterwelt steht in direktem Bezug zu den schönen Menschengestalten.

Die Zeit des **Römischen Reiches** ist für Hegel das **Mannesalter** der Geschichte. Hier ist nicht der Einzelne, sondern der Staat zum höchsten Zweck geworden, dem sich der Mensch unterwirft, dem er sich auch opfert. Allerdings: Der Staat ist das Gesetz. Die römische Zeit entwickelt ein logisch durchdachtes *ius*, von dem unsere Rechtlichkeit abgeleitet ist. (Noch heute müssen Studenten der Rechte das Römische Recht lernen, z. B. in dubio pro reo[1] oder nulla poena sine lege[2].) Auf diese Gesetze kann sich jeder einzelne Staatsbürger berufen. Insofern hat ein „Fortschritt in der Entwicklung der Freiheit" stattgefunden, die Voraussetzung für die letzte Stufe der Weltgeschichte: die **germanische Zeit**. Sie ist das **Greisenalter** der Geschichte. „Das natürliche Greisenalter ist Schwäche, das Greisenalter des Geistes aber ist seine vollkommene Reife." Nun ist das Ziel der Weltgeschichte erreicht. Der Staat ist völlig vernünftig nach geistigem Prinzip durchorganisiert, der Einzelne ist völlig frei, insofern er in einer vernünftigen Gesellschaft lebt, deren logische Gesetze er erkennt, auf die er sich berufen und mit denen er sich identifizieren kann. Glaube an Gott und Staat und Einzelleben sind versöhnt, die Kirche ist im Staat aufgegangen, weil der absolute Geist = Gott jetzt zur Ruhe gekommen ist.

Endlich ist das Auf und Ab der vorläufigen, scheinbar chaotischen, tatsächlich aber planvollen Historie zu Ende. Jetzt beginnt die **eigentliche Menschheitsgeschichte, eine glückliche Zeit**.

Als 1989 die Mauer in Berlin fiel und mit ihr der Ostblock zusammenbrach, als das Prinzip des freien Marktes vom Westen aus die ganze Welt eroberte (was man heute Globalisierung nennt), als mit dem freien Markt die Freiheit des Individuums und die Demokratie zu einem Siegeszug aufzubrechen schienen, schrieb der amerikanische Regierungsberater Fukuyama einen Bestseller, in dem er die schmerzliche Geschichte der Menschheit für beendet erklärte und eine Zeit der Versöhnung, des Glücks und der Freiheit vorhersagte. Dabei berief er sich ausdrücklich auf Hegels Geschichtsphilosophie.

[1] in dubio pro reo (lat.): im Zweifel für den Angeklagten
[2] nulla poena sine lege (lat.): keine Strafe ohne Gesetz

Eine alte römische Sage:
Mucius Scaevola
Der etruskische König Porsena belagerte Rom und wollte die verängstigte Stadt aushungern. Der junge Mucius Scaevola ging mit einem Dolch ins Lager des Königs, um diesen umzubringen. Von den Wachen ertappt, wurde er vor den König gebracht. Als dieser drohte, ihn verbrennen zu lassen, ging Mucius zum nächsten Kohlenbecken und ließ mit unbewegtem Gesicht seine Hand langsam darin verbrennen. Erschrocken von dieser Tapferkeit brach Porsena die Belagerung ab.

1 Erklären Sie, warum sich die Römer diese Sage über die Jahrhunderte erzählten: Welche Beziehung zwischen Einzelnem und Staat wird hier verherrlicht?

2 Zwei Sätze aus Hegels Geschichtsphilosophie:
„Geschichte ist Fortschritt im Bewusstsein der Freiheit."
„Freiheit ist Einsicht in die Notwendigkeit."
Erklären Sie diese Zitate vor dem Hintergrund der hier vorgestellten Geschichtsphilosophie.

3 Hat Fukuyama mit seiner Interpretation des Mauerfalls recht gehabt? Sammeln Sie Ereignisse, die seine Sicht der Geschichte belegen und widerlegen.

4 Welchen Sinn können Sie in den Ereignissen der heutigen Geschichte erkennen?
Oder ist nach Ihrer Überzeugung das menschliche Handeln völlig sinnlos?
Ziehen Sie konkrete Daten der Jetzt-Zeit heran, um auf die Fragen zu antworten.

Ist die Geschichte ein endloser Fortschritt im Wissen über die Welt?

Auguste Comte (1798–1857), französischer Philosoph und Begründer des Positivismus. Das 19. Jahrhundert war gekennzeichnet von einem ungeheuren Aufschwung der Naturwissenschaften und der Technik. Innerhalb der Philosophie reagierte darauf der sogenannte Positivismus. Dieser besagt, dass die Wissenschaft sich nur auf die Beschreibung von Tatsachen, d. h. aufgrund sinnlicher Erfahrung „positiv“ (= tatsächlich) gegebener Phänomene, gründen solle. Metaphysische Kräfte, die hinter den Fakten stehen könnten, dürften keine Berücksichtigung finden.

Auguste Comte: Der Fortschritt der Geschichte in drei Stadien

Bei dem Studium der Entwicklung des menschlichen Geistes von seinem einfachsten Ansatz bis auf unsere Zeit glaube ich ein großes Gesetz entdeckt zu haben, dem die Entwicklung unterworfen ist. Ein solches Gesetz kann meiner Ansicht nach aufgestellt werden, indem man es entweder auf die Beweise stützt, die sich aus der Erkenntnis unserer Organisation ergeben, oder auf die Bestätigungen der Geschichte, die sich aus der Prüfung der Vergangenheit ergeben. Dieses Gesetz lautet: Jeder Zweig unserer Kenntnisse durchläuft der Reihe nach drei verschiedene theoretische Zustände (Stadien), nämlich den theologischen oder fiktiven Zustand, den metaphysischen oder abstrakten Zustand und den wissenschaftlichen oder positiven Zustand. Mit anderen Worten: Der menschliche Geist wendet in allen seinen Untersuchungen der Reihe nach verschiedene und sogar entgegengesetzte Methoden bei seinem Philosophieren an; zuerst die theologische Methode, dann die metaphysische und zuletzt die positive. Die erste ist der Punkt, an dem die Erkenntnis beginnt; die dritte der feste und endgültige Zustand, die zweite dient nur als Übergang von der ersten zur dritten.
Im theologischen Zustand richtet der menschliche Geist seine Untersuchungen auf die innere Natur der Dinge und auf die ersten Ursachen und letzten Ziele aller Erlebnisse, die ihn treffen; mit einem Wort: auf die absolute Erkenntnis. Die Vorgänge gelten ihm hier als die Taten weniger oder zahlreicher übernatürlicher Wesen und deren Einwirkungen erklären ihm alle auftretenden Unregelmäßigkeiten der Welt.
Im metaphysischen Zustand, der nur eine Abwandlung des vorgehenden ist, werden die übernatürlichen Mächte durch abstrakte Kräfte oder Entitäten[1] ersetzt, die den verschiedenen Wesen der Welt innewohnen sollen. Sie sollen imstande sein, alle beobachteten Erscheinungen zu erzeugen, deren Erklärung darin besteht, dass man ihnen die jeweilig entsprechende Entität zuweist.
Im positiven Zustand erkennen wir endlich die Unmöglichkeit, zu absoluten Begriffen zu gelangen; wir geben es auf, den Ursprung und die Bestimmung des Weltalls zu ermitteln und die inneren Ursachen der Erscheinungen zu erkennen. Stattdessen suchen wir deren Gesetze durch gemeinsamen Gebrauch der Vernunft und der Beobachtungen zu entdecken, d. h. deren Beziehungen im Nacheinander und der Ähnlichkeit nach. Die Erklärung der Tatsachen besteht nur noch darin, dass man die einzelnen Erscheinungen in Beziehung setzt zu allgemeinen Tatsachen, deren Zahl der Fortschritt der Wissenschaft stetig zu vermindern strebt. [...]
Es ist hier nicht der Ort, dieses Gesetz der geistigen Entwicklung zu beweisen; es braucht nur ausgesprochen zu werden, um von allen, welche die allgemeine Geschichte der Wissenschaften kennen, als richtig anerkannt zu werden. In der Tat bestanden alle Wissenschaften, die zu dem positiven Zustand gelangt sind, vorher aus metaphysischen Abstraktionen und waren ursprünglich von theologischen Begriffen beherrscht. Diese Aufeinanderfolge findet übrigens auch in der Entwicklung des individuellen Geistes ihre Bestätigung. Der Ausgangspunkt ist bei der Erziehung des Einzelnen derselbe wie bei der Erziehung der Gattung, und die Stufen der ersteren müssen auch die der zweiten darstellen. Wer erinnert sich nicht, Theologe in seiner Kindheit, Metaphysiker in seiner Jugend und Physiker in seinem Mannesalter gewesen zu sein?

1 Übertragen Sie die drei Stadien der Geschichte in eine verständliche, heutige Sprache.

2 Hat Comte recht, dass die Menschen des 21. Jahrhunderts sich nur noch mit Tatsachen beschäftigen? Begründen Sie Ihre Auffassung.

3 Der letzte Satz des Textes ist eine Frage, in der eine Behauptung steckt. Prüfen Sie an Ihrer eigenen Biografie, ob diese Behauptung stimmt.

[1] Entität (lat.): etwas Daseiendes

Breyten Breytenbach u. a.: Es gibt keinen Fortschritt

Die Geschichte ließ sich in jeder Phase als Schritt nach vorn verstehen, das wussten wir einfach, und sie kündete von einem wachsenden Bewusstsein, das Verbesserungen des Zustands der Menschheit versprach. [...] Das menschliche Leben würde sich unaufhörlich mit wachsender Industrialisierung, schnellerer Kommunikation, zunehmender Mobilität, mit Antibiotika und Plastik verbessern. [...] Mit der Freiheit ging es voran. Wir wussten, wer der Feind war. Wir würden das Gefüge von Ungerechtigkeit und unrechtmäßig erworbenem Reichtum niederreißen, um dem Fortschritt den Weg zu ebnen; wir würden einen Krieg um den Frieden führen!

Nur dass ich etwas kurzsichtig war. Zu gegebener Zeit und um viele Erfahrungen reicher, die mir eine blutige Nase und ein trauriges Herz eingetragen hatten, wurde deutlich, dass es im Verlauf der Geschichte, jedenfalls so weit unsere Erinnerungen und Recherchen zurückreichten, wohl nur minimale Änderungen im Verhalten und Bewusstsein des Menschen gegeben hatte [...]. Außerdem: Jeder „Fortschritt" in den uns gemeinsamen Lebensbedingungen setzte einen dialektischen Prozess in Gang, durch den wir ebenso viel verloren, wie wir gewannen, mehr noch vielleicht. [...]

Bald besaß beinahe jeder ein Auto oder träumte davon – sodass es plötzlich Millionen zweifelhafter Gründe gab, Straßen und Autobahnen zu verstopfen. Wir legten uns ein Handy zu, und heute gleichen wir Scharen pausenlos schnatternder Individuen, die sich nichts zu sagen haben und wie taube Vögel vereinsamen. Wir alle gewöhnten uns an das Fernsehen wie Fische ans trübe Wasser, und jetzt haben wir abgedroschene Fantasien, die davon infiziert sind, ständig Lügen und dem Reiz von Wünschen ausgesetzt zu sein, die niemals befriedigt werden können. Bald gab es für das, was man sich nicht im Kino anschauen konnte, keine Tabus mehr – im Namen unserer freien Meinungsäußerung! –, und gegenüber Vergewaltigung, Pädophilie und der Pornografie sinnloser Morde sind wir jetzt abgestumpft. Wir holen uns die Neuigkeiten aus dem Netz, und wir werden überschwemmt von Geschwätz. [...]

Ein Hühnchen liegt auf fast jedem Teller, und wir sind mit Hormonen und Antibiotika vollgestopft. Wir werden reich und fett durch Abertausend gezüchtete Schweine und können das Wasser unserer Erde nicht mehr trinken. Wir konsumieren nach Herzenslust und ersticken in Abfall und Müll. Wir zerstören die Erde in einer Orgie der Umweltverschmutzung. [...] Wir wurden darauf abgerichtet, zu kaufen, zu kaufen und nochmals zu kaufen, und die Armen wurden ärmer.

Breyten Breytenbach
(geb. 1939), südafrikanischer Schriftsteller, lebt derzeit in den USA. Er hat diese Rede für den Berliner Kongress „Der Begriff Fortschritt in den Weltkulturen" geschrieben.

1 Weshalb wurde das Foto vom Untergang der „Erika" zusammen mit dem Artikel Breytenbachs abgedruckt?

2 Schreiben Sie eine kurze Rede mit dem Titel „Und es gibt ihn doch – den Fortschritt!".

3 Podiumsdiskussion: Je ein Vertreter von Schopenhauers und Hegels Geschichtsauffassung diskutieren über den Aufsatz Breytenbachs: Gibt es keinen echten Fortschritt in der Geschichte? Wozu brauchen wir überhaupt Geschichtsunterricht in den Schulen?

Untergang des hochmodernen Öltankers „Erika" im Dezember 1999

Richard von Weizsäcker (geb. 1920), von 1984 bis 1994 der sechste Bundespräsident der Bundesrepublik Deutschland. Am 8. Mai wird in vielen europäischen Ländern an das Ende des 2. Weltkrieges erinnert, weil am 8.5.1945 die deutsche Wehrmacht bedingungslos kapitulierte.

Richard von Weizsäcker: Ein Tag der Befreiung (Rede am 8. Mai 1985 vor dem Bundestag)

Der 8. Mai war ein Tag der Befreiung. Er hat uns alle befreit von dem menschenverachtenden System der nationalsozialistischen Gewaltherrschaft. [...]

Der 8. Mai ist ein Tag der Erinnerung. Erinnern, das heißt, eines Geschehens so ehrlich und rein zu gedenken, daß es zu einem Teil des eigenen Innern wird. Das stellt große Anforderungen an unsere Wahrhaftigkeit.

Wir gedenken heute in Trauer aller Toten des Krieges und der Gewaltherrschaft. Wir gedenken insbesondere der sechs Millionen Juden, die in deutschen Konzentrationslagern ermordet wurden. Wir gedenken aller Völker, die im Krieg gelitten haben, vor allem der unsäglich vielen Bürger der Sowjetunion und der Polen, die ihr Leben verloren haben. [...]

Als Deutsche ehren wir das Andenken der Opfer des deutschen Widerstandes, des bürgerlichen, des militärischen und glaubensbegründeten, des Widerstandes in der Arbeiterschaft und bei Gewerkschaften, des Widerstandes der Kommunisten. Wir gedenken derer, die nicht aktiv Widerstand leisteten, aber eher den Tod hinnahmen, als ihr Gewissen zu beugen. Neben dem unübersehbar großen Heer der Toten erhebt sich ein Gebirge menschlichen Leids, Leid um die Toten, Leid durch Verwundung und Verkrüppelung, Leid durch unmenschliche Zwangssterilisierung, Leid durch Bombennächte, Leid durch Flucht und Vertreibung, durch Vergewaltigung und Plünderung, durch Zwangsarbeit, durch Unrecht und Folter, durch Hunger und Not, Leid durch Angst vor Verhaftung und Tod, Leid durch Verlust all dessen, woran man irgend geglaubt und wofür man gearbeitet hatte. [...]

Wir haben wahrlich keinen Grund zu Überheblichkeit und Selbstgerechtigkeit. Aber wir dürfen uns der Entwicklung dieser vierzig Jahre dankbar erinnern, wenn wir das eigene historische Gedächtnis als Leitlinie für unser Verhalten in der Gegenwart und für die ungelösten Aufgaben, die auf uns warten, nutzen.

- Wenn wir uns daran erinnern, daß Geisteskranke im Dritten Reich getötet wurden, werden wir die Zuwendung zu psychisch kranken Bürgern als unsere eigene Aufgabe verstehen.
- Wenn wir uns erinnern, wie rassisch, religiös und politisch Verfolgte, die vom sicheren Tod bedroht waren, oft vor geschlossenen Grenzen anderer Staaten standen, werden wir vor denen, die heute wirklich verfolgt sind und bei uns Schutz suchen, die Tür nicht verschließen.
- Wenn wir uns der Verfolgung des freien Geistes während der Diktatur besinnen, werden wir die Freiheit jedes Gedankens und jeder Kritik schützen, so sehr sie sich auch gegen uns selbst richten mag.
- Wer über die Verhältnisse im Nahen Osten urteilt, der möge an das Schicksal denken, das Deutsche den jüdischen Mitmenschen bereiteten und das die Gründung des Staates Israel unter Bedingungen auslöste, die noch heute die Menschen in dieser Region belasten und gefährden.
- Wenn wir daran denken, was unsere östlichen Nachbarn im Kriege erleiden mußten, werden wir besser verstehen, daß der Ausgleich, die Entspannung und die friedliche Nachbarschaft mit diesen Ländern zentrale Aufgabe der deutschen Außenpolitik bleiben. Es gilt, daß beide Seiten sich erinnern und beide Seiten einander achten. [...]

Wir lernen aus unserer eigenen Geschichte, wozu der Mensch fähig ist. Deshalb dürfen wir uns nicht einbilden, wir seien nun als Menschen anders und besser geworden.

(Aus lizenzrechtlichen Gründen ist dieser Text nicht in reformierter Rechtschreibung abgedruckt.)

1 Die Rede R. v. Weizsäckers wurde international berühmt, weil sie aus der deutschen Geschichte eine politische Ethik ableitete. Arbeiten Sie heraus, welches ethisch-politische Programm Weizsäcker aufstellt.

Iris Hanika: Das Eigentliche

Iris Hanika (geb. 1962), deutsche Autorin. Der Roman „Das Eigentliche" erschien 2010.

Für die Hauptfigur des Romans, Hans Frambach, ist das Eigentliche, der Antrieb seines Lebens, der ungeheure Zivilisationsbruch des Nationalsozialismus und seiner Verbrechen, an denen er leidet, seit er denken kann. Darum ist er Archivar im Institut für Vergangenheitsbewirtschaftung geworden. Aber die um ihn herum wachsende Unterhaltungsindustrie über die Nazi-Vergangenheit lassen ihn zweifeln am Sinn seiner Arbeit. Während er durch Berlin geht, setzt er sich mit dieser „Vergangenheitsbewältigung" in einem inneren Monolog auseinander.

In den Kinos des Hochhausdorfes, das das bildet, was insgesamt als „Potsdamer Platz" bezeichnet wird, lief die aktuelle Hollywood-Produktion. Die meisten Filme beschäftigten sich mit unglaubwürdigen Aspekten des Lebens und Liebens US-amerikanischer Plastikmenschen. Alle anderen hatten auf die eine oder andere Weise mit der Vergangenheit, die er täglich bewirtschaftete, zu tun. Man hatte die Wahl zwischen dem Attentat auf Hitler am 20. Juli 1944, einer Liebesgeschichte zwischen einer analphabetischen KZ-Aufseherin und einem sexuell erwachenden Jungen nach dem Krieg, einer Darstellung des jüdischen Partisanenkampfes in Weißrußland sowie einem grotesken Moralschinken über den Sohn eines Auschwitz-Kommandanten, der sich mit einem im Lager eingesperrten gleichaltrigen Jungen befreundet und am Ende zusammen mit diesem in der Gaskammer ermordet wird. Zwei Filme hatten die wirklich stattgefundene Geschichte zum Inhalt, die anderen zwei waren in dieser Geschichte und um sie herum, widebum, angesiedelte Fiktionen. Ohne Scheu wurde hier professionell ausgeleuchtet und bebildert, wovor die Vorstellungskraft einst schamvoll versagte. Doch nun brauchen wir eh keine Vorstellungskraft mehr, sondern werden anstandslos direkt in die Gaskammer geführt. Herzlich willkommen im Gruselkabinett!

Unsere Vergangenheit ist fürs Massenpublikum kompatibel geworden. Sie ist bestens abgehangen, und alle Nuancen sind von ihr abgeschliffen. Auch muß keine Rücksicht mehr genommen werden auf solche, die sie selbst erlebt, die es mit eigenen Augen gesehen haben, die entkommen sind, um zu berichten, denn solche gibt es ja kaum noch, so daß man diese unsere Geschichte nunmehr ohne Verluste in die große Geschichtenerzählmaschine einfüttern kann. Es war diese unsere Geschichte zwar nie unsere allein, sondern betraf die ganze Zeit schon die ganze Welt, aber wir waren eindeutig als Ursprung dieser Geschichte identifiziert und beugten uns dem Unbezweifelbaren ohne Widerspruch. Nun ist diese Geschichte quasi offiziell eine der ganzen Welt. Bloß geht es jetzt nicht mehr um das Eigentliche, denn sonst könnte es nicht gezeigt werden, sondern nur noch um den ewigen Konflikt, wenn man das so nennen will, zwischen Gut und Böse. Oh, herrlicher Stoff für Hollywood! Das unfaßbar Böse und das absolut Gute so sauber und undiskutierbar voneinander geschieden, daß es eine Freude ist. Es ist sonnenklar, wer hier zu hassen und mit wem zu weinen ist. Und zu allem Überfluß gibt es noch die Garantie, daß diese Geschichte abgeschlossen ist. In Hollywood lagert sie jetzt im selben Regal wie die Römerzeit. Und wie sich kein Italiener gemeint fühlt, wenn im Film römische Soldaten irgendwen hinmetzeln, so muß sich auch kein Deutscher getroffen fühlen, wenn im Film ein Nazi einen Juden erschießt. Es sind nur Chiffren, wir sind nicht gemeint. Juden und Nazis sind andere Wörter für „die Guten" und „die Bösen" geworden, und „die Deutschen" in diesen Filmen sind nicht wir. Wir, die wir uns diese Filme zusammen mit dem Rest der Welt anschauen, sind ganz andere und haben es – zusammen mit dem Rest der Welt – schon längst hinter uns gelassen.

Es ist vorbei.

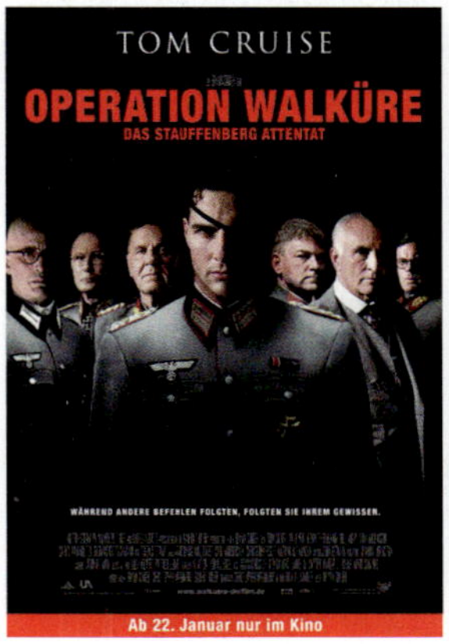

2 Übersetzen Sie die Anspielungen im Romanauszug in Klartext: Welche tatsächlichen Filme sind gemeint?

3 Was genau kritisiert die Hauptfigur Frambach an der Art, wie die Nazi-Vergangenheit behandelt wird?

4 Vergleichen Sie die Rede R. v. Weizsäckers mit diesem Monolog: Widerlegt der literarische Text die politische Ethik der Rede? Begründen Sie!

5 Führen Sie eine in Gruppen vorbereitete Pro-Kontra-Podiumsdiskussion durch zu der Frage: Ist Geschichtsunterricht an Schulen sinnvoll?

(Aus lizenzrechtlichen Gründen ist dieser Text nicht in reformierter Rechtschreibung abgedruckt.)

Der Mensch zwischen Freiheit und Determination

Der Mensch ist frei geboren, und überall ist er in Ketten. Mancher hält sich für den Herrn seiner Mitmenschen und ist trotzdem mehr Sklave als sie.

Jean-Jacques Rousseau (1712–1778), französischer Philosoph

Was nützt die Freiheit des Denkens, wenn sie nicht zur Freiheit des Handelns führt?

Jonathan Swift (1667–1745), irischer Dichter

Die Zukunft ist als Raum der Möglichkeiten der Raum unserer Freiheit.

Karl Jaspers (1883–1969), deutscher Philosoph

Völlig frei wird der Mensch nur dann, wenn es ihm einerlei sein wird, ob er lebt oder nicht.
Das ist das Ziel aller Bestrebungen.

Fjodor Dostojewski (1821–1881), russischer Dichter

Wer von seinem Tag nicht zwei Drittel für sich selbst hat, ist ein Sklave.

Friedrich Nietzsche (1844–1900), deutscher Philosoph

Wir sind umso freier, je mehr wir der Vernunft gemäß handeln, und umso mehr geknechtet, je mehr wir uns von der Leidenschaft regieren lassen.

Gottfried Wilhelm Leibniz (1646–1716), deutscher Philosoph

An den, den man liebt, verliert man einen Teil seiner Freiheit.

Henry Montherlant (1896–1972), französischer Dichter

Was hilft es dir, damit zu prahlen,
dass du ein freies Menschenkind?
Musst du nicht pünktlich Steuern
zahlen,
obwohl sie dir zuwider sind?

Wilhelm Busch (1832–1908), deutscher Dichter

1 Welche Formen von Freiheit werden in diesen Bildern und Zitaten deutlich?

2 Standortbestimmung: Die Zitate werden auf Blätter geschrieben und im Raum verteilt. Die Schüler/innen sollen sich dann dem Blatt zuordnen, das ihrer vorläufigen Einstellung am ehesten entspricht (oder widerspricht, je nach Aufgabenstellung). Nach 5 Minuten redet jeder/jede darüber, warum er/sie sich gerade an diesen Ort gestellt hat.

Freiheit und Bindung*

Ohne Bindungen und Verpflichtungen kann menschliches Zusammenleben nicht funktionieren und ohne Zusammenleben kann kein Mensch überleben. Und doch ist das Verlangen nach Freiheit sehr groß.

Freiheit ist einer der zentralen Begriffe der Philosophie und der Politik in der Neuzeit. Ursprünglich diente dieses Wort (z. B. im Germanischen oder Römischen Recht) nur der Unterscheidung des vollwertigen Bürgers vom Sklaven. Seit in der sog. „Aufklärung" des 18. Jhdts. die Menschenrechte des Individuums formuliert wurden, besteht eine unauflösliche Verbindung zwischen der Individualität und der Freiheit. Denn für das unwiederholbare menschliche Einzelwesen (= Individuum) muss es mehr geben als ein reines Funktionieren nach vorgegebenen Normen wie ein Sozialautomat. Freiheit meint von nun an, dass der Mensch nicht von außen gezwungen wird, etwas zu tun; dass er nicht von anderen Menschen, von sozialen und politischen Mächten fremdbestimmt (= **heteronom**[1]) wird in seinem Handeln.

Was aber unterscheidet den Menschen von allen anderen Wesen? Die abendländische kulturelle Tradition seit der Antike sagt uns: die Fähigkeit zum reflexiven Denken. Das Denken ist frei und macht uns frei. Unsere Gedanken werden nicht von jemand anderem außerhalb unseres Selbst gelenkt.

Im positiven Sinne bedeutet Freiheit also die **Autonomie**, die Selbstbestimmung des Menschen: Er selbst bestimmt sein Tun, er hat die Freiheit zu denken, was er will, und demgemäß zu handeln (**Willens-, Entscheidungs- und Handlungsfreiheit**). Der freie Mensch ist souverän.

Diese Auffassung vom Wesen des Menschen liegt auch den Verfassungen der Demokratien seit der Erklärung der Menschenrechte 1776 in den USA und 1789 in Frankreich zugrunde.

Steht aber nicht die alltägliche Lebenserfahrung diesem Modell der Freiheit entgegen? Weite Bereiche und Entscheidungen unseres Lebens liegen doch offensichtlich nicht in unserer Hand, scheinen vorherbestimmt von genetischen, biografischen, sozialen, geografischen und historischen Zufällen. Gibt es den freien Raum des Denkens, die freie Entscheidung, die freie Tat in der Realität des Alltags wirklich?

---

[1] heteronom: von gr. hetero = fremd und nomos = Gesetz; dagegen autonom: zusammengesetzt aus gr. auto = selbst und nomos = Gesetz

Handlungsfreiheit:
Davon kann man sprechen, wenn das Handeln frei ist von Einschränkungen durch Widerstände verschiedenster Art.
Wahlfreiheit:
bezeichnet die Fähigkeit, zwischen verschiedenen Möglichkeiten zu handeln wählen zu können.
Willensfreiheit:
ist definiert als „Freiheit wozu", d. h., der Mensch kann sich selbstständig und unabhängig Ziele setzen und sein Handeln darauf ausrichten. Nur aufgrund dieser Fähigkeit kann er sein Leben entwerfen bzw. planen, sonst könnte er nur blind und taub den Vorgaben anderer folgen.

3 Ordnen Sie die Zitate auf der gegenüberliegenden Seite danach ein, ob sie auf Handlungs-, Wahl- oder Willensfreiheit abzielen.

4 Welche Art von Freiheit kann die junge Frau vor dieser Tafel mit Angeboten für einen Job ausüben?

5 Veranschaulichen Sie die wesentlichen Informationen des Textes in einem Strukturbild.

Junge Frau vor Angeboten auf der Jobmesse

Freiheit – Schicksal – Zufall – Schuld

Der schwedische Journalist, Autor und Lyriker **Stig Dagerman** (1923–1954) war schon mit zweiundzwanzig Jahren nach seinem ersten Roman anerkannt und berühmt in seinem Land. Er schrieb auch eine einfühlsame Reportage über das Elend im zerstörten Deutschland von 1945 („Deutscher Herbst").

Stig Dagerman: Ein Kind töten

Es ist ein leichter Tag, und die Sonne steht schräg über der Ebene. Bald läuten die Glocken, denn es ist Sonntag. Zwischen ein paar Roggenäckern haben zwei junge Menschen einen Pfad gefunden, den sie noch nie gegangen sind, und in den drei Dörfern der Ebene glänzen die Fensterscheiben. Männer rasieren sich vor ihren Spiegeln auf den Küchentischen, Frauen schneiden trällernd den Kuchen zum Kaffee, und die Kinder sitzen am Boden und knöpfen sich ihr Leibchen zu. Es ist der glückliche Morgen eines schlimmen Tages, denn an diesem Tage wird im dritten Dorf ein Kind von einem glücklichen Manne getötet werden. Noch sitzt das Kind am Boden und knöpft sich sein Leibchen, und der Mann, der sich rasiert, sagt, heute wollten sie eine Ruderfahrt auf dem Fluss machen, und die Frau trällert und legt den frisch geschnittenen Kuchen auf eine blaue Schüssel.

Kein Schatten fährt über die Küche dahin, und dennoch steht der Mann, der das Kind töten wird, an einer roten Tankpumpe im ersten Dorf. Es ist ein glücklicher Mann, der da in seine Kamera blickt, und im Sucher sieht er ein kleines blaues Auto und neben dem Auto ein junges Mädchen, das lacht. Während das Mädchen lacht und der Mann das schöne Bild knipst, schraubt der Tankwart den Deckel des Benzintanks fest und sagt: „Sie werden einen schönen Tag bekommen." Das Mädchen setzt sich ins Auto, und der Mann, der das Kind töten wird, zieht seine Brieftasche hervor und sagt, sie wollten bis ans Meer fahren, und am Meer wollten sie sich ein Boot leihen und weit, weit hinausrudern. Durch die hinuntergedrehten Fensterscheiben hört das Mädchen auf dem Vordersitz, was er sagt, sie schließt die Augen, und mit geschlossenen Augen sieht sie das Meer und den Mann neben sich im Boot. Er ist kein schlechter Mann, er ist froh und glücklich, und bevor er ins Auto steigt, bleibt er einen Augenblick vor dem Kühler stehen, der in der Sonne blitzt, und hat seinen Genuss an dem Glanz und dem Duft von Benzin und vom Faulbaum. Kein Schatten fällt über das Auto, und die blanke Stoßstange hat keine Beulen und ist auch nicht rot von Blut.

Aber zur gleichen Zeit, als der Mann im Auto im ersten Dorf auf den Anlasserknopf drückt, öffnet die Frau in der Küche im dritten Dorf ihren Schrank und kann keinen Zucker finden. Das Kind, das sein Leibchen zugeknöpft und seine Schuhe zugeschnürt hat, kniet auf der Küchenbank und sieht den Fluss, der sich zwischen den Erlen schlängelt, und den schwarzen Kahn, der aufs Gras heraufgezogen worden ist. Der Mann, der sein Kind verlieren wird, ist fertig rasiert und klappt gerade den Spiegel zusammen. Auf dem Tisch sind die Kaffeetassen, der Kuchen, die Sahne und die Fliegen. Nur der Zucker fehlt, und die Mutter sagt zu ihrem Kind, es solle zu Larssons laufen und ein paar Stückchen leihen. Und während das Kind die Tür öffnet, ruft der Mann hinter ihm her, es solle sich eilen, das Boot warte am Strand, und sie wollten so weit fortrudern wie noch nie zuvor. Während das Kind durch den Garten läuft, denkt es die ganze Zeit an den Fluss und an die Fische, die darin plätschern, und niemand flüstert ihm zu, dass es nur noch acht Minuten zu leben hat und dass der Kahn den ganzen Tag an seinem Platz liegen bleiben wird und noch viele andere Tage.

Es ist nicht weit bis zu Larssons, nur schräg über die Landstraße, und während das Kind über die Straße läuft, fährt das kleine Auto in das zweite Dorf ein. Es ist ein kleines Dorf mit roten Häusern und gerade erst aufgewachten Menschen, die mit erhobenen Kaffeetassen in ihren Küchen sitzen und das Auto auf der anderen Seite der Hecken vorbeirasen sehen in einer hohen Wolke von Staub. Es fährt sehr schnell, und der Mann im Auto sieht die Pappeln und die frisch geteerten Telegrafenstangen wie graue Schatten vorbeihuschen. Sommer weht über die Windscheibe, sie rasen aus dem Dorf hinaus, sie gleiten fest und sicher mitten auf der Landstraße dahin, und sie sind allein auf der Straße – noch allein. Es ist herrlich, ganz allein auf einer weichen, breiten Landstraße zu fahren, und draußen auf der Ebene geht es noch feiner. Der Mann ist glücklich und stark, und mit dem rechten Ellbogen spürt er den Körper des Weibes. Er ist kein schlechter Mann. Er eilt zum Meer. Er will keiner Wespe etwas zuleide tun, und doch wird er gleich ein Kind töten. Während sie auf das dritte Dorf zurasen, schließt das Mädchen wieder die Augen und sagt sich zum Spaß, dass sie sie nicht eher wieder öffnen will, bis sie das Meer sehen kann. Und im Takt mit den weichen Schwenkungen des Autos träumt sie von dem blanken Meeresspiegel.

Denn so unbarmherzig ist das Leben konstruiert: Eine Minute, bevor ein glücklicher Mann ein Kind tötet, ist er noch glücklich, und eine Minute, bevor eine Frau vor Entsetzen aufschreit, kann sie noch mit geschlossenen Augen vom Meer träumen, und während der letzten Minute im Leben eines Kindes können die Eltern dieses Kindes in einer Küche sitzen und auf den Zucker warten und von den weißen Zähnen ihres Kindes sprechen und von einer Bootsfahrt, und das Kind selbst kann eine Pforte schließen und sich anschicken, mit ein paar Stückchen Zucker in einem weißen Papier in seiner rechten Hand eine Landstraße zu überqueren, und es kann diese ganze letzte Minute lang nichts anderes vor Augen sehen als einen langen, blanken Fluss mit großen Fischen darin und einen breiten Kahn mit stillen Rudern.

Nachher ist alles zu spät. Nachher steht ein blaues Auto quer auf der Landstraße, und eine schreiende Frau nimmt die Hand von ihrem Mund, und die Hand blutet. Nachher öffnet ein Mann eine Autotür und versucht, auf seinen Beinen zu stehen, obwohl er ein Loch des Entsetzens in sich trägt. Nachher liegen ein paar weiße Zuckerstückchen sinnlos zwischen Blut und Kies und ein Kind liegt bewegungslos auf dem Bauch, das Gesicht dicht an die Landstraße gepresst. Nachher kommen zwei blasse Menschen, die ihren Kaffee noch nicht getrunken haben, durch eine Pforte gelaufen und sehen ein Bild auf der Landstraße, das sie nie wieder vergessen werden. Denn es ist nicht wahr, dass die Zeit alle Wunden heilt. Die Zeit heilt nicht die Wunden eines getöteten Kindes, und sie heilt sehr schlecht den Schmerz einer Mutter, die vergessen hat, Zucker zu kaufen, und ihr Kind über die Straße schickt, um welchen zu leihen, und ebenso schlecht heilt sie die Gewissensangst eines ehedem glücklichen Menschen, der es getötet hat. Denn wer ein Kind getötet hat, fährt nicht ans Meer. Wer ein Kind getötet hat, fährt langsam und stillschweigend heim, und neben ihm sitzt eine stumme Frau mit verbundener Hand, und in all den Dörfern, durch die sie fahren, ist nicht ein einziger froher Mensch zu sehen. Alle Schatten sind sehr dunkel, und wenn sie sich trennen, geschieht es immer noch stillschweigend, und der Mann, der das Kind getötet hat, weiß, dass dies Stillschweigen sein Feind ist und dass er Jahre seines Lebens braucht, um es zu besiegen, um es mit dem ständig wiederholten Schrei zu besiegen, es sei nicht seine Schuld gewesen. Aber er weiß, dass das Lüge ist, und in den Träumen seiner Nächte wird er sich stattdessen wünschen, eine einzige Minute seines Lebens zurückzubekommen, um diese einzige Minute anders zu gestalten. Aber so unbarmherzig ist das Leben denen gegenüber, die ein Kind getötet haben, dass nachher alles zu spät ist.

1 Der Mann „weiß, dass das eine Lüge ist". Worin könnte seine Schuld bestehen?

2 Entscheiden Sie nach der Diskussion im Kurs: Wirkt in dieser Geschichte eher Schicksal oder persönliche Schuld?

3 Im Wortlaut des Mahnmals steckt eine Behauptung über die Verantwortung für den Tod der Kinder. Formulieren Sie diese versteckte Behauptung in deutlicher Weise und prüfen Sie, ob sie berechtigt ist.

4 Würden Sie einen Autounfall als „tragisch" (s. S. 72) im klassischen Sinn bezeichnen oder ganz einfach nur als „Verkettung unglücklicher Umstände", also Pech? Sammeln Sie Argumente für beide Auffassungen.

Finden Sie heraus, ob es ethische Zerreißproben ähnlich der des jungen Hamlets gibt, in die heutzutage ein Jugendlicher geraten kann.

Tragik und Tragödie*

Insbesondere in der griechischen antiken Kultur war die Beziehung zwischen Schuld und Unschuld, zwischen Freiheit und Determination von Bedeutung, die bis heute in den europäischen Sprachen durch die Wörter **„Tragik, tragisch, Tragödie“** bewahrt wird: Der freie Mensch konnte Schuld auf sich laden durch eine von ihm allein verantwortete Handlung, die eine **„Hybris“**[1] darstellte, eine stolze Anmaßung gegenüber den Göttern und ein Frevel an der Ordnung der Welt. Gleichzeitig war aber diese verbrecherische Tat von einer **höheren Macht** wie die der Götter oder der Schicksalskräfte (Moiren, Tyche[2]) bewirkt.

Dieses „Schuldlos-schuldig-Werden“ war „tragisch“ und damit Thema der dramatischen Gattung „Tragödie“. In der klassischen Tragödie wird ein hochgestellter Mensch (adliger Held oder König) einem Schicksal ausgesetzt, das zur **„Katastrophe“**[3] führt und ihn tief fallen lässt. Diese sogenannte **„Fallhöhe“** war Voraussetzung der Dramengattung, damit die Tragik besonders intensiv erfahren werden konnte. Der gestrauchelte Held kann sein Schicksal anerkennen, sich darüber erheben und damit wieder frei werden. Diese Haltung nannte Kant Erhabenheit im moralischen Sinne.

Das **moderne Theater** kennt den tragischen Helden kaum noch. Der Glaube an eine übermächtige Götterwelt oder eine göttliche Weltordnung, gegen die man sich erheben könnte, ist in den westlichen Industriestaaten im Schwinden begriffen. Der neue Gott ist die Naturwissenschaft. Und auch die sozialen Verhältnisse mit ihren hochgradigen Vernetzungen scheinen die Menschen so stark einzuengen und zu normieren, dass ein großer Einzelner/eine große Einzelne mit einem individuellen, tragischen Schicksal kaum noch glaubwürdig auf zeitgenössischen Bühnen erscheinen könnte.

Als Begriffe aber leben die Tragödie und die dazu gehörige Katastrophe in den Schlagzeilen der Zeitungen weiter, mag es sich um einen Flugzeugabsturz oder ein zerstörerisches Naturereignis oder um eine Niederlage im Fußball handeln.

Eine tragische Figur allerdings aus dem 17. Jahrhundert überdauerte die Zeiten und wirkt geradezu wie ein Symbol für die ethische Problematik des Menschen: **Hamlet** von Shakespeare. Der noch jugendliche Dänenprinz zweifelt an sich selbst und am Sinn des Lebens. Hin und her gerissen zwischen dem Wunsch nach Rache am Mörder seines Vaters und dem Verlangen nach Ruhe und Bewahrung des Lebens, handelt er schließlich verzweifelt und blind und löst die Katastrophe aus.

Friedrich Mücke als Hamlet in der Inszenierung von Christian Stückl im Volkstheater München, 2009. Hamlet findet auf dem Friedhof den Schädel eines Freundes seiner Kindheit und denkt nach über die Vergänglichkeit des Lebens.

[1] Hybris (gr.): Übermut, Hochmut

[2] Moiren (von gr. moirai): Schicksalsgöttinnen; Tyche: griechische Schicksalsgöttin mit Rad oder Kugel

[3] Katastrophe (von gr. katastrophein): umkehren; damit ist der Moment in der Tragödie bezeichnet, wo sich die Handlung ins Unheilvolle wendet

Thomas Nagel: Pfirsich oder Torte?

Einige Leute haben geglaubt, dass es uns in [einem] absoluten Sinne niemals möglich ist, etwas anderes als das zu tun, was wir in Wirklichkeit tun. Sie gestehen uns zu, dass das, was wir tun, von unserer Wahl, unseren Entscheidungen und Wünschen abhängt und dass wir in unterschiedlichen Situationen unterschiedlich wählen: Wir drehen uns nicht wie die Erde mit monotoner Gleichförmigkeit um unsere eigene Achse. Sie sind jedoch der Auffassung, dass die vor unserer Handlung bestehenden Umstände in jedem Fall unsere Handlungen determinieren und unvermeidlich machen. Die Summe aller Erfahrungen, Wünsche und Erkenntnisse einer Person sowie ihre Erbanlagen, die gesellschaftlichen Bedingungen und der Charakter der Entscheidung, mit der sie konfrontiert ist, wirken mit anderen Faktoren, die uns möglicherweise unbekannt sind, zusammen und machen eine bestimmte Handlung unter den gegebenen Umständen unausweichlich.
Diese Auffassung bezeichnet man als Determinismus. [...]
Wenn das wahr ist, dann war es, selbst während Sie sich über Ihren Nachtisch klar zu werden versuchten, immer schon durch die Vielzahl der in Ihnen und auf Sie einwirkenden Faktoren festgelegt, dass Sie den Kuchen wählen würden. Sie *konnten* den Pfirsich *nicht* gewählt haben, wenn Sie auch glauben, dies gekonnt zu haben: Ein Entscheidungsprozess ist nichts anderes als ein Vorgang, der ein vorherbestimmtes Ergebnis im Bewusstsein zum Vorschein kommen lässt.
Falls der Determinismus für alles gilt, was überhaupt geschieht, so stand es bereits vor Ihrer Geburt fest, dass Sie zur Torte greifen würden. Ihre Entscheidung war durch die unmittelbar vorhergehende Situation determiniert, und *diese* Situation durch die *ihr* vorhergehende, und so fort, wie weit Sie auch zurückgehen wollen. [...]
Würden Sie dies von sich selbst und von anderen Menschen glauben, so änderten sich wahrscheinlich viele ihrer Ansichten. Könnten Sie sich beispielsweise Vorwürfe darüber machen, dass Sie der Versuchung nachgeben und die Torte essen? Wäre es noch sinnvoll, zu sagen: „Ich hätte stattdessen einen Pfirsich essen sollen“, wenn Sie sich überhaupt nicht für einen Pfirsich entscheiden *konnten*? [...]
Offenbar hat dies ernste Konsequenzen. Nicht nur können Sie sich nicht mehr sinnvoll dafür verantwortlich machen, dass Sie die Torte gegessen haben, Sie können wahrscheinlich überhaupt niemanden mehr für schlechte Taten verantwortlich machen oder für gute Taten loben. Wenn es vorherbestimmt war, dass der andere dies tun würde, so war es unvermeidlich: Er konnte unter den gegebenen Umständen nichts anderes getan haben. Wie kann man ihn dann noch zur Verantwortung ziehen? [...]
Hierüber sind die Leute unterschiedlicher Meinung. Einige glauben, dass niemand, falls der Determinismus wahr ist, sinnvollerweise für etwas gelobt oder getadelt werden kann, wie man auch den Schnee nicht dafür loben oder tadeln kann, dass er fällt. Andere glauben, dass es selbst dann noch sinnvoll ist, gute Handlungen zu loben und schlechte zu tadeln, wenn diese Handlungen unausweichlich waren. Schließlich bedeutet der Umstand, dass jemandes schlechtes Verhalten vorherbestimmt war, nicht, dass er sich *nicht* schlecht verhalten hat. [...]
Andererseits betrachten wir ihn, wenn wir annehmen, dass seine Tat vorherbestimmt war, dann eher wie einen Hund, der dafür bestraft wird, dass er am Teppich kaut. Wir halten ihn nicht verantwortlich für das, was er getan hat; wir sind nur darum bemüht, sein künftiges Verhalten zu beeinflussen.

Der amerikanische Philosoph **Thomas Nagel** (geb. 1937) lehrt heute an der New York University.
Er spielt die Frage von Freiheit oder Bedingtheit an dem Dessert eines Menüs durch: Soll ich den gesunden Pfirsich oder die dick machende Sahnetorte bestellen?

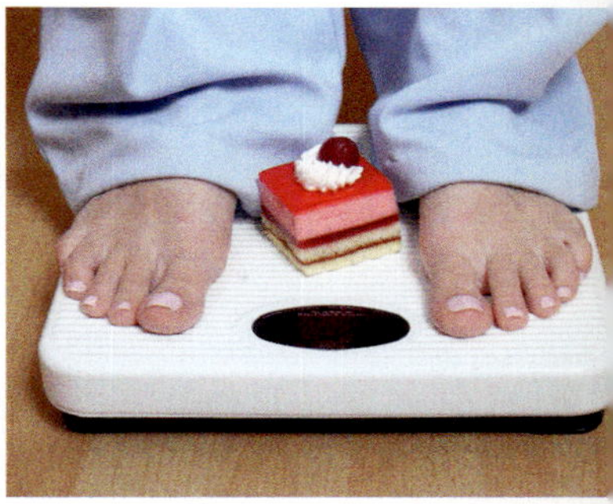

1 Definieren Sie mit eigenen Worten, was Determinismus bedeutet.

2 „Ich kann tun, was ich will: Ich kann, WENN ICH WILL, alles, was ich habe, den Armen geben und dadurch selbst einer werden – wenn ich WILL! – Aber ich vermag nicht, es zu WOLLEN; weil die entgegenstehenden Motive viel zu viel Gewalt über mich haben, als dass ich es könnte.“
(Arthur Schoppenhauer)
Versuchen Sie in einem Gedankenexperiment, Schopenhauer zu widerlegen, indem Sie mit aller Kraft eine bestimmte Handlung wollen. Prüfen Sie, ob es Ihnen gelingt, den starken Willen herzustellen, den Willen demnach zu fühlen.

Ein Motivationstrainer motiviert seine Kunden.

1 Welche Möglichkeiten des Menschen demonstriert der Motivationstrainer?

2 Welche Auffassung von seiner eigenen Freiheit und derjenigen der anderen vermittelt er gewollt oder ungewollt seinem Publikum?

3 Wie definiert Peter Bieri Freiheit?

Freiheit und Verantwortung: Eine Illusion?*

Die bemerkenswerten Erkenntnisse der **Neurowissenschaft** in den letzten Jahrzehnten machen die Abläufe der sinnlichen Wahrnehmung, des Denkens und Erinnerns immer genauer verständlich: wie ein menschliches Gehirn arbeitet, wie die ca. 100 Milliarden Nervenzellen Informationen speichern und weitergeben und wie die „Architektur", die Vernetzung der Neuronen, sich ständig verändert, solange der Mensch lebt.

Neuerdings können mit den sogenannten bildgebenden Verfahren wie MRT die Hirnaktivitäten, das „Feuern" der Nervenzellen, sichtbar gemacht werden. Entsprechend groß ist die Hoffnung der Forscher, das Funktionieren des menschlichen Gehirns irgendwann einmal vollständig durchschauen und steuern zu können.

Allerdings können die bildgebenden Verfahren keine Bewusstseinsinhalte anzeigen. Und ganz grundsätzlich besteht die Problematik der Neurobiologie-Forschung darin, dass Untersuchungen und Experimente, die Gedanken und Gefühle betreffen, auf die Mitteilungen der Probanden angewiesen sind, also auf **sprachliche Kommunikation**, die wiederum interpretiert werden muss.

Obwohl das wesentliche Phänomen **„Bewusstsein"** bisher von der Forschung nicht erklärt werden kann, gibt es Hirnphysiologen, die heute schon behaupten, dass **der freie Wille** des Menschen **eine Illusion** sei, weil Entscheidungen von biochemischen Vorgängen im Gehirn bestimmt würden, die der Person unbewusst blieben. Sie stützen sich dabei vor allem auf die Experimente von **Benjamin Libet**, deren Ergebnisse aber durchaus kontrovers interpretiert werden, auch von ihm selbst (s. S. 75).

Die Verneinung der Willensfreiheit durch Neurowissenschaftler wie **Wolf Singer** und **Gerhard Roth** werden seit einiger Zeit heftig diskutiert, sowohl unter Neurobiologen selbst als auch unter Philosophen und Juristen. Denn wenn es tatsächlich keine Willensfreiheit gäbe, wären die Folgen für unsere Gesellschaft und ihre ethischen Normen gewaltig. Die Verfassung der westlichen demokratischen Staaten, das Rechtssystem mit den Kategorien der persönlichen Verantwortung und Schuld beruhen auf der Annahme, dass jeder Mensch ein freies souveränes Individuum ist, das dadurch befähigt ist, über sein Leben frei zu entscheiden. Der Philosoph **Peter Bieri** weist darauf hin, dass die Hirnforscher einen fehlerhaften Begriff von „Willensfreiheit" verwenden würden:

„Nehmen wir an, Sie hätten einen unbedingt freien Willen. Es wäre ein Wille, der von nichts abhinge: ein vollständig losgelöster, von allen ursächlichen Zusammenhängen freier Wille. Ein solcher Wille wäre ein aberwitziger, abstruser Wille. Seine Losgelöstheit nämlich würde bedeuten, dass er unabhängig wäre von Ihrem Körper, Ihrem Charakter, Ihren Gedanken und Empfindungen, Ihren Fantasien und Erinnerungen. [...] Das heißt nichts weniger als dieses: Es könnte das Phänomen des Entscheidens nicht geben. Und das bedeutet: Die anspruchsvolle Freiheit im Sinne der Unbedingtheit würde uns die bescheidene Freiheit der Entscheidung wegnehmen, denn wir können nicht beides haben: die Beeinflussbarkeit und die Unbeeinflussbarkeit des Willens."

Im alltäglichen Leben erfährt sich der Mensch in seinen Entscheidungen als frei, indem er eine Wahl trifft zwischen verschiedenen Motiven oder Wünschen, die durchaus von seinen Lebensbedingungen und anderen Menschen beeinflusst werden können. Je stärker dabei nachgedacht wird, umso größer ist die Entscheidungsfreiheit.

Gibt es die Willensfreiheit? – Die Libet-Experimente

Benjamin Libet (1916–2007), amerikanischer Physiologe

Benjamin Libet war ein US-amerikanischer Physiologe, der an verschiedenen Universitäten der USA lehrte. Er wurde auch Laien bekannt durch Experimente, mit denen er das zeitliche Vorher und Nachher bei Handlungsabfolgen im Gehirn zu messen versuchte. Er selbst führte diese Untersuchung nicht mit der Absicht durch, die Willensfreiheit infrage zu stellen. Die folgende Darstellung ist auf „Philosophie verständlich", der Internetseite der Fakultät Philosophie, Universität Bielefeld, zu finden.

Die Experimente von Benjamin Libet zu bewussten Willensakten zählen schon seit längerer Zeit zu den in der Philosophie am häufigsten diskutierten empirischen Untersuchungen. [...] Die Versuchspersonen hatten die Aufgabe, mehrmals (insgesamt vierzig Mal) eine einfache Handbewegung der rechten Hand auszuführen. Den Zeitpunkt der Ausführung konnten sie jeweils weitgehend frei wählen. Gleichzeitig waren sie aufgefordert, sich genau zu merken, wann sie den bewussten „Drang" („urge") oder Wunsch verspürten, die Bewegung auszuführen. Zu diesem Zweck sollten sie sich die Position eines Punktes merken, der sich ähnlich wie ein Sekundenzeiger mit einer Geschwindigkeit von ca. 2,5 Sekunden pro Umdrehung auf einer Art Zifferblatt bewegte.
Libet maß gleichzeitig den Anstieg des symmetrischen Bereitschaftspotenzials. Das symmetrische Bereitschaftspotenzial ist ein im Elektroenzephalogramm (EEG) messbares negatives elektrisches Potenzial, das bei der Vorbereitung willentlicher Bewegungen entsteht und etwa eine Sekunde vor der Ausführung der Bewegung einsetzt. [...]
Das Ergebnis war für Libet selbst überraschend: Das Bereitschaftspotenzial setzte im Mittel etwa 550 Millisekunden vor der Ausführung der Bewegung ein; der Willensakt wurde jedoch, ebenfalls im Mittel, erst 200 Millisekunden vor der Ausführung der Bewegung bewusst und damit etwa 350 Millisekunden nach dem Auftreten des Bereitschaftspotenzials.
Libet zufolge zeigt dies, dass das Gehirn „‚entscheidet', eine Bewegung, oder zumindest die Vorbereitung einer Bewegung, einzuleiten, bevor es irgendein subjektives Bewusstsein davon gibt, dass eine solche Entscheidung stattgefunden hat" (Libet 1985).
Viele Autoren haben hieraus weitreichende Schlussfolgerungen in Bezug auf die Willensfreiheit gezogen. In ihren Augen zeigen die Libet-Experimente, dass unser Handeln nicht von unseren bewussten Entscheidungen abhängt, sondern von unbewussten Hirnprozessen. Unsere bewussten Willensakte sind, so diese Autoren, bloßes Beiwerk, das auftritt, nachdem das Gehirn längst festgelegt hat, was wir tun werden. Von Willensfreiheit kann daher keine Rede sein.
Beckermann (2005) hat gegen die Standardinterpretation der Libet-Experimente eingewandt, dass sie von einer grundsätzlichen Entgegensetzung von Hirn und handelnder Person ausgeht, die keineswegs selbstverständlich ist. Handlungen sind meine Handlungen, wenn sie auf meine Überzeugungen, Präferenzen und Überlegungen zurückgehen. [...] Dieser Interpretation zufolge zeigen die Libet-Experimente bestenfalls, dass die Entscheidungsprozesse, die einer Handlung vorausgehen, nicht vollständig bewusst sind. Dies entspricht jedoch nur einer Tatsache, die sich bei der Untersuchung kognitiver Prozesse häufig feststellen lässt: Nur das Ergebnis dieser Prozesse gelangt in unser Bewusstsein, während die Prozesse selbst weitgehend unbewusst ablaufen.

1 Rekonstruieren Sie Ihr Verhalten beim Fußball- oder Volleyballspiel, beim Radfahren, beim Begrüßen von Freunden: Welche Vorgänge sind Ihnen bewusst, welche unbewusst? Wann haben Sie das Empfinden, es handele aus Ihnen heraus?

2 Sind Sie der Auffassung, dass Sie durch unbewusste Hirnvorgänge Ihre Entscheidungsfreiheit verlieren? Begründen Sie.

Wilhelm Vossenkuhl, (geb. 1945), Professor für Philosophie an der Maximilians-Universität München

Wilhelm Vossenkuhl: Willensfreiheit ade?

Vossenkuhl ist bekannt für seine populär-wissenschaftlichen Sendungen auf BR-alpha, dem Bildungskanal des Bayerischen Rundfunks. Hierbei versucht er, komplizierte Tatbestände anschaulich und verständlich darzustellen.

Begeben wir uns gleich in das Zentrum des Problems: Was hat das Freiheitsproblem mit Hirnforschung zu tun? Vor wenigen Jahrzehnten wurden Versuche durchgeführt in der Psychologie, die zeigten, dass menschliche Körperbewegungen selbst dann, wenn sie beabsichtigt waren, im Gehirn vorbereitet werden. Es findet im Hirn ein messbarer physiologischer Prozess statt – man spricht vom Bereitschaftspotenzial. Dieser Prozess beginnt, bevor der Mensch absichtlich z. B. mit den Fingern schnippen will. 300 bis 200 msec bevor ich will, dass meine Finger schnippen, ist da im Hirn schon ein Bereitschaftspotenzial aktiv, das die Handlung vorbereitet.
Die Versuche dazu wurden von dem amerikanischen Wissenschaftler Benjamin Libet durchgeführt – man nennt sie deshalb auch Libet-Experimente[1]. Benjamin Libet wusste nicht so recht, was er mit seinen Ergebnissen anfangen sollte. Auf keinen Fall wollte er die menschliche Freiheit gefährden. Trotzdem gibt es auch heute noch viele Wissenschaftler, die diese Versuche machen und zu dem Schluss kommen, dass die Freiheit eine Illusion ist. Denn wenn unser Handeln frei wäre, würde das bedeuten, dass unser Handeln einzig und allein durch unsere Absichten verursacht würde, nicht etwa durch etwas, was vorher schon stattfindet. Wenn aber die Absicht nicht die unmittelbare Ursache unseres Tuns ist, ist sie demnach nicht entscheidend. Und wenn die Absicht nicht entscheidend ist, ist die Freiheit tatsächlich gefährdet. Ein großes Problem, das heute kontrovers diskutiert wird. [...]
Was ist eigentlich Freiheit? Was hat das mit unserem Gehirn zu tun? Freiheit ist ein Können. Freiheit ist ein Vermögen, das wir uns mühselig aneignen müssen im Laufe unseres Lebens. Das ist das eine. Und dieses Können ist natürlich verbunden mit unserer Natur. Es ist überhaupt nicht überraschend, dass das Können auch mit unbewussten Funktionen und Leistungen, auch denen des Gehirns, zu tun hat. Denken Sie z. B. an die Fingerübungen, die ein Klavierspieler am Anfang machen muss. Das hört sich erst sehr unbeholfen an. Man muss an den Fingersatz denken, man muss alle Bewegungen ganz bewusst vollziehen. Erst wenn sich das Gelernte so als Können konsolidiert hat, dass wir es unbewusst ausüben können, erst dann haben wir doch die Freiheit, gut zu spielen auf einem Klavier. Und so ist es eigentlich mit allem: mit dem Gehen, aber auch mit dem Denken. Auch das Denken will geübt sein. Am besten erkennt man das an dem Spracherwerb. Wir erlernen eine Sprache und beherrschen sie erst dann, wenn die Regeln und die Bedeutung der Wörter uns so in Fleisch und Blut übergegangen sind, dass wir sie unbewusst, wann immer wir wollen, selbst im Traum benutzen können.
Freiheit ist also ein Können. Freiheit hängt nicht an der Frage, soll ich das jetzt so tun oder so tun. Man darf Freiheit nicht auf Wahlfreiheit verkürzen. Das tun wir sehr gerne, weil wir uns das sehr gut vorstellen können. Die Wahl zwischen Alternativen: Gehe ich ins Kino, gehe ich ins Theater, trinke ich Wasser, trinke ich Bier? Mit Freiheit haben diese Wahlakte relativ wenig zu tun. Wirkliche Entscheidungen, die Freiheit voraussetzen, kommen sehr selten vor. Wir denken an Dinge, die wirklich wichtig sind: die Wahl des Berufs, die Wahl des Lebenspartners usw.

[1] Libet-Experimente: s. S. 75

Freiheit hat natürlich in moralischer Hinsicht auch etwas mit der Wahl zu tun. Aber wir wären völlig auf dem Holzweg, wenn wir glauben würden, dass in moralischen Entscheidung die Wahl immer ad hoc, hier und jetzt zu treffen ist. Nein, wir bereiten uns in der moralischen Entwicklung unseres Lebens auf die Wahlentscheidungen vor. Sie kommen nicht einfach von jetzt auf nachher. Wenn jemand einen Menschen vorsätzlich tötet, dann ist die Wahl, die er vor diesem Tötungsdelikt hatte, nicht erst entschieden worden, als er diesen Akt, für den er hoffentlich verurteilt wird, vollzogen hat. Nein, die Entscheidung liegt weit davor. Derjenige, der zum Mörder wird, wird das nicht in einer Sekunde. Er hat eine lange Geschichte.

Und das Gleiche gilt für alle Menschen, die unter einer Sucht leiden. Die Entwicklung dahin ist lang, und die Wahlentscheidung wird nicht singulär an einem bestimmten Gabelungspunkt getroffen, sondern viele Entscheidungen sind dazu nötig. Es ist ja nicht das eine Glas Bier, das man zu irgendeinem Zeitpunkt zu viel getrunken hat, das einen zum Alkoholiker werden lässt.

Also löst sich bei der Überprüfung der Frage, was ist Freiheit oder was verstehen wir unter dem Denken, dieser Vorwurf einiger Hirnforscher, die Freiheit sei ein Hirngespinst – im wahrsten Sinn des Wortes – so langsam in Wohlgefallen auf. Wir müssen einsehen, Freiheit ist ein Können, das meistens einen langen Lernprozess voraussetzt. Und dieser Prozess kann auch wieder rückgängig gemacht werden. Wer nicht mehr Klavier spielt, verlernt es wieder. [...]

Wir können deshalb getrost den vielleicht wichtigsten Gedanken von Kant wieder aufgreifen: die Grundidee der Selbstbestimmung, der Selbstgestaltung. Es ist doch eine Sache, die uns dankbar stimmt, dass Kant uns sagte, wir Menschen sind für uns selbst verantwortlich, wir sind Selbstgestalter, wir müssen versuchen, autonom zu sein. Wir müssen aber bedenken, die reine vernünftige Autonomie, die Kant im Auge hatte, lässt sich so nicht realisieren. Dennoch verfügen wir über eine beschränkte Autonomie, über einen Spielraum, und den müssen wir ausloten und versuchen, ihn zu erweitern. [...] Wie wir Freiheit vernünftig, im Rahmen unserer Möglichkeiten verstehen können, führt uns zu einem realistischen Bild von uns selbst. Wir begreifen besser, wie wir uns selbst gestalten können und worauf es ankommt. Was immer wir für Probleme haben, letztlich haben sie alle zu tun mit der Frage, wer wollen wir sein. Auch die Berufswahl gehört dazu. Oder die Wahl des Lebenspartners. Oder die Überlegung, welche Kultur ist eigentlich die unsrige.

Wir werden noch sehen, es gibt weitere Probleme, für die der Hinweis auf die Selbstgestaltung nicht ausreicht. Sie betreffen z. B. unsere Existenz in der Wirtschaftswelt. Darüber muss gesprochen werden.

Aber zunächst einmal erkennen wir: Wir können uns entscheiden für die richtigen Möglichkeiten. Wir können ethisch wählen, diese Freiheit haben wir. Und wir sollten diese Freiheit nutzen. Wenn wir das nicht tun, verurteilen wir uns selbst zur Passivität und machen uns selbst ohne Not zu unfreien Wesen.

1 Vergleichen Sie die Bedeutung von Wahl für die menschliche Freiheit, die hier vorliegt, mit der existenzialistischen Auffassung Sartres (S. 86 f.).

2 Warum bedeutet für Vossenkuhl der Nachweis unbewusster Hirnprozesse nicht die Widerlegung von menschlicher Freiheit? Begründen Sie aus dem Text.

3 Stellen Sie aufgrund des Textes einen logischen Zusammenhang her zwischen den Begriffen *Selbstgestaltung – Autonomie – Können – Freiheit.*

4 Spielen Sie die Problematik am Beispiel eines amerikanischen Gerichtsverfahrens durch. Methode: Rollenspiel.

Spielanleitung:
Der Kurs/ein Teil des Kurses stellt die Geschworenen. Sie haben sich in Klausur begeben, um auf schuldig oder unschuldig zu entscheiden. Die eine Gruppe der Geschworenen hat ein Menschenbild, das dem Vossenkuhls entspricht, die andere Gruppe vertritt einen reinen Determinismus, die dritte Gruppe folgt ihrem Gefühl für Gerechtigkeit.

Der Fall:
Ein Jugendlicher versucht, von einem Mitschüler (entwerfen Sie selbst die Biografien der beiden) ein teures Handy zu erpressen, indem er ihn mit dem Messer erst bedroht und dann sogar verletzt.

Daniel Hell (geb. 1944), Professor für klinische Psychologie an der Universität Zürich, Leiter des Zentrums für Depressions- und Angstbehandlung der Privatklinik Hohenegg

Edvard Munch: Der Schrei (1893)

Daniel Hell: Die Seele als Ort der Freiheit

Wenn Seelisches heute auf neue Weise – neurobiologisch mit bildgebenden Verfahren – veranschaulicht wird, so sollte nicht vergessen werden, dass nicht das Bild – in diesem Fall das Bild des Gehirns – die Seele ist, sondern das Bild auf Seelisches nur verweist. Das Gehirn kann in hilfreicher, aber auch in gefährlicher Weise die Seele „repräsentieren". […]

So kann sich Angsterleben in einer Aktivitätssteigerung im sogenannten limbischen System, insbesondere im Mandelkern, abbilden. Aber der neurobiologische Befund ist mit dem seelischen Erleben nicht identisch. Er hat eine völlig andere Qualität. Während das Angsterleben einen Menschen innerlich erregt, zum Zittern bringt oder ihm die Kehle zuschnürt, ist die technische Aufzeichnung und bildliche Wiedergabe der Hirnaktivität unpersönlich und gefühllos. Mein Hirnbild könnte auch von einem Fremden stammen, da physikalisch-chemische Vorgänge ein anonymes Geschehen darstellen. Umgekehrt reißt mich erlebte Angst aus einer blinden Selbstvergessenheit heraus und wirft mich auf mich selbst zurück. Eine prägnante Darstellung dieser Angst findet sich in Edvard Munchs Gemälde „Der Schrei", aber nicht im Bild einer funktionellen Magnetresonanztomografie meines Gehirns, das weder die Enge meines Daseinsraumes noch die panische Beschleunigung meines Zeiterlebens in der Angst aufzeigen kann.

Auch wenn man „monistisch"[1] postuliert, seelisches Erleben und Gehirnvorgänge seien nur zwei Seiten des gleichen Phänomens, so ist der Zugang zu diesen zwei Seiten doch prinzipiell verschieden. Im einen Fall handelt es sich um einen privilegierten „subjektiven" Zugang aus erster Hand, im andern Fall um eine durch Drittpersonen überprüfbare Außensicht. […]

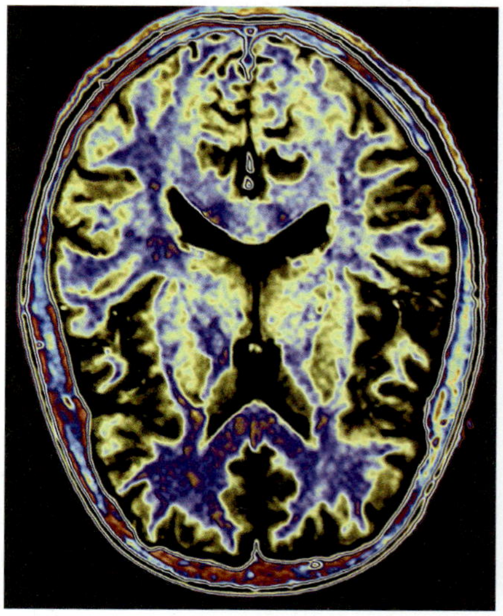

Magnetresonanz-Tomografie eines menschlichen Gehirns

Die technisch-wissenschaftliche Medizin hat Grenzen; sie bedarf einer Ergänzung. Gerade auch die faszinierenden neurowissenschaftlichen Fortschritte zwingen uns dazu, uns selbst neu zu finden.

Die Selbstfindung hat heute einen so großen Stellenwert wie wohl noch nie zuvor. Selbstverwirklichung, Selbstbestimmung, Selbstermächtigung und Selbstbewusstsein sind zu modernen Schlüsselbegriffen geworden. Was aber ist dieses Selbst? Es ist nicht identisch mit dem Bild, das wir von uns machen, sondern es setzt ein präreflexives, unmittelbares Erleben voraus – ein Erleben dessen, dass ich (selber) bin, fühle, denke, handle. Ohne dieses Selbsterleben ist jedes Reden über den Menschen und sein Selbst imaginär.

Jedes Nachdenken über sich selbst und jede Untersuchung des Selbst setzen dieses – seelische – Erleben voraus. Es steckt offensichtlich mehr in der Rede von der Seele, als uns ein Positivismus oder ein Materialismus weismachen will. Die Seele ist weder zu fassen noch in Besitz zu nehmen. Aber seelisches Erleben bildet die Grundlage dafür, dass ein Mensch mehr ist als ein Stein.

1 Vergleichen Sie die beiden Bilder: Stimmen Sie Hells Behauptung zu, dass „Der Schrei" Seelisches sichtbar machen könne im Gegensatz zu der MRT? Begründen Sie Ihre Entscheidung.

2 Prüfen Sie, ob es eine „seelenlose" Ethik, eine moralische Entscheidung ohne Selbsterleben im Sinne D. Hells geben kann.

[1] monistisch: eine geistige Haltung, die annimmt, dass alles mit einem einzigen Grundprinzip zu erklären ist (Ggs. zu Dualismus)

Larry and Andy Wachowski: The Matrix (Drehbuchauszug)

Die Brüder **Laurence** (geb. 1965) und **Andrew** (geb. 1967) **Wachowski** sind amerikanische Regisseure polnischer Herkunft. Die Matrix-Filme machten sie weltberühmt.

Der Film „Matrix" (1999) handelt davon, wie der Computerspezialist Neo, geführt von dem Widerstandskämpfer Morpheus, entdeckt, dass die Menschen hochintelligenten Maschinen als Energielieferanten dienen und zu diesem Zweck mit dem Programm „Matrix" in einer künstlichen Wirklichkeit festgehalten werden.

Neo und Morpheus greifen die Matrix an.

NEO: Genau in diesem Augenblick sind wir in einem Computerprogramm?

Morpheus lächelt.

MORHEUS: Ist es so schwer zu glauben? Deine Kleidung ist anders, die Stecker in deinem Kopf und deinen Armen sind verschwunden. Guck deine Haare an, du warst kahl vor wenigen Augenblicken.

Neo berührt seine Haare.

MORHEUS: Das ist, was wir residuales Selbstbild nennen. Die mentale Projektion von deinem elektronischen Selbst. Krass, oder?

Neos Hand berührt das rissige Leder des Stuhls.

NEO: Und das – das ist nicht real?

MORHEUS: Was ist real? Wie definierst du real? Wenn du über das redest, was du fühlst, riechst, schmeckst oder siehst, dann ist „real" einfach elektrische Signale, die von deinem Gehirn interpretiert werden.

Er nimmt eine Fernbedienung und klickt auf den Fernseher. Auf dem Bildschirm sehen wir Bilder der Stadt aus dem 20. Jahrhundert, in der Neo lebt.

MORHEUS: Das ist die Welt, wie du sie kennst. Die Welt, wie sie am Ende des 20. Jahrhunderts besteht. Die gibt es jetzt nur noch als Teil einer neural-interaktiven Simulation, die wir Matrix nennen.

Er wechselt den Kanal und wir sehen eine Stadt, die sich sehr von der eben gesehenen unterscheidet.

MORHEUS: Du hast in einer Traumwelt gelebt, Neo. Wie in Baudrillards[1] Vision hat sich dein ganzes Leben innerhalb eines Stadtplans abgespielt, nicht auf einem tatsächlichen Grund und Boden. Und hier ist die Welt, wie sie tatsächlich heutzutage existiert.

Im Hintergrund sehen wir von ferne die Ruinen einer Zukunftsstadt aus dem Ödland auftauchen wie die geschwärzten Rippen eines verwesten Körpers.

MORHEUS: ‚Die letzten Reste des Realen.' [...]

MORHEUS: Was also ist die Matrix? Kontrolle.

Er öffnet die Rückseite der Fernbedienung.

MORHEUS: Die Matrix ist eine computergenerierte Traumwelt, hergestellt, um die Menschen zu kontrollieren und sie schließlich in dies hier zu verwandeln.

Er hält eine kupferne Batterie hoch.

Die computergenerierten Agenten der Matrix

[1] Jean Baudrillard (1929–2007): einflussreicher französischer Medientheoretiker

1 Untersuchen Sie, welche Ängste des heutigen Menschen in der Filmhandlung verarbeitet werden.

2 Wenn es so ist, dass die massenmedialen Bildwelten das Handeln der Menschen heute bestimmen: Was könnte das für ihre ethische Verantwortung und ihre Entscheidungen bedeuten?

3 Informieren Sie sich über die Handlung der Kult-Filme „Blade Runner" und „Die Invasion der Körperfresser". Beantworten Sie die Frage: Was bedeutet es für das Lebensgefühl eines Menschen, wenn er den Eindruck hat, dass alle Menschen um ihn herum nicht selbstständig denken, sondern von einer höheren Macht wie Automaten gelenkt werden?

Der determinierte Mensch

Deuten Sie die Installation: Was macht eine „Menge“ aus dem einzelnen Menschen? Sind in diesem Vorgang Zwänge wirksam und wenn ja, welche?

Tag für Tag*

Magdalena Abakanowicz (geb. 1930): Menge

Es ist Montagmorgen. In Millionen deutscher Haushalte klingelt der Wecker. Die Menschen stehen auf, um sich an die Arbeit zu machen. Eine lange Woche liegt vor ihnen, in Fabriken, Büros, Kliniken, Studios, Universitäten, Schulen und in der Familie. Millionen Frauen, Männer und Kinder bewegen sich schlaftrunken an diesem Montagmorgen zu ihrem Arbeitsplatz mit dem PKW, mit Bussen und Bahnen, mit dem Fahrrad und zu Fuß. Der Verkehr läuft und die Maschinen laufen, ohne dass es den auf sie angewiesenen Menschen ständig bewusst wäre. Der Mechanismus in und hinter den Maschinen ist den meisten unsichtbar: Der Strom kommt auf Knopfdruck, das Benzin aus der Zapfsäule, die Nahrung aus dem Kühlschrank. Nur wenn eine Störung zeitweise einen Stillstand bewirkt, erfährt der Mensch seine Abhängigkeit.

Ebenso maschinengleich läuft in unserem Körper dauernd ein Mechanismus, der uns nicht oder kaum bewusst ist und von dem wir abhängig sind: Herzschlag, Verdauung, Blutbildung, Sekrete unserer Drüsen, Zellbildung, Zellsterben ... In unserem Körper kreist eine Zeit der sich ständig wiederholenden Organ-Funktionen; und andererseits bewegen wir uns auf einem unumkehrbaren Zeitpfeil in Richtung auf ein Ende dieses täglichen Kreislaufs: Irgendwann sterben wir. Meistens denken wir nicht daran, versuchen sogar, den unerbittlichen Zwang des Lebens zu verdrängen. Nur wenn eine Stockung in den physischen und psychischen Mechanismen eintritt, wird uns plötzlich, oft schmerzlich, die Determiniertheit und Begrenzung unseres Lebens bewusst.

Alle Menschen sind unverwechselbare, unwiederholbare Individuen. Sie haben alle verschiedene Charaktere, Begabungen und Fertigkeiten. Sie sind autonom, weil sie Menschen sind. Und doch fügen sie sich in einen oft monotonen Ablauf des Lebens, lassen sich von anderen regulieren und produzieren jeden Tag aufs Neue. Warum bricht das höchst komplizierte System unserer Gesellschaft nicht in sich zusammen, indem an jedem Montag zu viele sich dafür entscheiden, einfach nicht mehr mitzumachen, die Tage in einem viel zu kurzen, viel zu kostbaren Leben endlich auszunutzen?

Weil in jeder Großgruppe von Menschen, selbst in noch heute existierenden Naturvölkern wie z. B. den Aborigines in Australien (s. S. 30f.), ungeschriebene und geschriebene Gesetze und Konventionen das Leben regeln. Diese Normen sind für den Schutz der Gesellschaft und des Einzellebens notwendig, deshalb unterwerfen sich die Menschen den Regeln selbst dann, wenn sie das Funktionieren des Systems durchschauen oder sogar darunter leiden. Sie verhalten sich dann wie in einem Theaterstück, sie spielen ihre Rollen und geben ihren Mitspielern die Stichworte. Der Regisseur ist die Gemeinschaft, die alles überwacht.

Rollenerwartung als sozialer Zwang:
Der Soziologe Ralf Dahrendorf (1929–2009) hat die anglo-amerikanische Rollentheorie in Deutschland bekannt gemacht in mehreren Büchern und Abhandlungen.
Er prägte den Begriff des „homo sociologicus“ für den in die Gesellschaft eingebundenen Menschen, der verschiedene Positionen besetzen und die damit verbundenen Normen befolgen muss, wenn er nicht von der Gemeinschaft „gestraft“ werden will. Die Regeln, die der oder die Einzelne befolgen muss, drücken sich vorwiegend in Erwartungen der anderen an die Person aus; diese Erwartungen werden ihm/ihr durch die Erziehung (Sozialisation) in Familie, Schule und Beruf vermittelt.

Urs Widmer: Waffen der Frau

In dem Theaterstück „Top Dogs" wird vorgeführt, wie arbeitslos gewordene Manager/innen in einem sogenannten Outplacement-Seminar mit Rollenspielen wieder fit für den erbarmungslosen Arbeitsmarkt gemacht werden sollen. Unter anderem sollen die Ex-ManagerInnen ihre Träume erzählen. Im folgenden Monolog träumt Susanne Wrage, einst im Waffengeschäft tätig, davon, wie sie wieder in ihren alten Job zurückkehren wird, allein unter Männern.

Waffen. Nicht nur Männer können mit Waffen umgehen. Die Frauen auch: draufhalten, fies sein, den Gegner aus dem Weg räumen. Oh ja. – Die Waffen einer Frau. Hab ich auch nie drauf verzichtet. Hat mich regelrecht nach oben geschwemmt, dass ich eine Frau bin. Sexy. Natürlich ist mir nicht entgangen, wenn ich an der Dienstagskonferenz in den Sitzungssaal kam, wie die alle starrten. Die hohen Herren. Ich einmal um den ganzen Tisch rum, und hinter mir dreißig Augen, die glotzen, dass ich sie auf der Haut spüre. Bin ich blöd? Wenn die auf ihre Stielaugen stehen, bitte. Da tu ich ihnen den Gefallen. Ich habe das geübt, vor Jahren in Südafrika, wir waren da auf einer Promotionstour für die AX 15, war son Doppelspiegel im Hotel. Musste furchtbar lachen, ich allein mit meinem Hintern, ein Glas Whisky in der Hand. – Von Panzerfäusten versteh ich mehr als alle Männer hienieden. –
Herren. Sehr geehrte Herren, ich verrate Ihnen ein Geheimnis. Die Waffe der Frau ist ihr Kopf. Das mögt ihr nicht, Herren, dass jemand gescheiter als ihr ist. Eine Frau gar. Es liegt nun mal in der Natur der Sache, dass die Dummen die Gescheiten nicht verstehen und sie genau deshalb ihrerseits für dumm halten. GOT IT? Na ja, ist halt ein bisschen schwierig für Männer. Ihr, Herren, wenn ihr einen Nachfolger sucht, dann wollt ihr einen, der gescheit wie ihr ist; lieber noch ein kleines bisschen weniger. So dass nach spätestens drei Führungswechseln ein völliger Kretin auf dem Thron sitzt. – Schaut mal unsre Konzernspitze an. – In zehn Jahren gibts Päpstinnen. Und Präsidentinnen von Amerika. Schwarz, arm, jüdisch, weiblich. – Ich komme zurück. Und ich komme durchs Hauptportal zurück. Im Sonnenlicht. Spalier des Kaders. Teppich. An einem Dienstag. Direkt in die Konferenz. Und meine Handkantenschläge werden euch so zusetzen, dass ihr vergesst, meinen Arsch anzustarren. Ist zudem ideal für die innenpolitische Akzeptanz, wenn eine Frau den Konzern führt. Die Anti-Personen-Minen zum Beispiel, eindeutig auch betriebsintern umstritten, wenn wir die in ein Krisengebiet liefern wollen, die werden eindeutig humaner, wenn eine Frau die verkauft.

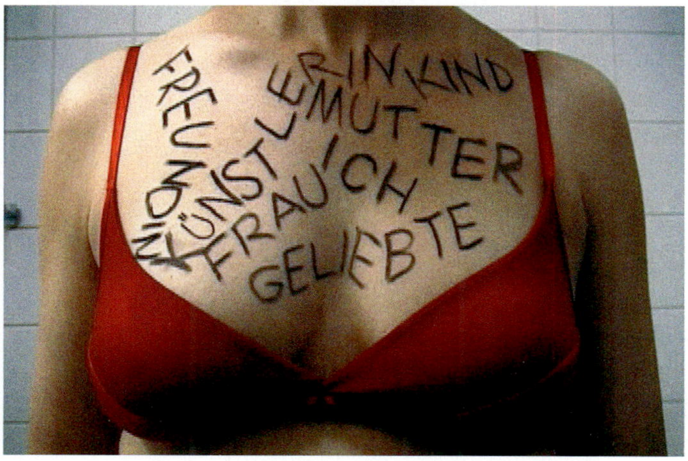

Ina Loitzl: Die Seelen in meiner Brust

Urs Widmer (geb. 1938), Schweizer Schriftsteller. Widmers Werk ist sehr vielfältig: Er schreibt Romane und Erzählungen, Essays, Theaterstücke und Hörspiele.
Die Texte sind geprägt von dem kritischen Geist Widmers, der sich in die gesellschaftlichen Zustände der heutigen Zeit einmischen will. „Top Dogs" ist eines der erfolgreichsten Theaterstücke der letzten Jahre.

1 Stellen Sie fest, welche Erwartungen die Managerin in ihrer Arbeit meint, erfüllen zu müssen.

2 Analysieren Sie die Konflikte zwischen den verschiedenen Rollen, die Wrage aushalten muss.

3 Beschreiben Sie anhand des Videobildes die Rollen, die eine Frau (in diesem Fall eine Künstlerin) spielen muss, und die Konflikte, die sich aus den Rollenerwartungen der anderen um sie herum ergeben können.

4 Stellen Sie ein vergleichbares Rollenprofil für einen Mann her (z. B. Pfarrer, Polizist).

Der sich befreiende Mensch

London 1971: In einer aufsehenerregenden Aktion demonstrierten Frauen („Woman's Lib") gegen gesellschaftliche Unterdrückung und für die Befreiung von stereotypen Rollenmustern. Das Foto zeigt einen eingeschnürten Frauenkörper und vermeintlich typisch weibliche Symbole wie Einkaufsnetz, Wäschestück und Küchenschürze, die symbolisch gekreuzigt werden.

New York 1983: „Gay Pride Parade" mit 40 000 amerikanischen Homosexuellen. Sie erinnerte an die Gründung der Gay Alliance Association 1969, die sich gegen die Unterdrückung und Diskriminierung von Homosexuellen durch die Polizei gebildet hatte. Diese Parade ist neben der „Christophers-Street-Day-Parade" eines der Vorbilder der „Love Parade", die sich in den letzten Jahren zu einem rein kommerziellen Event entwickelt hat. 2010 kam es in Duisburg zu einer Massenpanik mit vielen Toten.

Saigon 1963: Der vietnamesische buddhistische Mönch Tich Quang Duc verbrannte sich am 11.6.1963 aus Protest gegen die Unterdrückung seines Glaubens durch den Diktator Ngo Dinh Diem. Der amerikanische Journalist Halberstam erinnerte sich als Zeuge des Geschehens: „Während er brannte, bewegte er keinen einzigen Muskel, gab keinen Laut von sich und bildete damit durch seine sichtliche Gefasstheit einen scharfen Gegensatz zu den klagenden Leuten um ihn herum."
Das Bild der Selbstverbrennung ging um die Welt. In der Folge entzog die US-Regierung unter Kennedy dem Diktator ihre Unterstützung. Er wurde kurze Zeit später gestürzt.

1 Welche Art von persönlichem Befreiungskampf zeigen diese Bilder?

2 Stellen Sie eine Liste der Risiken bzw. Folgen dieser befreienden Handlungen auf und überlegen Sie, wie weit Sie gehen würden, um sich gegen Unterdrückung zu wehren.

Henry David Thoreau: Von der Pflicht zum Ungehorsam

Unter einer Regierung, die irgendjemanden unrechtmäßig einsperrt, ist das Gefängnis der angemessene Platz für einen gerechten Menschen. [...]

Der entflohene Sklave, der mexikanische Kriegsgefangene auf Parole und der Indianer mit seinen Anklagen gegen das Unrecht, das man seiner Rasse zufügt: Nur hier sollen sie ihn finden, im Gefängnis; auf diesem abgeschiedenen, aber freien und ehrbaren Boden, wo der Staat jene hinbringt, die nicht *mit* ihm, sondern *gegen* ihn sind: Es ist das einzige Haus in einem Sklavenstaat, das ein freier Mann in Ehren bewohnen kann. Vielleicht glauben manche, dass sie dort ihren Einfluss verlieren, dass ihre Stimme das Ohr des Staates nicht mehr erreicht, sie glauben, dass ihre Feindschaft innerhalb dieser Mauern unwirksam wäre – aber sie wissen nicht, um wie viel die Wahrheit stärker ist als der Irrtum und wie viel ausdrucksvoller und wirksamer sie die Ungerechtigkeit bekämpfen können, wenn sie sie nur ein bisschen an sich selbst erfahren haben. [...]

Vor der Wahl, ob er alle anständigen Menschen im Gefängnis halten oder Krieg und Sklaverei aufgeben soll, wird der Staat mit seiner Antwort nicht zögern. Wenn tausend Menschen dieses Jahr keine Steuern bezahlen würden, so wäre das keine brutale und blutige Maßnahme – das wäre es nur, wenn sie sie zahlten und damit dem Staat erlaubten, Brutalitäten zu begehen und Blut zu vergießen. Das Erstere ist, was wir unter einer friedlichen Revolution verstehen – soweit sie möglich ist. Wenn nun aber – wie es geschehen ist – der Steuereinnehmer oder irgendein anderer Beamter mich fragt: „Was soll ich aber jetzt tun?", so ist meine Antwort: „Wenn du wirklich etwas tun willst, dann gib dein Amt auf." Wenn einmal der Untertan den Gehorsam verweigert und der Beamte sein Amt niedergelegt hat, dann hat die Revolution ihr Ziel erreicht. Doch nehmt ruhig an, dass dabei auch Blut vergossen werden müsste. Wird denn nicht gewissermaßen Blut vergossen, wenn das Gewissen verletzt ist? Durch diese Wunde fließt das wahre Menschentum eines Mannes und seine Unsterblichkeit, und er verblutet zu immerwährendem Tod. [...]

Ich habe sechs Jahre keine Wahlsteuer bezahlt. Einmal wurde ich deshalb für eine Nacht ins Gefängnis gesteckt. Wie ich da stand und mir die massiven Steinmauern betrachtete, die zwei oder drei Fuß dick waren, die Türe aus Holz und Eisen – einen Fuß dick – und das Eisengitter, welches das Licht siebte, kam mir die ganze Dummheit dieser Institution zum Bewusstsein, die mich so behandelte, als wäre ich nicht mehr als Fleisch, Blut und Knochen, was man einschließen kann. [...]

Da Sie *mich* nicht fassen konnten, beschlossen sie, meinen Körper zu bestrafen; wie kleine Jungen, die, weil sie eine Wut auf jemanden haben, aber nicht an ihn herankönnen, dessen Hund misshandeln. Ich sah, dass der Staat einfältig ist, ängstlich wie eine alte Jungfer mit ihren silbernen Löffeln, dass er seine Freunde nicht von den Feinden unterscheiden kann, und ich verlor die geringe Achtung vor ihm, die noch übrig war, und bedauerte ihn.

Mit dem inneren Wesen, sei es intellektuell oder moralisch, kann der Staat sich also niemals auseinandersetzen, sondern nur mit dem Körper, mit den Sinnen. Er verfügt weder über größere Vernunft noch Ehrlichkeit, sondern nur über größere physische Gewalt. Ich bin nicht für den Zwang geboren. Ich werde nach meiner Art atmen. Wir wollen doch sehen, wer stärker ist. Was für eine Macht hat eine Masse? Nur die können mich zwingen, die ein höheres Gesetz befolgen als ich. Sie zwingen mich dann, so wie sie zu werden. Ich habe noch nie gehört, dass ein Mensch von einer Menschenmasse *gezwungen* worden wäre, so oder so zu leben. Was wäre das auch für ein Leben!

Henry David Thoreau (1817–1862) war ein radikaler Individualist, der sich den Normen seiner Umwelt nicht unterwarf. Seine Schriften beeinflussten Gandhi und dessen Lehre vom „gewaltlosen Widerstand" (s. S. 222 f.).
In diesem Essay, den er zuerst 1846 in seiner Heimatstadt Concord (Massachusetts) öffentlich vortrug, wendet sich Thoreau gegen die Vernichtung der Indianer, die Sklaverei und den amerikanisch-mexikanischen Krieg (1846–1848), in dem die USA Mexiko die späteren Bundesstaaten Texas, New Mexiko, Utah, Nevada, Kalifornien und Arizona entrissen.

1 Überlegen Sie, ob Sie dem ersten Satz des Essays zustimmen können.

2 Überdenken Sie die Frage: Ist die in unserem Staat weitverbreitete Steuerhinterziehung Ausdruck eines stillen Protests gegen die Staatsausgaben, also Freiheitsäußerung im Sinne Thoreaus?

Albert Camus (1913–1960), französischer Schriftsteller und Philosoph, wuchs in großer Armut in Algerien auf und musste sich seinen Weg zu Bildung und Künstlertum schwer erkämpfen. Davon sind auch seine Romane, Theaterstücke und Essays geprägt in denen der Einzelne, konfrontiert mit erschütternden Situationen, um den Sinn seiner Existenz ringen muss. In seinem Werk, 1957 mit dem Nobelpreis für Literatur geehrt, wird das Dasein trotz aller Widrigkeiten immer wieder bejaht.

Albert Camus: Der Mensch in der Revolte

Was ist ein Mensch in der Revolte? Ein Mensch, der Nein sagt. Aber wenn er ablehnt, verzichtet er doch nicht, er ist auch ein Mensch, der Ja sagt aus erster Regung heraus. Ein Sklave, der sein Leben lang Befehle erhielt, findet plötzlich einen neuen unerträglich. Was ist der Inhalt dieses „Nein“? Es bedeutet zum Beispiel: „das dauert schon zu lange“, „bis hierher und nicht weiter“, „sie gehen zu weit“ und auch „es gibt eine Grenze, die sie nicht überschreiten werden“. Im Ganzen erhärtet dieses „Nein“ das Bestehen einer Grenze. Dieselbe Vorstellung einer Grenze findet man in dem Gefühl des Revoltierenden, dass der andere „übertreibe“, dass er sein Recht über eine Grenze erstrecke, jenseits welcher ein anderes Recht ihm entgegentritt und es beschränkt. So ruht die Bewegung der Revolte zu gleicher Zeit auf der kategorischen Zurückweisung eines unerträglich empfundenen Eindringens wie auf der dunklen Gewissheit eines guten Rechts, oder genauer auf dem Eindruck des Revoltierenden, „ein Recht zu haben auf ...“ Die Revolte kommt nicht zustande ohne das Gefühl, irgendwo und auf irgendeine Art selbst recht zu haben. Insofern sagt der Sklave im Aufstand zugleich Ja und Nein. Er bestätigt gleichzeitig mit der Grenze alles, was er jenseits von ihr vermutet und schützen will. Er demonstriert hartnäckig, dass es in ihm etwas gibt, das „die Mühe lohnt“, das beachtet zu werden verlangt. In gewisser Weise stellt er der Ordnung, die ihn bedrückt, eine Art Recht entgegen, nicht bedrückt zu werden über das hinaus, was er zulassen kann.

Gleichzeitig mit dem Widerwillen gegen den Eindringling enthält jede Revolte eine völlige und unmittelbare Zustimmung des Menschen zu einem Teil seiner selbst. Er lässt also unausgesprochen ein Werturteil einfließen, und so wenig unverpflichtend, dass er mitten in der Gefahr an ihm festhält. Bisher schwieg er zum Mindesten, jener Verzweiflung hingegeben, in welcher eine Lebensbedingung, selbst wenn man sie für ungerecht hält, hingenommen wird. Schweigen heißt glauben machen, dass man über nichts urteilt und nichts begehrt, und in gewissen Fällen heißt es in der Tat nichts wünschen. Die Verzweiflung beurteilt und begehrt wie das Absurde alles im

Mauerdurchbruch in Berlin 1989, vom Westen aus gesehen (links) und vom Osten aus (rechts)

Allgemeinen und nichts im Besonderen. Das Schweigen drückt sie gut aus. Doch vom Augenblick an, wo sie spricht, sei es auch verneinend, begehrt und beurteilt sie. Wer revoltiert, im etymologischen Wortsinn, macht kehrt. Er schritt unter der Peitsche des Herrn. Nun bietet er ihm die Stirn. Er stellt das Vorzuziehende dem Nichtvorzuziehenden gegenüber. [...]

Eine Bewusstwerdung, sei sie noch so unbestimmt, wächst aus der Bewegung der Revolte: die plötzlich durchbrechende Erkenntnis, dass im Menschen etwas ist, womit der Mensch sich identifizieren kann, sei es nur eine Zeit lang. Diese Identifizierung wurde bis jetzt nicht wirklich gefühlt. Alle Erpressungen vor der Aufstandsbewegung hat der Sklave geduldet. Oft hatte er, ohne zu reagieren, empörendere Befehle erhalten als denjenigen, der seine Weigerung auslöste. Er nahm sie mit Geduld auf, sträubte sich vielleicht im Innern gegen sie, aber, da er schwieg, mehr um sein unmittelbares Interesse bekümmert als seines Rechtes schon bewusst. Mit dem Verlust der Geduld, mit der Ungeduld, beginnt im Gegenteil eine Bewegung, die sich auf alles erstrecken kann, was vorher hingenommen wurde. Dieser Aufschwung ist fast immer rückwirkend. Im Augenblick, da er den demütigenden Befehl seines Oberen zurückweist, weist der Sklave auch sein Sklavendasein zurück. Die Bewegung der Revolte trägt ihn über den Punkt seiner einfachen Weigerung hinaus. Er überschreitet sogar die Grenze, die er seinem Gegner gezogen, indem er jetzt als Ebenbürtiger behandelt zu werden verlangt. Was zuerst ein unbeugsamer Widerstand des Menschen war, wird nun der ganze Mensch, der sich mit ihm identifiziert und sich darin erfüllt. Diesen Teil seiner selbst, dem er Respekt verschaffen wollte, stellt er nun über den Rest und verkündet laut, ihn allem, selbst dem Leben, vorzuziehen. Er wird für ihn das höchste Gut. Verharrte er zuvor in einem Kompromiss, so wirft sich der Sklave mit einem Schlag jetzt („da es ja so ist") an das Alles oder Nichts. [...]

Äußerstenfalls nimmt er den letzten Verfall hin: den Tod, wenn man ihm jene ausschließliche Anerkennung rauben sollte, die er nun zum Beispiel seine Freiheit nennt. Lieber aufrecht sterben, als auf den Knien leben.

1 Stellen Sie fest, was für den Revoltierenden das „höchste Gut" wird.

2 Was bedeutet in Sartres Drama das „Schweigen" (s. S. 86 f.), was bedeutet es hier in Camus' Essay?

3 Beschreiben Sie das Gefühl „bis hierher und nicht weiter" im Alltag von Familie und Schule.

4 Versuchen Sie, eine Verbindung zwischen den Fotos auf S. 82 und Camus' Essay herzustellen.

5 Suchen Sie andere Beispiele für Revolten und prüfen Sie die Gründe.

Spartacus zerbricht seine Ketten. Die Skulptur (1830) von Denis Foyatier steht vor dem Louvre in Paris.

Der Spartacus-Aufstand *

Spartacus († 71 v. Chr.) war ein Sklave und Gladiator. Historische Bedeutung erlangte er als Anführer eines nach ihm benannten Sklavenaufstandes (73–71 v. Chr.) in der römischen Republik der Antike. Die römischen Geschichtsschreiber Appian und Plutarch bescheinigen ihm großes Charisma, Bildung und Weitsicht. Besonders gefährlich war Spartacus für die römische Skaven-Gesellschaft, weil er eine Form der gerechten Verteilung der Güter in den von ihm beherrschten Gebieten Italiens zu praktizieren versuchte. Er verbot außerdem seinem Heer aus Sklaven, die besiegten Feinde auszuplündern. In der Gladiatorenschule soll er zu seinen Mitgefangenen gesagt haben, wie Appian berichtet: „Man darf das Leben nicht für Schauspiele (= gemeint sind Kämpfe auf Leben und Tod) einsetzen, sondern für die Freiheit."

Spartacus
(Regie: Stanley Kubrick, USA 1959/60)

Freiheit als Wahl

Die Philosophie des **Existenzialismus**, als dessen einflussreichster Denker Jean-Paul Sartre (1905–1980, → Biografie, S. 382) gilt, behauptet, dass der Mensch gar nicht anders könne, als frei zu sein. Denn in jedem Moment seines Daseins entscheide er sich für oder gegen eine Handlung. Selbst nichts zu tun oder nichts zu sagen bedürfe einer freien Wahl. Also ist der Mensch geradezu zur Freiheit „verdammt".
In seinem Drama „Tote ohne Begräbnis" veranschaulicht Sartre diese These. Gefangene werden in diesem Drama in einer Grenzsituation mit ihrer nie aufzuhebenden Freiheit konfrontiert, sie müssen sich entscheiden.

Jean-Paul Sartre: Tote ohne Begräbnis

Frankreich 1944, kurz vor Kriegsende: Fünf Widerstandskämpfer der Résistance wurden bei einer gescheiterten Aktion gefangen genommen. Sie werden von französischen Milizionären (Geheimpolizisten), die mit der Nazi-Besatzung zusammenarbeiten, gefoltert, um sie zu zwingen, das Versteck ihres Anführers preiszugeben. Nacheinander werden sie zum Verhör geholt, die anderen müssen die Schreie der Gequälten mit anhören. Der Gefangene Sorbier hat große Angst vor körperlichen Schmerzen, er fürchtet, die Folter nicht aushalten zu können und zu reden.

Clochet, Landrieu, Pellerin = die französischen Folterer, die mit den Deutschen zusammenarbeiten
Sorbier, Henri, Canoris = die französischen Widerstandskämpfer, die gefoltert werden
Milizionäre = französische Polizisten

II. Akt, 7.–9. Szene

Siebte Szene

Clochet, Landrieu.
CLOCHET: Den Blonden muss man runterbringen. Der ist reif.
LANDRIEU: Den Blonden?
CLOCHET: Sorbier. Das ist ein Feigling.
LANDRIEU: Ein Feigling? Hol ihn!
Clochet ab.

Achte Szene

Pellerin, Landrieu.
PELLERIN: Das sind alles Feiglinge. Nur sind einige stur.
LANDRIEU: Pellerin! Was würdest du tun, wenn man dir die Fingernägel ausreißt?
PELLERIN: Die Engländer reißen keine Fingernägel aus.
LANDRIEU: Aber die Maquisards[1]?
PELLERIN: Man wird uns schon nicht die Fingernägel ausreißen.
LANDRIEU: Warum nicht?
PELLERIN: Man wird uns nicht die Fingernägel ausreißen!
Clochet kommt zurück, hinter ihm Sorbier.
CLOCHET: Lasst mich ihn verhören.

Neunte Szene

Dieselben, Clochet, dann Sorbier, begleitet von Milizionären.
CLOCHET: Nehmt die Handschellen ab! Bindet ihm die Arme an den Stuhl. *Er geht auf Sorbier zu.* Na, da bist du ja wieder. Da bist du wieder auf diesem Stuhl. Und wir sind auch da. Weißt du, warum wir dich runtergeholt haben?
SORBIER: Nein.

[1] Maquisards: diejenigen, die im Maquis (frz.: Unterholz) kämpfen, also Widerstandskämpfer

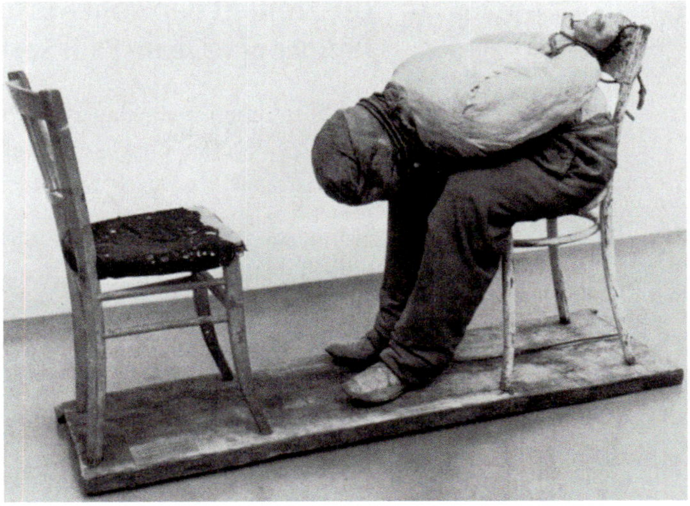

Siegfried Neuenhausen: Denkmal für Joao Borges de Souza (1972).
De Souza war ein brasilianischer Student, der zu Tode gefoltert wurde. Der Künstler will an diesem Beispiel exemplarisch die Situation des gefolterten Menschen zeigen.

CLOCHET: Weil du ein Feigling bist, und weil du auspacken wirst. Du bist kein Feigling?

SORBIER: Doch.

CLOCHET: Siehst du. Ich habe es an deinen Augen abgelesen. Zeig sie mal her, diese aufgerissenen Augen ...

SORBIER: Du wirst auch solche Augen haben, wenn du aufgehängt wirst.

CLOCHET: Gib nicht so an, das passt nicht zu dir.

SORBIER: Genau solche; wir sind Brüder. Ich ziehe dich an, was? Mich folterst du gar nicht, sondern dich.

CLOCHET *brüsk*: Du bist Jude?

SORBIER *erstaunt*: Ich? Nein.

CLOCHET: Ich schwöre dir, dass du Jude bist.

Er gibt den Milizionären ein Zeichen, sie schlagen ihn.

Du bist nicht Jude?

SORBIER: Doch. Ich bin Jude.

CLOCHET: Gut. Also, hör zu: zuerst die Fingernägel. Das wird dir Zeit zum Nachdenken geben. Wir haben es nicht eilig, wir haben noch die ganze Nacht! Wirst du reden?

SORBIER: Abschaum.

CLOCHET: Was sagst du?

SORBIER: Ich sage: Abschaum. Du und ich, wir sind Abschaum.

CLOCHET *zu den Milizionären*: Nehmt die Zange und fangt an!

SORBIER: Lasst mich! Lasst mich! Ich werde reden. Ich werde euch sagen, was ihr wollt.

CLOCHET *zu den Milizionären*: Zieht ihm trotzdem etwas am Nagel, damit er sieht, dass es ernst ist.

Sorbier stöhnt.

Gut, wo ist dein Anführer?

SORBIER: Bindet mich los, ich kann nicht mehr auf diesem Stuhl sitzen. Ich kann nicht mehr! Ich kann nicht mehr!

Landrieu gibt ein Zeichen. Die Milizionäre binden ihn los. Er steht schwankend auf und geht auf den Tisch zu.

Eine Zigarette.

LANDRIEU: Danach.

SORBIER: Was wollt ihr wissen? Wo der Anführer ist? Ich weiß es. Die anderen wissen es nicht, aber ich weiß es. Ich war sein Vertrauter. Er ist ... Zeigt abrupt auf einen Punkt hinter ihnen ... da!

Alle drehen sich um. Er stürzt zum Fenster und springt aufs Gesims.

Ich habe gewonnen! Kommt nicht näher oder ich springe. Ich habe gewonnen! Ich habe gewonnen!

CLOCHET: Spiel nicht den Idioten. Wenn du redest, lassen wir dich laufen.

SORBIER: Denkst du! *Schreiend*: He, ihr da oben! Henri, Canoris, ich habe nicht geredet.

Die Milizionäre stürzen sich auf ihn. Er springt ins Leere.

Guten Abend.

1 Erklären Sie die zunächst rätselhaften Sätze des Widerstandskämpfers Sorbier: „Ich sage: Abschaum. Du und ich, wir sind Abschaum."

2 Was will Sorbier mit dem Ausruf „Ich habe gewonnen!" sagen?

Jean-Paul Sartre (1905–1980), französischer Philosoph
(→ Biografie, S. 382)

Die Freiheit der Wahl – Grundgedanken der existenzialistischen Philosophie Jean-Paul Sartres*

Die Überzeugung von den Grundbedingungen der menschlichen Existenz, die hinter dem Drama „Tote ohne Begräbnis" (s. S. 86 f.) stehen, werden in folgenden Sätzen aus Sartres Werk „Das Sein und das Nichts" aufs Äußerste zugespitzt:

„Wenn ich in einen Krieg einberufen werde, ist dieser Krieg m e i n Krieg, weil ich jederzeit mich ihm hätte entziehen können, durch Selbstmord oder Fahnenflucht: Diese äußersten Möglichkeiten sind diejenigen, die uns immer gegenwärtig sein müssen, wenn es darum geht, eine Situation ins Auge zu fassen. Da ich mich ihm nicht entzogen habe, habe ich ihn g e w ä h l t [...], **und ich habe entschieden, dass er existiert.**"

Wie sind diese Behauptungen zu verstehen, wie zu rechtfertigen?
Der Mensch ist wie alle und alles andere zunächst Sein, das mit sich selbst völlig eins und ausgefüllt ist: **Sein-an-sich** (Existenz an sich). Dieses Sein ist sinnlos und zufällig, keinem Plan oder keiner höheren Bestimmung unterworfen, auch keiner Rangordnung verpflichtet. Die Existenz des Menschen ist nicht von vornherein wertvoller oder sinnvoller als die eines Felsens oder Wurmes. Die Erfahrung, reines Dasein an sich zu sein, wie alles um ihn herum, löst im Menschen einen hilflosen **Ekel** aus, so der Titel von Sartres erstem Roman („La nausée").
Die Besonderheit des Menschen aber besteht gegenüber allem anderen Sein darin, dass er auch noch Bewusstsein hat. Der Mensch ist das Wesen, das sich seiner eigenen Existenz bewusst ist, er ist also auch **Für-sich**. Der Mensch kann darüber hinaus die Existenz alles und aller anderen in seinem Bewusstsein spiegeln, zum Gegenstand seines Erkennens machen. Zusammengefasst: Der Mensch kann sich vom reinen Sein losreißen und sich ihm erkennend gegenüberstellen durch sein Bewusstsein. Dieses Bewusstsein, das Für-sich-Sein, definiert Sartre in Bezug auf das reine Sein als das **Nichts**, als die Lücke, den Abstand zum Sein, der es dem Menschen ermöglicht, sich vom reinen Vegetieren zu trennen und zu erkennen, was ist, was sein könnte; was geschehen ist, was geschehen könnte; was er ist, was er sein könnte. Dieses Nichts, dieser **Riss im Dasein** macht den Menschen frei. In der äußersten Form kann dieses Sich-losreißen sogar Freitod bedeuten.
Die menschliche **Freiheit**, die sich aus dem **Nichts** in ihm ergibt, bedeutet zugleich den Zwang, sich zu entwerfen, sich zu entscheiden, eine **Wahl** zu treffen. **Der Mensch ist zur Freiheit verdammt.** Da er nicht reines An-sich-Sein ist, sondern durch sein Bewusstsein in seine Vergangenheit und Zukunft sehen kann (Zeitbewusstsein), wird jeder Lebensakt, jede Handlung zu einer **Entscheidung**. Selbst wenn er nur noch schweigen und im Nichtstun erstarren würde, wäre das die Entscheidung, eben gerade zu schweigen. Das wiederum hat zur Folge, dass der Mensch für sich und sein Leben verantwortlich ist, ausschließlich und allein.
Sartre verneint damit nicht etwa die Realität der gegebenen Bedingungen. Natürlich erfährt sich jeder Mensch, in die Welt geworfen ohne seine Entscheidung, zunächst in bestimmten begrenzten Konditionen:
„Viel mehr als er ‚sich zu machen' scheint, wird der Mensch scheinbar ‚gemacht' vom Klima und der Erde, von der Rasse und der Klasse, der Sprache, der Geschichte des Kollektivs, dem er angehört, von der Erbmasse, den individuellen Umständen seiner Kindheit, den angenommenen Gewohnheiten, den großen und kleinen Ereignissen seines Lebens."
Er wird also geboren in einer Villa oder einer Wellblechhütte. Und doch – so der frühe

Sartre – kann er sich nicht des Zwanges entledigen, seine faktische Realität, die sog. **Faktizität**, wahrzunehmen und sie zu bejahen oder zu verneinen, sie anzunehmen oder sie zu bekämpfen. Die so verstandene Freiheit des Menschen heißt also nicht Beliebigkeit oder Willkür, sondern Selbstbestimmung durch Wahl. Und zu dieser Wahl gehören die vorgegebenen Lebensbedingungen, die sich dem Menschen entgegenstellen. Denn wie könnte er Freiheit erfahren ohne diesen Widerstand? Es steht natürlich nicht im Belieben des Menschen, durch einen Plan, einen freien Entwurf die faktische Realität aufzuheben, also etwa aus einem steinigen, trockenen Wüstenboden ein feuchtes Regenwald-Biotop zu zaubern, nur weil er beschlossen hat, dort Orchideen zu züchten. Allerdings könnte er dort ein Gewächshaus bauen und lange Wasserleitungen für seine Orchideenzucht legen lassen, wobei der Wüstenboden immer noch der gleiche ist.

Die Faktizität, das Gegebene muss in den Entwurf aufgenommen werden. Das Zusammenwirken von Gegebenheit und freiem Entwurf erzeugt eine **Situation**. Oder anders gesagt: Nur in Situationen erfahren wir unsere Freiheit, nämlich dann, wenn uns die Fakten entgegenstehen. Entgegenstehen können sie uns nur, wenn wir einen Plan fassen, in dem diese Fakten als zu überwindende Gegenspieler auftauchen.

Anders als in den alltäglichen kleinen Entscheidungssituationen wird das Zusammenspiel von **Faktizität** und **Transzendenz** (= Übersteigen des Gegebenen durch einen Entwurf), aus dem sich Freiheit ergibt, besonders deutlich in den auf die Spitze getriebenen **Grenzsituationen**. So nennt der Philosoph Karl Jaspers (s. S. 10 f.) die Herausforderungen wie Tod, Krankheit, Verlust usw.

Eine solche Grenzsituation bestand nach Sartres Auffassung im besetzten Frankreich. Jedes Nein in einem Verhör wurde mit dem Tod oder der Folter bedroht:

„Gerade die Grausamkeit des Feindes trieb uns an die **äußersten Grenzen** unseres Menschseins [...]. Und die **Wahl**, die jeder von sich traf, war echt, weil sie angesichts des Todes fiel, weil sie sich stets in der ‚Form': ‚Lieber den Tod als ...' hätte ausdrücken lassen."

So Sartre in seiner Radioansprache „Republik des Schweigens" im Jahre 1944.

Jean-Paul Sartre und Simone de Beauvoir mit Che Guevara (Kuba, 1960)

1 Schreiben Sie einen Satz, in dem die Begriffe *Freiheit, Nichts, Entscheidung, Faktizität, Wahl, Situation* sinnvoll verknüpft werden.

2 Überlegen Sie: Ist, gemäß der Philosophie Sartres, die Freiheit eines indischen Bettlers ebenso groß wie die eines Millionärs?

3 Angenommen, Sie würden die Grundaussagen des Existenzialismus über Freiheit und Bedingtheit des Lebens akzeptieren: Was bedeutet das für Ihr persönliches Leben? Spielen Sie diese Frage im Hinblick auf Ihr alltägliches Leben durch, z. B.: Ist es Freiheit, jeden Tag in der Schule zu sitzen? Oder: Kann es für einen echten Existenzialisten überhaupt so etwas wie eine Entschuldigung für Zuspätkommen geben? Hat er die Unpünktlichkeit nicht gewollt und gewählt?

Utopien der Freiheit

Tagtraum und Märchen*

Utopie (gr.: Nirgendwo): Seit Thomas Morus einen Zukunftsroman mit dem Titel „Utopia" veröffentlichte (s. S. 92), ist dieses Wort ein Standardbegriff für alle Visionen geworden, in denen ein besseres Leben für die Menschen entworfen wird.

Oft stellt sich der Mensch vor, er könne sich auch anders entscheiden oder leben als so, wie er es gerade tut. Seit Jahrhunderten existieren deshalb Wunschbilder einer mühelosen Existenz, die den Menschen von Unterdrückungen und Nöten jeglicher Art befreien. Allerdings ist es für den Einzelnen sehr schwer, gegen oder ohne die anderen, gegen die Gesellschaft und ihre Normen und Bedingungen seine Selbstbestimmtheit zu bewahren. Allzu viel steht dem entgegen: ungerechte Verteilung der Güter, harte, erschöpfende Arbeit für den Lebensunterhalt; ungleiche Bildung und ungleicher Zugang zu Wissen, zu Information; politische Unterdrückung usw. Eine Methode, die bedrückenden Realitäten aufzuheben, ist für alle Menschen der **Tagtraum**. Anders als im Nacht-Traum wird hier das kontrollierende Bewusstsein, das Ich, erhalten. Wunschbilder eines besseren Lebens werden in die Luft geträumt, Luftschlösser werden auf langen Autofahrten zur Arbeitsstelle oder zum nächsten Termin konstruiert, manchmal wacklig und mit wenig Mühe, manchmal jahrelang in komplizierter, kluger, durchdachter Architektur. Der Tagtraum kann entlastende Flucht aus dem Alltag sein, aber auch bildlich umgesetzter Plan zur Veränderung des eigenen Lebens. Jede große Lebensentscheidung wird wohl durch Tagträume vorbereitet worden sein, in denen sich der Mensch sein zukünftiges Leben erzählt.

Dem Tagtraum verwandt ist das **Märchen**. Es bindet die Sehnsüchte und Ängste vieler in rituelle Erzählungen, die über die Jahrhunderte von Generation zu Generation weitergegeben und ausgestaltet werden. „In alten Zeiten, wo das Wünschen noch geholfen hat ..." – so beginnt das Märchen vom Froschkönig. Nicht das Wünschen allein kann im Leben etwas bewirken, es muss gehandelt werden. Der Schwache kann zum Starken werden durch Klugheit, List, Mut oder schieres Glück. Die Moral des Märchens ist die des guten Menschen, der trotz Anfechtungen sich treu bleibt. Ihm hilft die gute Fee. Die böse Fee, die Hexe, der Zauberer wird regelmäßig nach vielerlei Hindernissen besiegt.

1 Beschreiben Sie typische Tagträume von Jugendlichen und untersuchen Sie, welche Bedürfnisse ihnen zugrunde liegen.

2 Analysieren Sie das Märchen vom „Tapferen Schneiderlein" daraufhin, mit welchen Fähigkeiten der Schneider seine Grenzen überschreitet.

3 Übersetzen Sie ein Volksmärchen, z. B. „Aschenputtel", in eine zeitgemäße Fassung. Diskutieren Sie, ob darin ein Freiheitsverlangen verborgen ist.

Ludwig Richter (1803–1884): „Das tapfere Schneiderlein"

Die Herrschaft der Philosophenkönige – Platons Idealstaat*

Schon früh haben Denker Gesellschaftsmodelle entworfen, die den Einzelnen insofern von Zwängen und Unterdrückung befreien, als sie weitgehend gerecht, gleich, harmonisch und friedlich organisiert sind.

Platon z. B. lässt in dem Buch „Politeia" den Philosophen Sokrates von einem Staat erzählen, in dem die weisesten Denker die Gesellschaft ohne eigenes Interesse, unbeeinflusst von Egoismus, Trieben und Lüsten, mit unbestechlicher Vernunft regieren.

Wie sollte die notwendige menschliche Gemeinschaft in Form eines Staates organisiert werden, damit das Individuum „gut" (d.h. seinem Wesen und seinen Fähigkeiten entsprechend) leben kann? Die menschliche Seele, so lässt Platon seinen verehrten Lehrer Sokrates in dem Dialog „Politeia" sprechen, ist in drei Teile unterschieden: in die Vernunft, den Mut und die Begierde. Geleitet werden sollte der Mensch aber vom obersten Prinzip, der Vernunft. Denn welche Sklaverei wäre es, ausschließlich von seinen Trieben bestimmt zu werden ohne das Korrektiv des Denkens?

Gemäß diesen Seelenanteilen ist auch das Volk in Platons Idealstaat gegliedert. Die große Menge der Menschen darf ihren Bedürfnissen folgen: Sie produziert und konsumiert, treibt Handel und bestellt die Felder, gründet Familien und zeugt Kinder, baut Häuser, häuft Vermögen an und vererbt sie. Eine kleine Anzahl von Bürgern, besonders stark und mutig und trainiert, verteidigt die anderen in der Rolle der „Wächter" bzw. Krieger. Und eine auserwählte Elite von wenigen, die „Philosophenkönige", lenken den Staat, treffen die grundsätzlichen Entscheidungen. Diese Untergliederung des Staatsvolkes soll demokratisch zustande kommen.

Zunächst werden alle, sowohl Jungen als auch Mädchen, bis zum 20. Lebensjahr gemeinsam erzogen, erst in Musik und Gymnastik, später auch in Mathematik und Redekunst. Nach einer Prüfung werden die Verbleibenden weitere 10 Jahre geschult. Im 30. Jahr erfolgt eine weitere Aussiebung. Diejenigen, die bestanden haben, werden 5 Jahre lang ausschließlich in Philosophie ausgebildet. Nun, als 35-Jährige, müssen sie sich 15 Jahre lang in der Praxis bewähren und in hohen Ämtern die Staatsgeschäfte ausüben. Erst als 50-Jährige, nachdem sie auch die Schicht der „Wächter" durchlaufen haben, nehmen sie die obersten Positionen als „Philosophenkönige" ein.

Damit diese Besten sich ausschließlich am Wohl der Bürger und nicht am Eigeninteresse orientieren, dürfen sowohl die „Wächter" als auch die „Philosophenkönige" keine Familien gründen und keinen Besitz anhäufen und haben kein Geld. Der Staat stellt ihnen alles, was sie brauchen, zur Verfügung. Und damit ihre besonderen Fähigkeiten nicht verloren gehen, leben sie mit den Besten der Frauen frei zusammen, zeugen mit ihnen möglichst viele Kinder, die, ohne ihre Eltern zu kennen, vom Staat betreut und erzogen werden. „Und nach welcher Regel werden sie sich paaren?", wird Sokrates gefragt und er antwortet: „Die Besten mit den Besten möglichst oft und die Schlechtesten mit den Schlechtesten möglichst selten. Und damit sich keiner beklagt, wird das Los entscheiden, welches aber so geschickt manipuliert wird, dass keiner von den Benachteiligten protestieren kann." Gerade diese letzte Regelung, die fast auf „Menschenzüchtung" hinausläuft, hat Platons Idealstaat umstritten gemacht.

Möchten Sie in einer solcher Art geordneten Gesellschaft leben? Diskutieren Sie das Pro und Kontra im Fishbowl-Verfahren (s. S. 117).

Thomas Morus (1478–1535), englischer Lordkanzler (Premierminister), wurde enthauptet, weil er den Eid zur Anerkennung der Oberherrschaft des englischen Königs über die Kirche verweigerte. Er war nach dem Urteil vieler Zeitgenossen einer der gelehrtesten und aufrechtesten Menschen seiner Epoche.

Thomas Morus: Die Insel Utopia

Im ersten Buch schildert Morus die Missstände im England seiner Zeit, wo die Reichen immer reicher werden in unersättlicher Habgier und die immer zahlreicheren Armen schließlich in eine verzweifelte Kriminalität getrieben werden. Im zweiten Buch berichtet der Reisende Raphael Hythlodaeus von einer fernen Insel, auf der ein Vemunftsstaat gegründet wurde. Während in England die Bereicherung Grundlage des Staates ist, herrscht auf der Insel eine Gütergemeinschaft. Deshalb müssen die Einwohner auch nur sechs Stunden am Tag arbeiten. Ansonsten widmen sie sich den Künsten und Wissenschaften, essen gemeinsam und regeln alle Konflikte mithilfe der Vernunft. Auch bei der Hochzeitswerbung z. B. herrscht das Gesetz der Aufklärung: Die künftigen Ehepartner dürfen sich unter Aufsicht gegenseitig nackt begutachten.

Hier wie da handelt man mit gutem Grund. [...]
Und deshalb drängt jeden die Not, mehr sich selbst als das Volk, das heißt: die anderen, zu berücksichtigen. Hier dagegen, wo allen alles gehört, ist jeder sicher, dass keinem etwas für seine persönlichen Bedürfnisse fehlt, sofern nur dafür gesorgt wird, dass die öffentlichen Speicher gefüllt sind. Es gibt nämlich keine missgünstige Güterverteilung, es gibt weder Arme noch Bettler dort, und obwohl keiner etwas besitzt, sind doch alle reich. Denn welch größeren Reichtum kann es geben, als wenn man, jeder Sorge ledig, frohen und ruhigen Herzens leben kann, ohne um sein tägliches Brot zu bangen, ohne von der jammernden Ehefrau um Geld geplagt zu werden. [...]
Wenn ich daher alle diese Staaten, die heute irgendwo in Blüte stehen, prüfend an meinem Geiste vorbeiziehen lasse, so finde ich – so wahr mir Gott helfe – nichts anderes als eine Art von Verschwörung der Reichen, die im Namen und unter dem Rechtstitel des Staates für ihren eigenen Vorteil sorgen. Alle möglichen Schliche und Kniffe ersinnen und erdenken sie, um zunächst einmal das, was sie durch üble Machenschaften zusammengerafft haben, ohne Furcht vor Verlust zusammenzuhalten, dann aber alle Mühe und Arbeit der Armen so billig wie möglich zu erkaufen und ausnützen zu können. Sobald die Reichen erst einmal im Namen der Allgemeinheit, das heißt also auch der Armen, den Beschluss gefasst haben, diese Methoden anzuwenden, so erhalten sie auch schon Gesetzeskraft. Aber selbst wenn diese üblen Elemente in ihrer unersättlichen Gier alles das untereinander aufgeteilt haben, was für alle ausgereicht hätte: Wie weit sind sie trotzdem entfernt von dem glücklichen Zustand der Utopier! **Welche Last von Beschwerlichkeiten ist doch diesem Gemeinwesen abgenommen, welche Saat von Verbrechen mit Stumpf und Stiel ausgerottet, seit dort mit dem Gebrauch des Geldes zugleich jede Gier danach aus der Welt geschafft ist!** Denn wer weiß denn nicht, dass Betrug, Diebstahl, Raub, Streit, Aufruhr, Zank, Empörung, Mord, Verrat und Giftmischerei durch die üblichen Strafen mehr nur geahndet als verhütet, mit der Abschaffung des Geldes zugleich abstürben und zudem Furcht, Kummer, Sorge, Mühsal und Schlaflosigkeit im selben Augenblick wie das Geld vergehen würden? **Ja, die Armut selbst, die allein des Geldes zu bedürfen scheint, schwände sofort dahin, wenn man überall das Geld völlig abschaffte.**

1 Thomas Morus selbst hatte starke Zweifel, ob es je eine Gesellschaft geben würde, deren Maßstäbe ausschließlich Vernunft und Gerechtigkeit sind. Überlegen Sie, welche Gründe er für seinen Zweifel anführen könnte.

2 In den letzten Jahren sind durch Spekulationen auf den Finanzmärkten der Welt, an denen sich bestimmte Berufsgruppen bereicherten, schwere Wirtschaftskrisen bewirkt worden. Vergleichen Sie die Regelungen in Utopia damit: Können sie solche Krisen verhindern?

Karl Marx und Friedrich Engels – Freiheit ist die Entfaltung der Persönlichkeit*

... in einem Pub in London, wohin beide nach der gescheiterten Revolution 1848 in Deutschland geflüchtet waren.

Friedrich Engels (FE): Ich verzweifle schier an dem, was ich hier in England, dem reichsten Land der Erde, sehe!! Arbeitslosigkeit, Massenelend, Slums, Seuchen, die Kinder sterben wie die Fliegen. Ist das alles, was uns dieser ungeheure technische Fortschritt gebracht hat?

Karl Marx (KM): Die Dampfmaschinen, die Eisenbahnen, die Elektrizität, die riesigen Fabriken – sie gehören doch nur wenigen! Und diese wenigen wollen möglichst viel Profit aus ihrem Besitz ziehen. Je schlechter es ihren Arbeitern geht, desto höher ihr Gewinn. Eigentum ist das Problem, Friedrich, Verfügung über fremde Arbeitskraft. Das gab's doch schon in den Sklavengesellschaften. Hat sich bis heute nicht geändert.

FE: Und die Arbeitsteilung, Karl! In der frühen Menschheit machte jeder alles und tauschte, was er nicht hatte, mit anderen. Dann spezialisierte sich der Mensch, wurde zum Bauern, Handwerker, Kaufmann. Und heute im Industriezeitalter kennt sich jeder nur noch in einem ganz kleinen Bereich aus, manchmal ist es sogar nur noch ein einziger, immer gleicher Handgriff an einer Maschine. Ist das noch menschlich? Das kann doch nicht alles sein, wozu der Mensch nach Jahrtausenden geistiger Entwicklung befähigt ist!

KM: Genau, Friedrich! Die immer stärkere Spezialisierung in unserer industrialisierten Welt macht uns unfrei. Wir sind gefesselt an unsere jeweilige Tätigkeit, mit der wir unseren Lebensunterhalt verdienen müssen, ein Leben lang. Höchstens, dass wir noch Freizeit für Hobbys haben ...

FE: Und wenn ich dann heute „freier Markt" höre! Überall hört man: Alles regelt der freie Markt, freier Markt für freie Menschen ... Der freie Markt macht das Individuum nicht frei! Er macht nur die Arbeitskraft zu einer Ware, die wir frei anbieten können. Wir können uns frei verkaufen ... Schöne Freiheit!

KM: Lass uns träumen, Friedrich, von einer Gesellschaft, in der die notwendigen Arbeiten und die Besitztümer auf alle gerecht verteilt sind, in der jeder Mann und jede Frau, je nach ihren Fähigkeiten, morgens Sport treiben, nachmittags vielleicht Drehbücher schreiben oder chemische Experimente austüfteln und abends mit Freunden Theater spielen oder in einer Band Musik machen. Kurz, jeder und jede könnten ihre jeweiligen Persönlichkeiten frei entfalten, ohne ihrem Lebensunterhalt hinterherhetzen zu müssen. Dann wären die Menschen wirklich frei!

FE: Träumen darfst du, Karl. Aber wie willst du eine solche utopische Gesellschaft konkret schaffen?

Karl Marx (1818–1883, → Biografie, S. 379) verfasste zusammen mit **Friedrich Engels** (1820–1895) das **„Manifest der Kommunistischen Partei"** (1848), eine Gesellschaftstheorie und ein revolutionäres Programm zugleich: „An die Stelle der alten bürgerlichen Gesellschaft mit ihren Klassen und Klassengegensätzen tritt eine Association, worin die freie Entwicklung eines jeden die Bedingung für die freie Entwicklung Aller ist."

Ersetzen Sie die Fragezeichen in der Illustration durch konkrete Vorschläge.

Friedrich und Karl träumen ...

Spielräume der Freiheit: Das Spiel

Die Menschen der Industriestaaten werden von Tausenden von Gesetzen, Vorschriften, Verbindlichkeiten eingegrenzt und müssen funktionieren, um nicht sozial ausgegrenzt zu werden. Welche Möglichkeiten bleiben im Alltag, Freiheit tatsächlich zu erfahren?

Johan Huizinga (1872–1945), niederländischer Kulturhistoriker, Professor für Geschichte, wurde mit dem Buch „Homo ludens" (1938) sehr bekannt.

Johan Huizinga: Homo ludens – Der spielende Mensch

Damit hat man also ein erstes Hauptkennzeichen des Spiels: Es ist frei, es ist Freiheit. Unmittelbar damit hängt ein zweites Kennzeichen zusammen.
Spiel ist nicht das „gewöhnliche" oder das „eigentliche" Leben. Es ist vielmehr das Heraustreten aus ihm in eine zeitweilige Sphäre von Aktivität mit einer eigenen Tendenz. Schon das kleine Kind weiß genau, dass es „bloß so tut", dass alles „bloß zum Spaß" ist. Die Ausnahme- und Sonderstellung des Spiels wird in bezeichnender Weise darin offenbar, dass es sich so gern mit einem Geheimnis umgibt. Schon kleine Kinder erhöhen den Reiz ihres Spiels dadurch, dass sie eine kleine Heimlichkeit daraus machen. Das ist etwas für uns, nicht für die anderen. Was die anderen da draußen tun, geht uns eine Zeit lang nichts an. *In der Sphäre eines Spiels haben die Gesetze und Gebräuche des gewöhnlichen Lebens keine Geltung.* Wir „sind" und wir „machen" es „anders". Diese zeitweilige Aufhebung der „gewöhnlichen Welt" ist bereits im Kinderleben völlig ausgebildet, ebenso deutlich sieht man sie aber bei den großen, im Kult verankerten Spielen der Naturvölker. Während des großen Einweihungsfestes, bei dem die Jünglinge in die Männergemeinschaft aufgenommen werden, sind nicht nur sie selber von dem gewöhnlichen Gesetz und den gewöhnlichen Regeln entbunden; im ganzen Stamm ruhen die Fehden. Alle Vergeltungstaten sind vorläufig ausgesetzt. Die zeitweilige Aufhebung des gewohnten Gesellschaftslebens einer großen heiligen Spielzeit zuliebe lässt sich auch in fortgeschrittenen Kulturen noch in zahlreichen Spuren finden. Hierzu gehört alles, was mit Saturnalien[1] und Karnevalssitten verwandt ist.

[...] Das Anderssein und das Geheime des Spiels finden sichtbarsten Ausdruck in der Vermummung. In dieser wird „das Außergewöhnliche" des Spiels vollkommen. Der Verkleidete oder Maskierte „spielt" ein anderes Wesen. Er „ist" ein anderes Wesen. Kinderschreck, ausgelassene Lustigkeit, heiliger Ritus und mystische Fantasie gehen in allem, was Maske und Verkleidung heißt, unauflösbar durcheinander.
Der Form nach betrachtet, kann man das Spiel also zusammenfassend eine ***freie Handlung*** *nennen, die als „nicht so gemeint" und außerhalb des gewöhnlichen Lebens stehend empfunden wird und trotzdem den Spieler völlig in Beschlag nehmen kann.*

[1] Saturnalien: altrömisches Fest zu Ehren des Gottes Saturn am 17. Dezember, bei dem die Herren die Sklaven auf Staatskosten bedienten

1 Beschreiben Sie verschiedene Spiele von Jugendlichen in Sport, Schule, Freundescliquen und klären Sie, ob die abschließende Definition Huizingas stimmt.

2 In vielen Gymnasien ist der große Abitur-Schülerstreich zum Gewohnheitsrecht geworden.
– Was ist sein Sinn?
– Welches sind seine Regeln?
– Wann werden nach Ihrer Meinung die Grenzen des Spiels überschritten, die Regeln verletzt?
– Vergleichen Sie den Abi-Gag mit dem Einweihungsfest bei Naturvölkern.

Die Spiele der Menschen*

In seinem Buch „Die Spiele und die Menschen" zeigt Roger Caillois, dass Spielen ein elementarer Bestandteil des Lebens ist.

In allen Kulturen traf er auf das Verkleiden mit Masken und Kostümen, auf Wettkämpfe, auf Tänze bis zur Trance und auf Formen des Glückspiels.

Aufbauend auf Huizingas gedanklichem Ansatz klassifizierte Caillois die verschiedenen Spiele nach dem Motiv, das sie vorrangig antrieb, und fand vier Grundformen heraus:

Agon (gr. Kampf) – bezeichnet Wettkampfspiele, z. B. Fußball, Basketball, Schach;

Alea (lat. Würfel) – bezeichnet Glücksspiele, auf Zufall beruhende Spiele, z. B. Roulette, Kartenspiele;

Mimikry (gr. mimos: der Schauspieler) – bezeichnet Spiele mit Maskierungen und Rollen, reicht von „Räuber und Gendarm" bis zur Shakespeare-Aufführung;

Ilynx (gr. Wasserfall) – bezeichnet Spiele, die auf den Rausch, das sich Vergessen abzielen, z. B. Sich-Drehen im Tanz, Bungee-Jumping, Paragliding ...

Diese Spielformen können untereinander viele Mischungen bilden, dennoch ist in den meisten Fällen deutlich, welche der Grundformen das Spiel steuert.

Darüber hinaus fand Caillois heraus, dass die Spiele sich nach zwei Grundmustern entwickeln:

paidia (gr. Kinderspiel) – das ist das freie Improvisieren, Drauflosspielen ohne vorher abgemachte Regeln mit unbekümmerter Spielfreude;

ludus (lat. Spiel) – das heißt das Regeln der Spiele, um z. B. eine Gleichgewichtigkeit der Spielpartner durchzusetzen, Gerechtigkeit üben zu können, aber auch Hindernisse und Schwierigkeiten einzubauen, um die Anforderungen immer mehr zu steigern.

Oft beginnen Spiele auf der Ebene der „paidia", um dann in die Ebene des „ludus" zu münden.

Das Bedürfnis zu spielen führt Caillois zurück auf die Reduzierung der bedrohlichen Unübersichtlichkeit der Wirklichkeit. Die Spieler schaffen sich eine eigene Welt mit eigenen Regeln. Das Spielen ist eine fantasievolle, freie Tätigkeit, abgetrennt vom Alltag, nicht auf Nutzen gerichtet, oft mit einfachen Regeln, die gleiche Bedingungen für alle Teilnehmer, also Gerechtigkeit erzeugen.

Anders als die berufliche Arbeit ist das Spielen **„autotelisch"**, es trägt sein Ziel in sich selbst und belohnt sich auch selbst.

Im besten Fall kommt es bei dieser befreiten Handlung zu einem besonderen Glücksgefühl, zu einem Verschmelzen von Selbst, Umwelt und Handlung, für das sich der Begriff **„flow"** eingebürgert hat. In allen diesen Bestimmungen des Spiels wird die Beziehung zur Kunst deutlich. Nach Kant wirkt im Kunstwerk das freie Spiel der menschlichen Kräfte, die nichts Nützliches produzieren wollen, sondern einen Gegenstand, der „interesseloses Wohlgefallen" bewirkt.

Heute spielen immer mehr Menschen elektronische Spiele auf ihren Personal-Computern und Mobiltelefonen. Die weltweite Vernetzung der Menschen durch das Internet und die Allgegenwart der Kameras (Digitalkameras in den Handys, Überwachungskameras in den Städten, Google) schaffen die Plattform für diese neue Art von Spiel. Bei genauer Betrachtung wird aber sichtbar, dass die alten Traditionen der Spielformen (s. o.) durch die neuesten „Games" nicht vernichtet wurden. Sie leben darin weiter.

Roger Caillois (1913–1978), französischer Soziologe und Philosoph, schrieb „Die Spiele und die Menschen: Maske und Rausch" (1966).

Red Dead Redemption Game (freigegeben ab 18 Jahren)

1 Die meisten Jugendlichen heutzutage sind mit Personalcomputern, Handys und Internet aufgewachsen. Wie hat diese Kindheit das Spielen verändert?

2 Ordnen Sie „games" in die Grundformen nach Caillois ein.

3 Untersuchen Sie, ob diese Art von Spielen Freiräume eröffnet oder eher die Spieler abhängig macht.

4 Das Foto zeigt einen Ausschnitt aus einem sogenannten „Open-world-game", in dem es um einen einsamen Western-Helden geht. Benennen Sie Merkmale solcher „Open-world-games". Diskutieren Sie, ob diese Art Spiel für die Spieler „autotelisch" ist und einen „Flow" erzeugen kann.

Spielräume der Freiheit: Die Kunst

Über die Grenzen gehen*

Georg Baselitz (geb. 1938): Der Wald auf dem Kopf.
Der international anerkannte deutsche Maler Baselitz malt seine Bilder direkt auf dem Kopf, dreht sie also nicht nach dem Malprozess. Er sagt dazu: „Das neue Bild ist mein Bild. Es geschieht etwas, das bisher nicht geschah. Das Auge folgt einer Spur, die bisher noch nicht verfolgt wurde und die Abenteuer erwarten lässt."

„Freie Lebendigkeit spüren, das ist Schönheit."
Thomas Lehnerer, Bildhauer und Philosoph

Künstler sind im Alltag Bürger wie viele andere, mit oder ohne Familie, mit oder ohne Besitz, mit Bankkonto, in Häusern lebend oder in einer Mietwohnung, einkommenssteuerpflichtig, wenn sie einen Text, ein Bild oder eine Melodie verkaufen. Sie sind von vielen Normen und Verpflichtungen ebenso eingeengt wie ihre Mitmenschen.
Aber in dem Moment, in dem sie als Künstler ein Werk herstellen, sind sie frei. Was ist das besonders Befreiende des Kunstwerks?
Jedes echte Kunstwerk befreit sich von dem schon Vorhandenen, von den überlieferten Mustern des Erzählens, des Malens, des Musizierens ...
Selbstverständlich arbeiten Künstler mit den gegebenen Traditionen, aber sie gehen immer wieder darüber hinaus: Das noch nie Dagewesene, das noch nie Gehörte, nie Gesehene herzustellen, das treibt sie an. Wäre es anders, würden sie nur Klischees produzieren, also gerade das, was industrielle und kulturelle Massenproduktion auszeichnet, die genormte Serien-Ware herstellt.
Auch der Betrachter von Kunstwerken (Film, Bild, Theaterstück) muss sich von vorgegebenen Mustern der Wahrnehmung lösen, muss sich einlassen auf andersartige Formen von Leben, muss sich befreien.

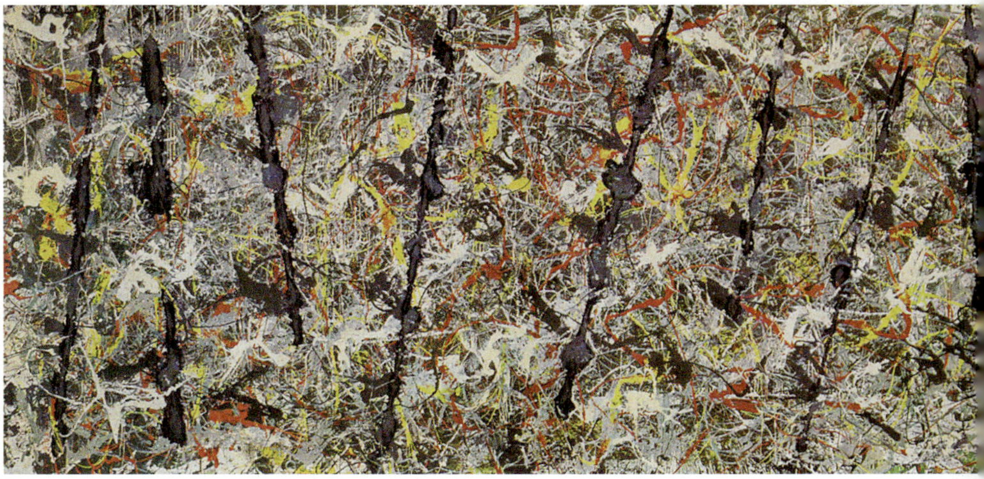

Jackson Pollock (1912–1956): Die blauen Pfähle.
Pollock legte die Leinwand auf den Boden, umging sie und ließ Farbe auf sie tropfen aus dem Pinsel oder direkt aus der Büchse. Das Gemälde entstand also aus einer Aktion (sog. action painting): „Dort am Boden bin ich dem Bild näher und so eher ein Teil von ihm."

1 Welches der abgebildeten Kunstwerke ist für Sie befremdend, aufreizend, neuartig oder abstoßend?

2 Wirken die Methoden Pollocks oder Baselitz', ein Bild zu malen, befreiend oder beliebig in dem Sinne: „Das kann doch jeder!"?

Spielräume der Freiheit: Architektur als konkrete Fantasie

Die Moral des Architekten*

Die Architektur ist ein gutes Beispiel für konkrete Fantasie. In ihr verbinden sich Kunst und Handwerk, spielerischer Entwurf und zweckorientierte, reale Umsetzung. Architektur ist eine bodenständige Kunst, auch Wolkenkratzer müssen ein Fundament haben. In der Stadt-Architektur zum Beispiel wird sehr deutlich, wie die Kunst des Entwurfs das Leben von Menschen unmittelbar beeinflusst. Die Wohnungen können so geplant werden, dass sie das Leben der Bewohner bedrücken oder befreien. Das gilt ebenso für imposante öffentliche Gebäude wie für ein schlichtes Einfamilienhaus.

Der deutsche Architekt Günter Behnisch, der die Olympia-Anlage in München baute, aber auch gerne Schulen, wie etwa ein Gymnasium in Dresden, entwirft, spricht vom „Spielraum“, den er und seine Mitarbeiter beanspruchen. „Es kann aber“, so fährt er fort, „nicht nur um Spielräume gehen, die wir selbst, als Architekten, für uns beanspruchen. Wichtig ist, den vielen Raum zu geben, die in und mit gebauter Umgebung spielen wollen. Im Sinne der Freiheit, die Adorno für alles künstlerische Gestalten postuliert hat: Es geht immer darum, die Zwänge der empirischen Realität zurückzuweisen, damit Freiraum entsteht für die Schwächeren, die sonst nicht zu Wort kämen, schwächere Kräfte, schwächere Dinge, schwächere Menschen.“

1 „Mit einer Wohnung kann man einen Menschen ebenso erschlagen wie mit einer Axt.“ (Heinrich Zille) Untersuchen Sie an Beispielen, ob dieser Ausspruch berechtigt ist.

2 Suchen Sie Beispiele in Ihrer näheren Umgebung (Wohnort, Schule, Unternehmen, Sportstätten usw.), die beweisen, dass menschliche Freiheitsbedürfnisse berücksichtigt wurden. Machen Sie Fotos als Beweisstücke.

Die Zahl der Menschen, die weltweit in Städten leben, wird laut einer Studie der UNO drastisch steigen: Bereits 2007 sei mehr als die Hälfte der Menschheit in Städten und Ballungsräumen zu Hause gewesen. 2030 werde der Anteil der Stadtbevölkerung schätzungsweise 61 Prozent betragen. 1950 habe der Anteil der Stadtbevölkerung hingegen lediglich bei 30 Prozent gelegen.

Anthropologie (gr.): Lehre vom Menschen; die philosophische Anthropologie fragt nach dem Wesen des Menschen, nach Sinn und Ziel seiner Existenz und nach seiner Stellung in der Welt.

Anthropozentrik: Auffassung, nach der der Mensch den Mittelpunkt der Welt darstellt und er deren Phänomene auf sich hin deutet und bezieht.

Arbeit: ein Begriff mit vielfältiger und wechselnder Bedeutung: z. B. als Mühsal bzw. Plage; als Tätigkeit zur Sicherung des Lebensunterhaltes und Verbesserung der Lebensbedingungen; als Leistung. Die planvolle und gestalterische Aneignung und Nutzung der Natur durch Arbeit gehört zu den Wesensmerkmalen des Menschen. Arbeit bietet unter entsprechenden Umständen und Bedingungen die Möglichkeit der Sinnstiftung, der Selbstachtung und der Selbstverwirklichung. Die Einstellung zur Arbeit und die Art und Weise ihrer Ausführung bezeichnet man als Arbeitsethos bzw. Berufsmoral (→ S. 36, 298 f., 314 f.).

Autonomie (gr.): Selbstgesetzlichkeit (Ggs.: Heteronomie); das Vermögen der menschlichen Vernunft, sich die Gesetze des Handelns selbst zu geben. Kant: „Autonomie ist also der Grund der Würde der menschlichen und jeder vernünftigen Natur."

Freiheit: zentraler Begriff sowohl in der Anthropologie als auch in der politischen Theorie. Man unterscheidet zwischen Handlungsfreiheit, Entscheidungsfreiheit und Willensfreiheit (→ S. 69) sowie die Freiheit von oder die Freiheit zu etwas. Die Freiheit des Gewissens gilt als Grundwert und als universales Menschenrecht.

Determinismus (lat.): Annahme, dass der Mensch in seinen Antrieben und Handlungen nicht frei, sondern (durch biologische, psychische oder gesellschaftliche Gegebenheiten) festgelegt ist.

Existenzialismus: philosophische Richtung der Existenzphilosophie in Frankreich (→ S. 86 ff.), die vom konkreten Dasein des Einzelnen in einer sinnlosen bzw. sinnentleerten Welt ausgeht. Der Mensch ist gefordert bzw. „verurteilt", sein Wesen selbstverantwortlich zu entwerfen.

Gewissen: das Bewusstsein von der moralischen Qualität und vom sittlichen Wert oder Unwert des eigenen Handelns; die Empfindung der inneren Verpflichtung einer bestimmten Instanz gegenüber; die Psychoanalyse verortet das Gewissen im „Über-Ich".

Humanismus (von lat. humanus = menschlich): allgemein: eine auf die Humanität gerichtete Haltung; historisch: geistig-kulturelle Bewegung in der Renaissance, die aus dem neu entdeckten geistigen Gut der griech.-röm. Antike ein (gegenüber dem Mittelalter) neues Menschenbild propagierte (→ S. 38 f.).

Person: Bezeichnung für ein rationales und selbstbewusstes Wesen; Merkmale: Fähigkeit zur Selbstreflexion und zu einem Vergangenheits- und Zukunftsbezug.

Menschenwürde/Menschenrechte: Die Menschenwürde ist ein Wert, der jedem Menschen aufgrund seines Menschseins unveräußerlich und „unantastbar" (Grundgesetz, Art. 1) zugestanden wird. Grundlagen des Menschenwürde-Begriffs ist die in allen Kulturen und Religionen anerkannte Sonderstellung des Menschen in der Natur aufgrund seiner Sprach-, Vernunft- und Moralfähigkeit. Die Rechtsordnungen billigen dem Menschen in der Regel angeborene und unveräußerliche Rechte (z. B. das Recht auf Leben) zu (→ S. 256 ff.).

Leib-Seele-Problem: die Diskussion über das Verhältnis von Körper und Geist in den Religionen und in der Philosophie. Auslöser der neuzeitlichen Debatte war Descartes' dualistische Auffassung, dass Leib und Seele zwei getrennte und nicht aufeinander rückführbare Substanzen sind (→ S. 40). In der heutigen Hirnforschung wird z. T. die monistische These vertreten, dass geistige bzw. seelische Vorgänge auf physiologische (körperliche) Prozesse im Gehirn zurückführbar sind und damit erklärt werden können (→ S. 74).

Kultur: Aufgrund seiner Instinktarmut als Naturwesen („Mängelwesen") schafft sich der Mensch mit der Kultur eine „zweite Natur" als Lebens- und Handlungsraum (→ S. 37). Man unterscheidet zwischen kulturellen Handlungen, die ihren Zweck in sich selbst haben (z. B. Kunst, Spiel → S. 94 f., 96 f.), und solchen, die instrumentellen und sozialen Zwecken dienen (Zivilisation).

Zoon politicon (gr.: geselliges Lebewesen): eine auf Aristoteles zurückgehende Bezeichnung und Bestimmung des Menschen als eines auf Gemeinschaft angelegten und Gemeinschaft bildenden Lebewesens (→ S. 34 f.). Die moderne Soziologie bezeichnet den Menschen als „homo sociologicus" mit entsprechenden Rollenzuweisungen (→ S. 80).

Warum moralisch sein? – Wesen und Ziele der Ethik

Der fade Geschmack von Weißkohl und Tofu ließ Stechmücke Günther stark an seiner Entscheidung zweifeln, aus ethischen Gründen auf das Blutsaugen zu verzichten.

(Bernd Pfarr)

1 Worüber denkt „Stechmücke Günther“ nach?

2 An welche Lebenssituationen erinnert Sie die Karikatur?

Moral und Doppelmoral

Ludwig Thoma (1867–1921), deutscher Schriftsteller. Der nebenstehende Textauszug stammt aus seiner 1908 entstandenen Komödie „Moral".

Ludwig Thoma: Wasser predigen – Wein trinken

Fritz Beermann ist Vorsitzender eines von angesehenen Bürgern der Stadt gegründeten Sittlichkeitsvereins, der öffentlich für die Hebung der Volksmoral eintritt. Bei der Verhaftung einer Prostituierten wird deren Tagebuch beschlagnahmt, in dem ihre Kunden, darunter auch Fritz Beermann, verzeichnet sind. Besorgt sucht dieser den zuständigen Polizeibeamten Ströbel auf.

STRÖBEL: Übrigens, der Inhalt des Tagebuchs wird Ihnen ein Geheimnis bleiben, Herr Beermann: Ich darf Ihnen nichts darüber sagen.

BEERMANN: Nein, nein, ich will nichts davon wissen.

STRÖBEL: Sie erfahren später alles, wenn die Gerichtsverhandlung ist.

BEERMANN (*bestürzt*): Ja, wird es da verlesen?

STRÖBEL: Selbstverständlich. Heute kann ich Ihnen nicht mehr sagen, als dass wir rücksichtslos vorgehen werden. Darüber kann Ihr Verein beruhigt sein.

BEERMANN (*aufstehend*): Ich bin aber gar nicht beruhigt, wenn ich an die Folgen denke.

STRÖBEL (*ebenso*): Was kümmern Sie die Folgen? Sie haben sich ein hohes Ziel gesteckt in Ihrem Verein. In Ihrem Programm heißt es, dass Sie mit eiserner Energie die Auswüchse beseitigen wollen. Jetzt erleben Sie die Genugtuung.

BEERMANN: In unserem Programm heißt es, dass wir für die Erhaltung der Ehe eintreten unter nationalen, sittlichen und sozialen Gesichtspunkten. Und die Ehe wird untergraben, wenn das alles bekannt wird.

STRÖBEL: Was sind das für sittliche Gesichtspunkte?

BEERMANN: Aber soziale! Weil gerade die besitzende Klasse kompromittiert wird!

STRÖBEL: Das wird sich die selbst zuschreiben.

BEERMANN: Das ist einfach unmöglich! Es muss sich ein Ausweg finden lassen.

STRÖBEL: Aus dem Bereich des Gesetzes gibt es keine Auswege.

BEERMANN: Wem sagen Sie das? Dann gibt es eben Umwege.

STRÖBEL (*verweisend*): Herr Beermann!

BEERMANN: Jawohl! Ich bin alt genug, um das zu wissen. Die Polizei hat – weiß Gott – nicht die Aufgabe, einen solchen Riesenskandal zu provozieren. Da geht Autorität verloren. Da wird bei den Massen der Respekt erschüttert.

STRÖBEL: Den Skandal haben diese Herren (*auf das Tagebuch klopfend*) provoziert.

BEERMANN: Das ist kein Skandal, wenn zwischen vier Wänden sich einer mal gehen lässt. Ein Skandal wird es erst, wenn man die Geschichte von Krethi und Plethi breittritt. Aber – das geht einfach nicht!

STRÖBEL: Herr Beermann, ich ehre die humane Idee, welche Sie offenbar leitet. Sie müssen jedoch zugeben, dass wir vollständig im Einklang handeln mit den Klassen, von denen Sie sprechen.

[...]

BEERMANN: Man muss also hilflos zusehen, wie das Unglück kommt?

STRÖBEL: Man muss konsequent sein ...

BEERMANN: Da können Bekannte dabei sein, Verwandte.

STRÖBEL: Sie müssen konsequent sein. Die Gründung Ihres Vereins ist doch jetzt glänzend gerechtfertigt.

BEERMANN (*wütend*): Ach, lassen Sie mich in Ruhe mit dem dummen Sittlichkeitsverein! Man bleibt doch 'n Mensch!

STRÖBEL: Ich begreife Sie nicht.

BEERMANN: Sehen Sie, ich habe die schwersten Gewissensbisse. Heute Nacht, wie ich mir also vorstellte, was kommen wird, dieses Familienunglück, da habe ich mich gefragt, was ist wichtiger: dass man Moral besitzt oder dass man an unsere Moral glaubt?

STRÖBEL: Und Sie haben die Antwort nicht gefunden?

BEERMANN: Doch, ich bin mir vollständig klar darüber geworden, dass es viel wichtiger ist, wenn das Volk an unsere Moral glaubt.

STRÖBEL: Dazu hätten Sie keinen Verein gebraucht.

BEERMANN: Erst recht. Moralisch s e i n, das bringe ich in meinem Zimmer allein fertig, aber das hat keinen erzieherischen Wert. Die Hauptsache ist, dass man sich öffentlich zu moralischen Grundsätzen bekennt. Das wirkt günstig auf die Familie, auf den Staat.

STRÖBEL: Ich muss sagen, von der Seite habe ich die Sache noch nicht betrachtet.

BEERMANN: Denken Sie bloß nach! Mit der Moral ist es genau wie mit der Religion. Man muss immer den Eindruck haben, dass es eine gibt, und einer muss vom anderen glauben, dass er eine hat. Meinen Sie denn, dass es noch eine Religion geben würde, wenn die Kirche unsere Sünden öffentlich verhandeln würde? Aber sie vergibt im Stillen, und so schlau sollte der Staat auch sein.

STRÖBEL: Es klingt manches richtig von dem, was Sie sagen.

BEERMANN: Es ist richtig. Sie können sich darauf verlassen.

STRÖBEL: Theoretisch vielleicht. Aber das hilft uns nichts. Solange das Gesetz es vorschreibt, werden diese Sünden (*auf das Tagebuch klopfend*) öffentlich verhandelt.

BEERMANN: Auch wenn man weiß, dass der Staat Schaden leidet?

STRÖBEL (*zuckt die Achseln*): Tja!

BEERMANN: Nehmen wir an – ich weiß es ja nicht, aber nehmen wir an, nur ein angesehener Mensch hätte mal 'ne schwache Stunde gehabt und stände in dem Buch ...

STRÖBEL (*energisch*): Dann wird er vorgeladen, ohne Gnade und Barmherzigkeit.

BEERMANN (*schreit*): Aber das ist ja der helle Blödsinn!

STRÖBEL (*verweisend*): Es ist Pflichterfüllung. (*Lehrhaft:*) Sehen Sie, Herr Beermann, Sie sind Laie. Bei Ihnen darf das Gefühl eine Rolle spielen. Wir Beamte dagegen stoßen mit unseren Empfindungen an die eherne Mauer der Pflicht.

BEERMANN (*hält sich die Ohren zu*): Hören Sie auf!

1 Gestalten Sie den Text als Rollenspiel.

2 Stellen Sie die beiden Auffassungen von Moral gegenüber. Wie unterscheiden sich die normativ-ethischen Positionen der beiden Protagonisten? (Lesen Sie dazu den Text „Normative Ethik und Metaethik" von Norbert Hoerster, S. 104 f.)

3 „Warum moralisch sein?" – Wie würden die beiden Personen diese Frage beantworten?

4 Bewerten Sie die jeweilige Argumentationsweise.

5 „Vergessen Sie nie, dass der Skandal sehr oft erst dann beginnt, wenn ihm die Polizei ein Ende bereitet." (Karl Kraus) Erläutern und diskutieren Sie diese Aussage an einem Beispiel.

Grundlagen der philosophischen Ethik

Annemarie Pieper war Professorin für Philosophie an der Universität Basel. Die nebenstehenden Textauszüge stammen aus ihrem Werk „Einführung in die Ethik" (2007).

Annemarie Pieper: Gegenstand und Ziele der Ethik

Worum geht es der Ethik letztendlich? Was ist ihr Ziel?
Was das Ziel der Ethik anbelangt, so artikuliert sich ihr Interesse in einer Reihe von **Teilzielen**:

- *Aufklärung menschlicher Praxis hinsichtlich ihrer moralischen Qualität;*
- *Einübung in ethische Argumentationsweisen und Begründungsgänge, durch die ein kritisches, von der Moral bestimmtes Selbstbewusstsein entwickelt werden kann;*
- *Hinführung zu der Einsicht, dass moralisches Handeln nicht etwas Beliebiges, Willkürliches ist, das man nach Gutdünken tun und lassen kann, sondern Ausdruck einer für das Sein als Mensch unverzichtbaren Qualität: der Humanität.*

Diese Ziele enthalten sowohl ein kognitives[1] Moment als auch ein nicht allein durch kognitive Prozesse zu vermittelndes Moment; das, was man als Verantwortungsbewusstsein oder moralisches Engagement bezeichnen kann.

Die **Grundvoraussetzung** jedoch, auf der jede Ethik aufbaut, ja aufbauen muss, ist der „gute Wille". Guter Wille meint hier die grundsätzliche Bereitschaft, sich nicht nur auf Argumente einzulassen, sondern das als gut Erkannte auch tatsächlich zum Prinzip des eigenen Handelns zu machen und in jeder Einzelhandlung umzusetzen.

Wer von vorneherein nicht gewillt ist, seinen eigenen Standpunkt in moralischen Angelegenheiten zu problematisieren, sei es, weil er prinzipiell keine anderen Überzeugungen als die eigenen gelten lässt; sei es, weil er in Vorurteilen verhaftet ist; sei es, weil er überzeugter Amoralist oder radikaler Skeptiker ist; sei es, weil er die Verbindlichkeit von moralischen Normen nur für andere, nicht aber für sich selbst anerkennt, lässt es aus verschiedenen Gründen an gutem Willen fehlen.

Mangelnde Offenheit und Aufgeschlossenheit für das Moralische entziehen jeglicher ethischer Verständigung das Fundament. Ethische Überlegungen hätten hier keinen Sinn mehr, so wie z. B. theologische Überlegungen zwar durchaus intellektuell relevant sein mögen, ohne jedoch an ihr eigentliches Ziel zu gelangen, wenn sie nicht zugleich in irgendeiner Form das religiöse Handeln betreffen. Wie niemand durch Theologie religiös wird, so wird auch niemand durch Ethik moralisch. Gleichwohl vermag die Ethik durch kritische Infragestellung von Handlungsgewohnheiten zur Klärung des Selbstverständnisses beizutragen. Der **Gegenstand der Ethik** ist also: moralisches Handeln und Urteilen.

Er geht jeden Einzelnen, sofern er Mitglied einer Sozietät ist, deren Kommunikations- und Handlungsgemeinschaft er als verantwortungsbewusstes Individuum auf humane Weise mitzugestalten und zu verbessern verpflichtet ist, wesentlich an. Das Leben in einer Gemeinschaft ist regelgeleitet. Die Notwendigkeit von Regeln bedeutet nicht Zwang oder Reglementierung, vielmehr signalisiert sie eine Ordnung und Strukturierung von Praxis um der größtmöglichen Freiheit aller willen. Ein regelloses Leben ist nicht menschlich. Selbst Robinson auf seiner Insel folgt gewissen selbst gesetzten Regeln, während der Wolfsmensch Regeln der Natur und damit tierischen Verhaltensmustern folgt.

Moderne Gesellschaften sind gekennzeichnet durch eine Pluralität von weltanschaulichen Standpunkten, privaten Überzeugungen und religiösen Bekenntnissen; hinzu kommt eine rasch fortschreitende soziokulturelle Entwicklung und damit verbunden

Normen/Werte:
Normen sind konkrete Handlungsvorschriften und Erwartungen, die in einer Gruppe verbindlich gelten und an denen sich das Verhalten der Menschen orientieren soll (z. B. Tötungsverbot). Sie basieren auf **Werten**. Dies sind Grundhaltungen und Zielvorstellungen, die ein Individuum oder eine Gesellschaft als erstrebenswert anerkennt (z. B. Unantastbarkeit menschlichen Lebens).
Moral/Ethos/Sitte:
bezeichnen die tatsächlich gelebten oder angestrebten Verhaltensweisen eines Individuums (Individualmoral), einer Gruppe (Gruppenmoral, Berufsmoral) oder der Gesellschaft (gesellschaftliche Moral).

[1] kognitiv (lat.): erkenntnismäßig

eine fortgesetzte Veränderung kultureller, ökonomischer, politischer und gesellschaftlicher Zielvorstellungen. Bei dieser zum Teil in sich heterogenen[1] Mannigfaltigkeit ist ein Konsens über Angelegenheiten der Moral keineswegs mehr selbstverständlich, ja bleibt aufgrund gegensätzlicher Interessen und Bedürfnisse oft sogar aus. Insofern ist eine **Verständigung über die Grundsätze der Moral**, deren Anerkennung jedermann rational einsichtig gemacht und daher zugemutet werden kann, ebenso unerlässlich wie eine kritische Hinterfragung von faktisch erhobenen moralischen Geltungsansprüchen hinsichtlich ihrer Legitimität.

Eine solche Verständigung über Geltungsansprüche setzt die Einsicht voraus, dass der Konflikt zwischen konkurrierenden Forderungen nicht mit Gewalt ausgetragen werden soll, sondern auf der Basis der Vernunft. [...]

Demjenigen, der sich aus einem Interesse am Handeln und um des Handelns willen mit Ethik beschäftigt, werden Argumentationsstrategien an die Hand gegeben, vermittels derer er in der Lage ist, moralische Probleme und Konflikte menschlichen Handelns als solche klar zu erfassen und auf ihre moralischen Konsequenzen hin zu durchdenken sowie sich nach reiflicher Überlegung selbstständig „mit guten Gründen" für eine bestimmte Lösung zu entscheiden.

Letzteres ist das eigentliche Ziel der Ethik: die gut begründete moralische Entscheidung als das einsichtig zu machen, was jeder selbst zu erbringen hat und sich von niemandem abnehmen lassen darf – weder von irgendwelchen Autoritäten noch von angeblich kompetenten Personen (Eltern, Lehrern, Klerikern u.a.). In Sachen Moral ist niemand von Natur aus kompetenter als andere, sondern allenfalls graduell aufgeklärter und daher besser in der Lage, seinen Standort zu finden und kritisch zu bestimmen.

[1] heterogen (gr.): verschiedenartig (Ggs. zu homogen)

1 „Warum moralisch sein?" Formulieren Sie eine Antwort.

2 Welche Funktion hat für Pieper der „gute Wille"?

3 Warum ist eine „Verständigung über die Grundsätze der Moral [...] unerlässlich" (Z. 48 ff.)? Wie kann diese erreicht werden?

4 Diskutieren Sie die Aussage, dass „niemand durch Ethik moralisch wird" (Z. 28).

5 Vergleichen Sie Piepers Auffassung vom „guten Willen" mit der Immanuel Kants (s. S. 162 f.).

Die **Ethik** (gr.: gewohnter Ort des Lebens, Sitte, Charakter), auch als „Moralphilosophie" oder als „praktische Philosophie" bezeichnet, ist ein Teilbereich der Philosophie. Sie wurde als wissenschaftliche Disziplin von dem griechischen Philosophen Aristoteles (384–322 v. Chr.) begründet.

Je nach Fragestellung und Erkenntnisinteresse unterscheidet man zwischen **deskriptiver** (beschreibender) Ethik, **normativer** (normbildender, normbegründender) Ethik und **Metaethik** (sprachanalytischer Ethik).

Ihre Anwendung findet die Ethik in verschiedenen **Bereichsethiken** (z. B. die Medizinethik und die Medienethik).

(Grafik, s. S. 132)

Otfried Höffe (Hg.): Lesebuch zur Ethik. Philosophische Texte von der Antike bis zur Gegenwart, München (Beck) ^{4}2007

Otfried Höffe (Hg.): Lexikon der Ethik, München (Beck) ^{7}2008

Martin Cohen: 99 moralische Zwickmühlen. Eine unterhaltsame Einführung in die Philosophie des richtigen Handelns, München (Piper) 2005

Moralisches Argumentieren

Sowohl in der Ethik als auch in der Moral gibt es viele verschiedene und auch gegensätzliche Überzeugungen und Grundhaltungen. Dies führt zu der weitverbreiteten Behauptung, dass sich über moralische Fragen eigentlich nicht streiten und diskutieren ließe. Die Ethik als Lehre von der Moral ist aber mehr als bloße Meinungsäußerung zu moralischen Fragen; sie versucht, mit Argumenten zu überzeugen und sollte sich daher an den Grundlagen der Vernunft orientieren, d. h., ihre Aussagen müssen rationalen und logischen Kriterien genügen. Neben der analytischen Dimension moralischen Argumentierens (z. B. Argumentationsanalyse) ist auch dessen hermeneutische (s. S. 16), kommunikative (z. B. Dilemma-Diskussion, s. S. 116) und kreativ-konstruktive Dimension (z. B. Gedankenexperiment, s. S. 18 und Essay, s. S. 19) von großer Bedeutung.

Im Folgenden zeigt Norbert Hoerster die Notwendigkeit auf, verschiedene Ebenen des Sprechens über Moral zu unterscheiden. David Hume und George Edward Moore liefern Kriterien, mit denen man moralische Aussagen auf ihre logische Stimmigkeit hin überprüfen kann. Bertrand Russell verdeutlicht die Unterschiede, aber auch die Gemeinsamkeiten von Ethik und empirischer Wissenschaft.

Norbert Hoerster (geb. 1937) war Professor für Rechts- und Sozialphilosophie an der Universität Mainz.

Norbert Hoerster: Normative Ethik und Metaethik

Die Funktion, die obersten Prinzipien des moralisch (sittlich) Richtigen und Guten zu ermitteln, macht den Bereich der **normativen Ethik** aus. Wir möchten wissen, was letztlich richtig oder unrichtig, gut oder schlecht ist, das heißt was uns als letztes Kriterium unseres Verhaltens im moralischen Bereich dienen kann: Wir suchen nach den grundlegenden Normen menschlichen Verhaltens. Die normative Ethik ist somit eine Theorie, die Normen aufstellt und deren Gegenstand Handlungen sind.

Anders verhält es sich mit jener weiteren Funktion der Ethik, die Begründungs- und Rechtfertigungsmethoden moralischer Urteile zu diskutieren. Sie fällt in den Bereich der **Metaethik**, die gegenüber der normativen Ethik auf einer logisch höheren Ebene (einer Metaebene) liegt. Gegenstand der Metaethik sind nicht Handlungen, sondern Urteile über Handlungen. [...]

Machen wir uns den **Unterschied zwischen normativer Ethik und Metaethik** an einem Beispiel klar.

Angenommen, A möchte sich von seiner Frau scheiden lassen, um seine Sekretärin zu heiraten. B, ein Freund des A, macht ihm deshalb Vorhaltungen; er hält A's Schritt für moralisch falsch. B macht sich also das moralische Urteil zu eigen: „A sollte sich nicht scheiden lassen." Im Zuge der von A geforderten Begründung dieses Urteils könnte B früher oder später (je nach seiner moralischen Grundüberzeugung) etwa die folgenden Sätze ins Treffen führen:

(1) „Wenn du dich scheiden lässt, versündigst du dich; nach dem Willen Gottes darf eine gültig geschlossene Ehe zu Lebzeiten der Ehegatten nicht aufgelöst werden"; oder

(2) „Du hast deiner Frau durch die Eheschließung in bindender und feierlicher Form versprochen, zeitlich unbegrenzt eine enge Lebensgemeinschaft mit ihr zu führen. Ein solches Versprechen darf man nicht brechen, nur weil man jemanden kennengelernt hat, den man momentan attraktiver findet"; oder

(3) „Das Unglück, das du durch eine Scheidung über deine Frau und deine Kinder brächtest, würde das Glück, das du in deinem Alter noch für dich und deine neue Frau erwarten könntest, weit überwiegen. Man darf sein eigenes Glück nicht auf Kosten anderer verfolgen"; oder

(4) „Auf die Dauer gesehen würdest du dir in deiner Situation mit einer Scheidung und einer Wiederheirat nur schaden. Man sollte nie etwas tun, wodurch man auf lange Sicht die eigenen Interessen verletzt."

Man beachte, dass in jedem der vier Argumente mindestens zwei verschiedene Behauptungen enthalten sind: Zum einen vertritt B jeweils ein **bestimmtes moralisches Prinzip** („Wer Gottes Willen zuwiderhandelt, ...", „Wer ein Versprechen bricht, ...", „Wer andere unglücklich macht, ...", „Wer sich selber schadet, handelt moralisch falsch"). Und zum anderen behauptet B, dass A in seiner konkreten Situation unter dieses moralische Prinzip fällt und daher, wenn er sich scheiden lässt, moralisch falsch handelt.
Dementsprechend bieten sich für A zwei grundsätzlich verschiedene Möglichkeiten der Erwiderung auf B's Argumente: Er kann bestreiten, dass er tatsächlich unter das entsprechende Prinzip fällt, oder er kann das von B geltend gemachte moralische Prinzip selbst attackieren.
Dabei repräsentieren die vier alternativen Argumente des B die vier **wichtigsten normativ-ethischen Positionen** innerhalb der Ethik: die Positionen einer **religiösen**, einer **deontologischen**, einer **utilitaristischen** und einer **egoistischen Ethik**.
Der Streit über das moralische Problem, ob es für A richtig sei, sich scheiden zu lassen, führte A und B in unserem fingierten Beispiel dazu, sich mit **normativer Ethik** zu beschäftigen. Wir dagegen haben, indem wir den möglichen Verlauf des Streites analysiert haben, **Metaethik** betrieben: A und B ging es um das richtige Verhalten (und in diesem Zusammenhang um die obersten Prinzipien jedes richtigen Verhaltens), uns ging es darum, in welcher Form und mit welchen Methoden A und B ihr Problem in Angriff nahmen. Gegenstand unserer Überlegungen war also die Sprache der Moral (die Sprache, in der über moralisch richtiges Verhalten geredet wird), die Art der Argumentation.
Während die **normative Ethik** fragt: „Was ist letztlich moralisch richtig?", fragt die **Metaethik**: „In welcher Weise lassen sich moralische Urteile über das moralisch Richtige rechtfertigen?"

1 Formulieren Sie eine ausführliche Erwiderung des A auf die Argumente des B.

2 Treffen Sie anschließend eine Entscheidung über A's Vorhaben und begründen Sie diese.

Modelle normativer Ethik:
Deontologische Ethik: Pflichtenethik, Gesinnungsethik, Sollensethik (von gr. déon: das Erforderliche, die Pflicht). Sie begründet eine Handlung von einem moralischen Prinzip her (s. S. 160 ff.).
Utilitaristische Ethik: Nützlichkeitsethik, Folgenethik (von lat. utilis: nützlich). Sie begründet und bewertet eine Handlung von ihren möglichen Folgen her (s. S. 174 ff.).
Egoistische Ethik: eine Ethikbegründung, die auf langfristigen egoistischen Interessen aufgebaut ist (s. S. 243).
Religiöse (oder theologische) **Ethik:** eine Ethik, die auf Einsichten aufbaut, die aus dem Glauben an Gott gewonnen werden (s. S. 333 ff.).

David Hume (1711–1776), englischer Philosoph: „Ist das Sein von etwas auch gleichzeitig das Argument dafür, dass es sein sollte?“

George Edward Moore (1873–1958), englischer Philosoph: „‚gut‘ ist nicht definierbar.“

1 Suchen Sie weitere Beispiele für das „Sein-Sollen-Problem“ und den „naturalistischen Fehlschluss“.

2 Inwiefern leiten die Sophisten (s. S. 127) aus der Beschreibung des Seins ein Sollen ab?

3 „Fressen und Gefressenwerden – das ist ein Grundprinzip der Natur, dem auch wir Menschen unterliegen.“ Setzen Sie sich mit dieser Aussage kritisch auseinander.

Das Sein-Sollen-Problem und der naturalistische Fehlschluss*

„Es ist statistisch erwiesen, dass alle Menschen lügen. Daher ist das Lügen moralisch erlaubt.“

Oder:

„Der Mensch hat wie alle anderen Lebewesen ein grundlegendes Interesse an der Erhaltung seiner Art. Daher sind homosexuelle Beziehungen moralisch falsch und abzulehnen.“

Diese Art von Schlussfolgerungen klingt zwar zunächst einleuchtend, bei näherer Betrachtung kommen einem jedoch Zweifel. Wie wird hier argumentiert?
Von der Beobachtung einer Tatsache (Menschen lügen) wird darauf geschlossen, welche Konsequenzen moralischer Art daraus zu ziehen sind (Lügen ist statthaft). Hier liegt aber nun ein logischer Fehler vor. Denn der Beobachtung wird etwas hinzugefügt, was außerhalb der beobachteten Tatsache liegt. Aus einer Aussage über ein Sein wird also eine Aussage über ein Sollen abgeleitet.
In seiner „Abhandlung über die menschliche Natur“ hat der Philosoph **David Hume** den Grundsatz aufgestellt, dass man aus Prämissen, die sagen, was ist, war oder sein wird, nicht ableiten kann, was sein soll. Hume möchte zeigen, dass moralische Unterscheidungen nicht durch die Vernunft erfasst, sondern gefühlsmäßig getroffen werden. Wenn wir unsere Welt erforschen, tun wir dies mithilfe der Vernunft. Wir analysieren die Natur mit dem Anspruch, sie so zu erfassen, wie sie tatsächlich ist. Dies lässt sich jedoch nur erreichen, wenn wir von uns als den moralischen Beurteilern absehen. Dies tun wir in der Regel aber nicht, sondern verbinden es gleich mit einer (moralischen) Wertung. Das Gute und Böse finden wir aber nicht in den Gegenständen unserer Betrachtung vor, sondern lediglich in uns selbst.
Diesen kritischen Ansatz in der Analyse unserer moralischen Urteile führte der Philosoph **George Edward Moore** weiter. Er stellte die Frage, ob sich „gut“ überhaupt definieren lässt. Ein Blick in die Philosophiegeschichte zeigt, dass solche Definitionen tatsächlich vorliegen. Ein Hedonist etwa sagt, das Gute sei das Lustvolle. Ein Utilitarist dagegen sieht in dem Guten das Nützliche. Moore lässt diese Aussagen, wenn sie als Handlungsanweisung (z. B.: „Lebe lustvoll“) gemeint sind, durchaus gelten. Als Definition aber sind sie unbrauchbar, weil sich seiner Ansicht nach „gut“ überhaupt nicht definieren lässt. Dies liegt daran, dass „gut“ ein einfacher Begriff ist, der nicht weiter zerlegbar ist. Er dient, wie auch der Begriff „rund“, zur Definition komplexer Begriffe und nur solche lassen sich überhaupt definieren. Daher lässt sich nach Moore nur sagen: „Gut“ ist „gut“ wie „rund“ „rund“ ist. Wenn man nun aber behauptet, dass „gut“ = „lustvoll“ ist, wie es der Hedonist tut, so sitzt man einem Fehlschluss auf, den Moore als den „naturalistischen Fehlschluss“ bezeichnet. Der Fehler, den der Hedonist begeht, ist also seine absolute und vollständige Gleichsetzung des Guten mit dem Lustvollen. Mit dem gleichen Recht und Wahrheitsanspruch könnte der Utilitarist behaupten, das Gute sei das Nützliche.
Für die Ethik und das ethische Argumentieren bedeutet dies, dass Vorsicht gegenüber Wahrheitsansprüchen moralischer Art geboten ist und dass ethische Werturteile und Sollensansprüche eine andere Qualität haben als rein beschreibende Aussagen. In Werturteilen nämlich sind immer auch Gesichtspunkte enthalten, die bei dem Urteilenden selbst liegen und somit dem betrachteten und beurteilten Gegenstand eine ganz eigene, mitunter ihm sogar fremde Qualität geben.

Bertrand Russell: Gibt es ein sittliches Wissen?

Die Ethik unterscheidet sich von der Wissenschaft dadurch, dass ihre grundlegenden Gegebenheiten, Gefühle und Empfindungen, nicht Wahrnehmungen sind. Das ist wörtlich zu verstehen: Die Gegebenheiten sind die Gefühle und Empfindungen als solche, nicht die Tatsache, dass wir sie haben. Dass wir sie haben, ist ein wissenschaftliches Faktum wie andere auch; wir erkennen es in der üblichen wissenschaftlichen Weise durch Wahrnehmung. Ein sittliches Urteil dagegen sagt kein Faktum aus; es drückt, wenn auch häufig in verkappter Form, eine Hoffnung oder eine Befürchtung, ein Begehren oder eine Abneigung, Liebe oder Hass aus. Es sollte in der Form des Optativs oder Imperativs, nicht aber im Indikativ ausgesprochen werden. In der Bibel heißt es: „Du sollst deinen Nächsten lieben wie dich selbst“, und ein moderner Mensch könnte angesichts der unter den Staaten herrschenden Zwietracht in die Worte ausbrechen: „Möchten doch alle Menschen einander lieben!“ Das sind rein moralische Sätze, die sich selbstverständlich nicht durch bloßes Summieren von Tatsachen beweisen oder widerlegen lassen. [...]
Aber wenn man auch die grundlegende Bedeutung des Fühlens und Wünschens zugibt, so bleibt doch die Frage, ob es so etwas wie ein sittliches Wissen gibt. „Du sollst nicht töten!“ ist ein Imperativ; „Morden ist böse!“ dagegen ist anscheinend ein Indikativ und die Behauptung, dass etwas falsch oder richtig ist. „Möchten doch alle Menschen glücklich sein!“ ist ein Optativ, während „Das Glück ist gut“ die gleiche grammatische Form hat wie „Sokrates ist sterblich“. Ist diese grammatische Form irreführend, oder gibt es auch in der Sittlichkeit „richtig“ und „falsch“ wie in der Wissenschaft? [...] Damit hängt ein anderes Problem eng zusammen, nämlich die Frage der Subjektivität sittlicher Urteile. Wenn ich behaupte, Austern seien etwas Gutes, und Sie sagen, sie seien abscheulich, dann wissen wir beide, dass wir nur unserem persönlichen Geschmack Ausdruck geben, und über den Geschmack lässt sich nicht streiten. Wenn aber die Nazis behaupten, es sei gut, Juden zu quälen, und wir sagen, es sei schlecht, dann haben wir nicht das Gefühl, nur einen Geschmacksunterschied auszudrücken; wir sind sogar bereit, für unsere Überzeugungen zu kämpfen und zu sterben, was wir nicht wären, um unsere Ansicht über Austern durchzusetzen. Trotz aller Argumente, die sich dafür geltend machen lassen, dass es sich um zwei gleich gelagerte Fälle handelt, werden doch die meisten Menschen davon überzeugt sein, dass irgendwo ein Unterschied besteht, mag es auch schwierig sein, zu sagen welcher. Ich glaube, dieses Gefühl verdient respektiert zu werden, auch wenn es nicht entscheidend ist; es sollte uns davor bewahren, uns blindlings auf den Standpunkt zu stellen, alle moralischen Urteile seien völlig subjektiv.
Man könnte vielleicht sagen, dass, wenn Hoffnungen und Wünsche in der Ethik von grundlegender Bedeutung sind, schlechthin alles auf dem Gebiet des Moralischen subjektiv sein müsse, da Hoffnungen und Wünsche es sind. Doch dieses Argument ist nicht so überzeugend, wie es klingt. Die wissenschaftlichen Gegebenheiten sind individuelle Wahrnehmungen; sie sind viel subjektiver, als der gesunde Menschenverstand glaubt, und doch ist auf dieser Grundlage das imposante Gebäude der unpersönlichen Wissenschaft errichtet worden. Das war möglich, weil in gewissen Beziehungen die Wahrnehmungen der meisten Menschen übereinstimmen und die abweichenden Wahrnehmungen von Farbenblinden oder von Opfern irgendwelcher Halluzinationen nicht ins Gewicht fallen. Vielleicht kann man auf ähnlichem Wege zur Objektivität in der Moral kommen; wenn ja – denn es macht einen Appell an die Mehrheit erforderlich –, dann gelangen wir damit aus dem Bereich der persönlichen Ethik in den der Politik, die in der Tat sehr schwer von der Ethik abzugrenzen ist.

Der englische Mathematiker, Philosoph und Sozialwissenschaftler **Bertrand Russell** (1872–1970) erlangte Weltruhm mit seinem Werk „Principia Mathematica“, das den Zusammenhang zwischen der Logik und der Mathematik aufzeigt. Während des Ersten Weltkrieges kam er wegen Aufforderung zur Kriegsdienstverweigerung ins Gefängnis. Er erregte als Pazifist mit Appellen (z. B. der „Einstein-Russell-Appell“ 1955) und Tribunalen (z. B. das „International War Crimes Tribunal“ zum Vietnamkrieg 1966) internationales Aufsehen.

1 Welche Unterschiede bestehen nach Russell zwischen Wissenschaft und Ethik?

2 Suchen Sie Antworten auf Russells Frage, ob es auch in der Sittlichkeit „richtig“ und „falsch“ gibt.

3 Welche Gründe lassen sich für die Behauptung anführen, moralische Urteile seien „rein subjektiv“? Was sagt Russell zu dieser Position? (s. auch S. 112 f.)

4 Diskutieren Sie die Aussagen des letzten Satzes.

Wie wird Moral vermittelt?

Siegfried Lenz: Das Vorbild (Roman, 1973), München (dtv) 2006

Matthias Dobrinski: Sehnsucht nach Vorbild

Es gibt ungewöhnliche Menschen, die Bewundernswertes und Erstrebenswertes tun, aber es gibt keinen perfekten Menschen. Alle lebenden Denkmäler stehen auf wackeligen Füßen. Deshalb orientieren sich die Leute an den Toten oder den Alten. [...] Oder sie schaffen sich Idole, Bilder von Menschen, in rascher werdender Folge: Schauspielerinnen, Sänger, Sportler [...] Sie sind Projektionsflächen, kaufbare Träume, und es ist nicht so schlimm, wenn sie scheitern. Die Fangemeinde trauert dann eine Weile und sucht sich das nächste Bild vom idealen, besseren, lebenswerten Leben, sucht sich den nächsten Sehnsuchtsmenschen.

Man kann dies kulturkritisch interpretieren: Die Postmoderne[1] frisst alle Vorbilder, mit den Autoritären sind auch die Autoritäten gestürzt, die linken wie die konservativen. Wer glaubt, Orientierung geben zu müssen, zerbröselt unter der Last der eigenen Unvollkommenheit; wer Menschen sucht, die ihm Halt und Ziel geben, muss mit Substraten[2] leben. Und wer das Ganze durchschaut, dem bleibt der Zynismus.

Man kann es aber auch anders sehen: Es ist gar nicht schlecht, dass es keine reinglänzenden Helden mehr gibt, die Vorbilder fehlbar sind und die Idole nur begrenzt haltbar.

Als der *„Stern"* nach den Vorbildern fragte, hieß die meistgegebene Antwort: Mama. Und auf den dritten Platz, verdrängt nur durch Mutter Teresa, kam: Papa. Die Eltern sind die Vorbilder der Deutschen, diese fehlbaren Menschen, die ihren Kindern die eigenen Neurosen mit auf den Weg geben – und all ihre Liebe. Die Eltern sind die Urform des gebrochenen Vorbilds, in der ewigen Auseinandersetzung um Bindung und Lösung, Verehrung und Kritik. Und wenn einer aufmerksam und offen durchs Leben geht, dann findet er begrenzte und gebrochene Vorbilder: Freunde, Mitschüler, Arbeitskollegen; Menschen, die in irgendeinem Augenblick etwas Ungewöhnliches, unerhört Gutes tun, die ihr Leben in die Hand nehmen. Ob sie als Entwicklungshelfer nach Afrika gehen oder ihr Leben auf den Kopf stellen, oder ob sie einfach einem weinenden Kind das Richtige sagen, das ist dabei egal. [...]

Nicht das Beliebige tun, sondern was man sich selbst schuldet, seinem Glauben und Gewissen – dafür sind Vorbilder da. Darin liegt ihr unersetzlicher Wert. Dafür braucht man sie. Sie sollen nicht in der Aura des Unverletzlichen für alles Gute in der Welt stehen müssen, für die Richtigkeit einer politischen, philosophischen, religiösen Überzeugung, zum Lob einer Institution. Vorbilder sollen fehlbare Helden sein, gebrochene Idole, verwundete Helfer. Von denen gibt es viel mehr, als man denkt.

[1] Postmoderne: auf die Moderne folgend
[2] Substrat (lat.): das Untergestreute

1 Unterscheiden Sie zwischen Vorbild und Idol. Überlegen Sie, was der Autor darunter versteht, dass „alle lebenden Denkmäler auf wackeligen Füßen" (Z. 2 f.) stehen.

2 Worin sieht der Autor den „unersetzlichen Wert" (Z. 29) von Vorbildern? Was sollen bzw. können Vorbilder seiner Meinung nach leisten, was nicht?

3 Diskutieren Sie an Beispielen Ihre eigene Einstellung zu Vorbildern. Berücksichtigen Sie dabei vor allem den Aspekt der Vermittlung von Moral.

Arnold Gehlen/Theodor W. Adorno: Orientierung an Institutionen?

Adorno: Wir sind uns darüber einig, dass die Menschen heute [...] von den Institutionen, und das heißt hier in erster Linie von der ins Ungeheuerliche zusammengeballten Wirtschaft und in zweiter von den Verwaltungen in einem umfassenden Sinn, die aber mit der Wirtschaft teils fusioniert und teils ihr nachgebildet sind, dass die Menschen also davon abhängig sind [...]. Sie sind dazu geneigt, diese Institutionen als eine Notwendigkeit aufgrund der Mangelsituation des Menschen [...] zu bejahen, prinzipiell, und zu sagen: „Ohne diese Übermacht der auch den Menschen gegenüber verselbstständigten", oder wie ich sagen würde, verdinglichten und entfremdeten – „Institutionen würde es nicht gehen. Sie entlasten die Menschen, die sonst unter der Last aller möglichen Dinge, die sie gar nicht mehr bewältigen können, zusammenbrechen würden. Sie geben den Menschen allerhand Direktiven [...]." – Demgegenüber würde ich sagen: Auf der einen Seite ist genau diese Macht der Institutionen über die Menschen das, was man in der alten Sprache der Philosophie als heteronom[1] bezeichnete, [...] sie stehen den Menschen als eine fremde und bedrohliche Macht entgegen. [...]

Gehlen: Ich bin geneigt, wie Aristoteles [...] dem Gesichtspunkt der Sicherheit eine große Rolle einzuräumen. Ich glaube, dass die Institutionen Bändigungen der Verfallsbereitschaft des Menschen sind. Ich glaube auch, dass die Institutionen den Menschen vor sich selbst schützen. Gewiss auch Freiheit beschränken. Aber man sieht ja immer wieder, dass es Revolutionäre gibt. [...]

Adorno: Ich meine nur, mit der Unsicherheit ist es so furchtbar weit nicht her. [...] Ich mache eigentlich [...] die Beobachtung, dass die Menschen sich viel zu genau in den ihnen vorgezeichneten Bahnen bewegen, dass sie viel zu wenig Widerstand überhaupt noch aufbringen. [...] Die Menschen sind heute wesentlich Anhängsel der Maschinerie und nicht die ihrer selbst mächtigen Subjekte. Ich will ja gar nichts anderes, als dass die Welt so eingerichtet wird, dass die Menschen nicht ihre überflüssigen Anhängsel sind, sondern dass die Dinge um der Menschen willen da sind und nicht die Menschen um der Dinge willen, die sie noch dazu selbst gemacht haben. [...]

Gehlen: Ja, das Kind, das sich hinter der Schürze der Mutter versteckt, das hat zugleich Angst und das Minimum oder Optimum an Sicherheit, das die Situation hergibt. Herr Adorno, Sie sehen hier natürlich wieder das Problem der Mündigkeit. Glauben Sie wirklich, dass man die Belastung mit Grundsatzproblematik, mit Reflexionsaufwand, mit tief nachwirkenden Lebensirrtümern, die wir durchgemacht haben, weil wir versucht haben, uns freizuschwimmen, dass man die allen Menschen zumuten sollte? [...]

Adorno: Ja! Ich habe eine Vorstellung von objektivem Glück und objektiver Verzweiflung, und ich würde sagen, dass die Menschen so lange, wie man sie entlastet und ihnen nicht die ganze Verantwortung und Selbstbestimmung zumutet, dass so lange auch ihr Wohlbefinden und ihr Glück in dieser Welt ein Schein ist. Und ein Schein, der eines Tages platzen wird. Und wenn er platzt, wird das entsetzliche Folgen haben.

Gehlen: Da sind wir nun genau an dem Punkt, wo Sie „Ja" und ich „Nein" sage [...]. Alles, was man vom Menschen seit je bis heute weiß und formulieren kann, würde dahin weisen, dass Ihr Standpunkt ein anthropologisch utopischer [...] ist.

[1] heteronom (gr.): fremdbestimmt

Nach Auffassung des Philosophen **Arnold Gehlen** (1904–1976) ist der Mensch ein „Mängelwesen", das seine lückenhafte Instinktausstattung mit einer „zweiten Natur", der Kultur, deren Grundpfeiler die Institutionen sind, ausgleichen muss, um überleben zu können. Seinem Plädoyer für eine Stärkung der Institutionen widersprach u.a. der Philosoph **Theodor W. Adorno** (1903–1969).

Institution (lat.: Einsetzung, Anordnung): System, durch das moralische und rechtliche Normen dauerhaft, aber nicht unbedingt starr festgeschrieben und vermittelt werden (z. B. Ehe, Familie, Schule, Kirche).

1. Von welchen Institutionen sprechen die beiden Philosophen?
2. Stellen Sie in einer Tabelle die gegensätzlichen Positionen und Argumente gegenüber.
3. Wie würde Adorno die Institution des „Freiwilligen Sozialen Jahres" beurteilen?
4. Wie bewerten Sie den Einfluss der Institution Schule auf Ihr Leben?
5. Klären Sie, was Adorno unter Glück versteht (Z. 37ff.).
6. Mutet Adorno dem einzelnen Menschen zu viel oder zu wenig zu? Diskutieren Sie dies an konkreten Beispielen.

Norbert Hoerster (geb. 1937) war bis 1998 Professor für Rechts- und Sozialphilosophie an der Universität Mainz.

Strafgesetzbuch (StGB), § 186: Üble Nachrede
Wer in Beziehung auf einen anderen eine Tatsache behauptet oder verbreitet, welche denselben verächtlich zu machen oder in der öffentlichen Meinung herabzuwürdigen geeignet ist, wird, wenn nicht diese Tatsache erweislich wahr ist, mit Freiheitsstrafe bis zu einem Jahr oder mit Geldstrafe und, wenn die Tat öffentlich oder durch Verbreiten von Schriften begangen ist, mit Freiheitsstrafe bis zu zwei Jahren oder mit Geldstrafe bestraft.

Norbert Hoerster: Orientierung an verbindlicher Minimalmoral?

In jeder menschlichen Gruppe oder Gesellschaft sollten einige wenige, inhaltlich feststehende Normen – eine (wie ich es nennen möchte) „Minimalmoral" – allgemein akzeptiert, d. h. in Geltung sein. [...] Der Kern meines Argumentes lautet wie folgt: Wie unterschiedlich die verschiedenen Individuen auch in ihren einzelnen Wünschen, Idealen, Präferenzen und damit in die diesen dienenden moralischen Forderungen („moralisch" im weiteren Sinne des Wortes verstanden) auch sein mögen, sie müssen rationalerweise (nämlich im Sinne einer Zweck-Mittel-Rationalität) praktisch alle ein Interesse daran haben, dass gewisse Rahmenbedingungen des sozialen Zusammenlebens allgemein akzeptiert und in der Regel befolgt werden. Diese normativen Rahmenbedingungen sind in meiner Sichtweise im Wesentlichen die folgenden: **Schutz des Lebens** (einschließlich seiner ökonomischen Voraussetzungen); **Schutz der körperlichen Integrität und der Bewegungsfreiheit**; **Einhaltung von Verträgen und Abmachungen**; **Wahrheit der Mitteilungen**; **Privateigentum** (im Sinne eines ausschließlichen Zugriffs) **an Konsumgütern**.

Der Grund, den m. E. praktisch jedes Individuum hat, gerade dieses System von Normen zu akzeptieren, ist der folgende: Die Vorteile (die Rechte), die das System gewährt, wiegen für jeden auf lange Sicht schwerer als die Nachteile und Opfer (die Pflichten), die es auferlegt. Wir können uns das etwa am generellen Tötungsverbot oder am generellen Verbot der Lüge verdeutlichen: Jeder mag gelegentlich ein Interesse daran haben, etwa einen unliebsamen Rivalen aus dem Weg zu schaffen und umzubringen. Doch größer als dieses gelegentliche Interesse ist sein anhaltendes Interesse, nicht selbst von einem anderen umgebracht zu werden. Jeder hat gelegentlich ein Interesse daran, die Unwahrheit zu sagen. Doch größer ist sein Interesse (insbesondere mit Rücksicht auf die Bedeutung zutreffender Informationen für eine rationale Zukunftsplanung), jedenfalls in der Regel von anderen die Wahrheit gesagt zu bekommen. Der Wunsch nach sozialer Geltung der genannten Normen beruht somit auf einer Interessenabwägung, die jedes Individuum vernünftigerweise vornimmt.

Dies ist im Kern genau die Argumentation, die Thomas Hobbes[1] für die Existenz von Staat und Rechtsordnung vorbringt. In Abweichung von Hobbes möchte ich allerdings behaupten: Staat und Rechtsordnung sind ergänzungsbedürftig, und zwar ergänzungsbedürftig durch die informellen Regeln und Institutionen einer allgemein geltenden Moral. Denn es ist nicht sinnvoll, die Einhaltung sämtlicher wünschenswerter Minimalnormen durch das schwere Geschütz staatlicher Sanktionen zu sichern (wie Hobbes es tun möchte). Nehmen wir etwa das Verbot der Lüge oder das Gebot der Einhaltung von Versprechen. In diesen Fällen erscheinen die Nachteile staatlich-rechtlicher Sanktionen, die Kosten, die sie für Individuum wie Gesellschaft beinhalten, eindeutig zu groß. Die billigeren und weniger einschneidenden Druckmittel der Moral erweisen sich hier als durchaus ausreichend.

Das setzt allerdings voraus, dass diese Moral in der betreffenden Gruppe oder Gesellschaft allgemein akzeptiert, dass sie von dieser Gruppe oder Gesellschaft als Institution gestützt und getragen wird. Sofern das der Fall ist, entwickelt die Moral nämlich eigene Sanktionsmechanismen, die zwar nicht so massiv wie die staatlich-rechtlichen sind, aber – was eben Hobbes nicht erkannte – doch ausreichen, um jedenfalls in der Regel ein moralkonformes Verhalten sicherzustellen. Diese spezifisch moralischen Sanktionsmechanismen sind insbesondere: Lob und Bewunderung sowie Tadel und Verachtung durch die Mitmenschen, die öffentliche Meinung. Es sind aber die inne-

[1] Thomas Hobbes (1588–1679): englischer Philosoph und Staatstheoretiker (s. S. 240 ff.)

ren Sanktionen des sogenannten „schlechten Gewissens"; sie wirken in der Weise, dass der Einzelne von Kind auf durch Erziehung und Umwelt angehalten wird, die betreffenden moralischen Normen zu internalisieren, d. h. sie sich als prima-facie-Regeln[1] des Verhaltens, als generelle Verhaltensdispositionen zu eigen zu machen.

Heinz von Foerster: Moral schafft ein „Zwangssystem"

Heinz von Foerster
(1911–2002), Physiker und Philosoph

Ich habe [...] immer wieder vorgeschlagen, zwischen Ethik und Moral zu unterscheiden. Meine Auffassung ist: Moral ist explizit, Ethik sollte implizit bleiben, sie sollte in die Handlungen eines Einzelnen gewissermaßen eingewoben sein. Moral ist, so meine ich, eine Angelegenheit des autoritären Appells, der Predigt, der Vorschrift. Man sagt dem anderem, wie er sich zu verhalten hat, man oktroyiert eine Lehre und schafft ein Zwangssystem, um die eigene Macht zu vergrößern. Ich möchte hier an den *Tractatus* erinnern., in dem Ludwig Wittgenstein[2] schreibt: „Wenn ein ethisches Gesetz der Form ‚Du sollst' aufgestellt wird, dann ist der erste Gedanke: ‚Und was dann, wenn ich es nicht tue?'" Die Rede von einem „Du sollst"! evoziert sofort den Gedanken an Strafe. Wenn sich Ethik in Moral oder Moralismus verkehrt, dann wird aus dem Eintreten für ein Ideal eine Strategie der Unterwerfung. Meine Auffassung ist, dass es immer nur um „Ich soll!" geht, denn nur über meine eigenen Handlungen kann ich verfügen, aber nicht über die des anderen.

Robert Spaemann: Moral und Recht

Das Gebiet des Rechts nimmt gegenüber dem der Ethik eine eigentümliche Stellung ein. Einerseits liegt das Recht für alle Mitglieder einer Gemeinschaft bzw. Gesellschaft verbindlich fest: Wer aufgrund ethischer Erwägungen bestimmten Rechtsvorschriften nicht gehorcht, muss mit Strafe rechnen. Andererseits unterliegt der Inhalt des Rechts selbstverständlich eminent ethischen Maßstäben: Der Gesetzgeber, der Recht schafft, und der Richter, der Recht spricht, sind an etwas gebunden, was nicht selbst wieder schon fest vorgegeben ist. Die Verfassung und die einzelnen Gesetze sind keine Gestaltungsinstrumente, die man nur automatisch anzuwenden brauchte, damit Staat und Gesellschaft gerecht gestaltet werden. Und selbst wenn man noch so genaue und detaillierte Rechtsetzung betreiben würde, müssten ja die Prinzipien dieser Rechtsetzung wieder moralisch gerechtfertigt werden können. Zugleich bleibt festzuhalten, dass nirgendwo grundsätzliche Entscheidungen konkreter und mitunter schmerzhafter ins Leben des Einzelnen eingreifen als auf dem Gebiet des Rechts. Wer unmoralisch lebt, mag sich selbst und vielleicht die, die damit in Berührung kommen, gefährden, wer jedoch schlechte Gesetze macht und ihre Einhaltung erzwingt, führt unter Umständen ganze Staaten und damit eine Vielzahl von Menschen ins Verderben. Auf der anderen Seite gilt wiederum: Wäre die sittliche Entscheidung des Einzelnen allem Recht übergeordnet, so wäre Gesetzlichkeit überhaupt unmöglich.

1 Aus welchen Gründen hat nach Meinung Hoersters jeder Mensch ein Interesse an der Gültigkeit von Normen? Wie lassen sich diese Normen durchsetzen? Klären Sie in diesem Zusammenhang den Begriff „Zweck-Mittel-Rationalität" (Z. 7).

2 Stellen Sie fest, ob und inwieweit die von Hoerster genannten Normen (Z. 10 ff.) a) in Deutschland Verfassungsrang haben und b) in der UN-Menschenrechtskonvention (s. S. 257) festgeschrieben sind.

3 Nennen Sie weitere Beispiele für „moralische Sanktionsmechanismen" (S. 110, Z. 44 f.) und bewerten Sie deren Wirksamkeit.

4 Erläutern Sie, was von Foerster unter Ethik und Moral versteht. Diskutieren Sie, ob die von Hoerster genannten „moralischen Sanktionsmechanismen" ein „Zwangssystem" (Z. 6) darstellen.

5 Wie bestimmt Spaemann das Verhältnis von Moral und Recht? (Zur Vertiefung dieses Aspekts s. S. 232 f.)

[1] prima facie (lat.): in erster Hinsicht
[2] Ludwig Wittgenstein (1889–1951): österreichisch-britischer Philosoph. Das Zitat stammt aus „Tractatus logico-philosophicus" (1922).

Ist in der Moral alles relativ?

Annemarie Pieper war Professorin für Philosophie an der Universität Basel.
Die nebenstehenden Textauszüge stammen aus ihrem Werk „Einführung in die Ethik" (2007).

Annemarie Pieper: Relativismus in der Moral?

Beschreibt man die Vielzahl von Moralen mitsamt ihren regional unterschiedlichen Normen und Wertvorstellungen, dann entsteht der Eindruck, dass im Bereich der Moral letztlich alles relativ ist: Was die einen für gut halten, lehnen die anderen als unzumutbar ab. Was bei den einen als Pflicht gilt, erscheint anderen als lächerlich. [...] Besonders krass treten diese Unterschiede hervor, wenn man die Moral eines Westeuropäers mit der eines Kannibalen vergleicht. Materiale Normenkataloge, die Binnen- oder Gruppenmoralen, sind insofern relativ, als sich ihr Gültigkeitsanspruch immer nur auf die Gruppe beschränkt, in der sich die Moral als natürlich gewachsene herausgebildet hat.
Aber daraus zu schließen, dass moralisches Handeln überhaupt relativ und letzten Endes beliebig ist, scheint mir ein Fehlschluss zu sein. Selbst wenn sich auf der Ebene der Moral keine einzige materiale Form, kein einziger Wert finden ließe, der in jeder Gesellschaft Verbindlichkeit beansprucht, so würde das nicht bedeuten, dass in Sachen Moral am Ende alles gleichgültig ist. Zu diesem Schluss kann man nur kommen, wenn man die ethische Prinzipienebene wegstreicht und damit den unbedingten Anspruch auf Moralität, der sich in jeder Moral, die diesen Namen verdient, als Sinnanspruch zum Ausdruck bringt.
Die Tatsache, dass in moralischen Disputen oft kein Konsens erzielt wird, kann somit nicht als Beleg dafür angeführt werden, dass mit der Moral etwas nicht stimmt, denn: Faktisches Verhalten kann in keiner Weise über die Gültigkeit einer Regel oder Norm entscheiden.

An anderer Stelle ihres Buches nennt die Autorin ein Beispiel:

Nehmen wir als Beispiel den Fall des Schriftstellers Salman Rushdie, den der iranische Staatspräsident Khomeini 1988 wegen der angeblichen Blasphemie seines Buches „Satanische Verse" zum Tode verurteilte. Wie steht es mit unserer Toleranz in Bezug auf den weltweiten Aufruf, Rushdie zu töten?
Nach christlicher und ethischer Auffassung in den westlichen Ländern ist ein Menschenleben das größte Gut und damit ein Wert, der als unverletztlich gilt. Wer – und noch dazu im Namen eines Gottes – zur Tötung eines Menschen aufruft, muss nach

Toleranz (lat. Duldung) meint das Gelten- und Gewährenlassen (passive Toleranz), besser noch: die Achtung, sogar freie Anerkennung (aktive und kreative Toleranz) andersartiger Anschauungen und Handlungsweisen [...]. Als persönliche Haltung gegenüber den Mitmenschen ist T. keineswegs an Gleichgültigkeit gegen religiöse, weltanschauliche, sittliche und politische Fragen gebunden (T. als Alibi des Nihilismus). Vielmehr setzt sie voraus, dass man feste Überzeugungen hat und trotzdem die anderen respektiert [...]. Toleranz gründet in der Einsicht, dass kein Mensch schlechthin irrtums- und vorurteilsfrei ist [...], und ermöglicht ein von Freiheit und Humanität bestimmtes Zusammenleben. Sie endet dort, wo es um die Missachtung der Rechte anderer geht [...]. Die Toleranz dient auch der Wahrheit, denn die freie Auseinandersetzung befreit von Vorurteilen und setzt neue Erkenntnis frei.

Otfried Höffe (Hg.): Lexikon der Ethik, München (Beck) [6]2002

Todesdrohungen und einen versuchten Mordanschlag gab es auch gegen Karikaturisten einer dänischen Zeitung (2009/ 2010). Der holländische Filmemacher Theo van Gogh wurde wegen seiner Islamkritik 2004 ermordet.

unseren Maßstäben schärfstens als widermoralisch verurteilt werden. Bei uns wird nicht nur der Mörder, sondern auch der, der andere zum Mord anstiftet oder sich eines für seine Dienste bezahlten Mörders bedient, vor Gericht gestellt und so beurteilt, als hätte er die Tat selbst begangen. Bei Rushdie handelt es sich zudem nach unseren Maßstäben nicht um einen Verbrecher, räumen wir doch Schriftstellern die Freiheit des Wortes ein und beurteilen ihre Werke nach künstlerischen Kriterien, wobei allerdings auch wir der künstlerischen Freiheit durchaus Grenzen setzen. Die Verherrlichung von Gewalt, Brutalität, Grausamkeit und Pornografie tolerieren wir keineswegs. [...]

Aus islamischer Sicht hingegen gibt es einen höheren Wert als den eines Menschenlebens: das ist der Wert der Religiösität. Wer das religiöse Gefühl eines Menschen verletzt und damit Gott beleidigt, der hat damit sein Recht auf Leben verwirkt. Ein solcher Frevel kann nicht anders als durch den Tod gesühnt werden – so steht es auch im Koran. [...]

Die Fronten stehen sich also unversöhnlich gegenüber, und es ist zu fragen, ob wir uns ethisch richtig verhalten, wenn wir uns über den Mordaufruf empören. Sind wir vielleicht sogar verpflichtet, ihn und letztlich sogar Rushdies Tod zu dulden? Diese Frage ist mit Nein zu beantworten. Wir sind ganz im Gegenteil nach den für uns verbindlichen Maßstäben zu kritischer Intoleranz aufgerufen und können dies auch rechtfertigen.

Zunächst einmal haben wir das Recht, uns dagegen zu wehren, dass die Prinzipien einer regional gültigen religiösen Moral über die Grenzen ihres Geltungsbereichs hinaus ausgedehnt werden. In Europa gelten andere ethische Maßstäbe als im Iran. Wir müssen also auf unserem Boden nicht die Ausübung eines Rechts dulden, das in unseren Augen als ein Verbrechen an Leib und Leben gilt, auch wenn wir religiöse Gefühle grundsätzlich respektieren und als unverletztlich erachten.

Aber wie steht es umgekehrt mit dem Anspruch auf Geltung unserer Normen außerhalb unseres Geltungsbereichs? Müssen wir grundsätzlich alles tolerieren, was nicht auf unserem Boden geschieht: Dürfen wir uns z. B. die nach unseren Maßstäben ungerechtfertigten Hinrichtungspraktiken in anderen Ländern nicht einmischen, weil sie möglicherweise nach deren Anschauung legitim sind? Auch hier lautet die Antwort: Nein. Aber diesbezüglich gilt es zu differenzieren. Wir dürfen uns nicht deshalb einmischen, weil wir meinen, eine bessere Moral oder Religion zu haben, die absolut gilt, sondern weil wir davon ausgehen, dass es auf einer übergeordneten, neutralen Ebene möglich sein muss, über solche Praktiken vernünftig miteinander zu reden. Ohne eine solche Annahme stünde eine Organisation wie Amnesty International nicht nur moralisch auf verlorenem Posten, sondern wäre sogar illegitim. Aber gerade solche Institutionen haben ja ihre Legitimation darin, dass es so etwas wie einen überregionalen Bereich gibt, der jedem Menschen unangesehen seiner Rasse, Religion und Volkszugehörigkeit unangesehen zusteht, verständigen kann. Wer die Rede und damit jede Kommunikation verweigert, also jeglichen Verständigungswillen vermissen lässt, muss sich Kritik gefallen lassen und Protest dazu. [...] Wo jedes Gespräch abgelehnt wird, wird die eigene Position in unzulässiger Weise dogmatisch[1] verabsolutiert, anstatt sie dem Diskurs[2] auszusetzen und mit guten Gründen zu verteidigen, bei gleichzeitiger Offenheit für die Argumente der Gegenpartei.

Unkritische Toleranz ist Argumenten nicht zugänglich und bedient sich nur der Mittel der Gewalt, um die eigene Ansicht durchzusetzen.

[1] Dogma (gr.): fester, unumstößlicher Lehrsatz

[2] Zur Diskursethik s. das entsprechende Kapitel S. 190.

1 „Ist in der Moral alles beliebig?“ Mit welchen Argumenten beantwortet Pieper diese Frage?

2 Welche Werte stehen sich in dem im Text genannten Beispiel gegenüber?

3 Welche Art von Toleranz lehnt die Autorin ab? Was versteht sie unter „kritischer Intoleranz“ (Z. 47)?

4 Diskutieren Sie die Problematik an aktuellen Beispielen aus dem beruflichen Bereich (z. B. Tragen von Kopftüchern am Arbeitsplatz), aus dem staatlichen Bereich (z. B. Todesstrafe) und aus dem privaten Bereich (z. B. frühkindliche Beschneidung bei Mädchen und Jungen).

Johannes Reiter (geb. 1944) ist Professor für Theologie und Mitglied der Enquete-Kommission „Ethik und Recht der modernen Medizin" des Deutschen Bundestages.

Johannes Reiter: Menschenwürde als Maßstab – Begriffsgeschichte und Begründung der Menschenwürde

Wir müssen zugeben, dass unsere Gesellschaft **kein einheitliches Welt- und Menschenbild mehr besitzt. Der Pluralismus** der Weltanschauungen in der modernen Welt ist eine Tatsache. Deshalb erscheint auch ein gemeinsames Handeln aufgrund gemeinsamer Wertvorstellungen kaum mehr möglich. [...] Dieser Pluralismus ist für uns umso bedrängender, als wir heute global in Konfrontation mit anderen Nationen, ja sogar mit völlig anderen Kulturen – alten und neuen – stehen, die den gleichen Wahrheitsanspruch stellen wie wir.

Als Orientierungspunkt innerhalb dieses breit gefächerten Pluralismus wird gerne und vermehrt die Menschenwürde herangezogen. **Sie scheint offenbar der allgemeine Nenner zu sein, der das ethische Grundanliegen der modernen Welt zum Ausdruck bringt und auf den alle Forderungen nach Humanität bezogen werden können.** Die Menschenwürde will den für das geordnete Zusammenleben notwendigen Konsens herstellen. Weil sie für den Menschen als solchen gilt – also unabhängig von ethnischer Zugehörigkeit, politischen Überzeugungen, gesellschaftlicher Stellung, Gesundheitszustand, Geschlecht und wodurch sich sonst noch Menschen unterscheiden mögen –, kann sie grundlegend für alle politisch-gesellschaftlichen Ordnungen sein. [...]

Um den Gehalt der Menschenwürdegarantie genauer herauszuarbeiten, muss ihre ideengeschichtliche Tradition ins Auge gefasst werden.

In der **antiken Philosophie** wird die Würde in zwei recht unterschiedlichen Kontexten gebraucht. Zum einen ist mit Würde die Kennzeichnung einer sozialen Position innerhalb der Gesellschaft gemeint. [...] Würde ist zum anderen dasjenige, was jeden Menschen vor der nicht menschlichen Kreatur auszeichnet. Deshalb kommt allen Menschen dieselbe Würde zu. Beide Bedeutungsvarianten des Begriffs lassen sich bereits bei *Cicero*[1] nachweisen. Als Grund für die zuletzt genannte Auffassung von der unverlierbaren Menschenwürde galt der *Stoa*[2] die Teilhabe des Menschen an der Vernunft, den christlichen Autoren der Antike und des Mittelalters die Gottebenbildlichkeit des Menschen und seine unmittelbare Beziehung zu Gott, die durch die Menschwerdung in Jesus Christus bestätigt wurde.

Eine neue Sicht der Menschenwürde bringt die **Renaissance**. Der italienische Humanist *Pico della Mirandola* (1463–1494) kommt aufgrund von Überlegungen über die Ähnlichkeit des Menschen mit Gott zu der auf stoische Lehren zurückgehenden Überzeugung, dass der Mensch alles in sich vereint, also einen Mikrokosmos darstellt, in dem alle Möglichkeiten angelegt sind. Zwischen diesen Möglichkeiten eine Wahl zu treffen, dies ist nach *Pico della Mirandola* die dem Menschen von Gott gegebene Bestimmung. Die den Menschen auszeichnende Würde ist also seine Freiheit.

Mit der beginnenden **Neuzeit** rückt erneut die Vernunftbestimmung in den Mittelpunkt. Während der **Aufklärung** wird die Auffassung der Würde als Freiheit mit der stoischen Auffassung der Würde als Teilhabe an der Vernunft verbunden. Der französische Philosoph *Blaise Pascal*[3] und der Staats- und Völkerrechtstheoretiker *Samuel Pufendorf*[4] sehen die Würde in der Freiheit des Menschen, das durch die Vernunft Erkannte zu wählen und zu tun. Pufendorf, dessen Lehre übrigens Einfluss auf die

---

[1] Cicero (106–43 v. Chr.): römischer Politiker und Philosoph
[2] Stoa: antike Philosophenschule (s. S. 140)
[3] Blaise Pascal (1623–1662): französischer Mathematiker, Physiker und Religionsphilosoph (s. S. 359)
[4] Samuel Pufendorf (1632–1694): deutscher Jurist und Historiker, systematisierte das Naturrecht und das Völkerrecht (s. S. 217, 235)

amerikanische Erklärung der Menschenrechte von 1776 hatte, verbindet diesen Gedanken der Würde mit dem der Gleichheit aller Menschen, da allen Menschen als solchen diese Eigenschaft zukomme.

Eine wichtige Stellung nimmt der Begriff der Menschenwürde sodann in der Moralphilosophie *Immanuel Kants* ein, wie er sie in der „Grundlegung zur Metaphysik der Sitten" (1785) entwickelt. Kant unterscheidet im Bereich menschlicher Zwecksetzungen zwischen dem, was einen Preis, und dem, was eine Würde hat. „Was einen Preis hat, an dessen Stelle kann auch etwas anderes als Äquivalent gesetzt werden; was dagegen über allen Preis erhaben ist, mithin kein Äquivalent gestattet, das hat eine Würde." Nur ein Wesen, das in der Lage ist, sich selbst Zwecke zu setzen, kommt als letzter Bezugspunkt, als Selbstzweck jeder Zwecksetzung, infrage. Der Grund dafür, dass die menschliche Natur Würde hat, ist nach Kant die Autonomie des Menschen, das heißt seine Möglichkeit, in Freiheit einem Gesetz unterworfen zu sein, also sittlich sein zu können.

Um die **Mitte des 19. Jahrhunderts** wird der Begriff Menschenwürde dann zu einem politischen Schlagwort der Arbeiterbewegung. Die Forderungen nach einem menschenwürdigen Dasein und nach menschenwürdigen Zuständen gehören zu den Hauptparolen der frühen Sozialisten. *Ferdinand Lasalle (1825–1864)* fordert, dass die materielle Lage der arbeitenden Klasse verbessert und den Arbeitern zu einem wahrhaft menschenwürdigen Dasein verholfen wird. [...]

Eine erneute Besinnung auf die Menschenwürde setzt danach erst wieder im **20. Jahrhundert** ein, nicht zuletzt unter dem Eindruck der den Menschen entwürdigenden Vorgänge im „Dritten Reich". Nach dem Zweiten Weltkrieg findet der Menschenwürdebegriff vermehrt Eingang sowohl in das nationale wie auch in das internationale Recht. In der Bundesrepublik Deutschland bildet die Menschenwürde den Mittelpunkt des Wertsystems der Verfassung und die Basis sowie den Geltungsgrund der Grundrechte. [...] Die Vereinten Nationen folgen, ebenso wie später die Bundesrepublik Deutschland, einem universalistischen Verständnis der Menschenwürde. Würde kommt dem Menschen bereits als Mitglied der Gattung Mensch zu. Das heißt, sie gilt für alle Menschen, ohne dass dafür erst bestimmte Leistungen erbracht oder bestimmte Qualitäten erfüllt werden müssen.

Christoph Voll: Akt, Ecce homo (1924/25).
Der Ausspruch „Ecce homo" (lat.: „Siehe den Menschen") stammt aus dem Neuen Testament. Pilatus ließ den gefolterten und blutüberströmten Jesus in der vergeblichen Hoffnung auf eine mitleidige Reaktion des Volkes öffentlich vorführen.

„Die Anerkennung der allen Mitgliedern der menschlichen Familie innewohnenden Würde und ihrer gleichen und unveräußerlichen Rechte bildet die Grundlage der Freiheit, der Gerechtigkeit und des Friedens in der Welt."
Aus der Präambel der UN-Menschenrechtsdeklaration

„Die Würde des Menschen ist unantastbar. Sie zu achten und zu schützen ist Verpflichtung aller staatlichen Gewalt."
Grundgesetz der Bundesrepublik Deutschland, Artikel 1

1 Bestimmen Sie den Begriff „Menschenwürde" und vergleichen Sie ihn mit den im Text genannten Inhalten.

2 Erörtern Sie, ob die Achtung der Menschenwürde einen für alle Kulturen verbindlichen Maßstab darstellen kann bzw. sollte.

3 Finden Sie Beispiele für die Verletzung der Menschenwürde, auch in unserer Gesellschaft. Erklären Sie, worin jeweils die Verletzung besteht.

Moralische Dilemmata

Von einem „moralischen Dilemma" spricht man, wenn man zwei oder mehr Verpflichtungen gleichzeitig genügen sollte, aber nur einer Verpflichtung nachkommen kann.
Die folgenden moralischen Dilemmata und Konfliktsituationen sind nicht unbedingt alltäglich. Sie können jedoch das moralische Urteilen herausfordern und zur Diskussion über moralische Wertungen einladen. Es geht dabei nicht um das Handeln in einer konkreten Situation, sondern um das Urteilen über Handlungen.
Die ersten beiden Dilemmata haben die Entwicklungspsychologen Jean Piaget (s. S. 118) und Lawrence Kohlberg (s. S. 118 f.) Menschen unterschiedlichen Alters zur Beurteilung vorgelegt, um Erkenntnisse über die Entwicklung des Moralbewusstseins zu erhalten.

Aufbau einer Dilemma-Diskussion:

1. Erarbeitung und Präzisierung von Situation und Fragestellung
2. Formulierung einer eigenen vorläufigen Position in Einzelarbeit
3. Austausch und Diskussion der verschiedenen Positionen in Kleingruppen, Festhalten der wichtigsten Argumente, Sortieren nach Art und Gewicht, Zuordnung zu den ethischen Grundpositionen der Sollens- und der Folgenethik, Kritische Überprüfung (z. B. Überzeugungskraft, Stimmigkeit)
4. (Schriftliche) Darstellung des abschließenden eigenen Urteils in Einzelarbeit

Das „Heinz"-Dilemma

Irgendwo in Europa stand eine krebskranke Frau kurz vor dem Tod. Es gab ein Medikament, das sie u.U. retten könnte, eine Radiumverbindung, die ein Apotheker in jener Stadt vor Kurzem entdeckt hatte. Der Apotheker verlangte dafür 2 000 Euro, das Zehnfache dessen, was ihn die Herstellung des Medikaments kostete. Der Mann der kranken Frau, Heinz, bat alle seine Bekannten, ihm Geld zu borgen, aber er konnte nur etwa die Hälfte des Preises zusammenbringen. Er sagte dem Apotheker, dass seine Frau im Sterben liege, und bat ihn, ihm das Medikament billiger zu verkaufen oder ihn später bezahlen zu lassen. Aber der Apotheker sagte Nein. In seiner Verzweiflung brach der Ehemann in die Apotheke ein und stahl das Medikament für seine Frau.

Durfte Heinz das Medikament stehlen? Warum? Warum nicht?

Strafe für Hans und Heinz

Ein kleiner Junge namens Hans war in seinem Zimmer. Man rief ihn zum Essen. Er ging ins Speisezimmer. Aber hinter der Tür stand ein Stuhl. Auf dem Stuhl war ein Tablett und auf dem Tablett standen 15 Tassen. Hans konnte nicht wissen, dass all dies hinter der Tür war. Er trat ein: Die Tür stieß an das Tablett und bums!, die 15 Tassen waren zerbrochen.
Es war einmal ein kleiner Junge, der hieß Heinz. Eines Tages war seine Mama nicht da, und er wollte Marmelade aus dem Schrank nehmen. Er stieg auf einen Stuhl und streckte den Arm aus. Aber die Marmelade war zu hoch, und er konnte nicht drankommen. Als er es doch versuchte, stieß er an eine Tasse. Die Tasse fiel herunter und zerbrach.

Wer muss härter bestraft werden – Hans oder Heinz?

Das Buchgeschenk

A hat sich von B ein Buch geliehen, was B aber schon vergessen hat, da ihm an dem Buch wenig gelegen ist. C sieht dieses Buch bei A und sagt, dass er von diesem Buch schon lange ein antiquarisches Exemplar suche. A gibt sich als Eigentümer des Buches aus und schenkt es C.

Beurteilen Sie die Handlungsweise von A.

Eine zerstörte Brücke und die Folgen

A und B lieben sich, sind aber durch die zerstörte Brücke über dem Fluss voneinander getrennt. Nur C besitzt ein Boot, dessen Verleih von der Gewährung sexueller Gefälligkeiten abhängig gemacht wird. A lehnt ab, geht zu D und bittet um Hilfe. D bekundet völliges Desinteresse an dem Vorgang. Verzweifelt unterwirft sich A nun doch den Bedingungen von C, bekommt das Boot, rudert in freudiger Erwartung zu B und berichtet wahrheitsgemäß von den Ereignissen. Daraufhin wendet sich B wütend und vorwurfsvoll von A ab. Verzweifelt bittet A E um Rat und Vermittlung, woraufhin E entrüstet B ohrfeigt.

Wer verhält sich Ihrer Meinung nach am verwerflichsten? Überlegen Sie, wer von den Beteiligten männlich und wer weiblich ist.

Diskussion im Fishbowl
Bei kontroversen Themen bietet sich eine sogenannte Fishbowl-Diskussion an. Neben einer inhaltlichen Klärung und Auseinandersetzung werden auch Verlauf und Stil der Diskussion reflektiert. Die Diskussionsteilnehmer (ca. 4–6 Personen der Gesamtgruppe) setzen sich in einen Stuhlkreis, wobei ein Stuhl frei bleibt. Der Rest der Gruppe platziert sich in einem äußeren Kreis und verfolgt das Gespräch (ggf. mit Beobachtungsaufträgen), ohne in die Diskussion einzugreifen. Der Diskussionsleiter gibt bei Bedarf einem Zuhörer die Möglichkeit, den freien Platz einzunehmen und sich (zeitweise) an der Diskussion zu beteiligen.
Auswertungsfragen: Wie zufrieden bin ich mit dem Ergebnis? Wie wurde argumentiert? Wie haben sich die Gesprächsteilnehmer verhalten? Wie war das Gesprächsklima?

1 Führen Sie zu den ersten drei Beispielen Dilemma-Diskussionen.

2 Lassen Sie die vier Situationen auch von Freunden, Geschwistern und Erwachsenen beurteilen. Vergleichen Sie die Urteile. Versuchen Sie eine Auswertung in Bezug auf Alter und Geschlecht. Diskutieren Sie die Ergebnisse.

Ist moralisches Bewusstsein abhängig von Alter und Geschlecht?

Wie kommen wir zu unseren moralischen Überzeugungen? Wie entwickeln sich im Individuum moralische Grundhaltungen? Wie verändern sie sich im Laufe des Lebens? Orientieren sich Erwachsene in ihren moralischen Urteilen und Handlungen an anderen Maßstäben als Kinder? Ist das moralische Bewusstsein eines Menschen abhängig von seinem Alter und Geschlecht?

Lawrence Kohlberg (1927–1987), amerikanischer Entwicklungspsychologe, griff mit seinem Modell der Moralentwicklung auf die Erkenntnisse des Schweizer Psychologen **Jean Piaget** (1896–1980) zurück und übertrug dessen Modell der Entwicklung des Denkvermögens (kognitive Entwicklung) auf die Entwicklung der moralischen Urteilsfähigkeit und der Geschlechtsidentität.

Die Stufen moralischer Entwicklung nach Kohlberg*

Wie kommt der Mensch überhaupt zu moralischem Bewusstsein? Der Philosoph Rousseau hatte im 18. Jh. noch die Auffassung vertreten, der Mensch sei von Natur aus gut und es gebe ein „angeborenes Prinzip der Gerechtigkeit und Tugend" (s. S. 54). Genauere Erkenntnisse über Herkunft und Unterschiede der Moral konnten allerdings erst mit der wissenschaftlichen Erforschung der Psyche und des Unbewussten, die im 20. Jh. durch die Psychoanalyse begann, gewonnen werden. Demnach entwickelt sich moralisches Bewusstsein in verschiedenen Entwicklungsstufen. Vor allem das Entwicklungsmodell des amerikanischen Psychologen Lawrence Kohlberg (1927–1987) hat als Erklärungsversuch große Bedeutung erlangt.
Kohlberg nahm an, dass die moralische Entwicklung von der Kindheit zum Erwachsenenalter in sechs Stufen verlaufe: je zwei Stufen auf der **präkonventionellen**, auf der **konventionellen** und auf der **postkonventionellen** Ebene. Dabei erweitert sich der Kreis des ins moralische Bewusstsein Einbezogenen ständig.
Unter „Ebene" ist das Niveau des jeweiligen Moralbewusstseins zu verstehen. Unterschieden wird zwischen präkonventioneller Ebene (Niveau des Kleinkindes), konventioneller Ebene (Niveau des Kindes und des Jugendlichen), postkonventioneller Ebene (Niveau des mündigen Erwachsenen).
Auf der präkonventionellen Ebene (Stufen 1 und 2) erfolgt die moralische Orientierung an Belohnung und Strafe. Auf der noch rein ichbezogenen Stufe 1 gilt als gut, was belohnt, als schlecht, was bestraft wird. Auf der zweiten Stufe gilt darüber hinaus als gut, was zuweilen auch anderen nutzt. Auf der konventionellen Ebene (Stufen 3 und 4) erweitert sich der Kreis der moralischen Aufmerksamkeit auf Kleingruppe und Gesellschaft. Stufe 3 berücksichtigt die Interessen und Bedürfnisse der eigenen Bezugsgruppe (Familie, Bekanntenkreis). Stufe 4 orientiert sich an staatlichen Gesetzen und dem Wohlergehen der eigenen Gesellschaft (staatliche und soziale Ordnung).
Die postkonventionelle Ebene (Stufen 5 und 6) schließlich findet ihre Orientierung in übergeordneten ethischen Prinzipien. Hier überwiegt „das Bemühen, moralische Werte und Prinzipien zu bestimmen, die unabhängig von der Autorität der Gruppen und Personen, die diese Prinzipien vertreten, und unabhängig von der Identifikation des Individuums mit diesen Gruppen gültig sind und Anwendung finden" (Kohlberg). Stufe 5 orientiert sich dabei an verfassungsgemäßen und demokratischen Werten und Verfahren (von etwa einem Viertel der Erwachsenen erreicht), Stufe 6 darüber hinaus an universalen ethischen Prinzipien wie z. B. dem kategorischen Imperativ Immanuel Kants (s. S. 162) (von weniger als 5 % erreicht).

Diese schrittweise erfolgende Entfaltung des Moralbewusstseins besteht also aus (a) einer **Erweiterung des Blickes auf soziale Zusammenhänge**, (b) einer fortschreitenden **Selbstständigkeit des moralischen Standpunktes** und (c) einer zunehmenden Fähigkeit, moralische Begründungen auf **Vernunftargumenten** aufzubauen.
Kohlbergs Grundannahme ist, dass diese Moralentwicklung von jedem Individuum in derselben Reihenfolge durchlaufen wird, dass keine Stufe übersprungen werden kann und dass diese Entwicklung unabhängig von Kultur und Religion abläuft, also universal gültig ist.
Während der Philosoph Jürgen Habermas Kohlbergs Theorie in sein Konzept der „kommunikativen Kompetenz“ (s. „Ethik des Diskurses“, S. 190 ff.) übernahm, warf die Kritik Kohlberg vor, nur die eigenen (westlichen) Werte zum Maßstab zu machen und damit keine universelle Gültigkeit für sein Modell beanspruchen zu können.
Auch eine andere Annahme Kohlbergs stieß auf Kritik. Kohlberg hatte nämlich ursprünglich die Auffassung vertreten, dass Frauen oft auf Stufe 3 des von ihm entwickelten Schemas stehen blieben, während Männer zu Stufe 4 fortschritten. Der daraus ableitbare Gedanke, dass Frauen als moralisch „unterentwickelt“ zu gelten hätten, provozierte heftige Kritik. Den entschiedensten Widerspruch zu Kohlberg formulierte dessen Mitarbeiterin, die Psychologin **Carol Gilligan**. Sie suchte in ihren Untersuchungen den Nachweis zu führen, dass die Moralentwicklung zu zwei verschiedenen Moralen führe: einerseits eine **männliche, gerechtigkeitsorientierte Moral**, die eine strikte bzw. rigide Geltung abstrakter Normen beinhalte, und andererseits eine **weibliche, fürsorgliche Moral**, die Regeln flexibel und gefühlvoll-situationsbezogen im Sinne einer „Ethik der Anteilnahme“ anwende.

Ebene	Orientierung	Wesentliche Elemente
Vorkonventionell (Handlungsfolgen)	1. Bestrafung und Belohnung	Respekt vor Macht; Vermeidung von Sanktionen
	2. Naiv egoistisches Nützlichkeitskalkül	Bedürfnisbefriedigung des Selbst, der anderen
Konventionell (Rollen, Erwartungen)	3. Ideal des braven Jungen, des netten Mädchens	Billigung durch das persönliche Umfeld
	4. Gesetz und Ordnung, Aufrechterhaltung von Autorität an sich	Pflichtbewusstes Handeln aus Respekt vor Autorität und Ordnung
Nachkonventionell (Gemeinsame Rechte, Prinzipien)	5. Rechtlich zugestandene Gleichwertigkeit	Anerkennung von Rechtsmaßstäben der Gesellschaft
	6. Ethische Prinzipien	Universalisierbarkeit der ethischen Prinzipien

1 Formulieren Sie für jede der von Kohlberg genannten Stufen ein Beispiel für ein moralisches Urteil.

2 Nach Kohlberg bildet für den größten Teil der Erwachsenen Stufe 4 die oberste Stufe des Moralbewusstseins. Diese Menschen sind demnach darauf aus, vorgefundene gesellschaftliche Gesetze und Regeln unkritisch zu befolgen und lediglich ihre Pflicht zu erfüllen. Durchdenken Sie diese Ansicht.

3 Diskutieren Sie Kohlbergs Annahme, dass Frauen oft nur Stufe 3 erreichen.

4 Ordnen Sie die Urteile zu den moralischen Dilemmata (s. S. 116 f.) in das Kohlberg'sche Schema ein.

Carol Gilligan (geb. 1936): amerikanische Entwicklungspsychologin, entwickelt in ihrer Auseinandersetzung mit Kohlberg die These von den „zwei Moralen". Sie betont, dass Kohlberg die Rolle der Frau in seinen Forschungen unterbewertet habe und damit ein verkürztes Moralkonzept vertrete.
Unter Gerechtigkeit versteht Gilligan die Orientierung an Verträgen und moralischen Prinzipien.

Carol Gilligan: Gerechtigkeit und Fürsorge

Mit dem Entwurf eines alternativen Standpunkts möchte ich die moralische Entwicklung aus zwei moralischen Perspektiven rekonstruieren. [...] Die Gerechtigkeitsperspektive, die man oft mit moralischem Urteilen schlechthin gleichsetzt, wird neu verstanden als *eine* Art und Weise, moralische Probleme aufzufassen; als alternative Sichtweise oder alternativer Bezugsrahmen wird eine Perspektive der Fürsorge entwickelt.
Die Unterscheidung zwischen Gerechtigkeit und Fürsorge als alternative Perspektiven oder moralische Orientierungen ist empirisch[1] auf die Beobachtung gegründet, dass ein Wechsel der Aufmerksamkeitsfokussierung von Gerechtigkeitserwägungen zu Fürsorgeerwägungen die Definition dessen, was ein moralisches Problem konstituiert, verändert und dazu führt, dass die gleiche Situation auf unterschiedliche Weise wahrgenommen wird. Theoretisch liegt die Unterscheidung zwischen Gerechtigkeit und Fürsorge quer zu den Einteilungen in Denken und Fühlen, Egoismus und Altruismus[2], theoretisches und praktisches Urteil. Sie lenkt die Aufmerksamkeit auf den Umstand, dass alle menschlichen Beziehungen, öffentliche wie private, *sowohl* mit Rekurs auf Gleichheit *wie* auf Bindung charakterisiert werden können und dass sowohl Ungleichheit wie Trennung oder Gleichgültigkeit moralische Probleme aufwerfen können.
Da jedermann von Unterdrückung wie von Verlassenheit betroffen werden kann, gibt es in der menschlichen Erfahrung allenthalben zwei moralische Sichtweisen – die der Gerechtigkeit und die der Fürsorge. Die beiden moralischen Gebote, anderen gegenüber nicht unfair zu handeln und jemanden, der in Not ist, nicht im Stich zu lassen, entsprechen diesen beiden Sichtweisen. [...]
Die systematische Forschung über Probleme der moralischen Orientierung als einer Dimension moralischen Urteilens und Handelns bezog sich ursprünglich auf drei Fragen:
(1) Werden bei der Diskussion eines moralischen Dilemmas Probleme der Gerechtigkeit und der Fürsorge artikuliert?
(2) Gibt es eine Tendenz, die Aufmerksamkeit auf nur eine Art von Problemen zu konzentrieren und die anderen nur minimal zu berücksichtigen?
(3) Besteht ein Zusammenhang zwischen moralischer Orientierung und Geschlecht?
Empirische Untersuchungen, die im Hinblick auf die Erfahrung realer moralischer Konflikte bei vergleichbaren Stichproben männlicher und weiblicher Befragter die gleichen Fragen verwendeten, liefern positive Ergebnisse auf alle drei Fragen. [...]
Bemerkenswert ist erstens, dass die Möglichkeit der Konzentration auf Fürsorge im moralischen Urteil zum Verschwinden gebracht würde, wenn keine Frauen in die Untersuchungsstichprobe einbezogen würden. Obwohl eine Dominanz der Fürsorgeperspektive keineswegs für alle Frauen charakteristisch war, war sie doch in dieser Stichprobe von Nordamerikanern von höherem Bildungsgrad ein nahezu ausschließlich weibliches Phänomen.
Zweitens bedeutet die Tatsache, dass es sich um Frauen mit einem höheren Bildungsgrad handelte, dass die Betonung der Fürsorge nicht ohne Weiteres einem Mangel an Bildung oder beruflicher Benachteiligung zugeschrieben werden kann – womit Kohlberg und andere Autoren das Ergebnis erklärten, dass Gerechtigkeitsurteile bei Frauen ein geringeres Niveau aufwiesen. Vielmehr lenkt die Betonung der Fürsorge in

[1] empirisch: erfahrungsgemäß
[2] Altruismus: Uneigennützigkeit

moralischen Urteilen von Frauen die Aufmerksamkeit auf die Beschränktheit einer allein auf Gerechtigkeit ausgerichteten Moraltheorie, und sie hebt die Existenz von Fürsorgegesichtspunkten im moralischen Denken sowohl der Frauen wie der Männer hervor. In dieser Hinsicht kommt der aus einem Drittel der Frauen und einem Drittel der Männer zusammengesetzten Gruppe, die Fürsorge- und Gerechtigkeitsaspekte thematisieren, besonderes Interesse zu. [...]

Wenn, drittens, der Bereich der Moral zumindest zwei moralische Orientierungen umfasst, dann legt die Präferenz[1] für eine Perspektive die Vermutung nahe, dass Menschen dazu neigen, die andere Perspektive aus dem Blick zu verlieren, wenn sie zu einer moralischen Entscheidung gelangen – eine Neigung, die von beiden Geschlechtern in gleicher Weise geteilt wird. [...]

Wenn die Moraltheorie eine kohärentere[2] und begrifflich besser durchgearbeitete Perspektive der Fürsorge zur Verfügung stellen könnte, dann würde sie es den Frauen leichter machen, über ihre Erfahrungen und Wahrnehmungen zu sprechen, und sie könnte andere befähigen, zuzuhören und zu verstehen. Gleichzeitig legt der Nachweis einer im moralischen Denken von Frauen dominanten Fürsorgeperspektive die Erwartung nahe, dass das Studium der weiblichen Entwicklung eine Naturgeschichte der moralischen Entwicklung zu liefern vermag, in der Fürsorge vorherrschend ist und in der Möglichkeiten deutlich werden, wie die Schaffung und die Erhaltung von verantwortlicher Verbundenheit mit anderen ein zentrales moralisches Interesse werden oder bleiben kann.

Die Hoffnung, die sich mit der Verbindung von Frauen und Moraltheorie verknüpft, besteht darin, dass das Überleben der Menschheit im späten 20. Jahrhundert weniger von formaler Übereinstimmung abhängen dürfte als von menschlicher Verbundenheit.

[1] Präferenz: Vorrang
[2] kohärent: zusammenhängend

1 Erläutern und veranschaulichen Sie, was Gilligan unter den „zwei Moralen“ versteht.

2 Was wäre, wenn politische Entscheidungen sich entweder ausschließlich an der „Gerechtigkeitsmoral“ oder an der „Fürsorgemoral“ orientierten? (Mögliche Beispiele: Bekämpfung von Kinderarbeit, Eindämmung von Aids) Beurteilen Sie in diesem Zusammenhang das Wirken von Mutter Teresa und Rupert Neudeck (s. S. 125).

3 Bewerten Sie ausgehend von Ihren Überlegungen die Aussagen Gilligans im letzten Abschnitt.

4 Zur Karikatur: Diskutieren Sie, ob die karikierten Verhaltensweisen typisch männlich bzw. typisch weiblich sind. Mit welchen Argumenten könnten die Partner ihr Verhalten begründen?

Gertrud Nunner-Winkler ist Professorin für Soziologie und arbeitet am Max-Planck-Institut für Kognitions- und Neurowissenschaften in München.

Gertrud Nunner-Winkler: Gibt es eine weibliche Moral?

Unsere Ergebnisse legen folgende – Kohlbergs Beschreibung der präkonventionellen Phase differenzierende – Deutung des moralischen Lernprozesses nahe: Zuerst lernt das Kind, dass es moralische Regeln gibt und warum diese Geltung beanspruchen. Danach aber bedarf es noch eines weiteren Lernprozesses, bis die Kinder begreifen, dass es nicht genügt, Normen zu kennen und zu verstehen, sondern dass man Normen befolgen wollen soll, auch dann, wenn es den eigenen Interessen zuwiderläuft, d.h., bis den Kindern die Befolgung der Normen selbst zum Bedürfnis wird (Verinnerlichung). Dieser zweite Lernschritt erstreckt sich über mehrere Jahre. Unsere Daten zeigen, dass von den 4-Jährigen noch 75 %, von den 8-Jährigen immer noch knapp über 50 % erwarten, dass der Täter sich nach der Übertretung gut fühlen werde; die anderen erwarten nunmehr, er werde sich schlecht fühlen, weil er etwas Böses getan hat.

In diesen Daten lassen sich – trotz der unbestrittenen unterschiedlichen Bedeutung, die eine frühkindliche Mutterbindung für Jungen und Mädchen besitzt – keine Geschlechtsunterschiede im Moralverständnis von Vorschulkindern nachweisen. Ohnedies ist es ein Missverständnis, zu glauben, Moral erwachse aus Mitgefühl und spontaner Empathie. Diese vermögen zwar in der Tat altruistische[1] Handlungen anzuleiten. Dass aber als gültig anerkannte moralische Normen auch denen gegenüber einzuhalten sind, mit denen man spontan Empathie nicht empfindet, und dass sie auch dann einzuhalten sind, wenn dies den eigenen Interessen widerspricht – das muss erst mühsam gelernt werden. Dieser zweite moralische Lernprozess verläuft – wie die Daten zeigen – bei den einzelnen Kindern unterschiedlich schnell und sicherlich auch unterschiedlich erfolgreich. Diese Unterschiede aber sind individuelle Unterschiede – nicht geschlechtsspezifische.

Auch bezüglich der Adoleszenzphase (Pubertät, Jugendzeit) und für die Phase des frühen Erwachsenenlebens referiert die Autorin empirische Ergebnisse.
Dabei sieht sie nicht in der Geschlechtszugehörigkeit, sondern in den verschiedenen Rollenmustern den Grund für spätere Unterschiede in den moralischen Präferenzen der Geschlechter.

In der Krisenerfahrung (der Adoleszenz) rebellieren die Jugendlichen gegen gesellschaftliche Rollenzumutungen oder dominante Wertorientierungen. Die krisenhaften Frauen rebellieren gegen die traditionelle weibliche Geschlechtsrollenzuschreibung, die krisenfreien Frauen hingegen übernehmen sie. [...] Wer die traditionelle weibliche Geschlechtsrollenidentität bruchlos (krisenfrei) übernimmt, nach der die Frau primär in affektive[2], diffuse[3], partikularistische[4] Rollenzusammenhänge eingebettet bleibt, der mag in der Tat Gilligans Fürsorglichkeitsperspektive generalisieren und spontan bei der Beurteilung der unterschiedlichen sozialen Konflikte anwenden. Wer hingegen die Autonomie und Unabhängigkeit für sich beansprucht, die bislang eher den Männern zustanden oder auch zugemutet werden, urteilt eher nach Gilligans Gerechtigkeitsethik. [...]

Um es kurz zusammenzufassen: Wenn Frauen mehr Fürsorglichkeit zeigen, dann nicht, weil sie die Fähigkeit haben, Kinder zu gebären, und nicht, weil sie aufgrund einer engeren frühkindlichen Mutteridentifikation ein beziehungs- und fürsorgeorientiertes Selbst aufgebaut haben, sondern weil sie häufiger diffuse Rollen innehaben.

Sex und Gender:
Seit den 1960er-Jahren wird in der Geschlechterforschung zwischen biologischem Geschlecht (sex) und Geschlechtsidentität (gender) unterschieden. Dies soll zum Ausdruck bringen, dass Geschlechtsidentität sich nicht biologisch begründen lässt, sondern auf einer kulturell-gesellschaftlichen Setzung beruht.

1 Worin sieht Nunner-Winkler Gründe für geschlechtsspezifische moralische Überzeugungen bzw. Verhaltensweisen? In welchen Punkten widerspricht sie Gilligan (s. S. 120 f.)?

2 „Man kommt nicht als Frau zur Welt, man wird es.“ Simone de Beauvoir (1908–1986), französische Schriftstellerin. Diskutieren Sie diese Aussage.

---

[1] Altruismus: Uneigennützigkeit, Selbstlosigkeit (Ggs. zu Egoismus)
[2] affektiv: gefühlsbetont, gefühlsbezogen
[3] diffus: hier: für alle Problembereiche zuständig
[4] partikularistisch: hier: besondere Verpflichtung gegenüber Nahestehenden implizierend

„Frauen sehen Macht weniger als Selbstzweck" – Interview mit Heinz Schulz-Wimmer, Personaltrainer

FRAGE: Was unterscheidet typisch männliche und weibliche Machtstrategien?

SCHULZ-WIMMER: Männer tendieren eher zu Selbstbehauptung und Überlegenheit, streben nach höheren Positionen. Frauen bevorzugen mehr sogenannte gehemmte Strategien, die die negativen Seiten der Macht vermeiden sollen. Sie üben ihren Einfluss dadurch häufiger sozial geschickt aus.

FRAGE: Wo liegen diese Hemmschwellen?

SCHULZ-WIMMER: Tendenziell haben Frauen durch ihre Sozialisation wohl mehr Hemmungen, sich als durchsetzungsstark zu exponieren. Sie sehen Macht weniger als Selbstzweck, sondern verbinden sie mit konkreten Zielen.

FRAGE: Männlichen Vorgesetzten scheint es leichter zu fallen, die Konsequenzen einer Führungsposition zu tragen, wie z. B. Distanz und Ablehnung.

SCHULZ-WIMMER: Alle Menschen mit ausgeprägter Macht- und geringer Bindungsmotivation können das. Frauen haben häufig eine größere Bindungsmotivation: Die Nähe und der Kontakt zu Menschen ist ihnen persönlich wichtig, nicht nur für die gemeinsam zu erreichenden Ziele. Männer neigen stärker zu offener Konkurrenz und akzeptieren diese untereinander. Beide sollten sich prüfen, ob ihre Motivation wirklich zu den Anforderungen an eine Führungskraft passt. Wer den Preis für die Macht nicht zahlen will, sollte verzichten.

„Frauen sind zunehmend gefragt" – Interview mit Christine Stimpel, Personalberaterin

FRAGE: Frau Stimpel, vermitteln Sie als Headhunterin viele Frauen in Top-Positionen?

STIMPEL: Sie sind zunehmend gefragt. [...]

FRAGE: Wenn Konzerne so erpicht auf Frauen sind, woran scheitern sie?

STIMPEL: An den männlichen Strukturen in den Unternehmen.

FRAGE: Was meinen Sie damit?

STIMPEL: Konzerne ähneln oft immer noch militärischen Gebilden, so sind sie historisch entstanden. Das liegt Frauen nicht, das ist ihnen fremd.

FRAGE: Der Gehorsam oder das Befehlen?

STIMPEL: Beides vermutlich. Tatsächlich streben viele Frauen gar nicht auf die Kommandobrücke. Das Aufsteigen in solchen Hierarchien verlangt Frauen mehr Kraft ab als Männern. Männer bewegen sich ganz natürlich in ihrer Welt, Frauen sagen oft an irgendeinem Punkt in ihrer Karriere: Noch mehr Einsatz für den nächsten Schritt nach oben, das ist es mir nicht wert. Oder sie wechseln in freie Berufe. Werfen Sie einen Blick in Kanzleien, Agenturen, Praxen – hier haben Sie ein ganz anderes Frau-Mann-Verhältnis. [...]

FRAGE: Wohin zieht es die Frauen?

STIMPEL: In Branchen, wo Marketing eine große Rolle spielt. [...] Für Marketingposten schlagen wir manchmal nur Bewerberinnen vor und vielleicht einen Quotenmann. Denn 40 Prozent unserer Kandidatinnen arbeiten in Marketing und Vertrieb, ein Viertel im Personalbereich, ebenso viele im Finanzsektor. Aber nur vier Prozent der Frauen sind in der Geschäftsführung beschäftigt.

3 Worin sieht Schulz-Wimmer die Ursachen einer geschlechtsspezifischen Einstellung gegenüber der Macht?

4 Entsprechen seine Aussagen eher den Thesen Kohlbergs, Gilligans oder Nunner-Winklers? Begründen Sie Ihre Zuordnung.

5 Setzen Sie sich kritisch mit Schulz-Wimmers Machtbegriff und seiner Beschreibung von Führungsqualität auseinander.

6 Diskutieren Sie die Gründe, die Christine Stimpel dafür angibt, dass „viele Frauen gar nicht auf die Kommandobrücke" (Z. 10 f.) streben.

7 Diskutieren Sie, ob durch eine Quotierung der Anteil von Frauen in Führungspositionen erhöht werden sollte. Lesen Sie dazu den Text „Quotierung und Gerechtigkeit", S. 250 f.

Christine Stimpel (geb. 1961) leitet das Deutschland-Geschäft eines der weltweit führenden Personalvermittlungsfirmen. Die Tätigkeit der Personalsuche und Personalvermittlung wird auch als „Headhuntering" bezeichnet.

Moral und Normen – fragwürdige Erfindungen?

Was ist und will Moralkritik?*

Wie steht es heute eigentlich mit der tatsächlich gelebten Moral? Da bestrafen Eltern ihr Kind für eine Lüge, verkünden aber andererseits vor ihren Freunden mit Stolz, wie sie ihr schrottreifes Auto durch Verdecken der Schäden zu einem hohen Preis verkaufen konnten. Da verlangen Arbeitgeber einerseits Teamfähigkeit und soziale Kompetenz von ihren Mitarbeitern, andererseits fördern sie den Konkurrenzkampf der Arbeitnehmer durch „Leistungsanreize" untereinander. Unwichtig, ob es sich bei diesen und ähnlichen Beispielen um Ausnahmen oder um Regelfälle handelt: Sie nähren jedenfalls den Zweifel an der tatsächlichen Gültigkeit der von einer Gesellschaft propagierten Werte und Normen.

Wenn moralische Wertvorstellungen und Normen nicht mehr als selbstverständlich hingenommen und fraglos anerkannt werden, sondern ihre Geltung fragwürdig wird, kann sich eine systematische Kritik an der in einer Gesellschaft oder Kultur geltenden Moral entwickeln. Eine solche Moralkritik stellt zum Beispiel die Frage, ob überlieferte Werte und Normen veränderten gesellschaftlichen Bedingungen angepasst und daher verändert werden müssen. Andererseits könnte man auch einfordern, dass sich die Menschen wieder auf die eigentlichen Grundprinzipien der tradierten Moral zurückbesinnen müssen. Einer solchen **„rechtfertigenden" Moralkritik** geht es darum, den Zerfall von Wertvorstellungen aufzuhalten. Sie macht aufmerksam auf Widersprüche zwischen den tatsächlich geltenden und den scheinbar angestrebten Werten und Normen einer Gesellschaft.

Die Moralkritik kann aber noch weitaus radikalere Züge annehmen. So kann man die Frage stellen, ob die Befolgung moralischer Werte und Normen nicht hauptsächlich persönliche Nachteile bringt. Sind moralische Minimalforderungen wie zum Beispiel die Toleranz gegenüber Andersdenkenden für viele Menschen nicht bereits „Überforderungen"? Noch weiter gehend könnte man fragen, ob Moral lediglich dazu dient, die tatsächliche Unmoral einer Gesellschaft zu verschleiern. Erfüllen Werte und Normen vielleicht verborgene Zwecke, die ihren vorgeblichen Zielen widersprechen? Sollen sie zum Beispiel gesellschaftliche Ungerechtigkeiten verschleiern? Dienen sie dazu, die Menschen zu unterdrücken, sie zum Beispiel in ihrer Freiheit einzuschränken? Eine solche **„entlarvende" Moralkritik** trägt vor allem herrschafts- und ideologiekritische Züge. Sie kann so weit gehen, dass sie die komplette moralische Grundlage einer Kultur zu erschüttern versucht. Ihr geht es oft um die Zerstörung bestimmter Wertvorstellungen.

Bereits in der Antike wurden von den sogenannten Sophisten Einwände gegenüber der damals herrschenden Moral formuliert. Im 19. und 20. Jahrhundert haben viele Denker die Moral grundsätzlich infrage gestellt. So übt z. B. der Philosoph Friedrich Nietzsche eine fundamentale Kritik an der abendländischen Moral, Religion und Philosophie. Der Marxismus bestimmt die Moral in der kapitalistischen Gesellschaft als Herrschaftsinstrument.

Allerdings geht es der Moralkritik nicht selbstzweckhaft um die Zerstörung des Bestehenden und das Jammern über die in einer Gesellschaft herrschende Unmoral. Sie möchte den Menschen die Augen öffnen, sie aufklären über ihre Abhängigkeit von politischen und religiösen Illusionen und Mächten.

1 Fassen Sie die zentralen Informationen des Textes „Was ist und was will Moralkritik?" in einem Schaubild zusammen.

2 Prüfen Sie, ob die Texte von Thoma (s. S. 100 f.), von Foerster (s. S. 111) und Pieper (s. S. 112 f.) moralkritische Aspekte enthalten.

Bertolt Brecht: Was nützt die Güte?

1
Was nützt die Güte
Wenn die Gütigen sogleich erschlagen
werden, oder es werden erschlagen
Die, zu denen sie gütig sind?

Was nützt die Freiheit
Wenn die Freien unter den Unfreien leben müssen?

Was nützt die Vernunft
Wenn die Unvernunft allein das Essen verschafft, das jeder
benötigt?

2
Anstatt nur gütig zu sein, bemüht euch
Einen Zustand zu schaffen, der die Güte ermöglicht, und besser:
Sie überflüssig macht!

Anstatt nur vernünftig zu sein, bemüht euch
Einen Zustand zu schaffen, der die Unvernunft der einzelnen
Zu einem schlechten Geschäft macht!

(Aus lizenzrechtlichen Gründen ist dieser Text nicht in reformierter Rechtschreibung gedruckt.)

Der Schriftsteller **Bertolt Brecht** (1898–1956) zeigte vor allem in seinem Theaterstück „Der gute Mensch von Sezuan" die Problematik des gütigen Handelns in der kapitalistischen Gesellschaft.

1 Worin besteht Brechts Kritik an der moralischen Haltung der Güte?

2 Überlegen Sie, ob Brechts Kritik auch auf das Wirken von Mutter Teresa und Rupert Neudeck zutrifft. Informieren Sie sich dazu über Leben und Werk dieser Personen.

3 Was fordert Brecht vom Einzelnen und der Gesellschaft? Wie müsste eine Gesellschaft beschaffen sein, damit der von Brecht geforderte Zustand erreicht wird?

„Was nützt die Güte?" – Das Wirken Mutter Teresas und Rupert Neudecks

Die mazedonische Nonne Agnes Gonxha Bojayhiu, genannt „Mutter Teresa" (gest. 1997), gründete in Indien mehrere Krankenhäuser, in denen sie sich zusammen mit anderen Ordensschwestern um Schwerstkranke und Sterbende kümmerte. Sie galt als „Engel der Armen" und bekam für ihre Arbeit 1979 den Friedensnobelpreis. Sie war eine entschiedene Gegnerin von Geburtenkontrolle und Abtreibung. Ihre Arbeit war nicht politisch motiviert, sondern galt ausschließlich der Pflege, Heilung, Tröstung der Patienten und der „Rettung der Seelen".

Der Philologe, Philosoph und Journalist Rupert Neudeck (geb. 1939) gründete 1979 (mit Unterstützung von Heinrich Böll) das Komitee „Ein Schiff für Vietnam" und rettete mit dem gecharterten Frachter „Cap Anamur" fast 10000 Menschen („Boatpeople") aus dem Südchinesischen Meer. Seit über 20 Jahren ist seine Organisation „Cap Anamur/Deutsche Notärzte e. V." in zahlreichen Ländern tätig, so wurden z. B. mit Spendengeldern Krankenhäuser in Vietnam, Nordirak und Äthiopien gebaut und Hilfe bei der Minenräumung in Angola geleistet. Der „humane Quälgeist" bekam 2003 den Marion Gräfin Dönhoff-Preis für internationale Verständigung und Versöhnung.

Moralkritik der Antike

Der griechische Philosoph **Platon** (427–347 v. Chr., → Biografie, S. 373) war Schüler des Sokrates (470–399 v. Chr.). Dessen Lehre ist durch die Aufzeichnungen Platons überliefert.

Thrasymachos: Die Gerechtigkeit ist der Vorteil des Ungerechten

Der Text stammt aus Platons „Politeia" („Der Staat"). Darin vertritt Sokrates die These, dass ein richtiger Herrscher in seinem Reden und Handeln auf das Wohl der Untergebenen achtet und nicht auf seinen eigenen Vorteil. Der Sophist Thrasymachos widerspricht ihm.

THRASYMACHOS: Du erkennst weder Herde noch Hirt.

SOKRATES: Ja, wieso denn?, fragte ich.

THRASYMACHOS: Weil du glaubst, die Schaf- und Rinderhirten achten nur auf das Wohl ihrer Herden und mästen und betreuen sie zu einem anderen Zweck als zum Vorteil ihrer Herren und ihrem eigenen. Und ebenso meinst du, die Herrscher in den Staaten, und zwar die wahren Herrscher, verhielten sich anders zu ihren Untergebenen als der Hirt zu seiner Herde, und ihr Ziel bei Tag und Nacht sei ein anderes als ihr eigener Vorteil. Und so tief bist du in das Wissen von Recht und Gerechtigkeit, von Unrecht und Ungerechtigkeit eingedrungen, dass dir ganz entgeht, wie die Gerechtigkeit und das Gerechte in Wahrheit der Vorteil des anderen ist, nämlich des Mächtigen und Herrschenden, zugleich aber der eigene Schaden des Gehorchenden und Untertanen; wie andererseits die Ungerechtigkeit, das Gegenteil davon, über die wahrhaft Einfältigen und Gerechten herrscht, während die Untertanen nur den Vorteil des Mächtigen ausführen und ihn durch ihren Dienst glücklicher machen, sich selbst jedenfalls nicht. Wie sehr, mein einfältigster Sokrates, der Gerechte überall dem Ungerechten unterlegen ist, erkennt man bei folgender Überlegung. Zunächst im Vertrags- und Geschäftsverkehr: Wo solche Menschen Partner sind, findest du bei einer Auflösung der Partnerschaft niemals den Gerechten reicher als den Ungerechten, sondern umgekehrt. Dann im öffentlichen Leben: Wenn es Steuern zu zahlen gilt, zahlt der Gerechte vom gleichen Ertrag mehr als der andere, geht es um Zuschüsse, erhält der eine nichts, der andere viel. Schließlich bei der Verwaltung eines öffentlichen Amtes: Der Gerechte hat, wenn schon keinen anderen Schaden, so die Zerrüttung seiner Vermögensverhältnisse zu beklagen, weil er sich nicht darum kümmern kann; aus den Staatsgeldern schlägt er sich infolge seiner Gerechtigkeit keinen Gewinn heraus; dazu macht er sich bei Freunden und Bekannten unbeliebt, weil er ihnen wider das Gesetz nichts zukommen lassen will. Beim Ungerechten liegt alles umgekehrt. Ich meine da den Mann, den ich eben erwähnt habe, der große Vorteile zu gewinnen versteht. Ihn musst du im Auge haben, wenn du beurteilen willst, wie viel größeren persönlichen Vorteil er aus der Ungerechtigkeit als aus der Gerechtigkeit gewinnt. Am allerleichtesten erkennst du das, wenn du dir die vollendetste Ungerechtigkeit vorstellst, die den Ungerechten zum glücklichsten Menschen, die Geschädigten, die selbst ein Unrecht nicht einmal begehen wollten, zu den Unseligsten macht. Das ist die Tyrannis: Sie reißt das fremde Gut, ob es Göttern oder der Welt, Privaten oder dem Staat gehört, nicht im Kleinen an sich, sei es heimlich oder mit Gewalt, sondern alles auf einmal. Wer solche Verbrechen im Einzelnen begeht und dabei gefasst wird, den erwartet Strafe und höchste Schmach. Denn man schilt solche dann Tempelräuber, Sklavendiebe, Einbrecher, Räuber, Diebe, wenn sie diese Untaten einzeln verüben. Wer aber außer ihrem Besitz die Bürger selbst unterwirft und versklavt, den schmäht und schimpft man nicht, sondern preist ihn glücklich und selig; das machen nicht nur die Bürger, sondern alle, die seine volle Schurkerei erfahren. Denn wer die Ungerechtigkeit schmäht, macht es nicht aus der Furcht vor dem Unrechttun, sondern vor dem Unrechtleiden! So ist, mein Sokrates, die Ungerechtigkeit stärker, edler und mächtiger als die Gerechtigkeit, wenn sie nur groß genug ist; und wie ich am Anfang sagte, der Vorteil des Mächtigen ist das Gerechte, das Ungerechte aber, was sich selber Nutzen und Vorteil schafft.

Die Sophisten*

Die Ablösung der Aristokratie durch die Demokratie im Athen des 5. Jh. v. Chr. führte zu einem starken Interesse der Bürger an Bildung, vor allem begriffen als die Kunst, durch Reden zu überzeugen. Die Sophisten („Weisheitslehrer“) erkannten die so entstandene Chance und boten als freischaffende Lehrer den Bürgern **Unterweisung in der Rhetorik**, der Redekunst, an. Ihr Wirken lässt sich aber nicht auf diese (eigentlich unphilosophische) Tätigkeit reduzieren, denn zugleich waren sie auch **Aufklärer**. Dabei richteten sich ihre Analysen und ihre Kritik auf die gesellschaftliche Praxis, auf die Rechtsordnung und auf die Religion.

Gesetze und moralische Werte bestehen für die Sophisten nicht von Natur aus, sondern lediglich aufgrund von Vereinbarungen. *Hippias, Thrasymachos, Antiphon* und *Kallikles* etwa vertraten die Auffassung, dass natürliches Recht und gesetztes Recht Gegensätze sind. In ihrer Berufung auf ein Naturrecht kamen sie jedoch zu unterschiedlichen Erkenntnissen. So begründet nach *Antiphon* das Naturrecht die Gleichheit aller Menschen, wohingegen *Kallikles* daraus die Überlegenheit der Starken ableitet.

Mit ihrer Kritik an den tradierten Rechts- und Moralvorstellungen verbanden die Sophisten die Religionskritik. Für *Kritias* etwa ist die Religion ein von den Herrschenden geschaffenes Instrument, um die Einhaltung der Gesetze zu gewährleisten.

Im Gegensatz zu der Naturphilosophie stellten die Sophisten **den Menschen in den Mittelpunkt philosophischen Denkens**. *Protagoras* z. B. erklärte: „Der Mensch ist das Maß aller Dinge, des Seienden für das Sein, des Nichtseienden für sein Nichtsein“ („Homo-Mensura-Satz“). Diese Aufwertung des Menschen bedeutete auch eine Aufwertung des Individuums und seiner Interessen.

Mit ihrer radikalen Kritik der traditionellen moralischen Wertmaßstäbe, aber auch mit dem Zweifel an scheinbar unumstößlichen Wahrheiten schufen die Sophisten die **Voraussetzung für eine vernunftbegründete und autonome Ethik**. Kein Geringerer als Sokrates entwickelte schließlich in der Auseinandersetzung mit den Sophisten seine Philosophie.

Die Sophisten wurden von den meisten Philosophen als skrupellose Opportunisten[1] und als Pragmatiker ohne Ideale abgelehnt. Auch heute versteht man unter einem Sophisten einen „Wortverdreher“, dem es nicht darum geht, andere durch Argumente zu überzeugen, sondern der die Rhetorik dazu benutzt, andere zu manipulieren.

[1] Opportunismus: bereitwillige Anpassung des Denkens und Handelns an die jeweilige Situation aus reinem Eigeninteresse

Luciano De Crescenzo: Geschichte der griechischen Philosophie, Zürich (Diogenes) 1986

1 Wie begründet Thrasymachos, dass die Gerechtigkeit der Vorteil des Ungerechten und der Nachteil des Gerechten sei?

2 Was versteht er unter Gerechtigkeit?

3 Antworten Sie an Sokrates' Stelle auf die Rede des Thrasymachos.

4 Diskutieren Sie, ob Thrasymachos ein skrupelloser Opportunist bzw. ein „Pragmatiker ohne Ideale“ ist.

Moralkritik der Moderne

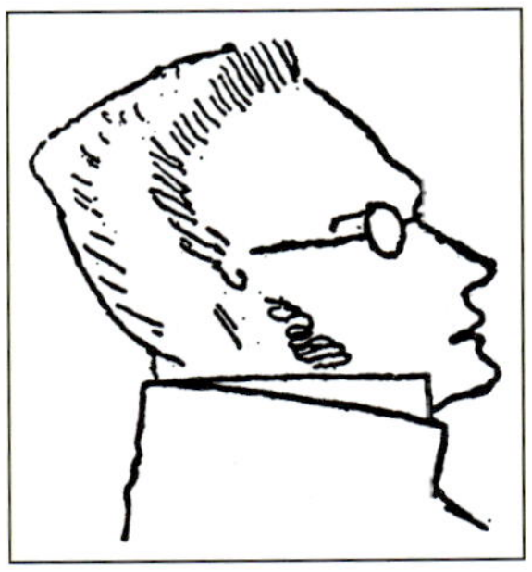

Der Philosoph **Max Stirner** (1806–1856) gehörte wie Ludwig Feuerbach (s. S. 362) und Karl Marx (s. S. 379) zu den sogenannten „Linkshegelianern", die die Philosophie Hegels (s. S. 62 f.) in Richtung demokratisch-liberaler und sozialistischer Ideen weiterführten bzw. veränderten. In seinem Buch „Der Einzige und sein Eigentum" (1844) vertrat Stirner einen radikalen Individualismus.

Max Stirner: „Ich bin weder gut noch böse"

Was soll nicht alles meine Sache sein! Vor allem die gute Sache, dann die Sache Gottes, die Sache der Menschheit, der Wahrheit, der Freiheit, der Humanität, der Gerechtigkeit; ferner die Sache Meines Volkes, Meines Fürsten, Meines Vaterlandes; endlich gar die Sache des Geistes und tausend andere Sachen. Nur *Meine* Sache soll niemals Meine Sache sein. „Pfui über den Egoisten, der so denkt!" Sehen Wir denn zu, wie diejenigen es mit *ihrer* Sache machen, für deren Sache Wir arbeiten, Uns hingeben und begeistern sollen. [...]

Wie steht es mit der Menschheit, deren Sache Wir zur unsrigen machen sollen? Ist ihre Sache etwa die eines anderen und dient die Menschheit einer höheren Sache? Nein, die Menschheit sieht nur auf sich, die Menschheit will nur die Menschheit fördern, die Menschheit ist sich selber ihre Sache. Damit sie sich entwickle, lässt sie Völker und Individuen in ihrem Dienste sich abquälen, und wenn diese geleistet haben, was die Menschheit braucht, dann werden sie von ihr aus Dankbarkeit auf den Mist der Geschichte geworfen. Ist die Sache der Menschheit nicht eine rein egoistische Sache? [...]

Sie stehen sich alle ausnehmend gut dabei, wenn ihnen pflichteifrigst gehuldigt wird. Betrachtet einmal das Volk, das von ergebenen Patrioten geschützt wird. Die Patrioten fallen im blutigen Kampfe oder Kampfe mit Hunger und Not; was fragt das Volk danach? Das Volk wird durch den Dünger ihrer Leichen ein „blühendes Volk"! Die Individuen sind „für die große Sache des Volkes" gestorben, und das Volk schickt ihnen einige Worte des Dankes nach und – hat den Profit davon. Das nenn ich mir einen einträglichen Egoismus.

Aber seht doch jenen Sultan an, der für „die Seinen" so liebreich sorgt. Ist er nicht die pure Uneigennützigkeit selber und opfert er sich nicht stündlich für die Seinen? Jawohl, für „die Seinen". Versuch es einmal und zeige Dich nicht als der Seine, sondern als der Deine: Du wirst dafür, dass du seinem Egoismus dich entzogst, in den Kerker wandern. Der Sultan hat seine Sache auf Nichts als auf sich gestellt: Er ist sich alles in allem, ist sich der Einzige und duldet keinen, der es wagte, nicht einer der „Seinen" zu sein.

Und an diesen glänzenden Beispielen wollt Ihr nicht lernen, dass der Egoist am besten fährt? Ich Meinesteils nehme Mir eine Lehre daran und will, statt jenen großen Egoisten ferner uneigennützig zu dienen, lieber selber der Egoist sein.

Gott und die Menschheit haben ihre Sache auf Nichts gestellt, auf nichts anderes als auf sich. Stelle ich denn meine Sache gleichfalls auf Mich, der Ich so gut wie Gott das Nichts von allem anderen, der Ich mein Alles, der Ich der Einzige bin. [...]

Fort denn mit jener Sache, die nicht ganz und gar Meine Sache ist! Ihr meinet, Meine Sache müsse wenigstens die „gute Sache" sein? Was gut, was böse! Ich bin ja selber Meine Sache, und ich bin weder gut noch böse. Beides hat für Mich keinen Sinn. Das Göttliche ist Gottes Sache, das Menschliche Sache „des Menschen". Meine Sache ist weder das Göttliche noch das Menschliche, ist nicht das Wahre, Gute, Freie etc., sondern allein das *Meinige*, und sie ist keine allgemeine, sondern ist – *einzig* wie Ich einzig bin.

Mir geht nichts über Mich!

1 Lesen Sie den Text so, als müssten Sie seinen Inhalt vor einem Publikum vertreten.

2 Fassen Sie Stirners Forderungen zusammen und setzen Sie sich kritisch mit seiner Argumentation auseinander.

3 Diskutieren Sie, ob Stirner ethisch argumentiert.

Rudolf Burger: Die Vergeblichkeit der Moral

In der ersten Abhandlung zur „Genealogie der Moral" spricht Nietzsche von den englischen Psychologen und Historikern der Moral als von „alten, kranken, langweiligen Fröschen, die am Menschen herum, in den Menschen hineinkriechen und hüpfen, wie als ob sie da zu Recht in ihrem Elemente wären, nämlich in einem Sumpfe". Tatsächlich haben die Frösche die Moral erfunden, weil es einem von ihnen einmal schlecht erging; und sie erfinden sie seither jeden Tag neu. [...] Und die Geschichte [...], die geht so:

Am friedlichen, sumpfigen Rand eines ökologisch noch intakten Baches trifft ein Skorpion auf einen Frosch. Da er, der Skorpion, ans andere Ufer wolle, selbst jedoch nicht schwimmen könne, bittet er den Frosch, ihn auf den Rücken zu nehmen und so ihn tragend mit ihm das Wasser zu überqueren. Der Frosch, ein freundliches Tier, doch durchaus gewitzigt, lehnt dies ab. Denn er fürchtet, dass der Skorpion ihn stechen werde, und wie Jedermann wisse, und auch jeder Frosch, sei sein Stich für kleine Tiere tödlich. „Wo bleibt denn da die Logik", sagt lächelnd darauf der Skorpion, „wenn ich dich steche, bis du tot, doch da ich selbst nicht schwimmen kann, versinke ich mit dir und bin es auch. Also werd' ich dich nicht stechen." Das überzeugt den klugen Frosch, und da er nicht nur logisch denkt, sondern auch noch hilfreich ist und gut, packt er den Skorpion auf seinen Rücken, springt mit ihm ins Wasser und strampelt fröhlich dem anderen Ufer zu. Doch in der Mitte des Baches, dort, wo er am tiefsten ist, spürt er plötzlich einen fürchterlichen Stich im Nacken. Tödlich verletzt und schon versinkend, wendet er den Kopf und fragt: „Logik, wo bleibt denn da die Logik?" „Logik", entgegnet darauf der Skorpion, spuckt das Wasser aus und schließt: „Logik!, das ist nun einmal mein Charakter!" [...]

Gewiss, der Frosch rührt uns zu Tränen, doch wer mit solchen Weggefährten sich einlässt, muss wissen, was er tut; in gewisser Weise geschieht ihm recht. Im Naturzustand, sagt Hegel[1], geht es gerecht zu und gerade deshalb müssen wir ihn verlassen. Also verlassen wir, zumindest für einige Zeit, unser Flüsschen mit seiner zoologischen Tragödie und wenden wir uns unserer eigenen ökologischen Nische zu: Der menschlichen Gesellschaft, der ja auch, wie man weiß, der Untergang droht, seit sie die letzten Flüsse verbetoniert.

Im Unterschied zur Natur geht es in der Gesellschaft jedenfalls nicht gerecht zu, und darum, so sagt man, brauchen wir die Moral – zumindest um dieses zu erkennen. Nun gibt es die Gesellschaft schon lange, und gerecht war sie noch nie; daher hatten wir auch immer schon die eine oder andere Moral. Das wirft aber in der Umkehrung die Frage auf, wozu die Moral denn nütze. Denn, so könnte ein Skeptiker sagen, entweder hat das moralische Gebot die empirische[2] Kraft, das Handeln der Menschen zu bestimmen und es sedimentiert[3] im Laufe der Geschichte zur unreflektiert-selbstverständlichen sittlichen Substanz, dann hebt es sich als Gebot selber auf und die Moral als explizite wird überflüssig; oder aber es hat diese Kraft nicht, bleibt dem Handeln ewig äußerlich, dann bereichert es im besten Fall die Amoralität des Handelns um die Heuchelei der Rede und es wäre einfacher, ja sogar ehrlicher im Sinne einer letzten Reverenz[4] an die Moral, ihre Gebote für nichtig zu erklären und alle Versuche zu ihrer Grundlegung zu verabschieden.

Rudolf Burger (geb. 1938) studierte zunächst Technische Physik und war im Planungsstab des Bundesministeriums für Forschung und Technologie tätig. 1987 wurde er Professor für Philosophie in Wien. Der nebenstehende Text stammt aus seinem Sammelband „Jenseits der Linie. Ausgewählte philosophische Erzählungen" (2009).

1 Lesen Sie zunächst die von Burger erzählte Fabel und geben Sie eine eigene Deutung.

2 Wie deutet der Autor die Fabel? Welche Schlüsse bezüglich der Moral zieht er?

3 Setzen Sie sich mit den beiden zentralen Thesen des letzten Abschnitts kritisch auseinander.

4 Setzen Sie sich mit dem in dem Text genannten Gerechtigkeitsbegriff (Z. 24 f.) auseinander.

5 Stellen Sie Bezüge zu Nietzsches Moralkritik her (s. S. 130 f.).

---

1 Georg W. F. Hegel (1770–1831): deutscher Philosoph (s. S. 62)
2 empirisch: auf Erfahrung beruhend: hier: tatsächlich
3 sedimentieren: ablagern
4 Reverenz (lat.): Ehrerbietung

Der deutsche Philosoph **Friedrich Nietzsche** (1844–1900, → Biografie, S. 380) wird oft als erster Psychologe unter den Philosophen bezeichnet, weil er die Entstehung des Gewissens untersuchte.
Die nebenstehenden Textauszüge stammen aus seinen Werken „Die fröhliche Wissenschaft" (1881) und „Zur Genealogie der Moral" (1887).

Friedrich Nietzsche: Gegen eine Moral des Mitleidens

Ist es euch selbst zuträglich, vor allem mitleidige Menschen zu sein? Und es den Leidenden zuträglich, wenn ihr es seid? [...] Das, woran wir am tiefsten und persönlichsten leiden, ist fast allen anderen unverständlich und unzugänglich: Darin sind wir dem Nächsten verborgen, und wenn er mit uns aus einem Topfe isst. Überall aber, wo wir als Leidende *bemerkt* werden, wird unser Leiden flach ausgelegt; es gehört zum Wesen der mitleidigen Affektion, dass sie das fremde Leid des eigentlich Persönlichen *entkleidet*: – unsere „Wohltäter" sind mehr als unsere Feinde die Verkleinerer unseres Wertes und Willens. Bei den meisten Wohltaten, die Unglücklichen erwiesen werden, liegt etwas Empörendes in der intellektuellen Leichtfertigkeit, mit der da der Mitleidige das Schicksal spielt: Er weiß nichts von der ganzen inneren Folge und Verflechtung, welche Unglück für mich oder für dich heißt. [...] Nein, davon weiß er nichts: Die „Religion des Mitleidens" (oder „das Herz") gebietet, zu helfen, und man glaubt am besten geholfen zu haben, wenn man am schnellsten geholfen hat! Wenn ihr Anhänger dieser Religion dieselbe Gesinnung, die ihr gegen die Mitmenschen habt, auch wirklich gegen euch selber habt, wenn ihr euer eigenes Leiden nicht eine Stunde auf euch liegen lassen wollt und immerfort allem möglichen Unglücke von ferne her schon vorbeugt, wenn ihr Leid und Unlust überhaupt als böse, hassenswert, vernichtungswürdig, als Makel am Dasein empfindet: Nun, dann habt ihr, außer eurer Religion des Mitleidens, auch noch eine andere Religion im Herzen, und diese ist vielleicht die Mutter von jener: – *die Religion der Behaglichkeit.* [...]
Ob Hedonismus[1], ob Pessimismus, ob Utilitarismus[2], ob Eudämonismus[3]: Alle diese Denkweisen, welche nach *Lust* und *Leid*, das heißt nach Begleitzuständen und Nebensachen den Wert der Dinge messen, sind Vordergrunds-Denkweisen und Naivitäten, auf welche ein jeder, der sich *gestaltender* Kräfte und eines Künstler-Gewissens bewusst ist, nicht ohne Spott, auch nicht ohne Mitleid herabblicken wird. Mitleiden mit *euch*! Das ist freilich nicht das Mitleiden, wie ihr es meint: Das ist nicht Mitleiden mit der sozialen „Not", mit der „Gesellschaft" und ihren Kranken und Verunglückten, mit Lasterhaften und Zerbrochenen von Anbeginn, wie sie rings um uns zu Boden liegen; das ist noch weniger Mitleiden mit murrenden, gedrückten, aufrührerischen Sklaven-Schichten, welche nach Herrschaft – sie nennen's „Freiheit" – trachten. *Unser* Mitleiden ist ein höheres fernsichtiges Mitleiden: – wir sehen, wie der *Mensch* sich verkleinert, wie ihr ihn verkleinert! Und es gibt Augenblicke, wo wir gerade *eurem* Mitleiden mit einer unbeschreiblichen Beängstigung zusehen, wo wir uns gegen dies Mitleiden wehren –, wo wir euren Ernst gefährlicher als irgendwelche Leichtfertigkeit finden. Ihr wollt womöglich – und es gibt kein tolleres „Womöglich" – *das Leiden abschaffen*; und wir – es scheint gerade, wir wollen es noch höher und schlimmer haben, als je es war! Wohlbefinden, wie ihr es versteht – das ist ja kein Ziel, das scheint uns ein *Ende*! Ein Zustand, welcher den Menschen alsbald lächerlich und verächtlich so macht, – der seinen Untergang *wünschen* macht! Die Zucht des Leidens, des *großen* Leidens – wisst ihr nicht, dass nur diese Zucht alle Erhöhungen des Menschen bisher geschaffen hat?

1 Welche Einwände erhebt Nietzsche gegen das Mitleid?

2 Erklären Sie Nietzsches Begriff von der „Religion der Behaglichkeit".

3 Worin sieht Nietzsche den Sinn des Leidens?

4 Lesen Sie den Text von Arthur Schopenhauer (s. S. 186 f.). Was würde Nietzsche entgegenhalten?

[1] Hedonismus: s. S. 138
[2] Utilitarismus: s. S. 174
[3] Eudämonismus: s. S. 134

Friedrich Nietzsche: „Herrenmoral" und „Sklavenmoral"

Friedrich Nietzsche geht es vor allem um die Entlarvung dessen, was seiner Meinung nach Werte und Normen verbergen und verleugnen sollen. Er spricht von zwei Formen von Moral, einer ursprünglichen „Herrenmoral", die nur die Unterscheidung „gut" (in der Bedeutung von „vornehm", „edel") und „schlecht" kennt, und einer „Sklavenmoral", die den moralisch abwertenden Gegensatz von „gut" und „böse" entwickelt.

(Die Sklavenmoral entwickelt sich) gerade umgekehrt wie bei dem Vornehmen, der den Grundbegriff „gut" voraus und spontan, nämlich von sich aus konzipiert und von da aus erst eine Vorstellung von „schlecht" sich schafft! Dies „schlecht" vornehmen Ursprungs und jenes „böse" aus dem Braukessel des ungesättigten Hasses – das Erste eine Nachschöpfung, ein Nebenher, eine Komplementärfarbe, das Zweite dagegen das Original, der Anfang, die eigentliche *Tat* in der Konzeption einer Sklavenmoral – wie verschieden stehen die beiden scheinbar demselben Begriff „gut" entgegengestellten Worte „schlecht" und „böse" da! Aber es ist *nicht* derselbe Begriff „gut": vielmehr frage man sich doch, *wer* eigentlich „böse" ist, im Sinne der Moral des Ressentiment[1]. In aller Strenge geantwortet: *eben* der „Gute" der anderen Moral, eben der Vornehme, der Mächtige, der Herrschende, nur umgefärbt, nur umgedeutet, nur umgesehen durch das Giftauge des Ressentiment.
Hier wollen wir eins am wenigsten leugnen: Wer jene „Guten" nur als Feinde kennenlernte, lernte auch nichts als böse Feinde kennen, und dieselben Menschen, welche so streng durch Sitte, Verehrung, Brauch, Dankbarkeit [...] in Schranken gehalten sind, die andererseits im Verhalten zueinander so erfinderisch in Rücksicht, Selbstbeherrschung, Zartsinn, Treue, Stolz und Freundschaft sich beweisen, – sie sind nach außen hin dort, wo das Fremde, die Fremde beginnt, nicht viel besser als losgelassene Raubtiere. Sie genießen da die Freiheit von allem sozialen Zwang, sie halten sich in der Wildnis schadlos für die Spannung, welche eine lange Einschließung und Einfriedung in den Frieden der Gemeinschaft gibt.

Friedrich Nietzsche: Aus den „Werkstätten" der „Sklavenmoral"

Will jemand ein wenig in das Geheimnis hinab- und hinuntersehen, wie man auf Erden Ideale fabriziert? Wer hat den Mut dazu? ... Wohlan! Hier ist der Blick offen in diese dunkle Werkstätte. [...] Was geht da unten vor? ... Die Schwäche soll zum Verdienste umgelogen werden, es ist kein Zweifel – [...] und die Ohnmacht, die nicht vergilt, zur „Güte"; die ängstliche Niedrigkeit zur „Demut"; die Unterwerfung vor denen, die man hasst, zum „Gehorsam" (nämlich gegen einen, von dem sie sagen, er befehle diese Unterwerfung, – sie heißen ihn Gott). Das Unoffensive des Schwachen, die Feigheit selbst, an der er reich ist, sein unvermeidliches Wartenmüssen kommt hier zu gutem Namen, als „Geduld", es heißt auch wohl d i e Tugend; das Sich-nicht-rächen-Können heißt Sich-nicht-rächen-Wollen, vielleicht selbst Verzeihung („denn s i e wissen nicht, was sie tun – wir allein wissen es, was s i e tun!"). Auch redet man von der „Liebe zu seinen Feinden" – und schwitzt dabei [...] Aber genug! Genug! Ich halte es nicht mehr aus. Schlechte Luft! Schlechte Luft! Diese Werkstätten, wo man Ideale fabriziert, – mich dünkt, sie stinken vor lauter Lügen.

1 Stellen Sie die sogenannte „Sklavenmoral" der Moral der „Vornehmen" gegenüber. Veranschaulichen Sie dabei die Gegensatzpaare „gut – böse" und „gut – schlecht".

2 Setzen Sie sich kritisch mit Nietzsches Auffassung auseinander, dass Moral auf Ressentiment beruht.

3 Deuten Sie die Fabel auf S. 129 aus der Sicht Nietzsches.

[1] Ressentiment (frz.): abwertender Vorbehalt gegen andere Menschen oder Gruppen, der nicht auf rationalen Urteilen, sondern auf gefühlsmäßiger Abneigung (Neid, Unterlegenheitsgefühl u. Ä.) beruht

Ethik als Teilbereich der Philosophie

Ihre Stellung im System der wichtigsten philosophischen Disziplinen

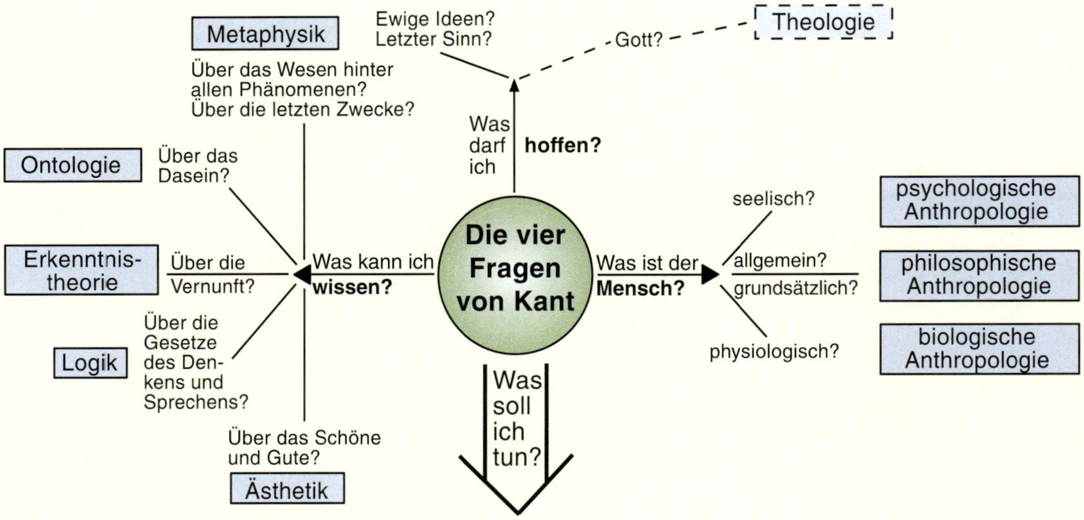

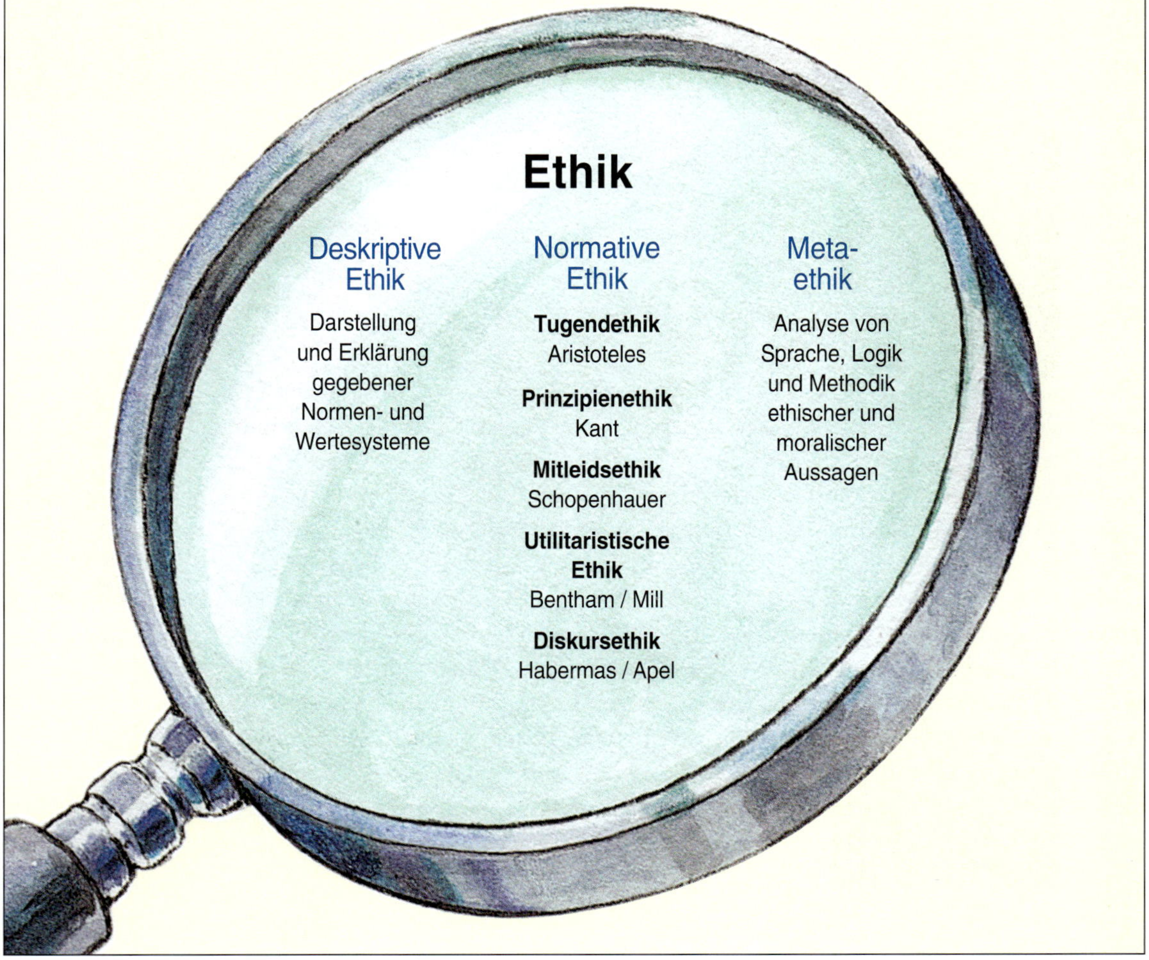

Wie lässt sich Moral begründen? – Modelle normativer Ethik

Aristoteles

Glücks- und Tugendethik

„Die Glückseligkeit ist das Endziel des Handelns."

Gesinnungsethik

„Kannst du wollen, dass die Maxime deines Willens ein allgemeines Gesetz werde?"

Kant

Mill

Utilitaristische Ethik

„Das Prinzip des größten Glücks ist die Grundlage der Moral."

Mitleidsethik

„Mitleid ist das Fundament der Moral."

Schopenhauer

Habermas

Diskursethik

„Die Wahrheit liegt in der Übereinstimmung in einer idealen Kommunikationsgemeinschaft."

Das Glück anstreben: Glücks- und Tugendethik

Was macht ein erfülltes Leben aus? – Antworten der antiken Philosophie

Vergegenwärtigung antiker Philosophie im heutigen Athen: der Philosoph **Platon** vor dem auf einer Säule stehenden Gott Apoll(on)

Glück und Tugend in der antiken Philosophie – ein Überblick*

Alle antiken Philosophen sahen als das höchste Ziel des Strebens die **„Eudaimonia"**, die **Glückseligkeit**, an, womit der Besitz des größten für den Menschen erreichbaren Gutes gemeint ist. Dieses höchste Lebensziel ist nicht weiter ableitbar: Warum will jemand glücklich werden? Um glücklich zu sein!
Aber wie sollte man leben, um glücklich zu werden? Wie war der Begriff der Glückseligkeit inhaltlich zu füllen? Darüber gingen die Meinungen der Denker auseinander. Aber eine Überzeugung war ihnen gemeinsam: Glück ist machbar, man kann und muss es sich erarbeiten!
Den griechischen und römischen Philosophen ging es vorrangig um die Frage nach der richtigen, dem Menschen gemäßen Art zu leben. Dabei propagierten sie eine Lebensweise, die sich an der **Areté**, der **Tugend** (bzw. Vortrefflichkeit), auszurichten habe. Die griechischen Philosophen **Sokrates** und **Platon** vertraten dabei die Ansicht, die Tugend sei mit dem Wissen um das Gute identisch. Denn derjenige, der das Gute kenne, handle auch danach. Niemand tue nämlich bewusst und freiwillig etwas, von dem er wisse, dass es schlecht sei. Aufgabe der Philosophie sei es daher, den Menschen in den Stand des Wissens (um das Gute) zu versetzen.
Diesen Optimismus teilte **Aristoteles** nicht. Auch für ihn war moralisch gutes Handeln vernunftgeleitet, wegen der menschlichen Willensschwäche würde es sich aber nicht notwendigerweise allein durch das Wissen um das Gute einstellen. Maßstab für die moralische Beurteilung einer Handlung sei daher in erster Linie ihre Freiwilligkeit.
Wie äußert sich tugendhaftes Leben? Als glückselig galt der Mensch, der glücklich und tugendhaft zugleich war und dessen geistige und körperliche Kräfte sich ungehindert entfalteten. Für **Aristoteles** zeigte sich dies in der Verwirklichung der Kardinaltugenden, was sich im politischen und sozialen Engagement offenbarte. Für **Epikur** dagegen zählte von den Kardinaltugenden im Wesentlichen nur die Besonnenheit und er plädierte für ein zurückgezogenes und lustvolles Leben. Der römische Philosoph **Seneca** trat als Vertreter der Philosophie der **Stoa** für ein gesellschaftliches Engagement ein, das der Tugendhafte gelassen und unerschütterlich verwirklicht. Mit **Mark Aurel**, auch ein Anhänger der Stoa, gelangte erstmals ein Philosoph auf den römischen Kaiserthron. Damit erfüllte sich Platons Staatsvorstellung, dass Philosophen den Staat führen sollten (s. S. 91).
Das von den Philosophen entworfene Tugendideal fand auch in künstlerischer Hinsicht seinen Ausdruck: Antike Bildhauer wie z. B. Praxiteles oder Polyktet stellten in zahlreichen ihrer Skulpturen die Verschmelzung des Guten mit dem Schönen (gr. kalokagathia) dar. Haltung und Ausdruck der Figuren sollten deren „große und gesetzte Seele" zeigen und Zeugnis der Tugendhaftigkeit sein.

Glück/Glückseligkeit (gr. eudaimonía): in der Philosophie der Antike das höchste Lebensziel. Der **Eudämonismus** ist eine die Glückseligkeit als Motiv und als Ziel allen Strebens betrachtende Ethik. Neuere Positionen zum Eudämonismus werden heute oft als **„Lebenskunstlehre"** bezeichnet.
Unter **Tugend** (gr. areté), ein seit der Antike zentraler Begriff der Ethik, versteht man das Ideal der (Selbst-)Erziehung zu einer sittlich vorbildlichen Persönlichkeit.
Seit Platon unterscheidet man vier **Kardinaltugenden** (Primärtugenden): *Gerechtigkeit, Klugheit, Tapferkeit (Mut) und Besonnenheit (maßvolles Handeln)*. Diesen Tugenden hat die christliche Ethik noch Glaube, Hoffnung und Liebe hinzugefügt (S. 143).
Als sogenannte **Sekundärtugenden**, die vorrangig instrumentelle und funktionale Bedeutung haben, gelten u. a. *Fleiß, Pünktlichkeit, Sauberkeit, Ordnungsliebe, Sparsamkeit, Disziplin.*
Den vier bzw. sieben Kardinaltugenden gegenübergestellt sind die sieben **Laster** (bzw. Todsünden): *Stolz, Habsucht (Gier), Neid, Zorn, Unkeuschheit, Unmäßigkeit, Trägheit* (s. S. 144 f.).

Aristoteles: Die drei Wege glückseligen Lebens

Der griechische Philosoph **Aristoteles** (384–322 v. Chr., → Biografie, S. 374) ist der Verfasser der ersten wissenschaftlichen Ethik. Benannt nach seinem Sohn Nikómachos heißt sie **„Nikómachische Ethik"**.

Das vollkommen Gute scheint aber ein Endziel zu sein. Wenn es also nur ein einziges Endziel gibt, so wäre dies das Gesuchte, wenn aber mehrere, dann das vollkommenste unter diesen. Derart dürfte in erster Linie die Glückseligkeit sein. Denn diese suchen wir stets wegen ihrer selbst und niemals wegen eines anderen; Ehre dagegen und Lust und Vernunft und jede Tüchtigkeit suchen wir teils ihrer selbst wegen (denn auch wenn wir keinen weiteren Gewinn von ihnen hätten, würden wir jedes Einzelne von ihnen wohl erstreben), teils aber auch um der Glückseligkeit willen, da wir glauben, eben durch jene Dinge glückselig zu werden. Die Glückseligkeit aber wählt keiner um jener Dinge willen und überhaupt nicht wegen eines anderen.
So scheint also die Glückseligkeit das vollkommene und selbstgenügsame Gut zu sein und das Endziel des Handelns. [...]
Nicht ohne Grund scheint man das Gute und die Glückseligkeit an den Lebensformen abzulesen. Die Mehrzahl der Leute und die rohesten wählen die Lust. Darum schätzen sie auch das Leben des Genusses. Es gibt nämlich vor allem **drei hervorstechende Lebensformen**, die eben genannte, die politische und die betrachtende.
Die große Menge erweist sich als völlig sklavenartig, da sie das Leben des Viehs vorzieht. Sie kommen aber zu einer Rechtfertigung, da es vielen unter den Mächtigen ähnlich ergeht wie Sardanapal[1].
Die gebildeten und energischen Menschen wählen die Ehre. Denn dies kann man als das Ziel des politischen Lebens bezeichnen. Aber es scheint doch oberflächlicher zu sein als das, was wir suchen. Denn die Ehre liegt wohl eher in den Ehrenden als in dem Geehrten, vom Guten aber vermuten wir, dass es dem Menschen eigen ist und nicht leicht verloren gehen kann, ferner scheint man die Ehre zu suchen, um sich selbst zu überzeugen, dass man gut sei. Man wünscht ja, geehrt zu werden durch die Verständigen und durch jene, die einen kennen, und dies wegen der eigenen Tüchtigkeit. So ist eigentlich für diese die Tüchtigkeit das höhere Ziel. Also könnte man vielleicht die Tüchtigkeit als das letzte Ziel der politischen Lebensform auffassen.
Die dritte Lebensform ist die betrachtende. Sie werden wir im Nachfolgenden untersuchen.
Denn zunächst ist diese Tätigkeit die beste. Der Geist nämlich ist das Beste in uns, und die Objekte des Geistes sind wieder die besten im ganzen Bereich der Erkennt-

[1] Sardanapal (668–626 v. Chr.): assyrischer König, der bekannt war für seine Genusssucht

nis. Sodann ist sie die anhaltendste. Anhaltend denken können wir leichter als irgendetwas anderes anhaltend tun.
Ferner glauben wir, dass der Glückseligkeit Lust beigemischt sein muss. Nun ist aber unter allen tugendgemäßen Tätigkeiten die der Weisheit zugewandte eingestandenermaßen die genussreichste. Und in der Tat bietet die Philosophie Genüsse von wunderbarer Reinheit und Beständigkeit; natürlich ist aber die Tätigkeit und das Leben noch genussreicher, wenn man schon weiß, als wenn man erst sucht.
Auch was man Autarkie nennt, findet sich am meisten bei der Betrachtung. Was zum Leben erforderlich ist, dessen bedarf der Weise wie der Gerechte und die Übrigen. Sind sie aber mit dergleichen ausreichend versehen, so bedarf der Gerechte noch solcher, gegen die und mit denen er gerecht handeln kann, und dasselbe gilt von dem Mäßigen, dem Tapferen und jedem anderen; der Weise dagegen kann, auch wenn er für sich ist, betrachten, und je weiser er ist, desto mehr. Vielleicht kann er es besser, wenn er Mitarbeiter hat, aber immerhin ist er sich selbst am meisten genug.
Von der Betrachtung lässt sich behaupten, dass sie ihrer selbst wegen geliebt wird. Sie bietet uns außer dem Betrachten nichts; vom praktischen Handeln dagegen haben wir noch einen größeren oder kleineren Gewinn außer der Handlung.
Die Glückseligkeit scheint weiterhin in der Muße zu bestehen.
So sieht man klar, dass in dieser Tätigkeit, soweit es menschenmöglich ist, die Autarkie, die Muße, die Freiheit von Ermüdung und alles, was man sonst noch dem Glückseligen beilegt, sich finden wird. Somit wäre dies die vollendete Glückseligkeit des Menschen, wenn sie auch noch die volle Länge eines Lebens dauert. Denn nichts, was zur Glückseligkeit gehört, darf unvollkommen sein.
Der Glückselige wird als Mensch auch in guten äußeren Verhältnissen leben müssen. Denn die Natur genügt sich selbst zum Betrachten nicht; dazu bedarf es auch der leiblichen Gesundheit, der Nahrung und alles anderen, was zur Notdurft des Lebens gehört. Indessen darf man, wenn man ohne die äußeren Güter nicht glückselig sein kann, darum nicht meinen, dass dazu viele und große Güter erforderlich wären. Denn die Selbstgenügsamkeit und die Möglichkeit des Handelns liegt nicht am Überfluss; man kann auch, ohne über Land und Meer zu herrschen, edel handeln; auch mit mäßigen Mitteln lässt sich der Tugend gemäß handeln. Man kann das deutlich daran sehen, dass die Privatleute den Fürsten im rechten Handeln nicht nachstehen, sondern eher voraus zu sein scheinen. Es genügt also, wenn die nötigen Mittel vorhanden sind. Denn das Leben wird glückselig sein, wenn es in tugendgemäßer Tätigkeit verbracht wird.

1 Veranschaulichen Sie die zentralen Gedanken des Textes in einer Grafik.

2 Wie begründet Aristoteles die Verknüpfung von Tugend und Glück?

3 Setzen Sie den letzten Absatz in eine gedankliche Beziehung zu dem Satz aus Brechts „Dreigroschenoper“: „Erst kommt das Fressen, dann die Moral!“

Aristoteles: Tugend als Mitte

Die ethische Tugend befasst sich mit den **Leidenschaften** und **Handlungen**, und an diesen befinden sich **Übermaß**, **Mangel** und **Mitte**.
So kann man mehr oder weniger Angst empfinden oder Mut, Begierde, Zorn, Mitleid und überhaupt Freude und Schmerz, und beides auf eine unrichtige Art; dagegen es zu tun, wann man soll und wobei man es soll und wem gegenüber und wozu und wie, das ist die Mitte und das Beste, und das kennzeichnet die Tugend. Ebenso gibt es bei den Handlungen Übermaß, Mangel und Mitte. [...]
Die Tugend ist ein Verhalten der Entscheidung, begründet in der Mitte in Bezug auf uns, einer Mitte, die **durch Vernunft bestimmt** wird und danach, wie sie der Verständige bestimmen würde. Die Mitte liegt aber zwischen zwei Schlechtigkeiten, dem Übermaß und dem Mangel. Während die Schlechtigkeiten in den Leidenschaften

und Handlungen hinter dem Gesollten zurückbleiben oder über es hinausgehen, **besteht die Tugend darin, die Mitte zu finden und zu wählen**. Darum ist die Tugend hinsichtlich ihres Wesens und der Bestimmung ihres Was-Seins eine Mitte, nach der Vorzüglichkeit und Vollkommenheit aber das Höchste.

Freilich hat nicht jede Handlung und nicht jede Leidenschaft Raum für eine Mitte. Denn einzelne sind in ihrem Namen schon verbunden mit der Schlechtigkeit, so wie die Schadenfreude, die Schamlosigkeit oder der Neid, und bei den Handlungen der Ehebruch, der Diebstahl und der Mord. Alle diese Dinge werden getadelt, weil sie in sich selbst schlecht sind und nicht ihr Übermaß oder ihr Mangel. Man kann bei ihnen also niemals das Rechte treffen, sondern immer nur sich verfehlen. Es gibt kein Richtig oder Unrichtig in Bezug auf diese Dinge, etwa mit wem und wann und wie man Ehebruch treiben sollte, sondern etwas derart zu tun ist schlechthin falsch. Ebenso steht es, wenn man meinen wollte, es gäbe bei Ungerechtigkeit, Feigheit, Zügellosigkeit eine Mitte, ein Übermaß und einen Mangel. Denn so gäbe es ja eine Mitte in Übermaß und Mangel und ein Übermaß des Übermaßes und einen Mangel des Mangels. Wie es also in der Besonnenheit und Tapferkeit kein Übermaß und keinen Mangel geben kann, weil die Mitte gleichzeitig auch eine Art von Spitze ist, so gibt es Mitte, Übermaß und Mangel auch nicht bei jenem, sondern wie immer man handelt, wird man sich verfehlen. Allgemein gesagt, gibt es weder eine Mitte von Übermaß und Mangel noch ein Übermaß und einen Mangel von der Mitte. [...]

Bei Furcht und Mut ist Tapferkeit die Mitte. Bei Übermaß hat dasjenige in der Richtung auf die Furchtlosigkeit keinen eigenen Namen (wie das oft der Fall ist), dasjenige in Richtung auf den Mut heißt Tollheit; das Übermaß der Angst und der Mangel an Mut heißt Feigheit.

Bei Lust und Schmerz, freilich nicht in jedem Falle und weniger beim Schmerz, heißt die Mitte Besonnenheit, das Übermaß Zügellosigkeit. Mangelhaft in Richtung auf die Lust sind die Menschen kaum. Darum haben solche auch keinen eigenen Namen. Man mag sie stumpf nennen.

Beim Geben und Nehmen von Geld ist die Mitte die Großzügigkeit, Übermaß und Mangel sind Verschwendung und Kleinlichkeit. [...]

Dass nun also die ethische Tugend eine Mitte ist, und wie sie es ist, und dass sie die Mitte zweier Schlechtigkeiten ist, derjenigen des Übermaßes und derjenigen des Mangels, und dass die Tugend solcher Art ist, in den Leidenschaften und Handlungen auf die Mitte zu zielen, dies ist nun hinreichend dargelegt.

Darum ist es auch anstrengend, tugendhaft zu sein. Denn überall ist es mühsam, die Mitte zu treffen. So trifft auch nicht jeder Beliebige, sondern nur der Kundige die Mitte des Kreises. Ebenso kann ein jeder leicht in Zorn geraten und Geld ausgeben und verschwenden. Das Wem, Wieviel, Wann, Wozu und Wie zu bestimmen ist aber nicht jedermanns Sache und ist nicht leicht. Darum ist das Richtige selten, lobenswert und schön.

1 Aus welchen Gründen fordert Aristoteles Maß und Mitte? Ergänzen und problematisieren Sie seine Ausführungen mit eigenen Beispielen.

2 Für welche Handlungen lässt sich nach Meinung des Autors keine maßvolle Mitte finden? Warum nicht?

3 Aristoteles und Konfuzius sprechen davon, dass tugendhaftes Verhalten „selten“ sei. Aus welchen Gründen kommen sie zu dieser Ansicht?

4 „Immer den Mittelweg gehen, führt zur Mittelmäßigkeit.“ Diskutieren Sie diese Aussage.

Aristoteles übernahm von seinem Lehrer Platon dessen Lehre von den vier Kardinaltugenden. Seine **Tugendlehre** gründete er auf seine anthropologische Überzeugung, wonach der Mensch eine Doppelnatur aufweist: Er ist einerseits Sinneswesen und andererseits Geistwesen.

Dementsprechend unterscheidet Aristoteles **zwei Arten von Tugenden**: Die **dianoetischen Tugenden** (die das Denkvermögen betreffen, z. B. die Weisheit) bestehen in der Ausweitung und Vervollkommnung der Vernunft; die **ethischen Tugenden** (die das Handlungsvermögen betreffen, z. B. die Tapferkeit) zeigen sich in der Herrschaft der Vernunft über die Triebe. Seine Lehre bezüglich der ethischen Tugenden wird auch als „Mesótes-Lehre“ (von gr. mesótes = Mitte) bezeichnet.

Der griechische Philosoph **Epikur** (341 – 271 v. Chr.) sah die Glückseligkeit im „Freisein von körperlichen Schmerzen und seelischer Aufregung". Dazu müsse man die Furcht vor den Göttern, den Schmerzen, den unerfüllbaren Wünschen und dem Tod ablegen. Sein Ausspruch „Ich spucke auf das sittlich Gute, wenn es keine Lust verschafft" trug ihm den (unzutreffenden) Vorwurf ein, er propagiere ein Leben voll zügelloser Sinnenlust. Ein Leben, das sich ausschließlich an der Erfüllung der Lüste orientiert, bezeichnet man bis heute als **„Hedonismus"**, abgeleitet von dem griechischen Wort hedoné, die Lust. (s. auch S. 106, 141)

Epikur: Lust als höchstes Lebensziel

Wer jung ist, soll nicht zögern zu philosophieren, und wer alt ist, soll nicht müde werden im Philosophieren. Denn für keinen ist es zu früh und für keinen zu spät, sich um die Gesundheit der Seele zu kümmern. Wer behauptet, es sei noch nicht Zeit zu philosophieren oder die Zeit sei schon vorübergegangen, der gleicht einem, der behauptet, die Zeit für die Glückseligkeit sei noch nicht oder nicht mehr da. [...] Wir müssen uns also kümmern um das, was die Glückseligkeit schafft: Wenn sie da ist, so besitzen wir alles, wenn sie aber nicht da ist, dann tun wir alles, um sie zu besitzen. [...] Um dessentwillen tun wir nämlich alles: damit wir weder Schmerz noch Verwirrung empfinden. Sobald einmal dies an uns geschieht, legt sich der ganze Sturm der Seele. Das Lebewesen braucht sich dann nicht mehr aufzumachen nach etwas, was ihm noch fehlt, und nach etwas anderem zu suchen, durch das das Wohlbefinden von Seele und Leib erfüllt würde. Dann nämlich bedürfen wir der Lust, wenn uns die Abwesenheit der Lust schmerzt. Wenn uns aber nichts schmerzt, dann bedürfen wir der Lust nicht mehr.

Darum nennen wir auch die Lust Anfang und Ende des seligen Lebens.

Denn sie haben wir als das erste und angeborene Gut erkannt, von ihr aus beginnen wir mit allem Wählen und Meiden, und auf sie greifen wir zurück, indem wir mit der Empfindung als Maßstab jedes Gut beurteilen. Und eben weil sie das erste und angeborene Gut ist, darum wählen wir auch nicht jede Lust, sondern es kommt vor, dass wir über viele Lustempfindungen hinweggehen, wenn sich für uns aus ihnen ein Übermaß an Lästigem ergibt.

Wir ziehen auch viele Schmerzen Lustempfindungen vor, wenn uns aus dem lange dauernden Ertragen der Schmerzen eine größere Lust begleitet. Jede Lust also, da sie eine uns angemessene Natur hat, ist ein Gut, aber nicht jede ist zu wählen; wie auch jeder Schmerz ein Übel ist, aber nicht jeder muss natürlicherweise immer zu fliehen sein. Durch wechselseitiges Abmessen und durch die Beachtung des Zuträglichen und Abträglichen vermag man dies alles zu beurteilen. Denn zu gewissen Zeiten gehen wir mit dem Gut um wie mit einem Übel und mit dem Übel wiederum wie mit einem Gute.

Wir halten auch die Selbstgenügsamkeit für ein großes Gut, nicht um uns in jedem Falle mit wenigem zu begnügen, sondern damit wir, wenn wir das viele nicht haben, mit dem wenigen auskommen, in der echten Überzeugung, dass jene den Überfluss am ehesten genießen, die seiner am wenigsten bedürfen, und dass alles Naturgemäße leicht, das Sinnlose aber schwer zu beschaffen ist, und dass bescheidene Suppen ebenso viel Lust erzeugen wie ein üppiges Mahl, sowie einmal aller schmerzende Mangel beseitigt ist, und dass Wasser und Brot die höchste Lust zu verschaffen vermögen, wenn einer sie aus Bedürfnis zu sich nimmt.

Für all dies ist der Anfang und das größte Gut die Einsicht. Darum ist auch die Einsicht noch kostbarer als die Philosophie. Aus ihr entspringen alle übrigen Tugenden, und sie lehrt, dass es nicht möglich ist, lustvoll zu leben ohne verständig, schön und gerecht zu leben, noch auch verständig, schön und gut, ohne lustvoll zu leben. Denn die Tugenden sind von Natur aus verbunden mit dem lustvollen Leben, und das lustvolle Leben ist von ihnen untrennbar.

1 Was verbinden Sie mit dem Begriff „Lust"? Ordnen Sie Ihre Gedanken in einer Mindmap.

2 Was versteht Epikur unter einem lustvollen Leben? Worin liegt der Zusammenhang mit der Glückseligkeit?

3 Worin bestehen die Unterschiede zwischen einer „hedonistischen Spaßkultur" und den epikureischen Vorstellungen eines lustvollen Lebens?

4 Diskutieren Sie über Epikurs Forderung: „Verbringe dein Leben im Verborgenen!"

Seneca: Glück, Tugend und Laster

Über Glück und Freude:

Was aber hindert uns, das glückliche Leben als die geistig-seelische Haltung zu beschreiben, die sich durch Freiheit, aufrechten Sinn, Unerschrockenheit und Standfestigkeit auszeichnet, jenseits der Angst und jenseits der Begierde, für welche die Sittlichkeit das einzige Gut und die Unsittlichkeit das einzige Übel darstellt, die alles andere nur als wertlosen Haufen von Dingen betrachtet, die dem Glück nichts nehmen oder hinzufügen und kommen und gehen, ohne das höchste Gut zu mehren oder zu schmälern? Bei einer so stabilen Grundlage muss sich ganz zwangsläufig eine heitere Stimmung einstellen und eine tiefe, aus dem Innersten kommende Freude, da diese an dem, was sie besitzt, Gefallen findet und Größeres als das, was ihr eignet, nicht begehrt.

Über natürliche und unnatürliche Lebensweise:

Glücklich ist nicht derjenige, den die Leute so nennen, der über das große Geld verfügt, sondern der, dessen Hab und Gut geistiger Natur ist; er ist aufrecht, von erhabener Gesinnung, verachtet, was man allgemein bewundert, kennt keinen, mit dem er tauschen möchte, beurteilt einen Menschen nur nach seinem menschlichen Wert; *er sieht in der Natur seine Lehrmeisterin, formt sich nach ihren Gesetzen und lebt nach ihren Vorschriften*; keine Macht der Welt kann ihm seine Güter nehmen, Böses wendet er zum Guten; er ist sicher in seinem Urteil, unerschütterlich und furchtlos; ein Akt der Gewalt empört ihn, raubt ihm aber nicht die Fassung; wenn das Schicksal mit aller Kraft das gefährlichste Geschoss, das es hat, gegen ihn schleudert, wird er zwar leicht getroffen – auch das nur selten –, jedoch nicht verwundet. Alle übrigen Geschosse freilich, durch die das Schicksal die Menschheit niederstreckt, prallen von ihm ab wie Hagel, der – ohne jeden Schaden für die Bewohner – prasselnd auf den Dächern aufschlägt und alsbald schmilzt.
Bist du nicht der Meinung, dass die wider die Natur leben, die statt der eigenen Kleidung Frauensachen tragen? Leben nicht die wider die Natur, die darauf aus sind, den strahlenden Charme des Knabenalters über seine Zeit hinaus zu erhalten? Leben nicht die wider die Natur, die sich im Winter eine Rose wünschen und die durch feuchte, warme Umschläge und geschickten Standortwechsel die Lilie, eine Frühlingsblume, im Winter zum Blühen bringen? Leben nicht die wider die Natur, welche die Fundamente ihrer Thermen im Meer errichten und nur dann glauben, den ganzen Komfort ihres Schwimmbads zu genießen, wenn Fluten und Sturm ihr gewärmtes Badewasser umbranden? Haben solche Leute erst einmal begonnen, alles nur im Widerspruch zur natürlichen Gewohnheit tun zu wollen, so brechen sie zuletzt völlig mit ihr.

Über Alkoholmissbrauch:

Wenn du beweisen willst, dass sich ein sittlich guter Mann nicht betrinken darf; wieso greifst du dann zu logischen Schlussfolgerungen? Sag einfach, es sei eine Schande, mehr zu sich zu nehmen, als man verträgt, und nicht zu wissen, wie viel der Magen fassen kann; stell dar, was die Betrunkenen alles tun, dessen sie sich, wenn sie wieder nüchtern sind, schämen, und dass die Trunkenheit nichts anderes ist als frei gewählter Wahnsinn. [...] Die Trunkenheit bringt die Laster nicht hervor, sondern offenbart sie bloß. Dann wartet der Lüstling nicht mehr, bis er im Schlafzimmer ist, sondern überlässt sich umgehend dem ganzen Ausmaß seiner Begierden. [...] Die Trunkenheit hat fast immer die Grausamkeit im Gefolge; die geistige Gesundheit leidet nämlich

Der römische Philosoph, Politiker und Geschäftsmann **Seneca** (4 v. Chr. – 65 n. Chr.) war ein Vertreter der von dem griechischen Philosophen Zenon begründeten Philosophie der **Stoa** (zur Philosophie der Stoiker s. S. 140). Als Lehrer und politischer Berater des späteren Kaisers Nero wurde er von diesem wegen angeblicher Verschwörung zum Tode verurteilt und zum Selbstmord aufgefordert. Seneca wählte den Freitod im Kreis seiner Freunde: „Was spielt es für eine Rolle, wie bald du aus dem Leben scheidest, wenn du sowieso einmal gehen musst? Nicht einem *langen* Leben muss unsere Sorge gelten, sondern einem *befriedigenden*." Seinen Tod gestaltete er ähnlich wie sein lebenslanges Vorbild Sokrates (s. S. 372) und in Übereinstimmung mit seiner Überzeugung, dass „glücklich nur derjenige genannt werden kann, der, von der Vernunft geleitet, nicht mehr wünscht und nicht mehr fürchtet".

Seneca-Brevier, hg. und übersetzt von Ursula Blank-Sangmeister, Stuttgart (reclam) 1996

Schaden und verroht. [...] Mach klar, dass die Vergnügungen, die man als sinnliche Genüsse bezeichnet, zu Strafen werden, sobald sie das Maß überschreiten.

Über die Aufgaben der sittlichen Vollkommenheit:

Der sittlichen Vollkommenheit schreiben wir folgende Aufgaben zu: Sie soll die Leidenschaften zügeln, Ängste beseitigen, voraussehen, was zu tun ist, und jedem das Seine zugestehen. So verstehen wir die Begriffe Mäßigkeit, Tapferkeit, Klugheit, Gerechtigkeit und bestimmen jedem seine zugehörigen Pflichten.

Über Zurückgezogenheit und politische Tätigkeit:

Epikur sagt: „Der Weise wird sich nicht politisch betätigen, es sei denn, es träten besondere Umstände ein." Zenon sagt: „Er wird sich politisch betätigen, es sei denn, es läge ein Hinderungsgrund vor." Der eine sucht die Zurückgezogenheit bewusst, der andere nur aus gutem Grund. Dieser Grund aber wird sehr weit gefasst [...]. Wenn man zu wenig Ansehen, zu wenig Kraft hat [...] oder wenn es ihm sein Gesundheitszustand nicht erlaubt, wird er – so wie er ein leckgeschlagenes Schiff nicht in See stechen lassen oder wie er sich als gebrechlicher Mann nicht zum Kriegsdienst melden würde – keinen Weg beschreiten, von dem er weiß, dass er ungangbar ist.

Über Armut und Reichtum:

Wie viele Dinge überflüssig sind, merken wir erst, wenn wir sie nicht mehr haben; wir benutzten sie, nicht weil wir sie brauchten, sondern weil sie uns zur Verfügung standen. Und wie vieles schaffen wir an, weil es andere auch schon angeschafft haben und weil die meisten es besitzen [...]. Unsere Blödheit zeigt sich wohl auch darin, dass wir nur das als wertvollen Kauf ansehen, wofür wir Geld bezahlt haben, und die Dinge für umsonst halten, für die wir mit unserer Person aufgekommen sind.
Alles kann man verachten, alles haben nicht. Der kürzeste Weg zum Reichtum führt über die Verachtung des Reichtums. [...] Nicht wer zu wenig hat, sondern wer mehr haben will, ist arm.

1 Worin besteht für Seneca die Tugend? Zu welcher Lebenshaltung führt sie?

2 Mit welchen Argumenten verwirft Seneca „unnatürliche" und „unsittliche" Verhaltensweisen? Nehmen Sie dazu kritisch Stellung.

Die **Stoa** (gr. Säulenhalle) ist eine nach ihrem Versammlungsort, der Stoa poikíle im antiken Athen, benannte Philosophenschule. Gegründet von dem griechischen Philosophen **Zenon von Kition** (um 300 v. Chr.), fand die stoische Lehre später auch in Rom zahlreiche Anhänger. Unter ihnen waren **Seneca** („Moralische Briefe an Lucilius"), **Epiktet** („Handbüchlein der Moral") und **Mark Aurel** („Selbstbetrachtungen").
Die Stoiker gliederten die Philosophie in die Bereiche *Logik* (darunter Rhetorik, Grammatik und Dialektik), *Physik* und *Ethik*.
Die stoische Lehre ging von einem geordneten Kosmos aus, dem eine allumfassende Weltvernunft innewohnt. Alles geschieht nach einer inneren und absoluten Notwendigkeit. Weil auch die menschliche Vernunft an dieser Weltvernunft Anteil hat, ist ein glückseliges Leben nur vernunftgemäß, d. h. „gemäß der Natur", möglich. Der Mensch verfügt zwar über Willensfreiheit, diese aber dient wesentlich dazu, *das vom Schicksal* (lat. fatum) *Bestimmte in ein freiwillig Getragenes umzuwandeln*. Eine solche Haltung vermeidet Affekte und Leidenschaften wie Zorn, Lust oder Furcht und führt somit zur Unerschütterlichkeit und (Seelen-)Ruhe („stoische Ruhe").
Mit dieser Auffassung standen die Stoiker in schroffem Gegensatz zur hedonistischen Lehre Epikurs (s. S. 138), in der sie nur „unvernünftige Seelenregungen" angepriesen sahen. Ebenso lehnten sie die unpolitische Haltung der Epikureer ab, weil ein naturgemäßes Leben auch das Engagement in und für die Gemeinschaft einschließt.
In der Rechtsauffassung vertraten die Stoiker eine Naturrechtslehre (s. S. 235).
Die Gelassenheit gegenüber dem Schicksal fasste der Stoiker und römische Kaiser Marc Aurel so zusammen: „Sei wie ein Fels, an dem sich beständig die Wellen brechen: Er steht fest und dämpft die Wut der ihn umbrausenden Wogen."

Luciano De Crescenzo: Einige Betrachtungen über die Stoiker und die Epikureer

Wer sind heute die Stoiker und wer die Epikureer? Woran soll man sie erkennen? Wie sehen sie aus? Eine sehr schwierige Frage.

Der Stoiker ist ein Mensch, der felsenfest an seine moralische Aufgabe glaubt. Er muss sie erfüllen. Er braucht immer ein großes Projekt, das seinem Leben Sinn verleiht. Aus Angst, dass dieses Projekt tatsächlich zu verwirklichen sein könnte, sucht sich der Stoiker aber im Allgemeinen eine so schwierige Aufgabe aus, die möglichst sogar unlösbar, zumindest aber von einem normalen Sterblichen nicht zu erfüllen ist. Entscheidend für ihn bleibt, dass er im Namen einer Sache leiden kann, die moralischen Wert hat. Stoiker sind all jene, die an die einzige, ewige, unauflösbare große Liebe glauben. Die finden sie natürlich nie, was sie aber nicht daran hindert, sie beharrlich zu suchen, ohne je Kompromisse einzugehen. Ihr Motto lautet: alles oder nichts. Stoiker sind auch die Christen, die wahren Christen. Ihr Ziel ist das Paradies, und dieses wollen sie durch Abtötung des Fleisches und Erhebung des Geistes erreichen. Zu ihren Lieblingssprüchen gehören diese: „Wir sind zum Leiden geboren" und „Die Letzten werden die Ersten sein." Stoiker sind auch die Marxisten: Das Ziel ihres Lebens ist Gerechtigkeit für alle, ohne jede Ausnahme. Auch dies ist ein Ziel, das kurzfristig nicht erreicht werden kann: Die Sonne der Zukunft ist eben wie gesagt eine Sache der Zukunft. Auf dem Weg dorthin sind Revolutionen, Diktaturen des Proletariats und andere ebenso unangenehme Zwischenphasen vorgesehen. [...]

Der Epikureer ist aus ganz anderem Holz geschnitzt. Im Bewusstsein der Vergänglichkeit des Lebens setzt er sich bescheidene Ziele, die er innerhalb kurzer Frist erreichen kann. Epikureer ist der Angestellte, der eine Gehaltserhöhung verlangt, um ein bestimmtes Problem innerhalb des laufenden Jahres zu lösen. Epikureer ist, wer eine Partei wählt, die ihm nicht Gerechtigkeit, Freiheit und Glück verspricht, sondern ihm durch eine Politik der kleinen Schritte eine stufenweise Verbesserung seines Lebens vorschlägt. Epikureer ist, wer mit einem Partner weiter zusammenlebt, in den er nicht gerade sehr verliebt ist, mit dem er aber doch einen Modus Vivendi[1] gefunden hat, der das Zusammenleben erträglich macht.

Beide Denkströmungen haben ebenso viele Vorteile wie Nachteile. Die Epikureer sind im Allgemeinen etwas gelassenere, fast immer lächelnde Menschen, die mit der Welt einigermaßen im Einklang sind. Die Stoiker dagegen sind hervorragende Arbeiter: Auch wenn sie Karten spielen, geben sie ihr Bestes. Der Epikureer verachtet die aktive Politik und macht selten einmal als Industriekapitän Karriere: Er legt mehr Wert auf sein Privatleben als auf Öffentlichkeit. Pirelli[2] muss ein Stoiker gewesen sein, sonst wäre er nicht *der* Pirelli geworden, sondern hätte sich damit zufrieden gegeben, ein einfacher Reifenhändler zu sein.

Man möchte künftigen Ehepartnern raten, sich vor der Heirat weniger für das Sternzeichen des anderen zu interessieren als vielmehr für seinen jeweiligen Stoizismus- und Epikureismus-Index.

Luciano De Crescenzo (geb. 1928), italienischer Schriftsteller. Der nebenstehende Text stammt aus seinem Werk „Geschichte der griechischen Philosophie" (1986).

1 Überprüfen Sie, ob De Crescenzos Charakterisierung den beiden philosophischen Haltungen gerecht wird.

2 Porträtieren Sie einen typischen Stoiker oder Epikureer aus Ihrem Freundes- oder Bekanntenkreis.

3 Bestimmen Sie Ihren eigenen „Stoizismus- oder Epikureismus-Index".

---

[1] Modus Vivendi (lat.): Form eines erträglichen Zusammenlebens ohne völlige Übereinstimmung

[2] Giovanni Battista Pirelli (1848–1932): italienischer Mathematiker und Ingenieur, Gründer einer Gummi- und Kabelfabrik

Tugenden im Konfuzianismus

Konfuzianismus: philosophisch begründete Ethik, benannt nach dem chinesischen Philosophen Konfuzius (Kuntzu, Konfutse, 551–479 v. Chr.). Das Fundament der Moral liegt einerseits in der Orientierung an den fünf Tugenden gegenseitige Liebe, Rechtschaffenheit, Weisheit, Sittlichkeit, Aufrichtigkeit, andererseits in der Verwirklichung der „drei unumstößlichen Beziehungen": Unterordnung des Sohnes unter den Vater, des Volkes unter den Herrscher, der Frau unter den Mann.
Konfuzius' Lehre ist niedergelegt in den „Lun Yü" („Gespräche", „Erörterungen"), einer in 20 Bildern zusammengefassten Sammlung von Dialogen, kurzen Aussprüchen und Aphorismen. Zentrales Ziel der Lehre ist das Erreichen des „Yen", der „Menschlichkeit".

Aus den Lehren des Konfuzius

Konfuzius sprach: „Fordere viel von dir selbst und erwarte weniger von anderen. So wird dir Ärger erspart bleiben."
Konfuzius sprach: „Will man Gehorsam durch Gesetze und Ordnung durch Strafe, dann wird sich das Volk den Gesetzen und Strafen zu entziehen versuchen und alle Skrupel verlieren. Wird man hingegen nach sittlichen Grundsätzen regiert und die Ordnung durch Beachtung der Riten und der gewohnten Formen des Umgangs erreicht, so hat das Volk nicht nur Skrupel, sondern wird auch aus Überzeugung folgen."
Konfuzius sprach: „Ein junger Mensch soll in der Familie ehrfürchtig und gehorsam gegenüber seinen Eltern sein. Außer Haus begegne er den Menschen so, wie sich ein jüngerer Bruder gegenüber seinem älteren Bruder verhält, mit Achtung und Aufrichtigkeit; er sei durchdrungen von Liebe zu allen und eng mit dem Guten verbunden. Wenn ihm bei all dem noch Kraft bleibt, dann soll er sich den Büchern widmen."
Zi-zhang fragte Konfuzius, was es heiße, sittlich zu handeln. Der Meister antwortete: „Überall fünf Grundsätze verwirklichen – das ist Sittlichkeit." – Zi-zhang wollte daraufhin wissen, was das für Grundsätze seien. Konfuzius sagte: „Höflichkeit, Großmut, Aufrichtigkeit, Eifer und Güte. Der Höfliche genießt mehr Achtung, durch Großmut gewinnt man Sympathie, Aufrichtigkeit schafft Vertrauen, Eifer bringt Erfolg, wer Güte hat, kann anderer Menschen Herr und Leiter sein."
Zi-gong fragte den Konfuzius: „Gibt es ein Wort, das ein ganzes Leben lang als Richtschnur des Handelns dienen kann?" Konfuzius antwortete: „Das ist ‚gegenseitige Rücksichtnahme'. Was man mir nicht antun soll, will ich auch nicht anderen Menschen zufügen."
Konfuzius sprach: „Dem Edlen geht es um innere Werte, der Gemeine hingegen ist auf Materielles aus. Der Edle denkt an die richtigen Vorbilder, der Gemeine strebt nach Gunst."
Ji Kang-zi fragte: „Wie kann man erreichen, dass das Volk ehrerbietig und ergeben ist und sich die Menschen zum Guten ermahnen?" – Der Meister antwortete: „Seid gegenüber dem Volk ernst und würdevoll, dann wird es auch Achtung und Ehrerbietung zeigen. Wenn Ihr selbst dafür ein Beispiel gebt, dann wird Euch auch das Volk ergeben sein. Fordert jene, die es wert sind, und unterweist die, die nichts können. Dann werden sich die Menschen gegenseitig zum Guten ermahnen."
Konfuzius sprach: „Maß und Mitte bewahren – das ist die höchste Tugend. Sie ist selten geworden, seit langem schon."

Konfuzius (551–479 v. Chr.)

1 Erstellen Sie mithilfe der Aussprüche Konfuzius' einen Tugendkatalog.

2 Vergleichen Sie diese Tugenden mit den platonischen und christlichen und stellen Sie Gemeinsamkeiten und Unterschiede fest.

Tugenden in der christlichen Ethik

Die **christliche Ethik** erweiterte die platonische Tugendlehre mit ihren Kardinaltugenden Gerechtigkeit, Klugheit, Besonnenheit und Tapferkeit um die Tugenden **Glaube, Hoffnung, Liebe**.

Hendrick Goltzius (1558–1617): Die sieben Tugenden

Apostel Paulus: Das „Hohelied der Liebe"

1 Wenn ich in den Sprachen der Menschen und Engel redete, hätte aber die Liebe nicht, wäre ich dröhnendes Erz oder eine lärmende Pauke. 2 Und wenn ich prophetisch reden könnte und alle Geheimnisse wüsste und alle Erkenntnis hätte; wenn ich alle Glaubenskraft besäße und Berge damit versetzen könnte, hätte aber die Liebe nicht, wäre ich nichts. 3 Und wenn ich meine ganze Habe verschenkte, und wenn ich meinen Leib dem Feuer übergäbe, hätte aber die Liebe nicht, nützte es mir nichts. 4 Die Liebe ist langmütig, die Liebe ist gütig. Sie ereifert sich nicht, sie prahlt nicht, sie bläht sich nicht auf. 5 Sie handelt nicht ungehörig, sucht nicht ihren Vorteil, lässt sich nicht zum Zorn reizen, trägt das Böse nicht nach. 6 Sie freut sich nicht über das Unrecht, sondern freut sich an der Wahrheit. 7 Sie erträgt alles, glaubt alles, hofft alles, hält allem stand. 8 Die Liebe hört niemals auf. Prophetisches Reden hat ein Ende, Zungenrede verstummt, Erkenntnis vergeht. 9 Denn Stückwerk ist unser Erkennen, Stückwerk unser prophetisches Reden. [...] 13 Für jetzt bleiben Glaube, Hoffnung, Liebe, diese drei; doch am größten unter ihnen ist die Liebe.

(Neues Testament: Erster Brief des Apostels Paulus an die Korinther (1 Kor, Kap. 13))

1 Inwiefern sind Glaube, Liebe und Hoffnung „Tugenden"?

2 Worin sieht Paulus die Bedeutung der Liebe?

3 Vergleichen Sie den Paulustext mit dem Bild. Ordnen Sie den Figuren die jeweilige Tugend zu. Aus welchem Grund hat der Maler die Tugenden auf diese Weise angeordnet und gestaltet?

Tugend und Laster

Der Maler und Grafiker **Otto Dix** (1891–1969) wurde 1927 Professor an der Kunstakademie in Dresden, aber nach der Machtübernahme der Nationalsozialisten 1933 wieder entlassen. Er erregte besonders mit seinen Kriegsbildern zum Ersten Weltkrieg großes Aufsehen.
Analog zu den Kardinaltugenden gestaltete Dix in dem nebenstehenden Bild (1933) die sieben Laster bzw. Todsünden (s. S. 135). Das ursprünglich blonde Oberlippenbärtchen des Gnomen übermalte Dix nach 1945 schwarz.

Otto Dix: Die sieben Todsünden

1 Beschreiben Sie Aussehen und Haltung der Gestalten und ordnen Sie ihnen das jeweilige Laster zu.

Jörg von Uthmann: Über den Vorteil des Lasters

Ganz unangefochten blieb der Kanon der Tugenden und Laster freilich nicht. Schon Thomas von Aquin[1], dem „Doctor Angelicus“, der die christlichen Sünden in ein System brachte, dämmerte: „Viel Nützliches würde verhindert werden, wenn alle Sünden streng verboten würden.“ Machiavelli[2] wurde deutlicher: „Wenn man alles genau be-

[1] Thomas von Aquin (1225–1274): bedeutendster Theologe des Mittelalters (s. S. 216)
[2] Niccolò Machiavelli (1469–1527): italienischer Staatstheoretiker

trachtet, wird man finden, dass manches, was als Tugend gilt, zum Untergang führt und dass manches andere, was als Laster gilt, Sicherheit und Wohlstand bringt." Den gleichen Gedanken formulierte Lichtenberg so: „Wenn die Menschen plötzlich tugendhaft würden, müssten viele Tausende verhungern." Dass gerade der Wohlstand ohne die Todsünde der avaritia[1] nicht denkbar wäre, sprach der holländische Arzt Bernard de Mandeville in seiner 1714 erschienenen „Bienenfabel" offen aus. In diesem tiefsinnigen Pamphlet, das den Untertitel „Private Laster, öffentlicher Nutzen" trägt, wird eine Gesellschaft von korrupten, genuss- und gewinnsüchtigen „Bienen" geschildert, denen es glänzend geht, da die allgemeine Habgier Handel und Gewerbe fördert. Als ein Moralprediger auftritt und den „Bienen" ins Gewissen redet, werden sie genügsam und ehrlich – mit der Folge, dass die Wirtschaft zusammenbricht und die Gesellschaft in einen archaischen Naturzustand der Armut und des Elends zurückfällt. Mandeville musste für seinen Freimut schwer büßen. Er wurde in England vor Gericht gestellt und genötigt, seine provozierenden Thesen zu widerrufen. Auch Oscar Wilde[2], der das Laster einen Mythos nannte, „den gute Leute erfunden haben, um die rätselhafte Anziehungskraft anderer zu erklären", wurde von der Justiz verfolgt und von der Gesellschaft geächtet. [...] Kein Wunder, dass die meisten vorziehen, dem Laster privat zu frönen und sich öffentlich zur Tugend zu bekennen. „Wer weit kommen will", sagte Talleyrand[3], der seine glanzvolle Laufbahn als Geistlicher begonnen hatte und daher wusste, wovon er sprach, „muss die Tugend lieben und das Laster üben." Als Weltmeister im Bemänteln ihrer Laster gelten die Engländer; für die spezifisch britische Scheinheiligkeit gibt es sogar ein besonderes Wort: *cant*. Wie der Fall des Moralphilosophen Max Scheler[4] zeigt, fehlt es den Deutschen aber nicht an Talent. Als ihm der Kölner Erzbischof Vorwürfe wegen seines anstößigen Lebenswandels machte, fragte Scheler ungerührt zurück: „Haben Eminenz schon einmal einen Wegweiser gesehen, der den Weg, den er wies, selber ging?"

Johann Liss (1597–1631): Herakles am Scheidewege

[1] Avaritia (lat.): Habsucht
[2] Oscar Wilde (1854–1900): irischer Schriftsteller
[3] Talleyrand (1754–1838): französischer Staatsmann und Diplomat
[4] Max Scheler (1874–1928): deutscher Philosoph und Anthropologe

Die „sieben Todsünden der modernen Welt" nach Mahatma Gandhi (1869–1948, s. S. 222 f.): Reichtum ohne Arbeit, Genuss ohne Gewissen, Wissen ohne Charakter, Geschäft ohne Moral, Wissenschaft ohne Menschlichkeit, Religion ohne Opferbereitschaft, Politik ohne Prinzipien.

2 Worin liegt der Kern der Kritik, die Uthmann mithilfe der angeführten Beispiele übt? Überlegen Sie anhand von Beispielen, ob die Kritik berechtigt ist.

3 Die griechische Mythologie erzählt davon, dass der junge Herakles darüber nachdachte, welchen Lebensweg er einschlagen sollte. Da erschienen ihm zwei Frauen, die ihn beide für sich zu gewinnen versuchten: das Laster und die Tugend.
Wie hat der Maler Johann Liss die Szene gestaltet? Mit welchen Attributen sind Laster und Tugend dargestellt?

4 Lassen Sie das Laster und die Tugend auf Herakles einreden. Welche Argumente würden sie vorbringen? Wie könnte Herakles darauf antworten?

5 Setzen Sie sich mit Gandhis Auflistung „moderner Todsünden" kritisch auseinander. Formulieren Sie einen eigenen Sünden- bzw. Lasterkatalog.

Die Tugend der Zivilcourage

Iring Fetscher (geb. 1922), deutscher Politologe, tritt in seinen Werken dafür ein, „die selbstzerstörerisch gewordene Industriezivilisation durch eine bewusst geplante, qualitativ andere Weltzivilisation abzulösen".

Till Bastian: Zivilcourage. Von der Banalität des Guten, Hamburg (Rotbuch-Verlag) 1996

1 Der Autor spricht von „Tapferkeit", „Mut" und „Zivilcourage". Grenzen Sie die Begriffe voneinander ab und geben Sie eine Definition von „Zivilcourage".

2 Inwiefern geht in einer Gesellschaft ohne Menschen mit Zivilcourage „die Freiheit zugrunde" (Z. 41)?

3 Nennen Sie Beispiele für Zivilcourage. Überlegen Sie, inwieweit sie auch im Schulsystem gefordert ist.

4 Fetscher spricht in Z. 15 von „Missbrauchbarkeit" der Tapferkeit und anderer Tugenden. Finden Sie dafür Beispiele.

Iring Fetscher: Ermutigung zur Zivilcourage. Plädoyer für eine zu wenig beachtete Tugend

Tapferkeit ist eine Tugend, Mut eine natürliche Haltung. Mut kann auf mangelndem Bewusstsein der Gefahr beruhen und wird dann zur Tollkühnheit. Der Tollkühne vernachlässigt seine Pflicht zur Selbsterhaltung. Der Tapfere setzt sein eigenes Leben für ein Ziel aufs Spiel, von dem er annimmt, dass es den Wert seines individuellen Lebens übersteigt. Vielleicht sollte man dieses Wort allein für denjenigen reservieren, dessen subjektive Wertschätzung zugleich objektiv „richtig" und human ist. Der Räuber, der sein Leben für die Sache des Raubes, den Erfolg seiner Bande aufs Spiel setzt, wäre dann zwar mutig, aber nicht tapfer. Aber die Grenzen sind nicht immer klar zu bestimmen. Was sollen wir von dem Soldaten sagen, der glaubte, ehrlich glauben konnte, sein Mut diene dem Schutz des Lebens seiner Mitbürger und einer gerechten Sache, der sich aber – ein getäuschtes Opfer seiner Regierung – irrte? Darf man ihn nicht tapfer nennen? Tapfer – gewiss. Aber damit wird nur deutlich, dass auch Tapferkeit eine „sekundäre Tugend" ist, die ihren Wert letztlich erst durch die Ziele erhält, denen sie dient. [...]

Die Missbrauchbarkeit ist freilich nicht nur dieser einen sekundären Tugend eigentümlich. Sie gilt ebenso für andere: etwa den Fleiß oder die Zuverlässigkeit. Fleiß im Begehen einer Missetat und Zuverlässigkeit in der Zusammenarbeit mit einem Verbrecher sind höchst schädliche Verhaltensweisen. [...]

Von jenem Mut und jener Tapferkeit, deren ambivalenten Charakter ich eben angedeutet habe, ist die Zivilcourage prinzipiell zu unterscheiden. [...] In der Demokratie wird sie vielleicht noch mehr benötigt als in monarchischen und aristokratischen Gesellschaften. [...]

Gegenüber wem beweisen wir in der liberalen Demokratie Zivilcourage?

Gewiss, auch in der Demokratie gibt es noch „Vorgesetzte", „Behörden", einschüchternde Amtsinhaber, vor deren Drohgebärde Zivilcourage am Platze sein kann. Aber der eigentliche „Souverän" ist doch das Volk, die öffentliche Meinung oder das, was als solche gilt. Zivilcourage muss daher in erster Linie auf einem anderen Felde bewährt werden als in der Monarchie oder unter der Diktatur. Zivilcourage ist nicht das Gleiche wie der oft apostrophierte „Mut zu unpopulären Entscheidungen", den man Abgeordneten oder Regierungen wünscht. Sie hat aber eine gewisse Verwandtschaft mit ihm. Zivilcourage ist eine Haltung einzelner Bürger, nicht von Mitgliedern der Regierung. Sie kann bewiesen werden in der Fähigkeit und Bereitschaft, Vorurteile, die in einer Bevölkerung weitverbreitet sind, infrage zu stellen; gegen den Strom der „öffentlichen Meinung" zu schwimmen; den Zorn eines mächtigen Zeitungsverlegers zu riskieren (wenn es darum geht, eine Verwirrung stiftende, Leser manipulierende Aussage zu kritisieren); dem Konformitätszwang einer Gruppe zu widerstehen und die davon abweichende persönliche Einsicht oder Überzeugung offen einzubekennen. All das sind Äußerungen, zu denen Zivilcourage gefordert ist. Zivilcourage ist, psychoanalytisch ausgedrückt, ein Beweis von „Ich-Stärke". Wer Zivilcourage an den Tag legt, muss nicht immer im Recht sein. Ohne Menschen, die der Zivilcourage fähig sind, geht aber die Freiheit zugrunde.

Wie lässt sich Zivilcourage trainieren und im Alltag praktizieren?

DIE ZEIT: Was ist ein Zivilcourage-Training?

KAI JONAS: Viele Teilnehmer kommen mit der Vorstellung, sich auf dramatische, gewalttätige Situationen vorbereiten zu müssen. Aber der Fokus des Trainings verlagert sich schnell auf Alltäglicheres – rassistische Sprüche, Mobbing am Arbeitsplatz und Ähnliches.

ZEIT: Welche Menschen zeigen sich besonders couragiert, welche weniger?

JONAS: Viele *sagen*, dass sie in Notsituationen eingreifen würden. Tatsächlich *tun* es aber dann sehr wenige. Das gilt insbesondere für diejenigen unter uns, die überzeugt sind, immer alles richtig zu machen.

ZEIT: Woher weiß man, ob man dazugehört?

JONAS: Um unsere Teilnehmer zu sensibilisieren, erzeugen wir in unseren Trainings anfangs eine künstliche Notsituation: Wir greifen einen Teilnehmer heraus und nehmen ihn ins Kreuzverhör, bohrend und unhöflich. Das ist für die Betreffenden sehr unangenehm, sie werden hochrot, fangen an zu schwitzen. Was tun die anderen? Die meisten rutschen in ihren Stühlen zusammen, hören zu und tun nichts. Dann brechen wir die Situation ab und fragen: Was ist hier passiert?

ZEIT: Eigentlich hätte einer der Anwesenden aufstehen und dazwischengehen müssen!

JONAS: Genau. Das passiert aber nicht. Manchmal hacken die Leute noch auf das „Opfer“ ein. Dieses kleine Rollenspiel zeigt, wie schwer es vielen fällt, eine Notsituation als solche zu erkennen und einzuschreiten.

ZEIT: Und wenn man nun aktiv werden will?

JONAS: Zunächst ist es wichtig, sich nicht auf den Täter zu fokussieren. Eher sollte man versuchen, das Opfer aus der Situation herauszubringen. Gerade Männer zum Beispiel gehen oft eher konfrontativ vor, sie greifen körperlich ein. Das ist in vielen Fällen falsch. Besser ist eine sogenannte paradoxe Intervention.

ZEIT: Das wäre?

JONAS: Alles, was den Täter ablenkt, verwirrt und mir ein kleines Handlungsfenster eröffnet. Wichtig ist es, das Magnetfeld zwischen Täter und Opfer aufzubrechen. Ich kann zum Beispiel so tun, als ob ich das Opfer kenne und lange nicht mehr gesehen habe. Oder ich frage: Wo ist der nächste Zigarettenautomat?

ZEIT: Sie ignorieren einfach den Konflikt?

JONAS: Man muss den Konflikt gar nicht aufgreifen, sondern überlegen, wie man ihn ohne Eskalation entschärft. Ein schönes Beispiel berichtete einmal in einem Training ein älterer Herr. Er saß in einem Regionalexpress, in dem Jugendliche Nazilieder grölten. Alle Mitreisenden waren empört, keiner wusste, was tun. Da stand der ältere Herr auf, ging zu den Jugendlichen hin, stellte sich freundlich vor und sagte: Er sei Ortsvorsitzender der NPD. Was sie hier täten, schade der Sache, sie sollten lieber still sein. Daraufhin war Ruhe.

ZEIT: Clever! Auch nicht ganz ungefährlich.

JONAS: Zivilcourage hat immer mit Mut zu tun. Es gibt keine „Zivilcourage light“. Aber man kann durch richtiges Verhalten die Risiken deutlich minimieren. Es ist auch Zivilcourage, ein sachdienlicher Zeuge zu sein oder die Polizei zu rufen. Was man nicht tun sollte, ist, allein den Helden zu spielen. [...]
Viele, die couragiert eingreifen, überdenken nicht alle möglichen Konsequenzen, oder sie ignorieren die Gefahren für sich selbst.

Anlass für das nebenstehende Interview mit dem Sozialpsychologen Kai Jonas von der Universität Amsterdam war ein Vorfall, der sich im September 2009 an einer S-Bahn-Haltestelle in München ereignete. Dort bedrängten zwei Jugendliche mit Schlägen eine Gruppe Kinder und verlangten von ihnen die Herausgabe von Geld. Ein Zeuge, der 50-jährige Dominik Brunner, versuchte, die Kinder zu schützen, griff in das Geschehen ein und wurde daraufhin von den beiden Jugendlichen mit Faustschlägen und Fußtritten so schwer verletzt, dass er starb.

1 Welche Möglichkeiten und Grenzen couragierten Handelns werden in dem Interview aufgezeigt? Bewerten Sie deren Alltagstauglichkeit.

2 Erklären Sie die Begriffe Mobbing, Cyber-Mobbing und Bullying. Nennen und diskutieren Sie Möglichkeiten, gegen solche Verhaltensweisen vorzugehen.

3 „Zivilcourage in der Schule“: Konzipieren Sie eine Kampagne (Plakat, Flyer, Artikel für die Schülerzeitung, Rollenspiel u. Ä.).

Glück als Lebensziel?

Sigmund Freud (1856–1939, → Biografie, S. 381), österreichischer Nervenarzt und Begründer der Psychoanalyse

Sigmund Freud: „Die Absicht, dass der Mensch ‚glücklich' sei, ist im Plan der ‚Schöpfung' nicht enthalten"

Die Frage nach dem Zweck des menschlichen Lebens ist ungezählte Male gestellt worden; sie hat noch keine befriedigende Antwort gefunden, lässt eine solche vielleicht überhaupt nicht zu. Manche Fragesteller haben hinzugefügt, wenn sich ergeben sollte, dass das Leben keinen Zweck hat, dann würde es jeden Wert für sie verlieren. Aber diese Drohung ändert nichts. Es scheint vielmehr, dass man ein Recht dazu hat, die Frage abzulehnen. Ihre Voraussetzung scheint jene menschliche Überhebung, von der wir so viel andere Äußerungen bereits kennen. Von einem Zweck des Lebens der Tiere wird nicht gesprochen, wenn deren Bestimmung nicht etwa darin besteht, dem Menschen zu dienen. Allein auch das ist nicht haltbar, denn mit vielen Tieren weiß der Mensch nichts anzufangen – außer, dass er sie beschreibt, klassifiziert, studiert. [...] Es ist nur die Religion, die die Frage nach einem Zweck des Lebens zu beantworten weiß. Man wird kaum irren zu entscheiden, dass die Idee eines Lebenszweckes mit dem religiösen System steht und fällt. [...]

Wir wenden uns darum der anspruchsloseren Frage zu, was die Menschen selbst durch ihr Verhalten als Zweck und Absicht ihres Lebens erkennen lassen, was sie vom Leben fordern, in ihm erreichen wollen. Die Antwort darauf ist kaum zu verfehlen; sie streben nach dem Glück, sie wollen glücklich werden und so bleiben. Dies Streben hat zwei Seiten, ein positives und ein negatives Ziel, es will einerseits die Abwesenheit von Schmerz und Unlust, andererseits das Erleben starker Lustgefühle. Im engeren Wortsinn wird „Glück" nur auf das Letztere bezogen. Entsprechend dieser Zweiteilung der Ziele entfaltet sich die Tätigkeit des Menschen nach zwei Richtungen, je nachdem sie das eine oder das andere dieser Ziele zu verwirklichen sucht. – Es ist, wie man merkt, einfach das Programm des Lustprinzips, das den Lebenszweck setzt. Das Prinzip beherrscht die Leistung des seelischen Apparates vom Anfang an; an seiner Zweckdienlichkeit kann kein Zweifel sein, und doch ist sein Programm im Hader mit der ganzen Welt, mit dem Makrokosmos wie mit dem Mikrokosmos. Es ist überhaupt nicht durchführbar, alle Einrichtungen des Alls widerstreben ihm; man möchte sagen, die Absicht, dass der Mensch „glücklich" ist, ist im Plan der „Schöpfung" nicht enthalten. Was man im strengsten Sinn Glück heißt, entspringt der eher plötzlichen Befriedigung hoch aufgestauter Bedürfnisse und ist seiner Natur nach nur als episodisches Phänomen möglich. Jede Fortdauer einer vom Lustprinzip ersehnten Situation ergibt nur ein Gefühl von lauem Behagen; wir sind so eingerichtet, dass wir nur den Kontrast intensiv genießen können, den Zustand nur sehr wenig. Somit sind unsere Glücksmöglichkeiten schon durch unsere Konstitution beschränkt. Kein Wunder, wenn unter dem Druck der Leidensmöglichkeiten die Menschen ihren Glücksanspruch zu ermäßigen pflegen, wie ja auch das Lustprinzip selbst sich unter dem Einfluss der Außenwelt zum bescheideneren Realitätsprinzip umbildet, wenn man sich bereits glücklich preist, dem Unglück entgangen zu sein, das Leiden überstanden zu haben, wenn ganz allgemein die Aufgabe der Leidvermeidung die der Lustgewinnung in den Hintergrund drängt.

1 Welche Vorbehalte äußert Freud gegenüber dem „Zweck des Lebens"?

2 Wie definiert Freud „Glück"?

3 Verfassen Sie ein Streitgespräch zwischen Epikur (s. S. 138), Seneca (s. S. 139 f.), Freud und Ihnen selbst über Lebenszweck, Glück und Lust.

Paul Watzlawick: „Was wären wir ohne Unglücklichkeit?"

„Was kann man von einem Menschen ... erwarten? Überschütten Sie ihn mit allen Erdengütern, versenken Sie ihn in Glück bis über die Ohren [...], geben Sie ihm ein pekuniäres Auskommen, dass ihm nichts anderes zu tun übrig bleibt, als zu schlafen, Lebkuchen zu vertilgen und für den Fortbestand der Menschheit zu sorgen – so wird er doch, dieser selbe Mensch, Ihnen auf der Stelle aus purer Undankbarkeit, einzig aus Schmähsucht einen Streich spielen. Er wird sogar die Lebkuchen aufs Spiel setzen und sich vielleicht den verderblichsten Unsinn wünschen, den allerunökonomischsten Blödsinn, einzig um in diese ganze positive Vernünftigkeit sein eigenes unheilbringendes fantastisches Element beizumischen. Gerade seine banale Dummheit wird er behalten wollen ..."

Diese Worte stammen aus der Feder des Mannes, den Friedrich Nietzsche[1] für den größten Psychologen aller Zeiten hielt: Fjodor Michailowitsch Dostojewskij[2]. Und doch drücken sie, wenn auch in beredterer Sprache, nur das aus, was die Volksweisheit seit eh und je weiß: *Nichts ist schwerer zu ertragen als eine Reihe von guten Tagen.*

Es ist höchste Zeit, mit dem jahrtausendealten Ammenmärchen aufzuräumen, wonach Glück, Glücklichkeit und Glücklichsein erstrebenswerte Lebensziele sind. Zu lange hat man uns eingeredet – und haben wir treuherzig geglaubt –, dass die Suche nach dem Glück uns schließlich das Glück bescheren wird. [...]

Die Weltliteratur allein schon hätte uns längst misstrauisch machen sollen. Unglück, Tragödie, Katastrophe, Verbrechen, Sünde, Wahn, Gefahr – das ist der Stoff, aus dem die großen Schöpfungen bestehen. [...]

Machen wir uns nichts vor: Was oder wo wären wir ohne unsere Unglücklichkeit? Wir haben sie bitter nötig; im wahrsten Sinne des Wortes.

Paul Watzlawick (geb. 1921), amerikanischer Psychotherapeut österreichischer Herkunft, beschreibt in seinem zum Bestseller gewordenen Buch „Anleitung zum Unglücklichsein" (1983) auf amüsante und ironische Weise die Ursachen, wie man zum „wohlverdienten Unglücklichsein" kommt.

Glück. Ein Lesebuch zur Lebenskunst, hg. von Andrea Löhndorf, München (dtv) ^{2}2004

Aldous Huxley: Recht auf Unglück

In dem utopischen Roman „Schöne neue Welt" (1932) dringt Michael, ein „ Wilder", in den total kontrollierten, angst- und sorgenfreien Weltstaat vor. Gegenüber dem Repräsentanten des Weltaufsichtsrats, Mustafa Mannesmann, besteht Michael auf dem Recht auf Unglück.

„Aber ich liebe die Unannehmlichkeiten."
„Wir nicht!", versetzte der Aufsichtsrat. „Uns sind die Bequemlichkeiten lieber."
„Ich brauche keine Bequemlichkeiten. Ich will Gott. Ich will Poesie, ich will wirkliche Gefahren und Freiheit und Tugend. Ich will Sünde."
„Kurzum", sagte Mannesmann, „Sie fordern das Recht auf Unglück."
„Gut denn", erwiderte der Wilde trotzig. „Ich fordere das Recht auf Unglück."
„Ganz zu schweigen von dem Recht auf Alter, Hässlichkeit und Impotenz, dem Recht auf Syphilis und Krebs, dem Recht auf Hunger und Läuse, dem Recht auf ständige Furcht vor dem Morgen, dem Recht auf unsägliche Schmerzen jeder Art."
Langes Schweigen.
„Alle diese Rechte fordere ich", stieß der Wilde endlich hervor.
Mustafa Mannesmann zuckte die Achseln und sagte: „Wohl bekomm's!"

1 Diskutieren Sie über die Einwände, die Watzlawick und Huxley gegenüber dem Glück anführen.

2 Verfassen Sie unter Einbeziehung Ihrer eigenen Erfahrungen einen kleinen Ratgeber zum Glücklichsein.

---

[1] Friedrich Nietzsche (1844–1900): deutscher Philosoph (s. S. 130 f., 380)

[2] Fjodor M. Dostojewski (1821–1888): russischer Dichter (s. S. 173)

Glücklich leben: Aspekte der Lebenskunst

Freundschaft

Sándor Márai (1900–1989), ungarischer Schriftsteller. Der nebenstehende Text stammt aus seinem 1942 verfassten Roman „Die Glut“, in dem sich zwei langjährig befreundete Männer wegen der Liebe zu derselben Frau entzweien und sich nach 41 Jahren wieder begegnen.

Sándor Márai: Freundschaft ist stärker als Leidenschaft

Und jetzt muss ich dir sagen, was mir nur sehr langsam ins Bewusstsein gedrungen ist, was ich vor mir selber leugnete, ich muss dir diese beängstigende, überraschende Entdeckung mitteilen: Wir sind noch immer, noch jetzt Freunde. Offensichtlich vermag keine äußere Kraft etwas an den menschlichen Beziehungen zu ändern. Du hast in mir etwas getötet, du hast mein Leben ruiniert, aber wir sind immer noch Freunde. Und ich werde heute Abend etwas in dir töten, und dann lasse ich dich nach London zurückkehren, oder in die Tropen, oder in die Hölle, und dennoch bleibst du mein Freund. [...] Denn die Freundschaft ist keine ideale Stimmung. Die Freundschaft ist ein strenges Menschengesetz. In der alten Welt war es das stärkste Gesetz, auf das die Rechtsordnungen großer Kulturen gebaut waren. Jenseits persönlicher Regungen, jenseits der Selbstsucht lebte in den Herzen der Menschen das Gesetz der Freundschaft. Sie ist stärker als die Leidenschaft, die Männer und Frauen in hoffnungsloser Sehnsucht einander in die Arme treibt, und sie ist gegen Enttäuschung gefeit, denn sie will ja vom anderen nichts. Den Freund kann man töten, doch die Freundschaft, die in der Kindheit zwischen zwei Menschen entstanden ist, vermag vielleicht nicht einmal der Tod aufzuheben.

Michel de Montaigne (1533–1592), französischer Philosoph und Essayist (s. S. 19)

Michel de Montaigne: Oberflächliche und wahre Freundschaft

Zu nichts scheint uns die Natur mehr bestimmt zu haben, denn zu einem gesellschaftlichen Wesen. Hierzu sagt Aristoteles aber, die guten Gesetzgeber hätten noch mehr als für die Gerechtigkeit für den Schutz der Freundschaft Sorge getragen, und wirklich bildet sie die Krönung der Gesellschaft.

All jene menschlichen Beziehungen nämlich, die aus geschlechtlichem Bedürfnis oder Gewinnstreben, aus öffentlicher oder persönlicher Notwendigkeit entstehen und gepflegt werden, sind um so weniger schön und edel und daher um so weniger wahre Freundschaften, als sich hier andere Gründe, Zwecke, Erwartungen beimischen.

Auch die vier antiken Formen der verwandtschaftlichen, der geselligen, der gastlichen und der geschlechtlichen Freundschaft werden deren vollendeter Ausprägung nicht gerecht, weder einzeln noch zusammengenommen. [...]

Die Liebe zu den Frauen kann man, obwohl die ebenfalls unserer eigenen Wahl entspringt, genausowenig mit wahrer Freundschaft vergleichen noch überhaupt dieser Rangstufe zuordnen. Ihr Feuer, das muß ich zugeben, [...] ist zwar heftiger, beißender und verzehrender, aber es flackert nur flüchtig auf, in ständigem Wechsel hin und her wabernd: eine Fieberhitze, die bald steigt, bald fällt und bloß einen Zipfel von uns ergreift. Bei der Freundschaft hingegen umfaßt uns eine alles durchdringende, dabei gleichmäßige und wohlige Wärme, beständig und mild, ganz Innigkeit und stiller

Glanz; nichts Beißendes ist in ihr, nichts, das uns verzehrte. Mehr noch: Allein nach eben dem, was uns flieht, packt uns in der geschlechtlichen Liebe ein irrsinniges Verlangen. [...] Sobald sie aber das Reich der Freundschaft betritt, des Harmonisierens zweier Willen, büßt sie alle Kraft ein und schwindet dahin. Der Vollzug ist ihr Ende, weil sie auf die Körper zielt und so der Sättigung unterliegt. Umgekehrt gehen bei der Freundschaft Begehren und Genuß derart Hand in Hand, daß die gerade durchs Vollziehen wächst und gedeiht, da sie geistig ist und die Seelen sich im Umgang miteinander immer weiter verfeinern. [...]

Die Ehe wiederum ist ein Handel, bei dem nur das Eingehn frei ist (denn ihre Dauer wird uns auferlegt und aufgezwungen und hängt folglich von ganz anderem ab als unserem Wollen), zudem ein Handel, der gewöhnlich Zwecken dient, die mit Freundschaft nichts zu tun haben. So kommt es zu tausenderlei Verwicklungen – genug jedenfalls, um beim Versuch, sie zu entwirren, den Fortgang lebhafter Zuneigung zu behindern und ihren Faden reißen zu lassen. In der Freundschaft hingegen gibt es kein Geschäft und keinen Handel, sie beschäftigt sich ausschließlich mit sich selbst. [...]

Bei dem, was wir gewöhnlich Freunde oder Freundschaft nennen, handelt es sich allenfalls um nähere Bekanntschaften, die bei gewissen Anlässen oder um irgendeines Vorteils willen geknüpft wurden und uns nur insoweit verbinden. Bei der Freundschaft hingegen, von der ich spreche, verschmelzen zwei Seelen und gehen derart ineinander auf, daß sie sogar die Naht nicht mehr finden, die sie einte. [...] Die gewöhnlichen Freundschaften kann man aufteilen: Man vermag in dem einen die Schönheit zu lieben, im anderen die Gefälligkeit der Umgangsformen, im dritten die Großzügigkeit, im vierten das väterliche Wohlwollen, im fünften die Brüderlichkeit und so weiter; die wahre Freundschaft aber ergreift vom ganzen Menschen Besitz und beherrscht ihn so uneingeschränkt, daß sie sich unmöglich vervielfachen läßt. Wenn zwei Freunde gleichzeitig Beistand erbäten, welchem würdest du zu Hilfe eilen? Und wie würdest du, wenn sie von dir bestimmte, sich ausschließende Dienste verlangten, die Sache regeln? Wenn der eine dir unter dem Siegel der Verschwiegenheit etwas anvertraute, das zu wissen für den anderen nützlich wäre, wie würdest du dich da aus der Klemme ziehen? [...]

Kurz, diese Dinge sind für denjenigen unvorstellbar, der sie nicht selbst erfahren hat; daher bewundere ich über alle Maßen die Antwort, die ein junger Soldat dem Kyros gab. Als er von diesem gefragt wurde, für wieviel er bereit sei, sein Pferd herzugeben, mit dem er gerade ein Rennen gewonnen hatte, und ob er es gegen ein Königreich eintauschen würde, erwiderte er: „Gewiß nicht, Herr; ohne Zögern aber würde ich mich von ihm trennen, um einen Freund zu gewinnen – falls ich einen Mann finde, der eines solchen Bündnis würdig wäre." Mit Recht sagte er *fände*, denn Menschen, die zu einer oberflächlichen Bekanntschaft taugen, fänden sich schnell genug. Aber bei der von mir gemeinten Freundschaft, wo man sich aus der tiefsten Tiefe des Herzens heraus dem anderen zuwendet und jeden Rückhalt aufgibt, ist es unabdingbar, daß alle Beweggründe völlig lauter und vertrauenswürdig sind.

(Aus lizenzrechtlichen Gründen ist dieser Text nicht in reformierter Rechtschreibung gedruckt.)

„Ein Freund, ein guter Freund, das ist das Beste, was es gibt auf der Welt."
Das deutsche Sängerensemble „Comedian Harmonists" (1928–1935)

1 Was sind nach Márai, was nach Montaigne Voraussetzungen und Kennzeichen einer Freundschaft? Vergleichen Sie diese mit Ihren eigenen Erfahrungen und Vorstellungen.

2 Wie grenzt Montaigne „gewöhnliche" von „wahrer" Freundschaft ab?

3 Schließt Montaigne eine Freundschaft zwischen Männern und Frauen aus? Wie ist Ihre Meinung dazu?

4 Beantworten Sie die Fragen in den Z. 44–49.

Lieben

Erich Fromm (1900–1980), amerikanischer Psychiater deutscher Herkunft (s. S. 208)

Erich Fromm: Lieben ist eine Kunst

Ist Lieben eine Kunst? Wenn es das ist, dann wird von dem, der diese Kunst beherrschen will, verlangt, dass er etwas weiß und dass er keine Mühe scheut. Oder ist Liebe nur eine angenehme Empfindung, die man rein zufällig erfährt, etwas, was einem sozusagen „in den Schoß fällt", wenn man Glück hat? [...]
Nicht als ob man meinte, die Liebe sei nicht wichtig. Die Menschen hungern geradezu danach; sie sehen sich unzählige Filme an, die von glücklichen oder unglücklichen Liebesgeschichten handeln, sie hören sich Hunderte von kitschigen Liebesliedern an – aber kaum einer nimmt an, dass man etwas tun muss, wenn man es lernen will zu lieben. Diese merkwürdige Einstellung beruht auf verschiedenen Voraussetzungen, die einzeln oder auch gemeinsam dazu beitragen, dass sie sich am Leben halten kann.
Die meisten Menschen sehen das Problem der Liebe in erster Linie als das Problem, *selbst geliebt zu werden*, statt zu *lieben* und lieben zu können. Daher geht es für sie nur darum, wie man es erreicht, geliebt zu werden, wie man liebenswert wird. [...]
Hinter der Einstellung, dass man nichts lernen müsse, um lieben zu können, steckt zweitens die Annahme, es gehe bei dem Problem der Liebe um ein *Objekt* und nicht um eine *Fähigkeit*. Viele Menschen meinen, zu *lieben* sei ganz einfach, schwierig sei es dagegen, den richtigen Partner zu finden, den man selbst lieben könne und von dem man geliebt werde. [...]
Der dritte Irrtum, der zu der Annahme führt, das Lieben müsse nicht gelernt werden, beruht darauf, dass man das Anfangserlebnis, „sich zu verlieben", mit dem permanenten Zustand „zu lieben" verwechselt. Wenn zwei Menschen, die einander fremd waren – wie wir uns das ja alle sind –, plötzlich die trennende Wand zwischen sich zusammenbrechen lassen, wenn sie sich eng verbunden, wenn sie sich eins fühlen, so ist dieser Augenblick des Einsseins eine der freudigsten, erregendsten Erfahrungen im Leben. [...] Anfangs freilich wissen sie das alles nicht und meinen, heftig verliebt und „verrückt" nach einander zu sein, sei der Beweis für die Intensität ihrer Liebe, während es vielleicht nur beweist, wie einsam sie vorher waren. [...]
Diese Auffassung, nichts sei einfacher als zu lieben, herrscht noch immer vor, trotz der geradezu überwältigenden Gegenbeweise. Es gibt kaum eine Aktivität, kaum ein Unterfangen, das mit so ungeheuren Hoffnungen und Erwartungen begonnen wird und das mit einer solchen Regelmäßigkeit fehlschlägt wie die Liebe. Wäre das auf einem anderen Gebiet der Fall, so würde man alles daransetzen, die Gründe für den Fehlschlag herauszufinden und in Erfahrung zu bringen, wie man es besser machen könnte, oder man würde es aufgeben. Da Letzteres im Falle der Liebe unmöglich ist, scheint es doch nur einen richtigen Weg zu geben, um ein Scheitern zu vermeiden: die Ursachen für dieses Scheitern herauszufinden und außerdem zu untersuchen, was „lieben" eigentlich bedeutet.

Dekalog 6:
Ein kurzer Film über die Liebe
(Regie: Chr. Kieslowski, Polen 1988/89)

1 Erläutern Sie die von Fromm genannten drei „Irrtümer" über die Liebe. Warum hält er die Liebe für eine Kunst?

2 Deuten und diskutieren Sie das Gedicht von Bertolt Brecht.

Bertolt Brecht: Schwächen

Du hattest keine.
Ich hatte eine:
ich liebte.

John Wilson: Eine Checkliste für die Liebe

A. *Lieben* Sie ihn/sie wirklich, erotisch und mit Leidenschaft, oder kommen Sie nur ganz gut miteinander aus, teilen einige Interessen, sind einigermaßen zufrieden etc.?

B. Lieben Sie wirklich *ihn/sie*, für das, was er/sie tatsächlich ist, und nicht irgendein falsches Bild, das Sie sich von ihm/ihr machen?

C. Fühlen Sie sich an ihn/sie „gebunden“, *nicht* (ausschließlich oder hauptsächlich) in dem Sinn, daß Sie irgendeinen Vertrag abschließen, loyal sein wollen etc., sondern in dem Sinn, daß Sie einfach Teil seines/ihres Lebens sind und *umgekehrt* – also nicht, weil Sie dazu verpflichtet sind, sondern weil sie es innerlich so empfinden?

Denken Sie daran, daß es keine *Schande* ist, wenn Ihre ehrlichen Antworten den Anforderungen dieser Art von Liebe nicht gerecht werden. Vielleicht ist Ihr Interesse oder Ihre Leidenschaft für ihn/sie, wie stark auch immer, nicht fest oder dauerhaft genug. Möglicherweise bringen Sie ihm/ihr eine Art von Zuneigung oder Liebe entgegen. Vielleicht ist Ihre Liebe weniger „romantisch“, sondern überlegter, besonnener oder „rationaler“, und Sie führen ein glückliches und harmonisches Leben miteinander. Vielleicht möchten Sie Ihre Liebe für Ihre Kinder, Freunde, Kollegen oder andere Personen aufsparen. Oder Sie wollen unabhängiger von anderen Menschen sein und reservieren Ihre Liebe für unpersönliche, aber dennoch lohnende Objekte, wie Ihre Arbeit, Ihre Hobbies, für Kunst, Natur oder dergleichen. Wichtig ist nur, daß man sich die eigene Haltung, die eigenen Gefühle ehrlich eingesteht.

Wenn Sie nicht auf diese Weise lieben können, haben Sie zwei Möglichkeiten: Sie können entweder versuchen, diese Art Liebe zu lernen, wenn Sie diesen Lebensaspekt für wichtig und bedeutsam halten. Oder Sie können die Idee aufgeben und Ihr Leben in der Form gestalten, die Sie persönlich am glücklichsten macht. Es gibt in dieser Frage keine richtigen Antworten: Es kommt darauf an, was für ein Mensch Sie sind und welche allgemeine Lebensanschauung Sie haben. Aber Sie sollten beide Möglichkeiten sorgfältig prüfen. Auch hier ist das Entscheidende die Ehrlichkeit.

(Aus lizenzrechtlichen Gründen ist dieser Text nicht in reformierter Rechtschreibung gedruckt.)

Edvard Munch (1863–1944): Der Kuss

John Wilson ist Professor für Erziehungsfragen an der Universität Oxford/England.

50 Klassiker: Paare. Die berühmtesten Liebespaare, dargestellt von Barbara Sichtermann, Hildesheim (Gerstenberg) [3]2003

1 Erforschen Sie mithilfe der im Text genannten Fragen und Anregungen Ihre eigene Vorstellung von der Liebe.

2 Welche Deutung gibt Edvard Munch dem Kuss?

Gelassenheit

Wilhelm Schmid (geb. 1953), freier Schriftsteller und Philosoph

Wilhelm Schmid: Gelassenheit

Die Haltung der Gelassenheit ist zurückzubeziehen auf das epikureische und stoische „Freisein von Unruhe", die *Ataraxie*, frei von Verwirrung und Aufregung, vom Lärm und Getöse, von Furcht und Schrecken – eine Gelassenheit, die durch die feste Zusammenfügung der Seele, die „Seelenfestigkeit", erst entsteht, um schließlich „mit gleicher Seele" auch schwierige Situationen aushalten zu können und „Gleichmütigkeit" zu erreichen. Das kann bedeuten, unleidenschaftlich, nicht von Leidenschaften und ihrer willkürlichen Bewegung abhängig, wenngleich nicht leidenschaftslos zu sein: Die Gleichmütigkeit ist der Gegenbegriff zum unschlüssigen Hin und Her der Seele. [...]
Die Gelassenheit kann, angelehnt an ihre antike Gestalt, zum Signum der Lebenskunst in einer anderen Moderne werden, zum wertvollen, unverzichtbaren Einsatz im Spiel von Freiheit und Macht. Das in sich ruhende, ausgeglichene Selbst ist das eigentlich freie Subjekt, denn es ist am ehesten in der Lage, sich der Macht anderer oder anonymer Verhältnisse nicht auszuliefern, sondern „über sich selbst die größte Macht zu haben" und sich selbst zu eigen zu sein, wie Seneca die Seelenruhe beschreibt. Mithilfe dieser gesteigerten Selbstaneignung und Selbstmächtigkeit ist es möglich, das Widerstrebende, das Üble, Schmerzliche und selbst Widerliche gelassen hinzunehmen, ebenso jedoch das Angenehme und Lustvolle, nämlich ohne Exaltation[1] und ohne sich daran zu klammern, sodass es mühelos wieder losgelassen werden kann. Und schließlich erstreckt sich die gelassene Hinnahme auch auf das Veränderliche und Wandelbare: Da ohnehin mit der Veränderlichkeit der Dinge gerechnet werden muss – das einzig Beständige ist die Veränderung –, kommt es darauf an, sich für sie offenzuhalten; das aber bedarf der Festigkeit der Seele, die selbst dem überraschenden Wandel mit Ruhe entgegenblicken kann. [...]
Zur Gelassenheit gehört – das ist ihre Verwandtschaft mit der Ironie – der Blick von Außen auf die Dinge und Verhältnisse, um deren Bedeutung oder Bedeutungslosigkeit besser zu erkennen und verhaltener auf sie zu reagieren. Mit diesem Blick bewahrt sie die Distanz zur Unmittelbarkeit der Eindrücke, und seien sie noch so überwältigend, faszinierend oder deprimierend. Weder Gleichmütigkeit noch Nachlässigkeit gehen daraus hervor, sondern die Haltung der Geduld. Mit Geduld ist nicht Demut gemeint, keine unterwürfige Haltung, sondern ein langer Atem, ein Wartenkönnen, bis etwas herangereift ist, die Fähigkeit, sich selbst, anderen und den Dingen Zeit zu lassen, bis der richtige Zeitpunkt gekommen ist und eine günstige Konstellation sich von selbst ergibt; auf den Zufall zu warten, der den richtigen Moment beschert, und sich disponiert zu halten für ihn, damit er einhaken kann und nicht abgleitet an der Glätte des Subjekts, das ohne ihn auszukommen hofft.

1 Was sind nach Schmid die Kennzeichen der Gelassenheit?

2 Inwiefern ist das „in sich ruhende, ausgeglichene Selbst das eigentlich freie Subjekt" (Z. 12 f.)?

3 Schmid nennt die griechischen Philosophen Epikur und Seneca. Ergänzen Sie seine Verweise mit den Aussagen dieser Philosophen (s. S. 138 f.).

4 Nennen Sie konkrete Beispiele einer gelassenen Lebenshaltung.

[1] Exaltation: übertriebene Aufregung, Gefühlsüberspannung

Hans-Joachim Simm: Gelassenheit als weise Souveränität

„Ich habe entdeckt, dass alles Unglück der Menschen von einem einzigen herkommt: dass sie es nämlich nicht verstehen, in Ruhe in einem Zimmer zu bleiben."

Dieser keineswegs nur scherzhaft gemeinte Satz des französischen Philosophen Blaise Pascal (1623–1662) könnte als Hinweis auf den einfachsten Weg zur Gelassenheit verstanden werden. – Was aber ist Gelassenheit? Ein anderes Wort für Ruhe, Entspannung, Beschaulichkeit, Besinnlichkeit? Für das Innehalten in der hektischen Bewegung des Alltags? Wenn es dies ist, wer wünschte sich nicht, heiter, entspannt, ruhig und gelassen zu sein? Auf diese Weise die Welt zu erleben, sich über das Gelungene zu freuen und die Fehler, eigene und fremde, nachsichtig zu verstehen, vielleicht sogar zu verzeihen – wer wünschte sich nicht solche Stärke, solche weise Souveränität? Wir alle wissen, dass uns Gelassenheit rascher an ein Ziel zu bringen vermag als Aufregung und besinnungsloses Tun. Denn Gelassenheit besteht nicht im mitleidlosen Unberührtsein von dem, was uns bewegt, sondern in der Besinnung, in der Einkehr zu uns selbst, im Kräftesammeln, darin, neuen Mut zu finden, neue Hoffnung, vielleicht tiefere Einsichten und manchmal sogar Erleuchtung. Und in schmerzhaften Situationen mag sie auch helfen, im scheinbar Sinnlosen doch noch einen Sinn zu erkennen.

Gelassen zu sein aber scheint heute kaum möglich; die täglichen Nachrichten wecken neue Befürchtungen und befestigen alte Ängste. Dennoch war es nie anders. Immer standen Sehnsucht und Hoffnung vor dem, was wir Gelassenheit nennen; sie bleibt Aufgabe und wird nur selten verwirklicht. Doch mit ihr gelingt es uns vielleicht sogar, im Hier und Jetzt ein wenig von dem zu erfahren, was oft dem Jenseits zugeschrieben wird. [...] Daher haben sich alle Religionen, Weltanschauungen und Philosophien mit dem Zustand der Gelassenheit auseinandergesetzt.

Von der Gelassenheit. Texte zum Nachdenken. Hg. von Hans-Joachim Simm, Frankfurt am Main (Insel) 1997

1 Warum wird Gelassenheit „nur selten verwirklicht" (Z. 20 f.)?

2 Worin sieht der Autor Sinn und Notwendigkeit der Gelassenheit?

3 Schildern Sie Situationen, in denen Sie selbst oder andere Menschen Gelassenheit zeigen bzw. zeigen sollten.

Plakat verschiedener Verkehrsorganisationen an Autobahnen (2004)

Zeit – Muße – Stille

Harold Lloyd in „Ausgerechnet Wolkenkratzer“ (1923)

Wir haben uns umstellt mit Maschinen, die die Zeit mechanisch zerhacken und verwalten. Überall Uhren – am Arm, im Handy, im DVD-Player, auf dem Desktop, am Küchenherd, auf dem Nachttisch, im Auto. Ständig beobachten wir die Zeit und werden von ihr beobachtet. Schon Sechsjährige richten sich nach Terminkalendern, die den Rhythmus ihres Lebens steuern. Und alles muss schnell gehen, denn „Zeit ist Geld“. Schnellkochtöpfe, Hochgeschwindigkeitszüge, immer schneller getaktete CPUs, verkürzte Kindheit, Schulzeit, Jugend: rasantes Leben. Die Beschleunigung drängt sich in allen Lebensbereichen auf – mit der Behauptung, dadurch würden die Menschen Zeit sparen. Was machen wir aber mit all der gesparten Zeit? Haben wir gelernt, die eingesparte Zeit wirklich zu besitzen, tatsächlich „Zeit zu haben“ für das Leben? Die meisten Menschen in den westlichen Industriegesellschaften, sofern sie im Arbeitsprozess stehen, fühlen sich gehetzt, obgleich sie von zeitsparenden Maschinen umgeben sind. Offensichtlich müssen wir lernen, die eigene Zeit zu entdecken, damit wir uns dem eigenen Leben und dem unserer Mitmenschen intensiv zuwenden können.

Robert Levine: Fragen zum eigenen Zeitgefühl

Robert Levine (geb. 1945) arbeitet als Professor für Psychologie in Kalifornien. In seinem Buch „Eine Landkarte der Zeit“ schlägt er vor, etwas über das eigene Zeitgefühl anhand einer Tabelle von Fragen herauszufinden.

- **Interesse an der Uhrzeit:** Sind Sie sich – verglichen mit anderen Menschen – der jeweiligen Uhrzeit besonders bewusst? Schauen Sie zum Beispiel oft auf die Uhr? Oder gehören Sie vielmehr zu den Menschen, die manchmal die Zeit oder sogar den Wochentag vergessen?
- **Redemuster:** Wie hastig sprechen Sie? Neigen Sie dazu, schneller zu sprechen als andere Menschen? Wenn jemand zu lange braucht, um auf den Punkt zu kommen, haben Sie dann das Bedürfnis, ihn ein bisschen zu drängen? Akzeptieren Sie Unterbrechungen?
- **Essverhalten:** Wie hastig essen Sie? Sind Sie oft die erste Person am Tisch, die mit dem Essen fertig ist? Nehmen Sie sich die Zeit, drei Mahlzeiten am Tag in ruhiger und entspannter Atmosphäre einzunehmen?
- **Gehgeschwindigkeit:** Gehen Sie schneller als die meisten Menschen? Bitten andere Sie manchmal, langsamer zu gehen?
- **Fahrverhalten:** Regen Sie sich über zähfließenden Verkehr besonders auf? Wenn Sie hinter einem langsamen Fahrer festsitzen, hupen oder gestikulieren Sie dann manchmal, um ihn zum Schnellerfahren zu bewegen?
- **Zeitpläne:** Sind Sie süchtig danach, Zeitpläne zu erstellen und/oder einzuhalten? Weisen Sie jeder Tätigkeit einen gewissen Zeitrahmen zu? Sind Sie ein Pünktlichkeitsfanatiker?
- **Listen erstellen:** Sind Sie ein zwanghafter Listenschreiber? Machen Sie sich zum Beispiel, wenn Sie sich auf eine Reise vorbereiten, eine Liste der Dinge, die Sie am Reiseziel machen wollen oder die Sie von dort mitbringen wollen?
- **Warten:** Ärgern Sie sich mehr als die meisten Menschen, wenn Sie am Bankschalter, im Laden oder in einem Restaurant länger als ein paar Minuten Schlange stehen müssen, um bedient zu werden bzw. einen Tisch zu bekommen? Gehen Sie manchmal wieder, wenn Sie auch nur mit einer kurzen Wartezeit rechnen müssen?
- **Warnsignale:** Wie oft sagen Ihre Freunde oder Ihr Partner/Ihre Partnerin, dass Sie sich weniger Stress machen oder weniger angespannt sein sollen?

1 Beantworten Sie die Fragen und erstellen Sie daraus ein Profil Ihres eigenen Zeitgefühls.

2 Sammeln Sie Beobachtungen aus Ihrer Umgebung: Wo und wann tritt starker Zeitdruck mit dem Empfinden von Gehetztheit auf?

Alan Lightman: Und immer wieder die Zeit

Alan Lightman (geb.1948), Professor für Astrophysik am Massachusetts Institute of Technology

Alan Lightman veröffentlicht sowohl naturwissenschaftliche Arbeiten als auch Gedichte. „Und immer wieder die Zeit“ ist sein erster Roman. Darin versetzt er sich in die innere Welt des jungen Physikers Einstein, der damals im Berner Patentamt beschäftigt war und gleichzeitig seine Relativitäts-Theorie entwarf. Die Figur „Einstein“ erdenkt sich immer wieder neue Zeitwelten, datiert nach den Tagen des April 1905.
Am 24. April denkt sich „Einstein“ eine Welt, in der zwei Zeiten nebeneinander existieren: die „Körperzeit“ und die „mechanische Zeit“.

24. April 1905

In dieser Welt gibt es zwei Zeiten. Die mechanische Zeit und die Körperzeit . [...]
Viele sind überzeugt, dass es die mechanische Zeit nicht gibt. Wenn sie an der riesigen Uhr in der Kramgasse vorbeikommen, sehen sie sie nicht, und sie hören auch nicht ihre Glocken, während sie in der Postgasse Pakete aufgeben oder zwischen den Blumen im Rosengarten umherschlendern. Sie tragen eine Uhr am Handgelenk, aber nur als Zierde oder aus Gefälligkeit jenen gegenüber, die sie verschenken. Bei sich zu Hause haben sie keine Uhr. Stattdessen hören sie auf ihren Herzschlag. Sie spüren die Rhythmen ihrer Stimmungen und Begierden. Solche Menschen essen, wenn sie Hunger haben, gehen zu ihrer Arbeit im Modewarengeschäft oder in der Drogerie, wenn sie wach werden, gehen zu jeder Tageszeit mit dem oder der Geliebten ins Bett. Solche Menschen lachen über die Idee der mechanischen Zeit. Sie wissen, dass die Zeit ruckweise voranschreitet. Sie wissen, dass sie sich mit schwerer Bürde vorwärtskämpft, wenn sie mit einem verletzten Kind ins Spital eilen oder den starren Blick eines Nachbarn ertragen müssen, dem sie Unrecht getan haben. Und sie wissen auch, dass die Zeit dahinhuscht, wenn sie mit Freunden bei einem guten Essen sitzen, wenn sie gelobt werden oder in den Armen ihrer heimlichen Geliebten liegen.
Und dann gibt es jene, die meinen, ihr Körper existiere nicht. Sie leben nach der mechanischen Zeit. Morgens um sieben Uhr stehen sie auf. Um zwölf nehmen sie ihr Mittagessen, um sechs ihr Abendessen ein. Zu ihren Verabredungen kommen sie pünktlich, auf die Minute genau. Für die Liebe ist die Zeit zwischen acht und zehn Uhr abends vorgesehen. Wenn ihr Magen knurrt, blicken sie auf die Uhr, um zu sehen, ob Essenszeit ist. Sie wissen, dass der Körper nichts ganz Wunderbares ist, sondern eine Ansammlung von chemischen Substanzen, Gewebeteilen und Nervenimpulsen. Gedanken sind nichts anderes als elektrische Wellen im Gehirn. Sexuelle Erregung ist nichts anderes als ein Strom chemischer Substanzen zu bestimmten Nervenenden. Traurigkeit nur ein bisschen Säure, die sich im Kleinhirn festgesetzt hat. Kurz, der Körper ist eine Maschine, die denselben Gesetzen von Elektrizität und Mechanik unterliegt wie ein Elektron oder eine Uhr. Insofern muss man über den Körper in der Sprache der Physik sprechen. Und wenn der Körper spricht, dann sprechen eben nur bestimmte Hebel und Kräfte. Dem Körper muss man befehlen, nicht gehorchen.
Wer abends an der Aare entlanggeht, findet Beweise für zwei Welten in einer. Zwei Liebende, die am Ufer liegen, blicken träge auf, von den fernen Kirchenglocken aus einem zeitlosen Schlaf gerissen, erstaunt, dass es bereits dunkel ist.

Ernst Barlach (1870–1938): Der Buchleser

1 Haben Sie auch schon in diesen zwei Welten gelebt? Suchen Sie Beispiele für die zwei Zeiten in Ihrem eigenen Erfahrungshorizont.

2 Diskutieren Sie: Ist es möglich oder wünschenswert, in der heutigen Gesellschaft ausschließlich in der „Körperzeit“ zu leben?

Altern

Was bedeutet „Alter"?

Altersfreuden

(1) „Das Alter ist für mich kein Kerker, sondern ein Balkon, von dem man zugleich weiter und genauer sieht." *(Marie Luise Kaschnitz, Schriftstellerin)*

(2) „Mit 40 fängt man an, das Wertvolle zu suchen und mit 50 kann man anfangen, es zu finden." *(Thornton Wilder, amerikanischer Autor)*

(3) „Es kommt nicht darauf an, wie alt man wird, sondern wie man alt wird." *(Ursula Lehr, Altersforscherin)*

(4) „Das Älterwerden ist weniger ein Zustand als eine Aufgabe. Löst man jene, so ist das Alter mindestens ebenso schön wie die Jugend und der Tod ist dann kein Ende, sondern Frucht." *(Eugen Diederichs, Verleger)*

(5) „Ich glaube an das Alter, lieber Freund, Arbeiten und Altwerden, das ist es, was das Leben von uns erwartet. Und dann eines Tages alt sein und noch lange nicht alles verstehen, nein, aber anfangen, aber lieben, aber ahnen ..." *(Rainer Maria Rilke, deutscher Lyriker in einem Brief an einen Freund im Alter von 30 Jahren)*

(6) „Ursprünglich wurden dem Menschen 30 Lebensjahre zugestanden. Mit dieser kurzen Spanne war der Mensch aber unzufrieden, und so nahmen die Götter dem Esel, dem Hund und dem Affen einige Jahre ab und gaben sie dem Menschen. Der Mensch hat nun die ersten 30 Jahre seines Lebens zu eigen, die nächsten 18 Jahre muss er sich plagen wie ein Esel. Zwischen dem 48. und 60. Lebensjahr liegt er dann in der Ecke, knurrend wie ein alter Hund, und wenn es hoch kommt, sind ihm noch weitere 10 Jahre beschieden, in denen er närrisch ist wie ein Affe." *(Äsop, griechischer Fabeldichter der Antike)*

(7) „Die Altersweisheit gibt es nicht. Wenn man altert, wird man nicht weise, sondern nur vorsichtig." *(Ernest Hemingway, amerikanischer Erzähler und Nobelpreisträger)*

(8) „Die Jugend ist die Zeit, Weisheit zu erforschen, das Alter ist die Zeit, sie anzuwenden." *(Jean-Jacques Rousseau, Philosoph)*

(9) „Es schadet niemals, sich für alle Lebensabschnitte ein Stück Jugend zu bewahren, und es ist immer besser, im Alter jugendfrisch zu sein, als greisenhaft in jungen Tagen." *(Wilhelm Heinrich Riehl, deutscher Publizist)*

(10) „Die verschiedenen Altersstufen der Menschen halten einander für verschiedene Rassen. Alte haben gewöhnlich vergessen, dass sie jung gewesen sind, oder sie vergessen, dass sie alt sind, und Junge begreifen nie, dass sie alt werden können." *(Kurt Tucholsky, deutscher Schriftsteller und Kabarettist)*

1 Welches Bild vom Alter in der Zukunft unserer Wohlstandsgesellschaft entwirft diese Karikatur? Stellen Sie sich Ihr Alter auch so vor?

2 Wählen Sie drei der Zitate aus, die Ihrer Einstellung zum Alter am besten entsprechen, und begründen Sie, warum.

Susanne Paulsen: Die Kunst zu leben – Erkenntnisse der Lebenslauf-Forschung

Susanne Paulsen ist Journalistin und schreibt für die Zeitschrift GEO.

Jeder altert. Den meisten gefällt das nicht. Man horcht entsetzt auf das Schnaufen beim täglichen Treppensteigen: Die Menge an Blut, die das Herz pro Minute in die Gefäße pumpen kann, vermindert sich bei Sportmuffeln vom zwanzigsten Lebensjahr an in jedem weiteren Jahrzehnt um etwa zehn Prozent. Oder man schaut auf die Silhouette: Muskel- und Knochensubstanz werden nach und nach durch Fett ersetzt. Dadurch wächst im Laufe des Erwachsenenalters die Taillenweite. Kein Trost, dass synchron dazu die Haare dünner werden! [...]

Viele nehmen, ohne es sich recht klarzumachen, den *Körper* für den *ganzen* Mann, die *ganze* Frau. Und plagen sich mit dem Bild, man sei mit 20, 25 eine fertig montierte Maschine. Die bleibt, wie sie ist. Nur dass sie im Laufe der Zeit eben anfängt zu rosten und zu klappern. [...] Inzwischen weiß man, dass das purer Unsinn ist. Innere Entwicklung kann und sollte ein Leben lang stattfinden. Viel zu einfach ist die Vorstellung vom jugendlichen Aufstieg bis zur Hochebene des Erwachsenseins, auf der Menschen mit Jogging, Yoga, Hanteltraining, mit Schminke, sorgfältiger Kleiderwahl und steter Fortbildung doch immer nur versuchen, sich zu erhalten und mit den Jüngeren mitzuhalten. Zu simpel auch das Bild vom Alter, das nichts als traurigen Abstieg bedeute. Das Leben ist kein in jungen Jahren erklommener Tafelberg. Eher eine Hügellandschaft voller Überraschungen. Denn unser Dasein birgt zahlreiche Höhepunkte, die keineswegs immer in den Jugendjahren zu finden sind. [...]

Der alternde Mensch nimmt erst jetzt wahr, dass die meisten Fragen mehrere Antworten haben. Wie wichtig Gefühle sind. Dass die Welt voller Unwägbarkeiten steckt. Dass unauflösbare Widersprüche zur Realität gehören, ja sogar besondere Erkenntnismöglichkeiten bieten. Er gewinnt also einen Hauch Weisheit. Oder, anders gesagt: Manche erwachsenen Männer und Frauen kehren, um Weltwissen und eine situationsangemessene Logik bereichert, um viele Illusionen ärmer in die kindliche Offenheit zurück. [...]

Mit der veränderten Sicht der Zeit hängt auch ein Bedürfnis zusammen, das nach Meinung vieler Psychologen typischerweise erst in der zweiten Lebenshälfte aufbricht: der Drang zur Selbstverwirklichung. „Was muss, was will ich noch verwirklichen, wenn ich die Person sein will, als die ich mich denke?“, fragt der Mensch. Zu welchen Antworten er tief im Innern kommt, entzieht sich der wissenschaftlichen Erkenntnis. Doch für viele gehört wohl zur Sinnsuche dazu, dass sie ihren Lebenszyklus betrachten und sich daraufhin wünschen, etwas zu tun, das über die eigene Lebenspraxis hinausweist.

Poesie der Lebensalter. Gedichte. Ausgewählt von Evelyne Polt-Heinzl und Christine Schmidjell, Stuttgart (reclam) 2005

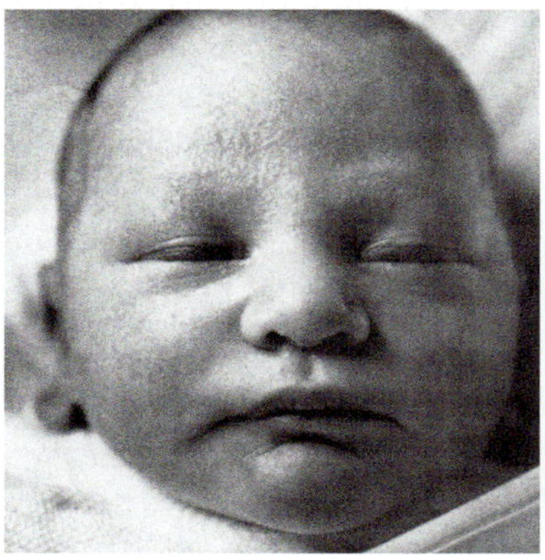

1 Betrachten Sie die Bilder: Welche Einsicht über das menschliche Leben könnten sie vermitteln?

2 Worin besteht – folgt man dem Text – Gewinn und Verlust des Älterwerdens?

3 Nehmen Sie das Bild der „Hügellandschaft“ aus dem Text auf und entwerfen Sie einen Lebensweg des Älter- und Altwerdens, den Sie gern gehen würden.

Sich an Prinzipien halten: Gesinnungsethik/Sollensethik

Wahrhaftigkeit – ein unbedingtes sittliches Prinzip?

Der Schriftsteller Franz Kafka verfügte testamentarisch, dass man seinen literarischen Nachlass nach seinem Tode vernichten solle. Sein lebenslanger Freund Max Brod, dem er das Versprechen, für die Einhaltung dieses Wunsches zu sorgen, abgenommen hatte, hat sich nach einigem Zögern über diese Verfügung hinweggesetzt, weil er zu der Überzeugung kam, dass Kafkas Nachlass von hohem literarischen Wert sei und deshalb unbedingt erhalten und veröffentlicht werden müsse.
Wie ist das Verhalten Brods ethisch zu beurteilen?
Bewertet man eine Handlung nur nach ihrem Zweck bzw. ihren möglichen Folgen, wird man die Handlungsweise Brods sicherlich gutheißen können. Denn sie hat der Nachwelt Werke eines der bedeutendsten Dichter des 20. Jahrhunderts erhalten.
Betrachtet man aber die Handlung als solche, losgelöst von ihren möglichen Zwecken und Folgen, so hat Brod unmoralisch gehandelt, weil er ein Versprechen brach und damit gegen ein sittliches Prinzip verstieß.
Die Frage nach der Verbindlichkeit moralischer Prinzipien und Grundsätze zeigt sich auch am Beispiel der Lüge. Einerseits findet die Pflicht, die Wahrheit zu sagen, allgemeine Akzeptanz, andererseits versuchen wir im Alltag häufig, eine Lüge zu rechtfertigen, indem wir sie z. B. als sogenannte „Notlüge“ bezeichnen.

1 Wie beurteilen Sie das Verhalten Max Brods?

2 Wie lässt sich die Regelung des § 186 StGB moralisch begründen?

Marcus George Singer: Warum es nicht richtig ist zu lügen

Marcus George Singer (geb. 1926), amerikanischer Philosoph

Ich kann mich nicht enthalten, darauf hinzuweisen, wie ganz und gar fantastisch es wäre, die Frage „Warum ist es nicht richtig zu lügen?“ oder irgendeine Frage dieser Art so zu beantworten: „Es ist nicht richtig zu lügen, weil die meisten Leute es missbilligen.“ Das wäre überhaupt keine Antwort. Es ist nicht deshalb nicht richtig zu lügen, weil es missbilligt wird, d. h., weil man es nicht für richtig hält. [...] Es ist nicht richtig zu lügen im Hinblick auf das, was passieren würde, wenn es jeder täte. Es wäre nichts weniger als verheerend, wenn jeder lügen würde, wann immer es ihm passt, wenn es zur Regel würde, zu lügen, und zur Ausnahme, die Wahrheit zu sagen, was, wenn es auch so aussehen mag, tatsächlich nicht die herrschende Praxis ist. Daraus folgt, dass es im Allgemeinen nicht richtig ist, zu lügen oder dass niemand das Recht hat, ohne Grund zu lügen; und dass der Wunsch oder das Verlangen zu lügen allein niemals eine ausreichende Rechtfertigung ist, wird an der weiteren Anwendung des Arguments der Verallgemeinerung gezeigt. Denn nehmen wir einmal an, dass es so wäre und dass ich mit der Begründung, es einfach zu wollen, das Recht in Anspruch nähme zu lügen. Dann hätte jede Person mit ähnlichen individuellen Voraussetzungen, und das heißt in diesem Zusammenhang jeder, der lügen möchte, das Recht zu lügen; das bedeutet, jeder hätte das Recht zu lügen, wann immer er will. Die Folgen davon, dass jeder das täte, wären, wie ich bereits gezeigt habe, nichts weniger als verheerend, und also könnte nicht jeder das Recht dazu haben. Aber wenn nicht jeder

Aus dem Strafgesetzbuch (StGB): § 186 Verleumdung
Wer wider besseres Wissen in Beziehung auf einen anderen eine unwahre Tatsache behauptet oder verbreitet, welche denselben verächtlich zu machen oder in der öffentlichen Meinung herabzuwürdigen oder dessen Kredit zu gefährden geeignet ist, wird mit Freiheitsstrafe bis zu zwei Jahren oder mit Geldstrafe und, wenn die Tat öffentlich, in einer Versammlung oder durch Verbreiten von Schriften begangen ist, mit Freiheitsstrafe bis zu fünf Jahren oder mit Geldstrafe bestraft.

das Recht dazu haben kann, dann kann es niemand ohne einen speziellen Grund haben, und hier kann kein spezieller Grund angegeben werden, denn der Wunsch zu lügen ist kein unterscheidendes Merkmal.

Joachim Zelter: Rechtfertigung eines Lügners

Joachim Zelter (geb. 1962), deutscher Schriftsteller. Der nebenstehende Text stammt aus seinem Roman „Die Würde des Lügens“ (2000).

Warum also immer Wahrheit? Warum? *Warum nicht lieber die Lüge? Lügen ist bewusstes, absichtliches Erregen von Schein.* Was daran so schlecht sein soll? Ich weiß es nicht. Andere glauben es zu wissen. Die Falschheit einer Vorstellung war mir noch nie ein Einwand gegen eine Vorstellung. Die Frage ist, ob sie dem Leben hilft, das Leben fordert, unser Leben steigert. Lebenssteigernd ist das Wort. Ich kenne Menschen, die wurden erst durch Lügen alt, sehr alt, wenn nicht unsterblich [...].
Und ich hörte von Menschen, die an einer einzigen Wahrheit, etwa einer tödlichen Diagnose eines Arztes, sterben. Die Wahrheit umgibt meist etwas Tödliches, Hartes, Verletzendes und Unerbittliches. Sie kommt daher mit großen Absichten, aber ohne Rücksichten. *Ich sage dir jetzt die Wahrheit, jetzt, für immer und ewig, ganz und gar schonungslos und rücksichtslos ...* Derlei Vorreden verheißen meist nichts Gutes. Anders der Lügner, der viel behutsamer spricht und auch Rücksicht nimmt, auf das Wohlbefinden der anderen sowie auf das eigene Leben. Keine Lüge auf der Welt käme auf die Idee, zu behaupten, deine Eltern sind soeben gestorben, wenn sie in Wahrheit noch leben. Die Wahrheit überbringt derartige Nachrichten täglich. Mit welcher Inbrunst sie vom Tod spricht, selbst dort, wo noch Leben ist. Ich weiß, wovon ich spreche. Man sagt, der Glaube versetzt Berge, so auch die Lüge. Die Wahrheit schafft Berge oder zerstört sie. [...] Der Lügner steht der Wirklichkeit näher als jene, welche Wahrheit suchen oder Wahrheit wollen. Die Wahrheit redet von der Wirklichkeit und fürchtet sich zugleich. Der Lügner leidet unter der Wirklichkeit und versucht sie zu verändern.

Jurek Becker: Jakob der Lügner (Roman, 1969), Frankfurt am Main (Suhrkamp) [28]2004

Good Bye, Lenin! (Regie: Wolfgang Becker, Deutschland 2003)

Dietrich Bonhoeffer: Die Lüge als Wahrheit

Dietrich Bonhoeffer (1906–1945, ermordet) war evangelischer Theologe und im Widerstand gegen den Nationalsozialismus aktiv (s. S. 343).

Ein Kind wird von seinem Lehrer vor der Klasse gefragt, ob es wahr sei, dass sein Vater oft betrunken nach Hause komme. Es ist wahr, aber das Kind verneint es. Es empfindet, dass hier ein unberechtigter Einbruch in die Ordnung der Familie erfolgt, den es abwehren muss. Was in der Familie vorgeht, gehört nicht vor die Ohren der Schulklasse. Der Lehrer hat die Wirklichkeit dieser Ordnung missachtet. Das Kind müsste nun in seiner Antwort einen Weg finden, auf dem die Ordnung der Familie und der Schule in gleicher Weise gewahrt bliebe. Es kann das noch nicht, es fehlt ihm an Erfahrung, die Erkenntnis und die Fähigkeit des rechten Ausdrucks. Indem es die Frage des Lehrers einfach verneint, wird die Antwort zwar unwahr, aber sie gibt doch zugleich der Wahrheit Ausdruck, dass die Familie eine Ordnung ist, in die der Lehrer nicht berechtigt war, einzudringen. Man kann nun zwar die Antwort des Kindes eine Lüge nennen; trotzdem enthält diese Lüge mehr Wahrheit, das heißt, sie ist der Wirklichkeit gemäßer, als wenn das Kind die Schwäche seines Vaters vor der Schulklasse preisgegeben hätte. Dem Maße seiner Erkenntnis nach hat das Kind richtig gehandelt. Die Schuld an der Lüge fällt allein auf den Lehrer zurück. Es ist daher fraglich, ob es sinnvoll ist, den Begriff der Lüge, die als etwas schlechthin Verwerfliches verstanden wird und werden soll, so zu verallgemeinern und auszudehnen, dass er mit dem Begriff der formalen wahrheitswidrigen Aussage zusammenfällt.

3 Wie werden in den Texten die Begriffe „Wahrheit“ und „Lüge“ verwendet und bewertet?

4 Welche Argumentation überzeugt Sie? Begründen Sie.

5 Verfassen Sie zu dem Text „Rechtfertigung eines Lügners“ einen Gegentext (z. B. „Rechtfertigung eines Wahrheitsliebenden“).

Die Moralphilosophie Immanuel Kants

Der deutsche Philosoph **Immanuel Kant** (1724–1804, → Biografie, S. 377) entwickelte eine Ethikbegründung, die ausschließlich nach dem Motiv und der Gesinnung des Handelnden fragt. Eine solche „gesinnungs- bzw. prinzipienethische" Normbegründung bezeichnet man als **deontologisch** (von gr. deón = das Erforderliche, die Pflicht).

Der kategorische Imperativ ist Kants Formel für das oberste, a priori (d. h. voraussetzungslos) gültige Sittengesetz.
Kategorisch bedeutet, dass die Forderung unbedingt, ausnahmslos und allgemein verpflichtend ist. Ein Imperativ (als innere Handlungsaufforderung) ist notwendig, weil der Mensch nicht nur durch Vernunft, sondern auch durch Neigungen und Gefühle bestimmt wird, sein Wille also gut oder böse sein kann.
Der kategorische Imperativ bezieht sich nicht direkt auf Handlungen, sondern überprüft Handlungsmaximen auf ihre Verallgemeinerbarkeit. Die geforderte Handlung geschieht um

Immanuel Kant: Guter Wille und kategorischer Imperativ

Es ist überall nichts in der Welt, ja überhaupt auch außer derselben zu denken möglich, was ohne Einschränkung für gut gehalten werden könnte, als allein ein *guter Wille*. Verstand, Witz, Urteilskraft und wie die *Talente* des Geistes sonst heißen mögen oder Mut, Entschlossenheit, Beharrlichkeit im Vorsatze, als Eigenschaften des *Temperaments*, sind ohne Zweifel in mancher Absicht gut und wünschenswert; aber sie können auch äußerst böse und schädlich werden, wenn der Wille, der von diesen Naturgaben Gebrauch machen soll und dessen eigentümliche Beschaffenheit darum *Charakter* heißt, nicht gut ist. [...] Einige Eigenschaften sind sogar diesem guten Willen selbst beförderlich und können sein Werk sehr erleichtern, haben aber desungeachtet keinen inneren unbedingten Wert, sondern setzen immer noch einen guten Willen voraus, der die Hochschätzung, die man übrigens mit Recht für sie trägt, einschränkt und es nicht erlaubt, sie für schlechthin gut zu halten. Mäßigung in den Affekten und Leidenschaften, Selbstbeherrschung und nüchterne Überlegung sind nicht allein in vielerlei Absicht gut, sondern scheinen sogar einen Teil vom *inneren* Werte der Person auszumachen; allein es fehlt viel daran, um sie ohne Einschränkung für gut zu erklären (so unbedingt sie auch von den Alten gepriesen worden). Denn ohne Grundsätze eines guten Willens können sie höchst böse werden, und das kalte Blut eines Bösewichts macht ihn nicht allein weit gefährlicher, sondern auch unmittelbar in unseren Augen noch verabscheuungswürdiger, als es ohne dieses dafür würde gehalten werden.
Der gute Wille ist nicht durch das, was er bewirkt oder ausrichtet, nicht durch seine Tauglichkeit zur Erreichung irgendeines vorgesetzten Zweckes, sondern allein durch das Wollen, d. i. an sich gut und, für sich selbst betrachtet, ohne Vergleich weit höher zu schätzen als alles, was durch ihn zugunsten irgendeiner Neigung, ja wenn man will der Summe aller Neigungen, nur immer zustande gebracht werden könnte. Wenngleich durch eine besondere Ungunst des Schicksals oder durch kärgliche Ausstattung einer stiefmütterlichen Natur es diesem Willen gänzlich an Vermögen fehlte, seine Absicht durchzusetzen; wenn bei seiner größten Bestrebung dennoch nichts von ihm ausgerichtet würde, und nur der gute Wille (freilich nicht etwa als ein bloßer Wunsch, sondern als die Aufbietung aller Mittel, soweit sie in unserer Gewalt sind) übrig bliebe: Wo würde er wie ein Juwel doch für selbst glänzen als etwas, das seinen vollen Wert in sich selbst hat. Die Nützlichkeit oder Fruchtlosigkeit kann diesem Werte weder etwas zusetzen noch abnehmen. [...]
Was kann das aber wohl für ein Gesetz sein, dessen Vorstellung, auch ohne auf die daraus erwartete Wirkung Rücksicht zu nehmen, den Willen bestimmen muss, damit dieser schlechterdings und ohne Einschränkung gut heißen könne? Da ich den Willen aller Antriebe beraubt habe, die ihm aus der Befolgung irgendeines Gesetzes entspringen könnten, so bleibt nichts als die allgemeine Gesetzmäßigkeit der Handlungen überhaupt übrig, welche allein dem Willen zum Prinzip dienen soll, d. i., ich soll niemals anders verfahren als so, **dass ich auch wollen könne, meine Maxime solle ein allgemeines Gesetz werden**. Hier ist nun die bloße Gesetzmäßigkeit überhaupt (ohne irgendein auf gewisse Handlungen bestimmtes Gesetz zum Grunde zu legen) das, was dem Willen zum Prinzip dient und ihm auch dazu dienen muss, wenn Pflicht nicht überall ein leerer Wahn und chimärischer Begriff sein soll; hiermit stimmt die gemeine Menschenvernunft in ihrer praktischen Beurteilung auch vollkommen überein und hat das gedachte Prinzip jederzeit vor Augen.

Die Frage sei z. B.: Darf ich, wenn ich im Gedränge bin, nicht ein Versprechen tun in der Absicht, es nicht zu halten? Ich mache hier leicht den Unterschied, den die Bedeutung der Frage haben kann, ob es klüglich oder ob es pflichtgemäß sei, ein falsches Versprechen zu tun. Das Erstere kann ohne Zweifel öfters stattfinden. Zwar sehe ich wohl, dass es nicht genug sei, mich vermittelst dieser Ausflucht aus einer gegenwärtigen Verlegenheit zu ziehen, sondern wohl überlegt werden müsse, ob mir aus dieser Lüge nicht hinterher viel größere Ungelegenheit entspringen könne, als die sind, von denen ich mich jetzt befreie, und da die Folgen bei aller meiner vermeinten *Schlauigkeit* nicht so leicht vorauszusehen sind, dass nicht ein einmal verlorenes Zutrauen mir weit nachteiliger werden könnte als alles Übel, das ich jetzt zu vermeiden gedenke; ob es nicht *klüglicher* gehandelt sei, hierbei nach einer allgemeinen Maxime zu verfahren und es sich zur Gewohnheit zu machen, nicht zu versprechen als in der Absicht, es zu halten. Allein es leuchtet mir hier bald ein, dass eine solche Maxime doch immer nur die besorglichen Folgen zum Grunde habe. Nun ist es doch etwas ganz anderes, aus Pflicht wahrhaft zu sein als aus Besorgnis der nachteiligen Folgen: indem im ersten Falle der Begriff der Handlung an sich selbst schon ein Gesetz für mich enthält, im zweiten ich mich allererst anderwärtsher umsehen muss, welche Wirkungen für mich wohl damit verbunden sein möchten. Denn wenn ich von dem Prinzip der Pflicht abweiche, so ist es ganz gewiss böse; werde ich aber meiner Maxime Klugheit abtrünnig, so kann das mir doch manchmal sehr vorteilhaft sein, wiewohl es freilich sicherer ist, bei ihr zu bleiben. Um indessen mich in Ansehung der Beantwortung dieser Aufgabe, ob ein lügenhaftes Versprechen pflichtgemäß sei, auf die allerkürzeste und doch untrügliche Art zu belehren, so frage ich mich selbst: Würde ich wohl damit zufrieden sein, dass meine Maxime (mich durch ein unwahres Versprechen aus Verlegenheit zu ziehen) als ein allgemeines Gesetz (sowohl für mich als auch für andere) gelten solle? Und würde ich wohl zu mir sagen können: es mag jedermann ein unwahres Versprechen tun, wenn er sich in Verlegenheit befindet, daraus er sich auf andere Art nicht ziehen kann? So werde ich bald inne, dass ich zwar die Lüge, aber ein allgemeines Gesetz zu lügen gar nicht wollen könne, denn nach einem solchen würde es eigentlich gar kein Versprechen geben, weil es vergeblich wäre, meinen Willen in Ansehung meiner künftigen Handlungen anderen vorzugeben, die diesem Vorgeben doch nicht glauben oder, wenn sie es übereilterweise täten, mich doch mit gleicher Münze bezahlen würden; mithin meine Maxime, sobald sie zum allgemeinen Gesetze gemacht würde, sich selbst zerstören müsse.

Was ich also zu tun habe, damit mein Wollen sittlich gut sei, dazu brauche ich gar keine weit ausholende Scharfsinnigkeit. Unerfahren in Ansehung des Weltlaufs, unfähig auf alle sich ereignenden Vorfälle desselben gefasst zu sein, frage ich mich nur: Kannst du auch wollen, dass deine Maxime ein allgemeines Gesetz werde?

Bocca della verita – Der Mund der Wahrheit.
In der Vorhalle der Kirche Santa Maria in Cosmedin in Rom ist ein antiker Verschlussdeckel einer römischen Wasserleitung, der einen Triton (Wassergott) darstellt. Ein Lügner sollte sich hüten –, so der heute eher scherzhafte, im Mittelalter eher ernste Aberglaube – seine Hand in den Mund zu legen. Es könnte nämlich sein, dass ihm die Finger abgebissen werden.

ihrer selbst willen ohne Bezug auf einen Zweck außerhalb. (Im Gegensatz dazu werden alle anderen, bloß hypothetischen Imperative „nur in Ansehung einer begehrten Wirkung bestimmt".) Neben der im Text formulierten Fassung des kategorischen Imperativs verwendet Kant auch folgende: „Handle so, dass du die Menschheit sowohl in deiner Person als in der Person eines jeden anderen jederzeit zugleich als Zweck, niemals bloß als Mittel brauchst."

1 Welche Kritik übt Kant an einer Ethik, die von ihren Zielen und Folgen her bestimmt ist?

2 Wie begründet er seine These, dass allein ein guter Wille „ohne Einschränkung für gut gehalten werden" (Z. 2) kann?

3 Fügen Sie dem von Kant gegebenen Beispiel für den kategorischen Imperativ noch weitere hinzu. Was würde Kant zu Max Brods Entscheidung bezüglich der Werke Kafkas sagen?

Rechts- und Tugendpflichten:
Kant: „Alle Pflichten sind entweder Rechtspflichten, d.i. solche, für welche eine äußere Gesetzgebung möglich ist, oder Tugendpflichten, für welche eine solche nicht möglich ist." Demgemäß lehnte Kant eine Moralisierung des Rechts ab, so z. B. das Ansinnen von Juristen seiner Zeit, die Tugendpflicht der Erhaltung des eigenen Lebens zu einer Rechtspflicht zu machen. Ebensowenig können Tugendpflichten wie Dankbarkeit oder Mitleid zu Rechtspflichten werden.
Kant trennt strikt zwischen *Legalität* und *Moralität*: Die Befolgung einer Rechtspflicht (z. B. Diebstahlverbot) ist kein Beweis moralischer Gesinnung, weil sie auch aus außermoralischen Gründen (z. B. Angst vor Strafe) erfolgen kann.

Immanuel Kant: Pflicht und Neigung

Ich übergehe hier alle Handlungen, die schon als pflichtwidrig erkannt werden, ob sie gleich in dieser oder jener Absicht nützlich sein mögen; denn bei denen ist gar nicht die Frage, ob sie aus *Pflicht* geschehen sein mögen, da sie dieser sogar widerstreiten. Ich setze auch die Handlungen beiseite, die wirklich pflichtgemäß sind, zu denen aber Menschen unmittelbar *keine Neigung* haben, sie aber dennoch ausüben, weil sie durch eine andere Neigung dazu getrieben werden. Denn da lässt sich leicht unterscheiden. Ob die pflichtgemäßige Handlung aus Pflicht oder aus selbstsüchtiger Absicht geschehen sei.
Weit schwerer ist dieser Unterschied zu bemerken, wo die Handlung pflichtmäßig ist und das Subjekt noch überdem *unmittelbare* Neigung zu ihr hat.
Z. B.: Es ist allerdings pflichtgemäß, dass der Krämer seinen unerfahrenen Käufer nicht überteuere, und, wo viel Verkehr ist, tut dieses auch der kluge Kaufmann nicht, sondern hält einen festgesetzten allgemeinen Preis für jedermann, sodass ein Kind ebenso gut bei ihm kauft als jeder andere. Man wird also *ehrlich* bedient; allein das ist lange nicht genug, um deswegen zu glauben, der Kaufmann habe aus Pflicht und Grundsätzen der Ehrlichkeit so verfahren; sein Vorteil erforderte es; dass er aber überdem noch eine unmittelbare Neigung zu den Käufern haben sollte, um gleichsam aus Liebe keinem vor dem anderen im Preise den Vorzug zu geben, lässt sich hier nicht annehmen. Also war die Handlung weder aus Pflicht noch aus unmittelbarer Neigung, sondern bloß in eigennütziger Absicht geschehen.
Dagegen sein Leben zu erhalten, ist Pflicht, und überdem hat jedermann dazu noch eine unmittelbare Neigung. Aber um deswillen hat die oft ängstliche Sorgfalt, die der größte Teil der Menschen dafür trägt, doch keinen inneren Wert und die Maxime derselben keinen moralischen Gehalt. Sie bewahren ihr Leben zwar *pflichtgemäß*, aber nicht aus *Pflicht*. Dagegen wenn Widerwärtigkeiten und hoffnungsloser Gram den Geschmack am Leben gänzlich weggenommen haben, wenn der Unglückliche, stark an Seele, über sein Schicksal mehr entrüstet als kleinmütig oder niedergeschlagen, den Tod wünscht und sein Leben doch erhält, ohne es zu lieben, nicht aus Neigung oder Furcht, sondern aus Pflicht: alsdann hat seine Maxime einen moralischen Gehalt.

1 Definieren Sie vor der Textlektüre die Begriffe Pflicht und Neigung (→ Methode, S. 14).

2 Erläutern Sie Kants Unterscheidung zwischen „Handeln aus Pflicht" und „pflichtgemäßem Handeln".

3 Wie bestimmt Kant das Verhältnis von Pflicht und Neigung?

4 Welche Einwände erheben Schopenhauer und Schiller gegenüber Kant?

Arthur Schopenhauer: Kants Pflichtenlehre ist herzlos

Kant sagt, der Wert des Charakters hebe erst da an, wenn jemand, ohne Sympathie des Herzens, kalt und gleichgültig gegen die Leiden anderer, und nicht eigentlich zum Menschenfreunde geboren, doch bloß der leidigen Pflicht halber Wohltaten erzeigte. Diese das echte moralische Gefühl empörende Behauptung, diese der christlichen Sittenlehre, welche die Liebe über alles setzt und ohne sie nichts gelten lässt, gerade entgegengesetzte Apotheose[1] der Lieblosigkeit, diesen taktlosen, moralischen Pendantismus[2] hat Schiller in zwei treffenden Epigrammen persifliert.
[Ein Epigramm Schillers lautet: „Gerne dien ich den Freunden, doch tu ich es leider mit Neigung./Und so wurmt es mich oft, dass ich nicht tugendhaft bin."]

[1] Apotheose (gr.): Vergöttlichung, Verherrlichung
[2] Pedantismus: übertriebene Genauigkeit

Immanuel Kant: Vollkommene und unvollkommene Pflichten

Nun wollen wir einige Pflichten herzählen, nach der gewöhnlichen Einteilung derselben in Pflichten gegen uns selbst und gegen andere Menschen, in vollkommene und unvollkommene Pflichten.

1. Einer, der durch eine Reihe von Übeln, die bis zur Hoffnungslosigkeit angewachsen ist, einen Überdruss am Leben empfindet, ist noch soweit im Besitz seiner Vernunft, dass er sich selbst fragen kann, ob es auch nicht etwa der Pflicht gegen sich selbst zuwider sei, sich das Leben zu nehmen. Nun versucht er: ob die Maxime seiner Handlung wohl ein allgemeines Naturgesetz werden könne. Seine Maxime aber ist: Ich mache es mir als Selbstliebe zum Prinzip, wenn das Leben bei seiner längeren Frist mehr Übel droht, als Annehmlichkeiten verspricht, es mir abzukürzen. Es fragt sich nur noch, ob dieses Prinzip der Selbstliebe ein allgemeines Naturgesetz werden könne. Da sieht man aber bald, dass eine Natur, deren Gesetz es wäre, durch dieselbe Empfindung, deren Bestimmung es ist, zur Beförderung des Lebens anzutreiben, das Leben selbst zu zerstören, ihr selbst widersprechen und also nicht als Natur bestehen würde, mithin jene Maxime unmöglich als allgemeines Naturgesetz stattfinden könne und folglich dem obersten Prinzip aller Pflicht gänzlich widerstreite.

[...]

4. Noch denkt ein Vierter, dem es wohl geht, indessen er sieht, dass andere mit großen Mühseligkeiten zu kämpfen haben (denen er auch wohl helfen könne): Was geht's mich an? Mag doch ein jeder so glücklich sein, als es der Himmel will oder er sich selbst machen kann, ich werde ihm nichts entziehen, ja nicht einmal beneiden; nur zu seinem Wohlbefinden oder seinem Beistande in der Not habe ich nicht Lust etwas beizutragen! Nun könnte allerdings, wenn eine solche Denkungsart ein allgemeines Naturgesetz würde, das menschliche Geschlecht gar wohl bestehen und ohne Zweifel noch besser, als wenn jedermann von Teilnehmung und Wohlwollen schwatzt, auch sich beeifert, gelegentlich dergleichen auszuüben, dagegen aber auch, wo er nur kann, betrügt, das Recht der Menschen verkauft oder ihm sonst Abbruch tut. Aber obgleich es möglich ist, dass nach jener Maxime ein allgemeines Naturgesetz wohl bestehen könnte, so ist es doch unmöglich, zu *wollen*, dass ein solches Prinzip als Naturgesetz allenthalben gelte. Denn ein Wille, der dieses beschlösse, würde sich selbst widerstreiten, indem der Fälle sich doch manche ereignen können, wo er anderer Liebe und Teilnehmung bedarf, und wo er durch ein solches aus seinem eigenen Willen entsprungenes Naturgesetz sich selbst alle Hoffnung des Beistandes, den er sich wünscht, rauben würde.

[...]

Dieses sind nun einige von den vielen wirklichen oder wenigstens von uns dafür gehaltenen Pflichten, deren Ableitung aus dem angeführten Prinzip klar in die Augen fällt. Man muss *wollen können*, dass eine Maxime unserer Handlung ein allgemeines Gesetz werde: Dies ist der Kanon der moralischen Beurteilung derselben überhaupt. Einige Handlungen sind so beschaffen, dass ihre Maxime ohne Widerspruch nicht einmal als allgemeines Naturgesetz *gedacht* werden kann; weit gefehlt, dass man noch *wollen* könne, es sollte ein solches werden. Bei anderen ist zwar jede innere Unmöglichkeit nicht anzutreffen, aber es ist doch unmöglich zu *wollen*, dass ihre Maxime zur Allgemeinheit eines Naturgesetzes erhoben werden, weil ein solcher Wille sich selbst widersprechen würde.

1 Erläutern Sie Kants Unterscheidung zwischen „vollkommenen" und „unvollkommenen Pflichten. Finden Sie eigene Beispiele.

2 Für welche Pflichten ist eine „äußere Gesetzgebung" möglich und sinnvoll, für welche nicht? Begründen Sie.

3 „Unterlassene Hilfeleistung" ist gemäß Strafgesetzbuch § 323c eine Rechtspflichtverletzung und somit strafbar. Welche Begründung würde Kant dafür gelten lassen, welche nicht? Welche Position würde Schopenhauer dazu einnehmen (s. S. 164 und 186 f.)?

4 Vergleichen Sie Kants Pflichtenethik mit der „Goldenen Regel" (S. 252).

5 Kant verleiht dem moralischen Gesetz den Charakter eines Naturgesetzes. Wie ist dies zu verstehen?

Slavoj Žižek (geb. 1949), aus Slowenien stammender Philosoph und Kulturkritiker. Der nebenstehende Text stammt aus seinem Buch „Liebe Deinen Nächsten? Nein, Danke! Die Sackgasse des Sozialen in der Postmoderne" (1999).

Slavoj Žižek: Kants Begriff der Pflicht

Die einzigartige Stärke von Kants Ethik beruht gerade auf ihrer formalen Unbestimmtheit: Das moralische Gesetz schreibt mir nicht vor, worin meine Pflicht besteht, sondern es schreibt mir lediglich vor, dass ich meine Pflicht erfüllen muss. Ich kann aus dem moralischen Gesetz selbst keine konkreten Normen ableiten, um diese in meiner spezifischen Situation zu befolgen – *doch dies bedeutet, dass das Subjekt selbst die Verantwortung für die „Übersetzung" des abstrakten Gebots des moralischen Gesetzes in einer Reihe konkreter Verpflichtungen übernehmen muss.* [...]
Die volle Akzeptanz dieses Paradoxes zwingt uns, jegliche Berufung auf die „Pflicht" als Entschuldigung zurückzuweisen: „Ich weiß, dass dies schwer ist und schmerzlich sein kann, aber was soll ich machen, es ist meine Pflicht ..."
Das Motto des ethischen Rigorismus lautet: „Es gibt keine Entschuldigung dafür, seine Pflicht nicht zu erfüllen!", während Kants *„Du kannst, denn du sollst!"* offenbar eine neue Version dieses Mottos darstellt, die es implizit um seine wesentlich unheimlichere Umkehrung ergänzt: „Es gibt keine Entschuldigung für die *Erfüllung* der eigenen Pflicht!"
Der Verweis auf die Pflicht als Entschuldigung für die Erfüllung unserer Pflicht ist heuchlerisch. Man denke nur an den gestrengen sadistischen Lehrer, der seine Schüler mit gnadenloser Disziplin und entsprechenden Quälereien schikaniert. Natürlich lautet seine Entschuldigung gegenüber sich selbst (und gegenüber anderen): „Es fällt mir selbst sehr schwer, solchen Druck auf die Kinder auszuüben, aber was soll ich tun, es ist ja nun einmal meine Pflicht!" Ein noch zutreffenderes Beispiel ist der stalinistische[1] Politiker, der die Menschheit liebt, aber dennoch schreckliche Säuberungen und Exekutionen durchführt; es bricht ihm das Herz dabei, aber er kann es nicht ändern, da er doch nur aus Schuldigkeit gegenüber dem Fortschritt handelt. Hier haben wir es mit der im eigentlichen Sinne *perversen* Haltung zu tun, die darin besteht, eine Position einzunehmen, in der man ausschließlich das Instrument des Willens des großen Anderen ist. Es ist nicht meine Verantwortung, nicht ich bin es, der eine Tat konkret ausübt, sondern ich bin lediglich ein Instrument der höheren „historischen Notwendigkeit". Die obszöne *jouissance*[2] dieser Situation besteht darin, dass ich mich selbst von der Verantwortung für meine Taten distanziere: Ist es nicht wunderbar, andere im vollen Bewusstsein quälen zu können, dass ich selbst für diese Tat nicht verantwortlich bin, sondern lediglich den Willen des anderen erfülle? Dies ist es, was die Kant'sche Ethik verbietet. [...]
In ihrer radikalsten Ausprägung ist die Kant'sche Ethik also nicht „sadistisch", sondern im Gegenteil genau das, was es uns verbietet, die Position des sadistischen Henkers einzunehmen.

1 Wie bestimmt der Autor Kants Pflichtbegriff?

2 Kants Ethik wird oft „moralischer Rigorismus" vorgeworfen. Warum lässt der Autor dies nicht gelten?

3 Vergleichen Sie Žižeks Text mit den Ausführungen Hannah Arendts zu dem missbräuchlichen Verständnis von Kants Pflichtenethik (s. S. 168 f.).

---

[1] stalinistisch: autoritär-diktatorisch (abgeleitet von dem sowjetrussischen Politiker und Diktator Stalin (1878–1953))

[2] Jouissance (frz.): hier: exzessives Genießen

Kants Ethik im Kontext seiner Philosophie*

„Die Aufklärung ist der Ausgang des Menschen aus seiner selbst verschuldeten Unmündigkeit", „Habe Mut, dich deines eigenen Verstandes zu bedienen" – zwei berühmte Aussagen Immanuel Kants.

Unter Aufklärung versteht Kant, sich über die eigenen Voraussetzungen und Grundlagen seines Denkens und Handelns klar zu werden. Dabei darf die Kritik (d. h. genaue Prüfung) nicht von überkommenen Autoritäten beeinflusst werden oder auf sie fußen, diese sind vielmehr selbst Gegenstand der Überprüfung. In der **„Kritik der reinen Vernunft"** (1781) weist er die Absolutheitsansprüche des **Empirismus** (sinnliche Erfahrung als Fundament aller Erkenntnis) und des **Rationalismus** (reines, abstraktes Denken als Fundament aller Erkenntnis) zurück. Kant leitete damit die sogenannte **„kopernikanische Wende"** in der Metaphysik ein, indem er zeigte, dass unsere Erkenntnis nur Aussagen über die Welt zulässt, wie sie uns erscheint, und nicht, wie sie, unabhängig von uns, ist. Damit verwirft Kant die Metaphysik als wissenschaftliche Disziplin, ordnet sie dem Bereich des Glaubens zu und ersetzt sie durch die Erkenntnistheorie: „Die Erkenntnis richtet sich nicht nach den Gegenständen, sondern die Gegenstände nach der Erkenntnis." Er zeigt, dass unsere Erkenntnis der Welt an subjektive Voraussetzungen gebunden ist, unser Erkenntnisvermögen daher begrenzt ist.

Kants Grabstein

Seine Ethik hat Kant systematisch entfaltet und in drei Schriften veröffentlicht: „Grundlegung zur Metaphysik der Sitten" (1785), „Kritik der praktischen Vernunft" (1788) und „Metaphysik der Sitten" (1797).

In der **„Kritik der praktischen Vernunft"** (1788) entwirft Kant eine Ethik, die sich nicht mehr auf den Willen Gottes oder anderer religiöser Autoritäten beruft, sondern die auf **Autonomie** und **Willensfreiheit** des Individuums basiert. Er brach auch mit der Tradition ethischer Theorien, die den moralischen Wert einer Handlung in erster Linie durch ihr Ziel oder ihre Folgen bestimmen (teleologische und utilitaristische Ethik), weil sie ihren Anspruch, ein Prinzip zu liefern, das als Orientierung für alle nur denkbaren Entscheidungssituationen dienen kann, nicht einzulösen imstande sind, da sie selbst auf empirischen Grundlagen beruhen. Demgegenüber stellt Kant ein ethisches Prinzip auf, das unabhängig von Erfahrung (a priori), allein auf der Grundlage der Vernunft gewonnen werden kann und immer und überall gültig ist. Die Aufgabe der Vernunft ist es nicht, dem Menschen Glückseligkeit zu verschaffen, sondern zu bestimmen, was unsere moralische Pflicht ist. Über den moralischen Wert einer Handlung entscheidet allein der ihr zugrunde liegende Wille. Dieser Wille ist nur dann gut, wenn er ausschließlich durch die **Pflicht** bestimmt ist. Es reicht nicht aus, wenn eine Handlung, die man aus Neigung oder Interesse begeht, der Pflicht mehr oder weniger zufällig entspricht. Dann hätte man zwar pflichtgemäß, nicht aber aus Pflicht gehandelt. Diese Pflicht besteht in der freiwilligen Unterwerfung unter das **Sittengesetz**, das dem Menschen kraft seiner Vernunft in der Form des **kategorischen Imperativs** gegeben ist.

1 Verfassen Sie eine Stellungnahme zu den Texten von Zelter und Bonhoeffer (s. S. 161) aus der Sicht Kants.

2 Kants Ethik wurde oftmals moralische Kompromisslosigkeit bzw. Rigorismus vorgeworfen. Diskutieren Sie, ob dieser Vorwurf berechtigt ist.

Massenmord und kategorischer Imperativ

„Ich kann mir nicht helfen, aber ich glaube, dass das 20. Jh. das gewalttätigste Jahrhundert der Menschheitsgeschichte war“ (William Golding, Schriftsteller und Literaturnobelpreisträger). Wie konnten von Europa zwei Weltkriege und die unvorstellbaren Verbrechen des Nationalsozialismus ausgehen, einem Europa, dessen geistig-moralische Wurzeln im Christentum, im Humanismus und in der Aufklärung liegen? „Schützt denn Humanismus vor gar nichts?“, fragt der Schriftsteller Alfred Andersch in seiner Erzählung „Der Vater eines Mörders“, in der er den Schulleiter eines renommierten humanistischen Gymnasiums porträtiert, der aus einem „alten, humanistisch fein gebildeten Bürgertum“ stammt und dessen Sohn, Heinrich Himmler, hauptsächlich für den Genozid an den Juden im Dritten Reich verantwortlich war.
Dieser Frage ging auch die Philosophin Hannah Arendt nach, die am Beispiel Adolf Eichmanns, der von seinem Berliner Schreibtisch aus die Transporte der europäischen Juden in die Vernichtungslager organisierte, zeigte, wie verbrecherische Taten sogar unter Berufung auf Kant gerechtfertigt wurden. Vor Gericht sagte Eichmann, er sei „weder ein Mörder noch ein Massenmörder“ gewesen, sondern lediglich ein „getreuer, ordentlicher, korrekter und fleißiger [...] Angehöriger der SS“, der, „nur von idealen Regungen für mein Vaterland“ geleitet, lediglich seine Pflicht getan habe. Ein „innerer Schweinehund und ein Verräter“ sei er nie gewesen. Er berief sich dabei ausdrücklich auf Immanuel Kant: „Zur Norm habe ich die Kant'sche Forderung erhoben, und zwar schon sehr lange. Nach dieser Forderung habe ich mein Leben ausgerichtet [...]. Aus dieser Einstellung heraus tat ich reinen Gewissens und gläubigen Herzens meine mir befohlene Pflicht.“

Die Philosophin **Hannah Arendt** (1906–1975, → Biografie, S. 383) erhielt die Erlaubnis, als Berichterstatterin an dem Prozess gegen Eichmann teilzunehmen und ihn in seiner Zelle zu befragen. Eichmann war 1961 vom israelischen Geheimdienst in Südamerika aufgespürt und nach Israel gebracht worden, wo er nach einem halbjährigen Prozess zum Tode verurteilt und hingerichtet wurde. Hannah Arendt fasste ihre Beobachtungen und Erkenntnisse in dem Buch „Eichmann in Jerusalem. Ein Versuch über die Banalität des Bösen“ (1964) zusammen.

Hannah Arendt: Eichmann und die Ethik Kants

Ein erstes Anzeichen von Eichmanns vager Vorstellung, dass in dieser ganzen Angelegenheit mehr zur Diskussion stehen könnte als die Frage, ob der Soldat auch Befehlen gehorchen müsse, die ihrer Natur nach eindeutig verbrecherisch sind, ergab sich während des Polizeiverhörs, als er plötzlich mit großem Nachdruck beteuerte, sein Leben lang den Moralvorschriften Kants gefolgt zu sein und vor allem im Sinne des Kant'schen Pflichtbegriffs gehandelt zu haben. Das klang zunächst nur empörend und obendrein unverständlich, da Kants Morallehre so eng mit der menschlichen Fähigkeit zu urteilen, also dem Gegenteil von blindem Gehorsam, verbunden ist. Der verhörende Offizier hatte sich darauf nicht weiter eingelassen, doch Richter Raveh, ob nun aus Neugier oder aus Entrüstung über Eichmanns Versuch, im Zusammenhang mit seinen Untaten sich auf Kant zu berufen, entschloss sich, den Angeklagten hierüber zu befragen. Und zu jedermanns Überraschung konnte Eichmann eine ziemlich genaue Definition des kategorischen Imperativs vortragen: „Da verstand ich darunter, dass das Prinzip meines Wollens und das Prinzip meines Strebens so sein muss, dass es jederzeit zum Prinzip einer allgemeinen Gesetzgebung erhoben werden könnte“, was auf Diebstahl oder Mord z. B. nicht gut anzuwenden ist, da der Dieb oder Mörder unmöglich in einem Rechtssystem leben wollen kann, das anderen das Recht gibt, ihn zu bestehlen oder zu ermorden. Auf weitere Befragung fügte er hinzu, dass er Kants Kritik der praktischen Vernunft gelesen habe. Weiter erklärte er, dass er in dem Augenblick, als er mit den Maßnahmen zur „Endlösung“ beauftragt wurde, aufgehört habe, nach kantischen Prinzipien zu leben, er habe das gewusst und habe sich mit dem Gedanken getröstet, nicht länger „Herr über sich selbst“ gewesen zu sein – „ändern konnte ich nichts“. Was er dem Gericht darzulegen unterließ, war, dass er in jener „Zeit [...] der von Staats wegen legalisierten Verbrechen“, wie er sie jetzt selber nannte, die kantische Formel nicht einfach als überholt beiseitegetan hat, sondern dass er sie sich vielmehr so zurechtbog, bis sie ihm im Sinne von Hans Franks Neuformulierung „des kategorischen Imperativs im Dritten Reich“, die Eichmann gekannt haben mag, befahl: „Handle so, dass der Führer, wenn er von deinem Handeln Kenntnis hätte, dieses Handeln billigen würde.“ Natürlich ist es Kant nie in den Sinn gekommen, das Prinzip des Handelns einfach mit dem Prinzip des jeweiligen Gesetzgebers eines Landes oder den in ihm jeweils geltenden Gesetzen zu identifizieren, da für ihn ja jeder Bürger im Augenblick seines Handelns selbst Gesetzgeber wird durch den Gebrauch seiner „praktischen Vernunft“. Dennoch entspricht Eichmanns unbewusste Einstellung dem, was er selbst „den kategorischen Imperativ für den Hausgebrauch des kleinen Mannes“ nannte. In diesem „Hausgebrauch“ bleibt von Kants Geist nur noch die moralische Forderung übrig, nicht nur dem Buchstaben des Gesetzes zu gehorchen und sich so in den Grenzen der Legalität zu halten, sondern den eigenen Willen mit dem Geist des Gesetzes zu identifizieren – mit der Quelle, der das Gesetz entsprang. In Kants Philosophie war diese Quelle die praktische Vernunft; im Hausgebrauch, den Eichmann von ihr machte, war diese identisch geworden mit dem Willen des Führers. Viel von der gespenstisch peniblen Gründlichkeit, mit der die „Endlösung“ in Gang gesetzt und gehalten wurde, [...] lässt sich auf die eigentümliche, in Deutschland tatsächlich sehr verbreitete Vorstellung zurückführen, dass Gesetzestreue sich nicht darin erschöpft, den Gesetzen zu folgen, sondern so zu handeln verlangt, als sei man selbst der Schöpfer der Gesetze, denen man gehorcht. Daraus entwickelt sich leicht die Überzeugung, mehr als seine Pflicht zu tun, sei das Mindeste, was man von sich verlangen müsse.

Wie immer man Kants Einfluss auf die Entstehung der Mentalität „des kleinen Mannes“ in Deutschland beurteilen mag, in einer Beziehung hat sich Eichmann ganz zweifellos wirklich an Kants Vorschriften gehalten: Gesetz war Gesetz, Ausnahmen durfte es nicht geben. [...] Diese kompromisslose Haltung bei der Verrichtung seiner mörderischen Pflichten belastete ihn natürlich in den Augen des Gerichts mehr als alles andere, vor sich selbst aber fühlte er sich gerade durch sie gerechtfertigt, und es ist kein Zweifel, dass das Bewusstsein, Ausnahmen nicht geduldet zu haben, in ihm, was immer an Gewissen bei ihm noch übrig geblieben sein mochte, zum Schweigen brachte. Keine Ausnahmen, keine Kompromisse – das war der Beweis dafür, dass er stets gegen die „Neigung“ – Gefühle oder Interessen – der Pflicht gefolgt war.

Holocaust-Mahnmal in Wien.
Das 1999 errichtete Mahnmal stellt ein Bibliotheksgebäude dar. Die Steinteile des Gussbetonquaders haben die Form von Bücherwänden, wobei die Buchrücken nach innen gerichtet sind. Das nicht zu öffnende Eingangstor zeigt, dass Angehörigen der „Religion des Buches“ (s. S. 341) die Nutzung ihrer Bibliothek versperrt blieb, weil sie dem Holocaust zum Opfer fielen.
Unter den von den Nationalsozialisten ermordeten sechs Millionen europäischen Juden waren mehr als 65 000 Österreicher.

1 Welchen „Hausgebrauch“ macht Eichmann von der Ethik Kants? Vergleichen Sie Eichmanns Pflichtbegriff mit dem Kants (s. S. 164 ff.). Kommentieren Sie die Ausführungen Eichmanns und seine Berufung auf Kant.

2 Die Richter ließen Eichmanns Verteidigung nicht gelten. Welche Argumente könnten sie vorgebracht haben?

3 „Schützt denn Humanismus vor gar nichts?“ (Alfred Andersch) Versuchen Sie eine Antwort auf diese Frage.

Alles Lebendige achten – ein gesinnungsethisches Prinzip

Albert Schweitzer (1875–1965) studierte Theologie, Philosophie und Medizin. Daneben war er Organist und bedeutender Bach-Interpret. Gemäß einem früh gefassten Entschluss verzichtete er auf eine Universitätslaufbahn, um sein Leben als Dienst am Menschen weiterzuführen. Er ging 1913 nach Afrika und gründete in Lambarene (Gabun) ein Tropenkrankenhaus mit einem zusätzlichen Spital zur Bekämpfung der Lepra-Krankheit. Er finanzierte sein bis heute bestehendes Projekt vornehmlich aus den Erlösen seiner Vortrags- und Konzerttätigkeit. 1952 erhielt er den Friedensnobelpreis. Während seiner zahlreichen Europa-Reisen warb er für sein Prinzip der „Ehrfurcht vor dem Leben" und warnte eindringlich vor den Gefahren der Hochrüstung und der Atomwaffen. „Nur das Denken, in dem die Gesinnung der Ehrfurcht vor dem Leben zur Macht kommt, ist fähig, die Zeit des Friedens in unserer Welt anbrechen zu lassen."

Harald Steffahn: Albert Schweitzer, Reinbek bei Hamburg (Rowohlt) [16]2004

Albert Schweitzer: Die Ehrfurcht vor dem Leben

Wie in meinem Willen zum Leben Sehnsucht ist nach dem Weiterleben und nach der geheimnisvollen Gehobenheit des Willens zum Leben, die man Lust nennt, und Angst vor der Vernichtung und der geheimnisvollen Beeinträchtigung des Willens zum Leben, die man Schmerz nennt: also auch in dem Willen zum Leben um mich herum, ob er sich mir gegenüber äußern kann oder ob er stumm bleibt.

Ethik besteht also darin, dass ich die Nötigung erlebe, allem Willen zum Leben die gleiche Ehrfurcht vor dem Leben entgegenzubringen wie dem eigenen. Damit ist das denknotwendige Grundprinzip des Sittlichen gegeben. Gut ist, Leben erhalten und Leben fordern; böse ist, Leben vernichten und Leben hemmen.

Das Denken muss danach streben, das Wesen des Ethischen an sich zum Ausdruck zu bringen. Dabei kommt es dazu, Ethik als Hingebung an Leben zu bestimmen, die durch Ehrfurcht vor dem Leben motiviert ist. Mag das Wort Ehrfurcht vor dem Leben als sehr allgemein etwas unlebendig klingen, so ist doch das, was damit bezeichnet wird, etwas, das den Menschen, in dessen Gedanken es einmal aufgetreten ist, nicht mehr loslässt. Mitleid, Liebe und überhaupt alles wertvoll Enthusiastische sind in ihm gegeben. Mit rastloser Lebendigkeit arbeitet die Ehrfurcht vor dem Leben an der Gesinnung, in die sie hineingekommen ist, und wirft sie in die Unruhe einer niemals und nirgends aufhörenden Verantwortlichkeit hinein. Wie die sich durch die Wasser wühlende Schraube das Schiff, so treibt die Ehrfurcht vor dem Leben den Menschen an.

Aus innerer Nötigung entstehend, ist die Ethik der Ehrfurcht vor dem Leben nicht davon abhängig, inwieweit und inwiewenig sie sich zu einer befriedigenden Lebensanschauung auszudenken vermag. Sie braucht nicht auf die Frage Antwort zu geben, was das auf Erhaltung, Förderung und Steigerung von Leben gehende Wirken ethischer Menschen im Gesamtverlaufe des Weltgeschehens bedeuten kann. Sie lässt sich nicht irremachen durch die Erwägung, dass die von ihr geübte Erhaltung und Vollendung von Leben neben der gewaltigen, in jedem Augenblick durch Naturgewalten erfolgenden Vernichtung von Leben fast nicht in Betracht kommt. Wirken wollend, darf sie doch alle Probleme des Erfolges ihres Wirkens dahingestellt sein lassen. Bedeutungsvoll für die Welt ist die Tatsache an sich, dass in dem ethisch gewordenen Menschen ein von Ehrfurcht vor dem Leben und Hingebung an Leben erfüllter Wille zum Leben in der Welt auftritt. [...]

Ethik ist ins Grenzenlose erweiterte Verantwortung gegen alles, was lebt. In ihrer Allgemeinheit mutet die Bestimmung der Ethik als Verhalten in der Gesinnung der Ehrfurcht vor dem Leben als kalt an. Aber sie ist die einzig vollständige. Mitleid ist zu eng, um als Inbegriff des Ethischen zu gelten. Es bezeichnet ja nur die Teilnahme am leidenden Willen zum Leben. Zur Ethik gehört aber das Miterleben aller Zustände und aller Aspirationen des Willens zum Leben, auch seiner Lust, seiner Sehnsucht, sich auszuleben, auch seines Dranges nach Vervollkommnung. [...]

In der Tat schafft uns die Sorge um das Los aller Lebewesen, mit denen wir zu tun haben, noch viel zahlreichere und erregendere Konflikte, als wenn wir unsere Opferpflicht auf Menschen beschränken. *Gegenüber den Geschöpfen der Natur geraten wir unausgesetzt in Situationen, die uns zwingen, Leiden zu verursachen und dem Leben Schaden zu tun.* Der Bauer kann nicht alle Tiere leben lassen, die in seiner Herde zur Welt kommen; er kann nur die behalten, für die er Futter hat und deren Aufzucht ihm einen Ertrag verspricht. *In vielen Fällen geraten wir in die Zwangslage, Leben zu vernichten, um anderes Leben zu erhalten.* Wer einen hilflosen Vogel in Pflege nimmt, sieht sich genötigt, Insekten oder Fische zu töten, um ihn zu füttern.

Indem er so handelt, verhält er sich nach freiem Ermessen. Mit welchem Recht opfert er eine Vielzahl lebender Wesen, um ein einziges zu retten? Und wenn er Tiere ausrottet, die er für schädlich hält, um andere zu schützen, steht er vor der gleichen Gewissensfrage.

Albert-Schweitzer-Denkmal in Weimar

Es ist also jedem von uns auferlegt, im Einzelfall zu entscheiden, ob wir vor der unausweichlichen Notwendigkeit stehen, Leiden zu verursachen, zu töten und uns damit abzufinden, dass wir, eben aus Notwendigkeit, schuldig werden. Die Sühne müssen wir darin suchen, dass wir keine Gelegenheit versäumen, lebendigen Wesen Hilfe zu leisten.

Wie viel weiter wären wir, wenn die Menschen über ihre Pflicht nachdenken wollten, den Kreaturen Gutes zu tun, und sich all des Bösen enthielten, das sie ihnen aus Unwissenheit zufügen. Der Kampf gegen die inhumanen Reaktionsweisen, die noch in unserer Epoche Geltung haben, ist unserer Kultur zur Pflicht gemacht, wenn sie ihre Selbstachtung gewahren will. [...]

Auf die Frage, ob ich pessimistisch oder optimistisch sei, antworte ich, dass mein Erkennen pessimistisch und mein Wollen und Hoffen optimistisch ist.

Pessimistisch bin ich darin, dass ich das nach unseren Begriffen Sinnlose des Weltgeschehens in seiner ganzen Schwere erlebe. [...] Schon während meiner Gymnasialzeit war mir klar, dass mich keine Erklärung des Übels in der Welt jemals befriedigen könne, sondern dass sie alle auf Sophistereien[1] hinausliefen und im Grunde nichts anderes bezweckten, als es den Menschen zu ermöglichen, das Elend um sie herum weniger lebhaft mitzuerleben. [...] Das **geistige und materielle Elend**, dem sich unsere Menschheit **durch den Verzicht auf das Denken und die aus dem Denken kommenden Ideale** ausliefert, stelle ich mir in seiner ganzen Größe vor.

Dennoch bleibe ich optimistisch. Als unverlierbaren Kinderglauben habe ich mir den an die Wahrheit bewahrt. Ich bin der Zuversicht, dass der aus der Wahrheit kommende Geist stärker ist als die Macht der Verhältnisse. Meiner Ansicht nach gibt es kein anderes Schicksal der Menschheit als dasjenige, das sie sich durch ihre Gesinnung selber bereitet. Darum glaube ich nicht, dass sie den Weg des Niedergangs bis zum Ende gehen muss. Finden sich Menschen, die sich gegen den Geist der Gedankenlosigkeit auflehnen und als Persönlichkeiten lauter und tief genug sind, dass die **Ideale ethischen Fortschritts** als Kraft von ihnen ausgehen können, so hebt ein Wirken des Geistes an, das vermögend ist, eine **neue Gesinnung in der Menschheit** hervorzubringen.

[1] Sophisterei: Spitzfindigkeit, Wortklauberei (Sophisten, s. S. 127)

1 Steht Schweitzer in der Tradition Kants? Nennen Sie Gemeinsamkeiten und Unterschiede.

2 Entwickeln Sie aus dem Text Schweitzers kategorischen Imperativ.

3 Schweitzer spricht von Einzelfallentscheidungen (vgl. Z. 60). Würde Kant dem zustimmen? Begründen Sie Ihre Auffassung.

4 „Ethik ist ins Grenzenlose erweiterte Verantwortung gegen alles, was lebt." Bestimmen Sie Möglichkeiten und Grenzen dieses Verantwortungsbegriffs. Vergleichen Sie diese Form der Verantwortung mit dem Verantwortungsbegriff von Hans Jonas (s. S. 267 ff.).

5 Worauf gründet Schweitzer seinen Optimismus? Setzen Sie sich mit seiner Haltung kritisch auseinander.

Kritik an der Gesinnungsethik

Max Weber (1864–1920) gilt als Begründer der Soziologie. Der nebenstehende Text stammt aus seiner Rede „Politik als Beruf" (1919), in der er die Tauglichkeit der Gesinnungsethik für den Beruf des Politikers überprüft. Er kommt zu dem Ergebnis, dass einen Politiker drei Qualitäten auszeichnen sollten: **Leidenschaft, Verantwortungsgefühl, Augenmaß.** Eine ausschließliche Orientierung an Gesinnung bzw. Prinzipien (z. B. den radikalen Pazifismus bestimmter christlicher Gruppen) verwirft er.

1 Welche Vorwürfe macht Weber dem Gesinnungsethiker? Diskutieren Sie, ob Webers Kritik auf Kant und Schweitzer zutrifft.

2 Welches Menschenbild hat nach Weber der Gesinnungsethiker, welches der Verantwortungsethiker? Ziehen Sie hierzu auch die Ausführungen des Großinquisitors heran.

3 Die amerikanische Regierung rechtfertigte den Abwurf der beiden Atombomben auf Japan 1945 mit dem Ziel der sofortigen Beendigung des Krieges. Überlegen Sie, ob diese Maßnahme als „verantwortungsethisch" im Sinne Webers bezeichnet werden kann.

Max Weber: Gesinnungsethik und Verantwortungsethik

Wir müssen uns klarmachen, dass alles ethisch orientierte Handeln unter zwei voneinander grundverschiedenen, unaustragbar gegensätzlichen Maximen stehen kann; es kann „gesinnungsethisch" oder „verantwortungsethisch" orientiert sein. Nicht dass die Gesinnungsethik mit Verantwortungslosigkeit und Verantwortungsethik mit Gesinnungslosigkeit identisch wäre. Davon ist natürlich keine Rede. Aber es ist ein abgrundtiefer Gegensatz, ob man unter der gesinnungsethischen Maxime handelt – religiös geredet: „Der Christ tut recht und stellt den Erfolg Gott anheim" – oder unter der verantwortungsethischen: dass man für die (voraussehbaren) Folgen seines Handelns aufzukommen hat. Man mag einem überzeugten gesinnungsethischen Syndikalisten[1] noch so überzeugend darlegen, dass die Folgen seines Tuns die Steigerung der Chancen der Reaktion, gesteigerte Bedrückung seiner Klasse, Hemmung ihres Aufstiegs sein werden – und es wird auf ihn gar keinen Eindruck machen. Wenn die Folgen seiner aus reiner Gesinnung fließenden Handlung üble sind, so gilt ihm nicht der Handelnde, sondern die Welt dafür verantwortlich, die Dummheit der anderen Menschen oder – der Wille des Gottes, der sie so schuf. Der Verantwortungsethiker dagegen rechnet mit eben jenen durchschnittlichen Defekten der Menschen – er hat [...] gar kein Recht, ihre Güte und Vollkommenheit vorauszusetzen, er fühlt sich nicht in der Lage, die Folgen eigenen Tuns, soweit er sie voraussehen konnte, auf andere abzuwälzen. Er wird sagen: Diese Folgen werden meinem Tun zugerechnet. „Verantwortlich" fühlt sich der Gesinnungsethiker nur dafür, dass die Flamme der reinen Gesinnung, die Flamme z. B. des Protestes gegen die Ungerechtigkeit der sozialen Ordnung, nicht erlischt. Sie stets neu anzufachen, ist der Zweck seiner, vom möglichen Erfolg her beurteilt, ganz irrationalen Taten, die nur exemplarischen Wert haben können und sollen.

Aber auch damit ist das Problem noch nicht zu Ende. Keine Ethik der Welt kommt um die Tatsache herum, dass die Erreichung „guter" Zwecke in zahlreichen Fällen daran gebunden ist, dass man sittlich bedenkliche oder mindestens gefährliche Mittel und die Möglichkeit oder auch die Wahrscheinlichkeit übler Nebenerfolge mit in den Kauf nimmt, und keine Ethik der Welt kann ergeben: wann und in welchem Umfang der ethisch gute Zweck die ethisch gefährlichen Mittel und Nebenerfolge „heiligt". [...] Hier, an diesem Problem der Heiligung der Mittel durch den Zweck, scheint nun auch die Gesinnungsethik überhaupt scheitern zu müssen. Und in der Tat hat sie logischerweise nur die Möglichkeit: *jedes* Handeln, welches sittlich gefährliche Mittel anwendet, zu *verwerfen*. [...] Der Gesinnungsethiker erträgt die ethische Irrationalität der Welt nicht. Er ist kosmisch-ethischer „Rationalist". Sie erinnern sich, jeder von Ihnen, der Dostojewskij kennt, der Szene mit dem Großinquisitor[2], wo das Problem treffend auseinandergelegt ist. Es ist nicht möglich, Gesinnungsethik und Verantwortungsethik unter einen Hut zu bringen oder ethisch zu dekretieren, welcher Zweck *welches* Mittel heiligen solle, wenn man diesem Prinzip überhaupt irgendwelche Konzessionen macht.

---

[1] Syndikalisten: Teil der Arbeiterbewegung am Ende des 19. Jhs.

[2] Dostojewskis Roman „Die Brüder Karamasov", s. gegenüberliegende Seite

Fjodor M. Dostojewski: Moralische Selbstbestimmung überfordert den Menschen

In seinem 1879/80 erschienenen Roman „Die Brüder Karamasov" erzählt Dostojewski in einem Teil des fünften Buches, überschrieben mit „Der Großinquisitor", von einer Begegnung des Großinquisitors mit dem wieder auf der Erde erschienenen Christus. Ort des Geschehens ist die südspanische Stadt Sevilla, in der während der Inquisition im 16. Jh. zahlreiche Glaubensprozesse und Hinrichtungen von „Ketzern" stattfanden. Der Großinquisitor als Vertreter und Anwalt der Kirche lässt Jesus Christus festnehmen, sucht ihn im Kerker auf und erhebt ihm gegenüber schwerwiegende Vorwürfe.

Und nun sieh, was Du weiter getan hast! Ich sage Dir, der Mensch kennt keine quälendere Sorge, als jemanden zu finden, dem er so schnell wie möglich jenes Geschenk der Freiheit übergeben kann, mit der dieses unglückliche Geschöpf geboren wird. Aber nur derjenige bekommt die Freiheit der Menschen in seine Gewalt, der ihr Gewissen beruhigt. [...] Denn das Geheimnis des menschlichen Daseins liegt nicht darin, lediglich zu leben, sondern darin, für irgendeinen Zweck zu leben. Hat der Mensch keine feste Vorstellung von dem Zwecke, für den er lebt, so mag er nicht weiterleben und zieht die Selbstvernichtung dem Verbleiben auf der Erde vor, mögen auch noch so viele Brote um ihn herumliegen. Das ist nun einmal so; aber was begab sich nun? Statt die Freiheit der Menschen in Deine Gewalt zu bringen, vergrößerst Du sie ihnen noch! Oder hattest Du vergessen, dass Ruhe und sogar der Tod dem Menschen lieber ist als die freie Wahl in der Erkenntnis von Gut und Böse? Nichts ist verführerischer für den Menschen als die Freiheit seines Gewissens; aber nichts auch für ihn qualvoller. Statt nun dem Menschen ein für alle Mal feste Grundlagen zur Beruhigung seines Gewissens zu geben, wiesest Du ihm alles zu, was es Ungewöhnliches, Rätselhaftes und Unbestimmtes gibt, alles, was über die Kraft der Menschen hinausgeht, und handeltest so, als ob Du sie überhaupt nicht liebst, Du, der Du doch gekommen warst, das eigene Leben für sie hinzugeben! Statt die Freiheit der Menschen in Deine Gewalt zu bringen, hast Du sie noch vermehrt und das Seelenleben des Menschen für allezeit mit ihren Qualen belastet. Du wünschtest freie Liebe vonseiten des Menschen; frei sollte er Dir nachfolgen, entzückt und bezaubert von Dir. Statt des festen alten Gesetzes sollte der Mensch künftig mit freiem Herzen entscheiden, was gut und böse sei, und dabei nur Dein Vorbild als Führer vor sich haben. [...] Schau Dich um und urteile selbst: Es sind jetzt fünfzehn Jahrhunderte verflossen; wohlan, mustere die Menschen: Wen hast Du zu Dir emporgehoben? Ich schwöre Dir: Der Mensch ist schwächer und niedriger, als Du von ihm geglaubt hast! Kann er denn, frage ich, kann er denn das überhaupt ausführen, was Du ausgeführt hast? Indem Du ihn so hoch einschätztest, hast Du gehandelt, als ob Du kein Mitleid mehr mit ihm empfändest, denn Du hast gar zu viel von ihm verlangt, Du, der Du ihn doch mehr liebtest als Dich selbst. [...]

Wir haben Deine Tat verbessert und sie auf das Wunder, auf das Geheimnis und auf Autorität gegründet. Und die Menschen freuten sich, dass sie wieder wie eine Herde geleitet wurden und dass endlich das so furchtbare Geschenk, das ihnen so viel Qual bereitet hatte, von ihren Herzen weggenommen war. Sprich, waren wir berechtigt, so zu lehren und so zu handeln? Haben wir etwa nicht die Menschheit geliebt, als wir so freundlich ihre Schwäche anerkannten, ihre Bürde liebevoll erleichterten und ihrer schwächlichen Natur sogar die Sünde gestatteten, wenn sie mit unserer Erlaubnis geschah? Warum bist Du denn jetzt gekommen, uns zu stören?

Fjodor M. Dostojewski (1821–1881), russischer Dichter. Berühmt wurde er u. a. mit den Romanen „Arme Leute" (1846), „Schuld und Sühne" [„Verbrechen und Strafe"] (1866) und „Die Brüder Karamasov" (1879/80).

4 Was wirft der Großinquisitor Jesus Christus vor?

5 Verfassen Sie eine Gegenrede aus der Sicht von Jesus oder Kant.

6 Diskutieren Sie, ob der Großinquisitor ein Verantwortungsethiker im Sinne Max Webers ist.

7 „Mit der Bergpredigt kann man keine Politik machen." (Altbundeskanzler Helmut Schmidt)
Lesen Sie die Bergpredigt (s. S. 342) und überprüfen Sie Schmidts Aussage.

Das Wohl aller anstreben: Utilitaristische Ethik/Folgenethik

Der klassische Utilitarismus

Was heißt Utilitarismus?*

Jeden Tag werden wir vor moralische Entscheidungen gestellt. Manche davon treffen wir fast automatisch, andere fallen uns weniger leicht, vor allem die, deren Folgen für uns, aber auch für andere Menschen schwer wiegen, etwa wenn sie die berufliche oder private Zukunft betreffen oder wenn eine Situation es erfordert, zwischen unseren Interessen und denen anderer abzuwägen. Besonders gewichtig sind Entscheidungen, die das Leben vieler Menschen oder die Entwicklung einer ganzen Gesellschaft beeinflussen. Soll z. B. eine Staatsregierung den Abschuss eines in der Gewalt von Terroristen befindlichen Passagierflugzeugs anordnen, um die mögliche Zerstörung eines Wohngebietes oder eines Kernkraftwerkes zu verhindern?
Im Übergang zum Industriezeitalter entwickelte sich in England und Amerika der Utilitarismus (lat. utilis: nützlich) als eine Ethik, die den oben aufgezeigten Entscheidungsproblemen gerecht zu werden versucht. „Die Väter des Utilitarismus stellten sich den Utilitarismus im Prinzip als ein System der sozialen und politischen Entscheidung dar. Sie dachten, dass er daher für den Gesetzgeber und die Verwaltung Maßstäbe für die Entscheidungsfindung liefern könne. So betrachtet, ist der Utilitarismus etwas anderes als ein System persönlicher Moral." (Bernard Williams)
Das entscheidende Merkmal einer jeden Handlung ist für den Utilitarismus, dass sie Folgen für alle von ihr Betroffenen hat. Ein ethisches Urteil basiert demnach auf der Kenntnis dieser **Folgen** und gibt an, ob sie den von der Handlung Betroffenen nutzen oder schaden. Das Motiv oder die Gesinnung spielen für den Utilitarismus nur eine untergeordnete Rolle.
So besteht die **utilitaristische „Grundformel"** aus vier Teilkriterien: Diejenige Handlung bzw. Handlungsregel ist moralisch richtig, deren Folgen **(Konsequenzprinzip)** für das Wohlergehen **(hedonistisches Prinzip)** aller Betroffenen **(universalistisches Prinzip)** optimal sind **(Utilitätsprinzip)**.
Ein konsequenter **Handlungsutilitarismus** fordert, dass man für jede einzelne Entscheidung die Folgen bedenken muss, um der Einzigartigkeit der Situation gerecht zu werden. Demgegenüber stützt sich der **Regelutilitarismus** auf bewährte Regeln, deren Folgen uns aus der Erfahrung bekannt sind. Statt also immer wieder neu die Folgen zu bedenken, wendet der Regelutilitarist in einer Entscheidungssituation allgemeine moralische Regeln an, die sich in ähnlichen Situationen bewährt haben. Diese Regeln müssen mit dem Prinzip der Nützlichkeit übereinstimmen.
Der klassische Utilitarismus bestimmt Nutzen als Maximierung von Lust oder Glück. Da diese Begriffe sehr vage und daher schwer zu bestimmen sind, sind für viele Utilitaristen heute die **Präferenzen bzw. Interessen** der von einer Handlung Betroffenen die Grundlage für die moralische Beurteilung.

1 Fassen Sie die Informationen des Textes in einem Schaubild zusammen.

2 Wenn jemand es vorzieht zu sterben, ist es dann moralisch richtig, ihn zu töten?

Jeremy Bentham: Das Prinzip des größten Glücks als Grundlage der Moral

Jeremy Bentham (1748–1832), englischer Philosoph, gilt als der Begründer des Utilitarismus. Für ihn sind Lust und Schmerz die für das Leben des Menschen entscheidenden Gefühle. Damit steht er in der Tradition des Hedonismus (gr. Hedoné = Lust, s. S. 138), einer philosophischen Lehre, die Lust und Genuss als höchstes Lebensziel ansieht. Bentham erarbeitete einen **„hedonistischen Kalkül"**, um das Glück als höchstmöglichen Nutzen für die größtmögliche Zahl von Menschen zu berechnen.

Wenn man also die allgemeine Tendenz einer Handlung, durch die die Interessen einer Gemeinschaft betroffen sind, genau bestimmen will, verfahre man folgendermaßen. Man beginne mit einer der Personen, deren Interessen am unmittelbarsten durch eine derartige Handlung betroffen zu sein scheinen, und bestimme:

a) den **Wert** jeder erkennbaren **Freude**, die von der Handlung in *erster* Linie hervorgebracht zu sein scheint;

b) den Wert jeden **Leids**, das von ihr in *erster* Linie hervorgebracht zu sein scheint;

c) den Wert jeder *Freude*, die von ihr in *zweiter* Linie hervorgebracht zu sein scheint. Dies begründet die **Folgenträchtigkeit** der ersten *Freude* und die **Unreinheit** des ersten *Leids*;

d) den Wert jeden *Leids*, das von ihr in *zweiter* Linie anscheinend hervorgebracht wird. Dies begründet die *Folgenträchtigkeit* des ersten *Leids* und die *Unreinheit* der ersten *Freude*.

e) Man **addiere** die Werte aller *Freuden* auf der einen und die aller *Leiden* auf der anderen Seite. Wenn die Seite der Freude überwiegt, ist die Tendenz der Handlung im Hinblick auf die Interessen dieser *einzelnen* Person insgesamt *gut*, überwiegt die Seite des Leids, ist ihre Tendenz insgesamt *schlecht*.

f) Man bestimme die *Anzahl* der Personen, deren Interessen anscheinend betroffen sind, und wiederhole das oben genannte Verfahren im Hinblick auf jede von ihnen. Man *addiere* die Zahlen, die den Grad der *guten* Tendenz ausdrücken, die die Handlung hat – und zwar in Bezug auf jedes Individuum, für das die Tendenz insgesamt *gut* ist: Das Gleiche tue man in Bezug auf jedes Individuum, für das die Tendenz insgesamt *schlecht* ist. Man ziehe die *Bilanz*; befindet sich das Übergewicht auf der Seite der *Freude*, so ergibt sich daraus für die betroffene Gesamtzahl oder Gemeinschaft von Individuen eine allgemein *gute Tendenz* der Handlung; befindet es sich auf der Seite des *Leids*, ergibt sich daraus für die gleiche Gemeinschaft eine allgemein *schlechte Tendenz*.

Es kann nicht erwartet werden, dass dieses Verfahren vor jedem moralischen Urteil und vor jeder gesetzgebenden oder richterlichen Tätigkeit streng durchgeführt werden sollte. Es mag jedoch immer im Blick sein, und je mehr sich das bei solchen Anlässen tatsächlich durchgeführte Verfahren diesem annähert, desto mehr wird sich ein solches Verfahren dem Rang eines exakten Verfahrens annähern.

Das gleiche Verfahren lässt sich ebenso auf Freude und Leid anwenden, ganz gleich in welcher Gestalt sie auftreten und durch welche Namen man sie voneinander unterscheidet: auf Freude, ob sie nun *Gutes* genannt wird (das eigentlich die Ursache oder das Instrument der Freude ist), *Gewinn* (der entfernte Freude oder die Ursache oder das Instrument entfernter Freude ist), *Annehmlichkeit* oder *Vorteil, Wohltat, Vergütung, Glück* und so fort; auf Leid, ob es nun *Schlechtes* genannt wird (was dem *Guten* entspricht), *Unheil, Unannehmlichkeit, Nachteil, Verlust* oder *Unglück* und so fort.

3 Versuchen Sie, für eine Handlungsentscheidung im Rahmen Ihres Kurses (z. B. „Jeder soll im Zeugnis eine Eins erhalten") den „hedonistischen Kalkül" durchzuführen, gemäß Benthams Anweisung. Welche Schwierigkeiten ergeben sich?

4 Versuchen Sie, die fett gedruckten Begriffe eindeutig zu definieren. Welche Schwierigkeiten ergeben sich?

John Stuart Mill: Die Lebensauffassung des Utilitarismus

John Stuart Mill (1806–1873), britischer Philosoph und Nationalökonom, war 1865–1868 Mitglied des Unterhauses. Schon sein Vater, James Mill, war ein bekannter utilitaristischer Philosoph, sein Sohn baute die Ethik dieser Denkrichtung aus.

Epikur (um 341–270 v. Chr.), griechischer Philosoph, für den die Lust, begriffen als Abwesenheit von Schmerz und Unruhe, das ethische Grundprinzip war (s. S. 138)

Die Auffassung, für die die Nützlichkeit oder das Prinzip des größten Glücks die Grundlage der Moral ist, besagt, dass Handlungen insoweit und in dem Maße moralisch richtig sind, als sie die Tendenz haben, Glück zu befördern, und insoweit moralisch falsch, als sie die Tendenz haben, das Gegenteil von Glück zu bewirken. Unter „Glück" (happiness) ist dabei Lust (pleasure[1]) und das Freisein von Unlust (pain[2]), unter „Unglück" (unhappiness) Unlust und das Fehlen von Lust verstanden. Damit die von dieser Theorie aufgestellte Norm deutlich wird, muss freilich noch einiges mehr gesagt werden, insbesondere darüber, was die Begriffe Lust und Unlust einschließen sollen und inwieweit dies von der Theorie offengelassen wird. Aber solche zusätzlichen Erklärungen ändern nichts an der Lebensauffassung, auf der diese Theorie der Moral wesentlich beruht: dass Lust und das Freisein von Unlust die einzigen Dinge sind, die als Endzwecke wünschenswert sind, und dass alle anderen wünschenswerten Dinge (die nach utilitaristischer Auffassung ebenso vielfältig sind wie nach jeder anderen) entweder deshalb wünschenswert sind, weil sie selbst lustvoll sind oder weil sie Mittel sind zur Beförderung von Lust und zur Vermeidung von Unlust.

Eine solche Lebensauffassung stößt bei vielen Menschen, darunter manche, deren Fühlen und Trachten im höchsten Maße achtenswert ist, auf eingewurzelte Abneigung. Der Gedanke, dass das Leben (wie sie sagen) keinen höheren Zweck habe als die Lust, kein besseres und edleres Ziel des Wollens und Strebens, erscheint ihnen im äußersten Grad niedrig und gemein; als eine Ansicht, die nur der Schweine würdig wäre, mit denen die Anhänger Epikurs ja schon sehr früh verächtlich gleichgesetzt wurden.

Auf Angriffe dieser Art haben die Epikureer stets geantwortet, dass nicht sie, sondern ihre Ankläger es sind, die die menschliche Natur in entwürdigendem Lichte erscheinen lassen, da die Anklage ja unterstellt, dass Menschen keiner anderen Lust fähig sind als der, deren auch Schweine fähig sind.

Nur wenige Menschen würden darein einwilligen, sich in eines der niederen Tiere verwandeln zu lassen, wenn man ihnen verspräche, dass sie die Befriedigungen des Tiers im vollen Umfange auskosten dürften. Kein intelligenter Mensch möchte ein Narr, kein gebildeter Mensch ein Dummkopf, keiner, der feinfühlig und gewissenhaft ist, selbstsüchtig und niederträchtig sein – auch wenn sie überzeugt wären, dass der Narr, der Dummkopf oder der Schurke mit seinem Schicksal zufriedener ist als sie mit dem ihren. Das, was sie ihm voraushaben, würden sie auch für die vollständigste Erfüllung all der Wünsche nicht aufgeben, die sie mit ihm gemeinsam haben. Sollte ihnen dies doch einmal in den Sinn kommen, dann nur in Fällen äußersten Unglücks, in denen sie bereit sind, fast jedes andere Schicksal in Kauf zu nehmen, wie wenig sie sich auch von ihm versprechen, nur um dem ihren zu entgehen. Ein höher begabtes Wesen verlangt mehr zu seinem Glück, ist wohl auch größeren Leidens fähig und ihm sicherlich in höherem Maße ausgesetzt als ein niedrigeres Wesen; aber trotz dieser Gefährdungen wird es niemals in jene Daseinsweise absinken wollen, die es als niedriger empfindet.

Wir mögen dieses Widerstreben erklären, wie wir wollen: wir mögen es dem Stolz zuschreiben – einem Begriff, mit dem man einige der am meisten und einige der am wenigsten schätzenswerten Gefühle, deren Menschen fähig sind, bezeichnet, wir mögen es der Freiheitsliebe und dem Streben nach Unabhängigkeit zuschreiben, woran

[1] pleasure (engl.): Lust nicht als bloße Triebbefriedigung, sondern als Freude, Vergnügen, Wohlbefinden
[2] pain (engl.): Schmerz, Mühe

die Stoiker[1] appelliert und worin sie eines der wirksamsten Mittel gefunden haben, die Menschen zu diesem Widerstreben zu erziehen; der Liebe zur Macht und zur begeisterten Erregtheit, die beide darin enthalten sind. Aber am zutreffendsten wird es als ein Gefühl der Würde beschrieben, das allen Menschen in der einen oder anderen Weise und im ungefähren Verhältnis zu ihren höheren Anlagen zu eigen ist und das für die, bei denen es besonders stark ausgeprägt ist, einen so entscheidenden Teil ihres Glücks ausmacht, dass sie nichts, was mit ihm unvereinbar ist, länger als nur einen Augenblick lang zu begehren imstande sind. Wer meint, dass diese Bevorzugung des Höheren ein Opfer an Glück bedeutet – dass das höhere Wesen unter den gleichen Umständen nicht glücklicher sein könne als das niedere –, vermengt die zwei durchaus verschiedenen Begriffe des Glücks (happiness) und der Zufriedenheit (content). Es ist unbestreitbar, dass ein Wesen mit geringerer Fähigkeit zum Genuss die besten Aussichten hat, voll zufriedengestellt zu werden; während ein Wesen von höheren Fähigkeiten stets das Gefühl haben wird, dass alles Glück, das es von der Welt, so wie sie beschaffen ist, erwarten kann, unvollkommen ist. Aber wenn diese Unvollkommenheiten überhaupt nur erträglich sind, kann es lernen mit ihnen zu leben, statt die anderen zu beneiden, denen diese Unvollkommenheiten nur deshalb nicht bewusst sind, weil sie sich von den Vollkommenheiten keine Vorstellung machen können, mit denen diese verglichen werden. Es ist besser, ein unzufriedener Mensch zu sein als ein zufriedengestelltes Schwein; besser ein unzufriedener Sokrates als ein zufriedener Narr. Und wenn der Narr oder das Schwein anderer Ansicht sind, dann deshalb, weil sie nur die eine Seite der Angelegenheit kennen. Die andere Partei hingegen kennt beide Seiten. Man wird vielleicht einwenden, dass viele, die der höheren Befriedigungen fähig sind, unter dem Einfluss der Versuchung gelegentlich die niedrigeren den höheren vorziehen. Aber dies ist mit der vollen Anerkennung der inneren Überlegenheit der höheren Befriedigungen durchaus vereinbar. Aus Charakterschwäche entscheiden sich die Menschen sowohl bei der Wahl zwischen zwei sinnlichen wie auch bei der Wahl zwischen sinnlichen und geistigen Freuden oft für das nähere Gut, obgleich sie wissen, dass es geringeren Wert hat. [...]

Nach dem Prinzip des größten Glücks ist, wie oben erklärt, der letzte Zweck, bezüglich dessen und um dessentwillen alles andere wünschenswert ist (sei dies unser eigenes Wohl oder das anderer), ein Leben, das so weit wie möglich frei von Unlust und **in quantitativer wie in qualitativer Hinsicht** so reich wie möglich an Lust ist; wobei der Maßstab, an dem Qualität gemessen und mit der Quantität verglichen wird, die Bevorzugung derer ist, die ihrem Erfahrungshorizont nach – einschließlich Selbsterfahrung und Selbstbeobachtung – die besten Vergleichsmöglichkeiten besitzen. Indem dies nach utilitaristischer Auffassung der Endzweck des menschlichen Handelns ist, ist es notwendigerweise auch die Norm der Moral. Diese kann also definiert werden als die **Gesamtheit der Handlungsregeln und Handlungsvorschriften**, durch deren Befolgung ein Leben der angegebenen Art für die gesamte Menschheit im größtmöglichen Umfange erreichbar ist; und nicht nur für sie, sondern, soweit es die Umstände erlauben, für die **gesamte fühlende Natur**.

[1] Stoiker: Anhänger der Stoa, einer antiken Philosophenschule (s. S. 140)

1 Wie bestimmt Mill die Begriffe Lust und Glück? Benennen Sie auch, was er ausdrücklich nicht darunter versteht.

2 Diskutieren Sie seine These, es sei besser, „ein unzufriedener Sokrates als ein zufriedener Narr zu sein".

3 Vergleichen Sie Mills abschließende Bestimmung des Utilitarismus mit der im ersten Abschnitt. Welche Präzisierungen nimmt er vor?

4 „Der Utilitarismus ist eigentlich eine besonders raffinierte Form des Egoismus." Nehmen Sie Stellung zu dieser Behauptung.

Utilitaristische Ethik anwenden – Abtreibung und das Recht auf Leben

Der Utilitarismus fordert dazu auf, die Folgen einer Handlung oder einer Norm für alle von dieser Handlung Betroffenen zu bedenken. Wie lässt sich feststellen, worin das Interesse der betroffenen Personen besteht? Gibt es Maßstäbe für die unterschiedliche Gewichtung und Bewertung von Interessen? Ist das Leid einer Minderheit gerechtfertigt, wenn es die Lebensqualität der Mehrheit erhöht?
Am Beispiel der Abtreibung soll vor dem Hintergrund dieser Fragen die Praxistauglichkeit des Utilitarismus überprüft werden. Darüber hinaus hat die Diskussion um die Abtreibung zu einer grundsätzlichen Auseinandersetzung über das Recht auf Leben geführt: Wann beginnt menschliches Leben? Besitzen Ungeborene ein Grundrecht auf Leben? Dürfen schwerstbehinderte Ungeborene getötet werden?

1 Schreiben Sie einen Dialog, in dem Kathrin und Steffen über eine mögliche Abtreibung sprechen.

2 Bedenken Sie gemeinsam ihre Handlungsmöglichkeiten und benennen Sie Gründe, die für bzw. gegen eine Abtreibung sprechen. Informieren Sie sich hierzu über Hilfsangebote für Frauen in einer solchen Situation.

3 Wie würden Bentham und Mill die verschiedenen Handlungsmöglichkeiten bewerten?

4 „Abtreibung ist Mord." – „Mein Bauch gehört mir." Nehmen Sie Stellung zu diesen Parolen. Welche Normen und Werte stehen hinter Ihrer Stellungnahme?

Ein Schwangerschaftskonflikt*

Kathrin ist 16 Jahre alt und besucht die 11. Jahrgangsstufe eines Gymnasiums. Seit zwei Jahren ist sie mit Steffen befreundet, der ebenfalls noch zur Schule geht. Beide leben bei ihren Eltern. Als Kathrin erfährt, dass sie schwanger ist, denkt sie zunächst nicht an eine Abtreibung. Ihr Freund hat dafür kein Verständnis. Er sagt ihr, dass sie von ihm keine Unterstützung erwarten könne. In den nächsten Wochen zerbricht ihre Beziehung.
Kathrin informiert sich über soziale Hilfen. Ihre Eltern, zu denen sie ein gespanntes Verhältnis hat – sie waren der Meinung, dass sie noch viel zu jung für eine intime Beziehung sei –, bieten ihre Unterstützung ebenso an wie die Eltern des Vaters. Sie geizen aber nicht mit Vorwürfen. Kathrin ist eine sehr gute Schülerin und möchte Psychologie studieren. Sie war sich bis jetzt sicher, den Numerus clausus zu schaffen. Aber nun zweifelt sie daran, dass sie ihren Leistungsstand halten kann, wenn sie gleichzeitig ein Kind versorgen muss. Ihren Mitschülern verschweigt Kathrin die Schwangerschaft, zumal sich bei einer Diskussion im Ethikunterricht herausstellte, dass fast alle Mitschülerinnen abtreiben würden, wenn sie jetzt schwanger würden. Allmählich kommen ihr immer größere Zweifel, ob sie das Kind wirklich haben möchte. Sie merkt, wie ihre Leistungen nachlassen, da sie sich nicht mehr auf ihre Arbeit konzentrieren kann. Sie fühlt sich von aller Welt allein gelassen und ringt um eine Entscheidung.

Das Strafrecht zum Schwangerschaftsabbruch*

Nach § 218 des Strafgesetzbuchs (StGB) wird der, der eine Schwangerschaft abbricht, mit einer Geldstrafe oder einer Freiheitsstrafe bis zu drei, in besonders schweren Fällen bis zu fünf Jahren bestraft. Eine Tat wiegt besonders schwer, wenn der Täter den Abbruch gegen den Willen der Schwangeren vornimmt oder „leichtfertig die Gefahr des Todes oder einer schweren Gesundheitsschädigung der Schwangeren verursacht". Begeht die Schwangere die Tat, so muss sie mit einer Geldstrafe oder Freiheitsstrafe bis zu einem Jahr rechnen. „Handlungen, deren Wirkung vor Abschluss der Einnistung des befruchteten Eis in der Gebärmutter eintritt, gelten nicht als Schwangerschaftsabbruch im Sinne des Gesetzes."

Ein Schwangerschaftsabbruch auf Verlangen der Schwangeren ist unter folgenden Bedingungen straflos: Nachweis der vorgeschriebenen Beratung, Durchführung des Eingriffs frühestens am vierten Tag nach Abschluss der Beratung und bis zum Ende der zwölften Woche nach der Empfängnis durch einen Arzt oder eine Ärztin. Die Entscheidung liegt allein bei der Frau. Ein solcher Abbruch ist aber nicht rechtmäßig, die Kosten werden nicht von der Krankenkasse übernommen. Rechtmäßig ist eine Abtreibung nur, wenn aus ärztlicher Sicht eine **medizinische** oder **kriminologische Indikation** vorliegt. Der Arzt, der über die Indikation entscheidet, darf nicht den Abbruch vornehmen.

Eine medizinische Indikation liegt vor, „wenn der Abbruch der Schwangerschaft unter Berücksichtigung der gegenwärtigen und zukünftigen Lebensverhältnisse der Schwangeren nach ärztlicher Erkenntnis angezeigt ist, um eine Gefahr für das Leben oder die Gefahr einer schwerwiegenden Beeinträchtigung des körperlichen oder seelischen Gesundheitszustandes der Schwangeren abzuwenden und die Gefahr nicht auf andere für sie zumutbare Weise abgewendet werden kann". Es gibt keine Frist für die Durchführung des Abbruchs. Allerdings schreibt der Gesetzgeber seit dem 1.1.2010 für Abbrüche nach der 14. Schwangerschaftswoche eine dreitägige Frist zwischen Diagnose und Abbruch vor, um überstürzte Entscheidungen der Eltern zu verhindern.

Eine kriminologische Indikation liegt vor, wenn eine Frau durch eine Straftat, z. B. eine Vergewaltigung, schwanger geworden ist. Die Frau muss sich vor dem Eingriff beraten lassen. Es gilt die Frist von zwölf Wochen.

Umstritten ist die Aufhebung der sogenannten **embryopathischen Indikation**. Sie gestattet eine Abtreibung bis zur 22. Woche nach der Empfängnis, wenn dringende Gründe für die Annahme vorliegen, dass das Kind „an einer nicht behebbaren Schädigung seines Gesundheitszustandes leiden wird", die so schwerwiegend ist, „dass von der Schwangeren die Fortsetzung der Schwangerschaft nicht verlangt werden kann". Die Streichung dieser Indikation erfolgte, um die darin latent vorhandene Diskriminierung Behinderter aufzuheben. Fälle dieser Art fallen nun unter die medizinische Indikation.

Die **Grundsätze der Beratung** sind im § 219 geregelt. Darin heißt es u. a.: „Die Beratung dient dem Schutz des ungeborenen Lebens. Sie hat sich von dem Bemühen leiten zu lassen, die Frau zur Fortsetzung der Schwangerschaft zu ermutigen und ihr Perspektiven für ein Leben mit dem Kind zu eröffnen; sie soll ihr helfen, eine verantwortliche und gewissenhafte Entscheidung zu treffen."

Die dargestellte strafrechtliche Regelung gilt seit 1995. Im Jahr 2009 wurden 110694 den gesetzlichen Regelungen entsprechende Abtreibungen vorgenommen.

5 Simulieren Sie in einem Rollenspiel ein Beratungsgespräch in einer Beratungsstelle. Beachten Sie die Gesprächsführung und die im Strafrecht genannten Grundsätze der Beratung (s. Z. 40 ff.).

6 Wie lassen sich die Rechtsnormen utilitaristisch begründen?

7 Verfassen Sie in Gruppen einen alternativen Gesetzentwurf zur Abtreibung.

Peter Singer (geb. 1947) leitet das „Centre for Human Bioethics" an der Monash-University in Melbourne. Er bezeichnet sich selbst als Utilitaristen und befasst sich vor allem mit Tier- und Bioethik (s. S. 330 f.). Seine umstrittenen Thesen zur Tötung schwerstbehinderter Neugeborener führten zu weltweit kontroversen Diskussionen.

Peter Singer: Nur Personen haben ein Recht auf Leben

Ich glaube, dass man eine liberale Praxis der Abtreibung ethisch durchaus rechtfertigen kann, aber nur, wenn man bereit ist, mit der traditionellen Ethik radikal zu brechen und unsere Auffassung von der Unantastbarkeit menschlichen Lebens zu revidieren. Was unterscheidet den Menschen – nicht nur rein biologisch – von allen anderen Lebewesen und macht sein Leben schützenswerter als das der Tiere? Eine mögliche Antwort ist diese: Es ist die Bewusstheit seiner selbst und die Bewusstheit seiner Zukunft, die sich erst nach der Geburt entwickeln. Entscheidend für das Recht auf Leben ist, so meine ich, diese Entwicklung des Selbst-Bewusstseins. Erst dann würde ich den Menschen als Person anerkennen. Diese Grenze zwischen Lebewesen und einer Person ist nicht präziser, aber sie ist ethisch bedeutsamer als alle anderen Grenzziehungen. Denn nur eine Person mit Selbst-Bewusstsein, die weiß, was es bedeutet, wenn ihr Leben beendet wird, kann sich auch wünschen, weiterzuleben. Das kann ein Lebewesen ohne Selbst-Bewusstsein nicht.
Erscheint etwa irgendjemandem die nur auf den Ort bezogene Unterscheidung zwischen einem Fötus innerhalb oder einem Kind außerhalb der Gebärmutter besser? Warum, fragen wir dann, sollte der Fötus mit 24 Wochen kein Recht auf Leben haben, aber das Frühgeborene zum selben Zeitpunkt sehr wohl? Wenn wir somit zu dem Schluss gekommen sind, dass Neugeborene kein eigenes Recht auf Leben haben, müssen wir auch einräumen, dass nicht alles getan werden muss, um ein Kind unter allen Umständen am Leben zu halten. Doch bis zu welchem Zeitpunkt darf man sich gegen das Leben entscheiden? Das Selbst-Bewusstsein entwickelt sich allmählich, innerhalb der ersten sechs Monate nach der Geburt. Theoretisch wäre also die Tötung noch Monate nach der Geburt ethisch zu rechtfertigen. Das will ich nicht. Wir brauchen einen genaueren und früheren Zeitpunkt, von dem an menschliches Leben zu schützen ist. Man könnte ihn nach dem Ablauf des ersten Monats ansetzen. Innerhalb dieser Frist müsste sich allerdings irgendjemand finden – die Eltern, eine Ersatzfamilie, der Staat –, der sich des Kindes annimmt. Wenn die Ärzte dem Kind nicht ein dauerhaft qualvolles Leben voraussagen, dann wird der Staat, falls die Eltern das Kind ablehnen, einspringen und für das Baby sorgen. Jeder annähernd wohlhabende Staat ist dazu verpflichtet. Tut er das aber nicht, müssen die Eltern – gemeinsam mit dem Arzt – die Entscheidung darüber haben, ob ihr Kind am Leben bleiben soll. [...]
Wer behinderten Menschen sagt, sie müssten sich von meinen Ansichten bedroht fühlen, der schürt ohne jeden Grund Furcht und Empörung. Jahrelang habe ich mich nach Kräften bemüht, die Behinderten besser in die Gesellschaft zu integrieren. Kein Behinderter, der verstehen kann, dass er am Leben ist, wird durch meine Thesen bedroht. Erst wenn neugeborene Kinder verstehen könnten, dass sie am Leben sind und von meinen Ansichten bedroht werden, müssten sie Grund zur Furcht haben – aber dass sie genau das nicht begreifen können, ist die Grundlage meiner Argumentation.

1 Geben Sie Singers Argumentation wieder. Benennen Sie seine Prämissen (Voraussetzungen) und Schlussfolgerungen. Was versteht Singer unter „Person"?

2 Inwiefern argumentiert Singer utilitaristisch?

3 Viele Behinderte fühlen sich von Singers Thesen bedroht. Sie stellen diese in die Nähe des nationalsozialistischen „Euthanasieprogramms" (s. S. 236 und 294). Diskutieren Sie, ob diese Ängste und Proteste, wie Singer es sieht, unbegründet sind.

4 Verfassen Sie eine kritische Stellungnahme zu Singers Thesen.

Robert Spaemann: Alle Menschen sind Personen

Tatsächlich haben diejenigen, die die Begriffe „Mensch“ und „Person“ trennen wollen, ihre Konsequenzen immer noch nicht zu Ende durchgedacht. Nach traditioneller und philosophisch wohlbegründeter Auffassung ist Person jedes Wesen einer Spezies, deren normale Mitglieder die Möglichkeit haben, Ich-Bewusstsein und Rationalität zu erwerben. Wenn nun aber nur diejenigen Wesen Personen sind, die tatsächlich aktuell über diese Eigenschaften verfügen, dann darf jeder Schlafende dadurch am Aufwachen gehindert werden, dass man ihn tötet. Denn solange er schläft, ist er offensichtlich keine Person. Die Reduktion der Person auf bestimmte aktuale Zustände von Ich-Bewusstsein und Rationalität löst so am Ende den Begriff „Person“ überhaupt auf. Es gibt gar keine Personen, sondern nur so etwas wie „personale Zustände“ von Organismen. Dass dies unseren elementaren und spontanen Intuitionen widerspricht, ist offensichtlich. Ja, diese Sicht ist insofern selbstwidersprüchlich, als die personalen Bewusstseinszustände gar nicht beschrieben werden können, ohne auf etwas wie eine Identität von Mensch und Person zu rekurrieren[1]. Wenn wir sagen: „Ich wurde da und da geboren“, so meinen wir mit „Ich“ nicht so etwas wie ein Ich-Bewusstsein, das wir ja zur Zeit der Geburt noch gar nicht hatten, sondern wir meinen das Wesen, das schon war, was es ist, ehe es „Ich“ sagen konnte. Ebenso spricht die Mutter, wenn sie zu ihrem erwachsenen Kind sagt: „Als ich mit dir schwanger war ...“ Sie sagt nicht: „Als ich mit jenem Individuum schwanger war, aus dem dann später du wurdest ...“ Dass die Mutter das Kind von Anfang an als Person, als ein Du betrachtet, ist sogar die Bedingung dafür, dass der Mensch jene Bewusstseinszustände erlangt, die dann für Personen charakteristisch sind. Kinder lernen Rationalität und Ich-Bewusstsein nur im Medium der Sprache. Diese aber lernen sie, indem die Mutter mit ihnen wie mit Wesen spricht, die bereits Personen *sind*. Die Mutter lächelt dem Baby zu, und nur so lernt es zurückzulächeln. Kein Mensch würde die Ausdrucksformen des Personseins lernen, wenn man ihn nicht als Person, sondern als ein zu konditionierendes Lebewesen behandelte. Personalität ist deshalb eine Wesensverfassung, nicht eine Eigenschaft, und schon gar nicht eine solche, die – im Unterschied zum Menschsein – allmählich erworben wird. Weil die normalen Individuen der Spezies *homo sapiens* sich durch bestimmte Eigenschaften als Personen zu erkennen geben, müssen wir *alle* Individuen dieser Spezies als Personen betrachten, auch diejenigen, die zu solcher Kundgabe noch nicht, nicht mehr oder überhaupt nicht aktual imstande sind. [...] Die Anerkennung von Personsein ist die Anerkennung eines unbedingten[2] Anspruchs. Die Unbedingtheit eines Anspruchs wäre illusorisch, wenn zwar der Anspruch als solcher unbedingt, sein tatsächliches Vorliegen aber von empirischen Voraussetzungen abhängig wäre, die immer hyopthetisch sind. [...] Personenrechte werden nicht verliehen und nicht zuerkannt, sondern von jedem mit gleichem Recht in Anspruch genommen. „Von jedem“, das heißt: mindestens von jedem Menschen. Personenrechte sind überhaupt nur unbedingte Rechte, wenn sie nicht von der Erfüllung irgendwelcher qualitativer Bedingungen abhängig gemacht werden, über deren Vorliegen jene entscheiden, die bereits Mitglieder der Rechtsgemeinschaft sind.

[1] rekurrieren: (zu etwas) Zuflucht nehmen, sich berufen auf

[2] unbedingt: an keine Bedingung geknüpft, voraussetzungslos

Robert Spaemann (geb. 1927) war bis 1992 Professor für Philosophie. Er verteidigt die Strafbarkeit der Abtreibung, auch ist er ein Gegner der aktiven Sterbehilfe. Der Text ist eine direkte Entgegnung auf die Thesen Singers.

5 Welche Argumente setzt Spaemann den Thesen Singers entgegen?

6 Wie begründet er dagegen seine These, dass alle Menschen Personen sind?

7 Welche grundlegenden Einwände gegen den Utilitarismus lassen sich aus Spaemanns Text ableiten?

8 Welche ethische Position liegt Spaemanns Argumentation zugrunde?

Der Utilitarismus in der Kritik

Bernard Williams (1929–2003) war Professor für Philosophie an der Universität Cambridge/England.

Bernard Williams: Stärken und Schwächen des Utilitarismus

Williams nennt zunächst vier Stärken des Utilitarismus:

Der Standpunkt des Utilitarismus ist erstens nicht transzendent, d. h., er beruft sich auf nichts, das außerhalb des menschlichen Lebens liegt, vor allem nicht auf religiöse Überzeugungen. [...]
Zweitens scheint das oberste Gut der Utilitaristen, das Glück, kaum irgendwelche Probleme aufzuwerfen. [...] Der springende Punkt hier [...] ist vielmehr, dass es sich beim Utilitarismus um eine Moral handelt, die ein *minimales Engagement* erfordert: Sobald man der Mindestforderung für den Eintritt in das Reich der Moral genügt und bereit ist, die Wünsche und Bedürfnisse anderer ebenso in Betracht zu ziehen wie die eigenen, besitzt der Utilitarismus eine Basis, von der aus er operieren kann. [...]
Der dritte Grund besteht darin, dass moralische Fragen durch die Berechnung ihrer empirischen Konsequenzen entscheidbar sind. Das moralische Denken wird empirisch und damit alle entscheidenden Fragen der Gesellschaftspolitik eine Sache der Sozialwissenschaft. [...]
Und viertens führt der Utilitarismus in das moralische Denken gleichsam eine allgemein gängige Währung ein: Die unterschiedlichen Ziele verschiedener Personen und die unterschiedlichen Ansprüche, denen jeder Einzelne ausgesetzt ist, können (im Prinzip) in Glückseinheiten gegeneinander verrechnet werden. [...] Unterschiedliche Ansprüche werden nach dem Prinzip des größten Glücks gegeneinander aufgerechnet, und was richtiges und falsches Handeln ist, bestimmt sich einzig und allein danach, welche Handlung, aufs Ganze gesehen, die beste ist.

Die Schwäche des Utilitarismus zeigt Williams an folgendem Beispiel:

Jim befindet sich auf dem Marktplatz einer südamerikanischen Kleinstadt. Dort stehen zwanzig Indianer an einer Wand. Einige sind verängstigt, einige keck. Vor ihnen stehen mehrere bewaffnete Männer in Uniform. Ein dicker Mann in einem durch und durch verschwitzten Kakihemd stellt sich als der Hauptmann vom Dienst heraus. Nachdem er Jim eine ganze Zeit lang befragt hat, wobei sich herausstellt, dass Jim zufällig hierher gelangte, während er auf einer botanischen Expedition war, erklärt er ihm, dass die Indianer eine zufällig zusammengesetzte Gruppe von Einwohnern seien, die wegen ihrer Proteste gegen die Regierung jetzt getötet werden sollen, um andere mögliche Protestierer an die Vorteile des Nichtprotestierens zu erinnern. Wie auch immer, da Jim ein angesehener Besucher aus einem fremden Land ist, freut sich der Hauptmann, ihm das Privileg eines Gastes zu gewähren, selber einen von den Indianern zu töten. Falls Jim einwilligt, werden die restlichen Indianer aufgrund der besonderen Umstände laufen gelassen. Falls sich Jim natürlich weigert, liegen keine besonderen Umstände vor, und Pedro wird dann das tun, was er vorhatte, als Jim ankam, und sie alle töten. Jim, der sich voller Verzweiflung an Schuljungenlektüre erinnert, überlegt sich, ob er, falls er sich ein Gewehr schnappen könnte, den Hauptmann, Pedro und die anderen Soldaten in Schach halten könnte; aber es ist aus den Umständen heraus ganz klar, dass nichts dergleichen klappen würde: Jeder derartige Versuch würde bedeuten, dass alle Indianer getötet würden und er selbst auch noch. Die Män-

ner an der Wand und die übrigen Dorfbewohner verstehen die Lage und bitten ihn offensichtlich, einzuwilligen.
Was soll(te) er tun?
Mir scheint, dass der Utilitarismus angesichts dieser Zwangslage folgende Antwort gäbe: Jim sollte einen Indianer töten. Wenn die Situation genau so ist wie beschrieben und es keine weiteren besonderen Faktoren gibt, dann gibt der Utilitarismus diese Antwort nicht nur, sondern er würde sie nach meiner Ansicht auch als die *offensichtlich richtige* Antwort betrachten. [...]
Aber es geht nicht bloß darum, ob die Antwort richtig oder offensichtlich ist. Es fragt sich eher, welche Art von Überlegungen in eine Beantwortung hineinspielen. Es ist ein Merkmal des Utilitarismus, dass er eine bestimmte Art von Überlegung ausschließt, die nach der Ansicht einiger dafür wichtig ist, was sie über einen solchen Fall denken: die Überlegung nämlich, dass – um es zunächst sehr einfach zu sagen – jeder besonders dafür verantwortlich ist, was er tut, und nicht so sehr dafür, was andere tun. Diese Überlegung hängt sehr mit dem Wert der Integrität zusammen.

Detlev Horster: Kritik am Utilitarismus

Detlev Horster (geb. 1942) war bis 2007 Professor für Sozialphilosophie an der Leibniz-Universität Hannover.

Der Autor greift im Folgenden das Beispiel von Bernard Williams auf:

Bernard Williams führt drei wesentliche Kritikpunkte gegen den Utilitarismus an:
1. der Unsicherheitsfaktor bei der Folgenabschätzung,
2. die Nichtberücksichtigung der psychischen Wirkung auf den Handelnden,
3. die Nichtberücksichtigung des Gerechtigkeitsgesichtspunktes. [...]
Schätzt man die Folgen ab, die eintreten, wenn Jim tatsächlich einen der Männer erschießt, muss man sagen, dass dieses Verhalten für das Wohlergehen der größtmöglichen Zahl sorgt. Einer stirbt, damit neunzehn andere leben können. Doch treten die Folgen wirklich ein? Hält der Hauptmann sein Wort? Das ist für einen, der willkürlich handelt und mit Menschenleben spielt, zumindest höchst fraglich. Prognosen für die Folgen abzugeben, ist das erste von Williams angeführte Problem des Utilitarismus. Man habe nie genug Informationen, um sichere Vorhersagen zu machen. Die Frage „Was passiert, wenn ...“ kann niemals mit Sicherheit beantwortet werden.
Weiterhin ist zu fragen: Welche psychischen Wirkungen hat Jims Verhalten auf ihn selbst? Kann er damit leben, dass er etwas Unrechtes getan hat, um das Glück der größten Zahl zu vermehren? Kann er noch ruhig schlafen, kann er sich am nächsten Tag noch im Spiegel anschauen?
Das sind Probleme, die der Utilitarist nicht berücksichtigt.
Der dritte Kritikpunkt ist die von Utilitaristen nicht beachtete Frage der Gerechtigkeit. Gegenüber dem Mann, der erschossen wird, ist die Tat höchst ungerecht. Er muss sterben, damit neunzehn andere leben können.

1 Lesen Sie zunächst das Beispiel, das Williams anführt. Führen Sie dazu eine Dilemma-Diskussion (s. S. 116).

2 Vergleichen Sie Ihre Ergebnisse mit den Ausführungen der beiden Autoren.

3 Stellen Sie Stärken und Schwächen des Utilitarismus in einer grafischen Übersicht dar.

4 Versuchen Sie abschließend eine eigene Bewertung der utilitaristischen Ethik.

Einfühlen und mitempfinden: Ethik des Mitleids

Der französische Philosoph **Alain Finkielkraut** (geb. 1949) schließt sich in dem nebenstehenden Text der Ansicht des französischen Philosophen **Emmanuel Lévinas** (1906–1995) an. Dieser stellte in das Zentrum seines Denkens die Bedeutung des Anderen. Er sah in der Begegnung mit dem Anderen, in der Wahrnehmung seiner Erhabenheit, Hilflosigkeit und Nacktheit ein Ereignis, das unmittelbar berührt. Dies kann so weit gehen, dass man sich für den Anderen als Geisel bzw. als Stellvertreter zur Verfügung stellt. Diese Unmittelbarkeit und Unbedingtheit der Zuwendung hat eine zutiefst ethische Dimension. Deshalb ist für Lévinas die Ethik die „prima philosophia", der wichtigste Zweig der Philosophie.

Alain Finkielkraut: Das Antlitz

Jene Wirklichkeit (gemeint ist das Antlitz), über die ich nichts vermag, ist vollkommen ungeschützte Haut. Nacktheit, die sich jedem Attribut versagt und die kein Kleidungsstück verhüllt. Der unzugänglichste Teil des Körpers und der verletzlichste. Überlegenheit und Armseligkeit. Weit über mir, entweicht mir das Antlitz, indem es sich seiner eigenen plastischen Beschaffenheit entledigt, und, schwächer als ich, hemmt es mich, wenn ich in seine schutzlosen Augen blicke. Getrennt von mir, übersteigt es meine Macht. Mittellos, wehrlos, exponiert es sich, sodass ich meiner Kälte oder meiner Heiterkeit mich schäme. Es widersteht mir und verlangt nach mir, ich bin nicht zuerst Betrachter, sondern sein Schuldner. Die Verantwortlichkeit für den Anderen geht der Kontemplation[1] voraus. Das erste Von-Angesicht-zu-Angesicht ist ethisch: Die Ästhetik kommt danach.

Auf Gedeih und Verderb mir ausgeliefert, dargeboten, unendlich zerbrechlich, herzzerreißend wie ein zurückgehaltenes Weinen, ruft das Antlitz mich zu Hilfe, und es liegt etwas Gebieterisches in diesem Flehen: Seine Not erregt nicht mein Mitleid, sondern indem es mir gebietet, ihm zu Hilfe zu kommen, tut es mir Gewalt an. Die demütige Nacktheit des Antlitzes fordert, als ob sie ihm zustehe, meine liebevolle Fürsorge und [...] meine Barmherzigkeit. Denn meine Gesellschaft genügt dem Anderen nicht, wenn er sich mir durch das Antlitz offenbart: Er verlangt, dass ich *für ihn* sei und nicht nur *mit ihm*. So bin nicht ich zunächst egoistisch oder selbstlos, sondern es ist das Antlitz in seiner Nacktheit, das mich das Interesse an mir selbst verlieren lässt. Das Gute kommt von außen, die Ethik stößt mir zu, und gegen meinen Willen „geht mein Sein zu einem anderen" (Lévinas).

1 Welche Rolle weist der Verfasser dem menschlichen Antlitz zu? (Antlitz von ahd. antlitzi = das Entgegenblickende) Warum spricht er von „Antlitz" statt von „Gesicht"?

2 Was meint der Autor mit dem Begriff „Gewalt" (Z. 15)?

3 Überlegen Sie, ob Bild und Text des UNESCO-Plakats den Überlegungen Finkielkrauts entsprechen. Gestalten Sie eine Alternative.

UNESCO-Plakat

[1] Kontemplation (lat.): innere Sammlung, Versenkung, Betrachtung

Francesco Bassano (1549–1592): Barmherziger Samariter

Neues Testament: Gleichnis vom barmherzigen Samariter

(25) Da stand ein Gesetzeslehrer auf, und um Jesus auf die Probe zu stellen, fragte er ihn: Meister, was muss ich tun, um das ewige Leben zu gewinnen? (26) Jesus sagte zu ihm: Was steht im Gesetz[1]? Was liest du dort? (27) Er antwortete: *Du sollst den Herrn, deinen Gott, lieben aus deinem ganzen Herzen und mit deiner ganzen Kraft und mit deinem ganzen Denken und: Deinen Nächsten sollst du lieben wie dich selbst.* (28) Jesus sagte zu ihm: Du hast richtig geantwortet. Handle danach, und du wirst leben. Der Gesetzeslehrer wollte seine Frage rechtfertigen und sagte zu Jesus: Und wer ist mein Nächster?

(30) Darauf antwortete ihm Jesus: Ein Mann ging von Jerusalem nach Jericho hinab und wurde von Räubern überfallen. Sie plünderten ihn aus und schlugen ihn nieder; dann gingen sie weg und ließen ihn halb tot liegen. (31) Zufällig kam ein Priester denselben Weg herab; er sah ihn und ging weiter. (32) Auch ein Levit kam zu der Stelle; er sah ihn und ging weiter. (33) Dann kam ein Mann aus Samarien, der auf der Reise war. Als er ihn sah, hatte er Mitleid, (34) ging zu ihm hin, goss Öl und Wein auf seine Wunden und verband sie. Dann hob er ihn auf sein Reittier, brachte ihn zu einer Herberge und sorgte für ihn. (35) Am andern Morgen holte er zwei Denare hervor, gab sie dem Wirt und sagte: Sorge für ihn, und wenn du mehr für ihn brauchst, werde ich es dir bezahlen, wenn ich wiederkomme.

(36) Was meinst du: Wer von diesen dreien hat sich als der Nächste dessen erwiesen, der von den Räubern überfallen wurde? (37) Der Gesetzeslehrer antwortete: Der, der barmherzig an ihm gehandelt hat. Das sagte Jesus zu ihm: Dann geh und handle genauso!

(Lukas 10, 25–37)

1 Beurteilen Sie die Handlungsweise von Priester und Levit im Gleichnis. Welche Motive könnten sie für ihr Verhalten gehabt haben? Lesen Sie dazu die entsprechenden Textstellen im Alten Testament, Buch Leviticus.

2 Was bewegt den Samariter? Vergleichen Sie seine Motivation mit den Ansichten von Lévinas/Finkielkraut.

3 Referieren Sie über Ursprung, Namensgebung und Ziel des Arbeiter-Samariter-Bundes (ASB).

---

[1] Gemeint sind die 5 Bücher Moses, die „Tora" (s. S. 341).

Der deutsche Philosoph **Arthur Schopenhauer** (1788–1860, → Biografie, S. 378) nahm an, dass die Hauptantriebskraft des Menschen in einem „blinden Lebenswillen" bestehe, der sich in Egoismus und Bosheit zeige. Lediglich das intuitive Gefühl des Mitleids vermöge, diese Antriebskräfte zu mildern. Daher sei das Mitleid die Quelle und die Grundlage der Moral. Schopenhauer erweiterte daher das System der antiken Kardinaltugenden (s. S. 135) um die Tugend des Mitleids.

Arthur Schopenhauer: Die Tugend der Menschenliebe

Die Gerechtigkeit ist also die erste und grundwesentliche Kardinaltugend. Als solche haben auch die Philosophen des Altertums sie anerkannt. [...] Hingegen haben sie die Menschenliebe, *caritas*, noch nicht als Tugend aufgestellt. [...] Praktisch und faktisch ist zwar zu jeder Zeit Menschenliebe da gewesen: aber theoretisch zur Sprache gebracht und förmlich als Tugend, und zwar als die größte von allen, aufgestellt, sogar auch auf die Feinde ausgedehnt, wurde sie zuerst vom Christentum, dessen allergrößtes Verdienst eben hierin besteht; wiewohl nur hinsichtlich auf Europa; da in Asien schon tausend Jahre früher die unbegrenzte Liebe des Nächsten eben sowohl Gegenstand der Lehre und Vorschrift wie der Ausübung gewesen war. [...]

Mir liegt jetzt die philosophische Ableitung dieser Tugend aus meinem Prinzip ob. Der zweite Grad, in welchem, mittelst des oben tatsächlich Nachgewiesenen, wiewohl seinem Ursprung nach geheimnisvollen Vorgangs des M i t l e i d s, das fremde Leiden an sich selbst und als solches unmittelbar mein Motiv wird, sondert sich von dem ersten deutlich ab, durch den p o s i t i v e n C h a r a k t e r der daraus hervorgehenden Handlungen; indem alsdann das Mitleid nicht bloß mich abhält, den andern zu verletzen, sondern sogar mich antreibt, ihm zu helfen. Je nachdem nun teils jene unmittelbare Teilnahme, lebhaft und tief gefühlt, teils die fremde Not groß und dringend ist, werde ich durch jenes rein moralische Motiv bewogen werden, ein größeres oder geringeres Opfer dem Bedürfnis und der Not des andern zu bringen, welches in der Anstrengung meiner leiblichen oder geistigen Kräfte für ihn, in meinem Eigentum, in meiner Gesundheit, Freiheit, sogar in meinem Leben bestehen kann. Hier also, in der unmittelbaren, auf keine Argumentation gestützten, noch deren bedürfenden Teilnahme, liegt der allein lautere Ursprung der Menschenliebe, der *caritas*, also derjenigen Tugend, deren Maxime ist, *omnes, quantum potes, iuva* (Hilf allen, so viel du kannst), und aus welcher alles das fließt, was die Ethik unter dem Namen Tugendpflichten, Liebespflichten, unvollkommene Pflichten vorschreibt. Diese ganz unmittelbare, ja, instinktartige Teilnahme am fremden Leiden, also das Mitleid, ist die alleinige Quelle solcher Handlungen, wenn sie m o r a l i s c h e n W e r t h a b e n, d. h. von allen egoistischen Motiven rein sein, und eben deshalb in uns selbst diejenige innere Zufriedenheit erwecken sollen, welche man das gute, befriedigende, lobende Gewissen nennt; wie auch bei dem Zuschauer die eigentümliche Beistimmung, Hochachtung, Bewunderung und sogar demütigen Rückblick auf sich selbst hervorrufen sollen, welcher eine nicht abzuleugnende Tatsache ist. Hat hingegen eine wohltätige Handlung irgendein anderes Motiv; so kann sie nicht anders als egoistisch sein, wenn sie nicht gar boshaft ist. [...]

Wie ist es aber nun möglich, dass ein Leiden, welches nicht meines ist, nicht mich trifft, doch eben so unmittelbar, wie sonst nur mein eigenes, Motiv für mich werden, mich zum Handeln bewegen soll? Wie gesagt, nur dadurch, dass ich es, obgleich mir nur als ein Äußeres, bloß vermittelst der äußern Anschauung oder Kunde gegeben, dennoch empfinde, es als meines fühle, und doch nicht in mir, sondern in einem andern, und also [...] zwischen Leiden sehn und leiden kein Unterschied (ist).

Dies aber setzt voraus, dass ich mich mit dem andern gewissermaßen identifiziert habe, und folglich die Schranke zwischen Ich und Nicht-Ich, für den Augenblick, aufgehoben sei: nur dann wird die Angelegenheit des andern, sein Bedürfnis, seine Not, sein Leiden, unmittelbar zum meinigen: dann erblicke ich ihn nicht mehr, wie ihn doch die empirische Anschauung gibt, als ein mir Fremdes, mir Gleichgültiges, von mir gänzlich Verschiedenes; sondern in ihm leide ich mit, trotz dem, dass seine Haut meine Nerven nicht einschließt. Nur dadurch kann sein Wehe, seine Not, Motiv für mich werden: außerdem kann es durchaus nur meine eigene. Dieser Vorgang ist, ich wiederhole es, mysteriös, denn es ist etwas, wovon die Vernunft keine unmittelbare Rechenschaft geben kann, und dessen Gründe auf dem Wege der Erfahrung nicht auszumitteln sind. Und doch ist er alltäglich. Jeder hat ihn oft an sich selbst erlebt, sogar dem Hartherzigsten und Selbstsüchtigsten ist er nicht fremd geblieben.

Er tritt täglich ein, vor unseren Augen, im Einzelnen, im Kleinen, überall wo, auf unmittelbaren Antrieb, ohne viel Überlegung, ein Mensch dem anderen hilft und beispringt, ja, bisweilen selbst sein Leben für einen, den er zum ersten Mal sieht, in die augenscheinlichste Gefahr setzt, ohne mehr dabei zu denken, als eben dass er die große Not und Gefahr des anderen sieht. Er tritt im Großen ein, wenn, nach langer Überlegung und schwerer Debatte, die hochherzige Britische Nation 20 Millionen Pfund Sterling hingibt, um den Negersklaven in ihren Kolonien die Freiheit zu erkaufen; unter dem Beifallsjubel einer ganzen Welt. Wer diese schöne Handlung im großen Stil, dem Mitleid als Triebfeder absprechen wollte, um sie dem Christentum zuzuschreiben, bedenke, dass im ganzen Neuen Testament kein Wort gegen die Sklaverei gesagt ist; so allgemein auch damals die Sache war; und dass vielmehr, noch 1840, in Nord-Amerika, bei Debatten über die Sklaverei, einer sich darauf berufen hat, dass Abraham und Jakob auch Sklaven gehalten haben.

Was nun in jedem einzelnen Fall die praktischen Ergebnisse jenes mysteriösen inneren Vorgangs sein werden, mag die Ethik in Kapiteln und Paragraphen über Tugendpflichten oder Liebespflichten oder unvollkommene Pflichten oder wie sonst auseinandersetzen. Die Wurzel, die Grundlage von dem allem ist die hier dargelegte, aus welcher der Grundsatz entspringt: *omnes, quantum potes, iuva.*

1 Welche Bedingungen stellt Schopenhauer an das Mitleid?

2 Welcher Vorgang ist für Schopenhauer „mysteriös“?

3 Vergleichen Sie Schopenhauers Moralbegründung mit der von Hume und erarbeiten Sie Gemeinsamkeiten und Unterschiede.

4 Verfassen Sie ein Streitgespräch zwischen Schopenhauer und Hobbes (s. S. 240 ff.). Tragen Sie den Disput in verteilten Rollen vor Ihrem Kurs vor.

Der hl. Martin, Bischof von Tours (316/317 – 397), teilt seinen Mantel mit Armen. Skulptur in Mainz

David Hume (1711–1776), englischer Philosoph, war der Meinung, dass es keine Erkenntnis außerhalb der Erfahrung gebe (Ausnahme: die Mathematik).
Auf seiner Suche nach der Grundlage der Moral untersuchte er daher hauptsächlich das Modell der Familie. In der Liebe der Eltern zu ihren Kindern sah er „das stärkste Band, dessen der Geist fähig ist". In dem im Familienverbund erfahrenen Wohlwollen und in der dort erlebten Kooperationsbereitschaft glaubte er, den Kern der Moralität zu entdecken. Grundlegende moralische Fähigkeiten sind demnach Empathie (Einfühlungsvermögen) und Mitgefühl bzw. Mitmenschlichkeit. Er schrieb u. a. „Ein Traktat über die menschliche Natur" (1739), „Eine Untersuchung über die Prinzipien der Moral" (1751). (Zu Humes metaethischer Position s. S. 106.)

David Hume: Über das moralische Gefühl

Keine Rede ist in der Philosophie und auch im täglichen Leben üblicher als die Rede von dem Kampf zwischen Affekt und Vernunft. [...] Manche behaupten, Tugend sei nichts anderes als Übereinstimmung mit der Vernunft; es gebe ewig gültige Unterschiede des Seinsollenden und Nichtseinsollenden in den Dingen, die für jedes vernünftige Wesen, das über sie nachdenkt, dieselben sind; sie meinen, dass unveränderliche Normen, die bestimmen, was Recht und Unrecht ist, nicht nur für die menschlichen Geschöpfe, sondern selbst für die Gottheit verpflichtend sind. [...] Um diese Theorien zu beurteilen, brauchen wir also nur zu erwägen, ob es möglich ist, das sittlich Gute und das sittlich Böse allein durch die Vernunft zu unterscheiden oder ob noch ein anderes Vermögen hinzukommen muss, um eine solche Unterscheidung zu ermöglichen.

Hätte die Sittlichkeit nicht natürlicherweise einen Einfluss auf menschliche Affekte und Handlungen, so wäre es nutzlos, dass man sich so viel Mühe gibt, sie den Menschen einzuprägen. Nichts wäre vergeblicher als die Menge von Regeln und Vorschriften, die man bei den Moralisten im Überfluss findet. Man teilt die Philosophie gewöhnlich in eine spekulative und in eine praktische ein; und die Sittlichkeit wird stets der Letzteren zugerechnet. Dem liegt die Voraussetzung zugrunde, dass sie unsere Affekte und Handlungen beeinflusst und über die ruhigen und gleichgültigen Urteile unseres Verstandes hinausgeht. Dies wird denn auch durch die allgemeine Erfahrung bestätigt. Denn diese lehrt uns, dass Menschen von Handlungen zurückgehalten werden, weil sie dieselben für Unrecht halten, und durch das Gefühl der Verpflichtung zu anderen Handlungen angetrieben werden. Aus diesem Einfluss der Sittlichkeit auf unsere Handlungen und Neigungen folgt, dass die Sittlichkeit nicht aus der Vernunft hergeleitet werden kann, da ja die Vernunft allein niemals einen solchen Einfluss haben kann. Die Sittlichkeit erregt Affekte und erzeugt oder verhindert Handlungen. Die Vernunft allein aber ist hierzu ganz machtlos; die Regeln der Sittlichkeit sind folglich keine Ergebnisse unserer Vernunft. [...]

Aber auch wenn der Verstand, falls er vollkommen ausgebildet und entwickelt ist, dafür ausreicht, um uns über die schädliche oder nützliche Tendenz von Eigenschaften oder Handlungen aufzuklären, genügt er dennoch nicht, um irgendeine moralische Ablehnung oder Zustimmung hervorzurufen. Nützlichkeit ist nichts anderes als eine Tendenz auf einen bestimmten Zweck hin; und wäre uns der Zweck gänzlich gleichgültig, so würden wir dieselbe Gleichgültigkeit empfinden. Es ist erforderlich, dass sich hier ein *Gefühl* einstellt, damit den nützlichen gegenüber den schädlichen Tendenzen der Vorzug gegeben wird. Dieses Gefühl kann kein anderes sein als eine Sympathie[1] mit dem Glück der Menschheit und eine Empörung über ihr Elend, da dies die verschiedenen Ziele sind, auf deren Förderung Tugend und Laster hinarbeiten. Hier gibt uns also der Verstand Aufschluss über die verschiedenen Tendenzen der Handlungen, und die *Menschlichkeit* macht eine Unterscheidung zugunsten derjenigen, die nützlich und wohltätig sind.

[1] Sympathie (gr.): Mitgefühl

1 Welcher Zusammenhang besteht nach Hume zwischen der Sittlichkeit und den Neigungen bzw. Affekten?

2 Warum kann die Sittlichkeit nicht aus der Vernunft hergeleitet werden? Welche Rolle weist Hume der Vernunft zu?

3 Worin liegt die Leistung bzw. die Bedeutung des Gefühls?

Vittorio Hösle: Gefühle können keine universalistische Ethik begründen

Vittorio Hösle (geb. 1960), deutscher Philosoph (s. S. 306). Der nebenstehende Text stammt aus seinem Buch „Praktische Philosophie in der modernen Welt“ (1995).

Schopenhauer setzt einfach voraus, dass ein altruistisches Verhalten moralisch gut sei, und fragt sich dann, welche psychischen Kräfte den Menschen zu einem solchen Verhalten führen. Aber die entscheidende Frage, ob altruistisches Verhalten mehr als eine Dummheit ist, ob es etwas ist, was sein soll, wird von Schopenhauer [...] nicht beantwortet. [...]

Offenkundig kann nur eine intellektualistische Ethik universalistisch sein. Gefühle sind gewöhnlich auf etwas Besonderes begrenzt. Auf der emotionalen Ebene empfinden wir die Ungerechtigkeit, die uns angetan wird, als viel schrecklicher als die Ungerechtigkeit, die einer Person angetan wird, die weit weg ist, aber auf rationaler Ebene sehen wir ein, dass beides moralisch gleichwertig ist.

Walter Schulz: Zur Kritik an der Mitleidsethik

Das Mitleid ist von den Philosophen zumeist *negativ* beurteilt worden. Es ist nur ein Affekt. Impulsiv aufbrechend ist es unzuverlässig im Gegensatz zur sich ausweisenden Vernünftigkeit. Sodann: Das Mitleid erscheint sentimental. Vom Gesichtspunkt der Disziplin fordernden Ethik ist es ein Zeichen der Spätkultur, d. h., so meint man, einer „verweichlichten Humanisierung“. *Gehlen*[1] gibt in seiner Ethik für diese „Verweichlichung“ mehrere Beispiele, die sicher nicht zufällig zumeist das Mitleid gegen Tiere betreffen, so monierte man im späten Rom, dass die Zufahrtstraßen zu den Tempeln für die Tiere zu steil wären, und forderte, dies zu ändern. Und schließlich ist von der psychologischen Sicht her zu sagen, dass das Mitleid ein neugieriges und schamloses Verhalten sei. Man dringt in den intimen Bereich des anderen ein, der unter Umständen dies Eindringen als unangemessen und peinlich empfindet. *Nietzsche*, der immer wieder auf das Mitleid zu sprechen kommt, hat alle diese Einwände gegen das Mitleid herausgestellt. Der eigentliche Grund für seine negative Einschätzung des Mitleids ist aber die Abwertung des Leidenden, d. h. nach ihm, des schwächlichen Lebens überhaupt. Nur das gesunde und starke Leben ist im Recht. Wenn man aber das kranke Leben als abwegig deklariert, muss man es verachten. Man darf ihm nicht helfen. [...]

Im Gegenzug zu diesen Argumentationen erscheint uns das Mitleid als ethische Instanz von hoher Bedeutung. [...] Das Mitleid ist ein *unmittelbares Verhalten*. Es ist ein Gefühl, das direkt einsetzt beim Anblick des Leidens anderer. Man kann es insofern in Gegensatz zur Vernunft setzen, die als Überlegung des Allgemeinen sich wesentlich auf die Gestaltung der großen Ordnungen bezieht. Gleichwohl wäre es vollkommen inadäquat[2], das Mitleid auf das Verhalten innerhalb kleiner Gruppen einzuschränken, insofern für deren Konstitution der personell-individuelle Umgang wesentlich ist. Beim Mitleid sieht man gerade von der bestimmten Person ab und meint nur noch den Leidenden *als Leidenden*. [...]

Das Mitleid setzt Nähe voraus, nämlich das anschauliche Leiden eines Gegenüber. Angesichts dieses Leidens erwacht der unmittelbare Wille zu helfen, gleichgültig, woher das Leiden kommt, ob durch unverschuldete Umstände oder durch menschliche Grausamkeit.

1 Welche Kritik übt Hösle an einer Ethik, die auf Gefühle aufbaut?

2 Warum haben die Philosophen das Mitleid „zumeist negativ beurteilt“ (Schulz)?

3 Wie begründet Schulz seine Haltung zum Mitleid?

4 „Mitleid ist zu eng, um als Inbegriff des Ethischen zu gelten. Es bezeichnet ja nur die Teilnahme am leidenden Willen zum Leben.“ (Albert Schweitzer, s. S. 170 f.) Setzen Sie sich mit dieser Ansicht kritisch auseinander.

5 Diskutieren Sie, ob sich auf Gefühlen eine universal geltende Ethik gründen lässt. Lesen Sie dazu auch die Texte von Nietzsche (s. S. 130) und von Nunner-Winkler (s. S. 122).

---

[1] Arnold Gehlen (1904–1976): deutscher Philosoph und Soziologe (s. S. 109)

[2] inadäquat: unpassend

Miteinander reden: Ethik des Diskurses

Ethische Konflikte und das Gespräch als Vermittlung

1 Cambridge, Maryland 1964: Während einer Demonstration für die in der amerikanischen Verfassung garantierte Gleichberechtigung stießen Bürgerrechtler und die Staatsgewalt aufeinander (s. Foto). Was könnte die Frau zu dem Nationalgardisten sagen? Was könnte er antworten? Überlegen Sie, wie ein sinnvolles Gespräch zustande kommen könnte.

2 Suchen Sie in Ihrem näheren Umfeld Beispiele für Dialog-Verweigerung oder Anschweigen in Situationen, in denen es um moralische Entscheidungen geht und unterschiedliche Kulturen oder Traditionen aufeinanderstoßen.

„Kampf der Kulturen"?*

Angesichts der erschütternden Ereignisse, die uns jeden Tag als Nachrichten im Fernsehen und in Zeitungen bedrücken, drängt sich immer wieder die Frage auf: Wäre nicht für die Menschen eine unveränderliche, traditionelle Moral sehr nützlich? Also in der ganzen Welt geltende ethische Maßstäbe, die das menschliche Verhalten steuern wie Instinkte das Verhalten von Tieren und die das Gewissen der Menschen von der ständigen schwierigen Frage entlasten: Wie soll ich handeln?
Das scheint umso notwendiger, als im 21. Jahrhundert einerseits eine weltweite Kommunikationsgemeinschaft durch das Internet entstanden ist, andererseits aber auch ebenso weltweit operierende Terrororganisationen, die die verschiedenen Kulturen, vor allem die westlich-christliche und die islamische, mit immer grausigeren Taten gegeneinander auszuspielen versuchen.
Solche überall anerkannten Maßstäbe festzulegen, scheint äußerst schwierig, denn die ethischen Prinzipien der verschiedenen Kulturkreise widersprechen sich, teilweise sogar krass.
In der Türkei, die darum ringt, in die Gemeinschaft Europas aufgenommen zu werden, kann auf Anordnung von Richtern die Jungfräulichkeit einer zukünftigen Ehefrau zwangsweise festgestellt werden. In Saudi-Arabien, das in intensiven Geschäftsbeziehungen mit den westlichen Industriestaaten steht, dürfen Männer und Frauen in der Öffentlichkeit nicht von Angesicht zu Angesicht miteinander verhandeln. Deswegen saßen bei einer Anhörung zum Thema „Frauenrechte" Männer und Frauen in zwei getrennten Sälen und verständigten sich mit Mikrofonen und Lautsprechern.
Und sogar schon *innerhalb* einer einzigen Kultur stoßen ethisch-moralische Traditionen heftig aufeinander. So verbietet die katholische Kirche den Gebrauch von Verhütungsmitteln, während in unseren staatlichen Schulen im Aufklärungsunterricht die Verwendung von Kondomen geübt wird, um ungewollte Schwangerschaften oder die Verbreitung von Geschlechtskrankheiten zu verhindern. Angesichts dieser Verschiedenheit der traditionellen moralischen Normen und der Heftigkeit, mit der sie oft zusammenprallen, fordert die Diskurs-Ethik: Wir brauchen statt starrer kulturgebundener Normen eher eine anerkannte Methode, mit der in Gesprächen, Verhandlungen und Konferenzen (= Diskursen) ethische Prinzipien geprüft und für alle Teilnehmer verbindlich beschlossen werden können.

Sokrates als Vater des verstehenden Gesprächs*

Sokrates (470–399 v. Chr.), griechischer Philosoph (→ Biografie, S. 372)

Platon (427–347 v. Chr.), griechischer Philosoph, Schüler von Sokrates (→ Biografie, S. 373)

Die ersten schriftlichen Beweise für ein methodisches, zielgerichtetes Gespräch, das die Maßstäbe des Handelns überprüft, liegen uns in Form der Dialoge des Sokrates vor. Allerdings hat er sie nicht selbst aufgezeichnet, sondern sein Schüler, der Philosoph Platon. Insofern können wir heute nicht genau wissen, was von Sokrates und was von Platon stammt.

Platon ging davon aus, dass das Wesentliche jeder Sache oder Handlung ihre dahinterliegende, also verborgene, allgemeine Idee ist.

Der unvergängliche Teil im Menschen, die Seele, erblickte einst die übergeordnete Welt der Ideen, hat sie aber beim Eintritt in den jeweiligen menschlichen Körper vergessen. In der Innenschau kann sich die Seele, sprich der Mensch, an diese Ideen, sprich an die Wahrheit, wieder erinnern. Jede Erkenntnis ist als Wiedererinnerung (= gr. anamnesis) zu verstehen.

Die sokratischen Dialoge sind deshalb von einer Methode des Wiederentdeckens gesteuert. Sokrates ging auf die Menschen zu und verwickelte sie auf dem Markt oder bei einem Gastmahl in ein Gespräch über ein Thema, bei dem sie glaubten, sich besonders gut auszukennen. Folglich zog er einen General in eine Diskussion über Tapferkeit, einen Philosophen in ein Gespräch über den Lebenssinn, mit einem Politiker stritt er über Gerechtigkeit. In der Auseinandersetzung mit Sokrates wurde seinen Gesprächspartnern klar, dass sie gedankenlos alltägliche Begriffe verwenden, ohne das Wesen der Dinge und Probleme erfasst zu haben. Sie stürzten darüber in eine große Ratlosigkeit und Verwirrung. Mit dem **logos** (= Vernunft in Form sprechenden Denkens) überprüfte Sokrates das scheinbare Wissen, verunsicherte den Gesprächspartner in seinen festgefügten Ansichten und hatte damit den Boden bereitet für ein tieferes, bohrendes Nachdenken darüber, was nun eigentlich wahr oder wesentlich ist.

Dabei übte Sokrates als Dialogführer eine deutliche Dominanz aus, was im modernen Diskurs so nicht gestattet wäre. Aber dennoch kann man die sokratische Technik der **Mäeutik** (= „Hebammenkunst") als eine frühe Vorform des modernen Diskurses bezeichnen. Im Dialog mit Theaitetos hatte Sokrates sich auf seine Mutter, die Hebamme war, berufen und als Ziel des Gesprächs die „Entbindung der Wahrheit" bezeichnet. Dabei bediente er sich vor allem der Methode der „Elenktik" (= gr. elenchos: Gegenbeweis). Dadurch wollte er aber nicht etwa dem anderen sein überlegenes Wissen vorführen: „Ich selbst bin überhaupt nicht weise", sagte er zu Theaitetos. Er wollte seinem Gegenüber zu einer gesicherten Erkenntnis verhelfen. Hierin liegt unter anderem ein Anknüpfungspunkt für den modernen Diskurs, wie ihn Habermas für unsere heutige Zeit in der „idealen Sprechsituation" konstruiert hat (s. S. 194 f.).

3 Informieren Sie sich über die Technik der Psychoanalyse und vergleichen Sie sie mit der „Mäeutik" von Sokrates.

Marktplatz des antiken Athen (Rekonstruktion). Hier zog Sokrates die Athener Bürger ins Gespräch.

Sokrates im Gespräch mit Menon: Was ist die Tugend?

Der nebenstehende Dialog kreist um das Thema der **areté**, einen Zentralbegriff der griechischen Philosophie, der nur unzulänglich mit dem deutschen Wort „Tugend" wiedergegeben werden kann. Gemeint ist eine prinzipielle Lebenshaltung, die den Menschen befähigt, richtig und gut zu handeln. Menon schlägt vor, dass Tugend (also areté) z. B. die Gerechtigkeit oder die Besonnenheit sei. Sokrates ist mit dieser Definition nicht zufrieden (s. dazu das Kapitel „Glücks- und Tugendethik", in dem die Kardinaltugenden untersucht werden, S. 134 ff.).

Sagten wir nicht vorhin, die Gerechtigkeit, die Besonnenheit und dergleichen seien Teile der Tugend?

Ja.

Na, Menon, spielst du mit mir?

Wieso, Sokrates?

Ich habe dich gerade gebeten, mir die Tugend weder zu zerbrechen noch zu zerbröseln, und dir Beispiele gegeben, wie du definieren sollst. Du aber kümmerst dich nicht darum, sondern sagst mir, die Tugend läge darin, etwas Gutes durch Gerechtigkeit zu bewirken; das sei ein Teil der Tugend.

Das behaupte ich.

Also folgt aus deiner Erklärung, es sei Tugend, alles, was man tut, mit einem Teil der Tugend zu tun. Denn du sagst, die Gerechtigkeit sei ein Teil der Tugend, und Entsprechendes gelte für andere Teile.

Ist es nicht so?

Ich erinnere dich an meine Bitte, die Tugend im Ganzen zu bestimmen. Aber du bist weit davon entfernt, anzugeben, was sie ist, sondern sagst, jede Handlung sei Tugend, wenn sie mit einem Teil der Tugend vollbracht wird, als hättest du schon erklärt, was die Tugend im Ganzen ist, und als würde ich sie schon erkennen, auch wenn du sie in lauter Teile zerstückelst. Also muss man, wie ich meine, noch einmal ganz von vorn mit dieser Frage anfangen, o Menon: Was ist die Tugend, wenn jede Handlung, in der ein Teil der Tugend steckt, Tugend sein soll? Denn das behauptet jemand, der sagt, jede mit Gerechtigkeit vollzogene Handlung sei Tugend. Oder meinst du nicht, man müsse noch einmal nach ihr fragen, sondern glaubst du, jemand begreife einen Teil der Tugend in dem, was dieser für sich ist, ohne sie selbst zu kennen?

Das glaube ich nicht.

Antworte also nochmals von Anfang an [...]: Was, sagst du, sei die Tugend?

O Sokrates, schon bevor ich mit dir zusammengekommen bin, habe ich bereits gehört, dass du nie anders als selbst verworren bist und andere in Verwirrung bringst. Auch jetzt kommt es mir so vor, als ob du mich bezauberst und mit künst-

Athenisches Vasenbild um 500 v. Chr.
Älterer und junger Mann im Gespräch. In solchen öffentlichen Gesprächen, an denen jeder teilnehmen konnte, bildete sich die politische oder philosophische Überzeugung heraus.

lichen Mitteln gänzlich in den Bann schlägst, sodass ich in totale Ausweglosigkeit geraten bin. Und überhaupt scheinst du mir, wenn ich etwas scherzen darf, an Gestalt und im Ganzen jenem breiten Seefisch zu gleichen: dem Zitterrochen. Denn auch der lässt jeden, der ihm nahekommt und ihn berührt, erstarren. Und jetzt hast du, wie ich spüre, auch mir so etwas angetan, dass ich erstarre. Tatsächlich, an Leib und Seele bin ich starr geworden und weiß dir nicht zu antworten, obwohl ich schon tausendmal vielerlei Reden über die Tugend gehalten habe, vor vielen Leuten, und zwar sehr gute, wie ich meine. Jetzt aber kann ich überhaupt nicht mehr sagen, was sie ist. Und ich glaube, es ist wohl ratsam, dass du nicht von hier wegfährst, auch nicht absegelst. Denn tätest du als Fremdling in einer anderen Stadt dergleichen wie hier, man würde dich wohl als Zauberer abführen.

Schlau bist du, o Menon, und hättest mich beinahe überlistet.

Wieso, Sokrates?

Ich weiß, warum du mich so dargestellt hast.

Weshalb? Was meinst du?

Damit auch ich ein Bild von dir entwerfen soll. Ich weiß das von allen Schönen: Sie lieben es, abgebildet zu werden. Denn es ehrt sie; meiner Meinung nach sind nämlich auch die Bilder von Schönen schön. Ich aber werde kein Bild von dir entwerfen. Wenn nun dein Zitterrochen selbst erstarrt, sobald er andere in Erstarrung bringt, dann gleiche ich ihm; wenn aber nicht, dann nicht. Keineswegs bin ich selbst problemlos, wenn ich andere in Aporien[1] stürze; vielmehr stecke auch ich völlig in Verwirrung und ziehe andere mit in den Strudel. So eben jetzt, wo es um die Tugend geht. Ich weiß nicht, was sie ist. Du hast es vielleicht früher gewusst, ehe du mich berührtest; nun aber bist du einem Unwissenden ganz ähnlich. Trotzdem will ich mit dir nachdenken und prüfen, was sie wohl ist.

Aber auf welche Weise willst du etwas suchen, Sokrates, wovon du überhaupt nicht weißt, was es ist? Als was für ein Etwas willst du es dir vornehmen und untersuchen, wenn du es gar nicht kennst? Und wenn du es noch so gut träfest, wie willst du erkennen, ob es das ist, was du nicht wusstest?

Ich verstehe, was du sagen willst, Menon! Siehst du, was für einen streiterfüllten Gedanken du herbringst? Dass es nämlich einem Menschen unmöglich ist, etwas zu suchen: weder was er kennt, noch was er nicht kennt. Was er schon kennt, braucht er nicht mehr zu suchen. Kennt er etwas nicht, so weiß er ja nicht einmal, was er suchen soll.

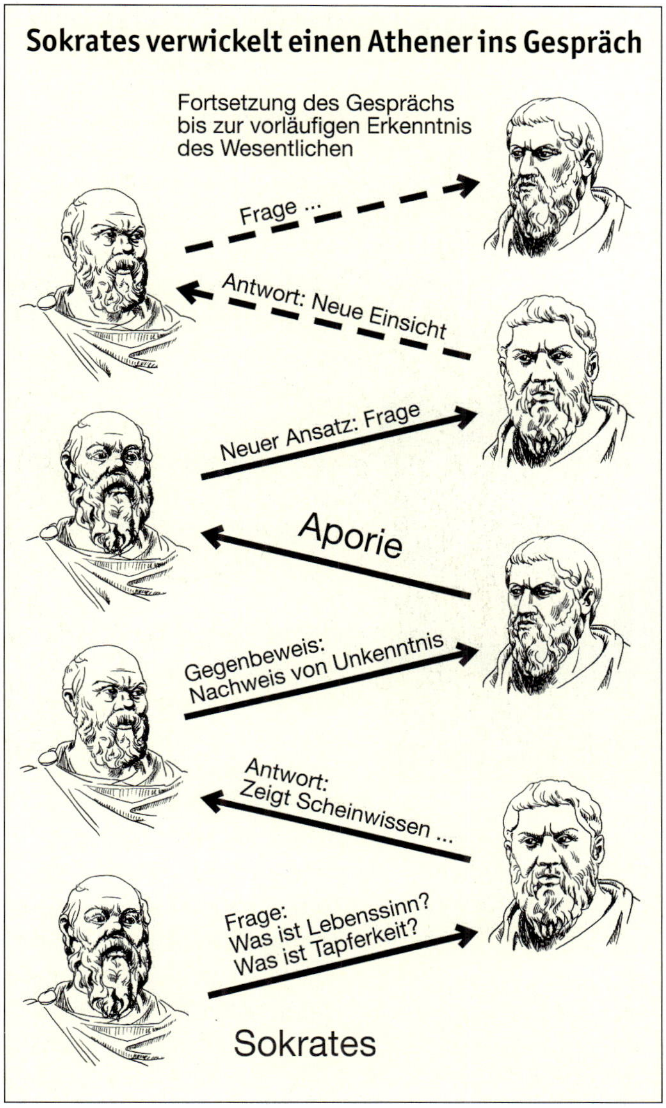

1 Vergleichen Sie den Dialog zwischen Sokrates und Menon mit der Modellzeichnung: An welchem Punkt endet der Textauszug?

2 Entwerfen Sie einen möglichen Fortgang des Dialogs, indem Sie neu ansetzen: Wie kann man ein gutes Lebenskonzept definieren? Suchen Sie dazu passende heutige Worte für „areté" = Tugend und setzen Sie diese in den Text ein.

[1] Aporie (gr.): zusammengesetzt aus a = nicht und poros = Weg. Eine Aporie ist eine gedankliche Sackgasse, eine scheinbare oder tatsächliche Ausweglosigkeit.

Die heutige Theorie der Diskursethik

Die gegenwärtigen Überlegungen zur Diskursethik berufen sich auf die lange abendländische Tradition der Begründung von moralischen Maßstäben und Entscheidungen, wie sie Sokrates vorführte. Dazu hatte sich Sokrates immer einen realen Gesprächspartner gewählt. Das muss aber nicht so sein, denn auch das einsame Denken für sich allein ist ein leises, inneres Argumentieren, ein Als-ob-Dialog.
Kant hat sich dann ca. 2000 Jahre später mit seinem Modell des kategorischen Imperativs (s. S. 162) an Sokrates' Prüfverfahren angeschlossen. Jeder soll vor seiner Vernunft, die wie eine Art innerer Gerichtshof wirkt, überprüfen, ob seine moralischen Entscheidungen für alle gültig sein könnten.
In unserer Zeit griffen vor allem die deutschen Philosophen Habermas und Apel diese Tradition wieder auf und entwickelten sie weiter. An die Stelle des einsamen Grüblers bei Kant setzen sie jedoch eine Gemeinschaft von Sprechenden, die ihre verschiedenen Perspektiven und Interessen in die Argumentation einbringen können.

Jürgen Habermas (geb. 1929) gilt als einer der meistgelesenen und meistdiskutierten Denker der sog. „Kritischen Theorie" (begründet und entwickelt von Theodor W. Adorno und Max Horkheimer). Er geht davon aus, dass Herrschaft über Menschen sich rechtfertigen muss und dass diese Rechtfertigungen (= Legitimationen der Macht) mit Begriffen arbeiten, die kritisch geprüft werden müssen. In seinen Büchern untersucht er Möglichkeiten, wie sich die Bürger der komplizierten modernen Industriegesellschaft an der notwendigen staatlichen Macht beteiligen können mittels allgemein anerkannter, demokratisch legitimierter Verfahren. Das Recht auf Einspruch und Mitsprache löst Habermas für sich selbst ein, indem er sich zu großen gesellschaftlichen und politischen Themen öffentlich mit viel beachteten Zeitungsartikeln zu Wort meldet, so z. B. zur Gentechnik (s. S. 277 f.).

Jürgen Habermas: Die ideale Sprechsituation

Wie ist der Entwurf einer idealen Sprechsituation mithilfe der Sprechakte, die jeder kompetente Sprecher ausführen kann, möglich? Ideal nennen wir im Hinblick auf die Unterscheidung des wahren vom falschen Konsensus eine Sprechsituation, in der die Kommunikation nicht nur nicht durch äußere zufällige Einwirkungen, sondern auch nicht durch Zwänge behindert wird, die aus der Struktur der Kommunikation selbst sich ergeben. Die ideale Sprechsituation schließt systematische Verzerrung der Kommunikation aus. Nur dann herrscht ausschließlich **der eigentümlich zwanglose Zwang des besseren Arguments, der die methodische Überprüfung von Behauptungen sachverständig zum Zuge kommen lässt und die Entscheidung praktischer Fragen rational motivieren kann**. Ich möchte nur nachweisen, dass die Kommunikationsstruktur selber dann und nur dann keine Zwänge produziert, wenn für alle möglichen Beteiligten eine symmetrische Verteilung der Chancen, Sprechakte auszuwählen und auszuüben, gegeben ist. Dann besteht nämlich nicht nur prinzipielle Austauschbarkeit der Dialogrollen, sondern eine effektive Gleichheit der Chancen bei der Wahrnehmung von Dialogrollen, d. h. auch bei der Wahl und der Performanz der Sprechakte. Aus dieser allgemeinen Symmetrieannahme lassen sich spezielle Annahmen für jede der genannten vier Klassen von Sprechakten ableiten. Unter der Voraussetzung, dass alle Gesprächsteilnehmer die gleiche Chance haben, KOMMUNIKATIVA zu verwenden, d. h. Kommunikationen herbeizuführen sowie durch Rede und Gegenrede, Frage und Antwort fortzusetzen, kann durch eine chancengleiche Verwendung der KONSTATIVA (und des für Empfehlungen/Warnungen bedeutsamen Teils der REGULATIVA), d. h. durch eine Gleichverteilung der Chancen, Deutungen, Behauptungen, Erklärungen und Rechtfertigungen aufzustellen und deren Geltungsansprüche zu begründen oder zu widerlegen, die Grundlage dafür geschaffen werden, dass keine Vormeinung auf Dauer der Thematisierung und der Kritik entzogen bleibt.
Mit diesen beiden Annahmen sind die Sprechakte, die wir in Diskursen verwenden, ideal geregelt. Gleichwohl sind die Bedingungen für eine ideale Sprechsituation, die nicht nur uneingeschränkte, sondern auch herrschaftsfreie Diskussion allein aufgrund ihrer Situationsmerkmale, d. h. ihrer Struktur, sichert, noch nicht vollständig

angegeben. Denn die bisherigen Bestimmungen sind noch keine Garantie dafür, dass die Gesprächsteilnehmer nicht bloß wähnen, einen Diskurs zu führen, während sie tatsächlich in einer Kommunikation unter Handlungszwang befangen sind. Wir müssen zusätzlich annehmen, dass die Sprecher weder sich noch andere über ihre Intentionen täuschen dürfen. [...]

In der idealen Sprechsituation sind weiterhin nur Sprecher zugelassen, die als Handelnde gleiche Chancen haben, REPRÄSENTATIVA zu verwenden, (also) eine Gegenseitigkeit ungekränkter Selbstdarstellung.

Diese Symmetrie von Berechtigungen und Verpflichtungen kann wiederum nur durch die Gleichverteilung der Chancen, zu befehlen und sich zu widersetzen, zu erlauben und zu verbieten, Versprechen zu geben und abzunehmen, Rechenschaft abzulegen und zu verlangen, gewährleistet werden, d. h. durch chancengleiche Verwendung der REGULATIVA. [...] Ich habe versucht, die ideale Sprechsituation nicht durch die Persönlichkeitsmerkmale idealer Sprecher, sondern durch strukturelle Merkmale einer Situation möglicher Rede, nämlich durch die symmetrische Verteilung der Chancen, Dialogrollen wahrzunehmen und Sprechakte auszuführen, zu charakterisieren.

1 Untersuchen Sie, ob sich Sokrates und Menon in einer „idealen Sprechsituation“ gemäß der Definition von Habermas befinden.

2 Versuchen Sie, einen Diskurs in Ihrem Kurs zu führen, in dem nur der „zwanglose Zwang des besseren Arguments“ gilt. Mögliches Thema: „Angemessene Kleidung in der Schule!“: Soll es Bekleidungsvorschriften geben?

Sprechakte:

Die Theorie der Sprechakte zerlegt einen Satz in einen **illokutiven Akt**, der die Intention (= Absicht) des Sprechenden anzeigt, die er mit der Äußerung verfolgt, und in einen **propositionalen Akt**, der die eigentlichen Inhalte der Äußerung vermittelt:

„Ich befehle dir (*illokutiver Akt*), die Bananenschale aufzuheben!“ (*propositionaler Akt*)

Die vier Sprechakte, die Habermas unterscheidet, sind illokutive Akte.

- KOMMUNIKATIVA = Sprechakte, die die Art der Rede kennzeichnen und zeigen, wie die Rede aufgefasst werden soll, z. B. als Entgegnung, Frage usw.; also z. B.: fragen, antworten, widersprechen, einwenden, zugeben, zitieren.
  „Ich muss zugeben, dass die hohen Schulden der Gemeinde gegen einen Ausbau der Schule sprechen.“
- KONSTATIVA = Sprechakte, die anzeigen, wie der Inhalt der Rede zu verwenden ist; sie erläutern den Wahrheitsanspruch der Rede; also z. B.: mitteilen, erläutern, versichern, bezweifeln.
  „Ich möchte die rechtlichen Bestimmungen des Vertrages erläutern und zwar ...“
- REPRÄSENTATIVA = Sprechakte, die der Selbstdarstellung eines Sprechers dienen, dem Zum-Ausdruck-Bringen von Intentionen, Einstellungen, Emotionen des Sprechers; also z. B.: hoffen, befürchten, wünschen, gestehen, verschweigen, verleugnen.
  „Ich verschweige dir nicht, dass ich von deiner Argumentation tief erschüttert bin.“
- REGULATIVA = Sprechakte, die erläutern, wie die Sprecher/Hörer sich zu verhalten haben; die die Regeln angeben, nach denen die Gesprächspartner handeln wollen oder sollen; z. B.: auffordern, verbieten, erlauben, vorschlagen, ablehnen, empfehlen, zugestehen, vereinbaren.
  „Wir sollten folgende Gesprächsregeln vereinbaren ...“

Die „Letztbegründung" der Diskursethik*

In der heutigen globalisierten Welt treffen verschiedene Kulturen unmittelbar aufeinander, in denen das Leben nach sehr unterschiedlichen moralischen Maßstäben geregelt ist. Es scheint also zwingend notwendig zu sein, eine für alle verpflichtende Grundnorm des Verhaltens zu suchen, die in allen Kulturen anerkannt wird.

Nun lautet in wohl jeder Gesellschaft ein sehr stark emotional besetztes ethisches Gebot: „Du sollst nicht töten!" Nichts interessiert und erschüttert Menschen so sehr wie Mord oder Totschlag an Menschen. So scheint das „5. Gebot" besonders geeignet für den Versuch, eine allerletzte, unwiderlegliche, philosophische Begründung für moralisches Verhalten zu durchdenken.

Die Frage ist nur, wie eine solche zwingende Begründung formuliert werden kann. Genau daran arbeitet jene Richtung der Diskursethik, die nach einer letzten Begründung sucht.

Die Gegner dieser Denkrichtung, die sowohl die Notwendigkeit als auch die Möglichkeit der „Letztbegründung" bezweifeln, weisen darauf hin, dass für den normalen Bürger die alltäglichen moralischen Entscheidungen relativ unproblematisch sind: Aufgrund schon seinen Eltern vertrauten Verhaltensregeln, die sie an ihn weitergaben, entscheide er sich täglich. Die Befürworter dieses philosophischen Ansatzes antworten: Dieser Einwand mag stimmen für die kleine Welt von Familie und Nachbarschaft, ist aber schon für die Gesamtheit unserer Industriegesellschaft sehr fraglich und für das globale Netz der internationalen Beziehungen sicher falsch. Darüber hinaus halten die Skeptiker den Diskursethikern, die ein solches letztbegründendes Prinzip aufzuspüren versuchen, entgegen, dass sie sich in eine nicht enden wollende Kette von Begründungen verwickeln würden auf der Suche nach dem letzten Grund; diese permanenten Ableitungen seien aber praktisch nicht durchführbar.

Wie ist das Problem einer universellen Grundnorm philosophisch dennoch zu lösen? Die Diskursethik versucht, einen Weg zu weisen. Der Denkansatz der Diskursethiker setzt voraus, dass diejenigen, die sich ernsthaft auf die Suche nach letzten Gründen begeben, die Prinzipien der Rationalität und Logik der Sprache anerkennen ebenso wie ein jeder, der sich auf eine Begründung seines Verhaltens und seiner Entscheidungen einlässt. Das hat zur Folge, dass jeder, sobald er anfängt zu argumentieren, zu einer **„Argumentationsgemeinschaft"** gehört. Und zwar notwendigerweise.

„Wenn es eine Vielzahl von argumentations- und kommunikationsfähigen Subjekten gibt, dann (muss) derjenige, der argumentiert, immer schon notwendig mit Bezug auf alle (argumentieren).

Jede Nacht hörte der Sultan Scheherazade zu ...
Der Sultan Shariyar, schwer verletzt von der Untreue seiner Frau, tötet sie und lässt sich fortan jede Nacht eine neue Jungfrau bringen, die am nächsten Morgen ebenfalls umgebracht wird. Schließlich will Scheherazade die Frau des Königs werden, um das Morden zu beenden. Sie wählt die Methode des Erzählens: Ans Ende der Nacht legt sie den Höhepunkt ihrer Geschichten, sodass der König sie leben lässt, weil er unbedingt die Fortsetzung hören will. Nach „1001 Nächten" (so der berühmte Titel der orientalischen Geschichtensammlung) besinnt sich der Sultan, lässt ab vom Töten und heiratet Scheherazade.

‚Ich behaupte hiermit, dass sich x so und so verhält' kann nichts anderes bedeuten als: *‚Ich behaupte hiermit gegenüber jedermann, dass sich x so und so verhält, und erkläre mich bereit, meine Behauptungen gegenüber jedermann zu verteidigen.'* Irgendwelche Einschränkungen hinsichtlich des Kreises derer, gegenüber denen der Geltungsanspruch erhoben wird, wären in Wahrheit Einschränkungen des Geltungsanspruchs selbst." (Karl-Otto Apel)

In alltäglichen moralischen Konflikten erfahren wir allerdings selten diese logisch ableitbare Argumentationsgemeinschaft, sondern spüren unmittelbar, wie unser Gewissen zu uns spricht.

Das Gewissen ist ein wesentliches Merkmal der Persönlichkeit, die Basis jeder ethischen Entscheidung. **Gewissensfreiheit** ist das Recht jedes Menschen und wird für Abgeordnete im Bundestag geradezu verlangt bei allen Abstimmungen, die nicht nur Sachfragen betreffen. Besteht da nicht ein Widerspruch zwischen diesem Recht auf Gewissensfreiheit des Einzelnen und der Anerkennung einer Argumentationsgemeinschaft als letzter Prüfung, also der Tatsache, dass man sich im Sprechen immer auf andere bezieht, vor anderen verteidigt, andere zur Prüfungsinstanz macht?

Zwar muss das Gefühl für Recht und Unrecht, die moralische Urteilsfähigkeit (= Gewissen) jedem Menschen zugestanden werden, das ist geradezu Bedingung für eine Argumentation über ethische Probleme. Aber in ethischen Fragen dürfen Menschen nicht beim Fühlen stehen bleiben. Denn: Gewissen muss prüfbar sein, muss sich auch vor den anderen rechtfertigen! Denn sonst könnte jeder handeln, wie er wollte, und sich dabei auf seine innere Stimme berufen. Ein Konsens über Maßstäbe des Handelns untereinander könnte nicht zustande kommen bzw. wäre rein zufällig, wenn gerade zwei oder mehr zusammenträfen, die ähnlich fühlen.

Auch eine ganz persönliche, stille Gewissensprüfung verläuft außerdem in Form eines inneren Gesprächs mit den vorgestellten anderen. Ohne den Bezug auf die Haltungen und Überzeugungen anderer gäbe es gar keinen Gewissenskonflikt.

Daraus ergibt sich: Sprechen ist ursprünglich auf ein Du gerichtet. Mehr noch, jeder Argumentierende muss daran interessiert sein, die Gemeinschaft der Argumentierenden zu bewahren, solange es ihm wichtig ist, zu sprechen, zu begründen, zu rechtfertigen, zu streiten, gehört zu werden.

In dieser diskursethischen Grundnorm moralischen Verhaltens (= Letztbegründung) findet sich das **Prinzip der Gegenseitigkeit** verändert wieder, das sich durch die abendländische Philosophie von Sokrates bis Kant zieht.

Die „Letztbegründung" der Diskursethik könnte enttäuschend sein für jemanden, der unter diesem Begriff ein überwältigendes, unmittelbar allen einleuchtendes und absolut verbindliches Prinzip erwartete. Berechtigterweise könnte man einwenden, dass kein Mörder das Messer sinken lassen würde, wenn man ihm diese Grundnorm aufsagte, dass kein Finger vom Abzug genommen würde, weil das verängstigte Gegenüber sich auf die „Letztbegründung" beruft. Aber mehr kann eine philosophische, streng logische Beweisführung eben nicht leisten als nachzuweisen, dass argumentieren auch heißt, das Leben des anderen vorauszusetzen – will sie sich nicht selbst widersprechen! Darin liegt die philosophische – nicht religiöse – Begründung jenes so überragenden ethischen Gebots: Du sollst nicht töten! Wer mit anderen reden will, darf die anderen nicht vernichten, zumindest für die Zeit des Redens nicht.

1 Welcher ethische Grundsatz könnte einen Menschen davon abhalten, einen anderen zu töten, der ihn schwer geschädigt hat und den er zutiefst hasst?

2 Ist die „Letztbegründung" der Diskursethik zu theoretisch oder zu abgehoben, um im Alltag wirklich wirksam werden zu können? Begründen Sie Ihre Antwort.

3 Kann die Geschichte von Scheherazade als Beispiel für die Macht des Gesprächs herangezogen werden? Informieren Sie sich über die Märchensammlung und begründen Sie Ihre Antwort.

4 Unter den Empfehlungen, wie man der Gewalt im öffentlichen Raum begegnen kann, findet sich immer der Rat, gewaltbereite Jugendliche, zum Beispiel in einer S-Bahn, in ein Gespräch zu ziehen bzw. von verschiedenen Seiten anzusprechen. Überlegen Sie: Hat die Wirkung, die damit erzielt werden soll, etwas mit der Argumentation der „Diskurs-Ethik" zu tun?

Kritik an der idealen Sprechsituation

Harald Weinrich (geb. 1927) ist Professor für Linguistik und Literaturwissenschaft. Nach seiner Emeritierung als Professor der Münchner Universität lehrt er seit 1993 als erstes nicht französisches Mitglied am Collège de France in Paris. Er wurde vor allem bekannt mit seinem Buch „Linguistik der Lüge".

Harald Weinrich: Die Diktatur des Sitzfleisches

Was dürfen wir uns in diesem Kontext vom *Diskurs* erhoffen, so wie ihn Jürgen Habermas idealtypisch zur kritischen Prüfung herrschender Meinungen und geltender Normen empfohlen hat? Habermas setzt ja auf den Diskurs als herrschaftsfreies Miteinanderreden insbesondere die Hoffnung, dass an seinem Ende, wenn der Diskurs „nur lange genug fortgesetzt wird", ein Konsens, ja sogar ein „wahrer Konsens" hergestellt werden kann. Um diese Hoffnung plausibel zu machen, muss er allerdings nicht nur jedes Macht- und Kompetenzgefälle („Herrschaft"), sondern auch jeden Realitätsdruck und Entscheidungszwang fortdenken. [...]

Nehmen wir also an, dass alle Gesprächsteilnehmer eines Diskurses die gleichen Rechte und Chancen haben, reden, fragen, raten, fordern und befehlen zu können. Es bereitet keine besonderen Denkschwierigkeiten, sich den Anfang und den Fortgang eines solchen Diskurses vorzustellen: Es gilt da nur die Rednerliste, und die „kommunikative Kompetenz" ist tatsächlich wie eine Menge von Spielmarken unter die Teilnehmer dieses Gesellschaftsspieles gleichmäßig verteilt. Was ich mir hingegen nach den von Habermas festgelegten Spielregeln nicht vorstellen kann, ist das *Ende* eines Diskurses. Es ist ja weder eine vorgegebene Fragestellung zugelassen, noch soll es unter den Teilnehmern des Diskurses institutionelle oder charismatische Autorität geben, noch sind schließlich Einflüsse von außen vorgesehen, die einen Drang oder Zwang zum Abschluss der Verhandlungen ausüben.

Englisches Parlament

Unter diesen Umständen weiß ich nicht, wie ein Diskurs überhaupt zu einem Ende, geschweige denn zu einem Ziel kommen soll. Die Wissenschaften nämlich, die zur Kritik der Meinungen und Normen aufzubieten sind, werden – und zwar mit Recht – sogleich argumentieren, dass die Verhältnisse natürlich viel komplexer sind, als das in den herrschenden Auffassungen zum Ausdruck kommt und in je beliebigen Auffassungen zum Ausdruck kommen kann.

So erzeugen die Spielregeln des Diskurses mit Notwendigkeit ein Dauer-Räsonnement[1], das im „Ausdiskutieren" der Probleme bis zur psychischen oder biologischen Erschöpfung (Aus-!) der Gesprächspartner geht und am nächsten Tag ohne Erschöpfung der Komplexität weiterläuft. Denn die Komplexität ist immer größer, als ein Diskurs lang sein kann: Das ist die moderne Variante der alten Maxime *Ars longa, vita brevis*[2]. Es ist daher zu befürchten, dass der Diskurs nicht zu einem Konsens in der Wahrheit (was immer das sein mag) führt, sondern einzig und allein zu einem Konsens im Weiterreden: Diktatur des Sitzfleisches.

1 Warum ist es nach Weinrichs Überzeugung schwer, einen Diskurs nach den Spielregeln von Habermas überhaupt zu beenden?

2 Wenn tatsächlich ein solcher Diskurs zustande käme, wer wird sich nach Weinrichs Überzeugung letzten Endes mit seiner Meinung durchsetzen?

3 Wann und wo sollte eine ideale Sprechsituation möglichst nicht angestrebt werden?

---

[1] Räsonnement (frz.): Erwägung, Überlegung

[2] Ars longa, vita brevis (lat.): Das Leben ist kurz, die Kunst ist lang.

Dieter Wunderlich: Der ideale Diskurs ist utopisch

Dieter Wunderlich (geb. 1937), Professor für Sprachwissenschaft. Er untersuchte in seiner Sprechakttheorie den Zusammenhang von Sprechen und Handeln.

Dieses Modell ist idealisiert nicht nur in dem Sinne, dass es von den Besonderheiten einer speziellen Kommunikation abstrahiert, sondern auch, dass es in jeder Hinsicht utopisch ist. Es setzt eine Gesellschaft von erwachsenen und emanzipierten Sprechern voraus, die alle ihre Erwartungen und Motivationen verbal explizieren[1] können, und es setzt einen Stand der Produktivkräfte und Formen der gesellschaftlichen Organisation voraus, die jedes Individuum sich frei entfalten lassen, indem es keine Normen befolgen muss, die es nicht auch frei anerkennt.

Gegen Habermas' Entwurf sind mindestens zwei Einwände nötig:

1. Die volle Symmetrie kann nicht in allen Prozessen der Kommunikation erreicht werden:

– z. B. nicht im Erziehungsprozess, in dem das Kind ein Rollenverständnis und gewisse sachbezogene Fähigkeiten überhaupt erst erlernen muss, wobei es ohne jede Form der Anleitung nicht auskommen kann;

– auch nicht in den Formen der gesellschaftlichen Arbeitsteilung, d. h., wenn es Spezialisten gibt, die über einen gewissen Sachbereich eher etwas behaupten können als andere;

– und schließlich nicht bei allen Prozessen der Aufklärung und Agitation[2], die – solange es die Habermas'sche utopische Welt nicht gibt – die Missstände der bisherigen Welt deutlich machen müssen.

2. Habermas skizziert eine Welt des redenden Individuums. [...] In dieser Welt scheint es ein Handeln der Individuen, das nicht auf vorheriger verbaler Erörterung beruht, nicht zu geben, und ebenfalls nicht eine Kommunikation in außerverbalen Medien.

[1] verbal explizieren (lat.): sich sprachlich ausdrücken, etwas wörtlich erläutern
[2] Agitation (lat.): Aufstachelung (z. B. Aufforderung zum Handeln durch eine aufhetzende Rede)

1 Wunderlich führt drei Gebiete auf, in denen keine symmetrischen, gleichberechtigten Diskurse geführt werden können. Finden Sie anschauliche Beispiele, die seine Kritik bestätigen oder widerlegen. Ziehen Sie dazu die Bilder auf Seite 198 und 199 heran.

2 Untersuchen Sie, ob Wunderlich mit seiner Kritik den Zweck der idealen Sprechsituation (= Diskurs) von Habermas getroffen hat.

3 Überlegen Sie, ob in Debatten des Bundestages um ein Ergebnis im Sinne der idealen Sprechsituation gerungen wird.

Rudi Dutschke, Sprecher des Sozialistischen Deutschen Studentenbundes, bei einer flammenden Rede während der Studentenunruhen 1968

Meister und Auszubildender in einer Möbelfabrik

Diskursethik: kommunikativ-argumentierendes Verfahren, das auf rationalem Weg in einem „herrschaftsfreien Diskurs" und dem „zwanglosen Zwang des besseren Arguments" folgend eine allgemein konsensfähige Lösung ethisch-moralischer Konflikte sucht (→ S. 190 ff.)

Ethik (gr.): wird auch als „Moralphilosophie", als „praktische Philosophie" oder als „Wissenschaft von der Moral" bezeichnet und befasst sich mit moralischen Urteilen und Handlungen. Man unterscheidet zwischen normativer Ethik, deskriptiver Ethik und Metaethik. (→ S. 103, 132)

Ethischer Relativismus: bestreitet (im Gegensatz zum ethischen Universalismus) die Allgemeingültigkeit moralischer Werte und Normen.

Ethos (gr.): von moralischen Werten geprägte Haltung bzw. Gesinnung eines Einzelnen oder einer Gruppe (z. B. Ethos eines Berufsstandes)

Gerechtigkeit: im subjektiv-personalen Sinn als Kardinaltugend eine sittlich-moralische Lebenshaltung (→ S. 135); im institutionellen und gesellschaftspolitischen Bereich ein moralisch-normatives Prinzip für Staat, Recht und Politik (→ S. 244 ff.)

Gesinnungsethik: (auch als Prinzipienethik oder als Sollensethik bezeichnet) eine Ethik, die sich auf eine moralische Grundorientierung stützt. Der moralische Wert einer Handlung ist bestimmt von der ihr zugrunde liegenden Gesinnung bzw. Absicht (nicht aber, wie im Utilitarismus, von den Handlungsfolgen). (→ S. 162 f.)

Kategorischer Imperativ: zentraler Begriff in der Gesinnungs- bzw. Sollensethik. Immanuel Kant: „Handle so, als ob die Maxime deiner Handlung zum allgemeinen Naturgesetz werden wollte." „Handle so, dass du die Menschheit sowohl in deiner Person, als auch in der Person eines jeden anderen, zugleich als Zweck, niemals bloß als Mittel brauchst." (→ S. 162 f.)

Moral (von lat. mores: Sitten, Charakter): Inbegriff der Werte und Normen, die in Form von Geboten und Verboten für den Einzelnen (Individualmoral) oder für eine Gruppe (Gruppenmoral, gesellschaftliche Moral) als akzeptiert bzw. als verbindlich gelten.

Moralisches Dilemma: Konflikt, der dadurch entsteht, dass man in einer Situation, in denen man zwei (oder mehr) Verpflichtungen einhalten sollte, nur einer Verpflichtung genügen kann. (→ S. 116 f.)

Naturalistischer Fehlschluss: Sein-Sollen-Fehlschluss; die Schlussfolgerung, dass aus dem, was ist, hervorgeht bzw. abzuleiten ist, dass es auch so sein soll. (→ S. 106)

Norm (lat. norma: Maßstab, Regel, leitender Grundsatz): von Werten abgeleitete konkrete Handlungsanweisungen (z. B. „Du sollst Bedürftigen helfen", abgeleitet vom Wert Hilfsbereitschaft bzw. Solidarität)

Normative Ethik: eine Ethik, die sich auf ein bestimmtes Moralprinzip stützt, von dem aus Normen abgeleitet sind, die in einen begründeten systematischen Zusammenhang gestellt werden (z. B. die Gesinnungsethik oder die Nützlichkeitsethik).

Pflicht: in der Ethik Immanuel Kants dasjenige, was jemand aus unbedingten moralischen Gründen und mit uneingeschränkter Verbindlichkeit tun soll. (→ S. 164 f.)

Tugend: Tüchtigkeit im Sinne einer sittlich-moralischen Haltung. Man unterscheidet zwischen Primär- bzw. Kardinaltugenden und sogenannten Sekundärtugenden (→ S. 135) sowie zwischen Verstandes- und Charaktertugenden (→ S. 137). Den Tugenden entgegengesetzt sind die Laster. (→ S. 135, 144)

Utilitarismus (lat.): Nützlichkeitsethik bzw. Folgenethik; Orientierung am größtmöglichen Erfolg bzw. Nutzen einer Handlung für eine größtmögliche Zahl der davon Betroffenen (→ S. 174 ff.)

Verantwortungsethik: von Max Weber geprägter Begriff für eine Ethik, die (im Gegensatz zur reinen Gesinnungsethik) einen Ausgleich von Gesinnung und Verantwortung anstrebt, dabei aber realpolitisch orientiert ist (→ S. 172); nach Hans Jonas ist eine Ausweitung des Verantwortungsbegriffs von der „Nächsten-Ethik" zur „Fernsten-Ethik" notwendig, die für das Wohl künftiger Generationen Sorge trägt. Imperativ: „Handle so, dass die Wirkungen und Folgen deiner Handlung nicht zerstörerisch sind für die Möglichkeit des Lebens auf der Erde." (→ S. 267 ff.)

Werte: im moralischen Sinn Leitvorstellungen, von denen sich Individuen oder Gruppen bei ihren Entscheidungen und Handlungen leiten lassen bzw. ihnen zur Orientierung dienen (z. B. Freiheit, Solidarität, Sicherheit, Wahrhaftigkeit, Menschenwürde). Aus diesen allgemeinen und abstrakten Zielorientierungen („Wertekanon") leiten sich jeweilige konkrete Handlungsanweisungen (Normen) ab.

Problemfelder menschlichen Handelns – Herausforderungen für Moral und Ethik

1 Geben Sie dem Bild einen Titel.

2 Auf welche ethischen und moralischen Problemfelder könnte das Bild verweisen?

3 Gestalten Sie eine alternative Einstiegsseite.

Gewalt und Friedfertigkeit

Gewalt als Lösung von Konflikten?

Ludmilia Seefried-Matějková: Homo homini lupus (1992/93)

Die Menschheitsgeschichte – eine Spirale der Gewalt?*

„Für gewöhnlich stehen nicht die Worte in der Gewalt der Menschen, sondern die Menschen in der Gewalt der Worte."
Hugo von Hofmannsthal (1874–1929), deutscher Dichter

„Alle, die zum Schwert greifen, werden durch das Schwert umkommen."
Neues Testament, Mt. 26, 52

Gewalt begleitet die Menschheitsgeschichte von Anfang an. Schöpfungsmythen wie das Gilgamesch-Epos[1] oder das Buch Genesis im Alten Testament[2] erzählen davon, dass Gewalttaten bereits am Beginn menschlicher Lebensgemeinschaften standen. Gewalt kann sich **direkt (personal)** oder **indirekt (strukturell)** äußern. Letzteres ist der Fall, wenn sie sich in Systemen manifestiert, die sozial ungerecht sind und grundlegende menschliche Bedürfnisse einschränken.
Gewalt- und Ausbeutungsformen richten sich nicht nur gegen Menschen, sondern auch gegen die Natur. Neben der Ausrottung ganzer Tierarten gibt es massive Schädigungen von Böden, Gewässern, Pflanzen und Bäumen.
Rechtfertigungen der Gewalt und von Gewaltformen finden sich zuhauf, seien sie politischer, religiöser, ideologischer oder anthropologischer Natur.
Andererseits gibt es viele Versuche, der Gewalt Herr zu werden. In neuerer Zeit versuchen Verhaltensforscher, Friedensforscher, Psychologen und Soziologen, die Ursachen für Gewalt und Gewaltformen zu ermitteln und Strategien zur Gewaltvermeidung und Gewalteingrenzung zu entwickeln. Mittlerweile gibt es vielfältige Programme zur Gewaltprävention, haben Strafgesetze neben der Abschreckung vor allem das Ziel der Resozialisierung, finden gewaltlose Strategien und Aktionen weltweit Anerkennung und Würdigung.
Auch staatliche Macht und Gewalt wird eingedämmt. Grundlage der Demokratien ist die Gewaltenteilung und die Gewaltenkontrolle. So wird z. B. die Ausübung von Gewalt allein staatlichen Organen zugebilligt (Gewaltmonopol) und dies auch nur im Rahmen von Recht und Gesetz. Die Tendenz zur Monopolisierung und Kontrolle staatlicher Gewalt setzt sich auch überstaatlich fort: UN-Gremien entscheiden über Sanktionen (wirtschaftlicher oder militärischer Art) gegen einen Aggressor und richten internationale Tribunale gegen Straftäter ein.
Ist die Welt nach Ende des Zweiten Weltkrieges (1945) oder mit dem Ende des Ost-West-Konfliktes nach dem Fall der Berliner Mauer (1989) friedlicher geworden? Oder ist die Erwartung, dass Konflikte zunehmend gewaltlos gelöst werden, angesichts der Zunahme weltweiten Terrors nach der Jahrtausendwende sowie der Reaktionen darauf, letztlich nur eine naive Hoffnung?

[1] Gilgamesch-Epos: babylonische Dichtung (um 1700 v. Chr. entstanden)
[2] Genesis 4,1–16: Brudermord von Kain an Abel (s. S. 59)

1 Sammeln und ordnen Sie die im Text angesprochenen Fragen und Problemfelder.

2 Definieren Sie den Begriff „Gewalt".

John Steinbeck: Früchte des Zorns

„Eh' ich's vergesse", sagte der Fahrer, „du machst lieber bald, dass du rauskommst. Nach dem Essen fahre ich durch deinen Hof."

„Du hast heute früh schon meine Pumpe zugeschüttet."

„Ich weiß. Ich musste ja 'ne grade Linie machen. Aber nach dem Essen fahre ich durch deinen Hof. Geht nicht anders, ich muss mich an die Linien halten. Und – schön, du kennst Joe Davis, meinen Alten, drum will ich dir was sagen. Ich habe den Befehl, wo eine Familie noch nicht ausgezogen ist – wenn's da einen kleinen Unfall gibt – du weißt schon, wenn ich zu dicht rankomme und das Haus 'n bisschen einbeule –, also, dann kriege ich vielleicht zwei Dollars extra. Und mein Jüngstes hat noch keine Schuhe."

„Ich hab's mit meinen Händen gebaut. Habe alte Nägel grade geschlagen für die Verschalung. Die Sparren habe ich selbst mit Draht festgemacht. Es ist mein Haus. Ich habe es gebaut. Wenn du es rammst, bin ich mit dem Gewehr am Fenster. Wenn du auch nur nahekommst, knalle ich dich nieder wie einen Hund."

„Ich bin's ja nicht. Ich kann nichts dafür. Ich verliere meine Arbeit, wenn ich's nicht mache. Und sieh mal – angenommen, du bringst mich um. Dann werden sie dich einfach hängen, aber noch lange eh' du hängst, sitzt schon ein anderer auf dem Traktor und rammt dein Haus. Du bringst nicht den Richtigen um."

„Ja, ja", sagte der Pächter. „Wer hat dir den Befehl gegeben? Dann werde ich mich an den halten. Er ist der, der umgebracht werden muss."

„Du hast unrecht. Er hat auch nur seinen Befehl von der Bank. Die Bank hat ihm gesagt: ‚Schmeiß die Leute raus; oder du fliegst.'"

„Ja, aber es gibt doch einen Präsidenten von der Bank. Es gibt doch Direktoren. Da fülle ich eben mein Gewehrmagazin und gehe in die Bank."

Der Fahrer sagte: „Jemand hat mir erzählt, die Bank hat Befehl aus dem Osten gekriegt. Und der Befehl war: ‚Sorgt dafür, dass das Land was abwirft, oder wir machen euch die Bude zu.'"

„Aber wo hört denn das auf? Wen könnten wir denn erschießen? Ich habe keine Lust zu verhungern, eh' ich den Mann umgebracht habe, der mich aushungert."

„Ich weiß es nicht. Vielleicht ist da überhaupt niemand zu erschießen. Vielleicht ist das Ganze überhaupt nicht von Menschen gemacht. Vielleicht ist wirklich, wie du sagst, die Besitzung selbst dran schuld. Jedenfalls habe ich dir gesagt, was für Befehle ich habe."

„Ich muss mir's überlegen", sagte der Pächter. „Wir alle müssen's uns überlegen. Es gibt doch eine Möglichkeit, da ein Ende zu machen. Es ist nicht wie Blitz und Erdbeben. Es ist einfach eine böse Sache, die Menschen gemacht haben, und – bei Gott – das ist was, was wir ändern können."

John Steinbeck (1902–1968), amerikanischer Schriftsteller, schildert in dem Roman „Früchte des Zorns" (1939), wie Wirtschaftskrise und neue Agrartechniken unzähligen Farmpächtern und Landarbeitern in den USA die Existenzgrundlage entziehen.
Der Roman regte Musiker wie Bruce Springsteen zu bewegenden Liedern über das Schicksal der auf der Suche nach Arbeit umherziehenden Menschen an (z. B. „The Ghost of Tom Joad").

1 Beschreiben Sie den Konflikt, in dem sich die beiden Männer befinden. Welche Formen der Gewaltanwendung stehen sich gegenüber?

2 Was wird aus der Aggression des Farmers? Welche Möglichkeiten sehen Sie, „da ein Ende zu machen"?

3 Definieren Sie den Begriff „strukturelle Gewalt" und nennen Sie Beispiele.

Wie entsteht Gewalt?

Irenäus Eibl-Eibesfeldt (geb. 1928), Zoologe und Humanethologe, langjähriger Mitarbeiter des Verhaltensforschers Konrad Lorenz, untersucht Erscheinungsformen und Zusammenhänge inner- und zwischenartlicher Kommunikation bei Mensch und Tier. Veröffentlichungen u. a.: „Liebe und Hass. Zur Naturgeschichte elementarer Verhaltensweisen" (1970), „In der Falle des Kurzzeitdenkens" (1998)

Irenäus Eibl-Eibesfeldt: Aggressionstheorien

Wie bei den Tieren, so hat auch das aggressive Verhalten des Menschen sehr unterschiedliche Aufgaben. Dabei sind Aggressionen zwischen Gruppenmitgliedern in der Regel auf vielfältige Weise so geregelt, dass ernsthafte Beschädigungen eines Gruppenmitgliedes oder gar Mord vermieden werden. Im Gegensatz dazu zielen *Gruppenaggressionen* des Menschen vielfach auf die Zerstörung des Gegners ab. Unter Gruppenagressionen verstehen wir Aggressionen zwischen verschiedenen menschlichen Gruppen, wir werden sie daher gesondert betrachten.

Jede Form innerartlicher Aggression hat Dominanz des Aggressors zum Ziel. Wie bei anderen höheren Wirbeltieren auch, geht es um die Sicherung begrenzter Ressourcen, um Rivalität um den Sexualpartner, um Rangpositionen und um die Verteidigung der Familie und Nachkommenschaft. Grundsätzlich wird beim Menschen Aggression instrumental meist dann eingesetzt, wenn sich in einer zielgerichteten Handlung andere als Widersacher oder Konkurrenten entgegenstellen. Wir „verbeißen" uns ferner in Aufgaben und „greifen ein Problem an", was auf die aggressive Motivation zur Überwindung von Hindernissen allgemeiner Art hinweist.

Aggressives Verhalten wird im Allgemeinen negativ bewertet, und das hat unnötigerweise die Auseinandersetzung um die Genese und Ursachen dieses Verhaltens belastet. Der Hinweis der Biologen, dass stammesgeschichtliches Erbe als „Angeborenes" das Verhalten *mit* beeinflusst und dass ferner auch angeborene motivierende Systeme die aggressive Handlungsbereitschaft *beeinflussen*, wurde vielfach als Versuch interpretiert, Aggressionen zu entschuldigen und als unvermeidlich hinzustellen, und das, obgleich viele Biologen sich ausdrücklich gegen eine solche Interpretation aussprachen. [...]

Aus diesem Grunde werden lernpsychologische Modelle dem Modell der Biologen entgegengestellt. Damit konstruiert man allerdings einen künstlichen Gegensatz, denn ich kenne keinen Biologen, der die Ansicht vertritt, aggressives Verhalten wäre gänzlich angeboren und durch Lernen nicht beeinflussbar und damit ein unabwendbares Schicksal. Im Gegenteil! Biologische Verhaltensforscher haben wiederholt und ausdrücklich und schon seit vielen Jahren darauf hingewiesen, dass das biologische Modell als Interaktionsmodell die Befunde der lernpsychologischen Richtungen durchaus akzeptiert und nur deren Ausschließlichkeitsanspruch zurückweist. Die verschiedenen Aggressionstheorien werden nun kurz vorgestellt.

1. Die *lernpsychologischen Modelle* gehen davon aus, dass aggressive Verhaltensweisen gelernt werden. Bereits in früher Kindheit führen aggressive Forderungen zum Erfolg. Dadurch wird dieses Verhalten dann bekräftigt. So lernen Kinder, aggressive Verhaltensmuster instrumental einzusetzen, um bestimmte Ziele zu erreichen.

Kinder lernen ferner am sozialen Vorbild.

Im normalen Alltag identifiziert sich das Kind mit dem Vorbild der Eltern, sei es nun kriegerisch oder friedlich, vorausgesetzt, dass eine *gute Elternbindung* besteht.

2. Nach dem *Frustrations-Aggressions-Modell* wird aggressives Verhalten durch frühkindliche Entbehrungserlebnisse wachgerufen. Jede Behinderung zielstrebigen Verhaltens (Frustration) ruft Aggressionen wach, die das Hindernis überwinden helfen. Das aggressive Verhalten steht in diesem Fall im Dienste anderer Motivationen. Einen eigenen Aggressions*trieb* nimmt diese Theorie nicht an. [...]

Dass Frustrationen unmittelbar zu Aggressionen führen können, hat man experimentell nachgewiesen. Ob jedoch frühkindliche Entbehrungserlebnisse mit Verzögerung im späteren Alter zu gesteigerter Aggressivität führen, bleibt umstritten. Man machte alles Mögliche für aggressive Einstellungen verantwortlich: das Trauma der Geburt, das Abstillen, die Reinlichkeitserziehung oder die angebliche Unterdrückung der kindlichen Sexualität. Es handelt sich dabei um unbewiesene Annahmen, und dementsprechend sind die sich darauf begründenden Erziehungsvorschläge spekulativ.

3. Sigmund Freud nahm an, dass dem aggressiven Verhalten ein *destruktiver Antrieb* zugrunde liegt, ein mystischer Todestrieb, der den Menschen zu aggressivem Handeln treibe.

4. Dieses Konzept ist heute durch die *biologische Trieb-Theorie* der Aggressionen abgelöst. Beobachtungen an Tieren belegen Fluktuationen in der aggressiven Handlungsbereitschaft, die nicht auf entsprechende Änderungen in der Außenwelt zurückgeführt werden können. Bei einigen Wirbeltieren bewirken die *endogenen*[1], motivierenden Mechanismen *Aggressionsappetenz*[2]. *Androgene*[3] erhöhen die aggressive Reaktionsbereitschaft.

5. *Das ethologische Interaktionsmodell* geht davon aus, dass sich aggressives Verhalten im Dienste verschiedener eignungsfördernder Funktionen entwickelte und dementsprechend durch von Art zu Art wechselnde, stammesgeschichtliche Anpassungen in definierbaren Bereichen vorprogrammiert ist.

- So gibt es spezifische auslösende Reizsituationen, beispielsweise Rivalensignale für *agonales*[4] Verhalten (Flucht, Angriff, Unterwerfung).
- Auch gibt es die Kampfbereitschaft hemmend oder fördernd beeinflussende *inkretorische*[5] und *neuronale*[6] *Organsysteme*. Diese inneren, die Kampfbereitschaft aufbauenden Faktoren bezeichnet man als die *Triebkomponente des agonalen Systems.*
- Ferner gibt es die Aggressionsbereitschaft fördernde tonisierende Reizsituationen (anhaltende Frustrationen würden in diese Kategorie fallen).
- Schließlich gibt es angeborene Lerndispositionen. Das für uns Menschen so ausgeprägte Denken und Handeln in Kategorien von Wir-Gruppe-fremde-Gruppe und die im Zusammenhang damit entwickelte leichte Indoktrinierbarkeit mit Gruppenwerten basiert auf der Lerndisposition.

Alle unser Verhalten als „Vorprogrammierungen" mitbestimmenden stammesgeschichtlichen Anpassungen entwickelten sich in jener langen Zeit, in der unsere Vorfahren als altsteinzeitliche Jäger und Sammler in Kleinverbänden und mit einer primitiven Technologie lebten. Wir haben uns biologisch in den letzten zehntausend Jahren nicht entscheidend verändert. Wohl aber schufen wir uns kulturell mit der technischen Zivilisation, der städtischen Umwelt und der anonymen Großgesellschaft einen Lebensraum, auf den unsere angeborenen Wahrnehmungs-, Aktions-, und Reaktionsweisen nicht immer passen. Wir müssen uns darüber im Klaren sein, dass moderne Menschen mit steinzeitlicher Emotionalität als Präsidenten Supermächte leiten und über die technischen Massenvernichtungsmittel der modernen Kriegführung bestimmen. Uns mangelt es nicht an der Fähigkeit, die Natur zu beherrschen, wohl aber daran, uns selbst zu zügeln. Ein Grund ist mangelndes Wissen um uns selbst. Man gewinnt oft den Eindruck, als hätte der Mensch eine gewisse Berührungsscheu vor sich selbst, als würde er mehr dazu neigen, Hoffnung und Halt im Glauben an Ideologien zu suchen als in einer kritischen Selbsterforschung.

1 Erklären Sie die angegebenen Theorien anhand von Beispielen.

2 Welche der Theorien überzeugt Sie am meisten?

3 Überlegen Sie, wie die jeweilige Aggression aufgefangen, gesteuert oder abgebaut werden kann.

4 Vergleichen Sie die im Text genannten Theorien mit denen von Hobbes (s. S. 240 ff.) und Rousseau (s. S. 376).

[1] endogen (gr.): von innen kommend
[2] Appetenz: Bedürfnis, Trieb
[3] Androgene: männliche Geschlechtshormone
[4] agonal: kämpferisch
[5] inkretorisch (lat.): die innere Sekretion (bes. Hormone) betreffend
[6] neuronal: durch Nerven gesteuert

Günter Bierbrauer ist Professor für Rechts- und Sozialpsychologie an der Universität Osnabrück.

Günter Bierbrauer: Das Milgram-Experiment von 1963/ Wiederholung der Gehorsamkeitsstudie im Jahr 2009

Angenommen, in Deutschland etablierte sich abermals ein totalitäres System. Könnten die Machthaber wieder mit der Kooperation willfähriger Vollstrecker rechnen? Wir wissen es nicht. Aber wer hätte den Deutschen die Verbrechen des Holocaust zugetraut, bevor die Nationalsozialisten an die Macht kamen? Diese Frage war der Ausgangspunkt eines Forschungsprojekts, das der damals junge amerikanische Sozialpsychologe Stanley Milgram in den Sechzigerjahren an den Yale-Universität durchzuführen beabsichtigte.
In einer aus heutiger Sicht naiv anmutenden Absicht wollte er vergleichende empirische Studien in ganz Europa durchführen, um zu untersuchen, ob die Deutschen sich im Hinblick auf ihre Bereitschaft zum Gehorsam von anderen Europäern unterschieden. Aber er begann daheim, im eigenen Land, in der eigenen Stadt. Und zu seiner Verblüffung beobachtete er bei den Teilnehmern eine derart spektakuläre Bereitschaft zum Gehorsam, dass er auf die geplanten Vergleiche in Europa verzichtete. Milgram veröffentlichte den ersten Bericht über seine Studie 1963. Jetzt, im Jahr 2009, wurde die Studie wiederholt, und auch diese Ergebnisse geben Anlass zu erschrecken.
Milgrams Experiment war simpel und genial zugleich. Die Bereitschaft zum Gehorsam wurde gemessen als der Anteil der Teilnehmer, die innerhalb einer Untersuchungsgruppe bereit waren, einem anderen Studienteilnehmer schmerzhafte, ja lebensbedrohliche Elektroschocks zu verabreichen, wenn ihnen dies von einem Mann in einem weißen Laborkittel befohlen wurde. Den Teilnehmern wurde mitgeteilt, es sei das Ziel der Untersuchung, die Wirkung von Bestrafung auf Lernen und Gedächtnis herauszufinden: Ein „Lernender" wurde auf einem Stuhl fixiert und Elektroden an seinem Arm befestigt. Die Elektroden waren mit einem „Schockgenerator" verbunden, der vor dem „Lehrer" in einem benachbarten Raum stand. Der „Lehrer" wurde nun aufgefordert, dem „Lernenden" immer dann einen Schock zu verabreichen, wenn auf eine Frage, die einer Liste entnommen wurde, nicht die richtige Antwort gewusst wurde – die Liste hatte der „Lernende" vorher auswendig lernen können. Mit jeder Bestrafung erhöhte sich die Stärke des zu verabreichenden Elektroschocks mit jeweils 15 Volt, beginnend bei 15 Volt („Leichter Schock"). Der stärkste Schock wurde auf dem Generator mit 450 Volt und den Hinweisen „Gefahr: Schwerer Schock" und „XXX" angegeben.

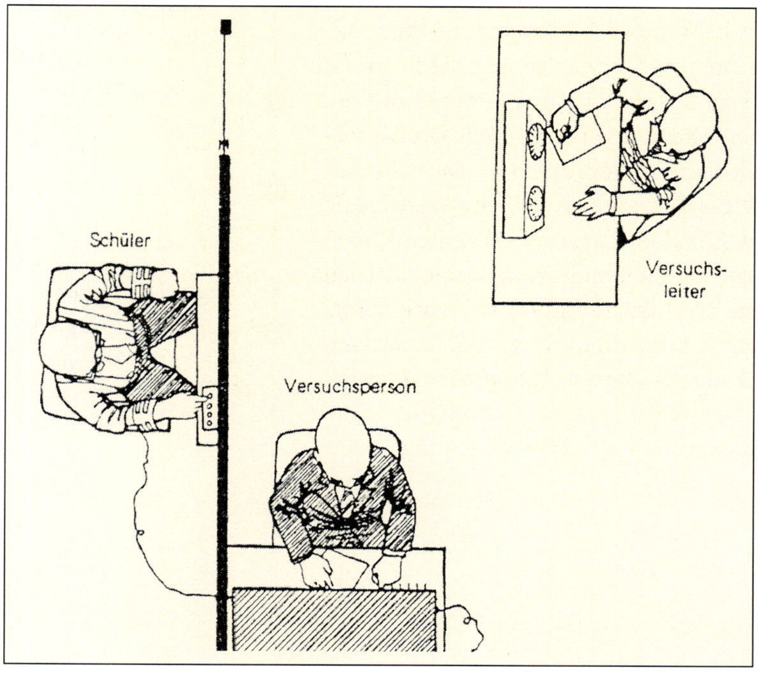

Innerhalb des „Standardexperiments" sah die Untersuchungsanordnung vor, dass „Lehrer" und „Lernender" über eine Gegensprechanlage kommunizierten.
Bis zu einer Schockstufe von 150 Volt hörte der „Lehrer" zunächst nur die immer heftiger werdenden Proteste des „Lernenden". […] Wenn die „Lehrer" bei der Gabe eines Elektroschocks zögerten oder gar aufhören wollten, forderte der

Untersuchungsleiter sie zum Weitermachen auf. Erst nach dreimaligem Protest eines „Lehrers“ wurde die Untersuchung abgebrochen. Bis zu einer Schockstufe von 150 Volt beendeten nur sieben Teilnehmer die Prozedur. Zwei Drittel aller Teilnehmer setzten alle Schockstufen bis hin zum Maximalwert von 450 Volt ein – sie wussten ja nicht, dass der „Lernende“ ein Mitarbeiter des Untersuchungsleiters war und gar keine Stromstöße erhielt.

Die graduelle Steigerung der Stromstöße ist bei dieser Eskalation ein entscheidendes Moment: Denn je höher die Schockstufen werden, desto heftiger scheint die moralische Orientierungslosigkeit zwischen Befehl und Gewissen zu werden. Die Teilnehmer suchen eine Rechtfertigung für die bereits verabreichten Schocks. Und ein Ausweg aus diesem Konflikt besteht in der Selbst-Vergewisserung, das Opfer habe diese Behandlung selbst verschuldet und damit eigentlich sogar verdient. Die individuelle Moral folgt diesem Prozess, anstatt zu führen.

Stanley Milgram führte eine Serie von insgesamt 18 Variationen des Experiments durch. Dabei konnte er beobachten, dass die Gehorsamkeitsrate sehr verschieden ausfallen konnte. Wenn etwa zwei Untersuchungsleiter unterschiedliche Befehle gaben, sank die Gehorsamkeitsrate auf null. Musste ein Teilnehmer nicht selbst den Hebel zum Auslösen des Elektroschocks drücken, sondern konnte er den Befehl dazu an eine andere Person weitergeben, erreichte die Gehorsamkeitsrate 93 Prozent. Wenn die Teilnehmer die Schockhöhe selbst bestimmen können, verabreichten die meisten nur Schocks geringerer Stärke.

Nach Veröffentlichung der Studien-Ergebnisse setzte eine hitzige Kontroverse über die Verlässlichkeit seiner Ergebnisse und die ethisch zulässigen Grenzen derartiger Untersuchungen ein. Viele Universitäten richteten in der Folge „Ethikkommissionen“ ein, denen empirische Forschungsvorhaben zur Genehmigung vorgelegt werden müssen. Danach konnten lange Zeit keine Replikationen mehr durchgeführt werden. Doch ist es dem amerikanischen Sozialpsychologen Jerry M. Burger von der Santa Clara University in Kalifornien kürzlich gelungen, seine Universität davon zu überzeugen, dass eine Replikation unter der Beachtung strenger ethischer Maßstäbe sinnvoll sei, wenn zuvor alle möglichen Teilnehmer einer klinisch-psychologischen Diagnose unterzogen werden. Ferner werde die Durchführung von einem klinischen Psychologen überwacht und abgebrochen, sobald dieser Zeichen von großer psychischer Belastung wahrnahm. Ferner sei sichergestellt, dass keine Teilnehmer die Milgramstudie kennten. Und schließlich sollte jede Untersuchung beendet werden, wenn die freiwilligen Teilnehmer glaubten, sie hätten einen 150-Volt-Schock verabreicht. Denn die 150-Volt-Stufe in Milgrams „Standardexperiment“ bildete einen „point of no return“, weil fast achtzig Prozent der Teilnehmer, die diese Schockstufe eingesetzt hatten, die Untersuchung bis zur maximalen Schockstufe fortsetzten.

Das Ergebnis: Jerry M. Burgers Beobachtungen waren mit denen Milgrams nahezu identisch. Siebzig Prozent der Teilnehmer verabreichten den 150-Volt-Schock. Moralische Standards und kulturelle Werthaltungen sind offenbar grundsätzlich von einem weit geringeren Einfluss auf unser Verhalten als die unmittelbare Situation.

Franz Kafka: In der Strafkolonie (Erzählung, 1919), in: Das Urteil und andere Erzählungen, Frankfurt am Main (Fischer) [66]2003

Alfred Andersch: Der Vater eines Mörders, Zürich (Diogenes) [26]1994

Harald Welzer: Täter. Wie aus ganz normalen Menschen Massenmörder werden, Frankfurt am Main (Fischer) 2005

Das Experiment (Regie: Oliver Hirschbiegel, Deutschland 2000)

1 Erstellen Sie eine Mindmap zu dem Begriff Autorität und geben Sie eine Definition.

2 Wie bestimmen Hannah Arendt und Erich Fromm den Begriff Autorität (s. S. 208)?

3 Fassen Sie das Untersuchungsinteresse, die Versuchsanordnungen und die Ergebnisse Milgrams und die der Folgeuntersuchungen in einer Übersicht zusammen.

4 Skizzieren Sie ein Erziehungsprogramm, das die Ergebnisse des Milgram-Experiments in Bezug auf Autorität, Gehorsam und Gewalt berücksichtigt.

Hannah Arendt (1906–1975), deutsch-amerikanische Philosophin (→ Biografie, S. 383)

Hannah Arendt: Was ist Autorität?

Autorität, das begrifflich am schwersten zu fassende Phänomen und daher das am meisten missbrauchte Wort, kann sowohl eine Eigenschaft einzelner Personen sein – es gibt persönliche Autorität, zum Beispiel in der Beziehung von Eltern und Kindern, von Lehrern und Schülern – als einem Amt zugehören, wie etwa dem Senat in Rom (auctorias in senatu) oder den Ämtern der katholischen Hierarchie[1] (auch ein betrunkener Priester kann, vermöge der Autorität des Amtes, gültige Absolutionen[2] erteilen). Ihr Kennzeichen ist die fraglose Anerkennung seitens derer, denen Gehorsam abverlangt wird; sie bedarf weder des Zwangs noch der Überredung. (So kann ein Vater seine Autorität entweder dadurch verlieren, dass er das Kind durch Schläge zwingt, oder dadurch, dass er versucht, es durch Argumente zu überzeugen. In beiden Fällen handelt er nicht mehr autoritär, in dem einen Fall tyrannisch, in dem anderen demokratisch.) Autorität bedarf zu ihrer Erhaltung und Sicherung des Respekts entweder vor der Person oder dem Amt. Ihr gefährlichster Gegner ist nicht Feindschaft, sondern Verachtung, und was sie am sichersten unterminiert, ist das Lachen.

Erich Fromm: Entstehung und Erscheinungsbild des „autoritären Charakters"

Die Autorität muss nicht nur mächtig und Angst erregend, aufgrund göttlicher und natürlicher Bestimmung notwendig und absolut überlegen sein, sie muss auch ein moralisches Vorbild für die ihr Unterworfenen bilden. Wenn sie von diesen „Selbstvergessenheit", Verzicht auf eigenes Glück, Pflichterfüllung bis zum Äußersten, unermüdliche Arbeit usw. verlangt, dann muss sie selber diese moralischen Züge aufweisen, um die Über-Ich-Bildung zu ermöglichen und um der Angst vor ihr jenen [...] Doppelcharakter zu verleihen, der erst daraus entsteht, dass in der Autorität nicht nur die Gewalt gefürchtet, sondern dass sie auch als vorbildhaft, edel und wertvoll geliebt wird. Der einfache Mann muss glauben, dass ein Oberhaupt nichts für sich will, sondern alles für die andern, dass es von morgens früh bis abends spät ununterbrochen arbeitet und sich kaum einen Genuss gönnt. Der Herrscher ist streng, aber gerecht. [...] Schon in der Familie wird die Empfänglichkeit für dieses Bild angelegt. Das Kind soll glauben, die Eltern logen nie und erfüllten tatsächlich alle die moralischen Forderungen, die sie dem Kinde auferlegen. Es soll glauben, dass alles, was die Eltern tun, zu seinem Besten sei und nichts ihnen ferner liege, als in der Erziehung egoistische Ziele zu verfolgen. Gerade in diesem Stück der Familienerziehung zu den moralischen Qualitäten, die das Kind von Anfang an als mit der Autorität verknüpft sehen lernt, liegt eine ihrer wichtigsten Funktionen bei der Erzeugung des autoritären Charakters. Es gehört gewiss zu den schwersten Erschütterungen im kindlichen Leben, wenn es allmählich sieht, dass die Eltern in Wirklichkeit den eigenen Anforderungen nur wenig entsprechen. [Dennoch] bleibt die ursprünglich erzeugte Illusion von der Moralität der Autorität bestehen. Dieser Glaube an die moralische Qualität der Macht wird wirkungsvoll durch die ständige Erziehung zum Gefühl der eigenen Sündhaftigkeit und moralischen Unwürdigkeit ergänzt. Je stärker das Schuldgefühl und die Überzeugung eigener Nichtigkeit ist, desto heller strahlt die Tugend der Oberen. Der Religion und der strengen Sexualmoral kommt die Hauptrolle bei der Erzeugung der für das Autoritätsverhältnis so wichtigen Schuldgefühle zu.

1 Erstellen Sie zu dem Text von Hannah Arendt ein Schaubild. Erläutern Sie ihre Bestimmungen von Autorität an Beispielen.

2 Lassen sich persönliche Autorität und Amtsautorität klar voneinander trennen? Erörtern Sie dies am Beispiel der Lehrer-Schüler-Beziehung.

3 Welche Art von Autorität beschreibt Erich Fromm? Mit welchen Mitteln erreicht sie die Unterwerfung unter ihre Macht? Welche Bedeutung kommt dabei der Erziehung zu?

---

[1] Hierarchie (gr.): wörtlich: „heilige Herrschaft"; (pyramidenförmige) Rangordnung
[2] Absolution (lat.): Freisprechung, Lossprechung (von Sünden, bes. in der Beichte)

Eine autoritäre Dorfgemeinschaft – der Film „Das weiße Band"*

Filmszene: Am Konfirmationsunterricht nehmen auch Kinder des Pfarrers teil: Martin (in der ersten Reihe) und Klara (hinten, zur Wand gekehrt).

Der Film „Das weiße Band – eine deutsche Kindergeschichte" (Regie: Michael Haneke, Deutschland 2009) wurde mit der Goldenen Palme von Cannes ausgezeichnet und gewann den Deutschen Filmpreis 2010.

Handlung/Thematik: In den Jahren 1913/14, kurz vor Ausbruch des Ersten Weltkrieges, ereignet sich in Eichwald, einem kleinen Dorf in Norddeutschland, innerhalb weniger Monate eine Reihe rätselhafter Unfälle: Der Arzt des Dorfes stürzt vom Pferd, die Frau eines Bauern stirbt bei einem Arbeitsunfall im Sägewerk, der Sohn des Barons wird misshandelt aufgefunden, eine Scheune geht in Flammen auf. Als der junge Lehrer versucht, die Vorfälle aufzuklären, stößt er auf eine Mauer des Schweigens. Die Dorfgemeinschaft entpuppt sich als ein streng hierarchisch gegliedertes System von Abhängigkeiten, Autoritäten, Macht- und Ausbeutungsverhältnissen, das vom Gutsherrn bis zu den Bauern alle Beziehungen durchdringt. Am unteren Ende dieser durch Spätfeudalismus und Protestantismus geprägten Gesellschaftsordnung stehen die Kinder. Ein auf Autorität und Gehorsam basierendes Strafsystem erzeugt eine Spirale der Gewalt.

Untersuchungsgesichtspunkte für die Betrachtung des Films:

1. Stellen Sie die Hierarchie des Dorfes schematisch dar. Verfassen Sie einen Katalog mit den (moralischen) Gesetzen, die in Eichwald herrschen.
2. Untersuchen Sie die Beziehungen innerhalb der Dorfgemeinschaft mithilfe ausgewählter Filmsequenzen. Stellen Sie diese in Standbildern nach.
3. Beschreiben Sie die Erziehungsziele und -methoden des Pfarrers und seiner Frau. Analysieren Sie die Familienstruktur mithilfe der Texte von Arendt und Fromm (s. S. 208).
4. Betrachten Sie die Filmsequenz, aus der das Szenenfoto stammt. Verfassen Sie anschließend innere Monologe der beteiligten Personen.
5. Welche symbolische Bedeutung hat der Filmtitel?
6. Analysieren Sie die Gestaltung des Films anhand der auf der Methodenseite (→ Methode, S. 20) angeführten Kriterien.

Filmheft: Das weiße Band – eine deutsche Kindergeschichte, hg. von der Bundeszentrale für politische Bildung, Bonn 2009 (www.bpb.de)

Zwei Stellungnahmen zum Film:

„Eichwald ist eine Welt aus Misshandlung und Demütigung, die Brutstätte des autoritären Menschen. Hier pervertiert die christliche Liebesreligion zu einer Gewaltreligion, die den höchsten Preis fordert, das menschliche Glück."

(Thomas Assheuer)

„Menschliches Handeln ist eingebettet und wird bestimmt durch einen asozialen, politischen und religiösen Bezugsrahmen. Die Problematik wird nicht reduziert auf ‚gute' und ‚böse' Menschen, die eigenverantwortlich handeln können. Die personale, direkte Gewalt im Film ist Folge und Ausdruck einer allgegenwärtigen, ‚unsichtbaren' strukturellen Gewalt, die das Verhältnis der Geschlechter, der Generationen und der sozialen Schichten zueinander bestimmt."

(Carsten Frigger)

1 Setzen Sie sich mit den Stellungnahmen über den Film kritisch auseinander.

2 Verfassen Sie eine Rezension des Films (z. B. für Ihre Schülerzeitung).

Zivilisation und Gewalt

Sigmund Freud (1856–1939, → Biografie, S. 381) sah die Moral des Menschen als Ergebnis seiner Gebundenheit an Triebe (s. S. 86) und an Forderungen der Gesellschaft, der „Kultur". Er bezeichnete den Konflikt zwischen den Interessen des Individuums und der Gesellschaft als „Kulturkampf" („Das Unbehagen in der Kultur", 1930).

Sigmund Freud: Kultur und Aggression

Welcher Mittel bedient sich die Kultur, um die ihr entgegenstehende Aggression zu hemmen, unschädlich zu machen, vielleicht auszuschalten? Einige solcher Methoden haben wir bereits kennengelernt, die anscheinend wichtigste aber noch nicht. Wir können sie an der Entwicklungsgeschichte des Einzelnen studieren. Was geht mit ihm vor, um seine Aggressionslust unschädlich zu machen? Etwas sehr Merkwürdiges, das wir nicht erraten hätten und das doch so naheliegt. Die Aggression wird introjiziert, verinnerlicht, eigentlich aber dorthin zurückgeschickt, woher sie gekommen ist, also gegen das eigene Ich gewendet. Dort wird sie von einem Anteil des Ichs übernommen, das sich als Über-Ich dem Übrigen entgegenstellt und nun als „Gewissen" gegen das Ich dieselbe strenge Aggressionsbereitschaft ausübt, die das Ich gerne an anderen, fremden Individuen befriedigt hätte. Die Spannung zwischen dem gestrengen Über-Ich und dem ihm unterworfenen Ich heißen wir Schuldbewusstsein; sie äußert sich als Strafbedürfnis. Die Kultur bewältigt also die gefährliche Aggressionslust des Individuums, indem sie es schwächt, entwaffnet und durch eine Instanz in seinem Inneren, wie durch eine Besatzung in der eroberten Stadt, überwachen lässt.

Über die Entstehung des Schuldgefühls denkt der Analytiker anders als sonst die Psychologen; auch ihm wird es nicht leicht, darüber Rechenschaft zu geben. Zunächst, wenn man fragt, wie kommt einer zu einem Schuldgefühl, erhält man eine Antwort, der man nicht widersprechen kann: Man fühlt sich schuldig (Fromme sagen: sündig), wenn man etwas getan hat, was man als „böse" erkennt. Dann merkt man, wie wenig diese Antwort gibt. Vielleicht nach einigem Schwanken wird man hinzusetzen, auch wer dies Böse nicht getan hat, sondern bloß die Absicht, es zu tun, bei sich erkennt, kann sich für schuldig halten, und dann wird man die Frage aufwerfen, warum hier die Absicht der Ausführung gleichgeachtet wird. Beide Fälle setzen aber voraus, dass man das Böse bereits als verwerflich, als von der Ausführung auszuschließen erkannt hat. Wie kommt man zu dieser Entscheidung? Ein ursprüngliches, sozusagen natürliches Unterscheidungsvermögen für Gut und Böse darf man ablehnen. Das Böse ist oft gar nicht das dem Ich Schädliche oder Gefährliche, im Gegenteil auch etwas, was ihm erwünscht ist, ihm Vergnügen bereitet.

Darin zeigt sich also fremder Einfluss; dieser bestimmt, was Gut und Böse heißen soll. Da eigene Empfindung den Menschen nicht auf denselben Weg geführt hatte, muss er ein Motiv haben, sich diesem fremden Einfluss zu unterwerfen. Es ist in seiner Hilflosigkeit und Abhängigkeit von anderen leicht zu entdecken, kann am besten als Angst vor dem Liebesverlust bezeichnet werden. Verliert er die Liebe des anderen, von dem er abhängig ist, so büßt er auch den Schutz vor mancherlei Gefahren ein, setzt sich vor allem der Gefahr aus, dass dieser Übermächtige ihm in der Form der Bestrafung seine Überlegenheit erweist.

Gabriel Gárcia Márquez: Chronik eines angekündigten Todes (Roman, 1981), Frankfurt am Main (Fischer) 2004

1 Erläutern Sie das Bild, das Freud für die Beziehung zwischen Ich und Über-Ich verwendet (Z. 8 f.).

2 Stellen Sie Freuds Modell der Entstehung des Gewissens grafisch dar.

3 Wie sind nach Freud die moralischen Kategorien „gut" und „böse" entstanden?

Götz Eisenberg, Reimer Gronemeyer: Kultivierung von Aggression

Der Ausweg aus dem Kreislauf der Gewalt liegt nicht in einer dauernden Verschärfung des Aggressionstabus, sondern in der Wiedereingliederung der verpönten Triebregungen in das übrige affektive und emotionale Geschehen. Es geht darum, andere, befriedigendere Beziehungsformen zwischen Zivilisation und Leidenschaften zu finden, einen kleinen Grenzverkehr mit der Nachtseite der Zivilisation einzurichten. Allein im sozialen Austausch miteinander kann sich das bislang unter einer dünnen Decke von Verdrängung und Schuldgefühl roh belassene Antriebsleben vermenschlichen. Bruno Bettelheim[1] hat darauf hingewiesen, dass der erste Schritt auf dem Weg zu neuen Umgangsformen mit Aggression und Gewalt darin bestehen muss, sie überhaupt anzuerkennen. [...] Wir haben oben bereits darauf hingewiesen, dass man lebensgeschichtlich damit beginnen könnte, Kindern die Äußerung ihrer Wut zu gestatten und ihnen so eine Eingliederung der Aggression in die Vielfalt ihrer Lebensäußerungen zu ermöglichen. Dies gilt für die Lebensgeschichte Einzelner wie auch für ganze Kulturen: Gewalttätigkeit der Natur und das Böse im Menschen sind Gegebenheiten, mit denen man rechnen muss. Es wäre ein Missverständnis, das Plädoyer für das ‚Andere der Vernunft' impliziere, dass das Andere das Schöne oder das Glück sei. Worauf es ankommt, ist, dass die Gewalttätigkeit der Natur und das Böse im Menschen nicht mit einer disziplinierenden Strategie weggedrängt werden, sodass sie sich dann unter Umständen katastrophal entäußern. Es kommt auf Möglichkeiten der Grenzüberschreitung an, was man vielleicht mit Bataille[2] ‚Exzesse' nennen kann, die aber nicht selber chaotisch sind und für die man Formen entwickeln muss. Der Prozess der europäischen Zivilisation, der im Wesentlichen eine Geschichte des Fortschritts der Rationalität gewesen ist, auch der Rationalität der Umgangsformen, ist zugleich eine Zerstörung von rituellen Formen des Umgangs mit dem Körper oder mit Gefühlen gewesen. [...] Es geht darum, Natur, Leib und die Gefühle nicht durch denkerische Strategien und pädagogische Disziplinierungen wegzudrängen, sondern sie wieder in eine Kultur des Umgangs mit diesem Anderen einzutragen. Das ist eine Frage der Lebensform. Das ist nicht so zu verstehen, als ginge es darum, das Naturhaft-Aggressive im Menschen in Ritualen zu verwalten und irgendwelche synthetischen Ventilsitten in die herrschende Kultur einzubauen, die es erlauben, Dampf abzulassen. Aggressionen müssen in Sozialisation und gesellschaftliche Kommunikation von Anfang an mit eingehen, sonst kann man sie kaum noch kultivieren. Und sie müssen sich auch gegen ihre Verursacher kehren dürfen, um jenen Spaltungsmechanismus außer Kraft zu setzen, der nach der Existenz eines Sündenbocks verlangt, auf den sie sich verschieben lassen.

1 Worin liegt nach Meinung der Autoren der „Ausweg aus dem Kreislauf der Gewalt"? Welche Strategien lehnen sie ab, welche schlagen sie vor?

2 „Dampf ablassen" (z. B. beim Fußballspiel, beim „Abtanzen", beim „Ballerspiel", beim Wutausbruch) – sinnvoller Umgang mit Aggressionen? Diskutieren Sie.

3 Entwickeln Sie aus den Erkenntnissen der Aggressionsforschung konkrete Vorschläge zum Umgang mit Aggression.

---

[1] Bruno Bettelheim (1903–1990): amerikanischer Kinder- und Sozialpsychologe

[2] George Bataille (1897–1962): französischer Schriftsteller

Warum Krieg?

Erasmus von Rotterdam (1466–1536), niederländischer Humanist und Theologe, gilt als einer der bedeutendsten Vertreter des **Humanismus** (s. S. 38). Er litt zeitlebens an der Friedlosigkeit Europas. Die Schrift „Die Klage des Friedens" entstand 1517 als Auftragsarbeit für den späteren Kaiser Karl V., um einem geplanten Friedenskongress zum Erfolg zu verhelfen. Die Schrift erfuhr rasch weite Verbreitung. Und dies trotz des Verbots durch die spanische Inquisition und der öffentlichen Verbrennung durch die theologische Fakultät in Paris, weil Erasmus dem Klerus eine erhebliche Mitschuld am Ausbruch von Kriegen gab.

„Kaum ein Friede ist jemals so ungerecht, dass er nicht auch dem gerechtesten Krieg vorzuziehen wäre."
Erasmus von Rotterdam

1 Nennen Sie für die von Erasmus genannten Kriegsgründe jeweils ein Beispiel.

2 Vergleichen Sie die Ansicht Erasmus' mit der Einsteins und stellen Sie Gemeinsamkeiten und Unterschiede fest.

3 „Der erste Verlierer des Krieges ist die Wahrheit." Überprüfen Sie diese Aussage an konkreten Beispielen (Kriegsgründe, Kriegsverlauf).

Erasmus von Rotterdam: Die Klage des Friedens

Der Friede spricht:
[...] Es ist beschämend zu berichten, aus welch lächerlichen Anlässen man die größten Tragödien heraufbeschwört und aus welch winzigem Fünklein heftige Feuerstürme entfesselt werden. Dann fällt ihnen jene lange Reihe von Kränkungen ein, und jeder bauscht das ihm zugefügte Unrecht auf, die empfangenen Wohltaten hingegen vergisst er so gründlich, dass man schwören könne, er sei auf Krieg aus. Und oft ist es nur eine Privatangelegenheit unter Fürsten, die die Welt zu den Waffen hetzt. Doch es muss ein überaus bedeutendes öffentliches Interesse auf dem Spiel stehen, dessentwegen man einen Krieg beginnen dürfte. Ja, wo gar kein Grund vorhanden ist, denkt man sich einfach Gründe für Zerwürfnisse aus, indem man zum Schüren des Hasses die Ländernamen missbraucht. Dabei leisten die Machtträger dieser Verirrung des dummen Volkes noch Vorschub und missbrauchen sie zu ihrem eigenen Vorteil, und auch gewisse Priester mischen kräftig mit. [...]
Warum setzen die Menschen ihren Verstand mehr zu ihrem Verderben ein als zur Erhaltung ihres Glücks? Warum haben sie mehr Augen für das Böse als für das Gute? Die etwas Vernünftigeren erwägen, überlegen und schauen sich um, bevor sie auch nur ein privates Geschäft anpacken. Aber mit geschlossenen Augen stürzen sie sich kopfüber in den Krieg. [...] Wenn du Vergewaltigung, Blutschande und noch Niederträchtigeres für scheußlich hältst, so wisse: Der Krieg ist der Lehrmeister all dieser Teufeleien ... Wenn du es als den schlimmsten Zustand eines Gemeinwesens erachtest, wenn die Schlimmsten den größten Einfluss haben, so wisse: Im Krieg haben die ärgsten Verbrecher das Sagen, und die, die man im Frieden an den Galgen brächte, spielen in Kriegen selbstverständlich die Hauptrolle ... Willst du klipp und klar erkennen, was für eine gottlose Sache der Krieg ist, so achte darauf, von welchen Leuten er geführt wird. [...]
Was aber der Gipfel der Schurkerei ist: Es gibt Regenten, die, wenn sie merken, dass ihre Macht durch die Eintracht des Volkes erschüttert, durch dessen Zwietracht aber gefestigt wird, mit despotischen Winkelzügen insgeheim Leute anstellen, die absichtlich einen Krieg anzetteln sollen, um so zugleich die im Frieden Vereinten zu entzweien und das unglückliche Volk ausplündern zu können. Das sind jene Oberschurken, die sich am Leid des Volkes mästen und für die es in Friedenszeiten im Staat nicht viel zu tun gibt.

George Grosz (1893–1959):
Ihnen ist der Friede gesichert

Albert Einstein/Sigmund Freud: Warum Krieg? – Ein Briefwechsel

Im Jahr 1932 schrieb Albert Einstein einen Brief an Sigmund Freud, in dem er seine Erklärung für die Ursachen von Gewalt und Krieg darlegte und ihn um eine Stellungnahme bat.

Lieber Herr Freud!

[...] Wir sind zurzeit weit davon entfernt, eine überstaatliche Organisation zu besitzen, die ihrem Gericht unbestreitbare Autorität zu verleihen und der Exekution seiner Erkenntnisse absoluten Gehorsam zu erzwingen imstande wäre.

So drängt sich mir die erste Feststellung auf. Der Weg zur internationalen Sicherheit führt über den bedingungslosen Verzicht der Staaten auf einen Teil ihrer Souveränität, und es dürfte unbezweifelbar sein, dass es einen anderen Weg zu dieser Sicherheit nicht gibt.

Ein Blick auf die Erfolglosigkeit der zweifellos ernst gemeinten Bemühungen der letzten Jahrzehnte, dieses Ziel zu erreichen, lässt jeden deutlich fühlen, dass mächtige psychologische Kräfte am Werke sind, die diese Bemühungen paralysieren[1]. Einige dieser Kräfte liegen offen zutage. Das Machtbedürfnis der jeweils herrschenden Schicht eines Staates widersetzt sich einer Einschränkung der Hoheitsrechte desselben. Dieses Machtbedürfnis wird häufig genährt aus einem materiell-ökonomisch sich äußernden Machtstreben einer anderen Schicht. Ich denke hier vornehmlich an die innerhalb jedes Volkes vorhandene kleine, aber entschlossene, sozialen Erwägungen und Hemmungen unzugängliche Gruppe jener Menschen, denen Krieg, Waffenherstellung und -handel nichts als eine Gelegenheit sind, persönliche Vorteile zu ziehen, den persönlichen Machtbereich zu erweitern.

Diese einfache Feststellung bedeutet aber nur einen ersten Schritt in der Erkenntnis der Zusammenhänge. Es erhebt sich sofort die Frage: Wie ist es möglich, dass die soeben genannte Minderheit die Masse des Volkes ihren Gelüsten dienstbar machen kann, die durch einen Krieg nur zu leiden und zu verlieren hat? (Wenn ich von der Masse des Volkes spreche, so schließe ich aus ihr diejenigen nicht aus, die als Soldaten aller Grade den Krieg zum Beruf gemacht haben, in der Überzeugung, dass sie der Verteidigung der höchsten Güter ihres Volkes dienen und dass manchmal die beste Verteidigung der Angriff ist.) Hier scheint die nächstliegende Antwort zu sein: Die Minderheit der jeweils Herrschenden hat vor allem die Schule, die Presse und meistens auch die religiösen Organisationen in ihrer Hand. Durch diese Mittel beherrscht und leitet sie die Gefühle der großen Masse und macht diese zu ihrem willenlosen Werkzeug.

Aber auch diese Antwort erschöpft nicht den ganzen Zusammenhang, denn es erhebt sich die Frage: Wie ist es möglich, dass sich die Masse durch die genannten Mittel bis zur Raserei und Selbstaufopferung entflammen lässt? Die Antwort kann nur sein: Im Menschen lebt ein Bedürfnis zu hassen und zu vernichten. Diese Anlage ist in gewöhnlichen Zeiten latent[2] vorhanden und tritt dann nur beim Abnormalen zutage; sie kann aber verhältnismäßig leicht geweckt und zur Massenpsychose gesteigert werden. Hier scheint das tiefste Problem des ganzen verhängnisvollen Wirkungskomplexes zu stecken. Hier ist die Stelle, die nur der große Kenner der menschlichen Triebe beleuchten kann.

---

[1] paralysieren: lähmen, unwirksam machen

[2] latent: verborgen

Albert Einstein (1879–1955) revolutionierte die Grundlagen der Physik und erhielt für seine Anwendung der Quantentheorie 1921 den Nobelpreis für Physik. Wegen seines Engagements als Pazifist und Sozialist sah er sich in den 20er- und 30er-Jahren zunehmend antisemitischen Angriffen ausgesetzt und emigrierte 1932 in die USA. Dort warnte er vor dem möglichen Bau einer deutschen Atombombe und initiierte damit die Entwicklung des amerikanischen Atombombenprogramms. Nach dem Abwurf der beiden Atombomben auf japanische Städte 1945 warnte Einstein (zusammen mit dem Mathematiker und Philosophen Bertrand Russell, s. S. 6, 107) eindringlich vor jeglicher weiteren militärischen Nutzung der Kernforschung: „Wir müssen für die Sache des Friedens die gleichen Opfer bringen, die wir widerstandslos für die Sache des Krieges gebracht haben."

1 Von welchen erfolglosen, aber „ernst gemeinten Bemühungen“ (Z. 9) spricht Einstein?

2 Welche vier Feststellungen bzw. Fragen nennt Einstein? Welche Lösungen schlägt er vor?

3 Überlegen Sie, ob sich mit der Gründung der UN und ihrer Organisationen Einsteins Forderungen und Erwartungen erfüllt haben.

Dies führt auf eine letzte Frage: Gibt es eine Möglichkeit, die psychische Entwicklung der Menschen so zu leiten, dass sie den Psychosen des Hassens und des Vernichtens gegenüber widerstandsfähiger werden? Ich denke dabei keineswegs nur an die sogenannten Ungebildeten. Nach meinen Lebenserfahrungen ist es vielmehr die sogenannte „Intelligenz“, welche den verhängnisvollen Massensuggestionen am leichtesten unterliegt, weil sie nicht unmittelbar aus dem Erleben zu schöpfen pflegt, sondern auf dem Wege über das bedruckte Papier am bequemsten und vollständigsten zu erfassen ist.
Zum Schluss noch eins: Ich habe bisher nur vom Krieg zwischen Staaten, also von sogenannten internationalen Konflikten gesprochen. Ich bin mir dessen bewusst, dass die menschliche Aggressivität sich auch in anderen Formen und unter anderen Bedingungen betätigt (z. B. Bürgerkrieg, früher aus religiösen, heute aus sozialen Ursachen heraus, Verfolgung von nationalen Minderheiten). Ich habe aber bewusst die repräsentativste und unheilvollste, weil zügelloseste Form des Konfliktes unter menschlichen Gemeinschaften hervorgehoben, weil sich an ihr vielleicht am ehesten demonstrieren lässt, wie sich kriegerische Konflikte vermeiden ließen. [...]
Freundlichst grüßt Sie Ihr A. Einstein.

Sigmund Freud (1856–1939), österreichischer Arzt und Begründer der Psychoanalyse (S. 44 ff. und → Biografie, S. 381)

Lieber Herr Einstein!
Als ich hörte, dass Sie die Absicht haben, mich zum Gedankenaustausch über ein Thema aufzufordern, dem Sie Ihr Interesse schenken und das Ihnen auch des Interesses anderer würdig erscheint, stimmte ich bereitwillig zu. [...]
Sie verwundern sich darüber, dass es so leicht ist, die Menschen für einen Krieg zu begeistern, und vermuten, dass etwas in ihnen wirksam ist, ein Trieb zum Hassen und Vernichten, der solcher Verhetzung entgegenkommt. Wiederum kann ich Ihnen nur uneingeschränkt zustimmen. Wir glauben an die Existenz eines solchen Triebes und haben uns gerade in den letzten Jahren bemüht, seine Äußerungen zu studieren. [...] Wir nehmen an, dass die Triebe des Menschen nur von zweierlei Art sind, entweder solche, die erhalten und vereinigen wollen – wir heißen sie erotische, ganz im Sinne des Eros im Symposion Platons, oder sexuelle mit bewusster Überdehnung des populären Begriffs von Sexualität –, und andere, die zerstören und töten wollen; wir fassen diese als Aggressionstrieb oder Destruktionstrieb zusammen. [...] Nun lassen Sie uns nicht zu rasch mit den Wertungen von Gut und Böse einsetzen. Der eine dieser Triebe ist ebenso unerlässlich wie der andere, aus dem Zusammen- und Gegeneinanderwirken der beiden gehen die Erscheinungen des Lebens hervor. [...] Von unserer mythologischen Trieblehre her finden wir leicht eine Formel für die indirekten Wege zur Bekämpfung des Krieges. Wenn die Bereitwilligkeit zum Krieg ein Ausfluss des Destruktionstriebs ist, so liegt es nahe, gegen sie den Gegenspieler dieses Triebes, den Eros, anzurufen. Alles, was Gefühlsbindungen unter den Menschen herstellt, muss dem Krieg entgegenwirken. Diese Bindungen können von zweierlei Art sein. Erstens Beziehungen wie zu einem Liebesobjekt, wenn auch ohne sexuelle Ziele. Die Psychoanalyse braucht sich nicht zu schämen, wenn sie hier von Liebe spricht, denn die Religion sagt dasselbe: Liebe deinen Nächsten wie dich selbst. Das ist nun leicht gefordert, aber schwer zu erfüllen. Die andere Art von Gefühlsbindung ist die durch Identifizierung. Alles, was bedeutsame Gemeinsamkeiten unter den Menschen herstellt, ruft solche Gemeingefühle, Identifizierungen, hervor. Auf ihnen ruht zum guten Teil der Aufbau der menschlichen Gesellschaft.

Einer Klage von Ihnen über den Missbrauch der Autorität entnehme ich einen zweiten Wink zur indirekten Bekämpfung der Kriegsneigung. Es ist ein Stück der angeborenen und nicht zu beseitigenden Ungleichheit der Menschen, dass sie in Führer und in Abhängige zerfallen. Die Letzteren sind die übergroße Mehrheit, sie bedürfen einer Autorität, welche für sie Entscheidungen fällt, denen sie sich meist bedingungslos unterwerfen. Hier wäre anzuknüpfen, man müsste mehr Sorge als bisher aufwenden, um eine Oberschicht selbstständig denkender, der Einschüchterung unzugänglicher, nach Wahrheit ringender Menschen zu erziehen, denen die Lenkung der unselbstständigen Massen zufallen würde. Dass die Übergriffe der Staatsgewalten und das Denkverbot der Kirche einer solchen Aufzucht nicht günstig sind, bedarf keines Beweises. Der ideale Zustand wäre natürlich eine Gemeinschaft von Menschen, die ihr Triebleben der Diktatur der Vernunft unterworfen haben. [...]

Seit unvordenklichen Zeiten zieht sich über die Menschheit der Prozess der Kulturentwicklung hin. (Ich weiß, andere heißen ihn lieber: Civilisation). Diesem Prozess verdanken wir das Beste, was wir geworden sind, und ein gut Teil von dem, woran wir leiden. [...] Von den psychologischen Charakteren der Kultur scheinen zwei die wichtigsten: die Erstarkung des Intellekts, der das Triebleben zu beherrschen beginnt, und die Verinnerlichung der Aggressionsneigung mit all ihren vorteilhaften und gefährlichen Folgen. Den psychischen Einstellungen, die uns der Kulturprozess aufnötigt, widerspricht nun der Krieg in der grellsten Weise, darum müssen wir uns gegen ihn empören, wir vertragen ihn einfach nicht mehr, es ist nicht bloß eine intellektuelle und affektive Ablehnung, es ist, bei uns Pazifisten[1] eine konstitutionelle Intoleranz, eine Idiosynkrasie[2] gleichsam in äußerster Vergrößerung. Und zwar scheint es, dass die ästhetischen Erniedrigungen des Krieges nicht viel weniger Anteil an unserer Auflehnung haben als seine Grausamkeiten.

Wie lange müssen wir nun warten, bis auch die anderen Pazifisten werden?

Es ist nicht zu sagen, aber vielleicht ist es keine utopische Hoffnung, dass der Einfluss dieser beiden Momente, der kulturellen Einstellung und der berechtigten Angst vor den Wirkungen eines Zukunftskrieges dem Kriegführen in absehbarer Zeit ein Ende setzen wird. Auf welchen Wegen oder Umwegen, können wir nicht erraten. Unterdes dürfen wir uns sagen: Alles, was die Kulturentwicklung fördert, arbeitet auch gegen den Krieg.

Ich grüße Sie herzlich und bitte Sie um Verzeihung, wenn meine Ausführungen Sie enttäuscht haben.

Ihr Sigm. Freud.

4 In welchen Punkten stimmen Einstein und Freud überein? Worauf legt Freud besonderen Wert?

5 Beurteilen Sie Freuds Vorschläge zur Verhinderung von Kriegen.

[1] Pazifismus (von lat. pax = Friede): eine Haltung, die den Krieg grundsätzlich ablehnt (s. S. 342)

[2] Idiosynkrasie (gr.): starke Abneigung, Überempfindlichkeit

Die Lehre vom „gerechten Krieg"

Thomas von Aquin (1225–1274), bedeutendster Theologe und Philosoph des Mittelalters

Die Kriterien für einen „gerechten Krieg" wurden im Laufe der Jahrhunderte vom ius ad bellum (Recht zum Krieg) zum ius in bello (Recht im Krieg) ausgeweitet.
1. Der Krieg muss von einer dazu legitimierten politischen Autorität erklärt und geführt werden.
2. Es muss ein gerechter Kriegsgrund vorliegen, an erster Stelle ein Angriff des Gegners.
3. Die Kriegsführung muss am Ziel des Friedens orientiert sein.
4. Die Verhältnismäßigkeit der Mittel muss gewahrt bleiben.
5. Es muss eine vernünftige Aussicht auf eine erfolgreiche Beendigung der Kriegshandlungen gegeben sein.
6. Der Krieg muss das äußerste Mittel (ultima ratio) zur Wiederherstellung des Friedens bleiben.
7. Es muss zwischen Soldaten (Kombattanten) und Zivilisten (Nichtkombattanten) unterschieden werden.

Thomas von Aquin: Über das Erlaubtsein des Krieges

Bereits der römische Politiker und Schriftsteller Cicero (106–43 v. Chr.) entwickelte Kriterien für einen „gerechten Krieg" (bellum iustum), z. B.: Krieg nur nach zuvor gescheiterten Verhandlungen, Schutz besiegter Feinde, die sich nicht grausam verhalten hatten. Der Kirchenlehrer Augustinus (354–430) griff diese Kriterien auf und erweiterte sie. Thomas von Aquin verhalf ihnen zu einer (bis heute wirksamen) ethisch-moralischen Bedeutung. Da für ihn Krieg grundsätzlich eine Sünde ist, müssen besondere Rechtfertigungsgründe für einen Krieg vorliegen.

Zu einem gerechten Krieg sind drei Dinge erforderlich:
Erstens die Vollmacht des Fürsten, auf dessen Befehl hin der Krieg zu führen ist. Denn es ist nicht Sache der Privatperson, einen Krieg zu veranlassen; weil sie ihr Recht vor dem Gesetz des Vorgesetzten verfechten kann. […] Da die Sorge für die öffentliche Ordnung den Fürsten anvertraut ist, ist es auch ihre Sache, die öffentliche Ordnung der ihnen unterstehenden Stadt oder des Königreiches oder einer Provinz zu schützen. Und wie sie diese erlaubterweise mit dem Schwert gegen die inneren Unruhestifter verteidigen, indem sie die Übeltäter bestrafen – gemäß Röm 13,4: ‚Nicht umsonst trägt die Obrigkeit das Schwert; ist sie doch Gottes Dienerin, Vollstreckerin des Zorngerichtes für den, der Schlechtes tut' –, so ist es auch ihre Aufgabe, mit dem Schwert des Krieges die öffentliche Ordnung gegen äußere Feinde zu schützen. […]
Zweitens ist ein gerechter Grund verlangt. Es müssen nämlich diejenigen, die mit Krieg überzogen werden, dies einer Schuld wegen verdienen. Deshalb sagt Augustinus: ‚Unter gerechten Kriegen versteht man solche, durch welche Unrecht geahndet wird; so wenn ein Volk oder eine Stadt zu strafen ist, weil sie entweder versäumt haben, das zu ahnden, was von ihren Bürgern frevelhaft verübt wurde, oder versäumt haben, das zurückzugeben, was ungerechterweise geraubt wurde.'
Drittens wird verlangt, dass die Kriegführenden die rechte Absicht haben, nämlich entweder das Gute zu mehren oder das Böse zu meiden. Deshalb sagt Augustinus: ‚Bei den wahren Verehrern Gottes haben auch die Kriege Friedenscharakter bekommen, insofern sie nicht aus Gier oder Grausamkeit, sondern aus Eifer für den Frieden geführt werden, um die Bösen in die Schranken zu weisen und die Guten zu unterstützen.' Es kann aber vorkommen, dass der Krieg wegen einer verkehrten Absicht unerlaubt wird, obwohl die Vollmacht dessen, der ihn erklärt, rechtmäßig ist und ein gerechter Grund vorliegt. Denn Augustinus sagt: ‚Die Sucht zu schaden, die Grausamkeit des Rachedurstes, ein unversöhnter und unversöhnlicher Geist, die Wildheit des Gegenschlags, die Gier nach Macht und was sonst dergleichen geben mag, das alles wird in der Kriegsführung mit Recht als Schuld erklärt.'

Herfried Münkler:
Die Fragwürdigkeit der Lehre vom „gerechten Krieg"

Die Verstaatlichung des Militärwesens und der Aufstieg des Staates zum Monopolisten des Krieges, zur einzigen Macht, die das Recht hatte, Kriege zu erklären und zu führen, hat die Beziehungen zwischen den Staaten tief geprägt. Vermittelt über die Mechanismen der Konkurrenz und das Streben der größeren Staaten nach einer Vormachtstellung entwickelte sich in Europa ein Gleichgewichtssystem, das im Wesentlichen durch die Idee der Symmetrie bestimmt war. Die zwischenstaatlichen Kriege im neuzeitlichen Europa sind – mit wenigen Ausnahmen – als symmetrische Kriege geführt worden, und das wiederum ermöglichte eine besondere Form der Verrechtlichung des Krieges, wie sie sich anderenorts nicht entwickelt hat.
Zu den ersten Opfern der frühneuzeitlichen Symmetrisierung des Krieges gehörte die ältere Vorstellung vom gerechten Kriege, die von Augustinus entworfen und von Thomas von Aquin [...] fortentwickelt worden war. [...] Wie immer die verschiedenen Theorien des gerechtes Krieges Erlaubnis und Verbot der Gewaltanwendung festlegten – in einem stimmen sie alle überein: dass man nämlich nur dann von einem gerechten Krieg sprechen könne, wenn die eine Seite als Rechtsbrecher anzusehen war, während die andere den Krieg führte, um das Recht wiederherzustellen. Das Recht zum Krieg (ius ad bellum) war also von vornherein asymmetrisch verteilt: Die eine Partei hatte gleichsam das Recht auf ihrer Seite. [...]
Allgemein zielt die Theorie des gerechten Krieges auf Selbstermächtigung wie Selbstbindung überlegener oder sich für überlegen haltender Zivilisationen gegenüber grundsätzlich Ungleichen, die darum bevorzugt als ‚wild' bzw. ‚barbarisch' apostrophiert werden. Eine solche Theorie beruht nicht auf der Vorstellung von einer Gleichheit oder zumindest Gleichartigkeit der Konfliktparteien, und darin ist sie der Idee des heiligen Krieges[1], egal aus welchen religiösen Wurzeln sie gespeist wird, aufs Engste verwandt – in beiden Fällen werden asymmetrische Konstellationen konstruiert, um den Einsatz von Gewalt zu rechtfertigen. Insofern unterscheiden sich diese Modelle fundamental von Kriegstheorien, die den bewaffneten Konflikt nach dem Muster eines Duells oder Turniers begreifen und dabei von einer grundsätzlichen Gleichheit der miteinander Kämpfenden ausgehen. Die Aufmerksamkeit der zuletzt genannten Theorien gilt weniger den Begründungen für den Beginn des Krieges als vielmehr der Reglementierung und Ritualisierung der Gewalt zwischen Gegnern, die sich wechselseitig als Gleiche respektieren. In diese Richtung hat sich das europäische Völkerrecht[2] von der Mitte des 17. bis zum Beginn des 20. Jahrhunderts entwickelt.

---

[1] heiliger Krieg: ein Krieg, der wegen einer religiösen Idee, einer geglaubten göttlichen Verpflichtung oder zur Eroberung bzw. Verteidigung „heiliger" Bezirke geführt wird

[2] Völkerrecht: die durch Vertrag oder Gewohnheitsrecht begründeten Rechtsnormen, die in Frieden und Krieg (Kriegsrecht) die Rechte und Pflichten der Staaten, ihrer Institutionen und Bürger untereinander regeln. Dazu gehören u. a. das Verbot des Völkermordes, des Sklavenhandels und das Verbot des Angriffskrieges (nicht aber des Verteidigungskrieges).

Die einflussreichste **Kriegslehre** der Neuzeit stammt von dem preußischen General **Carl von Clausewitz** (1780–1831). In seinem Buch „Vom Kriege" stellte er mit seiner **„trinitarischen Formel"** folgende Regeln auf: 1. Der politische Wille (legitimierte politische Führung; Krieg als politisches Mittel und nicht als Selbstzweck; Krieg als Ultima Ratio) ist bestimmend, 2. Der Krieg findet mithilfe disziplinierter Armeen auf Schlachtfeldern statt, 3. Das Volk wird aus den Kriegshandlungen weitestgehend herausgehalten.
Das **Kriegsrecht**, d. h. das Recht *im* Krieg, beinhaltet als wichtigste Grundregel, kriegerische Aktionen nur gegen militärische Objekte (Soldaten und der Kriegführung dienende Gegenstände) zu richten. Zu schützen sind am Krieg unbeteiligte Personen (neben Zivilisten auch Gefangene) sowie bestimmte Einrichtungen (z. B. Krankenhäuser, Kulturgüter).

1 Was versteht Thomas von Aquin unter einem „gerechten Krieg"? Wie begründet er ihn?

2 Wenden Sie die Kriterien für einen „gerechten Krieg" auf Ihnen bekannte Kriege an.

3 Worin bestehen nach Münkler die Fragwürdigkeit und die Gefahr der Lehre vom „gerechten Krieg"?

Claudio Magris (geb. 1939), italienischer Schriftsteller, Essayist und Germanist. Der nebenstehende Text ist ein Auszug aus der Dankesrede, die Magris anlässlich der Verleihung des „Friedenspreises des Deutschen Buchhandels“ 2009 in der Frankfurter Paulskirche gehalten hat. Er spricht darin u. a. davon, dass die „Angst, der Realität ins Gesicht zu sehen, dem Grauen hilft, sich auszubreiten“.

Claudio Magris: Gewöhnung an den Krieg?

Nie werde ich die Rede eines alten Politikers aus Nordvietnam vergessen, die ich vor vielen Jahren, während des Kriegs in seinem Land[1], zufällig im französischen Fernsehen gesehen habe. Für die Menschen seines Alters, sagte er in sanft-melancholischem Ton, sei das Leben fast identisch geworden mit dem Krieg. Der seit so vielen Jahrzehnten in seinem Heimatland wüte. Und die heimtückische Gefahr ist, fügte er hinzu, dass wir uns daran gewöhnen, den Krieg als etwas so Notwendiges wie Leben und Atmen anzusehen.

Alles verschwört sich, um uns die Notwendigkeit des Krieges glaubhaft zu machen, in die wir uns resigniert zu fügen haben. Nicht von ungefähr beginnt die abendländische Literatur mit einer großen Kriegsdichtung, der Ilias[2], und heilige Bücher wie das Mahabharata[3] und zum Teil auch das Alte Testament sind ebenfalls Kriegsbücher. Doch der Sinn des Lebens besteht darin, den götzendienerischen Verführungen dessen zu widerstehen, was sich als schicksalhaft darstellt sowie in einem sperare contra spem[4]. „Was darf ich hoffen?“, fragt sich Kant angesichts des radikal Bösen, das sich siegreich zeigt, und er antwortet, dass gerade der Anblick der Verheerung fordere, dass diese nicht die einzige Wirklichkeit sei, und rechtfertigt die Hoffnung aller Verzweiflung zum Trotz. [...]

Der Dritte Weltkrieg hat stattgefunden, auch wenn die meisten Europäer das Glück hatten, nicht den Blutzoll zahlen zu müssen. Ungefähr zwanzig Millionen Tote nach 1945, die, im Unterschied zu denen des Zweiten Weltkrieges, so gut wie unbekannt geblieben sind. Wir wiegen uns in der Illusion, ohne Krieg zu leben, weil der Rhein keine von Hunderttausenden Soldaten umkämpfte Grenze mehr ist, oder weil auf dem Karst hinter Triest nicht mehr diese Grenze verläuft, die der unüberwindbare Eiserne Vorgang[5] war und ein Pulverfass zugleich. [...]

(Der Krieg) ist dabei, viele Gesichter anzunehmen; er schleicht sich ein und tarnt sich in den verschiedensten Erscheinungsformen. Da sind nicht mit das Blutbad in Biafra, der 11. September in New York oder die Tonnen von Methylisocyanat in Bophal, die noch mehr Tote gefordert haben. Krieg ist auch der Handel mit Organen von Kindern, die zu diesem Zweck getötet werden, ist die ununterbrochene Kette von Mafia-Morden.

Heute ist der Krieg „Endless“, wie der Titel des Meisterwerks von Qiao Liang und Wang Xiangsui heißt, ein wahrer Clausewitz[6] des zwanzigsten Jahrhunderts.

Angesichts der weltweiten Dimensionen solcher möglichen Katastrophen erscheint die gegenwärtige Schwäche Europas doppelt schmerzlich und schuldhaft. Nur ein wirklich geeintes Europa, ein echter Staatenbund – natürlich dezentralisiert – könnte fähig sein (und wäre dazu verpflichtet), sich Problemen zu stellen, die über das Nationale hinausgehen.

Es wird darum gehen, uns selbst infrage zu stellen und offen zu werden für den größtmöglichen Dialog mit anderen Wertsystemen, dabei jedoch Grenzen um ein winziges, aber präzises und nicht mehr verhandelbares Quantum an Werten zu ziehen, die nicht mehr zur Diskussion gestellt werden: wenige, aber eindeutige Werte,

---

1 Vietnamkrieg (Indochina-Krieg): in 2 Phasen von 1946 bis 1975
2 Ilias: Epos von Homer (8. Jh. v. Chr.), handelt vom Krieg um Troja
3 Mahabharata: indisches Epos (4. Jhr. v. Chr.), handelt von Dynastie-Kämpfen
4 sperare contra spem (lat.): hoffen gegen die Hoffnung
5 „Eiserner Vorhang“: Bezeichnung für die Grenze zwischen den kommunistischen Staaten und dem Westen nach 1945 (bis 1989)
6 Carl von Clausewitz (1780–1831): preußischer Militärtheoretiker (s. S. 217)

wie zum Beispiel die rechtliche Gleichstellung aller Bürger, unabhängig von Geschlecht, Religion oder Volkszugehörigkeit.

Doch solange Europa noch eine Parallelaktion ist, wird unsere Realität, wie die Musils[1], „in der Luft stehen“.

Viele Utopien sind verflogen, doch nicht verflogen ist die Forderung, dass die Welt nicht nur verwaltet, sondern vor allem auch verändert werden muss. „Ändere die Welt, sie braucht es!“, forderte Bertolt Brecht[2].

Ändere sie auch, wenn alles dich drängt zu glauben, dies sei unmöglich.

Skulptur vor dem UN-Gebäude in New York

[1] Robert Musil (1880–1942): österreichischer Dichter

[2] Bertolt Brecht (1898–1956): deutscher Dichter, thematisierte u. a. in „Mutter Courage und ihre Kinder“ Verhaltensweisen im (Dreißigjährigen) Krieg

1 Wovor warnt der Autor? Fassen Sie seine Überlegungen thesenartig zusammen.

2 Recherchieren Sie über die in den Z. 26 ff. genannten Ereignisse. Welcher Kriegsbegriff liegt dem Text zugrunde?

3 Magris erklärt bestimmte Werte für „nicht mehr verhandelbar“ (Z. 40). Diskutieren (und ggf. ergänzen) Sie diese. Ziehen Sie dabei den Text über die „Minimalmoral“ heran (s. S. 110).

4 Magris erwähnt die Überlegungen Immanuel Kants (Z. 14 ff.). Lesen Sie dazu dessen Schrift „Zum ewigen Frieden!“ (s. S. 228 f.) und beantworten Sie die dort gestellten Aufgaben.

5 Magris spricht von der Notwendigkeit der Veränderung. Wie könnte bzw. sollte diese Ihrer Meinung nach aussehen?

Terrorismus als besondere Form der Gewalt

Herbert Marcuse (1898–1979), amerikanischer Philosoph deutscher Herkunft

Ernesto „Che" Guevara (1928–1967), kubanischer Politiker und Revolutionär

1 Geben Sie mithilfe des Textes einen philosophiegeschichtlichen Überblick über die verschiedenen Haltungen zu Revolution und Widerstand.

2 Wie würde Kant seine Ablehnung einer Revolution (vgl. Z. 22 ff.) begründen? (s. S. 228 f.)

3 Erläutern Sie Sinn und Problematik eines „Despotismus der Freiheit" (Z. 30).

4 Wie grenzt Marcuse revolutionäre Gewalt von Terror ab?

Herbert Marcuse: Revolution und Terror

In der antiken politischen Philosophie wurden Revolutionen nicht als Brüche im historischen Kontinuum angesehen. Platon wie Aristoteles glaubten, daß Revolutionen in die innere Dynamik der Politik eingebaut seien, daß sie zu dem historischen und zugleich natürlichen Kreislauf von Geburt, Wachstum und Verfall der politischen Formen gehörten.

In der mittelalterlichen und frühen modernen Philosophie verbannte die Idee einer natürlichen und göttlichen Ordnung entweder allen Widerstand gegenüber der bestehenden Regierung oder machte Widerstand gegen Tyrannei nicht nur zu einem Recht, sondern zu einer moralischen Pflicht und Schuldigkeit.

Dann wurde im 16. und 17. Jahrhundert das praktisch unbegrenzte Recht, einer Regierung Widerstand zu leisten, ja sie zu stürzen, normalerweise von den Protestanten gegen katholische und von den Katholiken gegen protestantische Regimes beansprucht. Eine höchst charakteristische Reaktion auf diese Lehren läßt sich in der Haltung gegenüber der Revolution sehen, die wir bei solchen verschiedenen Gestalten wie Hobbes und Descartes vorfinden, daß nämlich Änderung stets zum Schlimmsten führt. Laßt die bestehenden gesellschaftlichen und politischen Institutionen wie sie sind; denn wie schlecht sie auch sein mögen, das Risiko, sie zu stürzen, ist zu groß. Descartes, der große Revolutionär im Denken, war äußerst konservativ im Hinblick auf die „großen öffentlichen Körper". Auf sie soll der Zweifel nicht ausgedehnt werden, sie sollen unangetastet bleiben. Zur gleichen Zeit neigen die Philosophen sehr dazu, eine Revolution gutzuheißen, wenn sie sich einmal als erfolgreich erwiesen hat. Diese Haltung liegt vor im Falle Immanuel Kants – sicherlich kein Muster für Opportunismus und Anpassung –, der das Recht auf Widerstand ablehnte und Aufruhr gegen die bestehende Regierung verdammte, aber hinzufügte, daß, ist eine Revolution einmal erfolgreich verlaufen und eine neue legale Regierung eingerichtet worden, der Mensch der neuen revolutionären Regierung ebenso Gehorsam schuldet wie einst derjenigen, die von der Revolution gestürzt wurde. Auf der anderen Seite anerkennen politische Theorie und Praxis geschichtliche Situationen, in denen Gewalt das notwendige und wesentliche Element des Fortschritts wird. [...]

Robespierre verlangt nach dem „Despotismus der Freiheit" gegen den Despotismus der Tyrannei: Im Kampf um Freiheit, im Interesse des Ganzen gegen partikuläre Interessen der Unterdrückung kann Terror zur Notwendigkeit und Verpflichtung werden. Hier erscheint Gewalt, revolutionäre Gewalt, nicht nur als politisches Mittel, sondern als moralische Pflicht. Der Terror wird definiert als Gegengewalt: Er ist nur zur Verteidigung gegen die Unterdrücker legitim und so lange, bis sie besiegt sind. [...]

Ganz gleich, wie rational man revolutionäre Mittel im Hinblick auf die mögliche Chance rechtfertigen mag, Freiheit und Glück für künftige Generationen zu erreichen, und dabei die Verletzung bestehender Rechte und Freiheiten und selbst des Lebens beansprucht, es gibt Formen der Gewalt und Unterdrückung, die keine revolutionäre Situation rechtfertigen kann, weil sie gerade den Zweck negieren, wofür die Revolution ein Mittel ist. Dieser Art sind willkürliche Gewalt, Grausamkeit und unterschiedsloser Terror.

Im historischen Kontinuum stellen jedoch die Revolutionen ihren eigenen moralischen und ethischen Kodex auf und werden so zum Ursprung und zur Quelle neuer allgemeiner Normen und Werte. In der Tat entstanden die meisten, heute allgemein anerkannten Werte in Revolutionen, so der Wert der Toleranz in den englischen Bürgerkriegen, die unveräußerlichen Menschenrechte in der amerikanischen und französischen Revolution. Diese Ideen wurden zur geschichtlichen Kraft, zunächst als parteigebundene Ideen, als Instrumente einer revolutionären Bewegung zu politischen Zwecken. Ihre Verwirklichung schloß ursprünglich Gewalt ein; später nahmen sie gegen die Gewalt gerichtete, also allgemeine ethische Gültigkeit an. Auf diese Weise stellen Revolutionen sich unter sittliche Maßstäbe.

(Aus lizenzrechtlichen Gründen ist dieser Text nicht in reformierter Rechtschreibung gedruckt.)

Ulrich K. Preuß: Kennzeichen des Terrorismus

Terrorismus ist eine relativ neue Erscheinungsform des politischen Kampfes. Er kann zu seiner vollen Entfaltung erst in modernen massendemokratischen Gesellschaften gelangen. Er benötigt eine von demokratischer Legitimität abhängige politische Führung sowie den Resonanzboden einer empfindlich reagierenden, für Bilder empfänglichen Öffentlichkeit. [...]

Den Terrorismus kennzeichnet die Anwendung oder Androhung von Gewalt gegen unspezifische Objekte mit dem Ziel der Erzeugung von diffus-öffentlicher Angst. [...] Obwohl sich Terroristen in ihren Verlautbarungen nach irgendwelchen Aktionen gerne als „Kämpfer" oder als „Kommando" bezeichnen und damit eine militärische Kampfweise suggerieren, ist das Gegenteil der Fall: Sie tragen ihre Waffen nicht offen, sie agieren aus dem Hinterhalt, und sie machen keinen Unterschied zwischen Kombattanten und Zivilbevölkerung.

Der teuflische Hintersinn des Terrorismus liegt darin, dass er die unterschiedslose Gewalt als ein Mittel der Erzeugung eines Gefühls der Gemeinsamkeit und der Gemeinschaft unter den Bedrohten benutzt, auch wenn diese Gefühle nichts anderes sind als Angst und Schrecken. Der Terrorismus schafft dann, wenn er erfolgreich ist, gewissermaßen eine perverse Alternative zur bestehenden politischen Gemeinschaft des Staates, indem er die Gemeinschaft freier Bürger in eine Horde verängstigter und willenloser Schafe verwandelt.

Im November 2008 erstürmten Terroristen in der indischen Wirtschaftsmetropole Bombay mehrere Hotels und legten Feuer. Bei ihrem Angriff erschossen sie 170 Menschen, Hunderte wurden verletzt.

Beispiele terroristischer Gewalttaten

1972: Überfall (mit Geiselnahme) palästinensischer Terroristen auf die israelische Olympiamannschaft in München (16 Tote)
1977: Höhepunkt terroristischer Gewalttaten der bundesdeutschen „Rote-Armee-Fraktion" gegen führende Repräsentanten aus Politik und Wirtschaft (12 Tote)
1995: Giftgas-Angriff einer japanischen Sekte auf Fahrgäste von U-Bahnen in Tokyo (12 Tote)
11.9.2001: Terrorangriff auf das World-Trade-Center in New York (mehr als 3000 Tote) (s. S. 60)
2002: Auf Bali (Indonesien) zünden islamistische Terroristen eine Autobombe vor einer Diskothek (202 Tote).
2004: Bombenanschläge auf Vorortzüge in Madrid (161 Tote), Terroranschlag auf eine Schule in Beslan/Tschetschenien (330 Tote, darunter 173 Kinder)
2005: Bombenanschläge im Londoner Verkehrsnetz (mehr als 50 Tote); Bombenanschläge im ägyptischen Badeort Scharm el-Scheich (88 Tote, mehr als 200 Verletzte)
Bombenanschläge von Selbstmordattentätern mit zahllosen Opfern ereigneten sich in den letzten Jahren vor allem im Irak, in Pakistan und in Afghanistan.

1 Was versteht Preuß unter Terrorismus?

2 Referieren Sie über eine der oben genannten Gewalttaten. Zeigen Sie dabei, inwiefern es sich um terroristische Akte (Zielsetzung, Wahl der Mittel) handelt.

3 „Revolutionäre Gewalt kann nie frei von Terror sein." Diskutieren Sie diese Aussage.

Gewaltfrei handeln

Mahatma Gandhi (1869–1948, ermordet) erreichte mit mehreren Aktionen gewaltlosen Widerstands, darunter der Boykott britischer Waren und der legendäre „Salzmarsch", die Beendigung der britischen Kolonialherrschaft in Indien (1947). Er wurde 1948 von einem fanatischen Hindu ermordet, weil er angeblich eine zu muslimfreundliche Politik betrieb.

Gandhi auf dem „Salzmarsch", eine Protestaktion gegen das britische Salzmonopol (1930)

Dietmar Rothermund: Mahatma Gandhis Vermächtnis

Während Indien das Erbe Gandhis, des „Vaters der Nation", nach seinem Tode ausschlug, so blieb doch das Vermächtnis, das über nationale Grenzen hinweg für alle Menschen Gültigkeit behielt: Mahatma Gandhis Ethik. Er war der bedeutendste praktizierende Ethiker unseres Jahrhunderts, doch er war kein Philosoph, der sich um die Konstruktion ethischer Theorien bemühte, stattdessen orientierte er sich bei seinen Handlungen an ethischen Normen, die er selbst testete und über die er sich und anderen Rechenschaft ablegte. [...] Die Forderung der Gewaltfreiheit stand in unmittelbaren Zusammenhang mit seinem Wahrheitsbegriff. Die Wahrheit war wie Gott nahezu unfassbar und man konnte sie nur suchen und hoffen, ihr in dem, was man tat, nicht zuwiderzuhandeln. Gelang es, die Wahrheit auf diese Weise zu treffen, dann musste auch der jeweilige Gegner schließlich ein Einsehen haben. Das konnte aber nicht geschehen, wenn man ihn mit Gewalt besiegte und damit gar nicht erst zu einer besseren Einsicht kommen ließ. [...] Gandhi konnte sich aber mit dieser Begründung seiner Ethik nicht begnügen, er musste auch konkrete Handlungsanweisungen für den „wahrhaften" Widerstand entwerfen und empfahl in diesem Sinne die Nichtzusammenarbeit mit ungerechten Herrschern und den bürgerlichen Ungehorsam.

Martin Luther King: Was ist gewaltloser Widerstand?

Als ich als Pastor nach Montgomery ging, hatte ich noch nicht die geringste Ahnung, dass ich später in eine Krise verwickelt werden würde, in der man gewaltlosen Widerstand anwenden konnte. Ich hatte den Protest weder begonnen noch vorgeschlagen. Ich hatte einfach nur auf den Ruf des Volkes nach einem Wortführer reagiert. Als der Protest begann, besann ich mich, bewusst oder unbewusst, auf die Bergpredigt mit ihrer erhabenen Lehre von der Liebe und auf Gandhis Methode des gewaltlosen Widerstandes. Im Laufe der Zeit erkannte ich immer mehr die Macht der Gewaltlosigkeit. Da ich ja den Protest selbst miterlebte, wurde mir der gewaltlose Widerstand mehr als nur eine Methode, der ich vom Verstande her zustimmte. Er wurde für mich eine Überzeugung, nach der ich mein Leben ausrichtete. Vieles, was mir bisher vom Intellekt her nicht klar gewesen war, wurde nun durch die Praxis geklärt.

Da die Lehre vom gewaltlosen Widerstand eine so positive Rolle in der Montgomery-Bewegung spielte, ist es vielleicht angebracht, einige grundlegende Gesichtspunkte kurz zu erörtern.

Zuerst muss betont werden, dass *gewaltloser Widerstand keine Methode für Feiglinge ist. Es wird Widerstand geleistet.* [...] Es ist keine Methode träger Passivität. Der Ausdruck „passiver Widerstand" erweckt oft den falschen Eindruck, dass das eine Methode des Nichtstuns sei, bei der derjenige, der Widerstand leistet, ruhig und passiv das Böse hinnimmt. Aber nichts ist weiter von der Wahrheit entfernt. *Denn der Anhänger des gewaltlosen Widerstandes ist nur insofern passiv,* als er seinen Gegner nicht physisch angreift: Sein Geist und seine Gefühle aber sind immer aktiv. Sie versuchen ständig, den Gegner zu überzeugen, dass er im Unrecht ist. Die Methode ist körperlich passiv, aber geistig stark aktiv. Es ist keine Widerstandslosigkeit gegenüber dem Bösen, sondern aktiver gewaltloser Widerstand gegen das Böse.

1. Referieren Sie über Leben und Werk Gandhis und Kings.
2. Welche vier Grundzüge des gewaltlosen Widerstandes nennt King?
3. Inwiefern beruft sich King auf die Bergpredigt (s. S. 342) und auf das Vorbild Gandhis?
4. Warum ist der gewaltlose Widerstand „keine Methode für Feiglinge" (King, Z. 15)?

Ein anderer charakteristischer Zug des gewaltlosen Widerstandes ist der, dass er *den Gegner nicht vernichten oder demütigen, sondern seine Freundschaft und sein Verständnis gewinnen will.* Wer gewaltlosen Widerstand leistet, muss oft durch Boykotte oder dadurch, dass er seine Mitarbeit versagt, protestieren. Aber er weiß, dass diese Mittel nicht Selbstzweck sind. Sie sollen beim Gegner nur ein Gefühl der Scham wecken. Der Zweck ist Wiedergutmachung und Aussöhnung. Die Frucht des gewaltlosen Widerstandes ist eine neue innige Gemeinschaft, während *die Folge der Gewalttätigkeit tragische Verbitterung ist.*

Ein drittes Charakteristikum dieser Methode ist, dass ihr *Angriff gegen die Mächte des Bösen gerichtet ist, nicht gegen Personen, die das Böse tun.* Der Anhänger des gewaltlosen Widerstandes will das Böse vernichten, nicht die Menschen, die dem Bösen verfallen sind. Wenn er sich gegen die Rassendiskriminierung auflehnt, so tut er es in der Erkenntnis, dass die eigentliche Spannung nicht zwischen den Rassen besteht. Ich sage es den Leuten in Montgomery gern so: „Die Spannung in dieser Stadt besteht nicht zwischen Weißen und Negern. Sie besteht im Grunde genommen zwischen Gerechtigkeit und Ungerechtigkeit, zwischen den Mächten des Lichts und den Mächten der Finsternis. Und wenn hier ein Sieg errungen ist, wird es nicht nur ein Sieg für 50 000 Neger sein, sondern ein Sieg für die Gerechtigkeit und die Mächte des Lichts. Wir wollen die Ungerechtigkeit vernichten und nicht weiße Menschen, die ungerecht sind.“ Ein vierter charakteristischer Zug des gewaltlosen Widerstandes ist *die Bereitschaft, Demütigungen zu erdulden, ohne sich zu rächen, und Schläge hinzunehmen, ohne zurückzuschlagen.* „Vielleicht müssen Ströme von Blut fließen, ehe wir unsere Freiheit gewinnen, aber es muss unser Blut sein“, sagte Gandhi zu seinen Landsleuten. Der Anhänger des gewaltlosen Widerstandes ist bereit, wenn es sein muss, Gewalttätigkeit hinzunehmen; aber er wird sie anderen niemals zufügen.

Martin Luther King (1929–1968, ermordet) mit seinem Vorbild Mahatma Gandhi.
King war Baptistenpfarrer und Wortführer der Bürgerrechtsbewegung in den USA. Er entwickelte vielfältige Formen gewaltlosen Widerstandes und zivilen Ungehorsams als Strategien gegen die Diskriminierung der schwarzen Bevölkerung. In seiner berühmtesten Rede (1963 in Washington, 250 000 Zuhörer) verkündete King seine Vision („I have a dream“) von einer neuen Gesellschaft. King erhielt 1964 den Friedensnobelpreis.

Mahatma Gandhi: „Gewaltlosigkeit bedeutet nicht Verzicht auf wirksamen Kampf gegen die Bosheit. Im Gegenteil, der gewaltlose Kampf gegen das Böse, wie ich ihn meine, ist wirkungsvoller und echter als Vergeltung, die ja ihrer Natur nach das Böse nur noch vermehrt ... Ich trachte danach, die Schneide am Schwert des Tyrannen völlig stumpf zu machen, nicht dadurch, dass ich ein schärferes Schwert dagegensetze, sondern dass ich seine Hoffnung auf meinen physischen Widerstand enttäusche.“

Martin Luther King: „Ich habe einen Traum, dass diese Nation eines Tages zu sich selbst finden und der wahren Bedeutung ihres politischen Glaubensbekenntnisses gemäß leben wird: ‚Wir erkennen die selbstverständliche Wahrheit an, dass alle Menschen gleich geschaffen sind‘ ... Ich habe einen Traum, dass eines Tages auf den roten Hügeln vor Georgia die Söhne früherer Sklaven und die Söhne früherer Sklavenhalter miteinander am Tisch der Brüderlichkeit sitzen ... Ich habe einen Traum, dass meine vier kleinen Kinder eines Tages in einer Nation leben werden, in der man sie nicht nach ihrer Hautfarbe, sondern nach ihrem Charakter beurteilen wird.“

Leipzig erlebte erneut Montagsdemonstration

Die erste Montagsdemonstration in Leipzig fand am 4.9.1989 statt, nachdem im Sommer eine Massenflucht von DDR-Bürgern über Ungarn begonnen hatte. Am 6.11. beteiligten sich mehr als 400 000 Menschen an der Demonstration. Die gewaltlosen Kundgebungen führten zum Fall der Berliner Mauer (9.11.) und schließlich zur Wiedervereinigung Deutschlands (3.10.1990). „Ohne Gandhi zu benennen, folgten wir seiner Strategie." (Jens Reich, Molekularbiologe und Bürgerrechtler)

„Ohne Gewalt" – unter diesem Motto wurde auch gestern wieder im Leipziger Stadtzentrum demonstriert. Deutlich weniger Menschen als an den letzten Montagen, aber dennoch wohl rund 150 000 setzten sich vom Karl-Marx-Platz aus in Bewegung.

Dort hatte alles mit einer Transparent-Präsentation für nationale und internationale Kameras begonnen. Teams des DDR- und BRD-Fernsehens drehten ebenso wie BBC. Zwei Schwerpunkte in der Demonstration: gegen den Führungsanspruch der SED[1]; für freie Wahlen. Kaum noch zu sehen – logischerweise nach dem zurückliegenden Wochenende – die Forderung nach Reisefreiheit, dafür aber jene nach den Regelungen fürs Reisegeld. Neu waren Plakate, auf denen Frauen aufmerksam machten, stärkeres Mitspracherecht forderten. Nicht übersehen werden konnten auch die plakativen Forderungen, die Schuldigen an der gegenwärtigen Situation im Land zur Verantwortung zu ziehen. Beispielsweise: „Kein Rücktritt ohne Rechenschaft." Während der gesamten Demonstration erschollen immer wieder bekannte Sprechchöre wie „Wir sind das Volk!".

„Ohne Gewalt" – das war auch die vorherrschende Losung rund um das Gebäude des MfS[2], immer wieder ein neuralgischer Punkt der Montagsdemonstration. Vertreter des Demokratischen Aufbruchs, des Neuen Forums, der SED und der FDJ[3] – so ein Sprecher – sicherten den Eingang. Nach Berliner Beispiel trugen die Ordner gelbe Schärpen.

„Wir haben diesen Einsatz mit leitenden Mitarbeitern der Dienststelle vereinbart", sagte der Sprecher gegenüber den LVZ-Reportern. In der Sperrkette wieder viele Losungen, manche recht pfiffig, wie jene, die mit den Worten endet „Zuhören, nicht immer gleich pfeifen!". Die Gruppe bekam den Beifall der Demonstranten.

Wie schon an den vergangenen Montagen fanden sich viele Plakate und Transparente an den Rathäusern wieder. Demonstranten stellten Kerzen auf. Zwei Sprecher des Neuen Forums wandten sich wie zuvor auf dem Karl-Marx-Platz an die Versammelten und forderten sie auf, sich nicht mit der Reisefreiheit zu begnügen, sondern konsequent für weitere Reformen einzutreten.

Der Demonstration waren Friedensgebete in sieben Gotteshäusern vorausgegangen. In der Nikolaikirche wählte Dr. Christoph Kähler vom Theologischen Seminar in seiner Andacht das Thema „Die Mauern von Jericho": „... Sieben Tage zog Josua um die Mauern von Jericho, bis sie durch Trompetenklänge einstürzten – sieben Montage zogen die Leipziger um das Stadtzentrum, bis die Mauer unter den Rufen ‚Wir sind das Volk' fiel." Jeder müsse sich jetzt im Land aufmachen, nach Lösungen für die Probleme zu suchen. Die Demonstration löste sich gegen 20.15 Uhr friedlich auf.

1 Was forderten die Demonstranten? Auf welche Art und Weise trugen sie es vor?

2 Informieren Sie sich über den Ablauf des Herbstes 1989 und das Verhalten der Staatsmacht.

3 Prüfen Sie, ob bzw. inwieweit der Begriff „friedliche Revolution" für diese Vorgänge berechtigt ist.

---

[1] SED: Sozialistische Einheitspartei Deutschlands
[2] MfS: Ministerium für Staatssicherheit
[3] FDJ: Freie Deutsche Jugend

Bertolt Brecht: Maßnahmen gegen die Gewalt

Bertolt Brecht (1898–1956), deutscher Schriftsteller. Er schrieb die beiden Texte unmittelbar vor der Zeit des Nationalsozialismus.

Als Herr Keuner, der Denkende, sich in einem Saale vor vielen gegen die Gewalt aussprach, merkte er, wie die Leute vor ihm zurückwichen und weggingen. Er blickte sich um und sah hinter sich stehen – die Gewalt.

„Was sagtest du?“ fragte ihn die Gewalt.

„Ich sprach mich für die Gewalt aus“, antwortete Herr Keuner.

Als Herr Keuner weggegangen war, fragten ihn seine Schüler nach seinem Rückgrat. Herr Keuner antwortete: „Ich habe kein Rückgrat zum Zerschlagen. Gerade ich muß länger leben als die Gewalt.“

Und Herr Keuner erzählte folgende Geschichte:

In die Wohnung des Herrn Egge, der gelernt hatte, nein zu sagen, kam eines Tages in der Zeit der Illegalität ein Agent, der zeigte einen Schein vor, welcher ausgestellt war im Namen derer, die die Stadt beherrschten, und auf dem stand, daß ihm gehören soll jede Wohnung, in die er seinen Fuß setzte, ebenso sollte ihm auch jedes Essen gehören, das er verlange; ebenso sollte ihm auch jeder Mann dienen, den er sähe.

Der Agent setzte sich in einen Stuhl, verlangte Essen, wusch sich, legte sich nieder und fragte mit dem Gesicht zur Wand vor dem Einschlafen: „Wirst du mir dienen?“ Herr Egge deckte ihn mit einer Decke zu, vertrieb die Fliegen, bewachte seinen Schlaf, und wie an diesem Tage gehorchte er ihm sieben Jahre lang. Aber was immer er für ihn tat, eines zu tun hütete er sich wohl, das war, ein Wort zu sagen. Als nun die sieben Jahre herum waren und der Agent dick geworden war vom vielen Essen, Schlafen und Befehlen, starb der Agent. Da wickelte ihn Herr Egge in die verdorbene Decke, schleifte ihn aus dem Haus, wusch das Lager, tünchte die Wände, atmete auf und antwortete: „Nein.“

Helmut Arntzen: [Warum wehrt ihr euch nicht ...]

Warum wehrt ihr euch nicht, rief der Adler den Schafen zu, als er sah, wie der Wolf eins nach dem anderen riss.

Schafe, die sich gegen Wölfe wehren, sind gegen die Natur, schrie eines zurück und ließ sich fressen.

Bertolt Brecht: Der hilflose Knabe

Herr K. sprach über die Unart, erlittenes Unrecht stillschweigend in sich hineinzufressen, und erzählte folgende Geschichte: Einen vor sich hin weinenden Jungen fragte ein Vorübergehender nach dem Grund seines Kummers. „Ich hatte zwei Groschen für das Kino beisammen“, sagte der Knabe, „da kam ein Junge und riß mir einen aus der Hand“, und er zeigte auf einen Jungen, der in einiger Entfernung zu sehen war. „Hast du denn nicht um Hilfe geschrien?“ fragte der Mann. „Doch“, sagte der Junge und schluchzte ein wenig stärker. „Hat dich niemand gehört?“ fragte ihn der Mann weiter, ihn liebevoll streichelnd. „Nein“, schluchzte der Junge. „Kannst du denn nicht lauter schreien?“ fragte der Mann. „Nein“, sagte der Junge und blickte ihn mit neuer Hoffnung an. Denn der Mann lächelte. „Dann gib auch den her“, sagte er, nahm ihm den letzten Groschen aus der Hand und ging unbekümmert weiter.

1 Beschreiben Sie die in den Texten dargestellten Verhaltensweisen. Unterscheiden Sie dabei zwischen Gewalttätern, Opfern und Zuschauern.

2 Übertragen Sie die geschilderten Situationen auf politische und gesellschaftliche Vorgänge bzw. konkrete historische Situationen.

3 Bewerten Sie das Handeln der Opfer. Handelt es sich um Klugheit, Feigheit, Anpassung, Opportunismus, passiven Widerstand, ...?

4 Arbeitsteilige Gruppenarbeit:
a. Verfassen Sie zu Text 3 ein Interview, in dem der Mann sein Handeln begründet.
b. Schreiben Sie zu Text 2 einen Dialog zwischen dem Adler und dem Wolf.
c. Verfassen Sie zu Text 1 einen Gegentext.

Gewalt und Macht

Hannah Arendt (1906–1975, → Biografie, S. 383), Politikwissenschaftlerin, verfasste eine Studie über den Totalitarismus („Elemente und Ursprünge totalitärer Herrschaft“, 1951). Den Essay „Macht und Gewalt“ schrieb sie 1970 unter dem Eindruck des Vietnam-Krieges und weltweiter Studentenunruhen.

Hannah Arendt: „Nackte Gewalt tritt auf, wo Macht verloren ist“

Zu den entscheidenden Unterschieden zwischen Macht und Gewalt gehört, dass Macht immer von Zahlen abhängt, während die Gewalt bis zu einem gewissen Grade von Zahlen unabhängig ist, weil sie sich auf Werkzeuge verlässt. Eine Demokratie, die im Unterschied zu einer Republik nicht an Gesetze gebunden zu sein braucht, also eine einfache Mehrheitsherrschaft, die nur auf Macht basiert, kann Minderheiten auf eine furchtbare Weise unterdrücken und abweichende Meinungen ohne alle Gewaltsamkeiten sehr wirkungsvoll abwürgen. Ungeteilte und unkontrollierte Macht kann eine Meinungsuniformität erzeugen, die kaum weniger „zwingend“ ist als gewalttätige Unterdrückung. Aber das heißt nicht, dass Gewalt und Macht dasselbe sind.

Der Extremfall der Macht ist gegeben in der Konstellation: alle gegen einen, der Extremfall der Gewalt in der Konstellation: einer gegen alle. Und das Letzte ist ohne Werkzeuge, d. h. ohne Gewalt*mittel* niemals möglich. [...]

Macht entspricht der menschlichen Fähigkeit, nicht nur zu handeln oder etwas zu tun, sondern sich mit anderen zusammenzuschließen und im Einvernehmen mit ihnen zu handeln. Über Macht verfügt niemals ein Einzelner; sie ist im Besitz einer Gruppe und bleibt nur solange existent, als die Gruppe zusammenhält. Wenn wir von jemand sagen, er „habe die Macht“, heißt das in Wirklichkeit, dass er von einer bestimmten Anzahl von Menschen ermächtigt ist, in ihrem Namen zu handeln. In dem Augenblick, in dem die Gruppe, die den Machthaber ermächtigte und ihm ihre Macht verlieh (*potestas in populo* – ohne ein Volk oder eine Gruppe gibt es keine Macht), auseinandergeht, vergeht auch „seine Macht“. [...]

Es hat nie einen Staat gegeben, der sich ausschließlich auf Gewaltmittel hätte stützen können. Selbst die totale Herrschaft, deren wesentliche Herrschaftsmittel Konzentrationslager, Polizeiterror und Folter sind, bedarf einer Machtbasis, die in diesem Fall von der Geheimpolizei und einem Netz von Spitzeln gestellt wird. [...] Und selbst im Kriegsfall, wo doch nun wirklich die nackte Gewalt das letzte Wort zu haben scheint, kann es geschehen, dass eine enorme Überlegenheit an Machtmitteln wirkungslos bleibt, wenn sie einem zwar schlecht gerüsteten, aber gut organisierten und deshalb viel mächtigeren Gegner gegenüberstehen – wie wir es in Vietnam[1] sehen. [...]

Begrifflich gesprochen heißt dies: Macht gehört in der Tat zum Wesen aller staatlichen Gemeinwesen, ja aller irgendwie organisierten Gruppen, Gewalt jedoch nicht. Gewalt ist ihrer Natur nach instrumental; wie alle Mittel und Werkzeuge bedarf sie immer eines Zwecks, der sie dirigiert und ihren Gebrauch rechtfertigt. Und das, was eines anderen bedarf, um gerechtfertigt zu werden, ist funktioneller, aber nicht essenzieller Art. [...] Macht bedarf keiner Rechtfertigung, da sie allen menschlichen Gemeinschaften schon inhärent ist. Hingegen bedarf sie der Legitimität. Macht entsteht, wann immer Menschen sich zusammentun und gemeinsam handeln, ihre Legitimität beruht nicht auf den Zielen und Zwecken, die eine Gruppe sich jeweils setzt; sie stammt aus dem Machtursprung, der mit der Gründung der Gruppe zusammenfällt. [...] Gewalt kann gerechtfertigt, aber sie kann niemals legitim sein. Ihre Rechtfertigung wird umso einleuchtender sein, je näher das zu erreichende Ziel liegt. Nieman-

---

[1] Der Vietnamkrieg (1964–1973) endete mit dem Abzug der US-Truppen, ohne dass die Kriegsziele erreicht wurden (s. S. 301).

dem kommt es in den Sinn, die Berechtigung von Gewalttätigkeit im Falle der Selbstverteidigung infrage zu stellen, weil die Gefahr nicht evident, sondern unmittelbar gegenwärtig ist, mithin zwischen dem Zweck und den Mitteln, die er rechtfertigen muss, so gut wie keine Zeitspanne liegt. [...] Bei einem Aufeinanderprall von Gewalt und Macht ist der Ausgang niemals zweifelhaft. Wäre Gandhis[1] außerordentlich mächtige und erfolgreiche Strategie des gewaltlosen Widerstandes auf einen anderen Gegner gestoßen, dann wäre das Ergebnis nicht Entkolonisierung, sondern „administrativer Massenmord“ und schließliche Unterwerfung gewesen. Dabei darf man nicht übersehen, dass die imperialistischen Mächte – England in Indien, Frankreich in Algerien – gute Gründe hatten, auf einen solchen Sieg zu verzichten. Nackte Gewalt tritt auf, wo Macht verloren ist. Die russische Lösung des tschechischen Problems zeigte deutlich einen entscheidenden Machtverlust des russischen Regimes an, genauso wie der Machtverlust des europäischen Imperialismus sich in der Alternative zwischen Massenmord und Dekolonisierung manifestierte. Man kann Macht durch Gewalt ersetzen, und dies kann zum Sieg führen, aber der Preis solcher Siege ist sehr hoch; denn hier zahlen nicht nur die Besiegten, der Sieger zahlt mit dem Verlust der eigenen Macht. [...]
Gewalt kann Macht vernichten, sie ist gänzlich außerstande, Macht zu erzeugen.

1 Nennen Sie die Kennzeichen und Unterschiede von Macht und Gewalt. Warum waren die Bürgerrechtsbewegungen in Indien, den USA und in der DDR (s. S. 222 ff.) so erfolgreich?

2 Wieso ist Gewalt „außerstande, Macht zu erzeugen“ (Z. 60)?

3 Wie ist das Verhältnis von Macht und Gewalt in Demokratien geregelt? Definieren und begründen Sie das Gewaltmonopol des Staates.

Bürger aus Bratislava stellen sich sowjetischen Panzern entgegen.
1968 besetzten Truppen des Warschauer Paktes (Militärbündnis der ehemaligen Ostblockstaaten) unter Führung der Sowjetunion die Tschechoslowakei und beendeten die dortigen Reformbestrebungen („Prager Frühling“).

[1] Mahatma Gandhi (1869–1948): s. S. 222 f.

Weltfrieden – Illusion oder Möglichkeit?

Immanuel Kant (1724–1804, → Biografie, S. 377) übertrug seine prinzipien- bzw. gesinnungsethische Moralbegründung (s. S. 162.) auch auf politische Verhältnisse. Er hatte dabei die Verfassung der französischen Republik vor Augen und forderte eine unbedingte, von der Vernunft und der Moral begründete Friedenspflicht.

Immanuel Kant: Völkerrecht und Völkerbund

„Aus so krummem Holz, wie der Mensch geschnitzt ist, kann nichts Gerades gezimmert werden." Gerade diese Aussage zeigt, dass Kant kein Träumer oder Illusionist bezüglich der menschlichen Friedensfähigkeit war. Trotzdem entwarf er in der 1795 entstandenen Schrift „Zum ewigen Frieden" ein Modell, das Gewalt und Krieg zwischen den Staaten weitgehend eindämmen bzw. verhindern sollte. Er plädierte darin einerseits für die Republik als Verfassungsform eines Staates und andererseits für die Bildung eines Völkerrechts[1], nach dem im Rahmen eines Völkerbundes eine internationale Behörde die Rolle des Schiedsrichters in zwischenstaatlichen Konflikten übernimmt und verbindliche Urteile fällt. In der Gründung des „Völkerbundes" (1920) und, als dessen Nachfolgeorganisation, die „Vereinten Nationen" (1945), wurden einige der Ideen Kants verwirklicht.

Da die Art, wie Staaten ihr Recht verfolgen, nie, wie bei einem äußeren Gerichtshofe, der Prozess, sondern nur der Krieg sein kann, durch diesen aber und seinen günstigen Ausschlag, den *Sieg*, das Recht nicht entschieden wird, und durch den *Friedensvertrag*, zwar wohl dem diesmaligen Kriege, aber nicht dem Kriegszustande (immer zu einem neuen Vorwand zu finden) ein Ende gemacht wird (den man auch nicht geradezu für ungerecht erklären kann, weil in diesem Zustande jeder in seiner eigenen Sache Richter ist), gleichwohl aber von Staaten nach dem Völkerrecht nicht eben das gelten kann, was von Menschen im gesetzlosen Zustande nach dem Naturrecht gilt, „aus diesem Zustande herausgehen zu sollen" (weil sie als Staaten innerlich schon eine rechte Verfassung haben und also dem Zwange anderer, sie nach ihren Rechtsbegriffen unter eine erweiterte gesetzliche Verfassung zu bringen, entwachsen sind), indessen dass doch die Vernunft vom Throne der höchsten moralisch gesetzgebenden Gewalt herab den Krieg als Rechtsgang schlechterdings verdammt, den Friedenszustand dagegen zur unmittelbaren Pflicht macht, welcher doch, ohne einen Vertrag der Völker unter sich, nicht gestiftet oder gesichert werden kann: – so muss es einen Bund von besonderer Art geben, den man den *Friedensbund (foedus pacificum)* nennen kann, der vom Friedensvertrag *(pactum pacis)* darin unterschieden sein würde, dass dieser bloß einen Krieg, jener aber alle Kriege auf immer zu endigen suchte. Dieser Bund geht auf keinen Erwerb irgendeiner Macht des Staats, sondern lediglich auf Erhaltung und Sicherung der Freiheit eines Staates für sich selbst und zugleich anderer verbündeter Staaten, ohne dass diese doch sich selbst (wie Menschen im Naturzustande) öffentlichen Gesetzen und einem Zwange unter denselben unterwerfen dürfen. – Die Ausführbarkeit (objektive Realität) dieser Idee der Föderalität, die sich allmählich über alle Staaten erstrecken soll und so zum ewigen Frieden hinführt, lässt sich darstellen. Denn wenn das Glück es so fügt: dass ein mächtiges und aufgeklärtes Volk sich zu einer Republik (die ihrer Natur nach zum ewigen Frieden geneigt sein muss) bilden kann, so gibt diese einen Mittelpunkt der föderativen Vereinigung für andere Staaten ab, um sich an sie anzuschließen und so den Freiheitszustand der Staaten gemäß der Idee des Völkerrechts zu sichern und sich durch mehrere Verbindungen dieser Art nach und nach immer weiter auszubreiten. [...] Für Staaten im Verhältnisse untereinander kann es nach der Vernunft keine andere Art geben, aus dem gesetzlosen Zu-

Friede ist durch die Gültigkeit des Rechts gekennzeichnet, als Zustand nach Beendigung des Krieges durch Vertrag (negativer Friede) oder als Zustand rechtlich geregelter und an humanen Leitprinzipien orientierter Lösung politischer, sozialer und rechtlicher Konflikte (positiver Friede), nicht aber als konfliktfreier Zustand.
Kant sah den Frieden durch das öffentliche Recht, durch Legalität und Moralität der Politik in der republikanischen Verfassung gewährleistet, d. h. durch die Prinzipien der Freiheit der Bürger, die Abhängigkeit von der Gesetzgebung und ihre Gleichheit vor dem Gesetz. Friede als Bedingung der Selbstverwirklichung des Menschen setzt dessen Moralität voraus.

Otfried Höffe (Hg.): Lexikon der Ethik, München (Beck) [7]2008

[1] Völkerrecht: s. S. 217

stande, der lauter Krieg enthält, herauszukommen, als dass sie, ebenso wie einzelne Menschen, ihre wilde (gesetzlose) Freiheit aufgeben, sich zu öffentlichen Zwangsgesetzen zu bequemen und so einen (freilich immer wachsenden) *Völkerstaat (civitas gentium)*, der zuletzt alle Völker der Erde befassen würde, bilden. Da sie dieses aber nach ihrer Idee vom Völkerrecht durchaus nicht wollen, was *in thesi* richtig ist, *in hypothesi* verwerfen, so kann an die Stelle der positiven Idee einer *Weltrepublik* (wenn nicht alles verloren werden soll) nur das *negative* Surrogat[1] eines den Krieg abwehrenden, bestehenden und immer ausbreitenden Bundes den Strom der rechtsscheuenden, feindseligen Neigung aufhalten, doch mit beständiger Gefahr ihres Ausbruchs.

Die Bemühungen der Vereinten Nationen um Friedenserhalt und Konfliktlösungen finden auf verschiedenen Ebenen statt. Die sogenannten „Friedensmissionen der Vereinten Nationen“, die seit 1948 stattfinden, haben die Aufgabe, kriegerische Konflikte zu verhindern. Darüber hinaus richtete der Sicherheitsrat der Vereinten Nationen 1993 in Den Haag ein internationales Strafgericht ein, das Kriegsverbrechen im ehemaligen Jugoslawien untersucht und Kriegsverbrecher aburteilt.
2003 richtete die UN einen „Internationalen Strafgerichtshof“ ein, der auf der Grundlage eines „Weltstrafrechts“ Völkermord, schwere Kriegsverbrechen und Verbrechen gegen die Menschlichkeit untersucht und ahndet.

1 Was verlangt Kant von den einzelnen Staaten? Wie begründet er seine Forderung? Vergleichen Sie seine Ausführungen mit denen Einsteins (s. S. 213 f.) und Münklers (s. S. 217).

2 Was versteht Kant unter einer „Weltrepublik“? Wie beurteilen Sie die Chancen eines solchen Konzepts?

3 Überlegen Sie, ob Völkerbund und Vereinte Nationen den Intentionen Kants entsprechen.

4 Stellen Sie anhand eines aktuellen Konfliktes die Tätigkeit der Vereinten Nationen dar.

[1] Surrogat: Ersatz

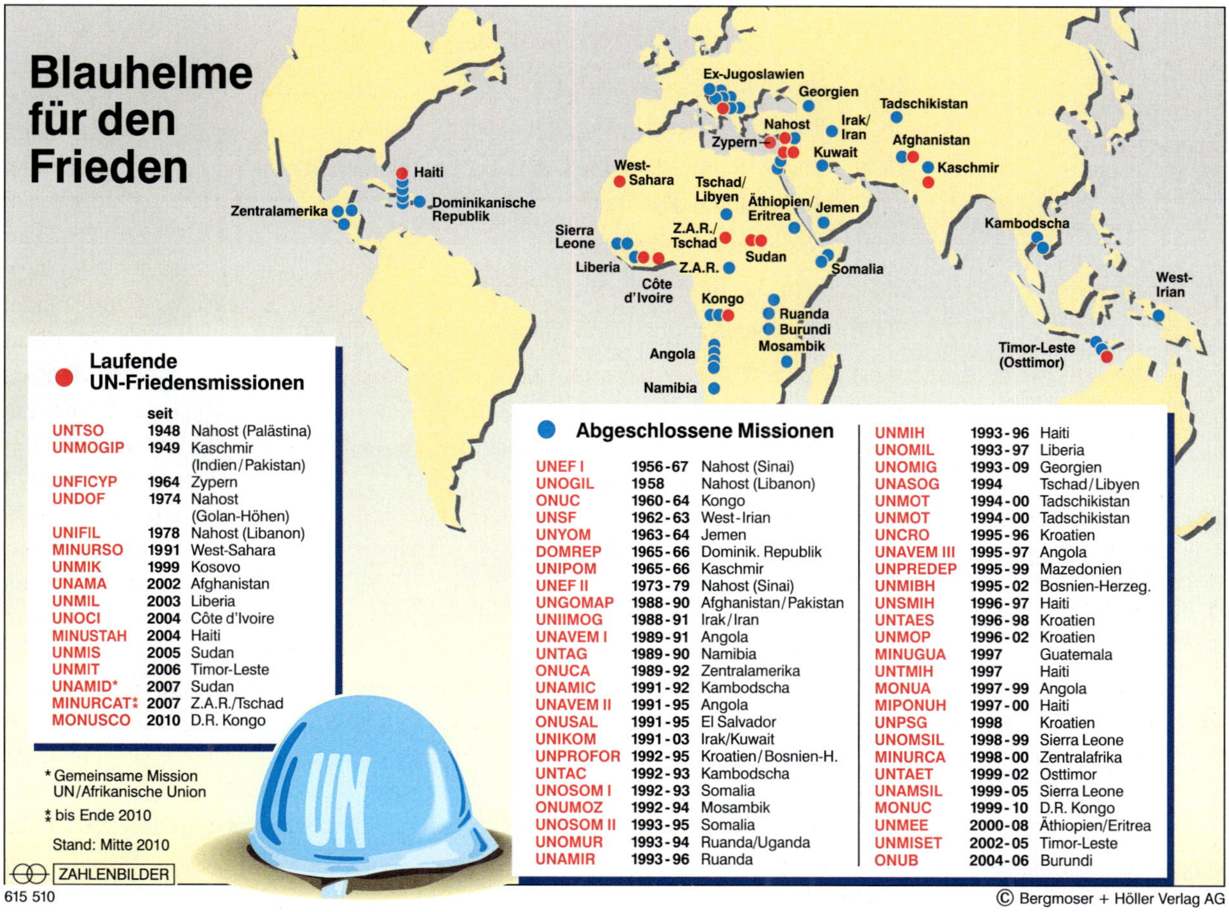

Laufende UN-Friedensmissionen

	seit	
UNTSO	1948	Nahost (Palästina)
UNMOGIP	1949	Kaschmir (Indien/Pakistan)
UNFICYP	1964	Zypern
UNDOF	1974	Nahost (Golan-Höhen)
UNIFIL	1978	Nahost (Libanon)
MINURSO	1991	West-Sahara
UNMIK	1999	Kosovo
UNAMA	2002	Afghanistan
UNMIL	2003	Liberia
UNOCI	2004	Côte d'Ivoire
MINUSTAH	2004	Haiti
UNMIS	2005	Sudan
UNMIT	2006	Timor-Leste
UNAMID*	2007	Sudan
MINURCAT‡	2007	Z.A.R./Tschad
MONUSCO	2010	D.R. Kongo

* Gemeinsame Mission UN/Afrikanische Union
‡ bis Ende 2010
Stand: Mitte 2010

Abgeschlossene Missionen

UNEF I	1956-67	Nahost (Sinai)
UNOGIL	1958	Nahost (Libanon)
ONUC	1960-64	Kongo
UNSF	1962-63	West-Irian
UNYOM	1963-64	Jemen
DOMREP	1965-66	Dominik. Republik
UNIPOM	1965-66	Kaschmir
UNEF II	1973-79	Nahost (Sinai)
UNGOMAP	1988-90	Afghanistan/Pakistan
UNIIMOG	1988-91	Irak/Iran
UNAVEM I	1989-91	Angola
UNTAG	1989-90	Namibia
ONUCA	1989-92	Zentralamerika
UNAMIC	1991-92	Kambodscha
UNAVEM II	1991-95	Angola
ONUSAL	1991-95	El Salvador
UNIKOM	1991-03	Irak/Kuwait
UNPROFOR	1992-95	Kroatien/Bosnien-H.
UNTAC	1992-93	Kambodscha
UNOSOM I	1992-93	Somalia
ONUMOZ	1992-94	Mosambik
UNOSOM II	1993-95	Somalia
UNOMUR	1993-94	Ruanda/Uganda
UNAMIR	1993-96	Ruanda
UNMIH	1993-96	Haiti
UNOMIL	1993-97	Liberia
UNOMIG	1993-09	Georgien
UNASOG	1994	Tschad/Libyen
UNMOT	1994-00	Tadschikistan
UNMOT	1994-00	Tadschikistan
UNCRO	1995-96	Kroatien
UNAVEM III	1995-97	Angola
UNPREDEP	1995-99	Mazedonien
UNMIBH	1995-02	Bosnien-Herzeg.
UNSMIH	1996-97	Haiti
UNTAES	1996-98	Kroatien
UNMOP	1996-02	Kroatien
MINUGUA	1997	Guatemala
UNTMIH	1997	Haiti
MONUA	1997-99	Angola
MIPONUH	1997-00	Haiti
UNPSG	1998	Kroatien
UNOMSIL	1998-99	Sierra Leone
MINURCA	1998-00	Zentralafrika
UNTAET	1999-02	Osttimor
UNAMSIL	1999-05	Sierra Leone
MONUC	1999-10	D.R. Kongo
UNMEE	2000-08	Äthiopien/Eritrea
UNMISET	2002-05	Timor-Leste
ONUB	2004-06	Burundi

Leben und Arbeit für den Frieden – Nobelpreisträger (Auswahl)

Der **Friedensnobelpreis** geht auf die testamentarische Verfügung des schwedischen Industriellen und Erfinders Alfred Nobel (1833–1896) zurück, herausragende Leistungen in verschiedenen Wissens- und Kulturbereichen, darunter auch „besondere Verdienste um den Erhalt des Friedens“, zu würdigen und auszuzeichnen. Die Nobelpreise werden seit 1901 verliehen; die Dotierung erfolgt aus dem Jahreszins der Nobelstiftung.

Der Friedensnobelpreis

1901:	Fréderik Passy (Frankreich), Politiker Henri Dunant (Schweiz), Gründer des Roten Kreuzes
1905:	Bertha von Suttner (Österreich), Schriftstellerin
1926:	Gustav Stresemann (Deutschland), Politiker
1927:	Ludwig Quidde (Deutschland), Politiker
1935:	Carl von Ossietzky (Deutschland), Schriftsteller
1952:	Albert Schweitzer (Elsass), Arzt, Musiker, Theologe
1964:	Martin Luther King (USA), Menschenrechtler
1971:	Willy Brandt (Deutschland), Politiker
1977:	amnesty international
1983:	Lech Walesa (Polen), Gewerkschafter
1985:	Internationale Ärzte zur Verhinderung eines Atomkrieges
1989:	Dalai Lama (Tibet/China), Mönch
1990:	Michael Gorbatschow (Sowjetunion), Politiker
1991:	Aung San Suu Kyi (Myanmar), Menschenrechtlerin
1993:	Nelson Mandela (Südafrika), Politiker Frederik Willem de Klerk (Südafrika), Politiker
1994:	Yitzak Rabin (Israel), Shimon Peres (Israel), Jassir Arafat (PLO), Politiker
1999:	Ärzte ohne Grenzen
2000:	Kim Dae Jung (Südkorea), Politiker
2001:	Vereinte Nationen und Generalsekretär Kofi Annan (Ghana)
2002:	Jimmy Carter (USA), Politiker
2003:	Shirin Ebadi (Iran), Juristin und Menschenrechtlerin
2004:	Wangari Maathais (Kenia), Umweltschützerin und Menschenrechtlerin
2005:	Internationale Atomenergiebehörde und ihr Generaldirektor Mohammed El Baradei (Ägypten)
2006:	Muhammad Yunus (Bangladesh), Bankier
2007:	Al Gore (USA, Politiker) und der Weltklimarat
2008:	Martii Ahtisaari (Finnland), Politiker
2009:	Barack Obama (USA), US-Präsident
2010:	Liu Xiaobo (China), Bürgerrechtler

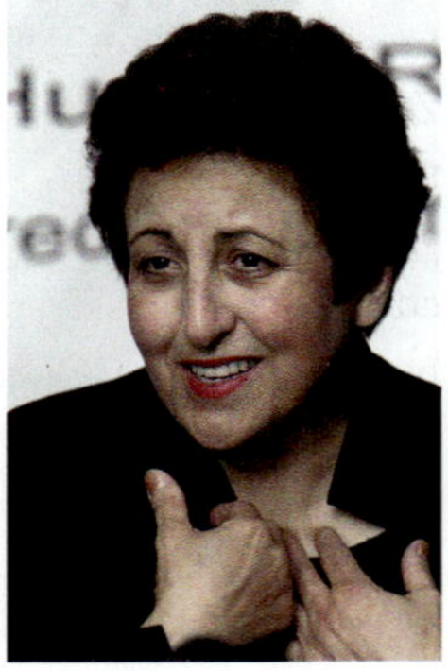

1 Referieren Sie über Leben und Werk eines der Nobelpreisträger. Legen Sie dar, ob bzw. aus welchen Gründen diese Ehrung „verdient“ war.

2 Welche Person(en) würden Sie selbst für den Friedensnobelpreis vorschlagen? Begründen Sie.

Alternativer Nobelpreis für Monika Hauser

Seit 1980 wird von der „Stiftung für verantwortungsbewusste Lebensführung", eine Gründung des deutsch-schwedischen Journalisten Jakob von Uekküll, der sogenannte Alternative Nobelpreis an Menschen verliehen, die „herausragende Leistungen zur Lösung dringender Menschheitsprobleme" erbracht haben.
Die Kölner Ärztin Monika Hauser hat 2008 den Preis erhalten. Sie hilft seit 17 Jahren missbrauchten Frauen in Krisenregionen.

Düsseldorf – Die Kölner Frauenrechtlerin Monika Hauser erhält in diesem Jahr den sogenannten Alternativen Nobelpreis. Die 49-jährige Gynäkologin wird laut Jury für ihren „unermüdlichen Einsatz für Frauen" ausgezeichnet, die in Krisenregionen „schrecklichste sexualisierte Gewalt erfahren haben, und für ihren Kampf, ihnen gesellschaftliche Anerkennung und Entschädigung zu verschaffen". Der Preis sei eine „wunderbare Anerkennung für 15 Jahre Sisyphusarbeit", sagte Hauser der *Süddeutschen Zeitung.*
Im Jahr 1993 hatte die Wahl-Kölnerin mit Südtiroler Wurzeln das Hilfswerk *medica mondiale* gegründet, das traumatisierte Frauen in Krisengebieten medizinisch, psychologisch und mit Rechtsberatung unterstützt. Inzwischen kümmern sich 340 Helfer um die Projekte in neun Ländern, darunter neben dem Balkan auch in Afghanistan, dem Kongo oder Liberia. Allein 2008 investiert *medica mondiale* rund 3,5 Millionen Euro in die Arbeit, die Hälfte davon aus Spenden.
Begonnen aber hatte alles ganz klein, mit persönlichem Entsetzen. „Am Anfang stand meine Wut: auf die Art, wie die Medien über die traumatisierten Frauen berichteten und sie so ein zweites Mal missbrauchten." Dies sagte Monika Hauser bei der Verleihung des Gustav-Heinemann-Preises 1994. Zwei Jahre zuvor hatte die damals 33-Jährige im Stern eine Reportage über Massenvergewaltigungen im Bosnien-Krieg gelesen. Hauser ist erschüttert über die unfassbaren Gräueltaten, aber ebenso über die öffentliche Inszenierung des Leids. Die Ärztin, die gerade ihre Assistenzstelle in einer Klinik gekündigt hatte, reist ins Kriegsgebiet. Erst nach Zagreb, dann weiter nach Zenica in Zentralbosnien. Etwa 120 000 Flüchtlinge hielten sich damals in der Stadt und im Umkreis auf, 70 Prozent davon waren Frauen, sehr viele von ihnen waren vergewaltigt worden. Im April 1993 eröffnet Hauser gemeinsam mit Ärztinnen und Psychologinnen das Therapiezentrum *Medica Zenica.* Rund 60 000 Frauen wurden seither betreut.
Die Organisation will neben der Trauma-Arbeit vor allem die aktive Teilhabe der Frauen in der Gesellschaft fördern. Die Projekte seien „auf Nachhaltigkeit angelegt" und sollen sich „langfristig selbst organisieren und finanzieren", erklärt Karin Griese, zuständige Trauma-Expertin bei *medica mondiale.*
Am 8. Dezember wird Hauser als erste deutsche Preisträgerin seit 1999 (der SPD-Politiker Hermann Scheer wurde für sein Engagement für die Solarenergie ausgezeichnet) den Alternativen Nobelpreis in Stockholm entgegennehmen. Das Bundesverdienstkreuz dagegen hatte sie 1996 noch abgelehnt – aus Protest gegen die deutsche Flüchtlingspolitik. Nun hofft Hauser darauf, dass durch die Auszeichnung auch jene deutschen Politiker „uns die Tür öffnen, die bisher nicht mit uns reden wollten".

1 Welche Motive haben 1980 zur Gründung des „Alternativen Nobelpreises" geführt? Überlegen und recherchieren Sie.

2 Erörtern Sie Notwendigkeit und Sinn eines solchen Preises anhand der Arbeit von Monika Hauser und anderer Preisträger.

Recht und Gerechtigkeit

Was ist und was leistet das Recht?

Uwe Wesel (geb. 1933) ist Professor für Rechtsgeschichte und Zivilrecht an der Freien Universität Berlin. Der Textauszug stammt aus seinem Werk „Geschichte des Rechts", München (Beck) 1997.

„Es ist der Gipfel der Torheit, ein Gesetz schon deswegen für gut zu befinden, bloß weil es gilt."
Cicero (106–43 v. Chr.)

Uwe Wesel: Kleine Geschichte des Rechts

Was ist Recht? […] Als zuerst darüber nachgedacht wurde, in den großen rechtsphilosophischen Entwürfen der griechischen Antike, da ging es noch um Wichtiges. Was ist Gerechtigkeit?, fragten **Platon** und **Aristoteles**. Und ihre Antwort? **Gleichheit**. Seit der Begründung einer Rechtsphilosophie der bürgerlichen Gesellschaft durch **Immanuel Kant**, in seiner „Metaphysik der Sitten" von 1797, sind wir mehr mit Formalitäten beschäftigt. Seitdem gibt es Definitionen von Recht. Selten sind sie so meisterhaft wie seine: **„Das Recht ist also der Inbegriff der Bedingungen, unter denen die Willkür des einen mit der Willkür des anderen nach einem allgemeinen Gesetze der Freiheit zusammen vereinigt werden kann."** Wollten wir uns nach dieser Formel entscheiden, dann würde schon zweifelhaft, ob man die Ordnung bei Sammlern und Jägern oder in segmentären Gesellschaften als Recht bezeichnen kann. Gibt es dort ein allgemeines Gesetz der Freiheit? Das die moralische Selbstverwirklichung des Einzelnen ermöglicht? Kant würde es dort nicht finden. Wohl aber Gleichheit. Also auch Gerechtigkeit. […]

Recht verändert seinen Charakter im Lauf der Zeit. Am Beginn der Entwicklung bildet es eine kaum zu trennende Einheit mit Religion, Moral und Sitte. In der Antike hat es sich von der Religion weitgehend getrennt, weil die Herrschaft ihren Charakter veränderte, mit der es inzwischen verbunden war. Nicht mehr der König mit seiner religiösen Legitimation war Träger von Recht, sondern Wahlversammlungen und Senate. **Die Einheit mit Moral und Sitte war aber sehr viel größer als heute.** […] Keiner der antiken Rechtsphilosophen beschäftigte sich mit der Frage einer Definition von Recht. Es ging immer um die Gerechtigkeit. Erst seit Kant gibt es eine große Zahl von Versuchen, das Recht unabhängig davon zu definieren, „abstrakt". Recht und Gerechtigkeit und, was letztlich das Gleiche ist, **Recht und Moral werden begrifflich klar getrennt**, was natürlich auch Trennungsprozessen entspricht, die in der allgemeinen Entwicklung der bürgerlichen Gesellschaft stattfanden oder deutlicher: in Zusammenhang stand mit der sozialen Ungerechtigkeit ihres Rechts. Mit diesem Prozess der Ausdifferenzierung verändert sich das Recht. Mit der Entstehung von Herrschaft und Staat erhält es eine andere Funktion. In vorstaatlichen Gesellschaften entwickelt es sich in einem selbstregulierenden Prozess. Recht wird nun immer mehr von oben her bestimmt, vom Herrscher, vom Fürsten, vom König. Dabei ist er selbstverständlich nicht völlig frei. Es ist auch notwendig, dass das Recht

Justitia auf dem 1543 erbauten Gerechtigkeitsbrunnen in Frankfurt am Main

von unten in der Gesellschaft angenommen wird. Es darf nicht auf unüberwindlichen Widerstand stoßen. Aber im Wesentlichen wird es nun ein Steuerungsinstrument, das von oben her eingesetzt wird. [...]
Die Geschichte des Rechts ist auch die seiner ständigen Ausbreitung. Schon in der Antike. Heute bezeichnet man diese Erscheinung als **Verrechtlichung**. Darüber wird von rechts und links geklagt. Von rechts macht man sich Sorgen über die Gesetzesflut, die die individuelle Freiheit wieder einschränkt. Von links wurde die Diskussion Anfang der Siebzigerjahre begonnen, weil die Verrechtlichung der Politik die Spielräume für Veränderung immer enger werden ließ. Wie auch immer. Dahinter steht jedenfalls die ständige Ausweitung staatlicher Herrschaft, verbunden mit Bemühungen, sie auf dem Rechtswege weiter einzuschränken. Auf der einen Seite ist es ein **Herrschaftsinstrument**, das besonders deutlich wird im politischen Strafrecht. Auf der anderen Seite dient es der **Einschränkung staatlicher Macht.** Justitia fundamentum regnorum. Recht ist die Grundlage von Herrschaft. Auch sie ist an das Recht gebunden, darf es nicht übertreten. Das war der Schlachtruf der Liberalen für die Durchsetzung des Rechtsstaates im 19. Jahrhundert. [...]
Nimmt man das **Recht von heute**, so kann man sagen, es habe im Wesentlichen vier **Funktionen**. Eine Definition wird hier bewusst vermieden. Sie wäre genauso fruchtlos, als wenn man Wahrheit oder Kunst, Wissenschaft oder Religion definieren wollte. Die vier sind:

1. **Ordnungsfunktion**
2. **Gerechtigkeitsfunktion**
3. **Herrschaftsfunktion**
4. **Herrschaftskontrollfunktion**

Zum einen ist Recht ein Ordnungselement. Übliches Beispiel dafür ist der Straßenverkehr. Wie man ihn im Einzelnen regelt, das ist letztlich gleichgültig. Es muss nur eine bestimmte Ordnung geben [...] Zweitens: Recht dient der Durchsetzung von Gerechtigkeit. Das ist seine moralische und soziale Funktion, die es immer noch nicht voll erfüllen kann. Ein Defizit, das verursacht wird durch die Verbindung mit der dritten, der Herrschaftsfunktion. Recht hat nämlich außerdem die Funktion, Herrschaft aufrechtzuerhalten [...] Herrschaft ist oft eine Art Selbstzweck. Sonst gäbe es nicht so viele, die sie gern hätten. Zweitens dient sie immer auch anderen Interessen. In einer bürgerlichen liberalen Demokratie sind es die der Erhaltung des Privateigentums an den Produktionsmitteln. Damit ist eine Fülle von Problemen verbunden, Probleme für die soziale Gerechtigkeit, Sittlichkeit, Umweltschutz und Frieden, die bis heute nicht gelöst wurden. Die zum Teil negativen Wirkungen der Herrschaftsfunktion werden dadurch gemildert, dass das Recht inzwischen auch ein Mechanismus zur Kontrolle von Herrschaft geworden ist. Bei uns ist das im Wesentlichen die Funktion der Verwaltungs- und Verfassungsgerichtsbarkeit. **Der Gedanke des Rechtsstaates.** Auch staatliche Herrschaft ist an das Recht gebunden, muss sich kontrollieren lassen. Wobei allerdings der Staat selbst die Rahmenbedingungen dafür gesetzt hat.

dtv-Atlas: Recht. Grundlagen, Staatsrecht, Strafrecht, hg. von E. Hilgendorf, München (dtv) 2003

1 Unterscheiden Sie zwischen rechtlichen und moralischen Normen. Warum werden seit Kant Recht und Moral begrifflich getrennt? (s. dazu auch S. 111)

2 Erklären Sie den Begriff „Verrechtlichung" (z. B. im Fall der Anfechtung einer Zeugnisnote).

3 Was würde geschehen, wenn es das Recht nicht gäbe? Erläutern Sie in diesem Zusammenhang den Begriff „Rechtsstaat".

4 Warum wird die Justitia mit Waage und Schwert, zuweilen auch mit verbundenen Augen dargestellt?

Recht und Moral:
Trotz einer ursprünglichen Einheit und immer noch bestehender mannigfaltiger Beziehungen (das Vertragsrecht z. B. enthält moralische Begriffe wie: Treu und Glauben, Arglist, gute Sitten) ist das Recht begrifflich von Moral und Sitte zu unterscheiden. [...] Anders als die persönliche Sittlichkeit (Moralität) regelt das Recht nur äußeres Verhalten und schreibt keine Gesinnungen, etwa die Gerechtigkeit als Tugend, vor.

Otfried Höffe (Hg.): Lexikon der Ethik, München (Beck) [7]2008

Naturrecht und positives Recht

Heinrich von Kleist (1777–1811), deutscher Schriftsteller

Heinrich von Kleist: Michael Kohlhaas – ein Fall von Selbstjustiz

Heinrich von Kleist gestaltete in seiner Novelle „Michael Kohlhaas" einen Rechtsfall aus dem 16. Jh. Darin beschrieb er den Protagonisten Kohlhaas als „einen der rechtschaffensten und zugleich entsetzlichsten Menschen seiner Zeit", dessen „Rechtsgefühl ihn zum Räuber und Mörder machte".
Der Pferdehändler Michael Kohlhaas hatte einem Junker widerrechtlich seine Pferde überlassen müssen. Seine Versuche, auf dem Rechtsweg wieder in den Besitz der Tiere zu kommen, scheitern an der Unzulänglichkeit des Justizapparates. Kohlhaas zieht daraufhin mit einigen Getreuen auf der Suche nach dem Junker mordend und brandschatzend durch das Land. Es kommt schließlich zu einer Begegnung mit Martin Luther, der in dem Konflikt zu vermitteln versucht.

„Heilloser und entsetzlicher Mann!", rief Luther, durch diese Worte verwirrt zugleich und beruhigt: „Wer gab dir das Recht, den Junker von Tronka, in Verfolg eigenmächtiger Rechtsschlüsse, zu überfallen, und, da du ihn auf seiner Burg nicht fandst, mit Feuer und Schwert die ganze Gemeinschaft heimzusuchen, die ihn beschirmt?" Kohlhaas erwiderte: „Hochwürdiger Herr, niemand, fortan! Eine Nachricht, die ich aus Dresden erhielt, hat mich getäuscht, mich verführt! Der Krieg, den ich mit der Gemeinheit der Menschen führe, ist eine Missetat, sobald ich aus ihr nicht, wie Ihr mir die Versicherung gegeben habt, verstoßen war!" – „Verstoßen!", rief Luther, indem er ihn ansah. „Welch eine Raserei der Gedanken ergriff dich? Wer hätte dich aus der Gemeinschaft des Staates, in dem du lebtest, verstoßen? Ja, wo ist, solange Staaten bestehen, ein Fall, dass jemand, wer es auch sei, daraus verstoßen worden wäre?" – „Verstoßen", antwortete Kohlhaas, indem er die Hand zusammendrückte, „nenne ich den, dem der Schutz der Gesetze versagt ist! Denn dieses Schutzes, zum Gedeihen meines friedlichen Gewerbes, bedarf ich; ja, er ist es, dessenhalb ich mich mit dem Kreis dessen, was ich erworben, in die Gemeinschaft flüchte; und wer mir ihn versagt, der stößt mich zu den Wilden der Einöde hinaus, er gibt mir, wollt Ihr das leugnen, die Keule, die mich selbst schützt, in die Hand." – „Wer hat dir den Schutz der Gesetze versagt?", rief Luther. „Schrieb ich dir nicht, dass die Klage, die du eingereicht, dem Landesherrn, dem du sie eingereicht, fremd ist? Wenn Staatsdiener hinter seinem Rücken Prozesse unterschlagen oder sonst seines geheiligten Namens, in seiner Unwissenheit, spotten: Wer anders als Gott darf ihn wegen der Wahl solcher Diener zur Rechenschaft ziehen, und bist du, gottverdammter und entsetzlicher Mensch, befugt, ihn deshalb zu richten?" – „Wohlan", versetzte Kohlhaas, „wenn mich der Landesherr nicht verstößt, so kehre ich auch wieder in die Gemeinschaft, die er beschirmt, zurück. Verschafft mir, ich wiederhol es, freies Geleit nach Dresden: So lasse ich den Haufen, den ich im Schloss zu Lützen versammelt, auseinandergehen und bringe die Klage, mit der ich abgewiesen worden bin, noch einmal bei dem Tribunal des Landes vor." Luther, mit einem verdrießlichen Gesicht, warf die Papiere, die auf seinem Tisch lagen, übereinander und schwieg.

1 Wie rechtfertigt Kohlhaas sein Handeln? Was hält ihm Luther entgegen?

2 Wie könnte bzw. sollte Ihrer Meinung nach der Konflikt enden? Vergleichen Sie Ihre Ansicht mit dem Ausgang der Kleist'schen Novelle.

3 Warum gibt es kein Recht auf Selbstjustiz?

Der Naturrechtsgedanke*

Der vorhergehende Text zeigt, dass Kohlhaas (irrtümlich) glaubt, ihm sei der Schutz des vom Staat gesetzten Rechts, dem sogenannten **positiven Recht**, versagt worden. Die (falsche) Rechtsauskunft der Staatsbediensteten lehnt er als „gesetzliches Unrecht" ab. Sein Rechtsgefühl sagt ihm, dass es kein staatliches Recht geben könne, das ihm sein ordnungsgemäß erworbenes Eigentum wegnehmen dürfe, ohne für gleichwertigen Ersatz zu sorgen. In seiner eigenmächtigen Handlungsweise beruft er sich dabei auf ein Recht, das über dem gesetzlichen Recht steht und das jeder Mensch besitzt, das **Naturrecht**.

Der Gedanke eines Naturrechtes ist der Versuch, ein **allgemeingültiges und unwandelbares Recht** zu begründen, das über dem geschriebenen und gesetzten positiven Recht steht und diesem als Maßstab und Orientierung dienen kann und soll.

In der **Antike** war es die Philosophie der Stoa (s. S. 140), die in der Welt einen vernünftig geordneten Kosmos und die bestehende Weltordnung als Richtmaß für das Rechtsdenken sah. Recht war die Vernunft, die der natürlichen Ordnung innewohnt. Das rechtlich Gesollte war also im Bestehenden, im Seienden, zu erkennen und daraus abzuleiten. So z. B. begründete der „Corpus Juris Justinanis", die römische Rechtsordnung, die Ehe als einzig rechtmäßige Verbindung von Mann und Frau damit, dass nur sie mit der in der Natur vorgegebenen Ordnung des Geschlechterverhältnisses übereinstimme.

Die **mittelalterliche Theologie**, vor allem Thomas von Aquin (1225–1274), bestätigte diesen Gedanken, fügte ihm als Letztbegründung jedoch noch hinzu, dass sich in der vorgegebenen Ordnung der Welt der Schöpferwille Gottes offenbare.

In der **Neuzeit** glaubte man die Begründung eines natürlichen Rechts „im Wesen und der Natur des Menschen und der Dinge selbst" zu erkennen. Der niederländische Jurist Hugo Grotius (1583–1659), der „Vater des Naturrechts", suchte das oberste Prinzip des Rechts im Trieb des Menschen „zu einer friedlichen und einsichtig geordneten Gemeinschaft mit seinesgleichen". Die dazu führenden Prinzipien, z. B. fremdes Gut zu respektieren, seien anthropologische Grundgegebenheiten der menschlichen Natur und mithilfe der Vernunft zu erkennen. Er löste den Naturrechtsgedanken von der theologischen Begründung und führte dazu u. a. aus: „Das Naturrecht ist so unveränderlich, dass selbst Gott es nicht verändern kann. Denn obgleich die Macht Gottes unermesslich ist, so kann man doch manches ausführen, worauf sie sich nicht erstreckt. [...] So wenig also Gott es bewirken kann, dass zwei mal zwei nicht vier ist, ebenso wenig kann er bewirken, dass das nach seiner inneren Natur Schlechte nicht schlecht sei."

Diese traditionellen Naturrechtslehren erfuhren allerdings einen wesentlichen Einwand, als man nachwies, dass man aus dem, was ist, nicht zwingend ableiten kann, was sein oder geschehen soll. Ist z. B. die Einehe die rechtlich-normativ allein gültige Form der Verbindung von Mann und Frau? In menschlichen Gemeinschaften gibt es aber neben der Monogamie auch polygame Formen. Was ist also „naturgegeben"? Das bloße Vorhandensein kann also nichts darüber aussagen, ob es rechtmäßig ist oder nicht (s. „naturalistischer Fehlschluss", S. 106 f.).

Dieser Erkenntnis folgend, hat die **neuere Rechtsphilosophie** die traditionelle Naturrechtslehre durch die Konzeption des **„Naturrechts mit wechselndem Inhalt"** ersetzt. Es besagt, dass es bei aller Skepsis und Schwierigkeit nicht nur möglich, sondern auch notwendig ist, das positive Recht an übergeordneten Maßstäben zu messen.

1 Worin liegen die Stärken und Schwächen des Naturrechtsgedankens?

2 Zeigen Sie die Schwierigkeiten naturrechtlicher Begründungen am Beispiel des Verbots der Polygamie und der Diskussion über die Anerkennung gleichgeschlechtlicher Partnerschaften als Ehe auf.

Gustav Radbruch (1878–1949) war Jurist und Politiker. Als Justizminister in der Weimarer Republik erwirkte er die Zulassung von Frauen zum Richteramt und entwarf ein neues Strafgesetzbuch, in dem Todesstrafe und Zuchthausstrafe nicht mehr vorgesehen waren. 1933 wurde er von den Nationalsozialisten amtsenthoben.
In dem nebenstehenden Text aus dem Jahr 1946 prägte er die berühmt gewordene Formel (Z. 56 ff. „Der Konflikt …"), die für das Grundgesetz als Wertordnung mitbestimmend wurde.

Aus der NS-Publikation „Eugenik, Erblehre, Erbpflege" von 1933:
„Es gibt kein gleiches Recht für alle. Jeder hat so viel Recht, wie er für das Volk wert ist. Das muss stärker betont werden als bisher. Und der Staat hat das Recht, ja die Pflicht, den Unterschied zu machen zwischen hochwertig und minderwertig, wobei die Wertigkeit immer wieder auf das Volksganze bezogen werden muss. […] Der Nationalsozialismus bekennt sich zu dem Grundsatz, dass die Fremdrasse und ihre innere Vermischung mit dem deutschen Erbgut das Wesen unseres Volkes ebenso zerstört, wie das Auftreten von gesundheitlichen Erbschäden. Er will deshalb nicht nur Eugenik betreiben, sondern Rassenpflege."

Gustav Radbruch: Gesetzliches Unrecht und übergesetzliches Recht

Recht ist Wille zur Gerechtigkeit. Gerechtigkeit aber heißt: ohne Ansehen der Person richten, an gleichem Maße alle messen.
Wenn die Ermordung politischer Gegner geehrt, der Mord an Andersgesinnten geboten, die gleiche Tat gegen die eigenen Gesinnungsgenossen aber mit den grausamsten, entehrendsten Strafen geahndet wird, so ist das weder Gerechtigkeit noch Recht.
Wenn Gesetze den Willen zur Gerechtigkeit bewusst verleugnen, zum Beispiel Menschenrechte Menschen nach Willkür gewähren und versagen, dann fehlt diesen Gesetzen die Geltung, dann schuldet das Volk ihnen keinen Gehorsam, dann müssen auch die Juristen den Mut finden, ihnen den Rechtscharakter abzusprechen.
Gewiss, neben der Gerechtigkeit ist auch der Gemeinnutz ein Ziel des Rechts. Gewiss, auch das Gesetz als solches, sogar das schlechte Gesetz, hat noch immer einen Wert – den Wert, das Recht Zweifeln gegenüber sicherzustellen. Gewiss, menschliche Unvollkommenheit lässt im Gesetze nicht immer alle drei Werte des Rechts: Gemeinnutz, Rechtssicherheit und Gerechtigkeit, sich harmonisch vereinigen, und es bleibt dann nur übrig abzuwägen, ob dem schlechten, dem schädlichen oder ungerechten Gesetze um der Rechtssicherheit willen dennoch Geltung zuzusprechen, oder um seiner Ungerechtigkeit oder Gemeinschädlichkeit willen die Geltung zu versagen sei. Das aber muss sich dem Bewusstsein des Volkes und der Juristen tief einprägen: Es *kann* Gesetze mit einem solchen Maße von Ungerechtigkeit und Gemeinschädlichkeit geben, dass ihnen die Geltung, ja der Rechtscharakter abgesprochen werden muss.
Es gibt also Rechtsgrundsätze, die stärker sind als jede rechtliche Satzung, sodass ein Gesetz, das ihnen widerspricht, der Geltung bar ist. Man nennt diese Grundsätze das Naturrecht oder das Vernunftrecht. Gewiss sind sie im Einzelnen von manchem Zweifel umgeben, aber die Arbeit der Jahrhunderte hat doch einen festen Bestand herausgearbeitet und in den sogenannten Erklärungen der Menschen- und Bürgerrechte mit so weitreichender Übereinstimmung gesammelt, dass in Hinsicht auf manche von ihnen nur noch gewollte Skepsis den Zweifel aufrechterhalten kann. […]
Der Positivismus hat in der Tat mit seiner Überzeugung „Gesetz ist Gesetz" den deutschen Juristenstand wehrlos gemacht gegen Gesetze willkürlichen und verbrecherischen Inhalts. Dabei ist der Positivismus gar nicht in der Lage, aus eigener Kraft die Geltung der Gesetze zu begründen. Er glaubt, die Geltung eines Gesetzes schon damit erwiesen zu haben, dass es die Macht besessen hat, sich durchzusetzen. Aber auf Macht lässt sich vielleicht ein Müssen, aber niemals ein Sollen und Gelten gründen. Dieses lässt sich vielmehr nur gründen auf einen Wert, der dem Gesetz innewohnt. Freilich: *Einen* Wert führt schon jedes positive Recht ohne Rücksicht auf seinen Inhalt mit sich: Es ist immer noch besser als kein Gesetz, weil es zum Mindesten Rechtssicherheit schafft. Aber Rechtssicherheit ist nicht der einzige und nicht der entscheidende Wert, den das Recht zu verwirklichen hat. Neben die Rechtssicherheit treten vielmehr zwei andere Werte: Zweckmäßigkeit und Gerechtigkeit. In der Rangordnung dieser Werte haben wir die Zweckmäßigkeit des Rechts für das Gemeinwohl an die letzte Stelle zu setzen. Keineswegs ist das Recht alles das, „was dem Volke nützt", sondern dem Volke nützt letzten Endes nur, was Recht ist, was Rechtssicherheit schafft und Gerechtigkeit erstrebt. Die Rechtssicherheit, die jedem positiven Gesetz schon wegen seiner Positivität eignet, nimmt eine merkwürdige Mittelstellung zwischen Zweckmäßigkeit und Gerechtigkeit ein: Sie ist einerseits vom Gemeinwohl gefordert, andererseits aber auch von der Gerechtigkeit. Dass das Recht sicher sei, dass

es nicht heute und hier so, morgen und dort anders ausgelegt und angewandt werde, ist zugleich eine Forderung der Gerechtigkeit. Wo ein Widerstreit zwischen Rechtssicherheit und Gerechtigkeit, zwischen einem inhaltlich anfechtbaren, aber positiven Gesetz und zwischen einem gerechten, aber nicht in Gesetzesform gegossenen Recht entsteht, liegt in Wahrheit ein Konflikt der Gerechtigkeit mit sich selbst, ein Konflikt zwischen scheinbarer und wirklicher Gerechtigkeit vor.

Diesen Konflikt bringt großartig das Evangelium zum Ausdruck, indem es einerseits befiehlt: „Seid untertan der Obrigkeit, die Gewalt über euch hat", und doch andererseits gebietet „Gott mehr zu gehorchen als den Menschen". **Der Konflikt zwischen der Gerechtigkeit und der Rechtssicherheit dürfte dahin zu lösen sein, dass das positive, durch Satzung und Macht gesicherte Recht auch dann den Vorrang hat, wenn es inhaltlich ungerecht und unzweckmäßig sei, es sei denn, dass der Widerspruch des positiven Gesetzes zur Gerechtigkeit ein so unerträgliches Maß erreicht, dass das Gesetz als unrichtiges Recht der Gerechtigkeit zu weichen hat.** Es ist unmöglich, eine schärfere Linie zu ziehen zwischen den Fällen des gesetzlichen Unrechts und den trotz unrichtigen Inhalts dennoch geltenden Gesetzen, eine andere Grenzziehung aber kann mit aller Schärfe gezogen werden: Wo Gerechtigkeit nicht einmal erstrebt wird, wo die Gleichheit, die den Kern der Gerechtigkeit ausmacht, bei der Setzung positiven Rechts bewusst verleugnet wurde, da ist das Gesetz nicht etwa nur „unrichtiges Recht", vielmehr entbehrt es überhaupt der Rechtsnatur. Denn man kann Recht, auch positives Recht, gar nicht anders definieren denn als eine Ordnung und Satzung, die ihrem Sinn nach bestimmt ist, der Gerechtigkeit zu dienen. An diesem Maßstab gemessen sind ganze Partien nationalsozialistischen Rechts niemals zur Würde geltenden Rechts gelangt. [...]

Infolgedessen entbehren die betreffenden Normen insoweit überhaupt der Rechtsnatur, sind nicht etwa unrichtiges Recht, sondern überhaupt kein Recht. Das gilt insbesondere von den Bestimmungen, durch welche die nationalsozialistische Partei entgegen dem Teilcharakter jeder Partei die Totalität des Staates für sich beanspruchte. Der Rechtscharakter fehlt weiter allen jenen Gesetzen, die Menschen als Untermenschen behandelten und ihnen die Menschenrechte versagten. Ohne Rechtscharakter sind auch alle jene Strafdrohungen, die ohne Rücksicht auf die unterschiedliche Schwere der Verbrechen, nur geleitet von momentanen Abschreckungsbedürfnissen, Straftaten verschiedenster Schwere mit der gleichen Strafe, häufig mit der Todesstrafe, bedrohten. Alles das sind nur Beispiele gesetzlichen Unrechts.

1 Welche Ziele verfolgt nach Meinung des Autors das Recht? Welchen Stellenwert hat dabei die Rechtssicherheit?

2 Worin sieht Radbruch Leistung und Grenzen des Rechtspositivismus und des Naturrechts? Erläutern Sie in diesem Zusammenhang die sogenannte „Radbruch'sche Formel" (Z. 56–61).

3 Diskutieren Sie über die Ansicht, dass „das, was gestern Recht war, heute nicht Unrecht sein" könne.

4 Referieren Sie über den Nürnberger Kriegsverbrecherprozess (1946) und über das UN-Kriegsverbrechertribunal (seit 1993) und die ihnen zugrunde liegende Rechtsauffassung.

Der Begriff **Legalität** (lat. lex = Gesetz) bezeichnet die Übereinstimmung staatlichen oder privaten Handelns mit dem geltenden (= positiven) Recht. Gegenüber dieser rein formellen „Gesetzmäßigkeit" bezeichnet **Legitimität** die Rechtfertigung des Staates und seiner Herrschaftsgewalt durch höhere Werte bzw. Grundsätze (z. B. Volkssouveränität). Wenn geltendes Recht allgemeinen Gerechtigkeitsprinzipien widerspricht, handelt es sich vom Standpunkt der Legitimität aus um „legales Unrecht".

Nach **Immanuel Kant** kann man aus der Legalität einer (staatlichen oder privaten) Handlung nicht auf ihre **Moralität** schließen, da eine rein legale Handlung keine Auskunft über die die ihr zugrunde liegenden sittlichen Motive gibt.

NS-Urteile werden pauschal aufgehoben
Zwischen 200 000 und 500 000 Urteile betroffen

BONN (dpa) – Mehr als 50 Jahre nach dem Ende des Naziregimes sollen alle Unrechtsurteile zwischen 1933 und 1945 pauschal aufgehoben werden. Nach jahrelangem Tauziehen hat sich gestern der Rechtsausschuss des Bundestages einmütig auf eine gemeinsame Linie verständigt.
Das Gesetz, das nach Schätzungen zwischen 200 000 und 500 000 Urteile betrifft, soll an diesem Donnerstag im Bundestag verabschiedet werden und voraussichtlich am 1. Juli in Kraft treten.
Nach der Vereinbarung der Fraktionen sollen alle Urteile, die aus politischen, militärischen, rassischen, religiösen oder weltanschaulichen Gründen ergangen sind, ohne Einzelfallprüfung für nichtig erklärt werden. Darunter fallen auch die Urteile gegen Deserteure und Homosexuelle.
Gegen ihre Aufnahme gab es, insbesondere in der CSU, Widerstand. Union, FDP und SPD verständigten sich nun darauf, dass die Aufhebung der Urteile gegen beide Gruppen nicht im Gesetz selbst, sondern in der Begründung aufgenommen wird.
Durch das Gesetz ebenfalls rehabilitiert werden die Opfer von Zwangssterilisationen. Von den 350 000 Betroffenen leben heute noch etwa 50 000.

Der 18-jährige Ost-Berliner Bauarbeiter Peter Fechter wurde 1962 beim Überklettern der Berliner Mauer angeschossen und verblutete dort. Im Zusammenhang mit Fluchtversuchen aus der DDR fanden allein in Berlin mindestens 136 Menschen den Tod.

Todesschüsse an der Berliner Mauer – Recht oder Unrecht?

Am 13. August 1961 errichtete das DDR-Regime in Berlin zwischen dem Ostsektor und den Westsektoren eine Mauer, um die Flucht in den Westen zu verhindern und das Ausreiseverbot durchzusetzen. Für die Grenzsoldaten galt der Schießbefehl. Nach der deutschen Wiedervereinigung 1990 wurden Grenzsoldaten und Politiker für die Tötungen von Flüchtlingen angeklagt und verurteilt. Aus der Urteilsbegründung des Berliner Landgerichts (1992):

1. Die Schusswaffenregelung im Grenzgesetz der ehemaligen DDR war nichtig, weil sie nicht dem rechtsstaatlich gebotenen **Verhältnismäßigkeitsgrundsatz** entsprach.
2. Die Durchsetzung des Ausreiseverbots mittels Schusswaffengebrauchs **verletzt den Kernbereich des Rechts auf Leben und körperliche Unversehrtheit**, in den nach allgemeiner Rechtsüberzeugung kein Gesetz und keine andere obrigkeitliche Maßnahme eingreifen darf.
3. Ein unvermeidbarer Verbotsirrtum[1] bei den Grenzsoldaten scheidet regelmäßig aus, da die tödlichen Schüsse an der Grenze in eklatantem **Widerspruch zu den allgemein anerkannten Grundsätzen von Recht und Gerechtigkeit** standen, sodass dies trotz Indoktrination bei entsprechender **Gewissensanspannung** auch für die Soldaten erkennbar gewesen wäre.

[1] Verbotsirrtum: (irrige) Annahme, dass eine Handlungsweise nicht verboten ist

Recht und Macht*

Unter seinen verschiedenen Funktionen hat das Recht auch die „Herrschaftsfunktion“ und die „Herrschaftskontrollfunktion“. Damit wird deutlich, dass das **Recht Macht kontrolliert und begrenzt, selbst aber auch Macht ausübt**. Die Macht, will sie nicht reine Willkür sein, bedarf ebenso des Rechts wie das Recht der Macht bedarf, um Gültigkeit und Anerkennung zu behaupten. Beispiele für Konflikte zwischen den Gewalten gibt es indes viele. Es ist nämlich eine „ewige Erfahrung, dass jeder Mächtige das Bestreben hat, seine Macht auszudehnen, bis er an Grenzen stößt“ (Max Weber). So äußerte Bismarck als preußischer Ministerpräsident 1863 in dem Verfassungskonflikt bezüglich der von ihm vorgesehenen Heeresreform: „Konflikte, da das Staatsleben nicht stillzustehen vermag, werden zu Machtfragen. Wer die Macht in seinen Händen hält, geht dann in seinem Sinne vor.“ Die damalige Opposition warf Bismarck daraufhin vor, er wolle den ehernen preußischen Grundsatz verletzen, dass das Recht vor der Macht zu stehen habe („justitia fundamentum regnorum“), was Bismarck schließlich zum Einlenken bewog. In diesem Fall hat das Recht seine Funktion der Herrschaftskontrolle wahrgenommen und die Macht in ihre Schranken verwiesen.

Was die „Herrschaftsfunktion“ des Rechts betrifft, so hat es im Lauf der Geschichte aber auch genügend Fälle von „unrichtigem Recht“ (s. S. 236f.) gegeben. Hier hat das Recht seine Funktion des „Willens zur Gerechtigkeit“ nicht mehr wahrgenommen und damit seine Aufgabe, die Freiheit und Gleichheit aller Menschen zu garantieren, zu erhalten und zur Entfaltung kommen zu lassen, nicht erfüllt. Berühmte Prozesse wie die gegen Sokrates (399 v. Chr.), Jeanne d'Arc (1431), Galileo Galilei (1633) und Alfred Dreyfus (1894) oder auch die Urteile des sogenannten „Volksgerichtshofes“ im „Dritten Reich“ dokumentieren, dass sich das Recht in den Dienst politischer Interessen stellte und elementare Rechte wie die der Denk- und Redefreiheit untergrub.

Aufgrund dieser Erfahrungen sind **Gewaltenteilung** und **Gewaltenkontrolle** elementare Bestandteile demokratischer Verfassungen. Im Grundgesetz heißt es dazu: „Die nachfolgenden Grundrechte binden Gesetzgebung, vollziehende Gewalt und Rechtsprechung als unmittelbar geltendes Recht“ (Art. 1, Abs. 3). Und: „Die Gesetzgebung ist an die verfassungsmäßige Ordnung, die vollziehende Gewalt und die Rechtsprechung sind an Gesetz und Recht gebunden“ (Art. 20, Abs. 2).

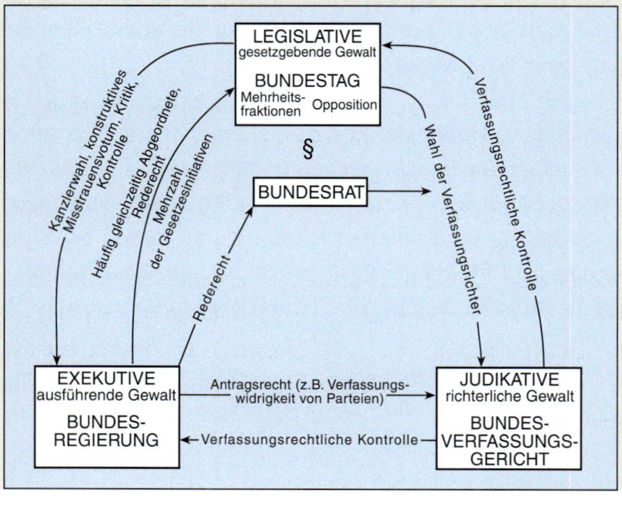

Gewaltenteilung in der Bundesrepublik Deutschland

50 Klassiker: Prozesse. Dargestellt von M. Sagenschneider, Hildesheim (Gerstenberg) 2002

1 Begründen Sie mithilfe des Radbruch-Textes (s. S. 236f.) die Aufhebung der NS-Urteile.

2 Die Grenzsoldaten beriefen sich auf Befehlsnotstand und Verbotsirrtum. Warum ließen die Richter dies nicht gelten?

3 Referieren Sie über einen der genannten Prozesse und zeigen Sie daran die Problematik des Verhältnisses von Recht und Macht.

4 Vergleichen Sie den auf Gewaltenteilung beruhenden demokratischen Rechtsstaat mit dem „Leviathan“ von Hoobes (s. S. 240ff.).

Der englische Philosoph **Thomas Hobbes** (1588–1679) gilt mit seiner individualistischen **vertragstheoretischen Staatslehre** als Begründer der politischen Philosophie der Neuzeit.
Hintergrund seiner Lehre (Hauptwerk: „Der Leviathan", 1651) sind die Gräuel und Verheerungen des 30-jährigen Krieges (1618–1648) und des englischen Bürgerkrieges (1642–1646). In diesen Kriegen offenbart sich für Hobbes die wahre menschliche Natur: Getrieben vom Egoismus und vom Willen zur Selbsterhaltung ist „der Mensch dem Menschen ein Wolf" (homo homini lupus), was in letzter Konsequenz zum Krieg, zum „Kampf aller gegen alle" führt. Zu zähmen ist die Wolfsnatur des Menschen allein durch einen staatlichen Souverän, dem in einem Vertrag alle Macht übertragen wird. Nur der Leviathan, das staatliche Monster, ist in der Lage, den menschlichen Wolf in Schach zu halten. Dem Menschen bleibt somit nur die Wahl zwischen diesem allmächtigen Staat, der die Überlebensinteressen aller um den Preis der Einschränkung von Freiheit sichert, und dem Bürgerkrieg.

Thomas Hobbes: Der Staat als Garant des Friedens durch Recht und Ordnung

Das höchste Gut ist für jeden die Selbsterhaltung. Denn die Natur hat es so eingerichtet, dass alle ihr eigenes Bestes wünschen. Um das erlangen zu können, müssen sie Leben und Gesundheit wünschen und für beide, soweit es möglich ist, Gewähr für die Zukunft.
Auf der anderen Seite steht unter allen Übeln an erster Stelle der Tod; besonders schlimm ist der Tod unter Qualen; am schlimmsten sind die Leiden des Lebens, die sogar so groß werden können, dass sie, wenn nicht ihr nahes Ende abzusehen ist, uns den Tod als ein Gut erscheinen lassen.
Macht ist, wenn sie bedeutend ist, ein Gut, weil sie uns Mittel zur Lebenssicherung gewährt; darauf aber beruht der Frieden unseres Gemütes. Wenn die Macht nicht bedeutend ist, ist sie unnütz; denn wenn andere gleiche Macht besitzen, bedeutet sie nichts.
Freundschaften sind ein Gut, da sie nützlich sind. Denn auch Freundschaften tragen zur Sicherheit bei. Daher sind Feindschaften etwas Schlechtes, da sie Gefahren mit sich bringen und Erhaltung und Sicherheit bedrohen.
Das höchste Gut oder, wie man es nennt, Glückseligkeit oder ein letztes Ziel kann man in diesem Leben nicht finden. Denn gesetzt, das letzte Ziel ist erreicht, so wird nichts mehr ersehnt, nichts erstrebt. Daraus folgt, dass es von diesem Zeitpunkte an für den Menschen kein Gut mehr gibt, ja dass der Mensch überhaupt nicht mehr empfindet. Denn jede Empfindung ist mit einem Begehren und Widerstreben verbunden, und nicht empfinden heißt: nicht leben.
Das größte der Güter aber ist ein ungehindertes Fortschreiten zu immer weiteren Zielen. Der Genuss selbst des Begehrten ist, während wir genießen, ein Begehren, das, wie wir stückweise genießen, stückweise fortgeht. Denn das Leben ist beständige Bewegung, die in sich selbst kreist, wenn sie geraden Weges nicht fortschreiten kann. [...]
Es gibt kein letztes Ziel oder höchstes Gut, wovon in den Schriften der alten Moralphilosophen[1] die Rede ist. Ein Mensch, der keine Wünsche mehr hat, kann vielmehr ebenso wenig weiterleben wie einer, dessen Empfindungen und Vorstellungen zum Stillstand gekommen sind. Glückseligkeit ist ein ständiges Fortschreiten des Verlangens, von einem Gegenstand zum anderen, wobei das Erlangen des einen Gegenstandes nur der Weg ist, der zum nächsten Gegenstand führt. Der Grund hierfür ist, dass es Gegenstand menschlichen Verlangens ist, auch sicherzustellen, dass seinem künftigen Verlangen nichts im Wege steht. Deshalb gehen die willentlichen Handlungen und Neigungen des Menschen nicht nur darauf aus, sich ein zufriedenes Leben zu verschaffen, sondern auch darauf, es zu sichern.

Ein schrankenloser Egoismus führe, so Hobbes weiter, zum „Kampf aller gegen alle". Andererseits kann man aber die langfristigen egoistischen Bedürfnisse des Menschen akzeptieren und versuchen, sie zu bändigen und auf ihnen eine Sittenlehre aufzubauen. Ein solches Modell legt Hobbes in „Der Leviathan" (Kap. 14 und 18) vor. Dort begründet er die Notwendigkeit eines auf freiwilliger Basis geschlossenen **Gesellschaftsvertrages** und weist dem Staat die Aufgabe zu, eine Minimalmoral zu garantieren.

In den Worten liegt nun nicht die Kraft, die Menschen zur Erfüllung ihrer Abkommen zu bewegen. Zweierlei muss dabei mitwirken, entweder der auf der Nichterfül-

[1] Gemeint sind Aristoteles, Platon und die Philosophen der Stoa.

lung des Abkommens zu befürchtende Schaden oder die Besorgnis, durch Treulosigkeit einen Beweis der Schwäche zu geben und sich zu entehren. Letzteres ist Edelmut und wird so selten angetroffen, dass es nicht in Erwägung gezogen werden kann. Nur die Furcht muss man berücksichtigen, sowohl die vor unsichtbar wirkenden Mächten als vor menschlicher Gewalt; sie reicht indessen, wo kein eigentlicher Staat besteht, nicht aus, die Menschen zur Erfüllung der Abkommen zu nötigen. Im Naturzustande wird nur durch den Ausgang des Krieges die größere Macht sichtbar. Vor Gründung der Staaten und sooft sie durch Bürgerkriege erschüttert werden, können daher Abkommen nicht besser gegen die Begierden der Menschen gesichert werden als durch die Furcht vor einem unsichtbaren Wesen, welches von allen Gott genannt und auf verschiedene Weise verehrt wird. Deshalb fand man es zur Festigung der getroffenen Abkommen für nötig, bei dem Gott, den man fürchtete, zu schwören, dass man das Abkommen erfüllen werde.

Alles zu tun, was die natürlichen Gesetze fordern, wie z. B. Gerechtigkeit, Billigkeit und kurz, andern das zu tun, was wir wünschen, dass es uns von andern geschehe, ist, wenn die Furcht vor einer Zwangsmacht wegfällt, den natürlichen Leidenschaften, Zorn, Stolz und den Begierden aller Art, gänzlich zuwider.

Um aber eine allgemeine Macht zu gründen, unter deren Schutz gegen auswärtige und innere Feinde die Menschen bei dem ruhigen Genuss der Früchte ihres Fleißes und der Erde ihren Unterhalt finden können, ist der einzig mögliche Weg folgender: Jeder muss alle seine Macht oder Kraft einem oder mehreren Menschen übertragen, wodurch der Willen aller gleichsam auf einen Punkt vereinigt wird. Es ist eine wahre Vereinigung in einer Person und beruht auf dem Vertrage eines jeden mit einem jeden, wie denn ein jeder zu einem jeden sagt: „Ich übergebe dir mein Recht, mich selbst zu beherrschen, diesem Menschen oder dieser Gesellschaft unter der Bedingung, dass du ebenfalls dein Recht über dich ihm oder ihr abtrittst."

Auf diese Weise werden alle Einzelnen eine Person und heißen Staat oder Gemeinwesen. So entsteht der große Leviathan oder, wenn man lieber will, der sterbliche Gott, dem wir unter dem ewigen Gott allein Frieden und Schutz zu verdanken haben. Dies macht das Wesen eines Staates aus, dessen Definition folgende ist: Staat ist eine Person, deren Handlungen eine große Menge Menschenkraft der gegenseitigen Verträge eines jeden mit jedem als ihre eigene ansehen, auf dass diese nach ihrem Gutdünken die Macht aller zum Frieden und zur gemeinschaftlichen Verteidigung anwende.

Anschließend nennt Hobbes in zwölf Punkten die Rechte und Pflichten von Staat und Bürger. Die Punkte 6 bis 9 lauten:

Sechstens zielt man bei der Gründung eines Staates nur auf Frieden und Schutz. Das Recht auf den Zweck aber gibt auch das Recht auf die Mittel, und wenn einem einzelnen Menschen oder einer Gesellschaft die höchste Gewalt übertragen ist, so hat man ihm oder ihr zugleich die freie Beurteilung der Mittel zum Frieden und Schutz überlassen. [...]

Siebtens ist mit der höchsten Gewalt auch das Recht verbunden zu entscheiden, was zur Erhaltung oder zur Störung des Friedens dienen kann; folglich auch zu bestimmen, zu welcher Zeit, unter welchen Bedingungen und wem es erlaubt sei, das Volk aufzuklären; welche Bücher verboten werden müssen und wer darüber Aufsicht führen soll. Handlungen haben ihren Grund in Meinungen; folglich müssen diese unter Aufsicht gestellt werden, wenn man Frieden und Einigkeit in einem Staat erhalten will. [...]

Achtens hat auch die höchste Gewalt das Recht, diejenigen Vorschriften zu erlassen,

1 Was sind nach Hobbes die grundlegenden Interessen des Menschen? Erläutern und bewerten Sie sein Menschenbild.

2 Nennen Sie die wesentlichen Merkmale des Staates als „Leviathan". Welche Rolle spielen hierbei Macht und Gewalt?

3 Wie verwendet Hobbes den Begriff „Recht"? Vergleichen Sie seine Auffassung mit der von Kant (s. S. 164), Wesel (s. S. 232 f.), und Radbruch (s. S. 236 f.).

4 Diskutieren Sie, ob die Kritik Norbert Hoersters (s. S. 110 f.) an Hobbes berechtigt ist.

5 „Die von Hobbes begründete Legalität einer Rechtsordnung unterscheidet sich prinzipiell nicht von der einer erfolgreichen Räuberbande" (Karl-Otto Apel, dt. Philosoph). Setzen Sie sich mit dieser Ansicht kritisch auseinander.

welche das Eigentum betreffen, damit ein jeder wisse, was ihm gehört, dies ungestört genießen könne und unterrichtet werde, was er mit Recht tun und nicht tun dürfe. Vor der Errichtung der höchsten Gewalt hatten alle ein Recht auf alles: und dies eben veranlasste den Krieg. Die Vorschriften über das Dein und Mein, über das Gute und Böse, Erlaubte und Unerlaubte in den Handlungen müssen daher von dem Oberherrn gemacht werden; denn von alledem hängt der Frieden im Staate ab. Diese Vorschriften bekommen den Namen *bürgerliche Gesetze*. [...]
Neuntens gehört es zur höchsten Gewalt, alle Rechtshändel der Wahrheit und den Rechten nach zu untersuchen und alle Streitigkeiten zu entscheiden, mit einem Worte: das Richteramt. Gäbe es dieses nicht, wären die Bürger gegen Unrecht nicht gesichert; die Gesetze über Dein und Mein wären ohne Kraft, und die Menschen blieben in dem Zustand des Krieges aller gegen alle.

Titelbild der Erstveröffentlichung des „Leviathan" von 1651.
Das Bild zeigt den Leviathan als eine aus Menschen zusammengesetzte riesenhafte Gestalt, die die Zeichen weltlicher und geistlicher Macht in den Händen hält. Die lateinische Inschrift lautet übersetzt: Es gibt keine Gewalt auf Erden, die der seinen vergleichbar wäre.
Die Figur des Leviathan ist dem Alten Testament entnommen. Der Leviathan übt im Buch Hiob als schlangenähnliches Ungeheuer und Herr der Tiere eine gewalttätige Schreckensherrschaft aus, bis er schließlich von Gott vernichtet wird.

Hobbes' Entwurf der „einzigen wahren Sittenlehre"*

In Anlehnung an das **naturwissenschaftlich-mechanistische Welt- und Menschenbild** von Bacon (s. S. 320) und Descartes (s. S. 40) sieht Hobbes die Natur als ein mathematisch erfassbares Gebilde mit rein mechanischen Kausalitätsbeziehungen. Dies gilt auch für den Menschen. Nur die nachweisbare, objektive Erkenntnis der menschlichen Natur kann demnach die Grundlage einer Ethik bilden. Hobbes nimmt in seinem gedanklich-theoretischen Modell des menschlichen **„Naturzustandes"** an, dass Wille und Streben des Menschen ausschließlich auf Sinneseindrücke, Neigungen und auf Zustandsäußerungen seines Körpers zurückzuführen sind. Das Wesen des Menschen besteht demnach letztlich in einem unbedingten Selbsterhaltungs- und Überlebenswillen. Da die Durchsetzung der egoistischen Interessen aber mit denen der Mitmenschen kollidiert, empfindet der Mensch eine ständige Bedrohung seiner Sicherheit und seines Lebens. Dies und die daraus resultierende Todesfurcht lassen folglich weder eine wirkliche Willensfreiheit zu noch ein auf Gemeinschaft und soziales Leben gerichtetes Streben. Aus diesem Naturzustand kann der Mensch **„nur durch Vernunft und gewissermaßen durch seine Leidenschaften gerettet"** werden. Denn die egoistischen Leidenschaften, vor allem aber die Todesangst, treiben die Vernunft an und weisen sie zur Beachtung elementarer Regeln gedeihlichen Zusammenlebens an und führen damit auf den Weg zum Frieden. Andererseits mäßigt die Vernunft die Leidenschaften und „liefert uns einige zum Frieden führende Grundsätze, und das sind die natürlichen Gesetze". Das im Naturzustand herrschende Naturrecht als Recht eines jeden auf alles, was der Selbsterhaltung und dem Eigennutz dient, muss durch das „natürliche Gesetz" ersetzt werden, um einen Rechtszustand zu schaffen. Somit besteht in der **„Wissenschaft der natürlichen Gesetze die einzige wahre Sittenlehre"**.

Die von der Vernunft gelehrten „natürlichen Gesetze" sind eine „Vorschrift oder allgemeine Regel, nach welcher keiner dasjenige unternehmen darf, was er als schädlich für sich selbst anerkennt". Das erste und wichtigste dieser Gesetze lautet: „Suche Frieden und jage ihm nach." Aus diesem Gesetz ergibt sich das zweite: „Sobald seine Ruhe und Selbsterhaltung gesichert ist, muss auch jeder von seinem Recht auf alles – vorausgesetzt, dass andere dazu auch bereit sind – abgehen und mit der Freiheit zufrieden sein, die er den Übrigen eingeräumt wissen will." Der Verzicht auf alles, was den Frieden stört, führt dann zum dritten Gesetz: „Vertragliche Abkommen müssen eingehalten werden." Weitere natürliche Gesetze sind u. a.: „Jeder soll den anderen nützlich sein", „Alle Menschen sind von Natur untereinander gleich".

Garant und Hüter der natürlichen Gesetze und damit der Minimalethik kann, so Hobbes, nur ein **absoluter Staat** als eine auf Intelligenz und rationaler Überlegung beruhende menschliche Schöpfung sein. Diesem „sterblichen Gott" übertragen die Individuen in einem freiwilligen **Vertrag** alle Macht.

1 Worin sieht Hobbes den Zusammenhang zwischen Leidenschaften, Vernunft und dem Recht? Überlegen Sie, ob bzw. inwieweit sich mit dieser Argumentation Menschenrechte (s. S. 257 ff.) begründen lassen.

2 Lesen Sie den Text über die Entwicklung des Naturrechtsgedankens (s. S. 235) und bewerten Sie den Naturrechtsbegriff Hobbes'.

3 Vergleichen Sie Hobbes' vertragstheoretisches Modell mit dem von Rawls (s. S. 246).

Was ist Gerechtigkeit?

Der Schriftsteller **Friedrich Dürrenmatt** (1921–1990) hat neben Dramen (z. B. „Die Physiker") auch Erzählungen geschrieben, die sich mit juristischen Fragen befassen (z. B. „Der Richter und sein Henker" und „Justiz").

Friedrich Dürrenmatt: Über die Gerechtigkeit

In einer 1969 gehaltenen Rede vor Juristen erzählte Dürrenmatt eine Geschichte aus „Tausendundeiner Nacht" nach:

Der Prophet Mohammed sitzt in einer einsamen Gegend auf einem Hügel. Am Fuße des Hügels befindet sich eine Quelle. Ein Reiter kommt. Während der Reiter sein Pferd tränkt, fällt ihm ein Geldbeutel aus dem Sattel. Der Reiter entfernt sich, ohne den Verlust des Geldbeutels zu bemerken. Ein zweiter Reiter kommt, findet den Geldbeutel und reitet damit davon. Ein dritter Reiter kommt und tränkt sein Pferd an der Quelle. Der erste Reiter hat inzwischen den Verlust des Geldbeutels bemerkt und kehrt zurück. Er glaubt, der dritte Reiter habe ihm das Geld gestohlen, es kommt zum Streit. Der erste Reiter tötet den dritten Reiter, stutzt, wie er keinen Geldbeutel findet, und macht sich aus dem Staube. Der Prophet auf dem Hügel ist verzweifelt: „Allah", ruft er aus, „die Welt ist ungerecht. Ein Dieb kommt ungestraft davon, und ein Unschuldiger wird erschlagen!" Allah, sonst schweigend, antwortet: „Du Narr! Was verstehst du von meiner Gerechtigkeit! Der erste Reiter hatte das Geld, das er verlor, dem Vater des zweiten Reiters gestohlen. Der zweite Reiter nahm zu sich, was ihm schon gehörte. Der dritte Reiter hatte die Frau des ersten Reiters vergewaltigt. Der erste Reiter, indem er den dritten Reiter erschlug, rächte seine Frau." Dann schweigt Allah wieder. Der Prophet, nachdem er die Stimme Allahs vernommen hatte, lobt dessen Gerechtigkeit.

Gerechtigkeit wird in der abendländischen Philosophie (seit Platon und Aristoteles) einerseits als *politische/soziale* Gerechtigkeit im Sinne einer sittlichen Zielvorstellung für Recht und Politik verstanden, andererseits als *personale* Gerechtigkeit im Sinne einer persönlichen Haltung (Kardinaltugend, s. S. 135). In politischer Hinsicht bestimmte **Aristoteles** die Gerechtigkeit als *Gleichheit*. Er unterschied dabei zwischen *austeilender* und *ausgleichender* Gerechtigkeit. Der austeilenden Gerechtigkeit geht es um die gerechte Verteilung von Gütern, Rechten und Pflichten. Die ausgleichende Gerechtigkeit strebt einen gerechten Güteraustausch an (Gleichwertigkeit von Leistung und Gegenleistung, Wiedergutmachung von Schäden). „Gerecht ist, was in der politischen Gemeinschaft die Glückseligkeit hervorbringt und bewahrt." (Aristoteles)

Chaim Perelmann: Gerechtigkeitskriterien

Unter allen anspruchsvollen Begriffen erscheint der der Gerechtigkeit als einer der hervorragendsten und als der am heillosesten verwirrte. [...] Es ist immer nützlich und wichtig, die sozialen Konzeptionen, die man befürwortet, als gerecht qualifizieren zu können. Alle Revolutionen, alle Kriege, alle Umwälzungen haben sich immer im Namen der Gerechtigkeit ereignet. [...]

Es ist illusorisch, alle möglichen Sinngehalte des Gerechtigkeitsbegriffes aufzählen zu wollen. Geben wir stattdessen einige Beispiele von den geläufigsten Konzeptionen der Gerechtigkeit, deren unvereinbaren Charakter man sogleich erkennen wird. [...]

1. Jedem das Gleiche. Gemäß dieser Konzeption müssen alle Wesen, die man betrachtet, in der gleichen Weise behandelt werden, ohne irgendeiner der Besonderheiten, durch welche sie sich unterscheiden, Rechnung zu tragen. Im volkstümlich-bildlicher Vorstellung ist das vollkommen gerechte Wesen der Tod, der alle Menschen trifft ohne Rücksicht auf irgendeines ihrer Privilegien.

2. Jedem gemäß seinen Verdiensten. Hier haben wir nun eine Konzeption der Gerechtigkeit, die nicht mehr die Gleichheit aller fordert, sondern eine Behandlung, die dem eigentlichen Wert proportional ist, nämlich dem Verdienst der menschlichen Person.

Wie aber soll man diesen Verdienst definieren? Welches allgemeine Maß soll man finden für Verdienst oder Versagen der verschiedenen Wesen? Gibt es überhaupt ein derartiges allgemeines Maß? Welches sind die Kriterien, die man bei der Bestimmung dieses Verdienstes beachten muss? Muss man dem Resultat der Handlung

Rechnung tragen, der Absicht, dem vollbrachten Opfer, und in welchem Maß soll dies geschehen? Für gewöhnlich lässt man nicht nur alle diese Fragen unbeantwortet, sondern man stellt sie erst gar nicht.

3. Jedem gemäß seinen Werken. Diese Konzeption von der Gerechtigkeit verlangt ebenfalls keine gleiche, sondern eine proportionale Behandlung. Nur ist das Kriterium kein moralisches mehr, denn es berücksichtigt weder die Absicht noch die gebrachten Opfer, sondern einzig und allein das Resultat der Handlung. [...]

4. Jedem gemäß seinen Bedürfnissen. Anstatt die Verdienste des Menschen oder seine Leistung zu berücksichtigen, versucht diese Konzeption der Gerechtigkeit vor allem, die Leiden zu vermindern, die sich aus der Unmöglichkeit, die lebenswichtigen Bedürfnisse zu befriedigen, ergeben. Hierin nähert sich die Konzeption der Gerechtigkeit am meisten unserem Begriff der Nächstenliebe. Es versteht sich von selbst, dass diese Fassung, um sozial anwendbar zu sein, auf formalen Kriterien der Bedürfnisse eines jeden beruhen muss: Die Divergenz zwischen diesen Kriterien lässt verschiedene Varianten dieser Konzeption zu.

5. Jedem gemäß seinem Rang. Das ist eine aristokratische Konzeption der Gerechtigkeit. Sie besteht darin, die Wesen nicht gemäß der dem Individuum eigenen Kriterien zu behandeln, sondern nach ihrer Zugehörigkeit zu dieser oder jener bestimmten Kategorie von Wesen. Quod licet jovi, non licet bovi[1], sagt ein altes lateinisches Sprichwort.

6. Jedem gemäß dem ihm durch Gesetz Zugeteilten. Diese Konzeption ist die Umschreibung des berühmten suum cuique[2] der Römer. Wenn gerecht sein heißt, einem jeden das, was ihm zukommt, zuzubilligen, muss man, um einen circulus vitiosus[3] zu vermeiden, das, was einem Menschen zukommt, bestimmen können. Wenn man der Formel „das was jedem Menschen zukommt" einen juristischen Sinn beimisst, gelangt man zu der Schlussfolgerung, dass gerecht sein heißt, einem jeden Wesen das zuzugestehen, was das Gesetz ihm zumisst.

Joseph Roth: Das falsche Gewicht (Roman, 1937), Reinbek bei Hamburg (Rowohlt) 1990

1 Warum hat Dürrenmatt den Juristen die Geschichte aus „Tausendundeiner Nacht" erzählt? Welche Fragen bezüglich der Gerechtigkeit wirft sie auf?

2 Erläutern und veranschaulichen Sie Sinn und Problematik der genannten Gerechtigkeitskonzeptionen.
Worin unterscheiden sich die Punkte 5 und 6 von den anderen Kriterien?

3 Entwickeln Sie mithilfe des Perelmann-Textes Kriterien für eine gerechte Notengebung.

---

1 Quod licet jovi, non licet bovi: „Was dem Jupiter erlaubt ist, ist dem Ochsen nicht erlaubt."
2 suum cuique: „Jedem das Seine."
3 circulus vitiosus: Zirkelschluss, Teufelskreis

John Rawls (1921–2002), amerikanischer Philosoph, entwickelte in seinem Buch „A Theory of Justice" in Anlehnung an die Prinzipienethik Kants (s. S. 162 ff.) und in kritischer Auseinandersetzung mit dem Utilitarismus (s. S. 174 ff.) eine „Fairness-Ethik". Er stellt darin zwei **Gerechtigkeitsprinzipien** auf, die als Resultate einer rationalen Wahl und Entscheidung ein **vertragstheoretisches Modell** normativer Ethik begründen.

John Rawls: Gerechtigkeit als Fairness

Die Gerechtigkeit eines Gesellschaftsmodells hängt wesentlich davon ab, wie die Grundrechte und -pflichten und die wirtschaftlichen Möglichkeiten und sozialen Verhältnisse in den verschiedenen Bereichen der Gesellschaft bestimmt werden.
Wir wollen uns also vorstellen, dass diejenigen, die sich zu gesellschaftlicher Zusammenarbeit vereinigen wollen, in einem gemeinsamen Akt die Grundsätze wählen, nach denen Grundrechte und -pflichten und die Verteilung der gesellschaftlichen Güter bestimmt werden. Die Menschen sollen im Voraus entscheiden, wie sie ihre Ansprüche gegeneinander regeln wollen und wie die Gründungsurkunde ihrer Gesellschaft aussehen soll. Ganz wie jeder Mensch durch vernünftige Überlegung entscheiden muss, was für ihn das Gute ist, d. h. das System der Ziele, die zu verfolgen für ihn vernünftig ist, so muss eine Gruppe von Menschen ein für alle Mal entscheiden, was ihnen als gerecht und ungerecht gelten soll. Die Entscheidung, die vernünftige Menschen in dieser theoretischen Situation der Freiheit und Gleichheit treffen würden, bestimmt die Grundsätze der Gerechtigkeit. (Wir nehmen für den Augenblick an, dass dieses Entscheidungsproblem eine Lösung hat.) In der Theorie der Gerechtigkeit als Fairness spielt die ursprüngliche Situation der Gleichheit dieselbe Rolle wie der Naturzustand in der herkömmlichen Theorie des Gesellschaftsvertrags. Dieser Urzustand wird natürlich nicht als ein wirklicher geschichtlicher Zustand vorgestellt, noch weniger als primitives Stadium der Kultur. Er wird als rein theoretische Situation aufgefasst, die so beschaffen ist, dass sie zu einer bestimmten Gerechtigkeit führt.
Zu den wesentlichen Eigenschaften dieser Situation gehört, dass niemand seine Stellung in der Gesellschaft kennt, seine Klasse oder seinen Status, ebenso wenig sein Los bei der Verteilung natürlicher Gaben wie Intelligenz oder Körperkraft. Ich nehme sogar an, dass die Beteiligten ihre Vorstellung vom Guten und ihre besonderen psychologischen Neigungen nicht kennen. Die Grundsätze der Gerechtigkeit werden hinter einem Schleier des Nichtwissens festgelegt. Dies gewährleistet, dass dabei niemand durch die Zufälligkeiten der Natur oder der gesellschaftlichen Umstände bevorzugt oder benachteiligt wird. Da sich alle in der gleichen Lage befinden und niemand Grundsätze ausdenken kann, die ihn aufgrund seiner besonderen Verhältnisse bevorzugen, sind die Grundsätze der Gerechtigkeit das Ergebnis einer fairen Übereinkunft oder Verhandlung. Denn in Anbetracht der Symmetrie aller zwischenmenschlichen Beziehungen ist dieser Urzustand fair gegenüber den moralischen Subjekten, d. h. den vernünftigen Wesen mit eigenen Zielen und – das nehme ich an – der Fähigkeit zu einem Gerechtigkeitsgefühl. Den Urzustand könnte man den angemessenen Ausgangszustand nennen, und damit sind die in ihm getroffenen Grundvereinbarungen fair. Das rechtfertigt die Bezeichnung „Gerechtigkeit als Fairness": Sie drückt den Gedanken aus, dass die Grundsätze der Gerechtigkeit in einer fairen Ausgangssituation festgelegt werden.
Sie will nicht besagen, die Begriffe der Gerechtigkeit und der Fairness seien ein und dasselbe, ebenso wenig wie der Ausdruck „Dichtung als Metapher" sagen will, Dichtung und Metapher seien dasselbe.
Ich behaupte, dass die Menschen im Urzustand zwei Grundsätze wählen würden: einmal die Gleichheit der Grundrechte und -pflichten; zum anderen den Grundsatz, dass soziale und wirtschaftliche Ungleichheiten, etwa verschiedener Reichtum oder verschiedene Macht, nur dann gerecht sind, wenn sich aus ihnen Vorteile für jedermann ergeben, insbesondere für die schwächsten Mitglieder der Gesellschaft. Nach diesen Grundsätzen kann man Institutionen nicht damit rechtfertigen, dass den Un-

1 Welche Ausgangssituation für sein Gerechtigkeitskonzept beschreibt Rawls? Welche Funktion hat der „Schleier des Nichtwissens"?

2 Wieso spricht Rawls von der Gerechtigkeit als „Fairness"?

3 Sollten Begabte in unserer Gesellschaft besonders gefördert werden? Wie würde Rawls diese Frage beantworten?

4 Vergleichen Sie den Entwurf von Rawls mit dem vertragstheoretischen Modell von Hobbes (s. S. 240 f.).

bilden einiger ein größerer Gesamtnutzen gegenüberstehe. Es ist vielleicht zweckmäßig, aber nicht gerecht, dass einige weniger haben, damit es anderen besser geht. Es ist aber nichts Ungerechtes an den größeren Vorteilen weniger, falls es dadurch auch den nicht so Begünstigten besser geht. Die intuitive Vorstellung ist die, dass jedermanns Wohlergehen von der Zusammenarbeit abhängt, ohne die niemand ein befriedigendes Leben hätte, und dass daher die Verteilung der Güter jeden, auch den weniger Begünstigten, geneigt machen sollte, bereitwillig mitzuarbeiten. Die beiden soeben erwähnten Grundsätze dürften eine faire Grundlage dafür sein, dass die Begabteren oder sozial besser Gestellten – was beiden nicht als Verdienst angesehen werden kann – auf die bereitwillige Mitarbeit anderer rechnen können, sofern eine funktionierende Regelung eine notwendigere Bedingung für das Wohlergehen aller ist. Sobald man sich für eine Gerechtigkeitsvorstellung entschieden hat, die die Zufälligkeiten der natürlichen Begabung und der gesellschaftlichen Verhältnisse nicht zu politischen und wirtschaftlichen Vorteilen führen lässt, gelangt man zu diesen Grundsätzen. Sie lassen jene Seiten der sozialen Welt aus dem Spiel, die als moralisch willkürlich erscheinen.

Walter Kerber: Soziale Gerechtigkeit

Walter Kerber (geb. 1926) war Professor für Ethik und Sozialwissenschaften an der Hochschule für Philosophie in München.

Beide Formen der *„sozialen Gerechtigkeit“*[1] tragen der Natur des Menschen als eines *Gemeinschaftswesens* Rechnung. Aufgrund der wesensmäßig gleichen Würde aller Menschen und ihrer sozialen Verbundenheit verlangt die soziale Gerechtigkeit eine gewisse Gleichheit der Lebensbedingungen aller – jedenfalls insofern diese von gesellschaftlich-institutionellen Regelungen abhängen.

Negativ fordert die *„Chancengerechtigkeit“* zunächst den *Abbau* von rechtlichen und sozialen *Diskriminierungen*, von nicht sachlich begründeten Zugangsbeschränkungen zu gesellschaftlichen Positionen. In diesem Sinne verbietet Art. 2 der „Allgemeinen Erklärungen der Menschenrechte der Vereinten Nationen“ jede Diskriminierung nach Rasse, Hautfarbe, Geschlecht, Sprache, Religion, politischer oder sonstiger Überzeugung, nationaler oder sozialer Herkunft, nach Eigentum, Geburt oder sonstigen Umständen. Trotz aller Abgrenzungsschwierigkeiten, was als „Diskriminierung“ oder was als sachlich begründete Unterscheidung im Einzelnen anzusehen ist, verdient diese Forderung doch uneingeschränkte Unterstützung und Verwirklichung.

Eine reale Chancengerechtigkeit ist aber durch die rein formale Aufhebung rechtlicher Schranken noch nicht gewährleistet. Zusätzliche *Hilfen* sind erforderlich, damit bestimmte Bevölkerungsgruppen die ihnen rechtlich eröffneten Möglichkeiten auch *tatsächlich* wahrnehmen können. Solche zusätzlichen Hilfen, besonders wenn sie mit finanziellen Aufwendungen verbunden sind, müssen aber immer in der einen oder anderen Weise von der Gesellschaft aufgebracht werden. Jede gesellschaftliche Veränderung zugunsten Benachteiligter greift in den gegebenen Besitzstand ein, bedeutet eine Umverteilung gesellschaftlicher Positionen.

In einer Gesellschaft wirtschaftlichen *Wachstums* bleibt dies insofern oftmals unbemerkt, als die Umverteilung über den Zuwachs erfolgt und die absoluten Besitzstände erhalten bleiben können, die höheren Gesellschaftsschichten also nur relativ schlechter gestellt werden. Die Chancengerechtigkeit wird dann weniger auf Kosten der Besitzstandsgerechtigkeit als vielmehr der Leistungsgerechtigkeit verwirklicht. Diese Einebnung des Zuwachses kann aber den allgemeinen Leistungswillen beein-

[1] Gemeint sind „Chancengerechtigkeit“ und „Bedürfnisgerechtigkeit“.

trächtigen, weil der Anreiz zurückgeht, sich um ein höheres, aber auch mit höheren sozialen Lasten verbundenes Einkommen zu bemühen. Damit sinkt aber die Effizienz des gesellschaftlichen Gesamtsystems, und es bleibt insgesamt für alle weniger zu verteilen. Zwischen wirtschaftlicher Effizienz und sozialer Gleichheit besteht, wenigstens partiell, ein Spannungsverhältnis. So steht die Gesellschaftspolitik oftmals vor der Alternative, ob sie den „Kuchen“ wirtschaftlichen Wohlstandes allgemein wachsen lassen oder „gerechter“, d. h. gleichmäßiger, verteilen will.
Außerdem entstehen bei jeder sozialen Umverteilung *„Sickerverluste“* durch den dazu erforderlichen öffentlichen Verwaltungsapparat. Berechtigte und gut gemeinte Hilfen zugunsten einzelner benachteiligter Gruppen können auch von anderen in Anspruch genommen werden, für die sie eigentlich nicht gedacht waren. Weitere Gruppen unter ähnlichen Umständen erheben dann im Namen der Gerechtigkeit Anspruch auf Gleichbehandlung, und schließlich wird das gesamte System sozialen Chancenausgleichs völlig undurchschaubar.
Ähnliche Schwierigkeiten treten noch verstärkt bei dem Versuch auf, „soziale Gerechtigkeit“ im Sinne von *„Bedürfnisgerechtigkeit“* zu verwirklichen. Aus der gleichen Menschenwürde und der Sozialnatur des Menschen lässt sich jedoch die Forderung ableiten, dass in einer Gesellschaft die *dringlichsten Bedürfnisse* an erster Stelle befriedigt werden sollten. Demzufolge sind die knappen Güter so zu verteilen, dass jedem wenigstens das Existenzminimum sichergestellt wird. In Notsituationen, etwa in Kriegszeiten, erfolgt deshalb die Verteilung der Nahrungsmittel nach dem Bedürfnisprinzip (Lebensmittelkarten mit Sonderzuteilungen für „Schwerarbeiter“).
Der Gedanke positiver *„sozialer Grundrechte“*, d. h. eines Anspruchs auf die Erfüllung gewisser Grundbedürfnisse, findet in jüngster Zeit immer stärkeren Anklang, gerade in Hinblick auf bestimmte Situationen in Entwicklungsländern. Als solche „natürlichen Menschenrechte“ werden unter anderem aufgeführt:

Forderung nach weltweiter sozialer Gerechtigkeit: Plakate zweier karitativer Organisationen

- Recht auf Arbeit,
- Anspruch auf eine Lebenshaltung, die Gesundheit und Wohlbefinden des Einzelnen und seiner Familie gewährleistet, einschließlich Nahrung, Kleidung, Wohnung, ärztlicher Betreuung und der notwendigen Leistungen der sozialen Fürsorge,
- Recht auf Bildung, auf Urlaub usw.

So wünschenswert und einleuchtend diese Forderungen sind, so genügt es doch nicht, jedem Menschen bestimmte Ansprüche als positive soziale Menschenrechte zuzuerkennen, wenn nicht zugleich Wege angegeben werden, wie diese Ansprüche erfüllt werden können. Wie lassen sich – gerade in den Entwicklungsländern – die zur Überwindung der Not erforderlichen Güter überhaupt produzieren? Sollte sich die Ethik nicht viel mehr um die Produktion der Güter als um die Verteilung kümmern? Aber auch in den Industrieländern stößt der Versuch, jedem in gleicher Weise den Anspruch auf bestimmte Güter unter Rücksicht der Bedürfnisgerechtigkeit zu erfüllen, auf erhebliche Schwierigkeiten bei der Durchführung, sobald die Ansprüche über das absolute Existenzminimum angehoben werden. Es ist beispielsweise nicht leicht, die missbräuchliche Inanspruchnahme eines Systems sozialer Sicherheit zu verhindern (etwa in der Arbeitslosenversicherung oder bei der Lohnfortzahlung im Krankheitsfall). Ein auf dem Bedürfnisprinzip aufgebautes Verteilungssystem enthält wenig Anreize, mit den Mitteln sparsam umzugehen, welche die Solidargemeinschaft zur Verfügung stellt. Es kann darum sehr kostspielig bis verschwenderisch und/oder sehr bürokratisch werden (beispielsweise im Gesundheitswesen). Viel hängt davon ab, wie viel Solidaritätsbewusstsein und soziale Verantwortung von den Gliedern einer Gesellschaft erwartet werden kann.

„Das Gesamtwohl wird eben nicht von vorneherein gleichgesetzt mit den Interessen oder Wünschen einer bestimmten Klasse; annähernd gleiche Förderung des Wohls aller Bürger und annähernd gleichmäßige Verteilung der Lasten wird grundsätzlich angestrebt. Es besteht das Ideal der ‚sozialen Demokratie in den Formen des Rechtsstaats'."
Das Bundesverfassungsgericht in einem Urteil aus dem Jahre 1956

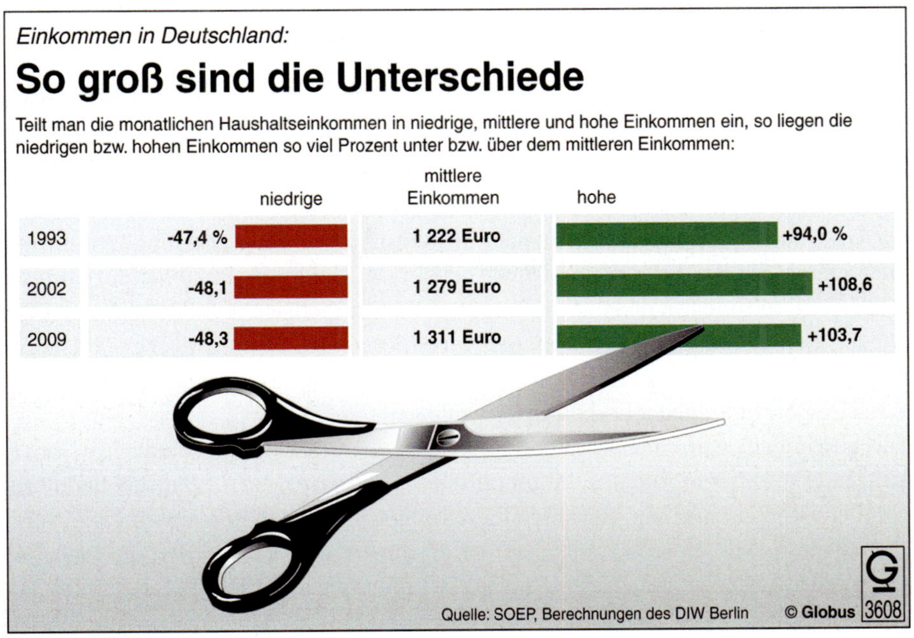

1 Bestimmen Sie die Merkmale der Chancengerechtigkeit und der Bedürfnisgerechtigkeit. Worin liegen die Schwierigkeiten bei der Verwirklichung dieser Ziele?

2 Warum kann „soziale Gerechtigkeit" nicht „jedem das Gleiche" bedeuten?

3 Was bedeutet es für Staat und Gesellschaft, am „Ideal der sozialen Demokratie in den Formen des Rechtsstaats" (Bundesverfassungsgericht) festzuhalten? Zeigen Sie dies am Schul- und Gesundheitswesen oder an anderen Bereichen.

Beate Rössler ist Professorin für Philosophie an der Universität Amsterdam.

Berlin hat die meisten Chefinnen

Frauen haben in den vergangenen beiden Jahren ihre Position im Management deutscher Unternehmen kaum ausbauen können. Bundesweit stellen sie 17,4 Prozent der Führungskräfte, wie aus einer am Mittwoch veröffentlichten Analyse der Wirtschaftsauskunftei Databyte hervorgeht. 2008 waren es 17,3 Prozent. In Ostdeutschland schaffen es Frauen etwas öfter an die Spitze als im Westen, ergab eine regionale Auswertung der Daten von etwa 1,24 Millionen Führungskräften in mehr als 938 000 Unternehmen. So liege in Berlin die Frauenquote in Führungspositionen über 19 Prozent. Das Schlusslicht bildet Baden-Württemberg mit weniger als 16 Prozent. Databyte führt die Unterschiede darauf zurück, dass es im Osten mehr kleine Unternehmen gibt, die häufiger von Frauen geführt werden. Außerdem seien Einzelhandel und Gesundheits- und Sozialwesen im Osten stärker vertreten, wo Frauen eher in Spitzenpositionen vorrücken als etwa in Kreditgewerbe und Industrie. *dpa*

Mehr Frauen auf Lehrstühlen

Die Zahl von Professorinnen an den deutschen Hochschulen hat im vergangenen Jahr einen neuen Hochstand erreicht. 2009 waren dort insgesamt etwa 7 300 Lehrstuhlinhaberinnen tätig, teilte das Statistische Bundesamt mit. Der Anteil an Professorinnen liegt jetzt bundesweit bei mehr als 18 Prozent. Damit hat sich der Wert in den vergangenen zehn Jahren fast verdoppelt. *AFP*

Beate Rössler: Quotierung und Gerechtigkeit

Mit Quotenregelungen reagiert eine Gesellschaft auf ein Problem, das es eigentlich in einer liberalen Demokratie, in der formale Chancengleichheit herrscht, nicht mehr geben dürfte: auf das Problem der Diskriminierung von Personen aufgrund des Geschlechts, der Hautfarbe oder der ethnischen Herkunft. Diese Diskriminierung lässt sich auf eine unproblematische Weise so beschreiben: Wenn in einer Gesellschaft, in der formale Chancengleichheit verwirklicht ist, eine auffällige Korrelation besteht zwischen den Inhabern gut und besser dotierter Stellen, Ämter und Funktionen auf der einen Seite und einer für diese Stellen, Ämter und Funktionen irrelevanten Eigenschaft, nämlich der des Geschlechts oder der Hautfarbe, auf der anderen Seite, dann muss man annehmen, dass die Strukturen dieser Gesellschaft die Diskriminierung einer oder mehrerer gesellschaftlicher Gruppen fördern und unterstützen. *Formale* Chancengleichheit, also die Abwesenheit formeller, etwa rechtlicher Diskriminierungen, reicht hier offenbar nicht aus, um alle Mitglieder der Gesellschaft vor informellen strukturellen Diskriminierungen zu schützen und ihnen tatsächlich dieselben Chancen, etwa einen Arbeitsplatz zu erhalten, zu gewährleisten. [...]

Kommen wir jetzt also zu den eigentlichen in der Moralphilosophie diskutierten Argumenten pro und kontra Quotenregelungen: Das wichtigste Argument, auf das sich Gegner und Gegnerinnen von Quoten berufen, ist in seiner Grundform recht einfach und prima facie überzeugend. Es besagt, dass mit Quoten das Recht der Männer auf gleiche Behandlung verletzt werde. Dies ist nun nicht irgendein Recht: Es wird als das fundamentale moralische Recht überhaupt verstanden, das die Grundlage für alle Fragen der Gerechtigkeit und gerechten Beurteilung von Fällen abgebe. „Gleiche Behandlung“ meint dabei, dass alle Personen in der jeweils relevanten Hinsicht gleich zu behandeln seien. Als moralisch gerade nicht relevante Hinsicht gilt dabei – für diese Position – das Geschlecht: Denn (moralische) Rechte beziehen sich auf alle Menschen in gleicher Weise einfach deshalb, weil sie Menschen sind und nicht deshalb, weil sie irgendwelche nicht verfügbaren Eigenschaften haben, die sie vor anderen auszeichnen. Wenn das Recht auf gleiche Behandlung außer Kraft gesetzt werde, wenn also eine, gemäß dieser Argumentation, moralisch irrelevante Eigenschaft wie das Geschlecht zum ausschlaggebenden Kriterium für die Zuerkennung bestimmter Gewinne – wie etwa ein Amt, eine Stelle oder ein Ausbildungsplatz – werde, dann sei dies in einem fundamentalen Sinn ungerecht und moralisch nicht zu rechtfertigen. Die *gleiche* Behandlung aller Menschen wird hier gerade als historischer Fortschritt begriffen, hinter den man nicht zurück könne, wenn man nicht ungerechte und willkürliche Zustände wieder herbeiführen wolle.

Die quotenbefürwortenden Positionen versuchen nun in unterschiedlicher Weise, auf dieses Argument und auf die moralische Problematik der Ungleichbehandlung von Personen einzugehen. Bevor ich diese unterschiedlichen Konzeptionen genauer thematisiere, will ich jedoch ein Argument nennen, das den meisten quotenbefürwortenden Ansätzen gemein ist. Es weist in einem ersten Sinn die Behauptung zurück, mit Quotenregelungen würden Rechte von Männern verletzt: nämlich in dem Sinn, in dem mit „Recht“ gemeint sei, dass das Recht von Männern auf eine bestimmte Stelle, einen bestimmten Ausbildungsplatz, verletzt werde. Ein Recht auf einen solchen bestimmten Arbeits- oder Ausbildungsplatz kann es nach diesen quotenbefürwortenden Konzeptionen deshalb nicht geben, weil eine Gesellschaft nicht dazu verpflichtet sein könne, ihren Mitgliedern jeweils genau den Arbeitsplatz zur Verfügung zu stellen, den sie gerade haben wollen. Man kann zwar begründen, dass es ein Recht auf Arbeit geben solle und ein Recht darauf, unter menschenwürdigen Bedin-

gungen zu arbeiten. Und es lässt sich auch die Verpflichtung begründen, dass jede Person eine basale Ausbildung erhalten solle – zu der allerdings ein Studium beispielsweise nicht notwendigerweise gehören muss. Aber es kann nicht sinnvoll sein, von einer Gesellschaft zu verlangen, dass jedes ihrer Mitglieder ein Recht auf genau die Stelle hat, die es wünscht. In diesem ersten Sinn scheint es folglich nicht gerechtfertigt, von der Verletzung des Rechts eines Mannes zu reden, wenn eine Frau statt seiner eine auch von ihm erstrebte Stelle erhält.
Die beiden Hauptgruppen der befürwortenden Argumente rekurrieren nun, idealtypisch gesprochen, auf zwei verschiedene Begriffe von Gerechtigkeit, die sich beide schon bei Aristoteles finden: die ausgleichende und die austeilende, die retributive und die distributive Gerechtigkeit. Während die Idee der retributiven Gerechtigkeit sich auf den Ausgleich oder die Wiedergutmachung vergangenen Unrechts bezieht, hat die distributive Gerechtigkeit die gerechte Verteilung vorhandener Güter zum Thema. Nun lässt sich aber auch ein und derselbe Fall unter beiden Perspektiven betrachten, und eben dies ist bei der Frage nach der Gerechtigkeit von Quotenregelungen der Fall. Man kann hier zum einen so argumentieren, dass aufgrund der Tatsache vergangener (und gegenwärtiger) Diskriminierungen bei der Vergabe von Stellen dieses an Frauen begangene Unrecht durch eine bevorzugte Vergabe von Stellen wiedergutgemacht werden müsse; dies wäre folglich das Modell der retributiven Gerechtigkeit. Und man kann zum andern – nach dem Modell der distributiven Gerechtigkeit – so argumentieren, dass die zu vergebenden Stellen in einer Gesellschaft und der damit einhergehende materielle Verdienst ein gerecht zu verteilendes Gut sei, das an alle gesellschaftlichen Gruppen – Frauen, Männer, Angehörige von ethnischen Minderheiten – gerecht verteilt werden müsse, ohne dass also eine Gruppe mehr davon bekommen dürfe als eine andere. [...]
Der kompensationstheoretische Ansatz nun sucht die Ungleichbehandlung von Frauen und Männern in Quotierungsmaßnahmen dadurch zu rechtfertigen, dass das durch Diskriminierungen erlittene Unrecht kompensiert werden müsse. Die Tatsache, dass bisher Männer bei Stellenvergaben begünstigt wurden, dass also Frauen formell und auf vielfältige Weise informell im Erwerbsarbeitsbereich diskriminiert wurden, wird als wiedergutzumachendes Unrecht begriffen, für das die Diskriminierten Kompensation erhalten müssten. Dabei wird die Idee der retributiven Gerechtigkeit in signifikanter Weise modifiziert: Denn ist hier eigentlich von Individuen die Rede, denen Unrecht geschehen ist und denen für eben dieses nachweisbare Unrecht Wiedergutmachung zusteht, so muss der kompensationstheoretische Ansatz bei Quotenregelungen dieses Modell auf Gruppen übertragen.
Denn natürlich muss die einzelne Frau, die bei einer Stellenvergabe bevorzugt wird, nicht nachweisen, wo und auf welche Weise sie in ihrer Biografie diskriminiert wurde, sondern die Tatsache allein, dass sie einer gesellschaftlich diskriminierten Gruppe angehört, reicht aus, um sie zu bevorzugen. Auch auf andere Weise wird das aristotelische Modell modifiziert: denn es muss hier nicht mehr unbedingt derjenige für Kompensation sorgen und verantwortlich sein, der das Unrecht selbst begangen hat, sondern es kann einen Mann treffen, der sich gegebenenfalls in seinem Leben keine intendierte oder nicht intendierte Diskriminierung hat zuschulden kommen lassen. Der betroffene Mann wird mit ziemlicher Sicherheit auf die eine oder andere Weise vom System gesellschaftlicher Diskriminierungen gegen Frauen profitiert haben; aber das kann gegen seinen Willen geschehen sein, und deshalb muss er eventuell geradestehen für ein Unrecht, an dem er selbst nicht willentlich beteiligt war. Das kompensationstheoretische Modell muss sich bemühen, mit diesen Schwierigkeiten auf die eine oder andere Weise fertig zu werden.

Ministerien testen anonyme Bewerbungen

München – Das Bundesfamilienministerium will mithilfe anonymer Bewerbungen mehr Chancengleichheit auf dem Arbeitsmarkt erreichen. Im kommenden Herbst soll hierzu ein Pilotprojekt des Ministeriums zusammen mit fünf großen Unternehmen und dem nordrhein-westfälischen Integrationsministerium beginnen, hieß es Dienstag aus der Antidiskriminierungsstelle des Bundes, die im Familienministerium angesiedelt ist. Stellenbewerber sollen demnach auf Angaben wie Name, Alter, Geschlecht oder Religion verzichten. *rpr*

1 Welche Aspekte des aristotelischen Gerechtigkeitsbegriffs werden zur Lösung des Problems erörtert? Zu welchem Ergebnis kommt die Autorin?

2 Übertragen Sie die von der Autorin diskutierten Verfahren auf Ihre Schule (z. B. Zusammensetzung der Schülervertretung, Neubesetzung von Direktorposten o. Ä.). Argumentieren Sie mit den Gerechtigkeitskonzeptionen.

3 Erörtern Sie, ob anonyme Bewerbungen eine Lösung des Gerechtigkeits- bzw. Chancengleichheitsproblems darstellen können (s. auch S. 123).

Recht, Schuld und Strafe

Reinhold Zippelius (geb. 1923), Jurist und Rechtsphilosoph. Die folgenden Texte stammen aus seinem Werk „Rechtsphilosophie" (7/2007).

Auf einer über 2 m hohen Stele ließ der babylonische König Hammurabi um 1700 v. Chr. ein großes „Reformgesetz" einmeißeln. Er selbst ließ sich stehend vor dem Sonnen- und Rechtsgott abbilden.

Reinhold Zippelius: Das Prinzip der Gegenseitigkeit (Talion, Goldene Regel)

Es ist ein alter Gedanke der Gerechtigkeit, dass jedem „Gleiches für Gleiches" zugemessen werde. Die Römer bezeichneten die Billigkeit geradezu als „aequitas", als Gleichheit, und gaben ihr die Waage zum Sinnbild, jene Waage, die dann zum Attribut der Justitia wurde. [...]

Vor allem aber diente im frühen Recht das Prinzip des Gleichmaßes dazu, die unangemessene Rache durch eine angemessene Vergeltung des Gleichen mit dem Gleichen (die „Talion") abzulösen. Damit konnte dem verheerenden Gang der unbegrenzten Blutrache ein Maß gegeben und eine Grenze gesetzt werden. Nirgends sonst wird die befriedende Wirkung der Gerechtigkeit so greifbar wie hier. Der Gedanke der Talion ist alt. So wird der Grundsatz des legendären minoischen Königs Rhadamanthys überliefert: „Leidest du, was du getan, so ist dir richtiges Recht geworden." Das Prinzip der Talion findet sich auch schon im steinernen „Codex" des Babylonierkönigs Hammurabi (um 1700 v. Chr.), der seinerseits an ältere Rechtssammlungen anschloss. Jahrhunderte später wurde das mosaische „Leben um Leben, Auge um Auge, Zahn um Zahn" niedergeschrieben (u. a. 2. Moses 21. 23 ff.). In seiner gröbsten Form, in der er freilich nicht praktiziert wurde, müsste der Grundsatz besagen, dem Täter solle ein gleicher Schaden zugefügt werden, wie er ihn selber verursacht hat.

Auf diese allzu einfache Formel kann aber die Gerechtigkeit nicht gebracht werden. Eine so einseitig am Erfolg orientierte Vergeltung widerspräche dem Rechtsgefühl, das eine Differenzierung der Strafe nach der Schuld verlangt. Zudem erfasst die im präzisen Sinn verstandene Talion einen Teil des strafwürdigen Verhaltens überhaupt nicht in adäquater Weise: Was sollte die Talion für Meineid, Bigamie oder Inzest sein? Zum Teil trägt sie dem Sühnebedürfnis nur unvollkommen Rechnung: Sollte dem Dieb nur so viel genommen werden, wie er selber gestohlen hat?

Eine andere Fassung des Gegenseitigkeitsprinzips ist die Goldene Regel, dass ich mich anderen gegenüber in gleicher Weise verhalten soll, wie ich wünsche, dass sie sich mir gegenüber verhalten sollen. In negativer Fassung bestimmt sie: „Was du nicht willst, dass man dir tu', das füg' auch keinem andern zu." In positiver Fassung finden wir sie in dem Satz: „Alles nun, was ihr wollt, dass euch die Leute tun sollen, das tuet ihnen auch." Und um den umfassenden Charakter dieses Prinzips hervorzuheben, ist hinzugefügt: „Das ist das Gesetz und die Propheten." (Matth. 7, 12) Indessen liefert auch die Goldene Regel keine unanfechtbaren Verhaltensrichtlinien: Der eine hört gern Trompeten, der andere nicht. Soll daher der Erste auch selber in einem Wohngebiet Trompete blasen dürfen, der Zweite aber nicht? Die Ethik kann schon deshalb nicht auf die subjektiven Wünsche abstellen, weil diese ganz verschieden sind. Maßstab für das Verhalten kann nicht die Behandlung sein, die man tatsächlich für sich wünscht, sondern nur eine Behandlung, die man wünschen soll. Aber damit taucht sofort die ethische Frage in ihrer ganzen Ungelöstheit wieder auf: Welches wäre der Inhalt dieser Sollensnormen?

Beschreiben Sie Vor- und Nachteile der „Talion" und der „Goldenen Regel" anhand von Beispielen.

Reinhold Zippelius: Probleme der Strafgerechtigkeit/Straftheorien

1. Strafen dienen – jedenfalls auch – dazu, das rechtlich geordnete soziale System für die Zukunft zu stabilisieren, hierzu die rechtlichen Verhaltensregelungen in Funktion zu halten und insbesondere Angriffe auf rechtlich gewährleistete Interessen zu unterbinden. Im Vordergrund des öffentlichen Bewusstseins steht das Bedürfnis nach strafrechtlichem Schutz vor Übergriffen auf Leben, Gesundheit, Ehre, Freiheit, sexuelle Selbstbestimmung, Hausfrieden, private Geheimsphäre, Eigentum und sonstiges Vermögen, auch der Schutz der Verlässlichkeit von Urkunden und Zeugenaussagen. Als schutzwürdig erscheinen aber auch die Stabilität der staatlichen Ordnung, wichtige Staatsgeheimnisse, die Korrektheit der Amtsführung, die Sicherstellung der staatlichen Finanzquellen und der Schutz der Umwelt.

Es liegt auf der Hand, dass nicht jeder Angriff auf jedes beliebige schutzwürdige Interesse mit Strafe bedroht werden kann. Für jeden Strafgesetzgeber erhebt sich die Frage, **welches Maß an Sozialschädlichkeit** ein Verhalten erreichen muss, wenn seine Pönalisierung[1] gerechtfertigt sein soll. Der schwere Eingriff, der in einer Bestrafung liegt, muss den **rechtsstaatlichen Prinzipien der Verhältnismäßigkeit und des Übermaßverbots** genügen. Wie rasch die Anschauungen hierüber wechseln können, zeigte sich etwa im Sexualstrafrecht; so galt in Deutschland bis weit in die Nachkriegszeit hinein jede Homosexualität unter Männern als strafwürdig, während heute schon die Sozialschädlichkeit verneint und das eheähnliche Zusammenleben Homosexueller vom Gesetz gebilligt wird.

Die grundsätzliche Rechtfertigung der Strafen liegt darin [...], dass sie dazu dienen, künftige Angriffe auf schutzwürdige Güter zu unterbinden. Strafen seien also auf die Schutzzwecke bezogen und stünden zu ihnen in einer Relation. Die hierauf gegründete Rechtfertigung der Strafe bezeichnet man daher als eine **„relative“**: Es wird bestraft, damit künftige Delikte unterbleiben.

Strafen können in zweifacher Weise künftige Delikte verhüten und dadurch der Systemstabilisierung und dem Rechtsgüterschutz dienen: durch **Generalprävention** und durch **Spezialprävention**.

Die **generalpräventive Wirkung** liegt darin, dass die Bestrafung eines Delinquenten als Motivation zu allgemeinem Rechtsgehorsam, insbesondere als allgemeine Warnung und Abschreckung vor Straftaten wirkt. Diese Warnung wendet sich an alle, die es angeht: Und letztlich gehen Strafen uns alle an, weil wir alle latente Delinquenten sind. Die generelle Abschreckungswirkung der Strafen ist umso höher, je rascher und zuverlässiger die Strafe den Delikten zu folgen pflegt. Sie wird aber anscheinend auch durch die Strenge der Strafen gestärkt, umgekehrt ausgedrückt: Es besteht vermutlich ein Zusammenhang auch zwischen der Aufweichung des Strafrechts und der zunehmenden Kriminalität; zum Mindesten bei „kalkulierten“ Verbrechen liegt es nahe, dass eine erwartete strengere Strafe als ein Faktor erhöhten Risikos in Betracht gezogen wird.

Die **spezialpräventive Wirkung** der Strafe liegt in der Vorsorge, dass gerade dieser Täter nicht erneut straffällig wird. Unter diesem Aspekt erscheint die Strafe als ein Instrument, den Täter selbst von künftigen Straftaten abzuschrecken, ihn zu erziehen und, wenn er hierdurch nicht „sozialisiert“ werden kann, als Instrument, die Gesellschaft vor diesem Täter zu sichern. [...]

[1] Pönalisierung: Bestrafung (von lat. poena = Strafe)

Der Bundesgerichtshof zur Todesstrafe (1996, AZ: 5 StR 747/94):
„Allerdings begegnet die Todesstrafe aus heutiger Sicht nach Auffassung des Senats unüberwindlichen Bedenken. Aus humanitären Gründen kann keinem Staat das Recht zustehen, durch diese Sanktion über das Leben seiner Bürger zu verfügen. Vielmehr erfordert es das Primat des absoluten Lebensschutzes, dass eine Rechtsgemeinschaft gerade durch den Verzicht auf die Todesstrafe die Unverletzlichkeit des menschlichen Lebens als obersten Wert bekräftigt. Darüber hinaus erscheint es unbedingt geboten, der Gefahr des Missbrauchs der Todesstrafe durch Annahme ihrer ausnahmslos gegebenen Unzulässigkeit von vornherein zu wehren. Fehlurteile sind niemals auszuschließen. Die staatliche Organisation einer Vollstreckung der Todesstrafe ist schließlich, gemessen am Ideal der Menschenwürde, ein schlechterdings unzumutbares und unerträgliches Unterfangen.“
Die Todesstrafe ist in zwei Dritteln aller Länder durch Gesetz oder de facto abgeschafft. Nach Angaben von amnesty international fanden 2009 Hinrichtungen in 18 Ländern statt (darunter USA: 52, Iran: 388). Die meisten Todesurteile wurden in China vollstreckt.

Dead Man Walking
(Regie: Tim Robbins, USA 1995)

Gelegentlich findet sich die Ansicht, das Deliktrecht solle sich überhaupt nur vom Prinzip der Prävention leiten lassen und ganz vom Sühnegedanken absehen. Hier wird das Strafrecht zum „social engineering". Damit verbindet sich gelegentlich die Hoffnung, man könne auf diesem Wege eine menschenfreundliche Sozialtherapie an die Stelle einer als unmodern empfundenen Vergeltung treten lassen. [...]
2. Nach der **„absoluten"** Straftheorie bildet die Vergeltung allein schon einen zureichenden Grund der Strafe. Hier denkt man sich also (anders als in den „relativen" Straftheorien) die Funktion der Strafe losgelöst von pragmatischen Aufgaben: Der Grund der Strafe wird lediglich in der Vergangenheit gesucht.
Daher ist nach dieser Theorie eine Strafe auch dann zu verhängen, wenn sie keinerlei sozialen Nutzen mehr stiftet. Am eindrucksvollsten hat das Kant formuliert: „Selbst wenn sich die bürgerliche Gesellschaft mit aller Glieder Einstimmung auflösete (z. B. das eine Insel bewohnende Volk beschlösse, auseinanderzugehen und sich in alle Welt zu zerstreuen), müsste der letzte im Gefängnis befindliche Mörder vorher hingerichtet werden, damit jedermann das widerfahre, was seine Taten wert sind, und die Blutschuld nicht auf dem Volke hafte, das auf diese Bestrafung nicht gedrungen hat: weil es als Teilnehmer an der öffentlichen Verletzung der Gerechtigkeit betrachtet werden kann." Hier erscheint also die Strafe als reine Gerechtigkeitsaufgabe ohne Rücksicht auf ihre Nützlichkeit, als eine Art Ausgleich („Vergeltung") für die Störung der öffentlichen Ordnung, der dadurch stattfinden soll, dass dem Übeltäter seinerseits ein gleichwertiges Übel zugefügt wird. Durch Wiedervergeltung, die „dem Begriffe nach Verletzung der Verletzung ist", solle das Verbrechen aufgehoben werden (Hegel).
Aber so rasch man zustimmen wird, dass die Staatsgewalt Strafe zum Schutz der Bürger einsetze, so sehr wird man zögern, sie auch zum Vollstrecker einer „absoluten Gerechtigkeit" zu ernennen. Welche menschliche Einrichtung dürfte solches Moralrichtertum für sich beanspruchen? Sind wir nicht alle Sünder? Wer darf den ersten Stein werfen (Joh. 8,7)? Steckt nicht auch in der Amtstracht mancher Spitzbube? Hat nicht der welterfahrene Seneca recht: „nemo prudens punit, quia peccatum est, sed ne peccetur." (De ira, I, 19)?[1]
3. Nach beiden hier erwogenen Straftheorien setzt Strafe **Schuld** voraus. Schuld wiederum setzt voraus, dass man überhaupt anders handeln konnte, als man gehandelt hat. Darum ist ein Schuld- und Sühnestrafrecht nur möglich unter der Voraussetzung, dass es Entscheidungsfreiheit gibt. Gäbe es keinen Spielraum, sich zwischen verschiedenen Möglichkeiten und Motiven zu entscheiden, wäre also das menschliche Verhalten kausalgesetzlich oder durch Motivation lückenlos und streng determiniert[2], bliebe für einen Schuldvorwurf ebenso wenig Raum wie für persönliche Reue und Vergeltung. Jemanden für sein Handeln zu bestrafen, wäre dann ebenso ungereimt, wie wenn man ihn für eine Erbkrankheit bestrafen wollte. Für eine deterministische Theorie, die der Strafe keine Vergeltungsfunktion zuschreiben kann, wäre „Strafrecht" also nur als Präventionsrecht möglich. Androhung und Vollzug von „Strafe" könnte dann etwa die Funktion haben, künftiges Handeln zu motivieren (Theorie des psychischen Zwanges). Eine solche deterministische Theorie verstünde die Voraussetzungen der Zurechungsfähigkeit (die Erreichung eines bestimmten Lebensalters, das Fehlen von Geisteskrankheiten usw.) als bloße Bedingungen „normaler" Motivierbarkeit. Den Maßstab der „Normalität" gäbe hierbei die überwiegende Zahl erwachsener Menschen ab. Kurz, ohne Entscheidungsfreiheit und Schuld wäre ein solches „Strafrecht" allemal ein bloßes Maßnahmerecht.

---

1 „Kein Kluger bestraft, weil gesündigt worden ist, sondern damit nicht mehr gesündigt wird."
2 Determination: Festlegung (s. das Kapitel „Der Mensch zwischen Freiheit und Determination", S. 68 ff.)

4. Schon die bisherigen Überlegungen haben zu dem Ergebnis geführt: Der Schutzzweck allein ist kein zureichender Grund für eine Strafe. Nur eine Strafe, die **nicht bloß Präventivmaßnahme, sondern zugleich Vergeltung** ist, achtet den Täter als Person, die einer Selbstbestimmung fähig ist. Strafe als reine Präventivmaßnahme macht aus dem Täter im Fall der Generalprävention ein bloßes Mittel zum Zweck, im Fall der Spezialprävention ein bloßes Behandlungsobjekt.
Andererseits ergeben sich auch Bedenken dagegen, in der Vergeltung allein schon einen zureichenden Grund der Strafe zu sehen; Strafe scheint nur dann gerechtfertigt zu sein, wenn sie zugleich eingesetzt wird, um künftige Rechtsverletzungen zu verhindern. Und doch zögert man, diesen Gedanken konsequent zu Ende zu führen: Schuldet der Staat nicht z. B. den Hinterbliebenen eines Ermordeten, denen er die Privatrache aus der Hand genommen hat (und vielleicht nicht nur ihnen), Genugtuung, auch dann noch, wenn diese nicht zu präventiven Zwecken erforderlich ist? Sollte etwa der nationalsozialistische Schreibtischtäter, der im Vollzug staatlicher Weisung Tausende von Juden in ein Vernichtungslager schickte, straflos ausgehen? Die Notwendigkeit einer Spezialprävention bestand in solchen Fällen dann nicht, wenn der Täter später als wohl angepasster Bürger nicht deliktsanfälliger war als jeder andere. Über eine generalpräventive Funktion der Strafe könnte man vielleicht diskutieren. Selbst wenn man sie aber in den genannten Fällen verneinte, hätte man nicht leichthin auf eine Strafe – und das hieße dann eben doch: auf eine Vergeltung um ihrer selbst willen – verzichtet.

1 Stellen Sie die verschiedenen Straftheorien in einer Übersichtsgrafik dar. Benennen Sie Vorzüge und Nachteile der jeweiligen Theorie.

2 Welche Rolle bei der Urteilsfindung und der Strafe spielt die Schuld des Angeklagten? Welches Menschenbild liegt diesbezüglich dem Strafrecht zugrunde?

3 Begründen Sie den Rechtsgrundsatz „im Zweifel für den Angeklagten".

4 Begründen Sie die grundsätzliche Öffentlichkeit von Strafverfahren. Welche Ausnahmen gibt es? Aus welchen Gründen?

Schuld: Schuld hat eine zweifache Bedeutung, eine moralische und eine rechtliche. Moralisch schuldig wird jemand, der mit seinen Handlungen und Unterlassungen oder durch bloßen Vorsatz bewusst und nach freier Entscheidung gegen sein Gewissen und sittliche Normen verstößt. Da das Kriterium rechtlicher Schuld nicht bewusstes Handeln oder Unterlassen und böser Wille, sondern der faktische Verstoß gegen Gesetze ist, ist es notwendig, zwischen rechtlicher und moralischer Schuld zu unterscheiden. In der Regel macht sich jemand, der ein Verbrechen begeht, auch moralisch schuldig. Jemand kann aber auch moralisch schuldig und rechtlich unschuldig sein, wenn er z. B. aus Eigeninteresse Gebote der Pflicht missachtet, deren Erfüllung rechtlich nicht verbindlich ist. Umgekehrt ist nicht jeder Verstoß gegen Gesetze, unter Umständen auch ein bewusst begangenes Verbrechen (z. B. unter einer illegitimen Herrschaft) unmoralisch. Moralische Schuld trifft auch den nicht, der eine Tat unter Gewalt oder Drohung, aus Furcht, in Notwehr und unter Gefahr zur Rettung von Leben beging. [...] Die Strafe als Sühne für eine rechtliche Schuld soll die Einsicht in die mit ihr einhergegangene moralische Schuld ermöglichen. [...] Nur die Erkenntnis einer rechtlichen als moralischen Schuld ermöglicht Reue: nicht aufgrund äußeren Zwangs, sondern aus freiem Willen seine Tat als Schuld anzunehmen und sich zur Umkehr, zur Orientierung seines Handelns an den sittlichen Pflichten und der Verantwortung sich selbst und seinen Mitmenschen gegenüber zu entscheiden.

Otfried Höffe (Hg.): Lexikon der Ethik, München (Beck) [7]2008

Gisela Friedrichsen: „Ich bin doch kein Mörder" – Gerichtsreportagen 1989 – 2004, Hamburg (DVA) 2004

Ferdinand von Schirach: Verbrechen, München (Piper) 2009

Winfred Hassemer: Warum Strafe sein muss. Ein Plädoyer, Berlin (Ullstein) 2009

Die Menschenrechte

Erinnerung an die Menschenrechtsdeklaration der Französischen Revolution. Denkmal in Gignac/Südfrankreich

Die Entwicklung des Menschenrechtsgedankens*

Der Gedanke, dass es unveräußerliche Rechte gebe, findet sich bereits in der antiken Philosophie, vor allem im Naturrechtsdenken der Stoa (s. S. 235). Er beschränkte sich jedoch noch auf einen kleinen Kreis Auserwählter und galt keineswegs für alle Menschen. Die Schriften des Judentums, Christentums und des Islam betonen, dass *alle* Menschen Ebenbilder Gottes und damit vor Gott gleich seien, wenngleich die religiösen Institutionen diese Lehre in ihren eigenen Rechtsstatuten nicht immer umsetzen, indem sie z. B. Frauen den Zugang zu Ämtern erschweren oder gar unmöglich machen. Erst die Philosophie der Aufklärung, die lehrte, dass es *eine* Natur und *eine* Vernunft gebe, die allen Menschen gemeinsam sei, gab den entscheidenden Anstoß für die universale Menschenrechtsidee.
In staatsrechtlicher Hinsicht beginnt die Geschichte der Menschenrechte mit der „Virginia Bill of Rights", der amerikanischen Unabhängigkeitserklärung von 1776. Sie spricht davon, dass „alle Menschen gleich geschaffen" seien und „von ihrem Schöpfer mit gewissen unveräußerlichen Rechten ausgestattet" worden seien. Diese Erklärung ist das erste verfassungsrechtliche Dokument, das die Idee der Menschenrechte mit dem Prinzip der Demokratie und der Gewaltenteilung verbindet. Ihr folgt bald darauf die „Französische Erklärung der Rechte des Menschen und des Bürgers" (1789), die die Menschen als „frei und gleich an Würde und Rechten" sah.
Aufgrund der Erfahrung mit totalitären Ideologien, Faschismus und Weltkrieg kam es 1945 zur Gründung der „Vereinten Nationen", die in der „Allgemeinen Erklärung der Menschenrechte" ihr programmatisches Verständnis der Menschenrechte formulierten. Diese Erklärung vereinigt in Art. 1 den Vernunftglauben der Aufklärung („mit Vernunft und Gewissen begabt") mit den Zielen der Französischen Revolution („frei und gleich an Würden und Rechten", „im Geist der Brüderlichkeit begegnen").

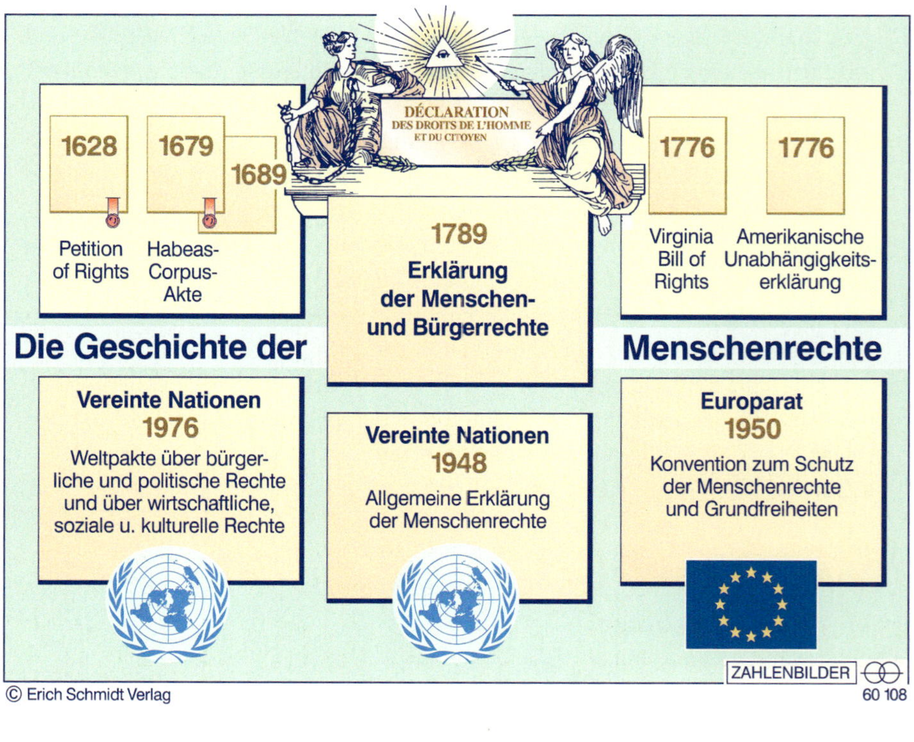

1 Auf welchen philosophisch-moralischen Grundlagen fußen die Menschenrechte?

2 Welche Hindernisse sehen Sie, den Menschenrechten weltweit Geltung zu verschaffen?

Vereinte Nationen: Allgemeine Erklärung der Menschenrechte vom 10. Dezember 1948 (Auszüge)

Artikel 1 (Freiheit, Gleichheit, Brüderlichkeit)
Alle Menschen sind frei und gleich an Würde und Rechten geboren. Sie sind mit Vernunft und Gewissen begabt und sollen einander im Geist der Brüderlichkeit begegnen.

Artikel 2 (Verbot der Diskriminierung)
1. Jeder Mensch hat Anspruch auf die in dieser Erklärung verkündeten Rechte und Freiheiten, ohne irgendeine Unterscheidung, wie etwa nach Rasse, Farbe, Geschlecht, Sprache, Religion, politischer und sonstiger Überzeugung, nationaler oder sozialer Herkunft, nach Eigentum, Geburt oder sonstigen Umständen.
2. Weiter darf keine Unterscheidung gemacht werden aufgrund der politischen, rechtlichen oder internationalen Stellung des Landes oder Gebietes, dem eine Person angehört, ohne Rücksicht darauf, ob es unabhängig ist, unter Treuhandschaft steht, keine Selbstregierung besitzt oder irgendeiner anderen Beschränkung seiner Souveränität unterworfen ist.

Artikel 3 (Recht auf Leben und Freiheit)
Jeder Mensch hat das Recht auf Leben, Freiheit und Sicherheit seiner Person. [...]

Artikel 5 (Verbot der Folter)
Niemand darf der Folter oder grausamer, unmenschlicher oder erniedrigender Behandlung oder Strafe unterworfen werden.

[...]

Artikel 7 (Gleichheit vor dem Gesetz)
Alle Menschen sind vor dem Gesetz gleich und haben ohne Unterschied Anspruch auf gleichen Schutz durch das Gesetz.

[...]

Artikel 14 (Asylrecht)
1. Jeder Mensch hat das Recht, in anderen Ländern vor Verfolgungen Asyl zu suchen und zu genießen.
2. Dieses Recht kann jedoch im Falle einer Verfolgung wegen nicht politischer Verbrechen oder wegen Handlungen, die gegen die Ziele und Grundsätze der Vereinten Nationen verstoßen, nicht in Anspruch genommen werden.

[...]

Artikel 18 (Gewissens- und Religionsfreiheit)
Jeder Mensch hat Anspruch auf Gedanken-, Gewissens- und Religionsfreiheit; dieses Recht umfasst die Freiheit, seine Religion oder seine Überzeugung zu wechseln, sowie die Freiheit, seine Religion oder seine Überzeugung allein oder in Gemeinschaft mit anderen, in der Öffentlichkeit oder privat, durch Lehre, Ausübung, Gottesdienst und Vollziehung von Riten zu bekunden.

Artikel 19 (Meinungs- und Informationsfreiheit)
Jeder Mensch hat das Recht auf freie Meinungsäußerung; dieses Recht umfasst die Freiheit, Meinungen unangefochten anzuhängen und Informationen und Ideen mit allen Verständigungsmitteln ohne Rücksicht auf Grenzen zu suchen, zu empfangen und zu verbreiten.

Die **„Allgemeine Erklärung der Menschenrechte"** ist als Resolution verabschiedet worden und daher kein völkerrechtlich verbindlicher Vertrag. Sie soll aber als Grundlage für völkerrechtlich verbindliche Verträge dienen.
1994 richtete die UN ein „Hochkommissariat" für Menschenrechte ein, um der Forderung nach Einhaltung der Menschenrechte mehr Nachdruck zu verleihen. Diesem Ziel dient auch die Einrichtung des UN-Kriegsverbrecher-Tribunals in Den Haag (1993) und der Internationale Strafgerichtshof (ICC), der 2003 in Den Haag seine Arbeit aufnahm. Dieser Gerichtshof wird tätig, wenn nationale Gerichte nicht fähig oder willens sind, Verbrechen zu ahnden, die unter das Weltstrafrecht fallen (z. B. Verbrechen gegen die Menschlichkeit, Völkermord). Allerdings kann das Weltgericht nur tätig werden, wenn das Herkunftsland der Beschuldigten dem ICC-Statut zugestimmt hat. Für Europa zuständig ist der „Europäische Gerichtshof für Menschenrechte" in Straßburg, der gemäß der „Europäischen Menschenrechtskonvention" (1950) urteilt.

Bernd Hamm/Franz Nuscheler: „Maximalistische“ Menschenrechtskataloge?

Eine amerikanische Soldatin foltert einen irakischen Gefangenen (2004).
Die an den Folterungen beteiligten Soldaten wurden von US-Militärgerichten zu z. T. hohen Haftstrafen verurteilt.
Nach Angaben von amnesty international wurden 2004 in über 130 Ländern Menschen gefoltert und misshandelt.

Angesichts der „strukturellen Gewalt“ von Unterentwicklung und Massenarmut sowie schwerer Menschenrechtsverletzungen in vielen Staaten stellt sich die Frage nach dem Sinn „maximalistischer Menschenrechtskataloge“, denen auch hoch entwickelte demokratische Staaten kaum genügen. [...] Wäre der Durchsetzung von grundlegenden Menschenrechten nicht besser gedient, wenn die maximalistischen Menschenrechtskataloge auf wirklich universell gültige und international überprüfte Minimalstandards verdichtet würden? [...] Wichtiger als die Formulierung und ständige Erweiterung von Prinzipienkatalogen, die sich an einem Idealzustand der Weltgesellschaft orientieren, wäre z. B. die weltweite Durchsetzung des in der UN-Konvention gegen die Folter kodifizierten Folterverbots auch unter Notstandsbedingungen.

Vereinte Nationen: Übereinkommen gegen Folter und andere grausame, unmenschliche oder erniedrigende Behandlung und Strafe (1984; Auszug)

Artikel 1: Im Sinne dieses Übereinkommens bezeichnet der Ausdruck „Folter“ jede Handlung, durch die einer Person vorsätzlich große körperliche oder seelische Schmerzen oder Leiden zugefügt werden, z. B. um von ihr oder einem Dritten eine Aussage oder ein Geständnis zu erlangen, um sie für eine tatsächlich oder mutmaßlich von ihr oder einem Dritten begangene Tat zu bestrafen oder um sie oder einen Dritten einzuschüchtern oder zu nötigen. [...]

Artikel 2: (1) Jeder Vertragsstaat trifft wirksame gesetzgeberische, verwaltungsmäßige, gerichtliche oder sonstige Maßnahmen, um Folterungen in allen seiner Hoheitsgewalt unterstehenden Gebieten zu verhindern. (2) Außergewöhnliche Umstände gleich welcher Art, sei es Krieg oder Kriegsgefahr, innenpolitische Instabilität oder ein sonstiger öffentlicher Notstand, dürfen nicht als Rechtfertigung für Folter geltend gemacht werden. (3) Eine von einem Vorgesetzten oder einem Träger öffentlicher Gewalt erteilte Weisung darf nicht als Rechtfertigung für Folter geltend gemacht werden. [...]

Artikel 4: (1) Jeder Vertragsstaat trägt dafür Sorge, dass nach seinem Strafrecht alle Folterhandlungen als Straftaten gelten. Das Gleiche gilt für versuchte Folterung und für von irgendeiner Person begangene Handlungen, die eine Mittäterschaft an einer Folterung darstellen. (2) Jeder Vertragsstaat bedroht diese Straftaten mit angemessenen Strafen, welche die Schwere der Tat berücksichtigen.

1 Für wie sinnvoll halten Sie die Festlegung von „Minimalstandards“ bei Menschenrechten? Was würde Ihrer Meinung nach dazugehören?

2 Begründen Sie grundsätzlich das Folterverbot.

3 In mehr als 130 Ländern gibt es Folter und Misshandlung. Warum löste ausgerechnet die von *Amerikanern* begangene Folter weltweite Empörung aus?

Simone Wolken: Ursprünge des Asylrechts

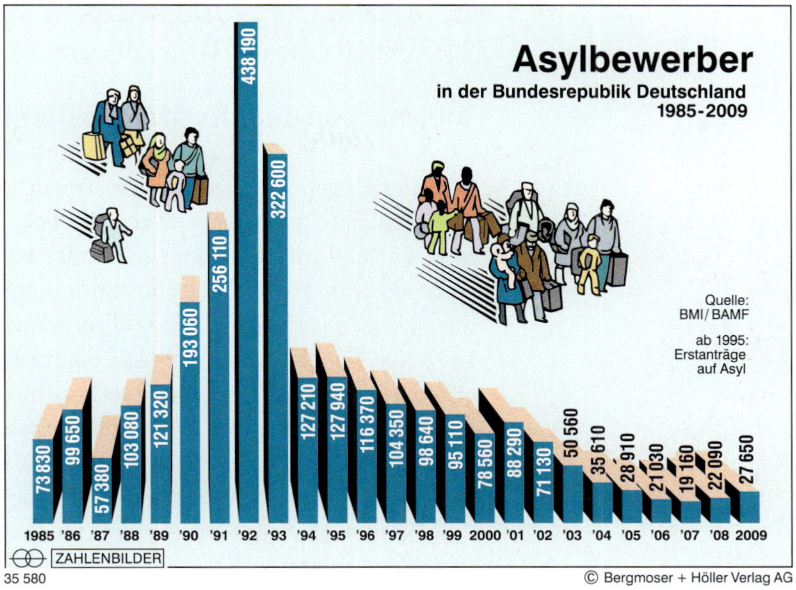

Das griechische Wort „asylos", das „Zufluchtsstätte" bedeutet, ist der sprachliche Ursprung unserer heutigen Bezeichnung „Asyl". Sie bezeichnet jedoch heute nicht mehr wie im Griechischen den Ort, an dem ein Verfolgter Schutz findet, sondern den Schutz, den der Flüchtling genießt. Diese Änderung in der Bedeutung des Wortes erklärt sich durch die unterschiedlichen Formen der Schutzgewährung, die das Asyl vom Altertum bis heute ausmachten. Im Altertum hatte der Flüchtende Schutz gefunden, wenn er eine Kultstätte, einen Tempel oder ein Heiligtum betrat oder es berührte. Der Schutz wurde also ausgelöst durch die Verbindung des Schutzsuchenden mit dem heiligen Ort oder dem heiligen Gegenstand. Das Erreichen dieses Orts machte ihn für seine Verfolger unantastbar.
Mit dem Entstehen der antiken griechischen Stadtstaaten entwickelte sich neben dem religiösen Asyl der Tempel und Altäre ein staatliches Asylrecht. Es beschränkte sich auf Flüchtlinge aus anderen Staaten und hier allein auf politisch Verfolgte. Durch diese Entwicklung löste sich die Asylgewährung von ihren religiösen und kultischen Ursprüngen und wurde zu einem Recht des asylgewährenden Staates und damit zu einer politischen Entscheidung. Der politische Flüchtling war also nicht mehr automatisch geschützt, sobald er einen bestimmten Ort erreicht hatte. Vielmehr lag die Entscheidung über die Schutzgewährung bei dem Staat, an den sich der Flüchtling wandte.

Jahrbuch Menschenrechte, hg. von amnesty international (jährlich)

Norbert Brieskorn: Menschenrechtsbewegungen

Der Menschenrechtsschutz kann und darf den Staaten nicht allein überlassen werden. Solange staatliche Institutionen sich der „Staatsräson" unterwerfen, rückt das Anliegen des Menschenrechtsschutzes auf den zweiten, wenn nicht sogar auf einen niedrigeren Platz. Die von Menschen geschaffene Institution darf aber nicht dem Menschen vorgeordnet werden. Die Vertreter der Staaten sind außerdem aus einem Gleichgewichtsbewusstsein heraus geneigt, Menschenrechtsverletzungen bei sich gegen die eines anderen Staates gegeneinander aufzurechnen. Das Eintreten für die Menschenrechte ist nun unvertretbar, nicht an den Staat delegierbar und darf sich sogar wegen selbst begangener Menschenrechtsverletzungen nicht vom Protest gegen solche Verletzungen abbringen lassen. [...] Gelingt es nicht, immer weitere Kreise der Bevölkerung, der eigenen wie der, welche den Schutz benötigt, für das Anliegen des Menschenrechtsschutzes zu gewinnen, kann eine Menschenrechtsbewegung in der Isolierung die Orientierung verlieren oder dem Staat als Feigenblatt dienen.

1 Geben Sie eine religiöse und eine politische Begründung des Rechts auf Asyl. Lesen Sie dazu den Artikel 16a des Grundgesetzes.

2 Sind Menschenrechtsbewegungen notwendig? Diskutieren Sie anhand von aktuellen Beispielen.

3 Referieren Sie über Ursprung, Ziele und Arbeit von Menschenrechtsorganisationen.

Gibt es ein Recht auf Widerstand?

Dietmar von der Pfordten: Ziviler Ungehorsam und Widerstand

1. **Ziviler Ungehorsam** ist eine gesetzwidrige Handlung wie die Nichtbefolgung von Gesetzen. Zusätzlich ist er aber öffentlich, gewaltlos, gewissensbestimmt, politisch motiviert und wird als Mittel zur Änderung der Gesetze oder der Regierungspolitik eingesetzt. Bei zivilem Ungehorsam muss, anders als bei der einfachen Nichtbefolgung, nicht das gleiche Gesetz gebrochen werden, gegen das protestiert werden soll. Der zivile Ungehorsam trägt den Charakter eines politischen Appells. Deshalb muss er öffentlich sein. Gewalt muss vermieden werden, weil das Ziel nicht die unmittelbare Herbeiführung des angestrebten Zustands, sondern die Änderung der politischen bzw. rechtlichen Regelungen ist.

Die grundsätzliche Gesetzestreue drückt sich in der Bereitschaft aus, die gesetzlichen – v. a. strafrechtlichen – Folgen der Handlung auf sich zu nehmen. **Ziviler Ungehorsam unterscheidet sich also wesentlich von militanten Aktionen oder organisiertem gewaltsamen Widerstand.** Berühmte Beispiele für zivilen Ungehorsam sind der Widerstand **Gandhis** gegen die britische Kolonialmacht in Indien und derjenige Martin Luther **Kings**[1] gegen die Rassendiskriminierung in den USA. [...]

2010: Im Zusammenhang mit Protestaktionen gegen das Bahnprojekt „Stuttgart 21" kam es auch zu Besetzungen bzw. Blockaden von Teilen des Bahnhofs, von Baumaschinen und von (zur Beseitigung vorgesehenen) Bäumen.

Gerechtfertigt ist der zivile Ungehorsam unter folgenden Voraussetzungen: Es muss sich um schwere Verletzungen grundlegender Gerechtigkeitsprinzipien im fraglichen Staat handeln, insbesondere also um gravierende Verletzungen der Menschenrechte. Der zivile Ungehorsam muss letzter Ausweg sein, d. h., alle politischen und rechtlichen Möglichkeiten, die angegriffene Regelung zu Fall zu bringen, müssen ausgeschöpft worden sein. Zu beachten ist weiterhin, dass die destabilisierende Wirkung des zivilen Ungehorsams naturgemäß größer ist als die einfache Nichtbefolgung einer rechtlichen Regelung. Auch hier gelten die Überlegungen, die eine ethische Rechtsbefolgungspflicht rechtfertigen. Der Einzelne oder eine einzelne Gruppe darf sich im Rahmen des zivilen Ungehorsams keine Sondervorteile verschaffen. Der zivile Ungehorsam ist also nur gerechtfertigt, wenn die Folgen der in Rede stehenden Regelungen so gravierend ungerecht sind, dass eine Abwägung zur Hintanstellung der ethischen Rechtsbefolgungspflicht führt.

Schließlich ist beim zivilen Ungehorsam zu beachten, dass eine Schädigung dritter Unbeteiligter nicht gerechtfertigt ist.

Wendet man diese Kriterien auf aktuelle Fälle des zivilen Ungehorsams an, so ergibt sich:

Die Blockade von Straßen durch Lastwagenfahrer oder Landwirte mit dem Ziel, für den eigenen Berufsstand günstigere finanzielle Regelungen zu erwirken, können

[1] Mahatma Gandhi (1869–1948) und Martin Luther King (1929–1968) wurden wegen ihrer gewaltlosen Politik ermordet (s. S. 222 f.).

nicht als gerechtfertigt angesehen werden. Handelt es sich nicht um eine Existenzgefährdung, so stehen keine grundlegenden Gerechtigkeitsgrundsätze in Rede. Die Blockadeaktionen gegen Raketenstandorte als Protest gegen den Nachrüstungsbeschluss im Gefolge des sog. Nato-Doppelbeschlusses sind dagegen weniger einfach zu bewerten. Sofern die Blockadeaktionen nur kurzzeitig und symbolisch stattfanden und eine politische Änderung der Entscheidung angestrebt wurde, erfüllen sie die Voraussetzungen des zivilen Ungehorsams. Ob die Stationierung von Waffen zur Verteidigung grundlegende Gerechtigkeitsprinzipien verletzt, ist zumindest nicht von vornherein unzweifelhaft. Aber auch wer dies bejaht und damit den zivilen Ungehorsam für ethisch gerechtfertigt hält, muss die anschließenden Verurteilungen akzeptieren, sofern sie dem geltenden Recht entsprechen (was zweifelhaft und umstritten ist, da die Verwerflichkeitsklausel des Nötigungsparagrafen § 240 StGB ihrerseits auf eine ethische Bewertung verweist).

2. **Widerstand** richtet sich im Gegensatz zum zivilen Ungehorsam nicht darauf, im Rahmen der gegenwärtig bestehenden politischen und rechtlichen Entscheidungsstrukturen möglichst gewaltfrei eine politische Änderung herbeizuführen, sondern **bezweckt die unmittelbare, unter Umständen auch gewaltsame bzw. revolutionäre Durchsetzung der geforderten Veränderungen**. Er muss nicht öffentlich sein, sondern kann auch konspirativ ablaufen. Die Bereitschaft zur Hinnahme einer Bestrafung wegen der Nichtbefolgung der rechtlichen Anordnungen ist, anders als beim zivilen Ungehorsam, nicht notwendig. Regelmäßig richtet sich der Widerstand auf die partielle oder totale Veränderung des politischen und gesellschaftlichen Systems. Da die demokratische Willensbildung und die Mehrheitsentscheidung missachtet werden, ist der gewaltsame Widerstand im Rechtsstaat oder im überwiegend gerechten Staat kaum zu rechtfertigen. Anders ist die Situation im Unrechtsstaat. Hier ist Widerstand ethisch gerechtfertigt. Aber auch dort gilt die Verhältnismäßigkeit von Mittel und Zweck. D. h., je tyrannischer der Unrechtsstaat auftritt, desto massiver darf der Widerstand werden. Die Maxime der Respektierung von Leib, Leben und Sachgütern unbeteiligter Dritter gilt allerdings auch hier. Bombenterror gegen die Zivilbevölkerung ist also nicht zu rechtfertigen. Infrage kommen allenfalls Aktionen gegen staatliche Organe. Aber auch dann dürfen im Regelfall Leben und körperliche Unversehrtheit nicht verletzt werden.

3. Die letzte und ultimative Eskalationsstufe eines gewalttätigen Widerstands stellt der sogenannte **Tyrannenmord** dar. Er ist nur unter der Voraussetzung der Notwehrregeln zu rechtfertigen, d. h., wenn der Diktator und/oder die herrschende Clique fortgesetzt und vorsätzlich Morde an Bürgern oder Regimegegnern verüben. Ein Attentat gegen Hitler war also aus Notwehrgesichtspunkten von dem Zeitpunkt an gerechtfertigt, ab dem systematisch die Tötung von Personen angeordnet bzw. zugelassen wurde.

4. In **Artikel 20 IV Grundgesetz** wird jedem Bürger ein rechtliches, u. U. auch gewaltsames **Widerstandsrecht** gegenüber demjenigen zugestanden, der es unternimmt, die freiheitlich-demokratische Grundordnung, also die Kernelemente der Verfassung, zu beseitigen, sofern keine andere Abhilfe möglich ist.

Der Schreiner **Georg Elser** (1903–1945) verübte 1939, wenige Wochen nach Beginn des deutschen Überfalls auf Polen, mittels einer Zeitbombe ein Attentat auf Adolf Hitler. Elser hatte den Anschlag bereits 1938 ausführen wollen: „Ich wollte den Krieg verhindern." Hitler entging dem Anschlag im Münchener „Bürgerbräukeller", weil er wegen schlechten Wetters vorzeitig abgereist war. Elser wurde auf der Flucht in die Schweiz festgenommen, inhaftiert und wenige Tage vor Kriegsende im KZ Dachau erschossen. 1998 wurde ihm zu Ehren in seinem Heimatort Königsbronn (Baden-Württemberg) eine Gedenkstätte errichtet, 2010 ein Denkmal.

1 Unterscheiden Sie zwischen zivilem Ungehorsam und den verschiedenen Widerstandsformen in rechtlicher und moralischer Hinsicht. Wenden Sie die Kriterien auf konkrete Aktionen (z. B. Blockade von Atommülltransporten) an.

2 Informieren Sie sich über die verschiedenen Widerstandsformen im Dritten Reich (z. B. Geschwister Scholl, Graf Stauffenberg, Wilhelm Krützfeld) und bewerten Sie diese. Ziehen Sie dazu den Text von Gustav Radbruch (s. S. 236 f.) heran.

Wissenschaft, Technik und Ethik

Wissenschaft und Verantwortung

Kunst, Wissenschaft, Forschung und Lehre sind frei. Die Freiheit der Lehre entbindet nicht von der Treue zur Verfassung.
Grundgesetz der Bundesrepublik Deutschland, Art. 5, Abs. 3

„Wir müssen doch nicht alles machen, was wir können. Nein, wir müssen es nicht. Aber? Aber wir werden es machen. Und weshalb? Weil wir es nicht ertragen können, wenn nur der kleinste Zweifel bleibt, ob wir es wirklich können."
Hans Blumenberg (1920–1999), deutscher Philosoph

„Eine empirische[1] Wissenschaft vermag niemanden zu lehren, was er *soll*, sondern nur, was er *kann* und – unter Umständen – was er *will*."
Max Weber (1864–1920), deutscher Soziologe

Klaus Franke: Widersprüche des wissenschaftlichen Fortschritts

„Kann man behaupten", fragt sich der Molekularbiologe Erwin Chargaff[2], „dass die biologischen Wissenschaften in vielen ihrer Bestrebungen auf die Abschaffung des Todes abzielen? Ich fürchte, man kann es." Die jüngste Sparte der Bioforschung, die Gentechnik, wirbt jedenfalls um Sympathie mit dem Versprechen, Killerkrankheiten wie Krebs und Aids zu besiegen und das Menschenleben um Jahrzehnte zu verlängern. Leere Verheißungen sind das nicht mehr, seit die Forscher den genetischen Code entschlüsselt haben. Der innerste Mechanismus des Lebens – das molekulare Triebwerk der einzelnen Lebewesen wie der Evolution – ist damit bloßgelegt; die Bioforscher haben begonnen, die molekulare Lebensmaschinerie zu studieren, sie zu zerlegen und neu zusammenzubauen. Mit physikalischer Präzision lassen sich durch Eingriffe in die genetische Schaltzentrale Lebensvorgänge regulieren, umleiten, an- oder abschalten. Die lebende Zelle als Miniatureiweißfabrik mit einem DNS-Zentralcomputer, dessen Programm beliebig variiert werden kann, sobald der Computer-Code übersetzt ist – dieses Biomodell mit seinen die Fantasie beflügelnden Möglichkeiten wird die Welt gründlicher auf den Kopf stellen als jede frühere technische oder wissenschaftliche Revolution, die Atomspaltung inbegriffen. Mikroben, Pflanzen, Tiere und die Gattung Mensch, alles Lebendige wird in naher Zukunft zur Disposition stehen, wenn die Geningenieure in großem Stil beginnen, ihre weltverbessernden Pläne in die Tat umzusetzen. Eine neue „technologische Eugenik"[3], fürchtet der Münchner Soziologe Ulrich Beck, werde sich der Menschen bemächtigen, zunächst „auf den leisen Sohlen der Gesundheitsvorsorge und mit dem wissenschaftlichen Segen der Genberatung".
Während die Genalchimisten noch damit beschäftigt sind, das Genom des Menschen – die Gesamtheit aller seiner Erbanlagen – zu dechiffrieren, entlassen sie aus ihren Genlabors bereits genmanipulierte Pflanzen und Tiere, deren Nutzwert für die Landwirtschaft angeblich spürbar gesteigert wurde. Allein in der Bundesrepublik gibt es

Friedrich Dürrenmatt: Die Physiker (1962), Zürich (Diogenes) [16]1998

Heinar Kipphardt: In der Sache J. Robert Oppenheimer (1964), Frankfurt am Main (Suhrkamp) 2004

[1] empirisch (gr.): auf Erfahrungen, Beobachtungen oder Experimenten beruhend

[2] Erwin Chargaff (1905–2002): Genforscher und Biochemiker, vertrat die Ansicht, dass die Wissenschaft mit der „Misshandlung des Atomkerns und des Zellkerns" eine Grenze überschritten hat, „die sie hätte scheuen sollen"

[3] Eugenik (gr.): Erbgesundheitsforschung und -lehre (s. S. 278)

derzeit mehr als 1300 Laboratorien, in denen Wissenschaftler an genetischen Experimenten arbeiten. Erbittert kämpfen die Genbastler gegen gesetzliche Sicherheitsvorschriften, die sie als schikanöse „Regelungsexzesse" bezeichnen.

„Die Welt wird zum Labor", konstatiert Soziologe Beck, sie entwickle sich zum Schauplatz eines „Menschheitsexperiments", an dem jedermann teilnehme, für das jedoch niemand mehr verantwortlich sei. An der Wende zum dritten Jahrtausend, glaubt er, sei die wissenschaftlich-technische Entwicklung zum Selbstgänger geworden. Niemand, glaubt Beck, ist in der „Risikogesellschaft" hoch entwickelter Industrieländer für die Fortschrittsfolgen verantwortlich. Kein Wissenschaftler, sofern er die staatlich verordneten Sicherheitsbestimmungen nicht verletzt, haftet für Schäden, die sich aus der Anwendung seiner Erkenntnisse gleichwohl ergeben können; die Risiken, so Beck, werden „vergesellschaftet".

Soll heißen: Wie durch Hexerei werden Schadstoffe, Gifte, radioaktive Partikel oder Strahlen mithilfe von Grenzwertbestimmungen beseitigt. Was in welchen Mengen schädlich oder ungefährlich ist, handeln Experten mit technokratischen Verwaltungsinstanzen aus. Großgefahren, wie sie von Chemiefabriken oder Kernkraftwerken ausgehen, lösen sich in hoch komplizierten Wahrscheinlichkeitsberechnungen auf.

Deren beruhigender Effekt besteht darin, dass sie das technisch nicht auszuschließende Desaster auf Sankt Nimmerlein verlegen.

Zwar lautet das Kalkulationsergebnis stets: Der große Knall kommt womöglich schon morgen, vielleicht aber auch erst in 1000 Jahren. Doch da die Berechnungen grundsätzlich experimentell nicht nachprüfbar sind, bleibt das wahre Risiko im Ungewissen, während zugleich der Anschein wissenschaftlicher Gefahrenkontrolle gewahrt wird.

1 Worin sieht Franke die Ambivalenz des wissenschaftlichen Fortschritts?

2 Informieren Sie sich über das Lebenswerk der in dem Bild dargestellten Wissenschaftler.

3 Ist Ihrer Meinung nach die vom Künstler gewählte Anspielung auf die Abendmahlszene berechtigt?

4 Recherchieren Sie, für welche Ereignisse folgende Städtenamen stehen: Seveso (Italien, 1976), Tschernobyl (Ukraine, 1986), Bophal (Indien, 1984).

G.H. Magnus: Die Bombe und ihre Jünger.
In Anlehnung an das „Abendmahl" von Leonardo da Vinci zeigt die Illustration die Physiker, durch deren Forschungen das Atomzeitalter begann.

Karl Raimund Popper
(1902–1994) studierte in Wien Mathematik, Physik und Philosophie. 1937 emigrierte er nach Neuseeland, von 1947 bis 1969 lehrte er an der London School of Economics Philosophie. Poppers Erkenntnis- und Wissenschaftstheorie, der **kritische Rationalismus**, hat bis heute einen starken Einfluss auf die Sozial- und Wirtschaftswissenschaften.
Rationalität, Vernunft und Logik sind für Popper die Grundlage jeder wissenschaftlichen Forschung, allerdings lehnt er die Suche des klassischen Rationalismus nach einer letzten Gewissheit in der Tradition Descartes' (s. S. 40) ab. Für Popper ist jedes Wissen nur vorläufig, alle Theorien sind Hypothesen, die man nicht mit letzter Gewissheit als wahr erweisen (verifizieren) kann. Sie können lediglich als fehlerhaft erwiesen (falsifiziert) und durch genauere ersetzt werden, die sich wiederum der Kritik stellen müssen. Keine Theorie kann den Anspruch erheben, absolut wahr zu sein.

Karl R. Popper: Wahrheitssuche und intellektuelle Redlichkeit als ethische Prinzipien – Grundlagen einer „neuen Berufsethik"

Die Fülle an Wissen, das der Mensch im Laufe der letzten Jahrhunderte angesammelt hat, ist für den Einzelnen kaum noch zu überblicken. So haben sich im Laufe der Menschheitsgeschichte nicht nur die einzelnen Wissenschaften herausgebildet, der moderne Wissenschaftler ist heute vielfach ein Spezialist auf einem kleinen Gebiet seiner Disziplin. Den Universalgelehrten, der in allen Gebieten des Wissens zu Hause ist, kann es nicht mehr geben. Vor diesem Hintergrund scheint die Erkenntnis des Sokrates, „Ich weiß, dass ich nichts weiß", heute aktueller denn je zu sein. Sie ist der Ausgangspunkt des folgenden Textes. Popper entwickelt in seiner Rede eine von dieser Einsicht inspirierte Ethik für Wissenschaftler und andere „intellektuelle Berufe".

Die Prinzipien, die jeder rationalen Diskussion zugrunde liegen, das heißt jeder Diskussion im Dienste der Wahrheitssuche, sind recht eigentlich *ethische* Prinzipien. Ich möchte drei solche Prinzipien angeben.
1. Das Prinzip der Fehlbarkeit: Vielleicht habe ich unrecht, und vielleicht hast du recht. Aber wir können auch beide unrecht haben.
2. Das Prinzip der vernünftigen Diskussion: Wir wollen versuchen, möglichst unpersönlich unsere Gründe für und wider eine bestimmte, kritisierbare Theorie abzuwägen.
3. Das Prinzip der Annäherung an die Wahrheit: Durch eine Diskussion kommen wir fast immer der Wahrheit näher; und wir kommen zu einem besseren Verständnis; auch dann, wenn wir nicht zu einer Einigung kommen.
Es ist bemerkenswert, dass alle drei Prinzipien erkenntnistheoretische und gleichzeitig ethische Prinzipien sind. Denn sie implizieren unter anderem Duldsamkeit, Toleranz: Wenn ich von dir lernen kann und im Interesse der Wahrheitssuche lernen will, dann muss ich dich nicht nur dulden, sondern als potenziell gleichberechtigt anerkennen; die potenzielle Einheit und Gleichberechtigung aller Menschen sind eine Voraussetzung unserer Bereitschaft, rational zu diskutieren. Wichtig ist auch das Prinzip, dass wir von einer Diskussion viel lernen können; auch dann, wenn sie nicht zur Einigung führt. Denn die Diskussion kann uns lehren, einige der Schwächen unserer Position zu verstehen.
Es liegen also der Naturwissenschaft ethische Prinzipien zugrunde. Die Idee der Wahrheit als das grundlegende regulative Prinzip ist ein solches ethisches Prinzip. Die Wahrheitssuche und die Idee der Annäherung an die Wahrheit sind weitere ethische Prinzipien; ebenso auch die Idee der intellektuellen Redlichkeit und die der Fehlbarkeit, die uns zur selbstkritischen Haltung und Toleranz führt.
Sehr wichtig ist auch, dass wir im Gebiet der Ethik *lernen* können. Das möchte ich noch am Beispiel der Ethik für die Intellektuellen aufzeigen, insbesondere der Ethik für die intellektuellen Berufe: der Ethik für die Wissenschaftler, für die Mediziner, Juristen, Ingenieure, Architekten; für die öffentlichen Beamten und, sehr wichtig, für die Politiker.
Ich möchte Ihnen einige Sätze für eine *neue Berufsethik* unterbreiten, Sätze, die mit den Ideen der Toleranz und der intellektuellen Redlichkeit eng zusammenhängen. Zu diesem Zweck werde ich zuerst die alte Berufsethik charakterisieren und vielleicht auch ein klein wenig karikieren, um sie dann mit der neuen Berufsethik, die ich vorschlage, zu vergleichen.
Beiden, der alten und der neuen Berufsethik, liegen, zugegebenermaßen, die Ideen der Wahrheit, der Rationalität und der intellektuellen Vernünftigkeit zugrunde. Aber

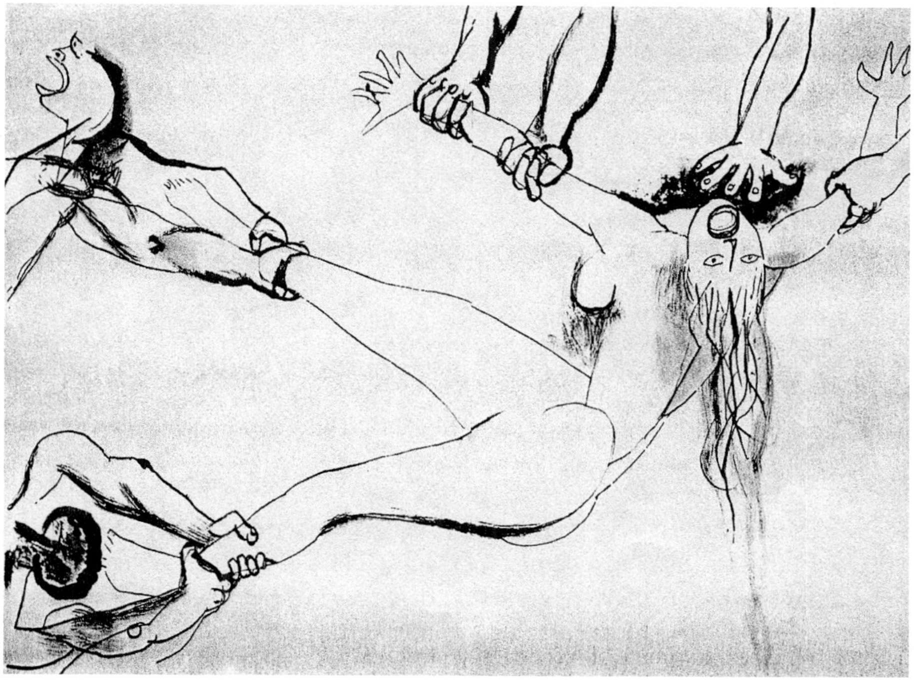

Renato Guttuso: Wahrheit? (1956)

die alte Ethik war auf die Idee des persönlichen Wissens und des sicheren Wissens gegründet und damit auf die Idee der *Autorität*, während die neue Ethik auf die Idee des objektiven Wissens und des unsicheren Wissens gegründet ist. Dadurch ändert sich die unterliegende Denkweise grundlegend, und damit auch die Rolle der Ideen der Wahrheit, der Rationalität und der intellektuellen Redlichkeit und Verantwortlichkeit.

Das alte Ideal war, Wahrheit und Sicherheit zu *besitzen* und die Wahrheit, wenn möglich, durch einen logischen Beweis zu *sichern*. Diesem auch heute noch weitgehend akzeptierten Ideal entspricht das persönliche Ideal des Weisen – natürlich nicht im Sokratischen Sinn, sondern das Platonische Ideal des Wissenden, der eine Autorität ist; des Philosophen, der gleichzeitig ein königlicher Herrscher ist.

Der alte Imperativ für den Intellektuellen ist: Sei eine Autorität! Wisse alles auf deinem Gebiet! Wenn du einmal als Autorität anerkannt bist, dann wird deine Autorität von deinen Kollegen beschützt werden, und du musst natürlich die Autorität deiner Kollegen beschützen.

Die alte Ethik, die ich beschreibe, verbietet es, Fehler zu machen. Ein Fehler ist absolut unerlaubt. Daher dürfen Fehler nicht zugegeben werden. Ich brauche nicht zu betonen, dass diese alte professionelle Ethik intolerant ist. Und sie war auch immer schon intellektuell unredlich: Sie führt zum Vertuschen der Fehler um der Autorität willen; insbesondere auch in der Medizin.

Ich schlage deshalb eine *neue* Berufsethik vor; vor allem, aber nicht nur, für Naturwissenschaftler. [...]

1. Unser objektives Vermutungswissen geht immer weiter über das hinaus, was ein Mensch meistern kann. *Es gibt daher keine Autoritäten.* Das gilt auch innerhalb von Spezialfächern.

2. *Es ist unmöglich, alle Fehler zu vermeiden* oder auch nur alle an sich vermeidbaren Fehler. Fehler werden dauernd von allen Wissenschaftlern gemacht. Die alte Idee, dass man Fehler vermeiden kann und daher verpflichtet ist, sie zu vermeiden, muss revidiert werden: Sie selbst ist fehlerhaft.

3. *Natürlich bleibt es unsere Aufgabe, Fehler nach Möglichkeit zu vermeiden.* Aber gerade um sie zu vermeiden, müssen wir uns vor allem klar darüber werden, wie schwer es ist, sie zu vermeiden, und dass es niemandem völlig gelingt. [...]
4. Auch in den am besten bewährten unter unseren Theorien können Fehler verborgen sein; und es ist die spezifische Aufgabe des Wissenschaftlers, nach solchen Fehlern zu suchen. Die Feststellung, dass eine gut bewährte Theorie oder ein viel verwendetes praktisches Verfahren fehlerhaft ist, kann eine wichtige Entdeckung sein.
5. *Wir müssen deshalb unsere Einstellung zu unseren Fehlern ändern.* Es ist *hier*, wo unsere praktische ethische Reform beginnen muss. [...]
6. Das neue Grundgesetz ist, dass wir, um zu lernen, Fehler möglichst zu vermeiden, *gerade von unseren Fehlern lernen müssen*. Fehler zu vertuschen ist deshalb die größte intellektuelle Sünde.
7. Wir müssen daher dauernd nach unseren Fehlern Ausschau halten. Wenn wir sie finden, müssen wir sie uns einprägen; sie nach allen Seiten analysieren, um ihnen auf den Grund zu gehen.
8. Die selbstkritische Haltung und die Aufrichtigkeit werden damit zur Pflicht.
9. Da wir von unseren Fehlern lernen müssen, so müssen wir auch lernen, es anzunehmen, ja, *dankbar* anzunehmen, wenn andere uns auf unsere Fehler aufmerksam machen. Wenn wir andere auf ihre Fehler aufmerksam machen, so sollen wir uns immer daran erinnern, dass wir selbst ähnliche Fehler gemacht haben wie sie. [...]
10. Wir müssen uns klar werden, *dass wir andere Menschen zur Entdeckung und Korrektur von Fehlern brauchen (und sie uns)*; insbesondere auch Menschen, die mit anderen Ideen in einer anderen Atmosphäre aufgewachsen sind. Auch das führt zur Toleranz.
11. Wir müssen lernen, dass Selbstkritik die beste Kritik ist; dass aber die *Kritik durch andere eine Notwendigkeit* ist. [...]
12. Rationale Kritik muss immer spezifisch sein: Sie muss spezifische Gründe angeben, warum spezifische Aussagen, spezifische Hypothesen falsch zu sein scheinen oder spezifische Argumente ungültig. Sie muss von der Idee geleitet sein, der objektiven Wahrheit näher zu kommen. Sie muss in diesem Sinne unpersönlich sein.
Ich bitte Sie, meine Formulierungen als Vorschläge zu betrachten. Sie sollen zeigen, dass man, auch im ethischen Gebiet, diskutierbare und verbesserbare Vorschläge machen kann.

1 Popper legt für eine rationale Diskussion ethische Prinzipien zugrunde. Wie begründet er dies?

2 Vergleichen Sie die Grundsätze der alten und der neuen Berufsethik. Was fordern sie jeweils von dem einzelnen Wissenschaftler oder Politiker?

3 Werden Poppers Grundsätze in der Schule vermittelt und praktiziert? Suchen Sie Beispiele.

4 Sokrates: „Ich weiß, dass ich nichts weiß, und deshalb weiß ich mehr als die anderen.“ Popper: „Ich weiß, dass ich nichts weiß, und kaum das.“ Worin unterscheiden sich die beiden Aussagen?

5 Deuten Sie die Karikatur anhand von Beispielen.

Hans Jonas: Verantwortung für die Zukunft der Menschheit

In vielen Bereichen werden heute die „Nebenwirkungen“ der Technik als Bedrohung für Mensch und Natur immer offensichtlicher, und zwar nicht nur für die jetzt Lebenden. Betrachtet man beispielsweise die Belastung, die von radioaktivem Abfall ausgeht, so hinterlassen wir zukünftigen Generationen eine schwere Bürde. Hans Jonas begründet im folgenden Text eine Ethik, die diesen vom modernen Menschen selbst geschaffenen Bedingungen Rechnung tragen soll.

Hans Jonas (1903 – 1993), deutscher Philosoph, emigrierte 1933 aus Deutschland. Er lebte und lehrte zunächst in Jerusalem, dann in Kanada und von 1955 bis 1966 in New York. Als Philosoph setzte er sich vor allem mit der Entwicklung der technischen Zivilisation auseinander. Zu Beginn des Atomzeitalters hielt er die Kernkraft für segensreich, später vertrat er die Meinung, dass die Menschen mit den neuen technischen Möglichkeiten nicht umgehen können. In seinem ethischen Hauptwerk „Das Prinzip Verantwortung“ fordert er zu einer grundsätzlichen Auseinandersetzung mit der modernen Technik auf.

Der endgültig **entfesselte Prometheus**, dem die Wissenschaft nie gekannte Kräfte und die Wirtschaft den rastlosen Antrieb gibt, ruft nach einer Ethik, die durch freiwillige Zügel seine Macht davor zurückhält, dem Menschen zum Unheil zu werden. **Dass die Verheißung der modernen Technik in Drohung umgeschlagen ist, oder diese sich mit jener unlösbar verbunden hat**, bildet die Ausgangsthese des Buches. Sie geht über die Feststellung physischer Bedrohung hinaus. Die dem Menschenglück zugedachte Unterwerfung der Natur hat im Übermaß ihres Erfolges, der sich nun auch auf die Natur des Menschen selbst erstreckt, zur größten Herausforderung geführt, die je dem menschlichen Sein aus eigenem Tun erwachsen ist. Alles daran ist neuartig, dem Bisherigen unähnlich, der Art wie der Größenordnung nach: Was der Mensch heute tun kann und dann, in der unwiderstehlichen Ausübung dieses Könnens, weiterhin zu tun gezwungen ist, das hat nicht seinesgleichen in vergangener Erfahrung. Auf sie war alle bisherige Weisheit über rechtes Verhalten zugeschnitten. Keine überlieferte Ethik belehrt uns daher über die Normen von „Gut“ und „Böse“, denen die ganz neuen Modalitäten der Macht und ihrer möglichen Schöpfungen zu unterstellen sind. Das Neuland kollektiver Praxis, das wir mit der Hochtechnologie betreten haben, ist für die ethische Theorie noch ein Niemandsland. [...]

Was kann als Kompass dienen? Die vorausgedachte Gefahr selber! In ihrem Wetterleuchten aus der Zukunft, im Vorschein ihres planetarischen Umfanges und ihres humanen Tiefganges, werden allererst die ethischen Prinzipien entdeckbar, aus denen sich die neuen Pflichten neuer Macht herleiten lassen. Dies nenne ich die „Heuristik[1] der Furcht“: Erst die vorausgesehene Verzerrung des Menschen verhilft uns zu dem davor zu bewahrenden Begriff des Menschen. Wir wissen erst, was auf dem Spiele steht, wenn wir wissen, dass es auf dem Spiele steht. Da es dabei nicht nur um das Menschenlos, sondern auch um das Menschenbild geht, nicht nur um physisches Überleben, sondern auch um Unversehrtheit des Wesens, so muss die Ethik, die beides zu hüten hat, über die der Klugheit hinaus eine solche der Ehrfurcht sein.

Entnehmen wir dem Vorangegangenen diejenigen Merkmale menschlichen Handelns, die für einen Vergleich mit dem heutigen Stand der Dinge bedeutsam sind.

1. Aller Umgang mit der außermenschlichen Welt, das heißt der ganze Bereich der *techne* (Kunstfertigkeit) war – mit Ausnahme der Medizin – ethisch neutral – im Hinblick auf das Objekt sowohl wie auf das Subjekt solchen Handelns: Im Hinblick auf das Objekt, weil die Kunst die selbsterhaltende Natur der Dinge nur unerheblich in Mitleidenschaft zog und somit keine Frage dauernden Schadens an der Integrität[2] ihres Objektes, der natürlichen Ordnung im Ganzen, aufwarf; und im Hinblick auf das handelnde Subjekt, weil techne qua[3] Tätigkeit sich selbst als begrenzten Tribut an die Notwendigkeit verstand und nicht als selbstrechtfertigenden Fortschritt zum Haupt-

---

[1] Heuristik: Lehre von den Methoden zum Finden neuer Erkenntnisse

[2] Integrität: Unversehrtheit

[3] qua (lat.): in der Eigenschaft als

Kants kategorischer Imperativ lautet: „Handle so, dass die Maxime deines Willens jederzeit zugleich als Prinzip einer allgemeinen Gesetzgebung gelten kann." (s. S. 162)

ziel der Menschheit, in dessen Verfolgung des Menschen höchste Anstrengung und Teilnahme engagiert sind. Der wirkliche Beruf des Menschen liegt anderswo. Kurz, Wirkung auf nicht menschliche Objekte bildete keinen Bereich ethischer Bedeutsamkeit.

2. Ethische Bedeutung gehörte zum direkten Umgang von Mensch mit Mensch, einschließlich des Umgangs mit sich selbst; alle traditionelle Ethik ist *anthropozentrisch*[1].

3. Für das Handeln in dieser Sphäre wurde die Entität[2] „Mensch" und ihr fundamentaler Zustand als im Wesen konstant angesehen und nicht selber als Gegenstand umformender *techne* (Kunst).

4. Das Wohl oder Übel, worum das Handeln sich zu kümmern hatte, lag nahe bei der Handlung, entweder in der *Praxis* selbst oder in ihrer unmittelbaren Reichweite und war keine Sache entfernter Planung. Diese Nähe der Ziele galt für Zeit sowohl als Raum. Die wirksame Reichweite der Aktion war klein, die Zeitspanne für Voraussicht, Zielsetzung und Zurechenbarkeit kurz, die Kontrolle über Umstände begrenzt. Rechtes Verhalten hatte seine unmittelbaren Kriterien und seine fast unmittelbare Vollendung. Der lange Lauf der Folgen war dem Zufall, dem Schicksal oder der Vorsehung anheimgestellt. Ethik hatte es demgemäß mit dem Hier und Jetzt zu tun, mit Gelegenheiten, wie sie zwischen Menschen sich einstellen, mit den wiederkehrenden, typischen Situationen des privaten und öffentlichen Lebens. Der gute Mensch war ein solcher, der diesen Gelegenheiten mit Tugend und Weisheit begegnete, der die Fähigkeit dazu in sich selbst kultivierte und im Übrigen sich mit dem Unbekannten abfand. [...]

Ein Imperativ, der auf den neuen Typ menschlichen Handelns passt und an den neuen Typ von Handlungssubjekt gerichtet ist, würde etwa so lauten: „Handle so, dass die Wirkungen deiner Handlung verträglich sind mit der Permanenz echten menschlichen Lebens auf Erden"; oder negativ ausgedrückt: „Handle so, dass die Wirkungen deiner Handlung nicht zerstörerisch sind für die künftige Möglichkeit solchen Lebens"; oder einfach: „Gefährde nicht die Bedingungen für den indefiniten Fortbestand der Menschheit auf Erden"; oder, wieder positiv gewendet: „Schließe in deine gegenwärtige Wahl die zukünftige Integrität des Menschen als Mit-Gegenstand deines Wollens ein." [...]

Der neue Imperativ sagt eben, dass wir zwar unser eigenes Leben, aber nicht das der Menschheit wagen *dürfen*; und dass Achill zwar das Recht hatte, für sich selbst ein kurzes Leben ruhmreicher Taten vor einem langen Leben ruhmloser Sicherheit zu wählen (unter der stillschweigenden Voraussetzung nämlich, dass eine Nachwelt da sein wird, die von seinen Taten zu erzählen weiß); dass wir aber nicht das Recht haben, das Nichtsein künftiger Generationen wegen des Seins der jetzigen zu wählen oder auch nur zu wagen. [...]

Die Zukunft der Menschheit ist die erste Pflicht menschlichen Kollektivverhaltens im Zeitalter der modo negativo[3] „allmächtig" gewordenen technischen Zivilisation. Hierin ist die Zukunft der Natur als *sine-qua-non*[4] offenkundig mit enthalten, ist aber auch unabhängig davon eine metaphysische Verantwortung an und für sich, nachdem der Mensch nicht nur sich selbst, sondern der ganzen Biosphäre gefährlich geworden ist. Selbst wenn sich beides trennen ließe – das heißt, auch wenn mit einer verödeten (und großenteils durch Kunst ersetzten) Lebensumwelt ein menschlich zu nennendes Leben für unsere Nachkommen möglich wäre –, hätte doch die im langen Schöpfer-

1 Inwiefern lässt sich der moderne Mensch als „entfesselter Prometheus" bezeichnen?

2 Wie begründet Jonas seine These, dass die überlieferte Ethik nicht mehr in der Lage ist, die Probleme der modernen Welt zu lösen?

3 Welche Forderungen stellt er im Einzelnen in seinem neuen ethischen Imperativ auf und wie begründet er sie?

4 Zeigen Sie an Beispielen aus Medizin und Gentechnologie (s. S. 277 ff.), wie die „Unversehrtheit des Wesens" des Menschen durch den wissenschaftlichen Fortschritt gefährdet werden kann.

5 Hans Jonas setzt bewusst seinen Entwurf utopischen Theorien entgegen. Diskutieren Sie, ob seine Forderungen heute durchsetzbar sind bzw. bereits durchgesetzt werden.

---

[1] anthropozentrisch: den Menschen in den Mittelpunkt stellend
[2] Entität: Wesenheit
[3] modo negativo (lat.): in negativem Sinne
[4] sine qua non (lat.): nicht ohne diese, d. h. notwendige Bedingung

tum der Natur hervorgebrachte und jetzt uns ausgelieferte Lebensfülle der Erde um ihrer selbst willen Anspruch auf unsere Hut. Da beides sich jedoch, ohne eine Karikatur des Menschenbildes, in der Tat nicht trennen lässt, da vielmehr im Entscheidenden, nämlich der Alternative „Erhaltung oder Zerstörung", das Interesse des Menschen mit dem des übrigen Lebens als seiner Weltheimat im sublimsten[1] Sinn zusammenfällt, so können wir die beiden Pflichten unter dem Leitbegriff der *Pflicht zum Menschen* als eine behandeln, ohne darum in anthropozentrische Verengung zu fallen. Die Verengung auf den Menschen allein und als von aller übrigen Natur verschieden kann nur Verengung, ja Entmenschung des Menschen selbst bedeuten, die Verkümmerung seines Wesens – auch im Glücksfall biologischer Erhaltung – widerspricht also ihrem vorgeblichen, eben von der Würde seines Wesens beglaubigten Ziel. Im wahrhaft menschlichen Blickpunkt bleibt der Natur ihre Eigenwürde, die der Willkür unserer Macht entgegensteht. Als von ihr hervorgebracht schulden wir dem verwandten Ganzen ihrer Hervorbringungen eine Treue, wovon die zu unserem eigenen Sein nur die höchste Spitze ist. Dieser aber, recht verstanden, befasst alles andere unter sich.

[1] sublim: erhaben, verfeinert

Peter Paul Rubens (1577–1640): Der gefesselte Prometheus. Der Titan Prometheus stahl dem Mythos zufolge den Göttern Kleidung, Waffen und Feuer und ermöglichte so den Menschen, sich selbst eine Kultur zu schaffen, die ihr Überleben sicherte. Zeus bestrafte ihn, indem er ihn an eine Felswand fesseln ließ. Seit dem 18. Jahrhundert steht Prometheus, nicht zuletzt durch Goethes gleichnamiges Gedicht, für den selbstbewussten, auf seine eigenen Fähigkeiten vertrauenden Menschen (s. S. 27 und S. 37).

Sinn und Grenzen der Wissenschaft

Max Weber (1864–1920), deutscher Soziologe (s. S. 172), prägte den Begriff von der **„wertfreien Wissenschaft"**, d. h. die Werturteile des Forschers sind von seiner wissenschaftlichen Forschungstätigkeit zu trennen. Demgegenüber haben Kritiker auf die unvermeidbaren Verschränkungen von Erkenntnis und Werturteilen hingewiesen.

Max Weber: Ist wissenschaftlich-technischer Fortschritt „sinnlos"?

Der wissenschaftliche Fortschritt ist ein Bruchteil, und zwar der wichtigste Bruchteil jenes Intellektualisierungsprozesses, dem wir seit Jahrtausenden unterliegen und zu dem heute üblicherweise in so außerordentlich negativer Art Stellung genommen wird. Machen wir uns zunächst klar, was denn eigentlich diese intellektualistische Rationalisierung durch Wissenschaft und wissenschaftlich orientierte Technik praktisch bedeutet. Etwa, dass heute hier jeder eine größere Kenntnis der Lebensbedingungen hat, unter denen er existiert, als ein Indianer oder ein Hottentotte? Schwerlich.

Wer von uns auf der Straßenbahn fährt, hat – wenn er nicht Fachphysiker ist – keine Ahnung, wie sie das macht, sich in Bewegung zu setzen. Er braucht auch nichts davon zu wissen. Es genügt ihm, dass er auf das Verhalten des Straßenbahnwagens „rechnen" kann, er orientiert sein Verhalten daran; aber wie man ein Trambahn so herstellt, dass sie sich bewegt, davon weiß er nichts. Der Wilde weiß das von seinen Werkzeugen ungleich besser. […] Die zunehmende Intellektualisierung und Rationalisierung bedeutet also *nicht* eine zunehmende allgemeine Kenntnis der Lebensbedingungen, unter denen man steht. Sondern sie bedeutet etwas anderes: das Wissen davon oder den Glauben daran, dass man, wenn man *nur wollte*, es jederzeit erfahren *könnte*, dass es also prinzipiell keine geheimnisvollen, unberechenbaren Mächte gebe, die da hineinspielen, dass man vielmehr alle Dinge – im Prinzip – durch *Berechnen beherrschen* könne. Das aber bedeutet: die Entzauberung der Welt. […]

Hat der „Fortschritt" als solcher einen erkennbaren, über das Technische herausreichenden Sinn, sodass dadurch der Dienst an ihm ein sinnvoller Beruf würde? […] Welches ist der Beruf der Wissenschaft innerhalb des Gesamtlebens der Menschheit? Und welches ihr Wert? […] Die einfachste Antwort hat Tolstoi[1] gegeben mit den Worten: „Die Wissenschaft ist sinnlos, weil sie auf die allein für uns wichtige Frage ‚Was sollen wir tun? Wie sollen wir leben?' keine Antwort gibt." Die Tatsache, dass sie diese Antwort nicht gibt, ist schlechthin unbestreitbar. Die Frage ist nur, in welchem Sinne sie keine Antwort gibt, und ob sie stattdessen nicht doch vielleicht dem, der die Frage richtig stellt, etwas leisten könnte. – Man pflegt heute häufig von „voraussetzungsloser" Wissenschaft zu sprechen. Gibt es das? Es kommt darauf an, was man darunter versteht. Vorausgesetzt ist bei jeder wissenschaftlichen Arbeit immer die Geltung der Regeln der Logik und Methodik: diese allgemeinen Grundlagen unserer Orientierung in der Welt. Nun, diese Voraussetzungen sind, wenigstens für unsere besondere Frage, am wenigsten problematisch. Vorausgesetzt ist aber ferner: dass das, was bei wissenschaftlicher Arbeit herauskommt, *wichtig* im Sinn von „wissenswert" sei.

Und da stecken nun offenbar alle unsere Probleme darin. Denn diese Voraussetzung ist nicht wieder ihrerseits mit den Mitteln der Wissenschaft beweisbar. Sie lässt sich nur auf ihren letzten Sinn *deuten*, den man dann ablehnen oder annehmen muss, je nach der eigenen letzten Stellungnahme zum Leben.

[1] Leo Tolstoi (1828–1910): russischer Dichter

1 Wieso hat wissenschaftlich-technischer Fortschritt die „Entzauberung der Welt" zur Folge?

2 Was versteht Weber unter wertfreier Wissenschaft?

3 Worin liegt Ihrer Meinung nach der „letzte Sinn" der Wissenschaft (Z. 38)?

Albert Einstein: Wissenschaft als „matter of fact"-Denken?

Man kann nicht behaupten, dass die moralische Gestaltung des menschlichen Lebens im Großen heute vollkommener ist als im Jahr 1876. Damals herrschte die Meinung vor, dass alles erhofft werden könnte von der Aufklärung wissenschaftlich konstatierbarer Tatsachen und von der Bekämpfung von Vorurteil und Aberglaube. All dies ist in der Tat wichtig und des Strebens der Besten würdig. [...]

Aber das Wegräumen der Hindernisse allein führt noch nicht zu einer Veredelung des sozialen und individuellen Daseins. Neben diesem negativen Wirken ist das positive Streben nach einer ethisch-moralischen Gestaltung des menschlichen Zusammenlebens von überragender Bedeutung. Hier kann uns keine Wissenschaft erlösen. Ich glaube sogar, dass die Überbetonung der rein intellektuellen, oft nur auf das Faktische und Praktische gerichteten Einstellung in unserer Erziehung direkt zu einer Gefährdung der ethischen Werte geführt hat. Ich denke dabei nicht so sehr an die Gefahren, die der technische Fortschritt den Menschen direkt gebracht hat, als an die Überwucherung der gegenseitigen menschlichen Rücksichten durch ein „matter of fact"-Denken, das sich wie ein erstarrender Frost über die menschlichen Beziehungen gelegt hat. Die moralische und ästhetische Vervollkommnung ist ein Ziel, das den Bemühungen der Kunst näher steht als denen der Wissenschaft. Wohl ist das Verstehen der Nächsten von Bedeutung. Dies Verstehen wird aber nur fruchtbar, wenn es von Mit-Freude und von Mit-Leid getragen ist. Die Pflege dieser wichtigsten Triebfedern moralischen Handelns ist es, was von der Komponente des Aberglaubens gereinigt hat. [...]

Das furchtbare Dilemma der politischen Weltsituation hat viel zu tun mit jener Unterlassungssünde unserer Zivilisation. Ohne „ethische Kultur" gibt es keine Rettung für die Menschen. [...]

Es ist nicht genug, den Menschen ein Spezialfach zu lehren. Dadurch wird er zwar zu einer Art benutzbarer Maschine, aber nicht zu einer vollwertigen Persönlichkeit. Es kommt darauf an, dass er ein lebendiges Gefühl dafür bekommt, was zu erstreben wert ist. Es muss einen lebendigen Sinn dafür bekommen, was schön und was moralisch gut ist. Sonst gleicht er mit seiner spezialisierten Fachkenntnis mehr einem wohl abgerichteten Hund als einem harmonisch entwickelten Geschöpf. Er muss die Motive der Menschen, deren Illusionen, deren Leiden verstehen lernen, um eine richtige Einstellung zu den einzelnen Mitmenschen und zur Gemeinschaft zu erwerben. [...]

Überbetonung des kompetitiven[1] Systems und frühzeitiges Spezialisieren unter dem Gesichtspunkt der unmittelbaren Nützlichkeit töten den Geist, von dem alles kulturelle Leben und damit schließlich auch die Blüte der Spezialwissenschaften abhängig ist.

Zum Wesen einer wertvollen Erziehung gehört es ferner, dass das selbstständige kritische Denken im jungen Menschen entwickelt wird, eine Entwicklung, die weitgehend durch Überbürdung mit Stoff gefährdet wird (Punkt-System). Überbürdung führt notwendig zu Oberflächlichkeit und Kulturlosigkeit. Das Lehren soll so sein, dass das Dargebotene als wertvolles Geschenk und nicht als saure Pflicht empfunden wird.

1 kompetitiv: zuständig, maßgebend

Albert Einstein (1879–1955), deutscher Physiker und Nobelpreisträger (s. S. 213 f.). Die nebenstehenden Textauszüge stammen aus den Jahren 1951/1952.

Albert Einstein: Mein Weltbild, Zürich (Europa-Verlag) 2005

1 Was kritisiert Einstein an einer „rein intellektuellen" Sichtweise der Welt? Was setzt er dem entgegen?

2 Albert Einstein, Rudolf Virchow (s. S. 286), Erwin Chargaff (s. S. 262), Alfred Nobel – vorbildliche Wissenschaftler? Recherchieren und diskutieren Sie.

Martin Cohen (geb. 1964), britischer Philosoph. Der nebenstehende Text stammt aus seinem Buch „99 philosophische Rätsel“ (2001).

Martin Cohen: Was bedeutet Wissen? – Ein philosophisches Rätsel

Die Kuh auf der Weide

Bauer Huber macht sich Sorgen um seine preisgekrönte Kuh Lotte. Auch als sein Knecht ihm sagt, Lotte grase friedlich auf der Weide, beruhigt ihn das nicht, denn er will ganz sicher sein. Er will nicht nur mit neunundneunzigprozentiger Wahrscheinlichkeit glauben, dass es Lotte gut geht, er will es wissen. Bauer Huber geht also hinaus und sieht vom Gatter aus hinter ein paar Bäumen in der Ferne ein schwarz-weißes Etwas, das er als seine Lieblingskuh erkennt. Er geht zum Hof zurück und berichtet, dass mit Lotte alles in Ordnung sei.
Aber weiß Bauer Huber dies wirklich genau?
Der Knecht geht ebenfalls aufs Feld hinaus, um nach dem Rechten zu sehen. Er findet Lotte schlafend in einer versteckten Senke, die vom Gatter aus nicht einzusehen ist. Außerdem entdeckt er ein großes Stück schwarz-weißes Papier, das sich in einem Baum verfangen hat.

Lotte befindet sich tatsächlich auf der Weide, wie der Bauer geglaubt hat. Durfte er aber wirklich behaupten, dies zu **wissen**?

Viele Leute würden sagen, dass wir unter Berücksichtigung menschlicher Schwächen dann etwas wissen, wenn
- wir glauben, dass es so ist;
- wir einen guten, relevanten Grund für unsere Überzeugung haben
- und dieser sich als wahr erweist.

René Magritte (1898–1967): Die Klarsicht (1936)

Wissen definiert sich demnach als „gerechtfertigte und wahre Überzeugung". Im Fall von Bauer Huber sind alle Bedingungen erfüllt, und dennoch scheint er nicht wirklich genau zu wissen, wo sich Lotte befindet. Dieses Problem [...] hat Philosophen bis heute beschäftigt, besonders seit im 20. Jh. die „analytische" Philosophie[1] aufgekommen ist.

In unserem Beispiel hat Bauer Huber
- geglaubt, dass es der Kuh gut geht;
- Beweise gehabt, die seinen Glauben bestätigen (seine Vermutung war berechtigt);
- schlussendlich damit recht gehabt, dass es der Kuh gut ging.

Trotzdem könnten wir darauf beharren, dass er es nicht wirklich wusste. Daraus folgt, dass hier vielleicht eine veränderte Definition des Begriffs „Wissen" erforderlich ist. Obwohl Wissen grundsätzlich auf gerechtfertigten und wahren Überzeugungen beruht, bedingt nicht jede gerechtfertigte und wahre Überzeugung auch Wissen. Viele Philosophen sind der Ansicht, dass es hier einer *komplizierteren* (!) Erklärung bedürfe, um das Gegenbeispiel umgehen zu können.

Die Behauptung, dass diese drei Bedingungen „nicht hinreichend" sind, brachte ein paar Philosophen auf die Idee, ihnen eine weitere hinzuzufügen: Wissen kann nicht auf fälschlichem Glauben beruhen. Das aber kommt einer Tautologie[2] ziemlich nahe (Tautologien sind übrigens die bevorzugte Zuflucht des Philosophen).

Andere Philosophen versuchten dagegen, die erste Bedingung zu streichen und somit *Wissen* auch ohne *Glauben* zu ermöglichen. Wieder andere versuchten, Wissen von einem anderen Kriterium als Glauben abhängig zu machen, nämlich von der sogenannten „Akzeptanz", was immer das sein mag ...

Das Problem absoluter Gewissheit ist die Basis für einen großen Teil der westlichen Philosophie, die von den alten Griechen begründet und von René Descartes[3] auf den Punkt gebracht wurde, als er im 16. Jh. in seinem Zimmer mit Ofenheizung sinnierte. Er hatte geglaubt, die Antwort in der Gewissheit seiner eigenen Existenz als denkendes Wesen gefunden zu haben, die sich durch den berühmten Ausspruch *Cogito, ergo sum* (Ich denke, also bin ich) definiert. Das war nach Descartes' Ansicht etwas, das er mit absoluter Sicherheit wusste und nicht nur glaubte.

1 Definieren Sie die Begriffe „Wissen" und „Glauben".

2 Welcher Wissensbegriff wird in dem Rätsel hinterfragt? Mit welchem Ergebnis?

3 Versuchen Sie, das Rätsel zu lösen, indem Sie aus der jeweiligen Sicht der u. g. erkenntnistheoretischen Positionen argumentieren.

4 Diskutieren Sie, ob es ein „sittliches Wissen" gibt. Lesen Sie dazu den Text von Russell (s. S. 107).

5 Zum Gemälde von Magritte: Wie gestaltet der Künstler sein Verhältnis zur Wirklichkeit? Warum nennt Magritte sein Bild „Die Klarsicht"?

[1] analytische Philosophie: eine philosophische Methode, die die sprachlichen Mittel untersucht, die bei der Formulierung und Diskussion philosophischer Probleme verwendet werden

[2] Tautologie (gr.-lat.): doppelt wiedergegebene Fügung (z. B. alter Greis, weißer Schimmel)

[3] René Descartes (1596–1650): französischer Philosoph und Begründer des Rationalismus (s. S. 40)

Die **Erkenntnistheorie** beschäftigt sich mit zwei Fragen: Wann kann man überhaupt von Wissen sprechen? Unter welchen Bedingungen und in welchem Sinn kann man Aussagen als „wahr" bezeichnen? Auf diese Fragen antworten verschiedene erkenntnistheoretische Modelle.

Realismus: Der Realismus geht von der Existenz einer von uns unabhängigen Außenwelt aus, die wir mithilfe der Wissenschaften erforschen können. Aussagen sind dann „wahr", wenn sie mit der empirischen (d. h. erfahrbaren) Wirklichkeit übereinstimmen. Der Erkennende (das Erkenntnissubjekt) und das zu Erkennende (das Erkenntnisobjekt) sind klar voneinander getrennt.

Idealismus: Die Wirklichkeit ist die Welt, wie sie uns erscheint, d. h., die Wahrheit ist abhängig von den Fähigkeiten und Eigenschaften des Erkenntnissubjekts. Eine davon unabhängige Wirklichkeit mag existieren, bleibt für das erkennende Subjekt aber unzugänglich.

Skeptizismus: Man kann nicht mit Sicherheit wissen, ob es die Welt bzw. die Wirklichkeit gibt, da sich jede Erkenntnis prinzipiell anzweifeln lässt.

Radikaler Konstruktivismus: Es gibt keinen Unterschied zwischen Wirklichkeit und Vorstellung, die Welt ist somit eine subjektive und soziale Konstruktion (s. S. 275).

John R. Searle (geb. 1932), amerikanischer Philosoph

John R. Searle: Die „wirkliche Welt“ ist erkennbar

Zu den meisten philosophischen Themen gibt es eine Position, die man als die Standard-Position bezeichnen kann. Eine Standard-Position ist eine Auffassung, die wir vor jeder Reflexion haben; es bedarf deshalb immer einer bewußt unternommenen Anstrengung und eines überzeugenden Arguments, um sich von ihr zu lösen.
Ich nenne die Standard-Positionen zu einigen großen erkenntnistheoretischen Fragen:
Es gibt eine wirkliche Welt, die unabhängig von uns existiert, unabhängig von unseren Erlebnissen, unseren Gedanken und unserer Sprache. Zu dieser Welt haben wir vermittels unserer Sinne (insbesondere durch den Tastsinn und den Gesichtssinn) direkten Wahrnehmungszugang. Die Wörter unserer Sprache, Wörter wie „Hase“ oder „Baum“, haben typischerweise eine leidlich klare Bedeutung. Aufgrund ihrer Bedeutung kann man sie dazu verwenden, auf wirkliche Gegenstände in der Welt Bezug zu nehmen und über sie zu sprechen. Unsere Feststellungen sind typischerweise wahr oder falsch, je nachdem, ob sie dem entsprechen, wie es sich verhält, d. h., ob sie den Tatsachen in der Welt entsprechen. Verursachung ist eine wirkliche Beziehung zwischen Gegenständen und Ereignissen in der Welt; sie ist eine Beziehung, durch die ein Phänomen, die Ursache, ein anderes, die Wirkung, verursacht.

(Aus lizenzrechtlichen Gründen ist dieser Text nicht in reformierter Rechtschreibung gedruckt.)

1 Welche erkenntnistheoretische Position lässt sich in dem Text erkennen?

2 Durchdenken Sie die angegebenen „Standard-Positionen“. Halten sie einer kritischen Überprüfung stand?

Ernst von Glasersfeld (geb. 1917), österreichischer Psychologe und Erkenntnistheoretiker

Ernst von Glasersfeld: Ist unser Bild von der Wirklichkeit „wahr“?

Der Zweifel an der Übereinstimmung von Wissen und Wirklichkeit entstand in dem Augenblick, in dem ein Denkender sich seines Denkens bewusst wurde. Xenophanes, einer der frühesten der Vorsokratiker[1], sagte bereits: „Und das Genaue freilich erblickt kein Mensch und es wird auch nie jemand sein, der es weiß (erblickt hat), denn selbst wenn es einem im höchsten Maße gelänge, ein Vollendetes auszusprechen, so hat er selbst trotzdem kein Wissen davon: Schein (meinen) haftet an allem.“
Etwas, das „erblickt“ werden könnte, müsste *da* sein, bevor der Blick darauffällt – und Wissen wäre somit notwendigerweise Abbild einer Welt, die da ist, d. h. existiert, bevor ein Bewusstsein sie sieht oder auf andere Weise erlebt. [...] Dadurch, dass die Antwort auf die Frage, was Wissen ist, vorweggenommen wird, schafft die herkömmliche Erkenntnislehre sich ein ebenso unvermeidliches wie unlösbares Dilemma. Wenn Erkenntnis und Wissen eine Beschreibung oder Abbild der Welt *an sich* sein sollen, dann brauchen wir ein Kriterium, aufgrund dessen wir beurteilen könnten, wann unsere Beschreibungen oder Abbilder „richtig“ oder „wahr“ sind.
Mit dem Szenario – demzufolge der Mensch als Entdecker in eine bereits fertiggestellte, an und für sich unabhängige Welt geboren wird und nun die Aufgabe hat, diese Wirklichkeit zu erkunden und möglichst wahrheitsgetreu zu erkennen – mit diesem Szenario ist auch der Skepsis der Weg eröffnet. Die Idee des „Scheins“, der schon laut Xenophanes allem menschlichen Wissen anhaftet, wurde von Pyrrhons Schule und später von Sextus Empiricus[2] vor allem im Bereich der Wahrnehmung ausgear-

Paul Watzlawick (Hg.): Die erfundene Wirklichkeit. Beiträge zum Konstruktivismus, München (Piper) [17]2004

H. v. Foerster/B. Pörksen: Wahrheit ist die Erfindung eines Lügners. Gespräche für Skeptiker, Heidelberg (Carl Auer Verlag) [6]2004

[1] Vorsokratiker: Bezeichnung für die griechischen Philosophen vor Sokrates (um 470–399 v. Chr.): Pythagoras, Heraklit, Thales von Milet u. a. Mit ihnen beginnt die abendländische Philosophie.

[2] Sextus Empiricus (2./3. Jh. n. Chr.): griechischer Philosoph und Arzt, der die Skepsis auf alle Wissensgebiete übertrug

beitet, und die unbeantwortbare Frage, ob oder inwieweit das Bild, das unsere Sinne uns vermitteln, der objektiven Wirklichkeit entspricht, ist auch heute noch ein wunder Punkt in der Erkenntnislehre. Sextus nahm u. a. die Wahrnehmung des Apfels als Beispiel. Unseren Sinnen erscheint er glatt, duftend, süß und gelb – aber es ist keineswegs selbstverständlich, dass der Apfel diese Eigenschaften wirklich besitzt, und ebenso wenig selbstverständlich ist es, dass er nicht auch andere Eigenschaften hat, die unseren Sinnen entgehen. Die Frage ist unbeantwortbar, denn, was immer wir machen, wir können unsere Wahrnehmung von dem Apfel immer nur mit anderen Wahrnehmungen vergleichen, niemals aber mit dem Apfel selbst, so wie er wäre, *bevor* wir ihn wahrnehmen.

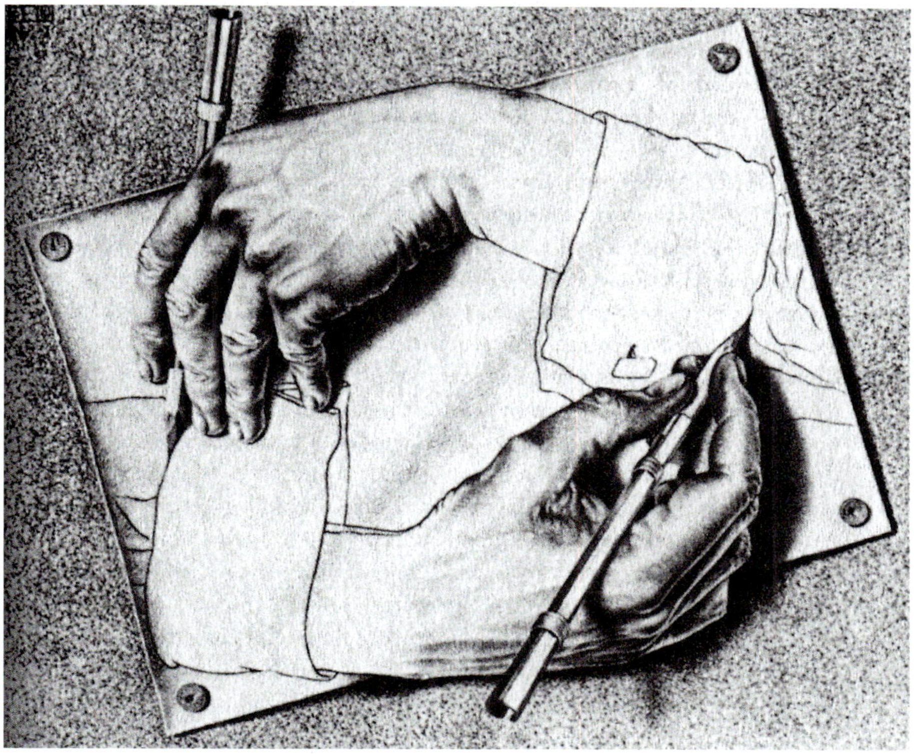

M. C. Escher (1898–1972): Zeichnen

Radikaler Konstruktivismus: Können wir uns ein Bild von der Wirklichkeit machen, das diese so wiedergibt, wie sie ist? Ist das, was wir Wissen nennen, ein solches Abbild der Wirklichkeit? Ernst von Glasersfeld gehört einer Denkrichtung an, die als radikaler Konstruktivismus bezeichnet wird. Dieser behauptet, dass wir eine von uns unabhängige Wirklichkeit gar nicht erkennen können. Vielmehr leben wir in einer Wirklichkeit, die wir selbst erfunden/konstruiert haben. „Ich sehe, was ich sehe." „Ich weiß, was ich weiß." Mit solchen tautologischen Aussagen verdeutlicht von Foerster die Gebundenheit der Erkenntnis an den Erkennenden. Der Mensch kann sein Wissen nur mit anderem Wissen vergleichen, niemals mit einer von ihm unabhängigen Wirklichkeit. Der radikale Konstruktivismus sieht den Wert unseres Wissens und unserer Theorien darin, dass sie uns helfen, eine gemeinsame Welt zu erschaffen, die dauerhaft und verlässlich ist. Wissen ist kein passives Abbilden, sondern schöpferisches Handeln (s. auch S. 272 f.).

1 Was hält von Glasersfeld dem Realismus entgegen? Ist seine Skepsis berechtigt bzw. haltbar?

2 Wie viele Hände befinden sich auf dem Bild von Escher? Durchdenken Sie verschiedene Antwortmöglichkeiten und ordnen Sie diese den Erkenntnistheorien zu.

3 Worin sehen Sie den Zusammenhang zwischen Erkenntnistheorie, Wissenschaft und Ethik?

Forschung am Embryo? – Wissenschaft zwischen Erkenntnisinteresse und Ethik

Christiane Nüsslein-Volhard (geb. 1942), Biochemikerin und Molekularbiologin, ist Direktorin am Max-Planck-Institut in Tübingen. Sie erhielt 1995 den Nobelpreis für Medizin.

Christiane Nüsslein-Volhard: Ab wann ist der Mensch ein Mensch?

Es ist bemerkenswert, dass die Einschätzung der Schutzwürdigkeit des Embryos in anderen, durchaus zivilisierten Ländern sich von der in Deutschland stark unterscheidet. Auch ist der Tenor des Abtreibungsgesetzes und des restriktiven[1] Embryonenschutzgesetzes in Deutschland ganz verschieden. Die jetzt gültigen Gesetze führen immer wieder zu merkwürdigen Widersprüchen und Ungereimtheiten, auch zu Doppelmoral, die wohl in dem Wunsch, zwischen extremen Positionen zu vermitteln, begründet sind. [...]
Es ist nicht die Aufgabe der Wissenschaft, über den moralischen Status des Embryos zu entscheiden. Bemerkenswert ist allerdings, dass klassische Argumente der Ethik und Philosophie auf biologische Begründungen zurückgreifen, die aber einer Überprüfung durch die Biologie nicht standhalten. Ein geläufiges Argument der Ethik begründet den Beginn der Schutzwürdigkeit damit, dass die menschliche Entwicklung von der Befruchtung an ein kontinuierlicher Vorgang sei, der keine scharfen Einschnitte aufweise, in dem nichts mehr hinzukäme, das eine Änderung des Status rechtfertigen würde. Auch wird argumentiert, das Entwicklungspotenzial sei mit der Bildung der Zygote[2] und der Konstitution des Genoms[3] des werdenden Organismus vollständig, alles sei beieinander, das den Menschen bestimme. [...] Bei Menschen (und Säugetieren) ist das aber erst nach der Einnistung in den Uterus[4] der Mutter der Fall: Die Zygote hat lediglich das Potenzial, eine Blastozyte[5] zu bilden, die aus der Eihülle schlüpfen muss, um mit der Einnistung das nächste Stadium der Entwicklung zu beginnen.
Biologisch gesehen gibt es nichts Diskontinuierlicheres in einer Entwicklung als einen solchen Vorgang, bei dem sich der Embryo in direkten zellulären Kontakt mit einem anderen Organismus begibt. In der befruchteten Eizelle ist das genetische Programm zwar vollständig vorhanden. Zu seiner Ausführung braucht der Embryo aber die intensive Wechselwirkung, die Symbiose mit einem anderen Organismus – dem der Mutter. Die ist unersetzlich und unabdingbar. Erst mit der Einnistung ist das Entwicklungsprogramm vollständig und mit der Geburt ist es ausgeführt. Erst mit der Geburt ist aus dem werdenden Menschen ein getrennter, selbstständiger Organismus, der atmet und nun einen eigenen unabhängigen Stoffwechsel hat, geworden. Sicher ist der Säugling noch bedürftig, aber er wird jetzt von außen ernährt und kann daher zur Not auch ohne Mutter weiterleben. Dann ist der Mensch ein Mensch. Und da sind sich wirklich alle einig.

---

[1] restriktiv (lat.): einschränkend, einengend
[2] Zygote: befruchtete Eizelle
[3] Genom: Gesamtheit der genetischen Informationen einer Zelle
[4] Die Einnistung der Eizelle in die Gebärmutter findet am 5.–7. Tag nach der Befruchtung statt.
[5] Blastozyt: noch undifferenzierte embryonale Zelle

1 Klären Sie die im Text verwendeten Fachbegriffe.

2 Wieso spricht die Autorin hinsichtlich des Abtreibungs- und des Embryonenschutzgesetzes (s. S. 179 ff. und S. 277) von „Widersprüchen“ und einer „Doppelmoral“? Setzen Sie sich mit dieser Ansicht kritisch auseinander.

3 Ab wann ist der Mensch ein Mensch? Führen Sie eine fächerübergreifende Diskussion.

Embryonenschutzgesetz (13.12.1990, Auszüge)

§ 2 Missbräuchliche Verwendung menschlicher Embryonen

(1) Wer einen extrakorporal erzeugten oder einer Frau vor Abschluss einer Einnistung in der Gebärmutter entnommenen menschlichen Embryo veräußert oder zu einem nicht seiner Erhaltung dienenden Zweck abgibt, erwirbt oder verwendet, wird mit Freiheitsstrafe bis zu drei Jahren oder mit Geldstrafe bestraft.

(2) Ebenso wird bestraft, wer zu einem anderen Zweck als der Herbeiführung einer Schwangerschaft bewirkt, dass sich ein menschlicher Embryo extrakorporal weiterentwickelt.

(3) Der Versuch ist strafbar.

§ 6 Klonen

(1) Wer künstlich bewirkt, dass ein menschlicher Embryo mit der gleichen Erbinformation wie ein anderer Embryo, ein Fötus, ein Mensch oder ein Verstorbener entsteht, wird mit Freiheitsstrafe bis zu fünf Jahren oder mit Geldstrafe bestraft.

(2) Ebenso wird bestraft, wer einen in Absatz I bezeichneten Embryo auf eine Frau überträgt.

(3) Der Versuch ist strafbar.

Das 13 Paragrafen umfassende **Embryonenschutzgesetz** trat am 1.1.1991 in Kraft. Es verbietet jegliche verbrauchende Forschung an Embryonen sowie die Erzeugung eines Embryos zu Forschungszwecken. Weiterhin stellt es den Gentransfer in menschliche Keimbahnen unter Strafe, das Klonen von Menschen und die Herstellung von Hybridwesen aus Mensch und Tier. Verboten ist darüber hinaus die sogenannte Leihmutterschaft.
Das Gesetz wurde 2002 durch das **Stammzellengesetz** ergänzt, das den Import embryonaler Stammzellen grundsätzlich verbietet, als Ausnahme jedoch die Einfuhr embryonaler Stammzellen zulässt, die vor dem 1.1.2002 aus überzähligen Embryonen gewonnen wurden, die deutschen Rechtsgrundsätzen nicht widerspricht. (s. auch S. 291)

Jürgen Habermas: Forschung am Embryo?

Jürgen Habermas (geb. 1929), deutscher Philosoph und Soziologe (s. S. 194). Werk u. a.: „Die Zukunft der Natur" (2002)

Die Zeit: Worin liegen die Gefahren der Gentechnologie für Sie: im Heraufkommen einer liberalen Eugenik – oder in den Plänen von posthumanistischen[1] Menschenzüchtern, die den Nachwuchs durch eine konservative Elite programmieren lassen wollen?

Habermas: Die sogenannten Posthumanisten beziehen ja aus dem evolutionsbiologischen Jargon eher die Reizworte für grandiose gattungsgeschichtliche Spekulationen. Die sind nicht besser als die geschichtsphilosophischen[2], von denen sie sich gerade verabschiedet haben. Wer die Gentechnik als Mittel zur Selbstoptimierung der „Gattung" empfiehlt, hantiert mit einem Kollektivsingular, vor dem die Einzelnen zu instrumentalisierbaren Gattungsexemplaren verblassen. Eine eugenische Praxis dieser Art müsste sich über das Selbstbestimmungsrecht der Individuen und über die intersubjektive Verfassung demokratischer Willensbildungsprozesse hinwegsetzen. Deshalb brauchen wir diese narzisstischen[3] Größenfantasien, einstweilen jedenfalls, nicht ernst zu nehmen.

---

[1] posthumanistisch: nach dem Humanismus (s. S. 38)
[2] Zur Geschichtsphilosophie s. S. 60 ff.
[3] Narzissmus: übersteigerte, krankhafte Selbstliebe (s. S. 24)

Eugenik (gr.): Lehre von der „guten" Erbveranlagung, Erbgesundheitslehre. Eugenische Maßnahmen zielen darauf ab, den Fortbestand günstiger Erbanlagen zu sichern („positive Eugenik") oder die Ausbreitung ungünstiger Gene einzuschränken („negative" bzw. „präventive Eugenik"). Mit Verweis auf die Eugenik wurde in der NS-Zeit der Massenmord an geistig und körperlich behinderten Menschen begründet (s. S. 294).

DIE ZEIT: Was aber sollte man ernst nehmen?

HABERMAS: Ernst nehmen muss man heute schon Handlungsmöglichkeiten, die uns die Fortschritte in der Biogenetik und der Gentechnologie in nicht zu ferner Zukunft bescheren könnten. Im dem Maße, wie uns diese Entwicklung verheißungsvolle Chancen eröffnet, bisher unbekannte Krankheiten zu behandeln, bietet sie uns vermutlich auch die zweifelhaften Optionen einer verbessernden Eugenik. Im Rahmen liberaler Gesellschaften würden solche Verfahren der genetischen Merkmalsveränderungen über den Markt den individuellen Wahlakten der Eltern in die Hände gespielt. *Shopping in the genetic supermarket* ist ein Zukunftsszenario, mit dem sich die einschlägigen bioethischen Diskussionen in den Vereinigten Staaten längst beschäftigen. Wenn wir Zweifel haben, ob wir diese individualisierte Spielart der Eugenik wirklich wollen, sollten wir aufpassen, was die Praktiken, um die es heute geht, zu dieser Entwicklung beitragen.

DIE ZEIT: Aber müsste nicht vor dem pragmatischen Imperativ des Heilens jeder prinzipielle Einwand verstummen? Auch das Ziel, schwerste Krankheiten zu heilen, ist ein moralisches.

HABERMAS: Wer würde sich Gentherapien für schwere Erbkrankheiten oder bessere Verfahren zur Organtransplantation nicht wünschen? Forschungen, die zu diesem Ziel führen können, verdienen Förderung. Die Diskussion über die Zulässigkeit einer Forschung, die menschliche embryonale Stammzellen „verbraucht", entzündet sich an einem Wertkonflikt. Das Kollektivgut Gesundheit und die Freiheit der Forschung kollidieren mit dem Lebensschutz des Embryos in vitro.

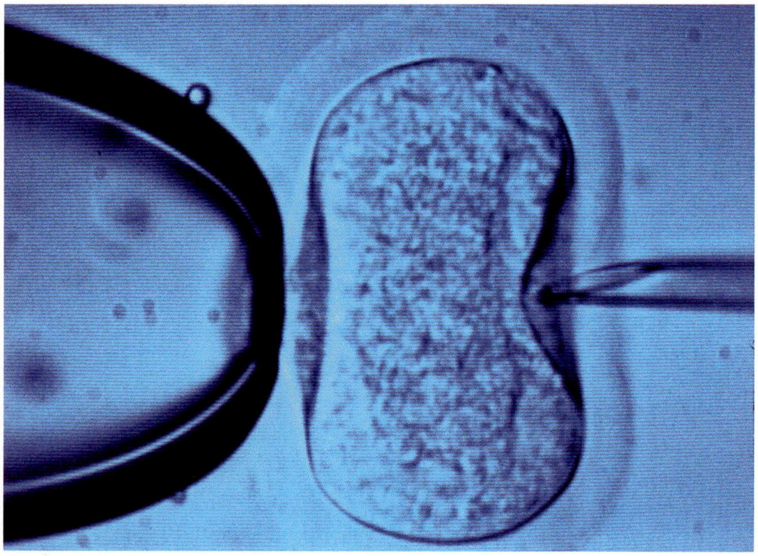

In-vitro-Fertilisation

DIE ZEIT: Wer genießt Vorrang?

HABERMAS: Ich fürchte, dass wir durch diese Instrumentalisierung vorpersonalen Lebens auf eine abschüssige Ebene geraten. [...]

DIE ZEIT: Hat uns die monatelange Diskussion überhaupt weitergebracht oder handelt es sich um unversöhnliche Positionen? Sind vielleicht Prinzipien im Spiel – der Imperativ des Heilens einerseits, die Unantastbarkeit andererseits –, die schon als solche nicht zu versöhnen sind?

HABERMAS: Die beiden Prinzipien sind, für sich betrachtet, gut begründet, aber vor ihrer Anwendung gelten solche Prinzipien nur auf den ersten Blick. Im Einzelfall können sie miteinander kollidieren. In der gegebenen Situation stellt sich die Frage, ob die Aussicht auf neue Heilverfahren oder der embryonale Lebensschutz Vorrang beanspruchen kann. Der Ethikrat vertritt in seiner Mehrheit die Position, dass sich aus Grundgesetz und Rechtssprechung keine „allgemein einsichtigen" Gründe für einen absoluten Lebensschutz des Embryos im Frühstadium ergeben. Ich teile diese Auffassung, dass es keine weltanschaulich neutrale Beschreibung

Reinhard Merkel: Forschungsobjekt Embryo, München (dtv) 2002 gibt, die den Achtzeller als Person und damit zum Träger unbedingt zu achtender Grundrechte qualifizieren könnte.

DIE ZEIT: Aber was dann? Gibt es eine Möglichkeit, metaphysische und weltanschauliche Setzungen zu vermeiden, ohne in einen relativistischen Diskurs einzutreten?

HABERMAS: Die vernunftrechtliche Diskussion, aus der sich unsere liberalen Verfassungen speisen, hat Ihre Frage mit Ja beantwortet. Danach genießen Recht und Moral auch ohne die Einbettung in den Kontext eines bestimmten Welt- und Menschenbildes allgemeine Verbindlichkeit. Wenn wir uns an diese säkularen Maßstäbe halten, müssen wir uns in einer weltanschaulich pluralistischen Gesellschaft wohl auf die Konzeption eines abgestuften Lebensschutzes für vorpersonales menschliches Leben einlassen.

DIE ZEIT: Also ist es doch zulässig, einen Embryo für medizinische Zwecke zu instrumentalisieren?

HABERMAS: Das wäre ein vorschneller Schluss. Auch wenn wir dem vorpersonalen menschlichen Leben nicht von Anbeginn die „Unantastbarkeit" der Menschenwürde nach Grundgesetz Artikel I zubilligen, bedeutet das nicht per se, dass die Forschung die Lizenz zur „freien Verfügung" hat. Die Mehrheit des Ethikrates hat leider die vorhersehbaren Folgeschäden der Eingewöhnung eines instrumentalisierten Umgangs mit embryonalen Stammzellen nicht weiter in Betracht gezogen. Mir ist diese Praxis unter dem Gesichtspunkt suspekt, dass sie – aus ähnlichen Gründen wie die Verwendung von PID[1] – zum Schrittmacher einer liberalen Eugenik werden kann. [...]

DIE ZEIT: Kann man eine Technologie verbieten, um eine philosophische Grundannahme zu retten?

HABERMAS: Meines Wissens ist das Embryonenschutzgesetz, gegen das jetzt die Lobbyisten Sturm laufen, vom demokratisch gewählten Bundestag und nicht im Namen irgendeiner Philosophie beschlossen worden. Die deutsch-platonistische Selbstüberschätzung von Philosophen war mir immer zuwider. Ich plädiere ja nicht für ein Verbot der weiteren Entwicklung der Gentechnologie, sondern nur für eine Kanalisierung, die später vor einem falschen Gebrauch schützt. [...] Die eugenische Herausforderung drängt uns heute die ethische Grundfrage, wer wir sind und sein möchten, auf einer anderen Ebene, sozusagen in anthropologischer Allgemeinheit, auf. Sie stellt sich nicht mehr im Hinblick auf die persönliche Lebensführung eines Individuums oder hinsichtlich der kulturellen Lebensform einer Nation. Angesichts der Möglichkeiten eugenischer Selbstmanipulation müssen wir sagen, wie wir uns als Gattungswesen verstehen wollen.

[1] PID: Präimplantationsdiagnostik (s. S. 288)

Der **Deutsche Ethikrat** wurde als unabhängiger Sachverständigenrat von der Bundesregierung 2001 gegründet. Er hat die Aufgabe, „die ethischen, gesellschaftlichen, naturwissenschaftlichen, medizinischen und rechtlichen Fragen sowie die voraussichtlichen Folgen für Individuum und Gesellschaft zu verfolgen, die sich im Zusammenhang mit der Forschung und den Entwicklungen insbesondere auf dem Gebiet der Lebenswissenschaften und ihrer Anwendung auf den Menschen ergeben". 2010 z. B. sprach sich der Ethikrat für eine Abschaffung der Baby-Klappen und der bisherigen Angebote zur anonymen Geburt aus. Ebenso forderte er aus Sorge vor Missbrauch medizinischer Informationen ein Gesetz zum Schutz von Biodaten.

1 Welche Fragen bzw. Problemfelder sind Gegenstand des Interviews?

2 Wie beurteilt Habermas die Normen und Werte, die dem Embryonenschutzgesetz und den Beschlüssen zur Stammzellenforschung zugrunde liegen? Vergleichen Sie dies mit der Auffassung Nüsslein-Volhards (s. S. 276).

3 Welche Konsequenzen eugenischer Praktiken befürchtet Habermas?

4 Formulieren Sie eine eigene Position.

Peter Sloterdijk (geb. 1947), deutscher Philosoph. Der nebenstehende Text ist ein Auszug aus einem Vortrag mit dem Titel „Regeln für den Menschenpark“ (1999). Die Rede löste eine erregte öffentliche Debatte über die Anwendung der Gentechnologie auf den Menschen aus.

Peter Sloterdijk: Zähmung der menschlichen „Bestialität“ durch „Anthropotechnik“

Das Phänomen Humanismus verdient Aufmerksamkeit heute vor allem, weil es – wie auch immer verschleiert und befangen – daran erinnert, dass Menschen in der Hochkultur ständig von zwei Bildungsmächten zugleich in Anspruch genommen werden – wir wollen sie hier der Vereinfachung zuliebe schlicht die hemmenden und die enthemmenden Einflüsse nennen. Zum Credo[1] des Humanismus gehört die Überzeugung, dass Menschen „Tiere unter Einfluss“ sind und dass es deswegen unerlässlich sei, ihnen die richtige Art von Beeinflussungen zukommen zu lassen. Das Etikett Humanismus erinnert – in falscher Harmlosigkeit – an die fortwährende Schlacht um den Menschen, die sich als Ringen zwischen bestialisierenden und zähmenden Tendenzen vollzieht. [...]

Die Schriftkultur selbst hat bis zu der kürzlich durchgesetzten allgemeinen Alphabetisierung scharf selektive Wirkungen gezeitigt; sie hat ihre Wirtsgesellschaften tief zerklüftet und zwischen den literaten und den illiteraten Menschen einen Graben aufgeworfen, dessen Unüberbrückbarkeit nahezu die Härte einer Spezies-Differenz erreichte. Wollte man [...] noch einmal anthropologisch reden, so ließen sich die Menschen historischer Zeiten definieren als die Tiere, von denen die einen lesen und schreiben können und die anderen nicht. Von hier aus ist es nur ein Schritt, wenn auch ein anspruchsvoller, zu der These, dass Menschen Tiere sind, von denen die einen ihresgleichen züchten, während die anderen die Gezüchteten sind. [...]

Es ist die Signatur des technischen und anthropotechnischen Zeitalters, dass Menschen mehr und mehr auf die aktive oder subjektive Seite der Selektion geraten, auch ohne dass sie sich willentlich in die Rolle des Selektors gedrängt haben müssten. Man darf zudem feststellen: Es gibt ein Unbehagen in der Macht der Wahl, und es wird bald eine Option für Unschuld sein, wenn Menschen sich explizit weigern, die Selektionsmacht auszuüben, die sie faktisch errungen haben. Aber sobald in einem Feld Wissensmächte positiv entwickelt sind, machen Menschen eine schlechte Figur, wenn sie – wie in den Zeiten eines früheren Unvermögens – eine höhere Gewalt, sei es den Gott oder den Zufall oder die Anderen, an ihrer Stelle handeln lassen wollen. Da bloße Weigerungen oder Demissionen an ihrer Sterilität zu scheitern pflegen, wird es in Zukunft wohl darauf ankommen, das Spiel aktiv aufzugreifen und einen Codex der Anthropotechniken zu formulieren. Ein solcher Codex würde rückwirkend auch die Bedeutung des klassischen Humanismus[2] verändern – denn mit ihm würde offen gelegt und aufgeschrieben, dass Humanitas nicht nur die Freundschaft des Menschen mit dem Menschen beinhaltet; sie impliziert auch immer – und mit wachsender Explizitheit –, dass der Mensch für den Menschen die höhere Gewalt darstellt. [...] Es genügt, sich klarzumachen, dass die nächsten langen Zeitspannen für die Menschheit Perioden der gattungspolitischen Entscheidung sein werden. In ihnen wird sich zeigen, ob es der Menschheit oder ihren kulturellen Hauptfraktionen gelingt, zumindest wirkungsvolle Verfahren der Selbstzähmung auf den Weg zu bringen. Auch in der Gegenwartskultur vollzieht sich der Titanenkampf zwischen den zähmenden und den bestialisierenden Impulsen und ihren jeweiligen Medien.

1 In welchem Sinne lässt sich der Humanismus als „Ringen zwischen bestialisierenden und zähmenden Tendenzen“ (Z. 9 f.) bezeichnen?

2 Warum verwendet Sloterdijk den Begriff „Anthropotechnik“?

3 Von der Schriftkultur zur Menschenzüchtung – Beschreiben Sie den Weg, den der Autor skizziert und diskutieren Sie seine Schlussfolgerungen.

---

[1] Credo (lat.: ich glaube): Bekenntnis, Überzeugung

[2] Humanismus: s. S. 38 f.

„Der Mensch muss sich selbst Grenzen setzen" – Interview mit Ludger Honnefelder

SPIEGEL: Herr Prof. Honnefelder, Ihr Kollege Sloterdijk will allen Ernstes die Zähmung der Bestie Mensch durch genetische „Züchtung" erreichen. Versagen die Philosophen als seriöse Kritiker der Biotechnologie?

HONNEFELDER: Dass Gentechnik und Biotechnologie die größte ethische Herausforderung der Gegenwart sind, ist längst bekannt. Der Rat der Philosophen wird gesucht. [...]

SPIEGEL: Gilt die Zustimmung aller Betroffenen als Voraussetzung und Grenze des Machbaren? Gerade beim Klonen, also dem genetischen Kopieren eines Menschen, könnte die Zustimmung doch gar nicht eingeholt werden.

HONNEFELDER: Durch Klonen würde ein Mensch hergestellt, der zum größten Teil eine Kopie eines Genoms eines anderen Menschen ist. Ihm würde etwas genommen, was bisher zur natürlichen Ausstattung eines Menschen gehört: dass seine Abstammung sich dem Zufall der Kombination des elterlichen Erbguts verdankt. Er würde aus der genetischen Lotterie herausgenommen und der Verfügung durch einen Dritten ausgeliefert. [...]

SPIEGEL: Was als „Krankheit" gilt, ist allerdings soziokulturell bestimmt.

HONNEFELDER: Eben hier beginnt das Problem.

SPIEGEL: Vielleicht wäre Händel nie zur Geburt zugelassen worden – er war Epileptiker.

HONNEFELDER: Das ist der Grund für mich, einer solchen Argumentation nicht zuzustimmen. Wir müssen ein wirklich eindeutiges Kriterium für eine schwere Krankheit haben. [...] Weltweit ist man sich einig, dass auf jeden Fall die Verbesserung von wünschenswerten Eigenschaften zugunsten eines besseren Aussehens oder Gedächtnisses verboten werden müssen.

SPIEGEL: Ihr Kollege Sloterdijk überschreitet doch diese Grenze, wenn er bessere Menschen züchten will. [...] Haben Sie einen moralischen Einwand gegen Sloterdijk? Er schlägt ja vor, die Philosophen sollten „aktiv" werden und in das „Spiel" der Züchtung des Menschen eingreifen.

HONNEFELDER: Die Absicht von Experten, über andere zu bestimmen, auch wenn sie noch so gut gemeint wäre und erstrebenswerte Eigenschaften zum Ziel hätte, stellte einen Tugendterror dar und verstieße gegen die ethische Selbstbestimmung, die jedem eigen ist. Ein Menschenbild, das „Züchter" und „Gezüchtete" unterscheidet, ist ein elementarer Verstoß gegen das Gleichheitsprinzip, das darauf beruht, dass jeder das Vermögen hat, ein sittliches Subjekt zu sein.

SPIEGEL: Wenn die Philosophen nicht als „Züchter" des moralischen Menschen berufen sind, inwieweit taugen sie als Kontrolleure der Genforschung?

HONNEFELDER: [...] Es ist ein Missverständnis, dass die Ethiker so etwas wie ein Vormund sein könnten. Die Ethik kann nur bei der moralischen Urteilsfindung behilflich sein.

SPIEGEL: Wie haben Sie ethisch argumentiert?

HONNEFELDER: Wir betrachten den menschlichen Embryo als ein Lebewesen, das dem mit der Menschenwürde verbundenen Schutz und damit dem Instrumentalisierungsverbot unterliegt. Selbst wenn es um höhere Zwecke ginge, darf ein menschliches Lebewesen nicht instrumentalisiert werden. [...]

Ludger Honnefelder (geb. 1936), deutscher Philosoph, war von 1993–2007 geschäftsführender Direktor des Instituts für Wissenschaft und Ethik an der Universität Bonn. Das nebenstehende Interview steht in Zusammenhang der Debatte um die Thesen Sloterdijks.

1 Welche ethischen Überlegungen stellt Honnefelder zu der Technik des Klonens und Embryonenforschung an? Wie begründet er seinen Standpunkt?

2 Welche Kritik wird in dem Interview an Sloterdijks Thesen geübt? Überlegen Sie, ob diese berechtigt ist. Formulieren Sie einen eigenen Standpunkt.

3 „Nicht mehr die Natur setzt dem Menschen Grenzen, er muss sie sich selbst setzen." (Ludger Honnefelder) – „Mit der Misshandlung des Atomkerns und des Zellkerns hat die Menschheit eine Grenze überschritten, die sie hätte scheuen sollen." (Erwin Chargaff, s. S. 262)
Diskutieren Sie diese Ansichten.

Medizin und Ethik

Schicksal und Medizin

Britta Verlinden: Ärzte und Bioethiker beklagen, dass dem Schicksal in der Medizin kaum mehr Raum gelassen wird – ein Tagungsbericht (2010)

Herzinfarkt, Knochenschwund, Dickdarmkrebs, Schlaganfall – es gibt kaum ein Leiden, dem nicht schon der Slogan gewidmet wurde: Krankheit ist kein Schicksal. Ratgeberbücher, Medikamentenreklame und Aufklärungskampagnen leben von dem Motto. Zu Recht wird auf Möglichkeiten der Vorbeugung verwiesen. Wer sich regelmäßig bewegt, gesund ernährt und aufs Rauchen verzichtet, senkt bekanntermaßen sein Risiko für Herz-Kreislauf-Erkrankungen.

Doch lässt sich einer Erkrankung wirklich jegliches schicksalhafte Element absprechen? Wie damit umgehen, dass Menschen trotz aller präventiven Bemühungen krank werden – und sterben? Über diese Fragen diskutierten Philosophen, Mediziner, Ethiker und Theologen am vergangenen Wochenende in der Universität Freiburg. Die Veranstaltung mit dem Titel „Abschaffung des Schicksals? Menschsein zwischen Gegebenheit des Lebens und medizintechnischer Gestaltbarkeit" bildete zugleich den Auftakt für eine Tagungsreihe des Instituts für Ethik und Geschichte der Medizin zu Grundfragen des Menschseins in der Medizin.

Die Angst, das Leben nicht vollständig unter Kontrolle zu haben, beherrscht den Menschen. Er kann das Schicksal nicht bewältigen, also versucht er, es zu eliminieren. Da gibt es die Routine der Arbeit mit vollen Terminkalendern, das Familienleben mit geplanten Freuden und natürlich die eigene Gesundheit, die sich dem Diktat medizinischer und wissenschaftlicher Erkenntnisse zu unterwerfen hat. Man isst gesund, hält sich fit, sorgt für Entspannung und hofft so auf ein bisschen Unsterblichkeit. Das Ende des Schicksals?

„Der Mensch übersieht, dass das Schicksal nach wie vor sein ganzes Leben bestimmt", sagt Giovanni Maio, Leiter des Instituts für Ethik und Geschichte der Medizin und Veranstalter der Tagung. Für den Bioethiker betrachten die Menschen Gesundheit heute nicht mehr als gegeben, sondern als Resultat der eigenen Lebensführung, als etwas Gemachtes. Im Umkehrschluss, so Maio, werde Kranken unterstellt, sie hätten nicht genug für ihre Gesundheit getan. Diese Schuldzuweisung erstrecke sich inzwischen sogar auf das Verständnis von Sterben und Tod, Zeugung und Geburt. „Das werdende Leben ist zum Produkt geworden", so Maio. „Es kann bestellt, geprüft, abbestellt und weggeworfen werden."

Die Frage nach der Bedeutung des Schicksals ist uralt, sagt der Freiburger Theologe Markus Enders. In der Antike verband man es mit der Vorstellung einer über allen Göttern stehenden Macht, mit dem Gesetz des Kosmos. Schicksal wurde als „launisches, ungerechtes Wesen" beschrieben, das grausam und gefühllos mit jenen umgeht, die sich ihm unterwerfen. Das schürte die Angst vor dem Unberechenbaren – es verwundert nicht, dass Menschen sich davor schützen wollten.

Der Versuch, sich vom Schicksal zu verabschieden, ist ein Anspruch des modernen Menschen, der, so Maio, „bis zu einem gewissen Grad berechtigt" sei. Es sei ein legitimes Anliegen, sich gegen die Unbill der Natur zur Wehr zu setzen. Die Abschaffung des Schicksals werde schließlich auch von der Vorstellung der Freiheit begleitet. Mit den medizintechnischen Errungenschaften ergeben sich nahezu unbegrenzte Möglichkeiten. Zunächst erscheint diese Auswahl wie ein Zugewinn an Freiheiten. Doch aus dem Wählenkönnen wird ein Wählenmüssen: Setzt nicht der eigene Anspruch den Menschen unter Druck, so übernehmen dies gesellschaftliche Zwänge.

Ein Beispiel ist die Pränataldiagnostik. Für Hermann Hepp, den ehemaligen Leiter der Münchner Frauenklinik, zeigt die Vorsorgeuntersuchung in der Schwangerschaft, wie „janusköpfige“[1] Prävention sein könne. Es gebe viele positive Aspekte, etwa wenn bei der Untersuchung Fehlbildungen des Kindes oder des Mutterkuchens entdeckt werden, von denen man früher bei der Geburt überrascht worden wäre. Heute können sich Ärzte wie werdende Eltern darauf vorbereiten. Doch immer öfter treiben Frauen bei Fehlbildungen des Fetus ab, die mit dem Leben vereinbar wären: „Hier gilt der Schwangerschaftsabbruch als Therapie“, so Hepp. 96 Prozent der Schwangeren, bei denen festgestellt wird, dass ihr Kind eine Trisomie 21 aufweist, entscheiden sich für eine Abtreibung. Und die Mehrzahl der Frauen wertet ihre Zustimmung zur Pränataldiagnostik als verantwortungsbewusste Entscheidung – ganz so, als sei es unverantwortlich, ein behindertes Kind auf die Welt zu bringen.

Vollständig lässt sich das Schicksal nie aus der Medizin verbannen, da waren sich alle Referenten einig. Die Wissenschaft hat zwar einen Stand erreicht, der noch vor Kurzem undenkbar gewesen wäre. Bereits vor Einnistung eines Embryos lässt sich dessen Genom untersuchen. Im Operationssaal übernehmen Roboter die Arbeit. Die Lebenserwartung steigt. Und doch droht weiter das Unberechenbare: Krebs, Herzinfarkt, der tödliche Unfall. Bei allem Fortschritt bleibt die Angst.

Dabei könnte die Überzeugung von einem Schicksal, das alle Menschen verbindet, etwas Tröstliches haben, ja sogar als Grundgedanke hinter dem Solidaritätsprinzip der Krankenversicherung stehen: Jeden kann es treffen, also stehen alle füreinander ein. Doch tatsächlich würden Normwerte gesenkt, um neue Krankheiten zu definieren, für die wiederum Leitlinien aufgesetzt und befolgt werden, kritisiert Bernd Hontschik. Ginge es nach dem Frankfurter Chirurgen, gäbe es längst eine „Leitlinie Schicksal“. In der Thure-von-Uexküll-Akademie setzt sich Hontschik für eine Integrierte Medizin ein – gegen die Trennung in „eine Medizin für Körper ohne Seele und eine Medizin für Seelen ohne Körper“. Hontschik plädiert dafür, dass nur Ärzte über eine medizinische Behandlung entscheiden, die „unabhängig und frei von jedem ökonomischen Zwang“ arbeiten.

In Freiburg war immer wieder die Klage zu hören, dass sich das Gesundheitswesen zur Gesundheitswirtschaft entwickele, der Arzt zum Dienstleister und der Patient zum Kunden werde – und Gesundheit zur Ware verkomme. Was klingt, als wären die Redner vom Thema Abschaffung des Schicksals abgekommen, hängt eng damit zusammen. Aus Angst vor Kontrollverlust wenden sich die Menschen an eine scheinbar allmächtige Medizin, die ihrerseits dem Fortschrittsglauben verfallen ist – und sich etwas anderes auch nicht leisten kann. So werden Unwägbarkeiten wie eine neue Nebenwirkung, Therapieversagen oder der Tod auf dem Operationstisch nicht thematisiert oder statistisch heruntergerechnet.

„Eine Klinik wirbt eben nicht mit ihren Grenzen“, sagt Maio. [...] „Eine humane Medizin muss zu ihren Grenzen stehen, sie thematisieren, sie als das Natürlichste der Welt zur Sprache bringen.“

[1] Janus: altrömischer Gott mit Doppelantlitz

Äskulapstab, Symbol der Heilberufe.
Die sich um einen Stab windende Schlange ist, weil sie sich jährlich häutet und ihr Gift heilbringend verwendet werden kann, ein Symbol der Lebenserneuerung. Der Name leitet sich von Asklepios (lat. Aesculapius), dem antiken Gott der Heilkunst, ab.

1 Stellen Sie die im Text genannten Thesen und Argumente in einer Übersicht zusammen.

2 Problematisieren Sie die Thematik am Beispiel der vorgeburtlichen Diagnostik (Z. 45 ff.). Ziehen Sie dazu auch die S. 288 ff. heran.

3 Formulieren Sie Ihre eigenen Erwartungen an die Medizin und stellen Sie diese zur Diskussion.

Ärztliches Berufsethos

Hippokrates

Der erste und bedeutsamste Entwurf eines **Kodex ärztlichen Handelns** ist der nach dem griechischen Arzt Hippokrates (460–370 v. Chr.) benannte **„Eid des Hippokrates"**. Jahrhundertelang waren angehende Mediziner dazu verpflichtet, diesen Eid vor Beginn ihrer Berufslaufbahn zu schwören. Heute ist das Berufsethos der Ärzte in den berufsethischen Richtlinien der Bundesärztekammer und der Länderärztekammern formuliert. Auf internationaler Ebene gilt die immer wieder aktualisierte **„Deklaration des Weltärztebundes"** (1964).

Hippokrates: Ärztliche Eidesformel

Ich schwöre bei Apollon, dem Arzt, bei Asklepios, Hygieia und Panakeia und bei allen Göttern und Göttinnen, indem ich sie zu Zeugen mache, dass ich entsprechend meiner Kraft und meinem Urteilsvermögen folgenden Eid und folgenden Vertrag erfüllen werde:

Denjenigen, der mich diese Kunst gelehrt hat, gleich zu achten meinen Eltern, ihn an meinem Lebensunterhalt teilhaben zu lassen und ihm an den für ihn erforderlichen Dingen, wenn er ihrer bedarf, Anteil zu geben, seine Nachkommenschaft meinen männlichen Geschwistern gleich zu werten, sie diese Kunst zu lehren, wenn sie sie zu lernen wünschen, ohne Entgelt und Vertrag, an Unterweisung, Vorlesung und an der gesamten übrigen Lehre Anteil zu geben meinen Söhnen und den Söhnen dessen, der mich unterrichtet hat, den vertraglich gebundenen und durch ärztlichen Brauch eidlich verpflichteten Schülern, sonst aber niemandem.

Diätetische Maßnahmen [= Ernährungsmaßnahmen] werde ich zum Nutzen der Kranken entsprechend meiner Kraft und meinem Urteilsvermögen anwenden; vor Schaden und Unrecht werde ich sie bewahren.

Auch werde ich niemandem auf seine Bitte hin ein tödlich wirkendes Mittel geben, noch werde ich einen derartigen Rat erteilen; in gleicher Weise werde ich auch keiner Frau ein fruchtabtreibendes Zäpfchen geben. Rein und heilig werde ich mein Leben und meine Kunst bewahren.

Das Schneiden werde ich nicht anwenden, nicht einmal bei Steinleidenden, dies werde ich vielmehr den Männern überlassen, die diese Tätigkeit ausüben.

In alle Häuser, die ich betrete, werde ich eintreten zum Nutzen der Kranken, frei von jedem absichtlichen Unrecht, von sonstigem verderblichen Tun und von sexuellen Handlungen an weiblichen und männlichen Personen, sowohl Freien als auch Sklaven.

Was auch immer ich bei der Behandlung oder auch unabhängig von der Behandlung im Leben der Menschen sehe oder höre, werde ich, soweit es niemals nach außen verbreitet werden darf, verschweigen, in der Überzeugung, dass derartige Dinge unaussprechbar sind.

Wenn ich nun diesen Eid erfülle und nicht verletze, möge es mir zuteilwerden, dass ich mich meines Lebens und meiner Kunst erfreue, geachtet bei allen Menschen für alle Zeit, wenn ich ihn aber übertrete und meineidig werde, möge das Gegenteil davon eintreten.

1 Fassen Sie die Verpflichtungen des Eides in heutiger Sprache zusammen.

2 Bei welchen Bestimmungen sehen Sie Aktualisierungsbedarf? Diskutieren Sie.

Horst Eberhard Richter: Medizin und Gewissen

Horst Eberhard Richter (geb. 1923) war bis 1992 Professor für Psychosomatik und Direktor des Sigmund-Freud-Instituts in Frankfurt am Main.

1947 formulierte die Ärzteschaft im sogenannten „Nürnberger Kodex" ethische Minimalstandards für Humanexperimente. Dieser Kodex legte erstmals international verbindliche Richtlinien für die medizinische Forschung am Menschen fest und formulierte u. a. die moralische Verpflichtung, vor jeglicher Art medizinischen Experiments die freiwillige und informierte Zustimmung des Patienten einzuholen. Der Kodex wurde durch die „Deklaration des Weltärztebundes" von 1964, die ständig aktualisiert wird und verbindlichen Charakter hat, ergänzt.

Der nachfolgende Text stammt aus einer Rede, die der Autor anlässlich einer Tagung zum 50. Jahrestag des Nürnberger Ärzteprozesses gehalten hat.

Wir haben das Thema Medizin und Gewissen für diese Tagung gewählt, weil wir glauben, dass es vor allem auf die innere Haltung der Menschen ankommt, die in diesem Beruf heilen und forschen. Was wir Gewissen nennen, hat für unseren Beruf eine besondere Bedeutung. Es ist die ursprüngliche Quelle des Mitfühlens und ein unüberhörbarer Ansporn zum Helfen. Ihm liegt eine allgemein menschliche Anlage zugrunde, die Schopenhauer ein Mysterium und ein Urphänomen genannt hat. Das ist die innere Notwendigkeit, gefühlsmäßig an dem Leiden des anderen teilzunehmen, verbunden unmittelbar mit dem Drang, ihm beizustehen. [...]
An dieser Stelle möchte ich eine Nebenbemerkung zu einer meines Erachtens abwegigen These einfügen: Sie lautet: Gerade das sorgende Mitfühlen, die Sympathie, das Mitleid könnte am Ende auch zum Töten verführen, so wie Hitler beispielsweise den Begriff Gnadentod missbräuchlich für den Massenmord an psychisch Kranken verwendet hat. Aber diese Kranken sind natürlich nicht Opfer von Mitleid, sondern eines rücksichtslosen Ausmerzungsgedankens geworden. [...]
Der Allmachtsanspruch einer Gesellschaft auf perfekte Leidfreiheit würde die Medizin erneut unter den Druck setzen, wichtiger als die Hilfe für die Leidenden die Hilfe für eine Gesellschaft zu nehmen, die indirekt in den Kranken eine beschwerliche, um jeden Preis zu verringernde Last sähe. Im Augenblick treten wirtschaftliche Argumente in den Vordergrund. Die Politik sagt zurzeit: Wir müssen – Stichwort Globalisierung – mehr Konkurrenzgesellschaft als helfende Gesellschaft sein. Diese Politik sagt: Die Kranken und Schwachen kosten viel, vielleicht müssen sie, wenn sie mehr Druck zu spüren bekommen, weniger leicht und weniger oft krank werden. Noch wird hierzulande die Keule des sozialen Risikos von Krankheit und Gebrechen nicht so ungeniert geschwungen wie etwa in den USA. Aber der Kurs ist schon unverkennbar und damit ein Klima, das in der Medizin im Anklang an früheres Denken eine Tendenz wachsen lassen könnte, sich zum Beispiel mehr um die Gene, die unerwünschte Krankheiten machen, zu kümmern als um ihre Träger [...], die ohnehin nur als auswechselbare Hilfsmaschinen anzusehen seien, welche sich die Gene zur Sicherung ihrer ewigen Replikation geschaffen haben.
Aber der Arzt ist angetreten, diesen sogenannten Hilfsmaschinen zu dienen, wie immer ihm die Genforschung dabei auch hilfreich sein kann. Das Gewissen, auf das er sich verlassen kann, schlägt nicht für Gene, vielmehr ausschließlich für Menschen und auch nie für deren Benutzung durch noch so wohlmeinend dargestellte Interessen von Wirtschaft und Staat. [...] Keinesfalls aber darf sich die Medizin widerstandslos von einem sogenannten Fortschritt überrennen lassen, durch den Menschen sich die Natur anderer Menschen und die eigene unbegrenzt untertan zu machen anschicken.

Klaus Bergdoldt: Das Gewissen der Medizin. Ärztliche Moral von der Antike bis heute, München (Beck) 2004

Im „Nürnberger Ärzteprozess" 1947 waren 23 Ärzte wegen „Verbrechen gegen die Menschlichkeit" angeklagt, sieben davon wurden zum Tode verurteilt. Sie hatten im Dritten Reich zur Ausschaltung angeblich „schädlichen Erbguts" an über 350 000 Menschen Zwangssterilisationen vorgenommen und mehr als 5 000 behinderte Kinder sowie 100 000 psychisch Kranke getötet („Euthanasie"). An KZ-Gefangenen wurden darüber hinaus Menschenversuche durchgeführt, so etwa meist tödlich endende Unterdruck- und Unterkühlungsexperimente. Der Nürnberger Ärzteprozess war der unmittelbare Auslöser für die Formulierung des „Nürnberger Kodex". Durch die Ärztevereinigung „Internationale Ärzte gegen den Atomkrieg" (IPPNW) wurde dieser Kodex 1997 aktualisiert und fortgeschrieben.

1 Welche Gefahren sieht Richter für die gegenwärtige Medizin? Wie könnte man ihnen begegnen?

2 In Indien wurden 1977 zur Eindämmung des enormen Bevölkerungszuwachses etwa 8 Millionen Männer zwangssterilisiert. Beschreiben Sie den Konflikt, in dem sich ein Arzt befindet, der an solchen Maßnahmen mitwirken soll. Wie sollte er sich verhalten?

Wolfgang Hiddemann, Professor für Onkologie (Gebiet der Medizin, das sich mit Geschwülsten befasst), war Mitglied des Vorstandes der „Akademie für Ethik in der Medizin".

Wolfgang Hiddemann: Die Verantwortung des Arztes im 21. Jahrhundert

Selbstverständlich ist die medizinische Praxis heute auch deshalb so erfolgreich, weil sie über hochspezialisierte Techniken und Verfahren verfügt. Der Arzt muss gerade deshalb ständig abwägen zwischen dem, was medizinisch und technisch machbar ist, und dem, was menschlich und ärztlich vertretbar und sinnvoll ist. Diese Entscheidung wird zunehmend schwieriger.
Ein Beispiel aus der praktischen Erfahrung: Vor gut einem Jahr haben wir einen 52 Jahre alten Patienten in unserer Klinik aufgenommen, der an einer akuten lymphatischen Leukämie litt, einer Erkrankung, die heute mit guten Erfolgsaussichten behandelt werden kann. Auch bei diesem Patienten bewirkte die Therapie in der Anfangsphase, dass sich das Krankheitsbild sehr gut stabilisierte. Dennoch stellte sich dann innerhalb von kurzer Zeit eine Bewusstseinstrübung ein, und der Allgemeinzustand des Patienten verschlechterte sich. Wir mussten feststellen, dass als Komplikation der anti-leukämischen Therapie eine Pilzinfektion des Gehirns aufgetreten war, bei der sich Infektionsherde nahe am Ventrikel, also der Hirnkammer, ausgebildet hatten. Diese Komplikation ist äußerst gefährlich, und sie verläuft fast immer tödlich. Trotz der geringen Erfolgsaussichten hatten wir uns entschlossen, eine Operation durchzuführen. Obwohl der Eingriff zunächst gelang, breitete sich die Pilzinfektion weiter aus, und der Patient verstarb nach zehn Tagen auf der Intensivstation. In diesem Fall muss man sich sicherlich die Frage stellen, ob die Entscheidung zur Operation richtig war oder ob man dem Mann diese Maßnahme nicht besser erspart hätte. Im Nachhinein lautet die Antwort wahrscheinlich Ja. Aber durften wir diesem Patienten die – wenngleich nicht sehr hohe – Chance der Therapie zum Zeitpunkt des Eintritts der Komplikation vorenthalten? Wer konnte damals sicher vorhersagen, wie die Krankheit weiter verlaufen würde, und wer sollte es auf sich nehmen, eine mögliche Chance von vornherein nicht zuzulassen? [...]
Wenn wir eine Ethik in der Medizin diskutieren, dürfen wir die Medizin nicht isoliert betrachten. Sie ist Teil unserer Gesellschaft und daher von der gesellschaftlichen Gesamtsituation entscheidend beeinflusst. [...] Krankheit, Sterben und Tod sind aus unserem alltäglichen Selbstverständnis weitgehend verschwunden. Unser Lebensgefühl ist geprägt vom Idealbild des gesunden jugendlichen Menschen, der die Integrität seines Körpers pflegt und aufrechterhält und der nur in bedauernswerten Ausnahmefällen gezwungen ist, sich der Hilfe der modernen Medizin zu bedienen. Diese Hilfe meint er dann jedoch verbindlich einfordern zu können, und er glaubt, mit seinem Krankenkassenbeitrag gleichzeitig den Anspruch auf Heilung und Gesundheit erworben zu haben. Weil wir Krankheit und Tod verdrängen, weil uns die großen Erfolge der Medizin so selbstsicher machen, ist das Verhältnis zwischen moderner Medizin und Gesellschaft gestört. Natürliche Grenzen werden nicht mehr ernst genommen. Dadurch sind die Erwartungen an die Medizin überzogen, und sie müssen zwangsläufig immer wieder enttäuscht werden. Die zunehmende Technisierung und Spezialisierung der Medizin sowie die damit verbundene unüberschaubare Flut von nicht mehr verständlichen Informationen und Eindrücken bewirken, dass viele Menschen eine überwiegend reservierte, ja sogar misstrauische Einstellung zur Medizin entwickeln. Nicht ohne Grund versuchen daher heute viele Bürger, sich der modernen Medizin zu entziehen und flüchten in sogenannte alternative oder natürliche Behandlungsmethoden. Um das gestörte Verhältnis zwischen Gesellschaft und Medizin wieder ins rechte Lot zu rücken, müssen wir uns neu orientieren und uns um einen gemeinsam getragenen Grundkonsens bemühen. Dafür müssen wir die Einsicht

Der Berliner Arzt **Rudolf Virchow** (1821–1902) gilt bis heute vielen als Vorbild für moralisch beispielhaftes ärztliches Handeln bzw. Berufsverständnis.
Virchow war Wissenschaftler, Ethnologe und Politiker.
Mit seinen bahnbrechenden medizinisch-wissenschaftlichen Entdeckungen revolutionierte er die Medizin und mit seinem politisch-sozialen Engagement verbesserte er die Lebensumstände unzähliger Menschen in Preußen und ganz Deutschland.

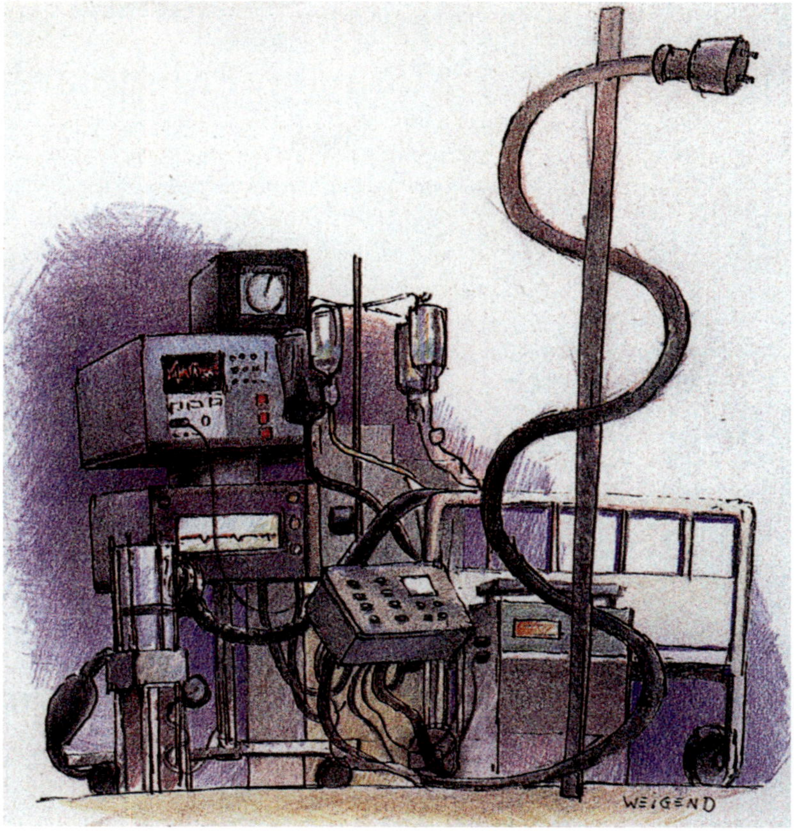

und die Akzeptanz befördern, dass die Medizin Teil der Gesellschaft ist, dass ihr trotz aller Erfolge Grenzen gesetzt sind, dass Krankheit ein natürlicher Bestandteil des Lebens und kein unvorhersehbarer und bedauernswerter Defekt oder Ausnahmezustand ist und dass der Tod unausweichlich ist. Nur so wird es möglich sein, auf die schwierigen Fragen zur Ethik der Medizin im 21. Jahrhundert sinnvolle Antworten zu finden.

Meines Erachtens kommt es wesentlich darauf an, dass sich die Medizin nicht selbst zur technischen Gesundheitsreparatur-Institution degradiert – um sich gleichzeitig voller Ignoranz in ihren Erfolgen zu sonnen; auch Ärzte müssen die Fähigkeit zur Selbstreflexion und Selbstkritik wieder beleben, den Weg zu einer ganzheitlichen Betrachtungsweise zurückfinden, also den ganzen Menschen in seinem persönlichen Umfeld sehen. In jüngster Zeit erscheint immer häufiger das Bild vom Arzt als Anbieter oder Verkäufer und auf der anderen Seite das vom Patienten als Kunden oder Verbraucher. Dieses Bild reduziert das Verhältnis zwischen Arzt und Patient auf die rein kaufmännische und fachliche Ebene und lässt damit etwas Entscheidendes außer Acht: menschliche Partnerschaft und Empathie[1]. Genau dieses zwischenmenschliche Verhältnis unterscheidet den Mediziner vom Arzt, denn es differenziert zwischen technischer und ärztlich-ethischer Betrachtung und Handlung.

Medizin ist nicht nur die Lehre von den Krankheiten des Körpers, von Medikamenten und Therapien, Medizin ist auch keine reine Naturwissenschaft wie die Biochemie und Molekularbiologie. Der Mensch ist mehr als eine Ansammlung von Molekülen. Natürlich ist die fachliche Kompetenz des Arztes unerlässlich für eine erfolgreiche Behandlung; aber ebenso wichtig sind der Respekt vor der Autonomie des Patienten und die Anerkennung seiner besonderen Situation. Beide sollten sich gegenseitig Vertrauen entgegenbringen – im gemeinsamen Bemühen, eine Krankheit zu bekämpfen oder ihre Symptome zu lindern.

[1] Empathie (gr.): Einfühlungsvermögen

1 Welche Erwartungen stellen Sie selbst an Ihre Ärzte? Vergleichen Sie diese Erwartungen mit den Forderungen des Autors an Patienten und Ärzte.

2 Worin liegt die ethische Problematik des angeführten Krankheitsfalles (Z. 6 – 25)?

3 Worin sieht der Autor das „gestörte Verhältnis" von Medizin und Gesellschaft? Welche Rolle spielen in diesem Zusammenhang alternative Heilmethoden?

4 Referieren Sie über bedeutende Ärzte und Ärzteorganisationen, z. B. Rudolf Virchow, Ignaz Semmelweis, Robert Koch, Ärzte ohne Grenzen, Internationale Ärzte für Frieden und soziale Verantwortung (IPPNW).

Fortpflanzungsmedizin: In-vitro-Fertilisation und Präimplantationsdiagnostik

In-vitro-Fertilisation (IVF): künstliche Befruchtung außerhalb des Mutterleibs. Zur IVF werden reife Eizellen aus den (hormonell stimulierten) Eierstöcken entnommen. Nach der Befruchtung werden Embryonen in die Gebärmutter eingebracht und deren Einnistung hormonell unterstützt. (Die Erfolgsquote liegt in Deutschland bei etwa 40 %.) Die (umstrittene) **Präimplantationsdiagnostik (PID)** eröffnet die Möglichkeit, den künstlich befruchteten Embryo vor der Einpflanzung in die Gebärmutter auf genetische Schäden und Erbkrankheiten zu untersuchen.

Die Texte von **Sonja Kastilan** und **Ulf von Rauchhaupt**, beide Wissenschaftsjournalisten, kommentieren das BGH-Urteil zur Präimplantationsdiagnostik.

Ungewollte Kinderlosigkeit wird immer seltener als schicksalsgegeben hingenommen (S. 282 f.). Bis Ende 2010 erblickten mit der Technik der „In-vitro-Fertilisation" weltweit etwa 4 Millionen außerhalb des Mutterleibs gezeugte Kinder das Licht der Welt. Die Labortechnik eröffnet darüber hinaus weitgehende Möglichkeiten der Selektion und Manipulation, deren Durchführung und Folgen schwerwiegende rechtliche, soziologische und ethisch-moralische Probleme aufwerfen.
Nach dem Embryonenschutzgesetz von 1990 (s. S. 277) ist es strafbar, die Gene von künstlich erzeugten Embryos zu untersuchen, bevor sie in die Gebärmutter eingesetzt werden. Ein Arzt, der bei drei zu künstlicher Befruchtung entschlossenen Risiko-Paaren deren befruchtete Eizellen auf Genschäden untersuchte und solche mit Gendefekten vernichtete, erstattete daraufhin Selbstanzeige. Der Fall wurde vom Bundesgerichtshof (BGH) letztinstanzlich in einem Grundsatzurteil (Juli 2010) dahingehend entschieden, dass eine solche Untersuchung zulässig ist: „Der Schutz vor schweren genetischen Schäden ist als Motiv dieser Untersuchung erlaubt." Jedoch schränkt das Urteil ein: „Es geht nicht um die Billigung irgendwelcher Selektionen von Embryonen, um die Geburt eines Wunschkindes herbeiführen zu können."

Sonja Kastilan: Für das Leben, nicht dagegen

Paare, die sich für eine künstliche Befruchtung entscheiden, um ein Kind zu bekommen, wählen keinen einfachen Weg. Die In-vitro-Fertilisation (IVF) bedeutet trotz aller Fortschritte der Medizin Gesundheitsrisiken für die Frau und enorme psychische Belastung für sie ebenso wie für ihn. Es sind Strapazen, und die Hoffnung, dass sich der meist lang gehegte Wunsch, wenn nicht auf natürliche, dann auf diese Weise erfüllt, kann jederzeit platzen. Wie schwer die Enttäuschung nach einem erfolglosen IVF-Zyklus wiegt, vermag sich eine unbeteiligte Person, die vielleicht selbst Kinder hat oder keine will – wir sind frei, darüber individuell zu entscheiden –, nicht vorzustellen. Sie wünschen sich Familie und die bestmögliche Behandlung. Von Erfolgsgarantie kann keine Rede sein, nicht von einem Designerbaby oder vom Recht auf ein Kind. Von medizinischer Sorgfalt allerdings schon. Der Berliner Arzt, dessen Selbstanzeige nun im Freispruch mündete, sah in der Präimplantationsdiagnostik (PID) eine Chance für seine Patienten. Dass diese in vielen EU-Ländern praktizierte Methode nicht im Widerspruch zum deutschen Embryonenschutzgesetz steht, davon sind einige Mediziner, Ethikexperten sowie Juristen seit Jahren überzeugt. Das erklärte Ziel sei schließlich eine Schwangerschaft, nicht der Test oder gar das Verwerfen von Zellmaterial, das nur gedeihen kann, wenn man es in den Mutterleib verpflanzt. Die betroffenen Paare wollen nicht in erster Linie ihre per IVF gezeugten Embryonen sortieren, sondern Nachwuchs. Dessen späteres Selbstverständnis als Mensch und Person stellt die PID keineswegs infrage: Gut oder schlecht, schön oder hässlich, das sind keine Kriterien, wohl aber die Lebensfähigkeit des wenige Tage alten Zellhäufchens. Oder soll eine Frau, die bereits Fehlgeburten erlitt, nochmals Wochen einer Schwangerschaft durchstehen, die ebenso schmerzvoll wie tragisch enden wird? Unweigerlich, weil die Entwicklung durch eine Chromosomenveränderung gestört ist, die mittels PID zuvor erkennbar wäre? Zählt nun das Argument der Menschenwürde mehr als ihre Persönlichkeitsrechte und der Schutz ihres Lebens? Wer will Frauen zwingen, sich einen Embryo einsetzen zu lassen, dessen Schicksal mit einer schweren, nicht therapierbaren Krankheit – nichts anderes steht jetzt zur Diskussion – besiegelt ist? Jene etwa, die mitansehen musste, wie Brüder und Cousins als junge Männer einer erblichen Muskelschwäche erlagen und regelrecht dahinsiechten. Um das ihrem Kind zu ersparen, nimmt sie invasive Eingriffe[1] in Kauf, stellt sich der Verantwortung, nach bestem Wissen und Gewissen. Die Entscheidung könnte sie dank PID im sehr frühen Stadium treffen, mit der Pränataldiagnostik[2] erst Monate später.

Haben wir uns so sehr an die Castingsituation gewöhnt, dass wir fern aller Realität glauben, in der Reproduktionsmedizin ginge es zu wie bei Dieter Bohlen oder Heidi Klum? Wenn Einzelne fantasieren, man dürfe mit den Genen ruhig das Talent verbessern, muss das ja nicht umgesetzt werden. Abgesehen davon, dass keiner wüsste, wie ein derartiges Styling im Moment gelingen soll, so bestehen zwischen Theorie und Praxis immer erhebliche Unterschiede. Wir leben nicht in der Welt, die der Film „Gattaca" in Szene setzt und über die es durchaus nachzudenken lohnt, ohne die Wirklichkeit aus den Augen zu verlieren, denn die kennt Leid, Schmerz und die Freudlosigkeit eines komplizierten Verfahrens namens PID. Wer es für die eng begrenzte Anwendung zulässt, muss nicht mit einem Ansturm der Massen rechnen, sondern mit wenigen hundert Fällen im Jahr. Und ein Gesetz, das diese Diagnostik im Einzelfall mit Einschränkungen erlaubt, ist ebenso wirksam wie ein Verbot. Das sollte bedenken, wer nun Dammbruch oder Missbrauch fürchtet. Oder Diskriminierung: Krankheit und Behinderung werden keineswegs verschwinden, unsere Gesellschaft muss das humane Miteinander weiterhin fördern. Aber sie sollte mit der PID auch zulassen, dass Paare sich in Ausnahmefällen, wohlüberlegt und beraten, entscheiden können.

Gattaca
(Regie: Andrew Niccol, USA 1997)

Ulf von Rauchhaupt: Auslese ist Auslese

Eine Handlung kann im konkreten Einzelfall für unmittelbar Beteiligte segensreich sein. Das mag eine notwendige Bedingung für ihre positive ethische Bewertung sein. Hinreichend ist sie aber nicht. Das emotional bewegende Einzelschicksal, das eine Praxis abwenden hilft, muss leider immer gegen eventuelle grundsätzliche Einwände gegen diese Praxis abgewogen werden. Das ist hier nicht anders als etwa bei der Frage, ob man einem Kindesentführer mit Folter drohen darf, um seinem Opfer vielleicht das Leben zu retten. Und es gibt grundsätzliche Einwände gegen eine Präimplantationsdiagnostik. Dabei geht es keineswegs darum, ob ein früher Embryo bereits ein Mensch ist. Selbst wenn man einen Moment postuliert, in dem er vom Zellhaufen zur schützenswerten Person mutiert, hat man bei einem nach Gen-Check eingepflanztem Embryo das Problem, dass die spätere Person ihr Dasein einer Auslese durch Menschenhand verdankt. Warum ist das ein Problem, wo doch auch die Natur Auslese betreibt und lebensunfähige Embryonen oft genug absterben lässt? Es ist eines, weil der Mensch seine Kriterien ändern kann. Natürlich schwören Fortpflanzungsmediziner nun Stein und Bein, dass sie das niemals tun werden, dass allein auf fatale Erbschäden getestet würde und nicht auf andere nachteilige genetische Eigenschaften. Sicher, alles andere bleibt auch nach dem neuen Urteil verboten. Aber welches Prinzip soll dieses Verbot denn nachhaltig begründen? Wenn das Leid der Eltern

1 invasiver Eingriff: gewebsverletzender medizinischer Eingriff
2 Pränataldiagnostik: medizinische Untersuchungen am ungeborenen Kind, z. B. Ultraschalluntersuchungen, zur Früherkennung von Krankheiten und Behinderungen

1 Stellen Sie die in den Texten genannten Pro- und Kontra-Argumente tabellarisch zusammen und ergänzen Sie diese mit den Texten zur Embryonenforschung (s. S. 277 f.). Führen Sie danach eine Podiumsdiskussion (ggf. mit auswärtigen Experten) zu der Thematik durch.

2 Vertreter der evangelischen und katholischen Kirche kritisierten das BGH-Urteil als „schweren Schlag gegen den Schutz, die Würde und die Unverfügbarkeit menschlichen Lebens". Setzen Sie sich mit diesen oder ähnlichen Vorbehalten kritisch auseinander.

Aldous Huxley (1894–1963), britischer Schriftsteller, wurde berühmt durch seinen Zukunftsroman „Brave New World" von 1932 (dt.: *Schöne neue Welt*). Dort schildert Huxley eine Gesellschaft, in der Föten physisch und Kinder psychisch so manipuliert werden, dass sie sich widerstandslos in das streng hierarchisch gegliederte Gesellschaftssystem einfügen.

bei einer Fehlgeburt im achten Monat nun vermieden werden kann, müsste dann nicht auch das Leid eines schwerbehinderten Kindes verhindert werden, indem man es im Embryonenstadium gar nicht erst einpflanzt? Und wenn ja, ab welchem Grad der Behinderung? Wann ist überhaupt etwas eine Behinderung, mit der einem das Leben zugemutet werden darf? Das ist natürlich das altbekannte „Dammbruchargument". Es klingt abgedroschen, wäre aber einzig durch die Angabe absoluter Kriterien zu entkräften, nach denen die Auslese erfolgt. Kriterien aber, die in jeder Generation aufs Neue von der Gesellschaft ausgehandelt werden – und sei es in Parlamenten oder Ethikkommissionen –, sind nicht absolut, sondern relativ auf diese Gesellschaft, die zudem einem Wandel unterliegt, der nicht zuletzt durch den jeweiligen Stand der Technik getrieben ist. Das Ergebnis der damit ins Rollen gebrachten Rückkopplung ist konkret kaum vorhersehbar. Aber vorstellbar ist allerhand. So ist dann eigentlich nicht einzusehen, warum Paare mit Kinderwunsch sich überhaupt noch natürlich fortpflanzen sollten, denn schwere Gendefekte mit allem Potenzial für Leid und Risiko für die Mutter drohen auch regulär gezeugten Kindern. Eine nummerisch geringere Wahrscheinlichkeit solcher Defekte bei normal fortpflanzungsfähigen Paaren ist kein ausreichendes Argument dafür, ihnen die Auslese und damit die Abwendung drohenden Leids zu verwehren. Und wenn alle dabei erzeugten Embryonen genetisch lebensfähig sind, aber nur wenige eingesetzt werden können: Will man dann losen, anstatt nachzusehen, welche ein bestimmtes, das Krebsrisiko erhöhendes Gen nicht haben? Oder nur männliche zu nehmen, wenn man sich eh einen Sohn wünscht? Ein neuer Aldous Huxley mag sich ausmalen, was am Ende herauskommt, wenn den Eltern, der Obrigkeit oder der Gesellschaft die Verfügung über die genetische Ausstattung jeder neuen Generation nach Maßgabe der technischen Möglichkeiten überlassen bleibt. Möglich, dass es da medizinisch gesehen leidfreier zugeht als in unserer, und es ist ein konsistenter Standpunkt, solch eine schöne neue Welt anzustreben. Wer aber Zweifel hat, dass auf dieser Option ein Segen ruht, dem bleibt, zu Ende gedacht, nur, sich jede Manipulation des genetischen Roulettes, dem sich Menschsein verdankt, grundsätzlich zu verbitten. Das bedeutet aber auch, die dann bleibende Realität von Leid und Behinderung hinzunehmen und sie als menschliche statt als technische Herausforderung zu begreifen. Einen dritten Weg gibt es nicht.

Carl Djerassi (geb. 1923), amerikanischer Chemiker und Schriftsteller österreichischer Herkunft, arbeitete an der Universität Stanford (Kalifornien) und gilt als „Vater der Anti-Baby-Pille".

„Laborbabys werden mehr geliebt" – Ein Interview mit Carl Djerassi

SPIEGEL: Professor Djerassi, einst haben Sie die Anti-Baby-Pille entwickelt, heute beschäftigen Sie sich in Romanen und Theaterstücken mit der künstlichen Befruchtung. Worin besteht der Zusammenhang?

DJERASSI: In der Trennung von Sex und Fortpflanzung natürlich. Millionen von Menschen haben sich daran gewöhnt, Sex aus Spaß und Liebe zu haben, ohne dass dabei ein Kind entsteht. Deshalb fällt es ihnen jetzt so leicht, auch das Gegenteil zu akzeptieren: Leben erschaffen ohne Sex.

SPIEGEL: Verändert die moderne Reproduktionsmedizin die Welt ebenso stark wie die Pille?

DJERASSI: Zumindest in Zukunft könnte sie das durchaus – wobei mich übrigens der enorme Erfolg der Pille damals sehr überrascht hat. [...]

SPIEGEL: Und wieso glauben Sie, dass der Retortenzeugung eine ähnlich große Rolle zukommen könnte?

DJERASSI: Der Wunsch der Eltern, das bestmögliche Kind zu haben, wird die Fortpflanzung der Zukunft dominieren. Und genau das wird die Fortpflanzung im Labor bieten.

SPIEGEL: Finden Sie nicht, dass der Geschlechtsverkehr mit dem Ziel, ein Kind zu zeugen, etwas Besonderes, etwas Mystisches ist?

DJERASSI: Natürlich, und das wird in drei Vierteln der Welt auch weiter so sein. Ich spreche über das, was in den Wohlstandsländern bei den reichen Leuten passieren wird. Diese Paare wollen im Bett kein Kind mit einem Morbus Down[1] zeugen ...

SPIEGEL: ... sondern im Labor die genetischen Eigenschaften ihres Nachwuchses aussuchen?

DJERASSI: Warum denn nicht? Das ist ja nicht Genmanipulation, sondern Auswahl. Eigentlich steckt dahinter der Gedanke, der bereits jetzt ununterbrochen verfolgt wird: Wir versuchen, unsere Kinder in die beste Schule zu schicken, ihnen alles zu schenken, was ihre Zukunftsaussichten verbessern könnte. Die Präimplantationsdiagnostik eröffnet nun die Chance, zwischen sechs oder acht Embryonen den genetisch besten Nachfahren auszuwählen. Das ist doch sehr praktisch, wenn auch nicht angenehm.

SPIEGEL: Manchen graust es davor.

DJERASSI: Solches Grausen kann ich verstehen, aber logisch ist es nicht. Mehr und mehr Frauen vertagen das Kinderkriegen auf ihre späten Dreißiger- oder sogar frühen Vierzigerjahre, ein Alter also, in dem es viel gefährlicher ist, ein Kind zu haben. Fast alle diese Frauen lassen eine Fruchtwasseruntersuchung über sich ergehen, um genau zu wissen, ob das Kind eine Krankheit haben wird, und zwar zu einem Zeitpunkt, wo sie bereits seit drei Monaten schwanger sind. Und wenn der Befund positiv ist, treiben die meisten das Kind ab. Ist es da nicht viel besser, den Test vorher zu machen?

SPIEGEL: Die In-Vitro-Befruchtung soll also zum Standard, der Embryonen-Check serienmäßig werden?

DJERASSI: Oh, nicht nur das. Ich gehe sogar noch weiter. Ich behaupte, dass am Ende Verhütungsmittel total unnötig sein werden. Die Menschen werden ihre Spermien und Eier in einer Bank auf Eis legen können und lassen sich anschließend sterilisieren. [...]

SPIEGEL: Was ist Ihrer Meinung nach der Grund für den verblüffend schnellen Siegeszug neuer Reproduktionstechniken in Deutschland und mehr noch in anderen Industriestaaten?

SPIEGEL: Das hängt maßgeblich mit dem Rückgang der Bevölkerungszahlen zusammen. Der Wert eines der wenigen Kinder wird viel, viel größer, und die Eltern werden älter. Die Reagenzglasbefruchtung ist aus dieser Welt nicht mehr wegzudenken.

SPIEGEL: Und alle sozialen Verwerfungen, die das mit sich bringt, muss man eben in Kauf nehmen?

DJERASSI: Ich weiß, viele Leute glauben, dass alle diese Tendenzen die traditionelle Familie abwerten und zerstören. Ich aber begegne den abschreckenden Schöne-Neue-Welt-Szenarien mit dem Gegenargument: Die im Labor gezeugten Kinder sind stets gewünscht: Sie werden deshalb mehr geliebt als natürlich gezeugte Kinder, was die Familie auch stärken könnte.

[1] Morbus Down: eine angeborene komplexe Entwicklungsstörung

„Richtlinien über künstliche Befruchtung" der Bundesärztekammer: Beachtung des Embryonenschutzgesetzes; Transfer von maximal 3 Embryonen; keine Fertilisation von mehr Eizellen, als übertragen werden sollen; Verbot der Eizellenspende; Verbot der Ersatzmutterschaft; Verbot der missbräuchlichen Verwendung des Embryos; Verbot der Geschlechtswahl; Verbot der posthumen Fertilisation; Durchführung der IVF/ICSI nur zu Fortpflanzungszwecken; Vermeidung von Eugenik; Vermeidung überzähliger Embryonen; Reduzierung von Mehrlingen.

1 Setzen Sie sich mit Djerassis Argumenten für die moderne Reproduktionsmedizin kritisch auseinander.

2 Welche „sozialen Verwerfungen" (Z. 53) könnte die Fortpflanzungsmedizin nach sich ziehen?

3 Formulieren Sie zu jeder der Bestimmungen der Bundesärztekammer eine ethische Begründung. Welchen stimmen Sie zu, welchen nicht?

Organtransplantationen – der Körper als „Ersatzteillager"?

Der Arzt **Ellis E. Huber** war von 1987 bis 1998 Präsident der Ärztekammer Berlin und von 1993–2003 Vorstandsmitglied der „Internationalen Ärzte für Frieden und soziale Verantwortung" (IPPNW).

In Deutschland trat 1997 das **Transplantationsgesetz** in Kraft. Danach ist die Organentnahme bei Hirntoten erlaubt, die dieser Maßnahme (für jedes einzelne Organ) zuvor zugestimmt hatten. Sollte diese Person jedoch keine Verfügung getroffen haben, bleibt als notwendige Voraussetzung für die Organentnahme die Zustimmung der engsten Angehörigen („erweiterte Zustimmungslösung"). Organentnahme und Transplantation sind medizinisch-organisatorisch streng voneinander getrennt. Eine unabhängige dritte Instanz, die Organspendezentrale Eurotransplant in Leiden/Holland, übernimmt die Vermittlung der Spenden. Organhandel und unrechtmäßiges Verhalten im Zusammenhang mit der Organtransplantation werden strafrechtlich verfolgt.

Ellis E. Huber: „Der Arzt ist kein Bioingenieur"

Tausende von Menschen sind in Deutschland bereit, Organe zu spenden. Sie tragen einen Organspender-Ausweis mit sich und bekunden ihre Bereitschaft, im eigenen Sterbefall noch anderen Menschen zu helfen. Tausende von schwerstkranken Patienten warten aber auch auf ein Spenderorgan, das ihr Leben retten oder dramatisch verbessern kann. Es gibt aber zu wenig Spenderorgane. Im Prinzip finden viele Bürgerinnen und Bürger die Organtransplantation gut – aber sie können sich nicht mit dem Gedanken anfreunden, dass Ärzte nach ihrem Tode Verwertbares aus ihnen herausschneiden, dass sie als Ersatzteillager benutzt werden wie ein zu Schrott gefahrenes Auto. Plötzlich ist es da, ein widersprüchliches Gefühl zum eigenen Körper, zum eigenen Tod. Die Organspende konfrontiert uns mit unserem Selbstverständnis, mit unseren Beziehungen zum Körper, zu unseren Bekannten oder zu unseren Mitmenschen. Wir empfinden selbst, dass es eben nicht um Körpermaschinen geht, dass der Arzt kein Bioingenieur ist und Angehörige eines Verstorbenen auch nicht im Besitz einer Sache sind, über die sie einfach verfügen können. Es geht um Leben.

Die lebenserhaltende Therapie durch Organtransplantationen ist medizinisch nur zulässig, wenn zwischen Patient und Arzt Vertrauen herrscht und die Rechte und Bedürfnisse des Individuums höher bewertet werden als die von staatlichen oder öffentlichen Institutionen. Ärztliches Handeln darf die Heilung oder Hilfe für Kranke nicht dem wissenschaftlichen Ehrgeiz unterordnen. Es liegt an uns Ärzten, die Ehre der Toten zu schützen, mit den Angehörigen einfühlsam und respektvoll umzugehen und unser Tun jederzeit transparent zu machen. Deshalb gelten in Deutschland ethische Berufsregeln für die Organtransplantation, die von der ärztlichen Selbstverwaltung streng überwacht werden. Ärztinnen oder Ärzte, die dagegen verstoßen, müssen mit dem Entzug ihrer Berufserlaubnis rechnen.

Die Organentnahme für eine Transplantation ist nur erlaubt, wenn zwei unabhängige, an der Organentnahme oder Transplantation nicht beteiligte Ärzte den Hirntod zweifelsfrei festgestellt und dokumentiert haben. Die Ärzte stellen den Tod dann fest, wenn das Stammhirn bei zwei Untersuchungen im Abstand von zwölf Stunden keine Funktion mehr zeigt und alle Gehirnströme vollständig und unwiederbringlich erloschen sind. „Teilhirntode" oder „Hirnrindentote", sogenannte Apalliker, Säuglinge ohne Großhirn oder Menschen mit anderen Teilausfällen des Gehirns sind nicht tot. Eine Grenzziehung zwischen hirntot und herztot ist der Medizin möglich, seitdem Maschinen eine künstliche Beatmung ermöglichen und trotz des Hirntodes die Körperfunktionen künstlich aufrechterhalten werden können.

Linus Geisler: Über Organtransplantationen

Linus Geisler war Chefarzt eines Krankenhauses in Gladbeck.

Nach der endlos scheinenden Geburt eines Transplantationsgesetzes, das der Organbeschaffung die Pforten weit öffnet, trickreich den Hirntod lediglich als Voraussetzung zur Organentnahme verharmlost und seine Gleichsetzung mit dem Tod des Menschen verschleiert, nach euphemistischen Werbekampagnen (Organwechsel nach dem garbage-in-garbage-out-Prinzip[1]) dümpelt die Organtransplantation auf dem seit Jahren gleichen Level vor sich hin. Eine Abstimmung mit den Füßen? Es ist Organspende, und so gut wie keiner geht hin?

Verhieß da nicht die UNESCO, jeder zweite Eingriff nach dem Jahre 2000 werde eine Verpflanzung von Organen oder Gewebe sein? Am offerierten Menü kann es kaum liegen: Eierstöcke, Hoden, Hirngewebe – alles im Angebot und technisch unproblematisch. [...] Sollte es möglicherweise ein übergeordnetes „Abstoßungsphänomen" geben?

Aber der systemeigene Expansionsdruck ist nicht aufzuhalten. Er bedient sich rigoros aller Mittel. Lebendspende[2] ist angesagt. Die Altlast des nil nocere[3] ist entsorgt. Renommierte Strafrechtler haben keine Bedenken gegen operative Eingriffe an Gesunden, trotz des Sterblichkeitsrisikos von zirka einem Promille (Nieren-Lebendspende). Die gesellschaftlichen Implikationen werden ausgeblendet. In den USA stammen bereits rund 25 Prozent der verpflanzten Nieren von Gesunden, aber der Chirurg Robert Montgomery spricht von „ungenügend genutzten Ressourcen". Was wird, wenn eines Tages 80 Prozent der Mütter dialysepflichtiger Kinder eine Niere geopfert haben, mit den widerspenstigen restlichen 20 Prozent?

Hirntod: 1968 setzte ein Komitee der amerikanischen Harvard Medical School das Versagen messbarer Hirntätigkeit mit dem Tod gleich. Diese Todesdefinition, die bald allgemein akzeptiert wurde, schuf die Voraussetzung für eine Organentnahme, weil die Funktion der übrigen Organe mit maschineller Hilfe aufrechterhalten und damit transplantationsfähig gehalten werden kann.
Kritiker dieser Todesdefinition sehen Hirntote nicht als Tote oder Leichen, sondern als Sterbende an.

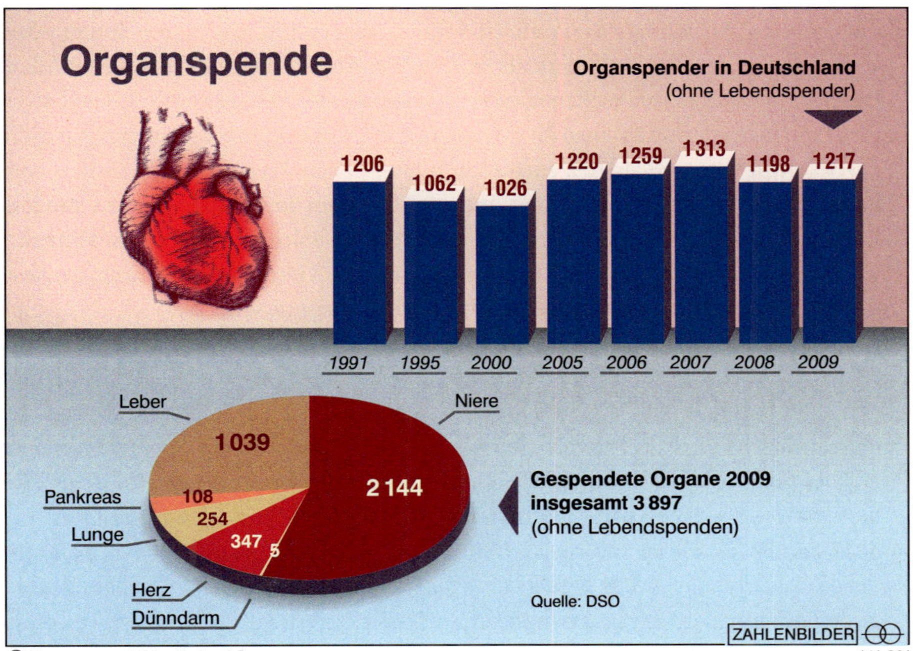

 141 301

Welche ethischen Fragen bzw. Probleme wirft die Organtransplantationsmedizin auf? Erörtern Sie das Für und Wider. Versuchen Sie sich in die Lage von Betroffenen zu versetzen.

[1] garbage (engl.): Müll
[2] In Deutschland gab es im Jahr 2008 620 Transplantationen von Lebendspendern.
[3] nil nocere (lat.): nicht schaden

Sterbehilfe – zwischen Helfen und Töten

Sterbehilfe: Maßnahmen, die dem Sterbenden den Tod erleichtern sollen (Sterbebegleitung) oder die den Tod herbeiführen. Als **„passive Sterbehilfe"** bezeichnet man das bewusste Unterlassen von lebensverlängernden Maßnahmen.
Bei **„aktiver Sterbehilfe"** unterscheidet man zwischen „indirekter aktiver Sterbehilfe" (Inkaufnahme möglicher Lebensverkürzung durch Verabreichung schmerz- oder leidenslindernder Medikamente) und „direkter aktiver Sterbehilfe" (das gezielte und tätige Herbeiführen des Todes).
Der Begriff **„Euthanasie"** (gr.: guter Tod, gutes Sterben) wird in Deutschland wegen seiner missbräuchlichen Verwendung für den Massenmord an Behinderten während des Dritten Reiches vermieden.

Im Juni 2010 entschied der Bundesgerichtshof (BGH) in einem Grundsatzurteil, dass der Abbruch einer lebenserhaltenden Behandlung nicht strafbar ist, wenn eine entsprechende Patientenverfügung des/der Betroffenen vorliegt. In dem zu entscheidenden Fall ging es um eine Frau, die fünf Jahre im Koma lag und künstlich ernährt wurde. Ihre Tochter hatte auf Anraten ihres Anwaltes schließlich den Ernährungsschlauch durchtrennt, um der Patientenverfügung, die eine solche Maßnahme ablehnte, Geltung zu verschaffen. Der Patientin wurde darauf von der Betreuungsstation des Pflegeheims erneut eine Magensonde gelegt. Sie starb zwei Wochen später an Herzversagen. Der Anwalt wurde zunächst von einem Landgericht zu einer Bewährungsstrafe verurteilt, im Revisionsverfahren hob der BGH dieses Urteil auf. Die Richter bekräftigten jedoch, dass die „Tötung auf Verlangen" weiterhin strafbar bleibe.

Birgitt van Oorschot: „Es gibt ein Recht zu sterben"

Birgitt van Oorschot ist leitende Oberärztin im Interdisziplinären Zentrum für Palliativmedizin der Uniklinik Würzburg und betreut dort unheilbar kranke Menschen und ihre Angehörigen. Sie hat zuvor in Jena ein Modellvorhaben zur Entscheidungsbeteiligung von Patienten am Lebensende geleitet. Oorschot hat in Thüringen die Hospizarbeit und Palliativmedizin mit aufgebaut. Für diese Verdienste wurde sie 2005 mit dem Bundesverdienstkreuz am Bande ausgezeichnet.

FRAGE: Frau van Oorschot, wer darf bestimmen, ob ein Leben zu Ende gehen soll?

BIRGITT VAN OORSCHOT: Zunächst einmal natürlich der Patient selbst. Wenn im Voraus verfügt ist, dass ein Mensch in der aktuell eingetretenen Situation bestimmte, auch lebensverlängernde Maßnahmen nicht wünscht, dann ist eine Fortsetzung auch von künstlicher Ernährung ohne Einwilligung rechtlich gesehen Körperverletzung. Der Patient kann sich aber in einer solchen Situation meist nicht mehr äußern – das Schwierige für Ärzte ist dann, herauszuhören, ob die Betreuer oder Bevollmächtigten, zumeist handelt es sich um Angehörige, wirklich den Willen des Patienten umsetzen wollen oder ob es um eigene Motive geht.

FRAGE: Ist Misstrauen in einer solch existenziellen Situation denn angebracht?

VAN OORSCHOT: Wir sind als Ärzte in solchen Situationen Anwälte der Patienten und dazu angehalten, sauber zu prüfen und den Patienten zu schützen und zu stützen in seiner Autonomie. Denn der kann sich in einer solchen Situation nicht mehr wehren. Manchmal wünschen sich die Angehörigen Therapiebegrenzung, weil sie die Situation nicht weiter ertragen. Oder weil die Pflege so teuer ist.

FRAGE: Das klingt eher nach einem Tatort-Krimi als nach Palliativstation[1].

VAN OORSCHOT: Für Angehörige ist es natürlich sehr schwer, kritischen Ärzten in der Klinik zu begegnen, die die Motive der Angehörigen noch einmal hinterfragen. In der Klinik sind die Familienverhältnisse oft nicht bekannt und für einen Mediziner ist aber nichts übler, als wenn auf Verlangen des Betreuers auf Ernährung verzichtet wird und hinterher kommt jemand und sagt: Das ging in Wirklichkeit nur um das Grundstück. Denn natürlich ist Pflege heute teuer. Ich würde mir Verständnis für die Position des Arztes wünschen – dieses Grundmisstrauen zu haben, gehört zu seinem Job. Und er muss den Job gut machen.

FRAGE: Wollen überhaupt so viele Angehörige, dass ihre Liebsten sterben dürfen, oder bestehen die meisten darauf, dass das Leben des Patienten um jeden Preis verlängert wird?

VAN OORSCHOT: Das ist individuell sehr unterschiedlich. Interessanterweise ist der Wunsch, dem Sterben Raum zu geben, keine Frage des Alters des Patienten. Oft

[1] Palliativstation: Station einer Klinik, in der die medizinisch lindernde Behandlung unheilbar Schwer(st)kranker (Palliativmedizin und -pflege) durchgeführt wird

haben ältere Angehörige große Mühe, sich von ihren uralt gewordenen Müttern oder Vätern zu trennen. Da kommt zum Beispiel bei einer 94-Jährigen der Wunsch nach Maximaltherapie. Da steht man als Arzt dann relativ ratlos davor.

FRAGE: In dem Gerichtsfall, den der Bundesgerichtshof nun entscheidet, ging es um ein würdiges Sterben. Die Patientin hatte ihrer Tochter gesagt, sie wolle nie an Schläuchen hängen. Es kam zu einem existenziellen Konflikt zwischen Pflegeheim und Familie. Ein Einzelfall?

VAN OORSCHOT: Das ist ein nicht selten auftretender Konflikt – und ein sehr vielschichtiger. Angenommen, in der Patientenverfügung steht, dass in einer Situation, in der keine Aussicht auf Heilung besteht, keine künstliche Ernährung gewollt wird, dann muss in einer entsprechenden Situation diese Verfügung umgesetzt werden. Das ist völlig klar, denn natürlich gibt es ein Recht zu sterben. Gleichzeitig kann aber keine Pflegekraft gegen ihren Willen gezwungen werden, Ernährung zu begrenzen – das ist eine Gewissensentscheidung. Ernähren gehört zu den pflegerischen Aufgaben und oft wird „Ernähren" fälschlicherweise mit „Lindern von Hunger und Durst" verwechselt. Erschwerend kommt hinzu, dass es bei Ärzten und Richtern leider große Wissensdefizite über die rechtlichen Grundlagen von Sterbehilfe gibt.

FRAGE: Wo sehen Sie die größte Wissenslücke?

VAN OORSCHOT: In der Debatte um ärztliche Entscheidungen am Lebensende wird juristisch zwischen aktiver, passiver und indirekter Sterbehilfe unterschieden. Wir haben 1557 deutsche Ärzte und 1254 deutsche Vormundschaftsrichter zu Entscheidungen am Lebensende befragt und sie gebeten, verschiedene medizinische Maßnahmen den genannten Formen der Sterbehilfe zuzuordnen. Juristisch korrekt handelt es sich sowohl beim Therapieverzicht als auch bei der Beendigung von künstlicher Ernährung und Flüssigkeitszufuhr um passive Sterbehilfe. Die Befragten haben dies vielfach anders gesehen. Den Abbruch von künstlicher Ernährung ordneten neun Prozent der Richter und mehr als acht Prozent der Ärzte der aktiven Sterbehilfe zu – und die ist in Deutschland ja nicht erlaubt. Unsere Unterscheidungen verschiedener Sterbehilfeformen ist zu kompliziert, wir sollten die international übliche Sprechweise von der „Tötung auf Verlangen", „Nichteinleitung beziehungsweise Beendigung lebenserhaltender Maßnahmen" und „Symptomlinderung mit möglicherweise lebensverkürzender Wirkung" auch in Deutschland übernehmen. [...]

FRAGE: Was würden Sie den Angehörigen empfehlen, die über die Fortsetzung von lebenserhaltenden Maßnahmen entscheiden sollen oder wollen?

VAN OORSCHOT: Es ist unsinnig, das nicht im Konsens zu machen. Dass der Arzt der Meinung ist, dass die künstliche Ernährung eingestellt werden sollte, das Pflegeheim das aber nicht mittragen kann – dann braucht es eine klinische Ethikkonferenz. Wichtig ist, zu versachlichen und Zeitdruck zu nehmen. Holen Sie andere mit ins Boot. Bitten Sie den Hausarzt, der den Patienten schon lange kennt, mit dem behandelnden Arzt Kontakt aufzunehmen. Wenden Sie sich an den Patientenfürsprecher oder das klinische Ethikkomitee. Man sollte alle Seiten an einen Tisch bekommen – damit es nicht so eskaliert wie in dem jetzt verhandelten Fall.

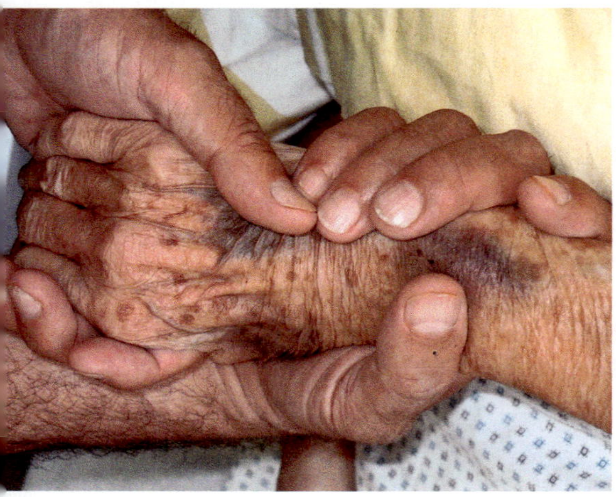

Patientenverfügung:
Verfügung, in der man bestimmt, zu welchem Zeitpunkt man lebenserhaltende Maßnahmen ablehnt bzw. abzubrechen wünscht. Seit September 2009 ist der Umgang mit einer solchen Verfügung gesetzlich geregelt. Demnach ist die schriftlich verfasste Verfügung rechtsverbindlich. Liegt keine Verfügung vor oder treffen ihre Bestimmungen nicht auf die konkrete Krankheitssituation zu, sollen Betreuer und Arzt den mutmaßlichen Willen des Patienten ermitteln. Gelingt dies nicht, entscheidet ein Vormundschaftsgericht.

Das Meer in mir (Regie: Alejandro Amenábar, Spanien/Italien 2004)

1 Welche Argumente könnten der Entscheidung des BGH zugrunde liegen?

2 Welche ethisch-moralischen Probleme werfen die im Interview genannten Maßnahmen der Sterbebegleitung für die Betroffenen auf?

3 Informieren Sie sich über die Arbeit eines Hospizes bzw. einer Palliativstation. Laden Sie ggf. einen Mitarbeiter zu einem Gespräch ein.

Medien und Ethik

Berufsethos von Journalisten

Marion Gräfin Dönhoff (1909–2002) war ab 1973 Mitherausgeberin der Wochenzeitung „Die Zeit".

Medienberichte, die Geschichte machten:
1929 berichtete die von Carl von Ossietzky (Friedensnobelpreis 1936) herausgegebene „Weltbühne" über die geheime und rechtswidrige Aufrüstung der Reichswehr. Ossietzky wurde zu einer Haftstrafe verurteilt, später von den Nazis wegen kritischer Kommentare ins KZ gebracht, er starb 1938 an den Haftfolgen.
1962: Redakteure des „Spiegel" deckten skandalöse Vorkommnisse in der Bundeswehr auf. Herausgeber und Redakteure wurden wegen angeblichen Landesverrates kurzzeitig festgenommen, die Affäre führte schließlich zum Rücktritt von Verteidigungsminister Franz-Josef Strauß („Spiegel-Affäre").
1973/1974: Recherchen zweier Journalisten der „Washington-Post" über kriminelle Wahlkampftaktiken führten zum Rücktritt von US-Präsident Richard Nixon („Watergate-Affäre").
1983 veröffentlichte der „Stern" angebliche Tagebücher Adolf Hitlers: Sie erwiesen sich als Fälschungen.

Marion Gräfin Dönhoff: Journalismus – Beruf ohne Moral?

Der Motor der zum Glaubensbekenntnis erhobenen Marktwirtschaft ist die Konkurrenz. Und der Treibstoff für den Motor ist der Egoismus. [...] Da der finanzielle Erfolg der Maßstab für alles ist – für Leistung, Ansehen, Lebensstandard –, darf niemand sich wundern, dass Leute ihren Ehrgeiz darauf richten, möglichst viel Geld zu machen. Dabei treten dann automatisch ethische Gesichtspunkte in den Hintergrund, werden störende moralische Schranken beiseitegeräumt. Dies gilt für alle Teile der Gesellschaft, nicht nur für die Medien. [...] Nach dem Prinzip „Den Letzten beißen die Hunde" wälzen die Politiker kurzerhand alle Schuld an den unerfreulichen Zuständen auf die Journalisten ab: Sie sprechen von Schmuddel- und Schnüffeljournalismus, vom Scheckbuchjournalismus, der die Redakteure und Reporter zu Handlangern von Interessenten macht. Es heißt ferner, die Kommentare der Journalisten seien mit Fleiß grundsätzlich gegen „die da oben" gerichtet. Sie hätten, so heißt es, mit ihrer negativen Einstellung einen Erosionsprozess der Demokratie eingeleitet; sie seien es mithin, die für die wachsende Politikverdrossenheit verantwortlich sind. Viele Bürger stimmen ein in den Chor, ohne sich Rechenschaft darüber zu geben, dass ihre skandalsüchtige Nachfrage auf dem Markt der Medien viel zu den unerfreulichen Zuständen beigetragen hat.
Wie stellt sich der Bürger denn nun den „guten" Journalisten vor? Doch wohl in etwa so: neugierig, offen, also ohne Vorurteile, objektiv, jede interessengebundene Fremdbestimmung ablehnend, der Verantwortung seines Berufes bewusst, ein engagierter Spürhund auf der Suche nach der Wahrheit. Viele Journalisten haben diese Ideale zum Kompass, aber es gibt eben auch solche, für die Ruhm und Karriere höher stehen als alles andere – sie lassen sich leicht zu unverantwortlichem Tun hinreißen. [...]
In Deutschland wären vermutlich ohne den *Spiegel* zahlreiche Skandale nie aufgedeckt worden. Die Kontrollfunktion der Presse ist eben unersetzbar – fraglich ist nur, wo **die Grenze verläuft zwischen Kontrollfunktion und reiner Lust am Enthüllen und Denunzieren**, um der Auflage oder der Einschaltquote willen. Was kann man tun, um diese Grenze zu markieren? Antwort: Wahrscheinlich gar nichts, denn jeder Fall ist anders. Man kann also keine Kasuistik[1] aufstellen, man kann auch nur schwer Kriterien postulieren für das, was erlaubt oder nicht erlaubt ist. Mit Verboten ist dem Problem ohnehin nicht beizukommen, denn jede Form von Pressezensur wäre antidemokratisch und birgt überdies die Gefahr in sich, dass sie irgendwann missbraucht wird; auch muss man bedenken, dass manch einer es ohne Angst vor dem *Spiegel* noch schlimmer treiben würde.
Das Einzige, was man sich vorstellen könnte, ist eine **Selbstkontrolle** der Verlage und Fernsehanstalten. In Deutschland ist am Anfang der Bundesrepublik versucht worden, dies durch die Gründung des **Presserats** zu erreichen. Das Ergebnis war enttäuschend. [...] Inzwischen hat das Problem einer Kontrolle der Medien infolge des privaten Fernsehens und der Enthemmung des Massenpublikums Dimensionen angenommen, die mit naiven Maßnahmen, wie der Presserat sie vorsieht, nicht bekämpft werden können.

[1] Kasuistik: Lehre von den Einzelfällen

Herbert Riehl-Heyse: Journalismus – nur ein Geschäft?

Was kann man von der Ware Journalismus verlangen, die der Medienveranstalter produzieren lässt, durch seine Schreiber oder Fernsehautoren? Erstens doch wohl, dass einigermaßen stimmen soll, was da berichtet wird. Dass das eine vernünftige Erwartung ist, ergibt sich aus dem Umkehrschluss: Würde sich beim Publikum der Eindruck verfestigen, man könne fast nichts von dem glauben, was in den Zeitungen steht oder ihm im Fernsehen nahegebracht wird, würde es wohl eines nicht zu fernen Tages auf das Angebot dankend verzichten. [...] Wir reden von Geschäften – und verzichten deshalb aufs Grundsätzliche: Dass Nachrichten, Beobachtungen, Beschreibungen selten „wahr“ sind in einem philosophischen Sinne, hat sich wohl herumgesprochen. Jeder noch so ehrliche Journalist hat, wie jeder andere Mensch auch, seine individuelle Sicht von dem, was er zu beschreiben hat – was zwangsweise dazu führt, dass drei verschiedene Agenturberichte über ein und dieselbe Bundestagsdebatte, bei größtem Bemühen um Objektivität, immer noch drei sehr verschiedene Wiedergaben derselben Realität ergeben können. Der erfahrene Leser hat das längst kapiert – und hätte es trotzdem sehr gern, dass diese Wiedergabe das Ereignis wenigstens nicht verfälscht, aus welchen Gründen auch immer. Das Produkt Journalismus fällt insoweit mit der Glaubwürdigkeit seiner Produzenten. Wir sind aber dabei, diese Glaubwürdigkeit, sofern sie überhaupt noch vorhanden ist, systematisch zu ruinieren – tatkräftig unterstützt von jenem Teil der Gesellschaft, dem an nichts so sehr gelegen ist, als uns Journalisten für seine Zwecke über den Tisch zu ziehen, mit unserer Hilfe irgendetwas zu verkaufen. [...]

Unbestreitbar ist leider: Immer mehr Journalisten lassen sich zu Büchsenspannern von Interessierten, zu Handlangern von Interessen machen. In dieser Abteilung unseres Gewerbes besteht die Welt aus prächtigen Artikeln über prächtige neue Kleider, Artikeln notabene, die in Magazinen hochseriöser Zeitungen erscheinen, bei denen aber der Leser beim besten Willen nicht mehr unterscheiden kann, ob es sich noch um eine redaktionelle Anstrengung oder um das mitgekaufte Umfeld von Annoncen handelt.

[...] Der für die Branche tödliche, jedenfalls hochgradig geschäftsschädigende Verdacht, der sich beim Publikum bestimmter Blätter oder Sendungen aufdrängt, ist der, dass Journalisten nicht mehr unabhängig genug sind, ihren Beruf ordentlich auszuführen: dass sie abhängig sind von Anzeigenkunden, denen sie ihr Brot, von den Politikern, denen sie ihre Karriere, von den Fußballspielern, denen sie ihre Informationen aus der Kabine verdanken.

Kronzeugen für herausragenden Journalismus

Theodor Wolff (1868 – 1943), war von 1906 – 1933 Chefredakteur des „Berliner Tagblattes“ und schrieb Romane und Theaterstücke.

Egon-Erwin Kisch (1895 – 1948), der „rasende Reporter“, erhob die Reportage zu literarischem Rang.

Theodor Wolff und Egon-Erwin Kisch sind Namensgeber von Preisen für bedeutende journalistische Leistungen. Herbert Riehl-Heyse (1940 – 2003), Journalist und Autor des oben stehenden Textes, war Preisträger beider Auszeichnungen.

1988 begleiteten Journalisten zwei Bankräuber, die mit zwei Geiseln nach einem Bankraub flüchteten, interviewten und filmten sie mit ihren Geiseln und behinderten die Arbeit der Polizei („Geiseldrama von Gladbeck“).
1991 unterwarfen sich die US-Medien (und andere) in ihrer Berichterstattung über den Golfkrieg dem von der US-Regierung gebildeten „Presse-Pool“ und sendeten nur die vom Militär hergestellten oder genehmigten Bilder und Berichte. Der Krieg wurde der Öffentlichkeit „virtuell“ und ohne Konfrontation mit Toten oder Verwundeten präsentiert.
1998 berichtete die amerikanische Presse über eine außereheliche Beziehung des US-Präsidenten Clinton. Der detaillierte Ermittlungsbericht eines Sonderstaatsanwaltes und die Videoaufzeichnung der Vernehmung Clintons wurden veröffentlicht.

1 Worin sieht Marion Gräfin Dönhoff Aufgabe und Funktion der Presse?

2 Vor welchen Gefahren warnen Dönhoff und Riehl-Heyse?

3 Warum sind Presseberichte „selten ‚wahr‘ im philosophischen Sinne“ (Riehl-Heyse, Z. 8 f.)?

4 Referieren Sie über die Journalisten Egon-Erwin Kisch und Theodor Wolff sowie über Zielsetzung und Arbeit der Organisation „Reporter ohne Grenzen“.

Der Deutsche Presserat wurde 1956 gegründet und ist das Selbstkontroll-Organ der deutschen Presse. Sein Pressekodex umfasst 16 berufsethische Grundsätze. Die nebenstehende Fassung stammt aus dem Jahr 2008. Der Presserat ahndet begründete Beschwerden mit Hinweisen, Missbilligungen oder mit Rügen. 2008 sprach er 15 öffentliche Rügen und 52 Missbilligungen aus.

Deutscher Presserat: Berufsethische Grundsätze

Präambel

Die im Grundgesetz der Bundesrepublik verbürgte Pressefreiheit schließt die Unabhängigkeit und Freiheit der Information der Meinungsäußerung und der Kritik ein. Verleger, Herausgeber und Journalisten müssen sich bei ihrer Arbeit der Verantwortung gegenüber der Öffentlichkeit und ihrer Verpflichtung für das Ansehen der Presse bewusst sein. Sie nehmen ihre publizistische Aufgabe fair, nach bestem Wissen und Gewissen, unbeeinflusst von persönlichen Interessen und sachfremden Beweggründen wahr. Die publizistischen Grundsätze konkretisieren die Berufsethik der Presse. Sie umfasst die Pflicht, im Rahmen der Verfassung und der verfassungskonformen Gesetze das Ansehen der Presse zu wahren und für die Freiheit der Presse einzustehen.

Die Regelungen zum Redaktionsdatenschutz gelten für die Presse, soweit sie personenbezogene Daten zu journalistisch-redaktionellen Zwecken erhebt, verarbeitet oder nutzt. Von der Recherche über Redaktion, Veröffentlichung, Dokumentation bis hin zur Archivierung dieser Daten achtet die Presse das Privatleben, die Intimsphäre und das Recht auf informationelle Selbstbestimmung des Menschen.

Die Berufsethik räumt jedem das Recht ein, sich über die Presse zu beschweren. Beschwerden sind begründet, wenn die Berufsethik verletzt wird.

Diese Präambel ist Bestandteil der ethischen Normen.

Ziffer 1 – Wahrhaftigkeit und Achtung der Menschenwürde

Die Achtung vor der Wahrheit, die Wahrung der Menschenwürde und die wahrhaftige Unterrichtung der Öffentlichkeit sind oberste Gebote der Presse.

Jede in der Presse tätige Person wahrt auf dieser Grundlage das Ansehen und die Glaubwürdigkeit der Medien.

Ziffer 2 – Sorgfalt

Recherche ist unverzichtbares Instrument journalistischer Sorgfalt. Zur Veröffentlichung bestimmte Informationen in Wort, Bild und Grafik sind mit der nach den Umständen gebotenen Sorgfalt auf ihren Wahrheitsgehalt zu prüfen und wahrheitsgetreu wiederzugeben. Ihr Sinn darf durch Bearbeitung, Überschrift oder Bildbeschriftung weder entstellt noch verfälscht werden. Unbestätigte Meldungen, Gerüchte und Vermutungen sind als solche erkennbar zu machen.

Symbolfotos müssen als solche kenntlich sein oder erkennbar gemacht werden.

[...]

Ziffer 5 – Berufsgeheimnis

Die Presse wahrt das Berufsgeheimnis, macht vom Zeugnisverweigerungsrecht Gebrauch und gibt Informanten ohne deren ausdrückliche Zustimmung nicht preis.

Die vereinbarte Vertraulichkeit ist grundsätzlich zu wahren.

[...]

Ziffer 8 – Persönlichkeitsrechte

Die Presse achtet das Privatleben und die Intimsphäre des Menschen. Berührt jedoch das private Verhalten öffentliche Interessen, so kann es im Einzelfall in der Presse erörtert werden. Dabei ist zu prüfen, ob durch eine Veröffentlichung Persönlichkeitsrechte Unbeteiligter verletzt werden. Die Presse achtet das Recht auf informationelle Selbstbestimmung und gewährleistet den redaktionellen Datenschutz.

Ziffer 9 – Schutz der Ehre

Es widerspricht journalistischer Ethik, mit unangemessenen Darstellungen in Wort und Bild Menschen in ihrer Ehre zu verletzen.

Ziffer 10 – Religion, Weltanschauung, Sitte
Die Presse verzichtet darauf, religiöse, weltanschauliche oder sittliche Überzeugungen zu schmähen.
Ziffer 11 – Sensationsberichterstattung, Jugendschutz
Die Presse verzichtet auf eine unangemessen sensationelle Darstellung von Gewalt, Brutalität und Leid. Die Presse beachtet den Jugendschutz.
Ziffer 12 – Diskriminierungen
Niemand darf wegen seines Geschlechts, einer Behinderung oder seiner Zugehörigkeit zu einer ethnischen, religiösen, sozialen oder nationalen Gruppe diskriminiert werden.
Ziffer 13 – Unschuldsvermutung
Die Berichterstattung über Ermittlungsverfahren, Strafverfahren und sonstige förmliche Verfahren muss frei von Vorurteilen erfolgen. Der Grundsatz der Unschuldsvermutung gilt auch für die Presse.
Ziffer 14 – Medizin-Berichterstattung
Bei Berichten über medizinische Themen ist eine unangemessen sensationelle Darstellung zu vermeiden, die unbegründete Befürchtungen oder Hoffnungen beim Leser erwecken könnte. Forschungsergebnisse, die sich in einem frühen Stadium befinden, sollten nicht als abgeschlossen oder nahezu abgeschlossen dargestellt werden.
[...]

Ethik im Redaktionsalltag, hg. vom Deutschen Presserat, Konstanz (UVK) 2005

Schtonk
(Regie: Helmut Dietl, Deutschland 1996)

Stefan Stosch: Fälschungen und Fiktionen

Der Journalismus ist dabei, sich seine Bilder selbst zu erfinden. Wenn die Wirklichkeit nicht mitspielt, spielen die Fernsehleute Wirklichkeit. [...] Die Unterscheidung zwischen Dokumentation und Fiktion zählt nicht mehr. Und im Fernsehsessel sitzt derweil der Zuschauer und hat keine Chance mehr, zu erkennen, was der Realität entspricht. Er muss glauben. Zu lernen ist von dem Schauprozess gegen Born[1], dass Bilder lügen. Aber vermutlich ist es noch schlimmer: Der Journalist selbst weiß oft nicht mehr, was Wirklichkeit und was bloße Vermutung oder geschickte PR von Interessengruppen ist. Dabei geht es nicht mehr allein um Fernsehjournalisten, die im Dienste der Aufklärung Märchen bebildern, die vielleicht auch wahr sein können. Es geht um die Journalisten, die verantwortungsbewusst arbeiten wollen, die Nachrichten kanalisieren und allein schon durch die Auswahl ein Bild der Realität herstellen. Und das ist die Mehrzahl der Journalisten. Sie sitzen in ihren Redaktionen, werden überschwemmt mit Agenturmaterial, Anrufen und Faxen und basteln sich daraus „ihre Wahrheit“ zusammen. Wenn der Redaktionsschluss naht, ganz gleich ob bei den elektronischen oder den Printmedien[2], dann haben sie sie gefunden. Jeden Tag aufs Neue. Schon allein diese Arbeitsbedingungen sorgen für Vereinfachungen: Schnelligkeit zählt, Kürze auch, Differenzierung schon weniger: Wirklichkeit wird auf Zeilen oder Sekunden zusammengeschmolzen. Kompliziert darf die Realität nicht sein.

1 Sammeln Sie Presseveröffentlichungen und prüfen Sie, ob sie den infrage kommenden berufsethischen Grundsätzen entsprechen.

2 Wenden Sie die Kriterien des Presserates auf die Artikel und Bilder in Ihrer Schüler- oder Abitur-Zeitung an.

3 Marion Gräfin Dönhoff spricht von einer „Enthemmung des Massenpublikums“, der die berufsethischen Leitlinien des Presserates nichts entgegensetzen könnten (s. S. 296). Erörtern Sie diese Ansicht auch hinsichtlich von „Talkshows“ und „Dokusoaps“.

4 Auf welche Entwicklungen weist der Autor Stefan Stosch hin? Wie könnte man dem entgegensteuern?

[1] Der Filmemacher Michael Born wurde 1996 wegen manipulierter Filme zu einer vierjährigen Freiheitsstrafe verurteilt.
[2] Printmedien: Druckerzeugnisse (z. B. Zeitung, Zeitschrift, Buch)

Gewalt und Medien: Kriegsfotografie

Susan Sontag (1933–2004), amerikanische Schriftstellerin, erhielt mehrere internationale Preise, darunter 2003 den „Friedenspreis des Deutschen Buchhandels". Der nebenstehende Text stammt aus ihrem 2003 erschienenen Buch „Das Leiden anderer betrachten", in dem sie sich ausführlich mit der Frage nach dem Sinn und der Fragwürdigkeit von Abbildungen von Kriegsopfern befasst.

Susan Sontag: Warum Kriegsbilder?

Was gezeigt werden kann und was nicht gezeigt werden darf – es gibt wenige Fragen, die in der Öffentlichkeit heftiger umstritten sind als diese. [...]
Nonstop-Bilder (Fernsehen, Video, Kino) prägen unsere Umwelt, aber wo es um das Erinnern geht, hinterlassen Fotografien eine tiefere Wirkung. Das Gedächtnis arbeitet mit Standbildern, und die Grundeinheit bleibt das einzelne Bild. In einer Ära der Informationsüberflutung bietet das Foto eine Methode, etwas schnell zu erfassen und gut zu behalten. Darin gleicht es einem Zitat, einer Maxime, einem Sprichwort. Jeder von uns hat Hunderte von Fotos in seinem Gedächtnis gespeichert, die sich auf Anhieb abrufen lassen. [...]
Betrachten wir zwei verbreitete Ansichten über die Wirkungsweise von Fotografie – Ansichten, die inzwischen fast zu Gemeinplätzen geworden sind. Der ersten Ansicht zufolge wird die Aufmerksamkeit der Öffentlichkeit durch die Aufmerksamkeit der Medien gelenkt – das heißt, hauptsächlich durch Bilder. Ein Krieg wird „real", wenn es von ihm Fotos gibt. So wurde der Protest gegen den Vietnamkrieg durch Bilder mobilisiert. Die Meinung, dass etwas gegen den Krieg in Bosnien[1] getan werden müsse, erwuchs aus der Aufmerksamkeit von Journalisten, die mehr als drei Jahre lang Abend für Abend Bilder aus dem belagerten Sarajevo in Millionen Wohnzimmer befördert haben. Man hat dies den „CNN-Effekt"[2] genannt. Die Beispiele zeigen, wie stark uns Fotos darin beeinflussen, welchen Katastrophen und Krisen wir unsere Aufmerksamkeit schenken, worum wir uns kümmern und letztlich auch, wie wir diese Konflikte beurteilen. Der zweiten Ansicht zufolge – sie mutet fast wie eine Umkehrung des soeben Gesagten an – haben in einer mit Bildern gesättigten, nein übersättigten Welt gerade jene Bilder, auf die es ankommen sollte, eine dämpfende Wirkung: Wir stumpfen ab. Letztlich nehmen uns solche Bilder etwas von unserer Fähigkeit, zu

World Press Photo (Hg.): Pressefotos des Jahres (jährlich)

Reporter ohne Grenzen (Hg.): 100 Fotos für die Pressefreiheit (jährlich)

Robert Capa: Tod eines spanischen Legalisten. (Umstrittenes) Foto aus dem spanischen Bürgerkrieg, 1936

[1] Bosnien-Krieg: 1991 – 1995
[2] CNN: ein US-Nachrichtensender

Kinder fliehen vor einem Napalm-Angriff während des Vietnamkrieges (1964 – 1973), 1972

fühlen und die Signale, die von unserem Gewissen ausgehen, wahrzunehmen. [...]

Gräuelfotos veranschaulichen und bekräftigen. An den Debatten über die genauen (anfangs oft übertrieben hoch angesetzten) Opferzahlen vorbei liefert ein Foto das eine unauslöschliche Beispiel. Seine illustrative Funktion bleibt von Meinungen, Vorurteilen, Fantasien und Fehlinformationen unberührt. [...]

Und Gräuel, die in unseren Köpfen nicht durch einprägsame Bilder verankert sind oder von denen wir einfach nur sehr wenige Bilder zu sehen bekommen, scheinen uns weiter entfernt zu sein – die von der deutschen Kolonialverwaltung im Jahre 1904 angeordnete vollständige Ausrottung der Hereros in Namibia; der japanische Angriff auf China, vor allem das Nanking-Massaker im Dezember 1937, bei dem fast vierhunderttausend Chinesen getötet und achtzigtausend Frauen vergewaltigt wurden; die von den befehlshabenden Offizieren entfesselte Vergewaltigung von etwa hundertdreißigtausend Frauen und Mädchen (von denen zehntausend Selbstmord begingen) durch die siegreichen sowjetischen Soldaten 1945 in Berlin – lauter Erinnerungen, deren sich nur wenige angenommen haben. [...]

Quälende Fotos verlieren nicht unbedingt ihre Kraft zu schockieren. Aber wenn es darum geht, etwas zu begreifen, helfen sie kaum weiter. Erzählungen können etwas verständlich machen. Fotos tun etwas anderes: Sie suchen uns heim und lassen uns nicht mehr los. [...]

Wer eine Hölle als das bezeichnet, was sie ist, hat damit natürlich noch nicht gesagt, wie man Menschen aus dieser Hölle herausholen und das Höllenfeuer eindämmen kann. Trotzdem scheint es schon an sich positiv zu sein, wenn man die eigene Wahrnehmung schärft und sich immer wieder klarmacht, wie viel durch menschliche Bosheit verursachtes Leiden es in der Welt gibt, in der wir mit anderen leben. Wer sich ständig davon überraschen lässt, dass es Verderbtheit gibt, wer immer wieder mit erstaunter Enttäuschung (oder gar Unglauben) reagiert, wenn ihm vor Augen geführt wird, welche Grausamkeiten Menschen einander antun können, der ist moralisch oder psychologisch nicht erwachsen geworden. Von einem gewissen Alter an hat niemand mehr ein Recht auf solche Unschuld oder Oberflächlichkeit, auf so viel Unwissenheit oder Vergesslichkeit.

Es gibt inzwischen einen umfangreichen Bestand an Bildern, die es schwieriger machen, in dieser ethischen Mangellage zu verharren. Lassen wir uns also von den grausigen Bildern heimsuchen. Auch wenn sie nur Markierungen sind und den größeren Teil der Realität, auf die sie sich beziehen, gar nicht erfassen können, kommt ihnen eine wichtige Funktion zu. Die Bilder sagen: Menschen sind imstande, dies hier anderen anzutun – vielleicht sogar freiwillig, begeistert, selbstgerecht. Vergesst das nicht.

1 Wie unterscheidet Sontag Fotos von „Nonstop-Bildern“?

2 Diskutieren Sie die beiden Ansichten über die Wirkung von Fotografie (Z. 10 ff.). Beziehen Sie die beiden Fotos in Ihre Überlegungen mit ein.

3 Worin sieht Sontag die Wirkung, den Sinn und die Grenzen der Kriegsfotografie? Setzen Sie sich mit ihrer Ansicht kritisch auseinander.

4 Wie beurteilen Sie die strikten Zensurmaßnahmen des US-Militärs im Golfkrieg 1991 (s. S. 297) und im Irak-Krieg 2003?

5 Entscheiden Sie anhand von Kriegsfotos begründet, welche Sie veröffentlichen würden und welche nicht.

Medienmacht, Pressefreiheit und Zensur

Verena Metze-Mangold ist Fachbereichsleiterin bei der Intendanz des Hessischen Rundfunks und Vizepräsidentin der Deutschen UNESCO-Kommission.

Verena Metze-Mangold: Bedrohungen der Presse- und Informationsfreiheit

Jede Veränderung, jeder historische Einschnitt und jede Form neuer Technologie bringt unvermeidlich eine Reihe von euphorischen Hoffnungen und dunkelsten Befürchtungen mit sich. Weder hat sich die Hoffnung nach dem Fall der Mauer bewahrheitet, dass die Geschichte an ihr Ende gelangt sei und nun endlich der Weltfrieden ausbreche, noch jene, dass das Internet und die neuen Möglichkeiten der Telekommunikation in der Lage seien, alle bisherigen Einschränkungen aufzuheben. Informations- und Kommunikationstechnologien bilden also bei dieser generellen Feststellung auch keine Ausnahme. Stattdessen blicken wir auf ein Jahrhundert des Übergangs zurück und entdecken eine ganze Reihe neuer Paradoxien. Zu beobachten ist eine **nie da gewesene Vielzahl von Kanälen und Medienprodukten und zugleich eine bislang unbekannte Zusammenballung von Medienmacht**. Die Stärkeren fressen die Schwächeren, die Schnelleren die Langsameren. Das Ergebnis ist eine wirtschaftliche Konzentration publizistischer Macht. […]

Skulptur des koreanischen Videokünstlers Nam June Paik (1932–2006) vor dem Deutschen Postmuseum in Frankfurt/Main, 1990

Kommunikation ohne Grenzen ist gleichermaßen ein widersprüchlicher Begriff. Die Transnationalisierung der Medien macht es bestimmten Regimen zusehends schwerer, oppositionelle Sichtweisen zu unterbinden. Aber das heißt nicht, dass diese Zensur nicht mehr erfolgreich im Sinne der Machthaber durchgesetzt werden könnte. Im Gegenteil. In zynischer Abwandlung ist man geneigt, mit Hölderlin zu rufen: Wo die Gefahr wächst, wächst das Rettende auch. So haben nach sehr ernst zu nehmenden Schätzungen britischer Computer-Spezialisten die Chinesen 30 000 Mann im Einsatz zur Kontrolle der elektronischen Kommunikation. […]

Es ist eine Tatsache, dass die sogenannten neuen Medien in vielen Übergangsstaaten die Rolle des Widerstands zur staatlichen Kontrolle eingenommen haben. Die Globalisierung dieser Kommunikationsnetze hat jedoch keineswegs die weltweite Einführung demokratischer Freiheiten befördert. Im Gegenteil. Erfolgreich wurden in den letzten Jahren politische, wirtschaftliche und journalistische Modelle zu Hybriden verheiratet. Partnerschaften aus wirtschaftlichem Kalkül hier, „Embedded Journalism"[1] dort.

Die Medien selbst sind vom Verständigungsgut einer Gemeinschaft zu einem globalen Wirtschaftsgut und zum Wachstumsmotor eines globalen Marktes mutiert. Mit der Folge, dass Medienkonzerne aufgrund ihrer Ansiedlungsinteressen in neuen Regionen der Welt – und das heißt aufgrund ihrer ökonomischen Interessen – zuneh-

[1] „Embedded Journalism": in staatliche Aktionen „eingebettete" Journalisten (z. B. bei Kriegshandlungen)

Foto: Guillaume Herbaut aus der Serie „Die Twitter-Revolution". Handy-Foto, via Twitter verbreitet. Nach den Präsidentschaftswahlen, die Amtsinhaber Ahmadinedschad nach offiziellen Angaben mit 60 % der Stimmen gewonnen hatte, ging die iranische Opposition auf die Straße.

mend geneigt sind, sich autoritären Bedingungen von Staaten zu unterwerfen, wie z. B. Murdoch[1] in China.

Und wie steht es mit Beschränkungen, die demokratische Staaten einführen? [...] Die global ausgetragenen, dramatischen Ereignisse haben auch unser Sicherheitsbedürfnis verändert und deutlich erhöht. Und dies hat staatlichen Eingriffen aus Gründen der Sicherheit – man schaue nach Frankreich, den USA oder Deutschland – erheblich Vorschub geleistet. Auch wir sind offenbar bereit, **klaglos Freiheit gegen Sicherheit zu tauschen**. [...]

Inzwischen sehen manche Experten auch eine **neue Form der Zensur** heraufziehen, die der Meinungsfreiheit durch Zunahme von inhaltlichen Filtersystemen für Internetseiten droht. Diese Vorkehrungen zum Schutz der Öffentlichkeit, insbesondere der Kinder, unterliegen nicht nur Werturteilen, die zum einen zutiefst subjektiv und zum anderen auch in einer Gesellschaft äußerst plural sind. Diese Systeme variieren deutlich von Kultur zu Kultur. [...]

Nicht nur die Übergangsstaaten haben ihre Macht und ihren Einfluss im Blick auf die Medien kaum gelockert; auch die westlichen Demokratien beschränken Grundfreiheit – durchaus nicht ohne die mehrheitliche Zustimmung der Bürger – mit dem Argument der erhöhten Sicherheitsinteressen. Patriotische Empfindungen erzeugen **Selbstzensur**: Vom Angriff auf Afghanistan[2] wussten mehr als ein Dutzend Journalisten, die Bürger haben es nicht erfahren. In Konflikt- und Postkonflikt-Zonen ist die Informationsfreiheit massiven Einschränkungen unterworfen. Die Kapitalisierung des Medienmarktes hat zu einer Konzentration von internationaler Medienmacht bislang unbekannten Ausmaßes geführt, die nationalstaatlichen Regelungen Hohn spricht. [...]

Für die westlichen Gesellschaften lautet die **Schlüsselfrage der Informations- und Wissensgesellschaft des 21. Jahrhunderts, ob und wie es gelingt, informationelle Selbstbestimmung und kulturelle Identität und Vielfalt aufrechtzuerhalten**. Denn die Art und Weise, wie der Umgang mit Information künftig gesellschaftlich organisiert wird, entscheidet über demokratische Beteiligung und auch über unsere Chancen, Wissenschaft und Wirtschaft innovativ zu entwickeln.

Den davon Ausgeschlossenen wird der Zugang zur Information und damit zu einer Dimension des Lebens verwehrt, die zur Achse des Entwicklungsprozesses geworden ist. Die wachsende Anerkennung dieses Umstands hat zur Forderung geführt, Access, also den Zugang zur Information und das Recht auf Kommunikation, als Menschenrecht der elektronischen Informationsgesellschaft zu betrachten.

Die Organisation **„Reporter ohne Grenzen"** wurde 1985 in Frankreich gegründet und hat sich u. a. zum Ziel gesetzt, das „Recht auf freie Meinungsäußerung und freie Berichterstattung weltweit, unabhängig von wirtschaftlichen, religiösen und politischen Interessen zu verteidigen".
Nach Angaben der Organisation wurden im Jahr 2010 57 Journalisten nachweislich wegen oder während ihrer Arbeit getötet.

Das freie Wort und seine Feinde, hg. von Michael Haller, Konstanz (UVK) 2003

Antonio Tabucchi: Erklärt Pereira (Erzählung, 1994), München (dtv) 13 2004

1 Worin sieht die Autorin die Chancen und Gefahren einer Globalisierung und „Kapitalisierung des Medienmarktes"?

2 Zensur und Selbstzensur im Journalismus – erläutern Sie dies an Beispielen.

3 Kritischer und selbstbestimmter Umgang mit medienvermittelten Informationen – was bedeutet dies für Sie?

---

[1] Rupert Murdoch: australischer Gründer eines Medienimperiums

[2] Militäraktion der USA gegen das Taliban-Regime und Ausbildungslager des Alkaida-Terrornetzwerks (2002)

Moderne informationstechnische Systeme – das Ende der Privatsphäre?

Peter Schaar (geb. 1954) ist seit 2003 Bundesbeauftragter für den Datenschutz und die Informationsfreiheit. Der nebenstehende Textauszug stammt aus seinem Buch „Das Ende der Privatsphäre. Der Weg in die Überwachungsgesellschaft" (2007).

Peter Schaar: Gefahren für die Privatsphäre

Gefahren drohen der Privatsphäre gleich von mehreren Seiten: Technologische Entwicklungen, wirtschaftliche Interessen, staatliche Kontrollen und auch die zunehmende Bereitschaft vieler Menschen, ihre eigene Privatsphäre nicht mehr ernst zu nehmen, gehen Hand in Hand. [...]

Über die ganze Gesellschaft legt sich nach und nach ein unsichtbares Überwachungsnetz. Seine Existenz wird uns häufig erst dann bewusst, wenn wir selbst von negativen Folgen betroffen sind: Der wegen einer negativen Schufa-Auskunft[1] verweigerte Kredit, das von Unbekannten elektronisch leer geräumte Konto oder auch nur die von digitalem Werbemüll voll gestopfte Mailbox vermitteln eine Ahnung von den negativen Seiten der elektronischen Erfassungsgesellschaft. Jeder kann völlig zu Unrecht in Verdacht geraten, gegen Gesetze verstoßen zu haben, etwa bei der Inanspruchnahme des Internets. [...]

Es ist nur noch eine Frage der Zeit, bis unsere elektronischen Persönlichkeitsprofile und digitalen Abbilder ein regelrechtes Eigenleben führen, wie es in elektronischen „Zweitwelten" im Internet à la „Sekond Live" schon spielerisch erprobt wird. Noch besteht die Chance, dass unsere Gesellschaft diesem digitalen „Frankenstein-Erlebnis"[2] einen Riegel vorschiebt. Es ist höchste Zeit, dass wir aufwachen.

Die private und die öffentliche Sphäre sind seit Jahrhunderten untrennbar miteinander verbunden: Die Privatsphäre ist Raum des individuellen Rückzugs und zugleich unverzichtbare Voraussetzung einer freien Meinungsbildung. Totalitäre Systeme haben deshalb stets versucht, sowohl die öffentliche als auch die private Sphäre einer vollständigen Kontrolle zu unterwerfen. Ohne einen geschützten Raum, in dem man unbeobachtet und unzensiert über seine Erfahrungen und Einstellungen reflektiert und sich mit anderen austauscht, kann es auch keine freie Öfentlichkeit geben. Freie Rede, freie Information und freie Meinungsäußerung würden ohne ein tief verankertes Recht auf Privatheit verkümmern. [...]

Die Privatsphäre in ihrer heutigen Bedeutung und ihr Gegenstück, die moderne Öffentlichkeit, sind ein Produkt der bürgerlichen Gesellschaft. In den meisten vorindustriellen Gesellschaften gab es keine Vorstellung von Individualität im heutigen Sinne. Vielmehr dominierten ererbte, rollenbezogene Zuordnungen. Mit dem Übergang zur bürgerlichen Gesellschaft verschwanden natürlich nicht die klassen- und rollenspezifischen Unterschiede, aber ihre Ausdrucksformen änderten sich. Das von der Französischen Revolution 1789 proklamierte Gleichheitsideal war zugleich ein Abschied von der Vorstellung einer gottgegebenen, öffentlich inszenierten „ewigen" Rollenverteilung. Insbesondere beim Bürgertum wuchs der Wunsch, die individuellen Verhältnisse und Vorlieben der öffentlichen Wahrnehmung zu entziehen, vor allem um geschäftliche Entscheidungen ungestört vor Einblicken Dritter vorzubereiten. Darin zeigt sich eine wesentliche Funktion von Privatheit: In einer von individuellen Ent-

Grundgesetz, Artikel 10:
(1) Das Briefgeheimnis sowie das Post- und Fernmeldegeheimnis sind unverletzlich.
(2) Beschränkungen dürfen nur aufgrund eines Gesetzes angeordnet werden. [...]

Grundgesetz, Artikel 13:
(1) Die Wohnung ist unverletzlich.
(2) Durchsuchungen dürfen nur durch Richter, bei Gefahr im Verzuge auch durch in den Gesetzen vorgesehenen anderen Organe angeordnet und nur in der dort vorgeschriebenen Form durchgeführt werden. [...]

---

[1] Schufa: privatwirtschaftliches Unternehmen, das der kreditgebenden Wirtschaft Auskünfte über das Kreditverhalten bzw. die Kreditwürdigkeit eines Kunden erteilt

[2] Frankenstein: Die Titelfigur eines Romans von Mary Wollstonecraft Shelley ist der Schöpfer eines künstlichen, jedoch beseelten Monsters und wird von diesem getötet.

scheidungen geprägten Gesellschaft muss die Privatsphäre gegen Einblicke Dritter geschützt werden, damit das öffentliche Handeln überhaupt möglich ist.
Der Presse kam bei der Herausbildung der modernen Öffentlichkeit entscheidende Bedeutung zu. Informationen wurden durch Zeitungen wesentlich schneller, weiter und weniger kontrollierbar verbreitet als durch mündliche Überlieferung oder über direkte Briefkontakte. Damit vergrößerte sich auch die Reichweite von Öffentlichkeit. Die Öffentlichkeit wurde sowohl sozial als auch geografisch entgrenzt, denn die Informationen standen einem immer breiteren Publikum zur Verfügung – über die lokalen oder regionalen Grenzen hinaus. Damit konnte der Einzelne die Verbreitung der auf ihn bezogenen Informationen nicht mehr kontrollieren.
Das autonome Individuum, das Ideal der bürgerlichen Gesellschaft, brauchte gerade angesichts der verbesserten Kommunikationsmittel einen privaten Raum, in dem es sich frei von Beobachtung bewegen und informieren, kommunizieren und Entscheidungen treffen konnte, ohne gegenüber der Öffentlichkeit rechenschaftspflichtig zu sein. Je „öffentlicher" die Öffentlichkeit wurde, je größer also der Radius der veröffentlichten Information wurde, desto dringender wurde der Schutz der Privatheit.
Seit Mitte des 20. Jahrhunderts haben die Veränderungen der Massenmedien das Verhältnis von privater und öffentlicher Sphäre in dramatischer Weise verschoben und die Grenze zwischen öffentlichem und privatem Verhalten immer undeutlicher werden lassen. Indem die Medien vorzugsweise über persönliche Angelegenheiten berichten, die ohnehin ein hohes Maß an öffentlicher Aufmerksamkeit genießen, also Prominente aus Politik, Showbusiness und Sport. Viele Vertreter aus diesen Bereichen nutzen die neuen Möglichkeiten sogar für eigene Zwecke aus, etwa durch „Homestories" oder bei der öffentlichen Inszenierung privater Ereignisse wie Hochzeit, Schwangerschaft, Krankheit, Scheidung und Tod. Aber auch Nichtprominenten wird eine Bühne geboten, sei es in Talkshows, bei denen der Peinlichkeitsgrad der Teilnehmer das entscheidende Auswahlkriterium zu sein scheint, sei es im „Reality-TV", das sich bezeichnenderweise selbst mit dem Begriff „Big Brother"[1] schmückt. [...]
Ganz allgemein lässt sich feststellen, dass Privatangelegenheiten heute weitaus freizügiger öffentlich werden – bis hin zu intimen Details, deren Erörterung in früheren Zeiten selbst im privaten Kreis weitgehend tabu war. Auch bei der Benutzung von Mobiltelefonen, Laptops und ähnlichen technischen Geräten im öffentlichen Raum werden Privatangelegenheiten bedenkenlos offenbart. Private Homepages, Chatrooms, digitale Fotoalben und andere Internetangebote sind gerade deshalb erfolgreich, weil die Betroffenen möglichst freigebig über ihr Privatleben berichten und damit ohne jeden Zwang ihre Persönlichkeitsprofile einer weltweiten Öffentlichkeit gegenüber offenbaren.
Wir müssen – als Einzelne und als Gesellschaft – lernen, mit den neuen digitalen Dimensionen unseres Lebens umzugehen. Dazu gehört in erster Linie ein waches Bewusstsein dafür, was mit den preisgegebenen Informationen geschehen kann. Notwendig ist aber auch ein angemessener Schutz gegen Registrierung, Verfälschung und Manipulation. Dies ist eine wichtige, aber leider völlig vernachlässigte Aufgabe des Staates in der Informationsgesellschaft. Die Politik hat auf diesem Feld bisher sträflich versagt: Während staatliche Stellen – von der Polizei bis zur Finanzverwaltung – immer mehr über uns wissen wollen, bleiben die Bürger ohne angemessenen Schutz gegen Ausspionieren, Missbrauch, Manipulation und Verfälschung ihrer Daten.

[1] Big Brother: die fiktive und allgegenwärtige Führung des totalitären Überwachungsstaates in George Orwells Roman „1984" (1949)

1 Worin besteht und was bedeutet für Sie die Privatsphäre?

2 Skizzieren Sie den historischen Überblick, den der Autor über die Entwicklung der Privatsphäre gibt.

3 Worin sieht der Autor Erscheinungsformen und Gründe für die heutige Geringschätzung bzw. die Bedrohungen der Privatsphäre?

4 Welche Forderungen stellt er hinsichtlich des Schutzes der Privatsphäre? Setzen Sie sich damit kritisch auseinander. Beziehen Sie Ihr eigenes Nutzerverhalten der Informations- und Kommunikationstechnologien mit ein.

5 Informieren Sie sich über höchstrichterliche Urteile zum Datenschutz (z. B. zur Vorratsdatenspeicherung und Online-Durchsuchung). Wie begründen die Gerichte ihre Urteile, insbesondere hinsichtlich von Sicherheitserwägungen des Staates?

Wirtschaft und Ethik

Kapitalismus, Markt und Moral

Vittorio Hösle (geb. 1960) ist Professor für Philosophie an der Universität Essen. In seinem 1997 erschienenen Werk „Moral und Politik" entwirft er „Grundlagen einer politischen Ethik für das 21. Jahrhundert".

Vittorio Hösle: Vor- und Nachteile des Kapitalismus in ethischer Hinsicht

Der Kapitalismus zeichnet sich durch drei Merkmale aus: Privateigentum u. a. an Produktionsmitteln, Steuerung des Wirtschaftsgeschehens über den Markt, Gewinnmaximierung als Wirtschaftszweck.
Hösle erläutert zunächst, dass auch Veränderungen im philosophisch-anthropologischen Denken zur Ausbildung des neuzeitlichen Kapitalismus geführt haben.

Richtig ist m. E. die These, dass der neuzeitliche Kapitalismus einen **neuen Menschentyp** teils voraussetzt, teils begünstigt, der nicht nur andere Werte hat und anders denkt, sondern der auch anders empfindet als der antike und mittelalterliche – einen Menschentyp, den zwei so verschiedene Wirtschaftsphilosophen wie **Karl Marx** und **Werner Sombart**[1] übereinstimmend „Bourgeois"[2] nennen. [...] Die wichtigsten bewusstseinsgeschichtlichen Weichenstellungen, die der Genese der modernen Subjektivität zugrunde liegen, sind erstens **Descartes'** Entgegensetzung von Physischem und Psychischem, Außen- und Innenseite, zweitens **Hobbes'** Versuch einer rein egoistisch-strategischen Moralbegründung und drittens Kants dualistische Theorie von Sein und Sollen. Auch wenn Hobbes' „Leviathan" primär staatsphilosophische Ziele verfolgt, scheint mir doch offensichtlich, dass in diesem Werk die entscheidenden anthropologischen und ethischen Voraussetzungen der kapitalistischen Wirtschaft und insbesondere der späteren Wirtschaftstheorie mit größter Klarheit ausgearbeitet wurden. In gewisser Hinsicht lässt sich sagen, dass Hobbes viel moderner ist als **Adam Smith**. Denn während Smiths Wirtschaftstheorie ihre Grundlagen in einer ethischen Theorie hat, die neben egoistischen und unsozialen auch soziale Affekte und Sympathiegefühle annimmt, geht Hobbes erstens vom absoluten Egoismus als Grundmotiv menschlichen Handelns aus: Staat und Wirtschaft sollen auf den rationalen Eigennutz zurückgeführt werden; nicht umsonst hat sich der Begründer des englischen Utilitarismus, **Bentham**, auf Hobbes berufen. Und zweitens hat Hobbes – der mit schonungsloser Klarheit menschliche Arbeit als eine Ware neben anderen interpretiert – die spätere **Elimination des Wertbegriffes**[3] aus der Nationalökonomie schon vorweggenommen. [...]

Im Folgenden erläutert der Autor die Vorteile, die den Kapitalismus in ethischer Hinsicht positiv erscheinen lassen:
1. Wirtschaftliche Effizienz
2. Respekt vor der Freiheit und Gleichheit des Einzelnen
3. Herausbildung eines von der Willkür des Einzelnen unabhängigen und auf Rationalität beruhenden Systems
4. Nähe zu demokratischen Prinzipien

---

[1] Werner Sombart (1863–1941): Wirtschaftswissenschaftler

[2] Bourgeois (frz.): im marxistischen Sinn ein Vertreter der „herrschenden Klasse" in der kapitalistischen Gesellschaft

[3] Elimination des Wertbegriffs: die Wertfreiheitsthese Max Webers (s. S. 270)

Kein anderes Wirtschaftssystem habe so vielen Menschen so viel Wohlstand gebracht. Darüber hinaus sei der Kapitalismus moralisch deswegen legitimiert, weil er der Freiheit einen großen Wert zubillige. Zur Freiheit gehöre aber auch die vom Kapitalismus garantierte Verfügung über das Eigentum, da nur im Eigentum die Person objektive Wirklichkeit erhalte. Des Weiteren habe der Kapitalismus ein hohes Arbeitsethos herausgebildet, das mit der Entwicklung von Tugenden wie Rechtlichkeit, Verantwortlichkeit, Selbstdisziplin und der Fähigkeit, die Folgen des eigenen Handelns vorauszusehen, einhergehe. Aus diesem Streben nach Eigennutz gehe das Gemeinwohl hervor, weil es von sich zu institutionellen Rahmenbedingungen führe. Im Gegensatz zur Planwirtschaft müsse man sich nicht auf den guten Willen des Einzelnen verlassen. Und „die Tatsache, dass institutionalisierte Marktmechanismen einem viele Entscheidungen für das Moralischsein abnehmen, weil der Markt Fehler unmittelbar bestraft, stellt eine ungeheure Entlastung des Menschen dar“. Nicht zuletzt weise der Markt demokratische Strukturen auf, indem z. B. jeder Bürger mit seiner Konsumentscheidung Einfluss auf die Produktion habe und auch die persönlichen Abhängigkeiten geringer seien, weil jeder Arbeitnehmer im Prinzip eine Alternative zum derzeitigen Arbeitgeber habe.

Danach befasst sich der Autor mit den Mängeln des kapitalistischen Wirtschaftssystems und plädiert für eine Weiterentwicklung der Marktwirtschaft, die in stärkerem Maße die sozialen und ökologischen Probleme berücksichtigt.

50 Klassiker: Unternehmen. Von den Fuggern bis McDonald's, dargestellt von Ingo Rose, Hildesheim (Gerstenberg) 2005

Erstens ist das Problem der **Arbeitslosigkeit** zu erwähnen, das zu Folgen führen kann, die nicht zu Unrecht als neue soziale Frage bezeichnet worden sind. So komplex auch die Ursachen für das Phänomen der Arbeitslosigkeit sind und so sehr anzuerkennen bleibt, dass seine härtesten Konsequenzen durch den Sozialstaat abgemildert werden können, so wenig lässt sich bestreiten, dass hier ein Problem liegt, das eine grundsätzliche Grenze des Kapitalismus aufweist (und zwar ganz unabhängig von der Frage der Konjunkturzyklen). Denn einerseits ist der Kapitalismus durch eine äußerste Hochschätzung der Arbeit – und zwar ausschließlich der Erwerbsarbeit – gekennzeichnet, wie sie allen anderen Kulturen fremd war, die nahezu sämtlich der Muße einen größeren Wert zuschrieben; andererseits ist der Kapitalismus die einzige Wirtschaftsform, die – zumal nach der Verbindung mit der Technik – eine Welt in Aussicht stellen könnte, in der immer weniger physische Arbeit notwendig sein wird, ohne dass doch deswegen die Befriedigung der Grundbedürfnisse des Menschen infrage gestellt würde. Zwar bin ich der Überzeugung, dass eine derartige Welt keineswegs bevorsteht – ganz im Gegenteil werden die ökologische Frage und das Dritte-Welt-Problem schon bald zu einer zumindest schwierigen Phase der Weltgeschichte führen, was Spekulationen über ein mögliches Schlaraffenland geradezu geschmacklos erscheinen lässt. Und dennoch ist offenkundig, dass – wenn es der Menschheit gelingen sollte, die ökologische Krise zu meistern – das **Problem der Freizeitgesellschaft** sich machtvoll aufdrängen wird: und zwar als notwendiges Resultat der ungeheuren Entfaltung der Produktion durch den Kapitalismus. Gleichzeitig aber wird der Kapitalismus durch seine extreme Förderung der Sphäre des Privaten die Fähigkeit der traditionellen Kultur, auf sinnerfüllende Weise Muße gemeinsam zu gestalten, vermutlich noch mehr zerstört haben, als er

Demonstration vor einer Arbeitsagentur

es bisher getan hat; und die Gefahr ist durchaus real, dass er – nachdem er sein Ziel erreicht hat, die Menschheit durch die größte Arbeitsanstrengung der Geschichte von der Arbeit zu befreien – den Menschen in eine sinnentleerte Welt stößt, die mit dem Rhythmus von Arbeit und Freizeit auch jeden Reiz verlieren wird. [...]
Ich weiß nicht, ob es tröstlich ist, dass vor dieser Perspektive vollständigen Sinn- und Wertverlustes sich zunächst einmal zwei reale Probleme drängen: **einerseits das ökologische, andererseits das Dritte-Welt-Problem**. [...] So wenig ich glaube, dass eine rationale Bewältigung des ökologischen Problems anders als auf marktwirtschaftlichem Wege möglich ist, so sehr muss doch daran festgehalten werden, dass die gegenwärtigen Rahmenbedingungen des Industriekapitalismus die Naturzerstörung vorantreiben wie keine Wirtschaftsform der Vergangenheit. Insbesondere ist es die Externalisierung von Kosten, die hier die entscheidende Rolle spielt. Das Abwälzen von Kosten auf andere – das können der Nachbar, die eigenen Angestellten, das eigene Unternehmen, aber auch der Staat und die kommenden Generationen sein – ist ein Grundgesetz egoistischen wirtschaftlichen Handelns, und es ist ein elementares Gebot der Ethik, zu fordern, dass diese Tendenz gestoppt wird – was freilich eher Aufgabe des Staates als der Wirtschaft ist. Das Verursacherprinzip muss zur Geltung kommen; ja, schon in den Preisen müssen die Kosten enthalten sein, die der Staat bzw. spätere Generationen erbringen müssen, um die Umwelt wiederherzustellen.
In der Tat scheint mir, dass es zu einer durch Umweltsteuern mitbedingten Veränderung unseres Preissystems keine Alternative gibt, wenn wir die gegenwärtige Zerstörung der Umwelt stoppen und eine **ökologisch-soziale Marktwirtschaft** einführen wollen, die das ethische Gebot der Stunde ist, auch wenn sie unvermeidlich den Konsum einschränken und deswegen als unsozial verschrien werden wird. Denn trivialerweise muss das Lebensrecht kommender Generationen als höherrangig gelten gegenüber dem Recht auf schrankenlosen Konsum der gegenwärtigen Menschen, und wenn die soziale Marktwirktschaft ihre ethische Legitimation daraus bezieht, dass sie im Gegensatz zum Laissez-faire-Kapitalismus die sozial Schwächeren schützt, dann ist die Forderung nach einem wirtschaftspolitischen Schutz der Allerschwächsten, nämlich der kommenden Generationen, nur eine logische Folge des ethischen Prinzips der sozialen Marktwirtschaft. [...] Man mache sich nichts vor: An der ökologischen Krise sind keineswegs nur die Produzenten schuld, wie uns diejenigen weismachen wollen, die nach den Kosten nun auch Verantwortung externalisieren; auch der kleinste Konsument, also jeder von uns, entscheidet durch sein Kaufverhalten mit, wie stark die Umwelt belastet wird. Das ist die Last der demokratischen Momente der Marktwirtschaft. Aber es ist auch ihre Größe, und es liegt an uns, wie weit wir sie ins Positive wenden.

1 Erläutern Sie das Menschenbild der im Text genannten Philosophen und ihre Bedeutung für den Kapitalismus.

2 Worin sieht der Autor die Vorteile des Kapitalismus? Nennen Sie Beispiele.

3 Welche Probleme ruft der Kapitalismus hervor? Wie könnte man sie lösen?

4 „Geiz ist geil", „Billig will ich!" – Welchen Einfluss haben solche oder ähnliche Werbeslogans auf Ihr Kaufverhalten? Worin liegt die Macht (und Ohnmacht) des Konsumenten in einer Marktwirtschaft?

„Eigenliebe tut gut": Die Lehre des Adam Smith*

Einen engen Zusammenhang von Ethik und Ökonomie sah der Begründer der wissenschaftlichen Ökonomie: der englische Philosoph und Wirtschaftswissenschaftler Adam Smith. Er entwickelte zunächst eine „Theorie der ethischen Gefühle" (1759). Darin erklärte er im Gegensatz zu der Lehre von Thomas Hobbes[1], dass es keiner

[1] Thomas Hobbes (1588 – 1679): englischer Philosoph und Staatstheoretiker (s. S. 240 ff.)

mächtigen Instanz bedürfe, um die Leidenschaften der Menschen im Zaume zu halten. In seinem Werk „Untersuchung über die Natur und die Ursachen des Wohlstandes der Nationen" (1776) übertrug er diese philosophische Lehre auf das Wirtschaftsleben. Er war der Überzeugung, dass „alle Menschen bestrebt seien, ihre Lebensbedingungen zu verbessern" und dass es eine „ursprüngliche Neigung zum Tausch und Handel" gebe: „Nicht vom Wohlwollen des Metzgers, Brauers und Bäckers erwarten wir das, was wir zum Essen brauchen, sondern davon, dass sie ihre eigenen Interessen wahrnehmen." Trotz dieses natürlichen Eigeninteresses verfüge der Mensch aber auch über Antriebe, die seinen egoistischen Neigungen Grenzen setzen würden: „Für wie selbstsüchtig man den Menschen auch halten mag, in seiner Natur finden sich offenbar Züge, die ihm das Geschick anderer angelegen sein lassen."

Beseitige man nun alle (staatlichen) Systeme der Einschränkung und Bevorteilung, stelle sich „von selbst das einfache System der natürlichen Freiheit" ein. Man solle demnach dem Menschen, sofern er nicht gegen die Gesetze der Gerechtigkeit verstoße, „völlige Freiheit lassen, sein Interesse in der ihm angenehmen Weise zu verfolgen". Ohne es nämlich zu beabsichtigen oder zu wissen, verfolge er auf diese Weise, wie von **„unsichtbarer Hand"** gelenkt, das Gesamtinteresse und Wohl der Gesellschaft. Der Staat habe nur solche Aufgaben zu übernehmen, die von privater Seite überhaupt nicht oder nur schlechter wahrgenommen werden können. Die Planung und Steuerung der Produktion jedenfalls könne nicht Aufgabe des Staates sein, weil der Markt dies wesentlich besser könne. Darüber hinaus sei der Wettbewerb ein gut funktionierendes Mittel zur Beschränkung der Macht. Nur dort, wo der Markt versage, z. B. bei der Tendenz zur Monopolbildung oder zur Ungerechtigkeit, seien Staatseingriffe gerechtfertigt: „Jener Gebrauch der natürlichen Freiheit durch einige wenige Individuen, welcher die Sicherheit der ganzen Gesellschaft gefährden könnte, wird zu Recht durch die Gesetze einer jeden Regierung beschränkt – der freiesten ebenso wie der willkürlichsten."

Adam Smith wird häufig als doktrinärer Vertreter eines wirtschaftlichen „Laissez-faire" bezeichnet. Er selbst hielt die freie Marktwirtschaft jedoch für höchst moralisch, weil dieses Wirtschaftsprinzip den natürlichen Interessen des Einzelnen gerecht werde, das Gesamtwohl fördere und darüber hinaus durch Eingriffsmöglichkeiten des Staates vor Ungerechtigkeit und Auswüchsen bewahrt werde.

Adam Smith (1723–1790), schottischer Moralphilosoph und Wirtschaftswissenschaftler, legte in seinen Werken die theoretischen Grundlagen für eine freiheitlich-liberale Wirtschaftsordnung.

Die sichtbare Hand des Marktes (frei nach Adam Smith). Während der weltweiten Finanz- und Wirtschaftskrise 2008/2009 wurden Banken, Finanzinstitute und Länder (z. B. Irland, Griechenland) mit enormen finanziellen Mitteln der Länder vor dem Zusammenbruch bewahrt.

1 Welches Bild vom Menschen liegt der Wirtschaftstheorie von Smith zugrunde?

2 Erläutern Sie Smiths Bild von der „unsichtbaren Hand".

3 Überprüfen Sie an Beispielen Smiths These, dass der freie Wettbewerb ein Mittel zur Beschränkung individueller Macht sei.

4 Welche Rolle soll nach Smith der Staat im Wirtschaftsgeschehen spielen?

George Soros (geb. 1930), US-amerikanischer Aktienspekulant und Investor ungarischer Herkunft, studierte an der London School of Economics and Political Science Wirtschaftswissenschaften. Von seinem dortigen Lehrer, dem Philosophen Karl Popper (s. S. 264), übernahm er dessen Lehre von der „offenen Gesellschaft" und förderte mit seinen immensen Börsengewinnen u. a. die Demokratiebewegungen der ehemaligen Ostblockstaaten. Soros ist Gründer eines weltweiten Netzwerks von Stiftungen, die sich für die Förderung offener Gesellschaften einsetzen. Die nebenstehenden Textauszüge entstammen seinem Buch „Der Blick geht nach vorn. Fünf Grundpfeiler der Märkte von morgen" (2010).

Junge Manager klagen über zu wenig Werte

Junge Manager vermissen Werte wie Ehrlichkeit und Vertrauen in ihren Unternehmen. Schuld daran ist aus ihrer Sicht vor allem das etablierte Top-Management. Das ergab eine Führungskräftebefragung des Vereins „Wertekommission – Initiative Werte Bewusste Führung". Der Anteil der Firmen, die über einen formal festgelegten und intern kommunizierten Wertekanon verfügten, sei zwar in den vergangenen Jahren gestiegen. In der Umsetzung klaffe aber eine Lücke zwischen Anspruch und Wirklichkeit. Fast 40 Prozent der Befragten sagten, ihr Unternehmen bezöge sich nur aus Marketinggründen auf Werte. *dpa*

George Soros: „Mit seinem Anspruch auf Wertfreiheit hat der Marktfundamentalismus die ethischen Werte ausgehöhlt"

Ich möchte den Konflikt zwischen Kapitalismus und offener Gesellschaft, zwischen den Werten des Marktes und den sozialen Werten, beleuchten. Ich will mich dem Thema indirekt nähern, anlässlich eines Phänomens, auf das ich erst in jüngster Zeit aufmerksam geworden bin. [...] Es geht um das Agenturproblem: Agenten [Auftragnehmer] sollen die Interessen ihrer Prinzipale [Auftraggeber] vertreten, neigen aber in Wahrheit dazu, vorrangig eigene Interessen zu vertreten.[1]

Die Wirtschaftswissenschaftler haben das Agenturproblem ausgiebig analysiert, allerdings nur im Zusammenhang mit fixen und variablen Vergütungssystemen. Fragen der Ethik und der Werte wurden weitgehend übergangen. Ohne ethische Erwägungen lässt sich das Agenturproblem jedoch kaum in geeigneter Weise analysieren. Werte wie Ehrlichkeit und Integrität spielen eine immer geringere Rolle. Die Menschen lassen sich immer stärker von wirtschaftlichen Anreizen leiten.

Mit seinem Anspruch auf Wertfreiheit hat der Marktfundamentalismus in Wahrheit die ethischen Werte ausgehöhlt.

Angeblich werden die Märkte von einer unsichtbaren Hand geleitet, der sie letztlich ihre Leistungsfähigkeit verdanken. Die Teilnehmer, so die Theorie, müssten sich bei Entscheidungen zum An- oder Verkauf von keinen moralischen Urteilen leiten lassen, da ihre Handlungen die Marktpreise nicht spürbar beeinflussen würden.

In Wahrheit werden die Regeln, die für die Finanzmärkte gelten, von Politikern gemacht, und die sind in einer repräsentativen Demokratie Bestandteil des Agenturproblems. [...]

Der Marktmechanismus zeichnet sich vornehmlich durch seine *Moralfreiheit* aus: Ein Dollar ist so viel wert wie ein anderer, egal wie er erwirtschaftet wurde. Dies macht die Märkte so effizient: Ihre Teilnehmer müssen keine moralischen Bedenken hegen. In einem effizienten Markt haben Einzelentscheidungen nur marginale Auswirkungen auf die Preise: Wo ein Teilnehmer nicht an- oder verkauft, springt ein anderer ein, ohne dass dies am Preis viel ändert. Folglich tragen Marktteilnehmer für das Ergebnis nur eine geringe Verantwortung. Dabei darf moralfrei nicht mit unmoralisch verwechselt werden. Auf Vorträgen werde ich vor allem von Studenten oft gefragt, ob ich wegen meiner gewaltigen Gewinne an der Börse ein schlechtes Gewissen hätte. Wenn ich ihnen dann erkläre, dass ich zu der Zeit, als ich noch keine öffentliche Persönlichkeit war, meine Entscheidungen ohne Rücksicht auf moralische Erwägungen traf, stoße ich häufig auf Unverständnis.

Die Märkte eignen sich nur für individuelle, nicht aber für soziale Entscheidungen. Sie bieten den Teilnehmern die Möglichkeit, in einen freien Austausch von Waren und Dienstleistungen einzutreten, sind aber keine Instanz für die Entscheidungen, nach welchen Regeln die Gesellschaft und der Marktmechanismus funktionieren sollen. Dies ist Aufgabe der Politik. Man säße Täuschungen auf, wenn man die Vorstellung von einem sich selbst regelnden und korrigierenden freien Markt auf die poli-

---

[1] Agenturproblem: Soros erläutert dies u. a. an folgendem Beispiel: „Das Volk wählt seine Vertreter an die Schalthebel der Macht. Die gewählten Amtsträger sind Agenten mit dem Auftrag, die Interessen der Bürger des Landes zu vertreten. In Wahrheit neigen sie jedoch dazu, ihre Interessen über die der Bevölkerung zu stellen. Zur Finanzierung ihrer Wahlkämpfe sind die Volksvertreter auf Spenden angewiesen, für die sie sich erkenntlich machen müssen. Wer gewählt werden will, muss dieses Spiel mitspielen – mit dem Ergebnis, dass Geld die Politik korrumpiert und Einzelinteressen über das öffentliche Interesse triumphieren." An anderer Stelle sagt er: „Das Lobbywesen bildet den Kern des Agenturproblems."

tische Sphäre übertrüge, da ethische Überlegungen damit aus ihr verbannt würden. Aber ohne Ethik kann Politik nicht angemessen funktionieren. [...]
Der Siegeszug des Marktfundamentalismus hat zu einem beachtlichen Wandel der Vorstellungen geführt, welches Verhalten gesellschaftlich akzeptabel oder sogar bewundernswert ist. Ich bezeichne dies als einen Niedergang der öffentlichen Moral in dem speziellen Sinn, dass die *Moralfreiheit*, die die Werte des Marktes kennzeichnet, in Bereiche vorgedrungen ist, in die sie nicht gehört.
Marktfundamentalismus definiere ich als die unzulässige Übertragung der Werte des Marktes auf andere gesellschaftliche Sphären, vor allem auf die Politik. Der Wirtschaftstheorie zufolge soll die unsichtbare Hand des Marktes unter den Bedingungen eines allgemeinen Gleichgewichts die Bevölkerung optimal mit Ressourcen versorgen. So gesehen, dient das menschliche Streben nach dem eigenen Vorteil indirekt dem öffentlichen Interesse. Eigeninteressen und Gewinnstreben erhalten so eine moralische Qualität, dank derer sie angeblich an die Stelle von Tugenden wie Ehrlichkeit, Integrität und die Sorge um andere treten können.
Dieser Gedanke ist in mehrfacher Hinsicht falsch.
Erstens streben die Finanzmärkte nicht nach einem Gleichgewicht. Ebenso ignoriert wird die sichtbare Hand der Politik, die die Rahmenbedingungen festlegt, unter denen sich der Marktfundamentalismus entfaltet. Zweitens geht die Allgemeine Gleichgewichtstheorie von einer vorgegebenen Verteilung der Ressourcen aus, womit jeder Gedanke über soziale Gerechtigkeit ausgeklammert bleibt. Am wichtigsten jedoch: Die Theorie setzt voraus, dass die Menschen ihre Interessen selbst kennen und wissen, wie sie sie am besten vertreten. In der Realität klafft allerdings eine bedeutende Kluft zwischen dem Denken der Menschen und den tatsächlichen Fakten.

Nicolas Poussin (1594–1665): Anbetung des Goldenen Kalbes.
Das Gemälde beruht auf einer Erzählung aus der Bibel (Altes Testament, Buch Exodus, Kap. 34). Das Volk Israel verlangte auf der Flucht aus Ägypten aufgrund der langen Abwesenheit des Moses (er empfing auf dem Berg Sinai die Zehn Gebote) nach einem „neuen Gott". So schuf man eine vergoldete Kalbsstatue mit einem Altar zur Anbetung (s. dazu auch S. 340). Dieses ursprüngliche Fruchtbarkeitssymbol wurde zum Symbol für die Verehrung von Geld und materiellen Gütern sowie für das hemmungslose Streben nach Reichtum („Tanz ums Goldene Kalb").

1 Mit welchen Argumenten wendet sich Soros gegen das Marktregulativ der „unsichtbaren Hand" (Adam Smith, s. S. 309)?

2 Beschreiben Sie das sogenannte „Agenturproblem" und „Lobbywesen" anhand konkreter Beispiele. Warum hält Soros dies auch für ein *ethisches* Problem?

3 Was versteht Soros unter „Marktfundamentalismus"? Welche Einwände erhebt er dagegen? Setzen Sie sich damit kritisch auseinander.

4 Recherchieren und referieren Sie über das Leben und die Aktivitäten von George Soros.

Karl Homann ist Professor für Wirtschaftsethik an der Universität München.

Karl Homann: „Wettbewerb ist solidarischer als teilen"

Der Wettbewerb ist das Rückgrat der modernen Marktwirtschaft und die Grundlage unseres Wohlstands. Aber der Wettbewerb macht moralisches Verhalten für den Einzelnen schwierig. Solange nicht ganz klare Spielregeln vereinbart werden, die auch die Konkurrenten binden, wird der Ehrliche leicht über den Tisch gezogen. Moderne Gesellschaften lassen sich nur über solche Spielregeln steuern, über die Bedingungen, unter denen etwas passiert. Bloße Motivation reicht zur Steuerung nicht aus – entscheidend ist, welche Pflöcke rund um das Spielfeld eingeschlagen werden, wie weit es also von einer Rahmenordnung begrenzt wird, die den Mitspielern Anreize gibt, sich an die Spielregeln zu halten. Im Falle der Bekämpfung von Bilanzfälschung muss es etwa das Ziel sein, die Unternehmen zu Interessenten zu machen – sie müssen ein Interesse daran haben, ihre Bilanzen *nicht* zu fälschen. **Individuelle Moral, Handlungsmoral, ist auf institutionelle Stützen angewiesen**, wenn sie unter den Wettbewerbsbedingungen der modernen (Welt-)Gesellschaft im Alltag praktizierbar sein soll. [...]

Grundgesetz, Artikel 14, Abs. 2
Eigentum verpflichtet. Sein Gebrauch soll zugleich dem Wohle der Allgemeinheit dienen.

Der Wettbewerb bringt zweifellos stark antagonistische Verhaltensweisen mit der Folge von Firmenzusammenbrüchen, Arbeitsplatzverlusten und der fortlaufenden Entwertung von Kapital mit sich, auch die Umstellung von immer mehr sozialen Beziehungen auf ökonomische Kalkulationen. Trotzdem haben die moralsensiblen Kritiker von Wettbewerb und Marktwirtschaft unrecht. Denn Moral ist ein System von Regeln, und die Vorteilsbegründung der Moral bezieht sich auf die Regeln, also auf Sequenzen von Handlungen nach Regeln, nicht jedoch auf die einzelne Handlung als solche. In wettbewerblichen Handlungen darf es durchaus Verlierer geben, ohne dass dies zu einer theoretischen Inkonsistenz mit der Vorteilsbegründung der Regeln selbst führen würde. Über die Sequenz von solchen Handlungen haben alle vom System des Wettbewerbs Vorteile, auch jene, die im Einzelfall mal Verlierer sind.

Denn die moderne Gesellschaft – in der der Wettbewerb zu Hause ist – ist im Unterschied zur Vormoderne eine Wachstumsgesellschaft. Es gibt keine Nullsummenspiele mehr: Trotz eines dramatischen Bevölkerungswachstums ist das Pro-Kopf-Einkommen in den Marktwirtschaften des Westens in den letzten zwei Jahrhunderten gewaltig gestiegen. Durch Reichtum und Kapitalbildung bei Einzelnen ist es möglich, auch den Wohlstand der anderen anzuheben – vermittelt über das System der Marktwirtschaft.

Das Erfolgsrezept der Marktwirtschaft besteht dabei vor allem darin, einzelne Verluste in Kauf zu nehmen, um über die Sequenz der Handlungen größere Vorteile für alle zu erzielen. Die soziale Marktwirtschaft will dabei mit dem System der sozialen Sicherung die Effizienz des Marktes und des Wettbewerbs noch weiter verbessern, indem sie die Risikobereitschaft der Akteure erhöht. **Risiko wird zu einem Produktionsfaktor aktiviert** werden, indem die Einzelnen im Falle des Scheiterns von einem sozialen Sicherungsnetz aufgefangen werden. Entgegen der Meinung der Kritiker ist der Wettbewerb also unter den Bedingungen der modernen Welt das beste bisher bekannte Mittel zur Verwirklichung gerade der Solidarität aller. **Wettbewerb ist solidarischer als teilen**. Daher ist der marktwirtschaftliche Wettbewerb selbst eine moralisch gute Institution, und zwar nicht, obwohl er auf Eigennutz basiert, sondern gerade deswegen. [...]

Fernando Pessoa: Ein anarchistischer Bankier (Erzählsatire, 1922), Frankfurt am Main (Fischer) 1990

Für die Frage, wie Moral und wirtschaftliches Handeln im Wettbewerb kompatibel bleiben, lässt sich folgern: Die **Befolgung moralischer Normen** kann von den Akteuren – den Einzelnen und den Unternehmen, aber auch den Politikern – heutzutage **nur dann erwartet werden, wenn sie sich davon Vorteile versprechen können**. Nur

so lässt sich das Problem der Realisierung und Implementierung der Moral unter den Bedingungen des Wettbewerbs überzeugend lösen.
Dieser Ansatz unterscheidet sich damit deutlich von der herkömmlichen Ethik der Moderne, die sich bei der Frage nach der Implementierung von Moral allein auf das moralische Bewusstsein des Einzelnen verlässt.
Die Akteure, so die Auffassung, würden eine wohlbegründete Moral aus einer genuin moralischen Motivation heraus befolgen. Diese Argumentation birgt jedoch ein fundamentales philosophisches Problem: Warum sollten Menschen moralischen Normen folgen, wenn sie dafür unter den Wettbewerbsbedingungen der modernen Wirtschaft und Gesellschaft Nachteile in Kauf nehmen müssen, weil Konkurrenten die gleichen Normen mangels eigener Motivation nicht befolgen? Beispielsweise kann man nicht erwarten, dass Unternehmen moralische Probleme, die eine ganze Branche betreffen, im Alleingang bewältigen. Dazu zählen etwa teure Umweltschutzmaßnahmen oder der Bereich der Arbeitnehmerinteressen. Hier würde das aus eigenem Antrieb motivierte moralische Verhalten eines Unternehmens einen beträchtlichen Wettbewerbsnachteil bedeuten.

Der König fährt Maybach – und sein Volk hungert

Mswati III., König von Swasiland, macht der deutschen Autoindustrie Freude. Während sein Volk verarmt ist, kauft er Maybach-Limousinen und BMWs.

Der jüngste Großauftrag im Gesamtwert von mehr als einer Million Euro ist nicht der erste, mit dem der 36-jährige Autonarr Mswati III. die deutschen Limousinenbauer glücklich macht. Erst im vergangenen Jahr bezog der „Löwe", wie sich Afrikas letzter absolutistischer Herrscher gerne nennen lässt, zehn BMWs der 7er-Reihe aus München. Vor drei Jahren überreichte er seinen Frauen je einen allradgetriebenen BMW X5 – für Ausflüge aufs Land.
Der Herrscher selbst besitzt neben seinem 400 000 Euro teuren Maybach 62, der mit Fernsehempfänger, beheiztem Steuerrad, Bar, Kühlschrank und silbernen Champagnergläsern ausgestattet ist, unter anderem eine Mercedes-Stretchlimousine, in der fast die gesamte Familie Platz findet. Das will was heißen, denn Mswati III. nahm sich kürzlich seine 13. Ehefrau. [...] 70 % der knapp eine Million Einwohner Swasilands leben laut Weltbank von weniger als einem Dollar pro Tag, ein Drittel der Bevölkerung ist auf Nahrungsmittelhilfe angewiesen. Mit 38,8 % der Erwachsenen hat das Land die höchste HIV-Infektionsrate der Welt. [...]

König Mswati III. nach seiner Krönung am 25.4.1986 in einer repräsentativen amerikanischen Limousine

1 Zeigen Sie, inwieweit Homan von Adam Smith beeinflusst ist.

2 Was versteht Homann unter „institutioneller Stütze der Moral"? Wie begründet er dies? Nennen Sie konkrete Beispiele.

3 „Wettbewerb ist solidarischer als teilen." Erklären und diskutieren Sie diese Aussage.

4 Zum Zeitungstext: Sollten (deutsche) Automobilhersteller aus moralischen Gründen keine Autos an Herrscher wie Mswati III. verkaufen? Wie würde Homann diese Frage beantworten? Führen Sie eine Pro-Kontra-Diskussion.

Kapitalismus und Arbeit

Der amerikanische Soziologe **Richard Sennett** ist Professor an der „London School of Economics". In seinem 1998 erschienenen Buch „Der flexible Mensch" kritisiert er die Ideologie des neuen Kapitalismus und sagt, dass „modische Mangement-Strategien", die auf kurzfristige Profite zielen, „den menschlichen Charakter schädigen" würden. Denn im Gegensatz zum „alten, sozialen Kapitalismus" erzeuge der „neue Kapitalismus" der Arbeit und dem Unternehmen gegenüber „nur ein geringes Maß an Loyalität und Vertrauen, dafür aber ein hohes Maß an Nutzlosigkeit". Den Menschen fehle somit ein „mentaler und emotionaler Anker", wie sie nur eine „durchgängige (Berufs-) Biografie" bieten könne.

„Der Kapitalismus verändert Ort und Zeit der Arbeit" – Ein Interview mit dem Soziologen Richard Sennett

ZEIT: Kurzfristigkeit als Merkmal des neuen Kapitalismus: und was noch?

SENNETT: Besonders interessant erscheint mir, dass sich eine neue **Bildungs- oder Ausbildungsethik** durchsetzt: Was heute zählt, sind allein Kenntnisse und Fähigkeiten, die den Leuten erlauben, schnell von Job zu Job, von Aufgabe zu Aufgabe zu wechseln. Und fast mehr noch als auf Handfertigkeiten und Wissen kommt es dabei auf soziale Anpassungsfähigkeit an.

ZEIT: Die Menschen werden in der Arbeit mobiler. Dagegen ist doch nichts einzuwenden.

SENNETT: Zweifellos haben all diese Veränderungen den Arbeitnehmern größere Freiheiten in der Ausübung ihrer Jobs gebracht. Und viele Leute haben heute Zugang zu Positionen, die ihnen früher niemals offengestanden hätten. Aber diese Flexibilisierung zieht auch eine Reihe von Problemen nach sich. Ein junger Hochschulabsolvent in Großbritannien muss heute darauf gefasst sein, im Laufe seines Lebens nicht weniger als zwölfmal den Arbeitgeber zu wechseln. **Es gibt keine linearen Berufskarrieren mehr**: Das heißt, dass die Arbeitnehmer eine ganz andere Art von Beziehung zu ihrem Unternehmen eingehen als früher, eine viel oberflächlichere.

ZEIT: Sind die Beziehungen der Kollegen untereinander auch unverbindlicher?

SENNETT: Ja. Man kann das gut daran erkennen, wie sich die Teamarbeit verändert hat. Ein Team zu sein, das hieß einmal, fest zusammenzuhalten, füreinander einzustehen. Heute ist Teamarbeit eher eine Übung in lockerem, flüchtigem Umgang miteinander. Auf Managementschulen wird heute gelehrt, dass man Teams alle sechs bis acht Monate völlig umkrempeln muss, damit die Leute sich nicht zu sehr aneinander gewöhnen. [...]

ZEIT: Woher kommt die Ideologie der Flexibilisierung – und finden Sie es überhaupt angemessen, in diesem Zusammenhang von einer Ideologie zu sprechen?

SENNETT: O ja.

ZEIT: Wer prägt solche intellektuellen Moden?

SENNETT: Sie entstehen in *business schools*: Dort sprechen die Leute unausgesetzt über Veränderung und Flexibilität! Das ist auch wunderbar für all diejenigen, die das nötige Geld haben, um Risikokapitalist zu spielen. Es ist keine ganz so berauschende Perspektive für einfache Arbeiter und Angestellte, die sich ständigem Anpassungsdruck ausgesetzt sehen. Ich frage mich, warum es über die dramatischen Folgen der modernen Arbeitsorganisation keine öffentliche Debatte gibt.

ZEIT: Und warum nicht?

SENNETT: Der intellektuelle Hintergrund dieser Entwicklung ist die Postmoderne[1]. Die Postmoderne negiert die Vorstellung eines einheitlichen menschlichen „Ichs", sie lehnt lineare Zeitvorstellungen ab, sie „dekonstruiert", was ihr in die Finger ge-

---

[1] Postmoderne: die der Moderne folgende Zeit, die der Tendenz zur Vereinheitlichung die Vielfalt als Wert entgegensetzt und mit Formen und Stilen (spielerisch) umgeht

rät. Die Theoretiker der Postmoderne singen das Hohelied des Fragments – auf Kosten des Ganzen. Seit 20 Jahren beeinflusst dieses Denken nun schon das Lehrangebot an den Hochschulen: Die Studenten ergehen sich in endlosem Gerede von grenzüberschreitenden Diskursen, sie interessieren sich für jede Form von Randständigkeit, für jeden Nebenkriegsschauplatz; aber das wirkliche Leben gerät ihnen aus dem Blick. Ich halte die Postmoderne für eine ausgesprochen elitäre Veranstaltung.

ZEIT: Haben nicht die Befreiungs- und die Selbstverwirklichungsvorstellungen der Sechzigerjahre genau dies ausgelöst: eine **radikale Individualisierung der Gesellschaft**? Mit viel Freiheit für einige Privilegierte – und der unaufhaltsamen Auflösung traditioneller Solidaritäten und Institutionen?

SENNETT: Der moderne Kapitalismus kann jedenfalls hervorragend mit den Individualisierungstendenzen der Sechzigerjahre leben: Sie konzentrieren sich schließlich nicht darauf, ihn zu kritisieren, sondern auf eine mehr oder weniger diffuse Revolutionierung dessen, was man wohl als „Lifestyle" bezeichnet.

ZEIT: Aber wo werden Sie heute noch Menschen finden, die ernsthaft nach dem Eigentum an Produktionsmitteln fragen? Kapitalismuskritik gilt im Augenblick nicht gerade als schick.

SENNETT: Das stimmt. Ich fürchte, die Postmoderne mit ihren Debatten hat uns eine ganze Generation junger Kritiker gekostet. Wir müssen uns der allgegenwärtigen Entpolitisierung entgegenstemmen. Aber, wer weiß, vielleicht entsteht gerade aus den Gefühlen der Vereinzelung und Verlorenheit am Arbeitsplatz eine neue Solidarität ...

ZEIT: Sie setzen Ihre Hoffnung auf etwas, das Sie das gefährliche Pronomen nennen: wir. Aber aus wem soll dieses „wir" bestehen?

SENNETT: Nach 20 Jahren steht das System des flexiblen Kapitalismus vor einer größeren Krise. Er verlangt den Menschen immer größere Individualisierungsleistungen ab, kann diese Zumutungen aber immer schlechter rechtfertigen. Über kurz oder lang werden wir Institutionen brauchen, die dieser Entwicklung etwas entgegenzusetzen haben. [...]
Ich glaube, dass die **Selbsterfahrung durch harte Arbeit im Sinne Max Webers den Menschen ein Grundbedürfnis ist**; dazu passt ein Arbeitsethos der aufgeschobenen Belohnung. Das funktioniert aber nur, wenn die Belohnung den Beschäftigten nicht durch ständige Umstrukturierungen vor der Nase weggenommen wird. Zu einer solchen Sicherheit, denke ich, müssten wir schon zurückfinden. Wir sollten diese ganze Rhetorik der Modernisierung, des permanenten Wandels und dauernden Risikos kritisch befragen: Wem nützt sie eigentlich?

Max Weber (1864–1920, s. S. 172), Wirtschaftshistoriker und Soziologe, untersuchte u. a. die Wechselwirkung von Religion, Wirtschaft und Gesellschaft („Die protestantische Ethik und der Geist des Kapitalismus", 1905). Er sah in der religiösen Bewegung des Puritanismus mit seinem ethischen Rigorismus und seinem Arbeitsethos eine bewegende Kraft für die Entstehung des Kapitalismus.

1 Von welchen neuen Arbeitsformen spricht Sennett? Welche Bedenken äußert er? Sind diese Bedenken Ihrer Meinung nach gerechtfertigt?

2 Welche gesellschaftlichen Tendenzen macht Sennett für die Arbeitsformen des modernen Kapitalismus verantwortlich? Überlegen Sie, ob Sie diese Tendenzen auch in Ihrem gesellschaftlichen Umfeld antreffen.

3 Diskutieren Sie über Sennetts Feststellung, dass die „Selbsterfahrung durch harte Arbeit ein Grundbedürfnis des Menschen" ist.

4 Stellen Sie als zukünftiger Arbeitnehmer einen Erwartungskatalog an die Arbeitsorganisation Ihres möglichen Arbeitgebers zusammen.

Globalisierung der Märkte

Joseph Stiglitz (geb. 1943), amerikanischer Wirtschaftswissenschaftler und einer der weltweit bekanntesten Ökonomen, war von 1997–1999 Chefvolkswirt der Weltbank und erhielt 2001 den Nobelpreis für Wirtschaft. Der nebenstehende Text stammt aus seinem Buch „Die Schattenseiten der Globalisierung" (2002).

Joseph Stiglitz: Chancen und Gefahren der Globalisierung

Internationale Bürokratien – die gesichtslosen Symbole der Weltwirtschaftsordnung – sind überall Zielscheibe scharfer Kritik. Vormals farblose Konferenzen unbekannter Technokraten, die über langweilige Themen wie Kreditvergabe und Handelsquoten berieten, sind mittlerweile zum Anlass wilder Straßenkämpfe und gewaltiger Demonstrationen geworden. [...] Der Tod eines Demonstranten in Genua im Jahr 2001[1] war nur der Anfang von möglicherweise sehr viel mehr Opfern im Krieg gegen die Globalisierung.

Weshalb ist die Globalisierung – als eine Kraft, die so viel Gutes bewirkt hat – mittlerweile so heftig umstritten? Die Volkswirtschaft vieler Länder ist dank der Öffnung ihrer Märkte für den internationalen Handel sehr viel schneller gewachsen, als es ansonsten der Fall gewesen wäre. Der Welthandel fördert die ökonomische Entwicklung, wenn die Exporte eines Landes die treibende Kraft seines Wirtschaftswachstums sind. Exportinduziertes Wachstum war das Kernstück der Industriepolitik, der Millionen von Menschen in Asien ihren Wohlstand verdanken. **Aufgrund der Globalisierung leben viele Menschen auf der Welt heute länger als früher, und ihr Lebensstandard ist deutlich höher.** [...] Die Globalisierung hat das Gefühl des Ausgeschlossenseins verringert, das viele in der Dritten Welt empfinden, und sie hat vielen Menschen in den Entwicklungsländern Zugriffsmöglichkeiten auf Wissen eröffnet, die weit über das hinausgehen, was selbst den Vermögendsten in einem beliebigen Land vor hundert Jahren offenstand. Die Proteste der Globalisierungsgegner sind selbst das Resultat dieser Vernetzung. [...]

Diejenigen, die die Globalisierung geißeln, übersehen allzu oft ihre positiven Effekte. Doch die Verfechter der Globalisierung argumentieren noch einseitiger. Für sie ist die Globalisierung (die sie in der Regel mit dem triumphierenden Kapitalismus amerikanischer Prägung gleichsetzen) gleichbedeutend mit Fortschritt; Entwicklungsländer müssten dies anerkennen, wenn sie ihr Wirtschaftswachstum deutlich steigern und die Armut erfolgreich bekämpfen wollen. Aber vielen Menschen in der Dritten Welt hat die Globalisierung nicht die erhofften ökonomischen Früchte gebracht. [...] **Die Globalisierung hat weder die Armut verringert noch Stabilität gewährleistet.** Krisen in Asien und Lateinamerika haben die ökonomische Stabilität anderer Entwicklungsländer bedroht. Es gibt Ängste, dass sich Finanzkrisen epidemieartig um die Welt ausbreiten können. [...]

Während die Früchte der Globalisierung vielfach kümmerlicher ausfielen, als von ihren Anhängern verkündet, war der Preis oftmals höher, da die **Umwelt zerstört, politische Prozesse korrumpiert und der rasche Wandel den Ländern keine Zeit zur kulturellen Anpassung gab.** Im Gefolge der Krisen, die mit massiver Arbeitslosigkeit einhergingen, traten längerfristige Probleme der sozialen Desintegration auf – von massiver städtischer Gewaltkriminalität in Lateinamerika bis hin zu ethnischen Konflikten in anderen Regionen der Welt, wie etwa in Indonesien. [...]

Die Globalisierung wird unter anderem deshalb angegriffen, weil sie scheinbar traditionelle Werte zersetzt. Diese Konflikte sind vorhanden und bis zu einem gewissen

[1] Bei Protesten von Globalisierungsgegnern anlässlich eines Treffens der Regierungschefs der größten Industrienationen in Genua/Italien 2001 kam es zu gewaltsamen Auseinandersetzungen mit Sicherheitskräften, wobei ein Demonstrant von der Polizei erschossen wurde.

Grad unvermeidlich. Wirtschaftswachstum, auch wenn es sich der Globalisierung verdankt, fordert die Verstädterung, die traditionsgebundene ländliche Gemeinschaften zerstört. Leider haben diejenigen, die den Rahmen der Globalisierung spannen, zwar deren positiven Effekte gelobt, aber allzu oft deren Schattenseite, **die Bedrohung der kulturellen Identität und kultureller Werte**, nicht gebührend berücksichtigt. [...] Das Tempo der globalen Integration spielt eine Rolle: Bei einem sanften, schrittweisen Prozess können sich traditionelle Institutionen und Normen an die neuen Herausforderungen anpassen. **Ebenso wichtig sind die Auswirkungen der Globalisierung auf die Demokratie**. Die bislang betriebene Globalisierung versucht, die Diktatur nationaler Eliten durch die Diktatur der internationalen Finanzmärkte zu ersetzen. Den Ländern wird klipp und klar zu verstehen gegeben, dass ihnen die Kapitalmärkte und der IWF keine weiteren Kredite mehr gewähren, wenn sie nicht gewisse Bedingungen erfüllen. Sie werden von den internationalen Finanzinstitutionen und -märkten im Grunde dazu gezwungen, ihre Souveränität aufzugeben. Die Abtretung der Souveränität hat unter anderem zur Folge, dass sie von den launenhaften Kapitalmärkten einschließlich der Spekulanten, die sich einzig für kurzfristige Profitchancen und nicht für die langfristigen Wachstumsaussichten oder die Steigerung des Lebensstandards interessieren, „diszipliniert" werden, die ihnen sagen, was sie tun und lassen sollen. Die Abtretung der Souveränität bedeutet auch, dass Länder auf demokratische Prozesse verzichten und einen zentralen Teil ihrer Entscheidungsfindung Experten überlassen, die oft die gleichen Interessen haben wie die Finanzelite. Entwicklungsländer werden dazu gezwungen, unabhängige Zentralbanken einzurichten, damit die Märkte die Sicherheit haben, dass die Inflationsbekämpfung und nicht etwa die Steigerung des Beschäftigungsniveaus Priorität genießt. [...]
Heute wird die Globalisierung weltweit infrage gestellt. Viele Menschen sind unzufrieden mit ihren Folgen. Wenn die Globalisierung weiterhin so betrieben wird wie bisher, wenn wir nicht aus unseren Fehlern lernen, wird sie wie bisher Armut und Instabilität fördern und keinen Beitrag zur Entwicklung leisten. Dies wird eine Tragödie für die gesamte Weltwirtschaft sein – mehr noch aber für die Milliarden von Menschen, die von ihr hätten profitieren können.

Globalisierung.
Hg. von der Bundeszentrale für politische Bildung (Heft 280)

1 Worin sieht Stiglitz die Licht- und Schattenseiten der Globalisierung? Veranschaulichen Sie dies an Beispielen (z. B. Bekleidungs- und Nahrungsmittelindustrie).

2 Globalisierung – eine Gefahr für Politik und Demokratie? Diskutieren Sie.

3 „Globale Werte für die Wirtschaft" – Entwickeln Sie einen Forderungskatalog. Ziehen Sie dazu auch den Text von G. Soros (s. S. 310 f.) heran.

Globalisierung ist gekennzeichnet von der internationalen Verflechtung der Volkswirtschaften, der Internationalisierung des Handels, der Kapitalmärkte und der Produkt- und Dienstleistungsmärkte. Der Prozess der Globalisierung verändert nicht nur Wirtschaftsweisen und Unternehmensstrukturen, sondern hat auch weltweite politische, soziale und kulturelle Auswirkungen. Zentrale Lenkungsorgane sind: Internationaler Währungsfonds (IWF), die Weltbank und die Welthandelsorganisationen.
Gegner der Globalisierung sind verschiedene sogenannte „Nichtregierungs-Organisationen" (NGO) wie z. B. Attac (Association pour une Taxation des Transactions financières pour l'Aide aux Citoyens), eine französische Gründung aus dem Jahr 1998.

Natur und Mensch

Mit der Natur – gegen die Natur?

1 Suchen Sie verschiedene Redewendungen mit dem Wort „Natur" und klären Sie die jeweilige Bedeutung.

2 Warum hat sich die europäische Art, mit der Natur umzugehen, Ihrer Meinung nach weltweit durchgesetzt?

3 Welche Beziehung von Natur und Kultur kommt im Bau der Brücke von Millau zum Ausdruck?

4 Suchen Sie Beispiele für die widersprüchliche Beziehung des Menschen zur Natur.

Die Einstellung zur Natur: ein Widerspruch?*

Mit „Natur" wird das bezeichnet, was jedem Ding oder Lebewesen eigentümlich ist vom Zeitpunkt seiner Entstehung an (lat. natura von lat. nasci = geboren werden). Wenn wir sagen, etwas oder jemand sei „unnatürlich", meinen wir, dass etwas oder jemand nicht so ist, wie es seiner von der Natur gegebenen Bestimmung nach sein sollte. Ebenso wird mit dem Begriff „Natur" die Gesamtheit aller nicht vom Menschen hergestellten, sondern gewachsenen anorganischen und organischen, pflanzlichen und tierischen Gegebenheiten bezeichnet. Natur steht also im Gegensatz zu allem, was wir im weitesten Sinne als Technik bezeichnen.

Das Problem der Beziehung zwischen Mensch und Natur ist darin begründet, dass der Mensch einerseits – seiner „Natur" nach – Geist, ratio, Verstand ist, der sich von der Natur losreißt, sie untersuchen, verstehen und schließlich regulieren will, andererseits aber auch ein Teil dieser Natur selbst ist.

Kraft seines Geistes schafft der Mensch sich seine eigene Umwelt: die Kultur. Mit seinen besonderen Kulturtechniken erzeugt er eine Zivilisation, die ihn befähigt, trotz seiner körperlichen Mängel überall auf der Welt zu überleben, als Eskimo im ewigen Eis oder als Nomade in glühend heißen Sandwüsten. In früheren Zeiten versuchten die Menschen, im Einklang mit der Natur zu bleiben. Jeder Baum, jeder Hügel, jedes Tier war beseelt. Die indianischen Jäger entschuldigten sich bei ihrer Jagdbeute und dankten ihr dafür, dass sie sich töten ließ, damit die Menschen leben konnten. Der Siegeszug des europäischen Denkens seit der Renaissance fußt auf einer anderen Beziehung zur Welt: Sie sollte jetzt beherrscht werden. Die Erde wurde vollständig vermessen, die biologischen, chemischen, physikalischen Prozesse wurden immer exakter nachvollzogen, in Regeln gefasst und nachgeahmt.

Die Euphorie über die ungeheuren Erkenntnisse der Naturwissenschaft und ihre Umsetzung in Technik wird heutzutage abgelöst von der Einsicht in das, was wir damit der Natur angetan haben. Die Umweltverschmutzung, die Knappheit der Rohstoffe bei gleichzeitig riesigen Müllbergen, die Übervölkerung der Erde, die Vernichtung von Tier- und Pflanzenarten, der Hunger durch Zerstörung von Lebensräumen aus Gründen des Profits – all das sind Folgen einer jahrhundertelangen Arroganz gegenüber den natürlichen Lebenszusammenhängen. Muss der technologische Fortschritt um jeden Preis abgelöst werden von einer ökologischen Ethik, die sich in der Verantwortung für die kommenden Generationen weiß?

Eines hat sich beim Versuch, die menschliche Lebensqualität stets zu verbessern, gezeigt: Die Natur ist zerstörbar und kann sich heute aus eigener Kraft kaum mehr erneuern. Aber der Mensch ist Teil dieser bedrohten Natur und wenn er sie zerstört, vernichtet er sich selbst.

Die Brücke von Millau in Frankreich: Die Pfeiler sind über 300 Meter hoch.

Tiere – Götter, Gefährten oder Sachen?*

Schon immer hatte das Tier für den Menschen überragende Bedeutung: als gefährliches Raubtier, als Gott, als Beute und Nahrung, als Nutztier, als Freund. Und wie der Mensch das Tier jeweils behandelte, machte auch seine jeweilige Beziehung zur Natur deutlich.

In der Frühzeit der Hominiden und auch noch des Homo sapiens war der Mensch sowohl Jäger als auch Gejagter mächtiger Wildtiere. Im Laufe der Evolution wurde er den einst überlegenen Tieren ebenbürtig und schließlich machte er sie zu Haus- und Zuchttieren, manchmal sogar zu Jagdgefährten oder Teilnehmern seiner Kriege. Eins aber änderte sich dabei nicht: Immer blieb das Tier der wichtigste Mitbewohner der Erde.

Ananta (sanskrit: „unendlich") ist ein hinduistisches halb göttliches Schlangenwesen und Verkörperung der Unendlichkeit und Ewigkeit. Als Weltenschlange trägt er die Erde bzw. umschlingt diese. Vishnu, der Schöpfergott, ruht sich zwischen den einzelnen Schöpfungen auf ihm aus.

In der Religion und Mythologie vieler Kulturkreise finden sich Beispiele für die Rolle der Tiere als Gottheiten, in denen ihre den Menschen oft überlegenen physischen und psychischen Kräfte verkörpert wurden. Die Germanen sahen in der Midgardschlange den Erdkreis symbolisiert, auf den Schultern ihres höchsten Gottes Odin saßen die zwei Raben Huginn und Muninn. Im alten ägyptischen Glauben traten Tiere besonders häufig auf: als Falkengott Horus, als Stier Apis, als Katze Bastet usw. In der Gründungssage Roms säugte eine Wölfin Romulus und Remus. Und noch in unseren Tagen lagern heilige Kühe mitten im Verkehr indischer Millionenstädte und verursachen Staus. Je stärker aber der logos, das Sprachvermögen und die erkennende Vernunft als die Königszeichen des Menschen in der westlichen Religions- und Geistesgeschichte hervorgehoben wurden, umso mehr verloren die Tiere an Achtung, wurden sie zu sprach- und seelenlosen Lebewesen erklärt. Im römischen Recht, das das juristische Denken Europas begründete, wurden Tiere ebenso wie Sklaven zu Sachen gemacht. Den Christen gab die Bibel das Recht, über die Tiere zu herrschen. Und für Descartes, den Begründer des neuzeitlichen Rationalismus, war das Tier nicht viel mehr als eine Maschine. Der Siegeszug der Naturwissenschaften und der Industrialisierung im 19. Jahrhundert stufte das Tier mehr und mehr zum bloßen Material herab, zum Nutz-, Schlacht- und Labortier. Während die Eskimos der getöteten Robbe als Dank und um ihre Seele zu besänftigen, Wasser in den Mund träufelten, sterben heutzutage Millionen von Schweinen, Kälbern und Rindern unbeachtet in den Schlachthöfen.

Die widersprüchliche ethische Einstellung des Menschen zur Natur ist in seinem Umgang mit den Tieren aufs Schärfste zugespitzt. Mitten in der von ihnen betriebenen Umweltzerstörung sehnen sich die meisten Menschen nach einer intakten, möglichst „paradiesischen" Natur und begeistern sich an der faszinierenden Vielfalt tierischen Lebens. Einerseits werden im Zuge der radikalen Ausbeutung natürlicher Ressourcen immer mehr Tierarten unwiederbringlich vernichtet; andererseits werden Tiere gehätschelt als Ersatz für menschliche Nähe und Zuwendung. Wie soll der heutige Mensch mit den Tieren umgehen?

1 Vergleichen Sie die Einstellung zum Tier, die in den Tiergottheiten zutage tritt, mit derjenigen unserer Gesellschaft.

2 Wenn unsere Beziehung zum Tier der Spiegel unseres Verhältnisses zur Natur ist, welches Verhältnis stellen Sie dann für unsere heutige Zeit fest?

Die Natur kontrollieren?

Francis Bacon (1561–1626), englischer Philosoph, hat den Satz geprägt: „Knowledge is power." Er entwickelte die Methode der Induktion für die Naturwissenschaft, d. h. der Forscher geht von der einzelnen Beobachtung aus und kommt so Schritt für Schritt zu allgemeinen Erkenntnissen.

Francis Bacon: Die Kunst der Naturbeherrschung

Es gehört zur Sache, drei Arten oder Grade des Ehrgeizes bei den Menschen zu unterscheiden. Bei der ersten ist man darauf aus, die eigene Macht in seinem Vaterlande zu vermehren, dies ist die gewöhnliche und teilweise unedle Art; bei der zweiten strebt man dahin, des Vaterlandes Macht und Herrschaft über das menschliche Geschlecht zu erweitern; diese Art ist gewiss würdiger, reizt aber zu stärkerer Begierde; erstrebt nun jemand, die Macht und die Herrschaft des Menschengeschlechts selbst über die Gesamtheit der Natur zu erneuern und zu erweitern, so ist zweifellos diese Art von Ehrgeiz, wenn man ihn so nennen kann, gesünder und edler als die übrigen Arten. Der Menschen Herrschaft aber über die Dinge beruht allein auf den Künsten und den Wissenschaften. Die Natur nämlich lässt sich nur durch Gehorsam besiegen.
Das Menschengeschlecht mag sich nur wieder sein Recht über die Natur sichern, welches ihm kraft einer göttlichen Schenkung zukommt. Mag ihm das voll zuteilwerden. Die Anwendung wird indes die richtige Vernunft und die gesunde Religion lenken.

Francis Bacon: Die Insel der Wissenschaft

Im Jahre 1624 schrieb Bacon den Roman „Nova Atlantis", in dem er einen Inselstaat im Stillen Ozean beschreibt, dessen Bewohner sich der Erforschung der Natur widmen. Der sagenhafte König der Insel, Solamona, gründete dazu ein Institut, das Haus Salomons.

Es handelt sich um die Gründung oder Einrichtung eines gewissen Ordens oder einer Gesellschaft, die wir das Haus Salomons nennen. [...]
Der Zweck unserer Gründung ist die Erkenntnis der Ursachen und Bewegungen sowie der verborgenen Kräfte in der Natur und die Erweiterung der menschlichen Herrschaft bis an die Grenzen des überhaupt Möglichen. Was die Ämter und Dienste unserer Brüder betrifft, so gibt es zwölf, die unter fremdem Namen – denn den Namen unseres Landes verraten wir nie – in fremde Länder fahren und Bücher und Versuchsmuster zu uns bringen. Diese nennen wir die „Lichthändler". Drei gibt es, die alle Versuche, die in Büchern zu finden sind, sammeln. Diese nennen wir die „Beutesammler". Drei gibt es, die Versuche in allen mechanischen Künsten, ferner in allen freien und auch in allen angewandten Wissenschaften, die sich nicht zu einer besonderen Kunst verbunden haben, anstellen. Diese nennen wir die „Jäger". Drei gibt es, die sich an neue Versuche machen, sofern sie ihnen ausführbar erscheinen. Diese nennen wir die „Gräber"- oder „Grubenarbeiter". Drei gibt es, die die Versuchsergebnisse der genannten anderen in Lehrsätze und Tabellen bringen, damit der Verstand sich besser danach richten kann, um daraus Beobachtungsmöglichkeiten und Grundsätze zu entnehmen. Diese nennen wir die „Aufteiler". Drei gibt es, die dazu bestimmt sind, die Versuche ihrer Brüder zu überwachen, Auszüge davon zu machen und betreffs der Ergebnisse zu überlegen, was dem täglichen Gebrauch und der Praxis dient, was den Wissenschaften nicht nur als Tatsache, sondern auch als Ausgangspunkt geläufiger Erklärungen der Ursachen dienlich ist, die ferner den Mitteln nachsinnen, mit denen natürliche Erleuchtungen und die einfache und einleuchtende Unterrichtung, welches die in den einzelnen Körpern verborgenen Teile, welches die Kräfte sind, zustande gebracht werden können. Diese nennen wir die „Wohltäter".

Dann aber nach vielen Zusammenkünften und Beratungen der Gesamtheit der Brüder, die die bisherigen Arbeiten und Sammlungen eingehend begutachten und gleichsam wiederkäuen, gibt es drei, deren Aufgabe es ist, aufgrund der bereits vorliegenden Versuchsergebnisse neue, tiefer in das Wesen der Natur dringende Versuche von höherer Bedeutung anzuregen und zu leiten. Diese nennen wir die „Leuchter". Drei gibt es, die die so empfohlenen und aufgetragenen Versuche praktisch ausführen und über ihre Erfolge berichten. Diese nennen wir die „Pfropfer". Schließlich gibt es drei, die die bisherigen Erfindungen und Entdeckungen in der Natur durch Versuche zu umfassenderen Beobachtungen, zu Axiomen und Aphorismen ausbauen und zusammenfassen; dies tun sie jedoch nicht ohne vorherige Beratung und Unterredung mit der Gesamtheit der Brüder. Diese nennen wir die „Ausleger der Natur".

1 Stellen Sie sich vor, das „Haus Salomons" wäre ein modernes medizinisches Forschungsinstitut, das einen Impfstoff gegen Aids sucht.
Übertragen Sie nun die 12 Ämter des Hauses Salomons auf die Aufgaben des Instituts und die Methoden der Forscher.

2 Wie geht der moderne Mensch mit der Natur um? Erklären Sie die Symbolik der Statue.

Carolyn Merchant: Der Tod der Natur

In [Bacons] *Nova Atlantis* sind die geistigen Ursprünge jener „geplanten Umwelten" zu finden, die in unserer Zeit (Ende der Zwanziger- und in den Dreißigerjahren) durch die technokratische Bewegung und ihr Faible für absolut künstliche, von Menschen für Menschen geschaffene Umwelten entstanden. Nur zu oft sind diese Umwelten im mechanistischen Problemlösungsstil geschaffen worden, ohne Rücksicht auf das Ganze des Ökosystems, von dem die Menschen nur ein einzelner Teil sind. Es scheint, als sei die Schaffung künstlicher Produkte eines der Ergebnisse des Bacon'schen Strebens nach Herrschaft und Gewalt über die Natur.
Das nette Bild von der Natur als einer Frau, die durch das Experiment beherrscht und seziert werden musste, legitimierte die Ausbeutung der natürlichen Ressourcen. Zwar verschwand das in der Renaissance beliebte Bild von der nährenden Erde nicht völlig, aber es wurde von der neuen Metaphorik der Kontrolle überlagert. [...] Nach der wissenschaftlichen Revolution klagt die Natur nicht länger darüber, dass ihr züchtiges Gewand durch den schädlichen Zugriff des Menschen zerrissen wird. Der französische Bildhauer Louis-Ernest Barrias (1841 – 1905) stellt sie dar, wie sie selbst verschämt den Schleier hebt und sich der Wissenschaft preisgibt. Aus einer tätigen Lehrmeisterin und Mutter ist ein geistloser, unterwürfiger Körper geworden. Die neue mechanische Ordnung und die mit ihr zusammenhängenden Werte „Herrschaft" und „Kontrolle" führen den Tod der Natur herbei.

Louis-Ernest Barrias (1841 – 1905):
Die Natur entschleiert sich vor der Wissenschaft

Der Mensch in der Naturkatastrophe

Beben und Fluten:

1.11.1755: Eine der folgenreichsten Naturkatastrophen der Neuzeit zerstört Lissabon, rund 60 000 der 250 000 Einwohner verlieren ihr Leben.

27.8.1883: Ausgelöst durch den Ausbruch des indonesischen Vulkans Krakatau, erreicht eine Flutwelle die Inseln Java und Sumatra. 36 000 Menschen sterben.

21.8.1931: Ein Taifun lässt den 6 300 km langen Jangtse über seine Ufer treten. Die Zahl der Toten wird auf über eine Million geschätzt.

17.2.1962: Der Orkan Vincinette verursacht eine schwere Sturmflut in Norddeutschland. In Hamburg brechen Deiche, 312 Menschen sterben.

Oktober 1998: Mit knapp 290 km/h rast der Hurrikan Mitch über Nicaragua, Honduras, El Salvador und Guatemala hinweg. 20 000 Menschen sterben, rund drei Millionen werden obdachlos.

11.8.2002: Tief Ilse löst ein Hochwasser verheerenden Ausmaßes in Tschechien, Österreich und Deutschland aus. Die Jahrhundertflut zerstört allein in Deutschland Werte von zehn Milliarden Euro, so viel wie keine Naturkatastrophe zuvor.

26.12.2004: Ein Seebeben löst eine riesige Flutwelle (Tsunami) im Indischen Ozean aus, mehr als 200 000 Menschen sterben.

2005 flutete ein Hurrikan die Stadt New Orleans, 1 800 Menschen starben.

2010 forderte ein Erdbeben in Haiti etwa 300 000 Opfer; in Pakistan forderte eine Überschwemmungskatastrophe etwa 1500 Opfer und machte mehr als 15 Mill. Menschen obdachlos.

Gernot Böhme: Entfesselte Naturgewalten – Interview zur Seebeben-Katastrophe 2004

Frankfurter Rundschau: *In der westlichen Welt hat man sich stark an die Vorstellung einer anthropogen[1] gestalteten Natur gewöhnt, an die Natur als Kulturprodukt. Die Tsunami-Katastrophe belehrt uns nun eines Besseren. Haben wir es uns in unseren Naturvorstellungen zu gemütlich gemacht?*

Gernot Böhme: Dieses Bild der Natur ist nicht meines, aber ich muss zugeben, dass die Natur heute in der öffentlichen Meinung die Rolle des Guten und Menschenfreundlichen übernommen hat. Denken Sie nur an den Terminus „natürliche Lebensweise" oder an diese ganzen Formulierungen mit Bio. Wir haben vergessen, dass – historisch gesehen – die Natur ein Gegner des Menschen gewesen ist. Die beruhigte Lebensform, die wir erreicht haben, musste erst gegen die Bedrohung der Natur errungen werden.

FR: *Werden wir uns der Natur nur mehr durch die Katastrophe bewusst?*

Ja, man muss allerdings dazu sagen: Durch immer neue Katastrophen. Es ist ja nicht so, dass der jetzige Tsunami etwas Unvergleichliches ist. Schaut man sich die Statistiken an, sieht man, dass die Menschenopfer in den vergangenen 200 Jahren durch Naturkatastrophen zugenommen haben.

FR: *Warum haben wir dann heute einen so positiv besetzten Naturbegriff?*

In den letzten 50 Jahren lebten wir unter dem Eindruck, dass unsere technische Zivilisation ihre Kosten hat, das heißt, dass das hohe Maß, wie wir die Natur manipuliert haben, die Künstlichkeit unserer Lebensform, ihre Schattenseiten hat. [...] Ja, es ist eine Art Enttäuschung eingetreten gegenüber der Glücksverheißung, die ich das Bacon'sche Programm nenne, die Vorstellung, dass sich die menschlichen Lebensverhältnisse durch Naturbeherrschung verbessern. Seit etwa 50 Jahren sieht man die Unkosten dieses Programms. Vor diesem Hintergrund gibt es eine Neuentdeckung der Natur als etwas Normatives, von etwas, wie es sein sollte.

FR: *Eine traurige Pointe der Katastrophe ist, dass sie viele Menschen im Urlaub getroffen hat, also in jenem Moment, in dem viele die einzige Naturerfahrung des Jahres machen.*

Das ist doch eine Postkartennatur, die hier erfahren wird. Als solche wird sie auch gesucht. Es wird nicht die Natur im Sinne der Naturgewalten aufgesucht. An diese sind wir jetzt weltweit wieder erinnert worden. Natur bedeutet auch die Gewalt der Elemente. Wir müssen damit rechnen, dass in diesem Sinne die Natur gar nicht zu beherrschen ist. Wir müssen uns daran gewöhnen, dass das Projekt der Naturbeherrschung gescheitert ist.

FR: *Warum ist die Vorstellung einer ungeheuren Flutwelle – vom Gilgamesch-Epos bis zu diversen Hollywood-Filmen – eine für unsere Zivilisation prägende Phantasmagorie[2]?*

Es ist das Urtümliche. In den großen Kosmogonien[3] fängt die Weltentstehung immer mit dem Wasser an. In der Bibel schwebt der Geist über dem Wasser, dann erst wird Wasser und Land geschieden und damit fängt die Welt an, die nicht durch Chaos, son-

[1] anthropogen (gr.): nach menschlicher Art
[2] Phantasmagorie (gr.): Fantasievorstellung
[3] Kosmogonie (gr.): hier: mythische Lehre von der Entstehung der Welt, z. B. im Gilgamesch-Epos

dern durch geordnete Unterschiede bestimmt ist. Insofern ist das große Wasser die Rückkehr zum Anfang und der Anfang ist das Chaos [...]. Im Wasser wird das Bedrohliche gesehen. Was die Welle im Speziellen anbelangt, sollte man an die weltbekannte Welle des japanischen Holzschnittmeisters Hokusai denken. Erinnern Sie sich an das kleine Schiff, das unterhalb der Welle ist. Die Welle ist für den Menschen die große Herausforderung. [...]

FR: *Seit der Katastrophe geistert das Bild der Sintflut durch die Medien. Ist das nicht ein völlig falsches Bild? Es bezieht sich auf eine gerechte Bestrafung des Menschen.*

Ich finde es geradezu sträflich, diesen Terminus zu verwenden. Im heutigen naturwissenschaftlichen Weltbild sieht man in den Naturgewalten eben nicht mehr das Walten eines moralischen Gottes. Das Erdbeben von Lissabon 1755 hat ja Europa deswegen so erschüttert, weil es die Menschen Europas an der Gerechtigkeit Gottes verzweifeln ließ. Solche Gedanken liegen dem modernen Menschen fern. [...]

FR: *Die Frage, die im Raum steht: Wie kann man mit dieser Katastrophe geistig fertig werden?*

Das geht nur, wenn man mit dieser Welt nüchtern und vernünftig lebt, nicht indem man ihr einen Sinn gibt. Ich verstehe die Struktur, die hinter dieser Denkweise liegt, es ist ein Trostgrund, so zu denken. Genauso wie es für die Deutschen nach 1945 ein Trost war zu sagen, na ja, das haben wir selbst verschuldet. Viele Menschen können einem Unglück nur Sinn geben, wenn sie es in diese Denkweise einreihen, und nicht, wenn sie es als pure, nackte, kontingente Tatsache nehmen.

FR: *Wird sich unsere Vorstellung von Natur aufgrund dieser Katastrophe ändern?*

Ich erhoffe mir das. Es wäre gut, wenn mehr Achtung und Sorgfalt bezüglich der Natur einziehen würde. Nur will ich daran erinnern, dass die Katastrophen, die der Mensch selbst verursacht, um Dimensionen größer sind als die jetzige Umweltkatastrophe. Der Bürgerkrieg im Sudan hat zwei Millionen Menschenleben gekostet. Um nur ein Beispiel zu nennen. Oder: Die USA stellen 350 Millionen Dollar für die Flutopfer zur Verfügung. Gleichzeitig gibt Amerika zig Milliarden Dollar für Vernichtungswaffen aus. Die viel größeren Probleme der Menschheit liegen bei ihr selbst. Und betreffen nicht die Natur.

1 Welche Haltung zur Gewalt der Woge ist in dem Holzschnitt und in dem Foto des Surfers erkennbar?

2 Welche verschiedenen Auffassungen von „Natur" kommen im Interview zur Sprache?

3 Warum sieht Böhme das „Bacon'sche Programm" als gescheitert an?

4 Diskutieren Sie die beiden letzten Sätze des Interviews: Ist die Betroffenheit vieler Menschen über die Tsunami-Katastrophe ethisch blind?

Katsushika Hokusai: Die große Woge (1823)

Mit Gewalt die Erde retten?

Michael Kloepfer: Auf dem Weg zur Ökodiktatur?

Der Staat der Zukunft muss die Unversehrtheit der Umwelt eher noch verstärkt zu seiner Aufgabe sowie zum Maßstab und zum herausgehobenen Verfahrensziel seiner Entscheidungen machen. Der so beschriebene „Umweltstaat" wird daher zur Erhaltung und zur Sanierung der Umwelt voraussichtlich noch viel weiter gehende Regelungen treffen müssen. Ein damit verbundener weiterer Machtzuwachs des Staates zeichnet sich ab. Ist also der Weg in den umfassenden Umweltstaat, in dem durch unlimitierte und übermäßige staatliche Maßnahmen im Bereich der Umweltpolitik Freiheitsrechte ganz oder weitgehend beseitigt werden, vorgezeichnet? Können dabei Einbußen in traditionelle Freiheitsrechte wenigstens teilweise durch Teilhaberechte an staatliche Umweltentscheidungen kompensiert werden, oder ist der Weg zur „Ökodiktatur" unausweichlich – also zu einem Staat, der zwar die Umwelt sichert, dabei aber die rechtsstaatlichen und demokratischen Freiheiten seiner Bürger zerstört?

Ernst Ulrich von Weizsäcker: Ökodiktatur vermeiden!

[Es ist] Kommentatoren wie Michael Kloepfer nicht zu verdenken, dass sie die Ausweitung des Umweltschutzes als beträchtliche Bedrohung der Freiheit ansehen. Die zentrale Alternative zum Ordnungsrecht heißt: *Die Preise müssen die ökologische Wahrheit sagen*. Wäre dies erreicht, so würden das freie Wirtschaftssubjekt und der freie Bürger auf einem freien Markt *dann* den größten wirtschaftlichen Nutzen davontragen, wenn sie sich so weit wie möglich umweltfreundlich verhalten. Dann würden auch Technologie, Infrastruktur und Kultur einer die Ökologie mit einschließenden Logik folgen. Natürlich ist zu fragen, was denn die „ökologische Wahrheit" ist. Diese

1 Welches Verhalten der Menschen in den großen Industriestaaten greift die Karikatur ironisch auf?

Frage wird nie präzise beantwortet werden können; es gibt aber vernünftige Größenordnungsabschätzungen, und es gibt Instrumente, bei welchen eine präzise Kenntnis der „ökologischen Wahrheit" gar nicht erforderlich ist.

Die Abschätzungen kommen von zwei prinzipiell verschiedenen Seiten: einerseits dem Aufsummieren des Geldwerts von Schäden, die durch Umweltbelastung verursacht worden sind, das heißt der Berechnung der „externen Kosten". [...] Was hierbei typischerweise ausgelassen wird, sind die „exportierten" Schäden, verursacht, indem wir z. B. Viehfutter, Aluminium und Tropenhölzer importieren, während ökologische Schäden in Übersee anfallen, oder indem wir Ferntourismus oder Agrarexport betreiben, deren direkte und indirekte Schäden ebenfalls hauptsächlich im Ausland anfallen. Unter Berücksichtigung solcher exportierter Schäden neige ich zu einer Schätzung „externer Kosten" unserer Wirtschaftsweise in der Gegend von 10 Prozent des Bruttosozialprodukts. Eine zweite Form, sich an die Frage der ökologischen Wahrheit heranzumachen, ist die Berechnung der „defensiven Kosten", die die Gesellschaft aufbringen muss, um Umwelt- und Zivilisationsschäden verschiedenster Art wieder auszugleichen. Der Kostenschwerpunkt liegt hier im Gesundheitswesen und im klassischen Umweltschutz. Leipert hat für diese Schäden ebenfalls eine Größenordnung von ca. 10 Prozent des Bruttosozialprodukts ermittelt. Damit die Preise die ökologische Wahrheit sagen, müsste also der gesamte Preis des Naturverbrauchs um ca. 5–10 Prozent des Bruttosozialprodukts ansteigen. Die einzige realpolitische Form, um dieses zu erreichen, wäre eine sanft ansteigende „ökologische Steuerreform" [...]. Ironisch ist es zu nennen, wenn nun Industrievertreter oder Autofahrer behaupten, eine aufkommensneutrale, also die Staatsquote *nicht* erhöhende ökologische Steuerreform sei ein weiterer schrecklicher Schritt auf die Ökodiktatur zu. Das Gegenteil ist der Fall. Dieser Pfad ist die realpolitische *Alternative* zur Ökodiktatur in einer durch eine wachsende Menschheit und steigende Ansprüche massiv bedrohten Welt. Umgekehrt müssen sich die Umweltschützer sagen lassen, dass eine immer tiefer in die Produktionsdetails eingreifende und die Genehmigungsverfahren weiter verlängernde Umweltgesetzgebung und eine sämtliche Gerichte auslastende Dauerstreiterei um Umwelthaftungsfälle der falsche Weg ist.

2 Welche Befürchtungen hegt Kloepfer?

3 Diskutieren Sie, ob Sie für die Erhaltung einer lebenswerten Umwelt bereit wären, auf das Recht der freien Entscheidung in Ihrem Konsumverhalten zu verzichten.

4 Formulieren Sie mit eigenen Worten, was Weizsäcker mit dem Satz „Die Preise müssen die ökologische Wahrheit sagen" meint.

5 Überlegen Sie aufgrund Ihrer eigenen Verbrauchsgewohnheiten, auf welche Energieformen (Wasser, Strom, Treibstoffe, ...) sich eine Ökologische Steuerreform beziehen sollte.

6 Würden Sie den Staaten auf dem Gebiet des Umweltschutzes diktatorische Rechte zubilligen, wenn Sie Katastrophen wie die im Golf von Mexiko bedenken? Stellen Sie eine Pro-und-Kontra-Tabelle der Gründe für und gegen eine Ökodiktatur auf.

Im April 2010 explodierte eine Ölbohrinsel des Mineralölkonzerns BP im Golf von Mexiko und löste die bislang größte Ölkatastrophe aller Zeiten aus. Da das Bohrloch zunächst nicht geschlossen werden konnte, strömten allein in den ersten vier Monaten etwa 780 Millionen Liter Rohöl ins Meer. Die Flora und Fauna des Meeres und großer Küstenzonen sowie die Lebensgrundlage der dort wohnenden Menschen wurden aufs Schwerste geschädigt.

Verantwortung für die Natur tragen

Michael Hafemann: Modelle der Umweltethik

Hans Joas, Klaus Wiegandt (Hg.): Die Zukunft der Erde, Frankfurt am Main (Fischer) 2005

Der Begriff Ökologie wurde 1886 von Ernst Haeckel eingeführt, er ist also wissenschaftsgeschichtlich noch recht jung. Von seiner ursprünglichen Wortbedeutung her ist Ökologie das Wissen um die Zusammenhänge, um die Wechselbeziehung und die Interdependenz zwischen einzelnen Lebewesen und ihrem Lebensraum, den lebendigen Systemen. Sie ist das Denken in Kreisläufen und Binomen. Ihre Grundaussage ist, dass nichts im Haushalt des Lebens, der Natur, ohne Wirkung und ohne Ursache ist. In Ökologie stecken die Begriffe *oikos*, „das Haus", und *logos*, „die Lehre". Ökologie ist also die Haushaltslehre der Natur. Sie ist Erkenntnis und noch mehr Verständnismodell. Der Mensch lebt nicht für sich allein, sondern ist Teil eines ökologischen Gesamthaushaltes. Es geht „nur" um diese Einsicht.
Demgemäß ist ökologische Ethik in den meisten ihrer Ansätze auch ein Versuch, dem menschenzentrierten Denken zu entkommen, die Binnenethik zu verlassen.

Nach Hafemann konkurrieren derzeit verschiedene Modelle einer ökologischen Ethik miteinander. Sie lassen sich in folgendem Schaubild darstellen:

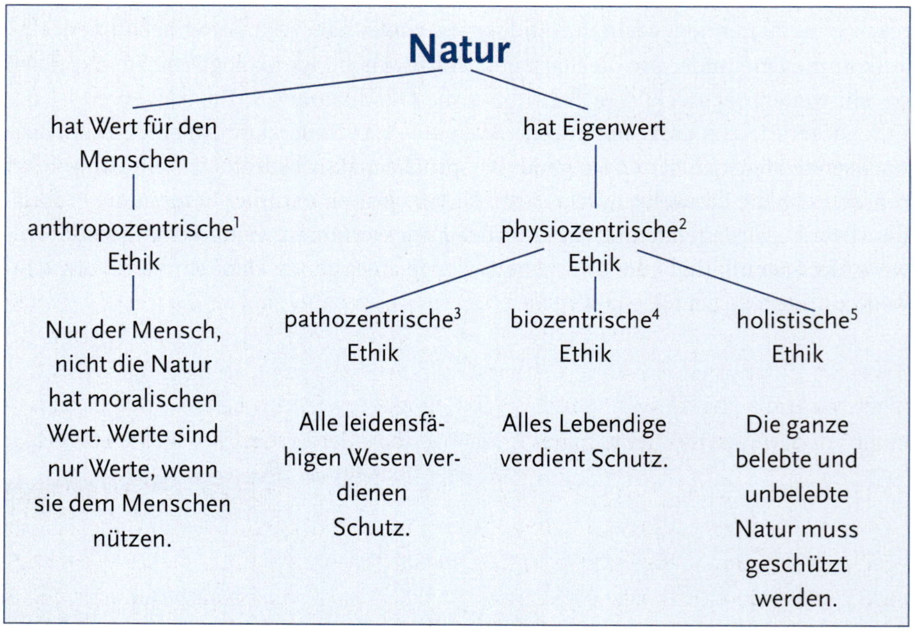

1 Vergleichen Sie die unterschiedlichen ethischen Modelle. Welcher Bereich der Natur wird jeweils umfasst?

2 Zeigen Sie die Konsequenzen jedes Modells auf.

3 Welche der hier aufgeführten ethischen Modelle halten Sie für richtig, welche für am einfachsten zu praktizieren?

[1] anthropos (gr.): der Mensch
[2] physikos (gr.): von der Natur geschaffen
[3] pathos (gr.): Leiden, Schmerz
[4] bios (gr.): Leben
[5] holos (gr.): ganz, vollständig

David Ehrenfeld: Wie die Natur schützen?

Der Autor **David Ehrenfeld** stellt die Gedanken dar, die sich Johann Wolfgang Goethe (1), Christopher Stone (2) und Bernhard Dixon (3) über den Umgang mit der Um- bzw. Mitwelt machten.

1. Der Mensch ist gewohnt, die Dinge nur in dem Maße zu schätzen, als sie ihm nützlich sind, und da er seiner Natur und seiner Lage nach sie für das Letzte der Schöpfung halten muss: Warum sollte er auch nicht denken, dass er ihr letzter Endzweck sei? Warum sollte sich seine Eitelkeit nicht den kleinen Trugschluss erlauben? Warum sollte er Kraut, das er nicht nutzen kann, nicht Unkraut nennen, da es wirklich nicht an dieser Stelle für ihn existieren sollte? Eher wird er die Entstehung der Distel, die ihm die Arbeit auf seinem Acker sauer macht, dem Fluch eines erzürnten guten Wesens, der Tücke eines schadenfrohen bösen Wesens zuschreiben, als eben diese Distel für ein Kind der großen allgemeinen Natur zu halten. Ja, es lässt sich bemerken, dass die billigsten[1] Menschen, die sich am meisten zu ergeben glauben, wenigstens nur bis dahin gelangen, als wenn doch alles wenigstens mittelbar auf den Menschen rückfließen müsse, wenn nicht noch etwa eine Kraft dieses oder jenes Naturwesens entdeckt würde, wodurch es ihm als Arznei oder auf irgendeine Weise nützlich würde.

Die Natur schlägt zurück

2. In einem Buch mit dem Titel *Should Trees Have Standing* (dt.: *Umwelt vor Gericht*) hat Christopher Stone für gerichtlich einklagbare Rechte für Wälder, Flüsse etc. plädiert, die unabhängig vom Interesse irgendwelcher Personen an diesen Dingen gelten sollen. Er beschreibt die „Erde als einen Organismus, von dem die Menschheit ein funktionierender Teil" ist, und rechtfertigt so ungewöhnliche Gerichtsverfahren, wie das zwischen der Stadt Port Chester (New York) und dem Fluss Byram. Stone argumentiert: Wenn eine Firma mittels Repräsentanten Zugang zu einem Gericht haben kann, warum sollte dies nicht auch für Flüsse gelten? Stones Essay wurde bereits in einer Minderheitsentscheidung des Bundesgerichts der Vereinigten Staaten zitiert.

3. Da der Mensch das einzige Produkt der Evolution ist, das in der Lage ist, bewusst bestimmte Schritte zu tun, egal ob sie auf Logik oder Emotion basieren, um seine Entwicklungsrichtung zu beeinflussen, sind wir verantwortlich dafür, darauf zu achten, dass keine andere Art ausgelöscht wird. Einige von uns, die einem virulenten Virus oder Bakterium gern Lebewohl sagen, können durchaus Bedenken gegen die endgültige Auslöschung eines „höheren" Tieres haben – sei es Ratte, Vogel oder Floh –, das diese Mikroben auf den Menschen überträgt. [...] Wo auf der Skala von Größe und Gemeinheit (Pockenvirus, Typhusbazillus, Malariaerreger, Bilharzioseerreger, Heuschrecken, Ratten, ...) wird Naturschutz wichtig? De facto gibt es keine aus logischen Gründen zu ziehende Trennungslinie. Jedes von den Naturschützern angeführte Argument trifft auf die Welt des Ungeziefers und der pathogenen Mikroben ebenso zu wie auf Wale, Enziane und Flamingos. Selbst das kleinste und virulenteste Virus kommt infrage.

1 Erkunden Sie, auf welche Katastrophen des Jahres 2010 die Karikatur anspielt.

2 Untersuchen Sie in Gruppenarbeit an jedem der drei Ereignisse den Anteil der menschlichen Verantwortung.

3 Ordnen Sie Ehrenfelds Überlegungen den Ethik-Modellen von Hafemann zu.

4 Erstellen Sie eine Liste von Gegebenheiten in der Natur, die Ihnen nicht nützlich, sondern lästig, widerlich oder sogar schädlich erscheinen. Wie gehen Sie mit ihnen um?

5 Formulieren Sie eine für Sie persönlich gültige Umweltmoral.

[1] billig: zur Lebenszeit Goethes bedeutete dieses Wort „gerecht"

Menschenrecht und Tierrecht abwägen

Hans Wollschläger (geb. 1935), deutscher Schriftsteller und Übersetzer

Hans Wollschläger: Tiere sehen dich an

Sie werden in Gefängniszellen gehalten, so eng wie die Stehsärge von Oranienburg[1]; das Licht, das ihnen morgens aufgeht, kommt von der Neonröhre, die angeht; ihre Grundlebensbedürfnisse werden mit der chemischen Keule niedergeschlagen, ihre Grundtriebe ebenso an- und abgestellt, Fortpflanzung und Nachkommenaufzucht auf perverse Art mechanisiert. Ihr einziger Daseinszweck: Selbstaufzucht, Selbstvervielfältigung. Haftpsychosen sind die Regelfolge, Selbstmordversuche; die Lebensdauer, die ihnen zugebilligt wird, liegt tief unter ihrer natürlichen Lebenserwartung; das Urteil, Begnadigung ausgeschlossen, lautet generell auf lebenslänglich.
Es ist die Rede von Tieren, nicht von Menschen. [...]
Was in den Zucht- und Schlachtanstalten der sogenannten zivilisierten Nationen geschieht, gehört, alles erwogen, zu dem wohl stärksten Verbrechen, das zurzeit auf Erden zu registrieren ist; es gehört mit zu einem Problem von allergrundsätzlichster Bedeutung. [...]
Sie werden in körperenge Kästen gezwängt, damit sie sich nicht bewegen können, auf Wochen und Monate; wo auch ihr kleinstes Zappeln und Zucken die Täter noch stört, gießt man ihnen einen Gipspanzer um; damit sie nicht schreien und beißen, schneidet man ihnen die Stimmbänder durch und vernäht ihnen die Mäuler; man verätzt ihnen den Magen, die Augen, die Haut; infiziert sie gewaltsam mit den gräulichsten Krankheiten, die sie von allein nie bekämen; treibt sie mit Nervengiften in Krämpfe oder Wahnsinn; vergiftet und vergast sie mit den aberwitzigsten Substanzen; implantiert ihnen Elektroden ins Gehirn und jagt ihnen Stromstöße in sämtliche Lebensfunktionen; man zertrümmert ihnen die Knochen, verbrüht und verbrennt sie, setzt sie in Eisbäder und Hitzekammern; man erprobt Waffenwirkungen an ihnen [...].
Es ist, abermals, von Tieren die Rede, nicht von Menschen, – von jenen Tieren, zu denen der Mensch sogar ein weit gediehenes Verwandtschafts- und Freundschaftsbe-

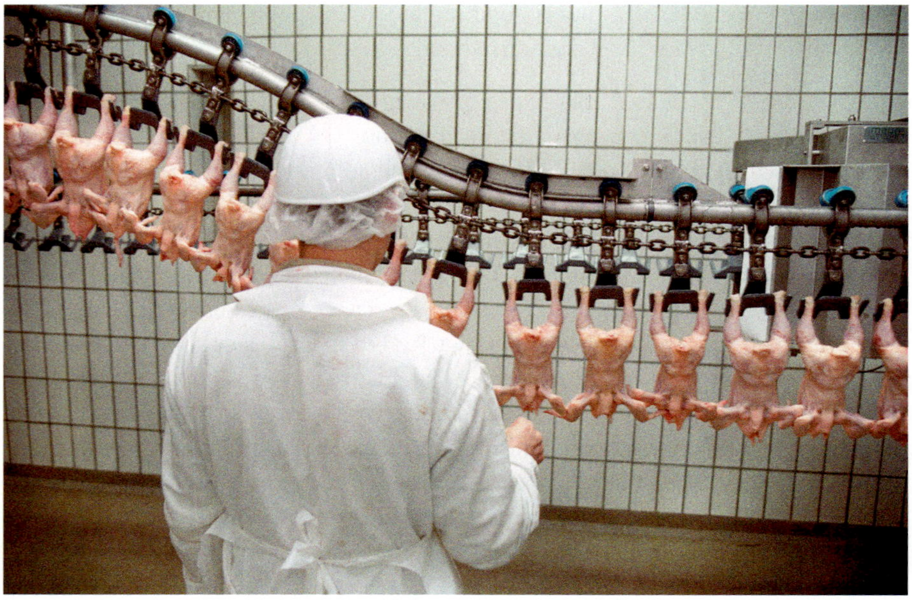

[1] Oranienburg: eines der ersten Konzentrationslager der Nationalsozialisten

wusstsein entwickelt hat: vorab von Hunden und Katzen, den Gefährten der einsamen Kindheit, den Gefährten des wieder einsamen Alters. Und es gibt keinen Zweifel, wie das zu qualifizieren ist, was ihnen in den Großlabors und Versuchsanstalten von Industrie und Medizin und Militär angetan wird: Es ist ein gigantischer Verstoß gegen alles, was die Sorte Homo sapiens im mühseligen Verlauf ihrer geschichtlichen Evolution an Benehmen gelernt hat: der Zusammenbruch einer ganzen Werte-Ordnung, an der Jahrtausende gearbeitet haben. [...]
Was alles da im längst unheimlichen Verbund an Gräueln stattfindet – es gibt auch darüber mittlerweile die umfassendsten Informationen, in Büchern wie in den Wochen-, Tages- und Augenblicksmedien –, nichts davon ist neu. Aber die Gräuelhaftigkeit wächst, von Augenblick zu Tag zu Woche, auf eine unheimliche Weise eben dadurch, dass nichts davon mehr neu ist – das kollektive Mitwissen konstituiert den Tatbestand einer riesigen Komplizenschaft, deren ungehemmtes Fortbestehen **die Grundlagengeltung der Ethik selbst infrage stellt** und zuletzt die Drohung mit sich bringt, die ganze Entwicklung des Abendlands mit einem welthistorischen Zynismus sondergleichen abzuschließen.

Robert Spaemann: Das Prinzip der Güterabwägung

Robert Spaemann (geb. 1928), deutscher Philosoph, der sich dem Christentum verpflichtet fühlt.

In der traditionellen Ethik wurde Tierquälerei wegen ihrer den Menschen verrohenden Art verurteilt. Diese Begründung ist seltsam verkürzt. Wenn eine Handlungsweise den Menschen verroht, dann doch wohl deshalb, weil an ihr selbst etwas falsch ist. Wenn wir einem Wesen keinen Schmerz zufügen wollen, dann nicht in erster Linie deshalb, weil es ein vernünftiges, sondern weil es ein schmerzempfindendes Wesen ist. [...]
Das Töten von Tieren – solange wir die Art nicht ausrotten – wird nur von einer Minderheit von Menschen als ethisches Problem angesehen, und diese Minderheit kann dafür kaum zwingende Gründe geltend machen. Tiere leben im Augenblick. Sie verhalten sich nicht zu ihrem Leben als einem überschaubaren Ablauf. Sie sind deshalb für den Menschen nicht im gleichen Sinne „Selbstzweck" wie der Mensch. Dennoch haben wir nicht das Recht, ihnen ein tierungemäßes Leben aufzuzwingen oder gar jenes Leben des Grauens, das mit gutem Grund dem Blick der Öffentlichkeit entzogen wird: Die Tierschutzgesetze enden nämlich heute dort, wo die Tierquälerei in großem Stil erst beginnt, bei den Tierexperimenten im Dienst der Wissenschaft. Jedes beliebige Ziel dient ja als Rechtfertigung, sofern es nur wissenschaftlich verfolgt wird. Die Änderung dieses Zustandes ist eine ethische Forderung. Und zwar muss er in der Richtung geändert werden, dass hier ein Prinzip verantwortlicher Güterabwägung eingeführt wird. So richtig es ist, dass menschliche Interessen über denen der Tiere stehen, so erlaubt es also ist, dass der Mensch sich um den Preis des Leidens von Tieren von eigenen Leiden loskauft – etwa durch medizinische Experimente –, so gilt doch andererseits, dass nicht jedes menschliche Interesse jedes Leiden von Tieren rechtfertigt. Es ist mit einer verantwortlichen Güterabwägung unvereinbar, Tiere auf grauenhafte Weise zu verstümmeln, um kosmetische Präparate zu testen.

1 Halten Sie es für berechtigt, Legebatterien mit KZs gleichzusetzen? Begründen Sie Ihr Urteil.

2 Untersuchen Sie, welche Auffassung vom Tier hinter der Darstellung Wollschlägers steht.

3 Nehmen Sie Stellung zu der These Wollschlägers: Die Behandlung der Tiere greift die Grundlagen der humanen Ethik an.

4 Was unterscheidet die Auffassung Spaemanns von der Wollschlägers?

5 Welches menschliche Interesse könnte Ihrer persönlichen Überzeugung nach den Schmerz von Tieren rechtfertigen? Prüfen Sie diese Frage, indem Sie für Tiere das eigene Haustier einsetzen.

„Menschenrechte“ für Tiere?

Peter Singer (geb. 1946), australischer Philosoph, geht davon aus, dass alle Lebewesen vergleichbare Interessen haben, darauf fuße das Prinzip der Gleichheit und Gerechtigkeit. Die größten Gegner der Gleichheit sind für Singer Rassismus (Bevorzugung der eigenen Rasse), Sexismus (Bevorzugung aufgrund des Geschlechts) und Speziesismus (Bevorzugung der eigenen Spezies, der Gattung Mensch).

Peter Singer: Gleichheit für Tiere

Wenn ein Wesen leidet, kann es keine moralische Rechtfertigung dafür geben, sich zu weigern, dieses Leiden in Erwägung zu ziehen. Es kommt nicht auf die Natur des Wesens an – das Gleichheitsprinzip verlangt, dass sein Leiden ebenso zählt wie das gleiche Leiden – soweit sich ein ungefährer Vergleich ziehen lässt – irgendeines anderen Wesens. Ist ein Wesen nicht leidensfähig oder nicht fähig, Freude oder Glück zu erfahren, dann gibt es nichts zu berücksichtigen. Deshalb ist die Grenze der Empfindungsfähigkeit (wir verwenden diesen Terminus als bequeme, wenngleich nicht ganz genaue Abkürzung für die Fähigkeit, Leid oder Freude bzw. Glück zu erfahren) die einzig vertretbare Grenze für die Rücksichtnahme auf die Interessen anderer. Diese Grenze durch irgendwelche anderen Merkmale wie Intelligenz oder Rationalität festsetzen, hieße sie auf willkürliche Weise festsetzen. Weshalb dann nicht andere Eigenschaften wie zum Beispiel die Hautfarbe herausgreifen?

Rassisten verletzen das Prinzip der Gleichheit, indem sie bei einer Kollision ihrer eigenen Interessen mit denen einer anderen Rasse den Interessen von Mitgliedern ihrer eigenen Rasse größeres Gewicht beimessen. Weiße Rassisten akzeptieren nicht, dass der Schmerz, den Schwarze verspüren, ebenso schlimm ist wie der, den Weiße verspüren. Ähnlich messen jene, die ich „Speziesisten“ nennen möchte, da, wo es zu einer Kollision ihrer Interessen mit denen von Angehörigen einer anderen Spezies[1] kommt, den Interessen der eigenen Spezies größeres Gewicht bei. Menschliche Speziesisten erkennen nicht an, dass der Schmerz, den Schweine oder Mäuse verspüren, ebenso schlimm ist wie der von Menschen verspürte. [...]

Würden wir etwa beschließen, äußerst schmerzhafte oder tödliche wissenschaftliche Experimente an normalen erwachsenen Menschen durchzuführen, die man – wie es der Zufall will – aus öffentlichen Parks zu diesem Zweck entführt, so würden die Erwachsenen, die einen Park betreten, sich vor einer Entführung zu fürchten beginnen. Der daraus resultierende Schrecken wäre eine Form von Leiden, die zu den Schmerzen des Experiments hinzukäme. Dieselben Experimente würden aber bei nicht menschlichen Lebewesen weniger Qual verursachen, weil die Tiere nicht im Voraus befürchten würden, entführt und zu Experimenten missbraucht zu werden. Das bedeutet natürlich nicht, dass es *richtig* wäre, diese Experimente an Tieren durchzuführen, sondern nur, dass es einen nicht speziesistischen Grund gibt, dafür eher Tiere als normale erwachsene Menschen zu verwenden, wenn die Experimente überhaupt durchgeführt werden müssen. Man sollte allerdings festhalten, dass dieses selbe Argument uns auch Gründe dafür gibt, Kleinkinder – vielleicht Waisen – oder geistig behinderte Kinder eher zu verwenden als Erwachsene, weil Kleinkinder und geistig behinderte Kinder ebenfalls keine Vorstellung davon hätten, was mit ihnen geschehen wird. Was dieses Argument betrifft, so gehören nicht menschliche Lebewesen, Kleinkinder und geistig

Die besonders sensiblen Katzen werden bevorzugt für Gehirnuntersuchungen verwendet. Um die Elektroden exakt einsetzen zu können, werden die Tiere in eine Art Schraubstock gespannt und mit Curare, einem pflanzlichen Nervengift gelähmt, damit sie zwar Schmerz empfinden können, aber nicht durch Körperreaktionen den Versuch stören.

[1] Spezies (lat.): in der biologischen Systematik die Bezeichnung für eine Tier- oder Pflanzengattung

behinderte Kinder zur selben Kategorie, und wenn wir uns dieses Arguments bedienen, um Experimente an nicht menschlichen Lebewesen zu rechtfertigen, so müssen wir uns selbst fragen, ob wir bereit sind, Experimente an Kleinkindern und geistig behinderten Kindern zuzulassen.

Michael Miersch: Eine Antwort auf Peter Singer

Die Tierrechtler haben als Zielobjekte ihres Engagements die Tiere entdeckt, denen sie unsere moralischen Normen überstülpen wollen. [Dabei] vermischen sie zwei völlig gegensätzliche Bereiche: die menschliche Gemeinschaft mit ihren Möglichkeiten, ethische Entscheidungen zu treffen, und die Natur, die auf Effizienz angelegt ist und dabei keine moralischen Skrupel kennt.
Menschen verursachen nur einen Bruchteil des alltäglichen Massensterbens von Lebewesen. Viele Arten sind geradezu darauf ausgerichtet, mit ihren Geburtenraten tausendfachen Tod in Kauf zu nehmen. [...] Auch Schmerzen sind aus biologischer Sicht eher ein notwendiges Hilfsmittel als ein moralisches Übel, das es abzuschaffen gilt. „Ein Säugetier, das keine Schmerzen spürt, hat einen schweren Defekt“, schreibt der amerikanische Ökoethiker Baird Callicot. Eine Wölfin, die beispielsweise einen Hirsch verfolgt, leidet nach einiger Zeit vermutlich unter Muskelschmerzen; ihre Pfoten sind blutig, und vielleicht fühlt sie Stiche in Herz und Lunge. Dies alles bringt sie dazu abzuwägen, ob sie die Beute noch weiter verfolgen oder aufgeben soll: ein sinnvolles biologisches Informationssystem. Ist diese Wölfin dadurch unglücklicher als ein Artgenosse, der am Rande einer menschlichen Siedlung bequem und schmerzfrei von Abfällen lebt?
Nicht nur in dieser Frage weigern sich Tierrechtler, biologische und insbesondere ökologische Maßstäbe zu akzeptieren. Daher ziehen sie es auch vor, Haustiere in den Mittelpunkt ihrer ethischen Überlegungen zu stellen. Hunde, Hühner und Schweine sind vollkommen von menschlichen Entscheidungen abhängig und nicht in komplexe natürliche Lebensgemeinschaften eingebunden. [...]
Auch wenn alle Menschen Vegetarier wären, der Futtermittelanbau also wegfiele, müsste weiterhin im großen Maßstab Getreide und Gemüse gepflanzt werden. Jeder bestellte Acker, jede Plantage war jedoch einmal Wildnis und damit Lebensraum für Tiere. Das Dilemma des „Tötens, um zu überleben“ fängt nicht erst im Schlachthof an. „In letzter Konsequenz ist die Tierrechtsidee nicht praktikabel“, folgert daher Baird Callicot.

1 Untersuchen Sie das Argument der Befürworter von Tierversuchen, dass ein Mensch mehr leidet als eine Katze, wenn er sich in den gleichen Umständen eines Gehirnexperiments befände.

2 Diskutieren Sie die radikale Schlussfolgerung Singers im letzten Absatz in Bezug auf geistig Behinderte oder Kleinkinder.

3 „Schmerzen sind ein notwendiges Hilfsmittel“ – Was will Miersch mit diesem Argument den Tierrechtlern beweisen?

4 Prüfen Sie: Tötet der Mensch Tiere, um zu überleben?

5 Stellen Sie fest, ob Miersch mit der Beweisführung im letzten Absatz die Überlegungen Singers widerlegt hat.

Iris Radisch: Scheinheiliges Mitleid mit den Kühen

Eine Frage von alttestamentarischer Wucht:
Dürfen wir 400 000 Kühe töten, ohne sie zu fressen? Für einen Augenblick hält die Nation in ihrer Schlachthausroutine inne und sieht seinen Kälbchen tief in die Augen [...] Besorgte Bürger möchten Patenschaften für süße Kälber übernehmen. Findelkälbchen Max, das bei Wind und Wetter rüde in einer Telefonzelle ausgesetzt wurde, wird von Hilfsangeboten überhäuft. Viele stellen plötzlich fest, dass in ihrer Garage oder zumindest auf dem Balkon für ein armes, todgeweihtes Kalb noch Platz wäre. Denn wer weiß, vielleicht ist doch wahr, was inzwischen sogar die Bild-Zeitung vermutet. Vielleicht haben Tiere doch eine Seele.
Dieses Mitleid ist scheinheilig. Die 400 000 Kühe, deren sinnloser Tod plötzlich em-

Jonathan Safran Foer: Tiere essen, Köln (Kiepenheuer & Witsch) 2010

pört, wären längst gefressen. Und kein Mensch hätte nach dem Fressen noch nach der Moral gefragt. Doch fällt das große Fressen einmal aus, wird der Mensch besinnlich: Nicht, wie Brecht noch glaubte, nach dem Fressen, sondern ohne Fressen kommt die Moral.

Wenn nicht Moral und Fressen inzwischen ein und dasselbe sind. „Niemand“, schreibt das Tierschutzgesetz der Bundesrepublik Deutschland vor, „darf einem Tier ohne vernünftigen Grund Schmerzen, Leiden oder Schäden zufügen.“ Da wohl unstrittig sein dürfte, dass die maximale Beschädigung eines Tieres der Tod ist, muss der anschließende Fraß als „vernünftiger Grund“ für das Schlachten herhalten. Dass es „vernünftig“ sei, Tiere in gewaltigen Mengen zu verzehren, ist der unantastbare Glaubensgrundsatz der fleischfressenden Zivilisation. Erst wenn das Fressen als vernünftiger Grund für das große Schlachten ausfällt, kommt Mitleid auf.

[...] Wem die Tiere leidtun, der sollte sie nicht essen. Und wer die Tiere isst, dem tun sie nicht leid. Zwischen diesen beiden Optionen hat der Mensch die Qual der Wahl. Denn anders als gerne behauptet wird, ist jedermann frei, seine Nahrung zu wählen. Von evolutionärem Zwang, biologischer oder ernährungswissenschaftlicher Notwendigkeit kann – dafür kann die Autorin dieser Zeilen leibhaftig einstehen – nicht die Rede sein.

Unbestritten gab es eine Zeit, da der unbewaffnete, nackte Mensch, umstellt von Bär, Hirsch, Löwe, Mammut und Auerochse, nicht anders konnte, als zu töten und zu fressen, um nicht getötet und gefressen zu werden. [...] Am allerverständlichsten ist, dass der Mensch, als er endlich dank List und Bogen an der Spitze der Nahrungskette thronte, sich jahrhundertelang für die einstige Schmach der Unterlegenheit am besiegten Tier gerächt hat.

Fleisch fressen ist seither das Symbol der Machtergreifung und des Sieges. Der Fleischfresser gehört auf die Sonnenseite der Evolution. Der größte Fleischfresser ist in den streng hierarchisierten Fleischkulturen immer der König. [...]

Wer sich diesem Kult ums Fleisch entzieht – und das waren seit dem 6. vorchristlichen Jahrhundert Frauen, Fremde, Randgruppen, Intellektuelle, die der Macht fernstanden –, wird aus der Gemeinschaft der Sieger ausgeschlossen, als blutleer, engstirnig und kränklich diffamiert. So war noch vor Kurzem in einer seriösen Frankfurter Zeitung zu lesen, dass Säuglinge von Vegetarierinnen mit schweren Hirnschäden zu rechnen hätten. Und so wird bis heute, und nicht nur auf der Homepage der Fleischindustrie, die Mär vom nur durch Fleisch zu deckenden menschlichen Eiweißbedarf weiter verbreitet. Von einem Stück Fleisch wird noch immer behauptet, dass es ordentlich sei, wohingegen die Fleischverächter die Ordnung der Mythen stören.

Das Fleischfressen ist ein überaus unvernünftiges Relikt eines veralteten sozialen Ritus. Mehr Kult als Kultur, mehr Kollektivneurose als Naturzwang. Niemand versteht heute mehr, warum Katzen, Hunde, Affen, Ratten, Pferde und Mäuse keinesfalls, Rinder, Schweine und Hühner dafür in unvorstellbaren Massen verspeist werden dürfen. Und warum es in einer anderen Weltgegend gerade umgekehrt zugeht. Der Übergang von einer ursprünglichen Blut- und Hack- zu einer zivilisierten Vernunft- und Mitleidskultur steht auch im 21. Jahrhundert noch nicht auf der Speisekarte. Warum vertauschen die Spektakelfernsehsender nicht einmal ihre fidelen Containerjugendlichen mit schreienden Schweinen auf der Schlachtbank? Wem dabei nicht zuerst die Moral kommt, der darf weiterfressen.

§ 1 TierschG (Grundsatz)
„Zweck dieses Gesetzes ist es, aus der Verantwortung des Menschen für das Tier als Mitgeschöpf dessen Leben und Wohlbefinden zu schützen. Niemand darf einem Tier ohne vernünftigen Grund Schmerzen, Leiden oder Schäden zufügen.“

1 „Fleischfressende Zivilisation“, „ohne Fressen kommt die Moral“: Prüfen Sie, ob bzw. inwieweit Wortwahl und Behauptungen der Autorin zutreffen.

2 Überlegen Sie, ob das Schlachten in dem beschriebenen Ausmaß gemäß § 1 Tierschutzgesetz legitim ist.

3 Vergleichen Sie das Schlachten und den Fleischverzehr in unserer Gesellschaft mit Verhaltensweisen in anderen Kulturen. Beziehen Sie dabei die Rolle religiöser Vorschriften mit ein.

4 Wie kann man Respekt für das Tier als „Mitgeschöpf“ bekunden, ohne Vegetarier zu sein?

Religion als Quelle der Moral? – Religion und Ethik

Carl Milles (1875 – 1955): Hand Gottes
Skulptur in Stockholm

Wie veranschaulicht die Skulptur das Verhältnis von Gott und Mensch?

Wesen und Bedeutung der Weltreligionen

Religion und religiös begründete Ethik*

Religionen bilden seit Jahrhunderten moralische Orientierungs- und Ordnungssysteme, deren Ethik das moralische Empfinden und Handeln vieler Menschen bestimmt. Einige Hoch- oder Weltreligionen verkünden eine **universale**, d. h. Zeit und nationale Grenzen überschreitende Botschaft, richten sich mit mehr oder weniger ausgeprägtem **Wahrheitsanspruch** an **alle** Menschen und leite(te)n daraus die Pflicht und das Recht zu einem „Bekehrungsauftrag" ab.

Religionen gründen ihre ethischen Überzeugungen auf Prämissen, die **geglaubt** werden müssen (z. B. die göttliche Herkunft der Zehn Gebote). In ihren moralischen Forderungen sehen sie sich durch deren „Letztbegründung" in Gott den allein vernunftbezogenen philosophischen Konzeptionen überlegen.

Religionen verbinden das moralisch richtige Handeln bzw. die Erfüllung ihrer ethischen Forderungen mit der Aussicht, nach dem Tod in einem **jenseitigen Leben** zur Vollendung und zur „ewigen Ruhe" zu kommen oder, wie im Buddhismus, aus dem Kreislauf der Wiedergeburten auszubrechen und ins Nirvana einzugehen.

Viele Religionen lehren, dass der Mensch **„erlösungsbedürftig"** sei. Die Erlösung von Leid, Schuld, Sünde und anderen Unzulänglichkeiten des Lebens kann der Mensch nur erreichen, wenn er sich als Teil eines (göttlichen) Kosmos versteht und den Lehren und dem Vorbild der Gründungspersönlichkeiten sowie den religiösen Grundsätzen folgt.

Mit der Formulierung „im Bewusstsein seiner Verantwortung vor Gott und den Menschen" anerkennt das **Grundgesetz Deutschlands** den religiösen Aspekt möglicher menschlicher Erfahrung und Handlungsmotivation. Dieser explizite Gottbezug wurde allerdings nicht in den im Jahr 2007 beschlossenen **europäischen Grundlagenvertrag** aufgenommen; in der Einleitung heißt es stattdessen: „Schöpfend aus den kulturellen, religiösen und humanistischen Überlieferungen Europas ...".

Die **Glaubens- und Bekenntnisfreiheit** ist Bestandteil demokratischer Verfassungen und der UN-Menschenrechtsdeklaration. Gleichwohl gestaltet sich das **Verhältnis zwischen Staat und Religion** jedoch oft konfliktbeladen. Es beschäftigt bis heute, zuweilen in heftigen Auseinandersetzungen, den Gesetzgeber und die höchsten Gerichte. Vor allem der Anspruch der Religionen, ewige Wahrheiten zu lehren und ihre ethisch-moralischen Vorstellungen auch in einem säkularen (= weltlichen) Staat durchzusetzen, hat entschiedenen Widerspruch und Kritik, insbesondere seitens der Philosophie, gefunden. Auch die von religiöser Seite oft vorgebrachte These, dass die Säkularisierung zu einem „Werteverfall" geführt habe oder führe, wird bestritten. So z. B. stehe die in der Werteordnung des Grundgesetzes als oberster Wert formulierte „Würde des Menschen" zwar in der Tradition religiöser Lehren (Mensch als Ebenbild Gottes, Gleichheit vor Gott); nur die **Herauslösung des Würdebegriffs aus dem religiösen Kontext** jedoch habe z. B. zu dem (Verfassungs-)Grundsatz der Gleich**stellung** und Gleich**berechtigung** von Mann und Frau geführt.

1 Was verstehen Religionen unter „Erlösungsbedürftigkeit" des Menschen? Was resultiert aus dieser Annahme?

2 Ist eine „Ethik ohne Gott" einer religiös begründeten Ethik unterlegen?

3 Warum hat der europäische Grundlagenvertrag auf den Gottbezug verzichtet?

4 Religiöse Feiertage in einem säkularen Staat? Religionsunterricht als Pflichtfach an staatlichen Schulen? Diskutieren Sie.

Otfried Höffe: Grundzüge der Religion

Religion (lat. religio: Pflicht, Gewissenhaftigkeit, Ehrfurcht) ist ein Wort, dessen etymologische Herkunft ebenso umstritten ist wie die durch es bezeichnete Sache. [...] Gegenüber einseitigen Wesensbestimmungen lassen sich besser eine Reihe von Grundzügen nennen, die mehr oder weniger vollständig gegeben sein müssen, um ein kulturelles Phänomen als Religion bezeichnen zu können.

(a) Ein Glaube an übernatürliche Wesen (Gott) und Kräfte, (b) die Unterscheidung heiliger und profaner Gegenstände, (c) rituelle Akte, die sich um heilige Gegenstände zentrieren, (d) die Annahme eines vom Göttlichen angeordneten und sanktionierten Moralkodex, (e) spezifische Gefühle, die in Gegenwart heiliger Gegenstände und ritueller Praxis entstehen und in Verbindung gesetzt werden mit dem Göttlichen, (f) Gebete und andere Formen der Kommunikation mit dem Göttlichen, (g) eine aus Erzählungen, Bildern und Begriffen zusammengesetzte Vorstellung von Natur und Geschichte im Ganzen, die den Platz des Individuums in der Welt und die Möglichkeit seines (irdischen oder jenseitigen) Heils oder Unheils, seiner *Erlösung* oder Verdammung vorzeichnet, (h) eine Art der Gemeinschaft, die durch Anerkennung und Praxis des eben Genannten konstruiert wird (*Kirche*, Religionsgemeinschaft).

Die verschiedenen geschichtlichen Religionen sind durch die Betonung eines oder mehrerer der genannten Grundzüge charakterisiert. Entsprechend dem Kriterium, wo das Göttliche primär gesucht und lokalisiert wird und welche Art des Verhaltens als adäquate menschliche Antwort gesehen wird, lassen sich typologisch sakramentale, prophetische und mystische Religionen unterscheiden. (a) Die *sakramentale* Religion sucht das Göttliche bzw. dessen Inkorporation oder Manifestation primär in heiligen Dingen; (b) die *prophetische* Religion in Ereignissen der Geschichte und in von Gott inspirierten Äußerungen großer begnadeter Persönlichkeiten (das Schlüsselwort ist hier nicht Sakrament, sondern Offenbarung); das Zentrum der (c) *mystischen* Religion bildet nicht ein gegenständlich Göttliches, auch nicht ein personales göttliches Du, das sich in Wort und Geschichte bekundet, sondern ein innerer Zustand, eine Erfahrung, die die Verschmelzung des Individuums mit dem Göttlichen zum Inhalt hat.

Religionen. Glauben, Riten, Heilige, Mannheim (Brockhaus) 2004

5 Ordnen Sie die genannten Merkmale Ihnen bekannten Religionen zu.

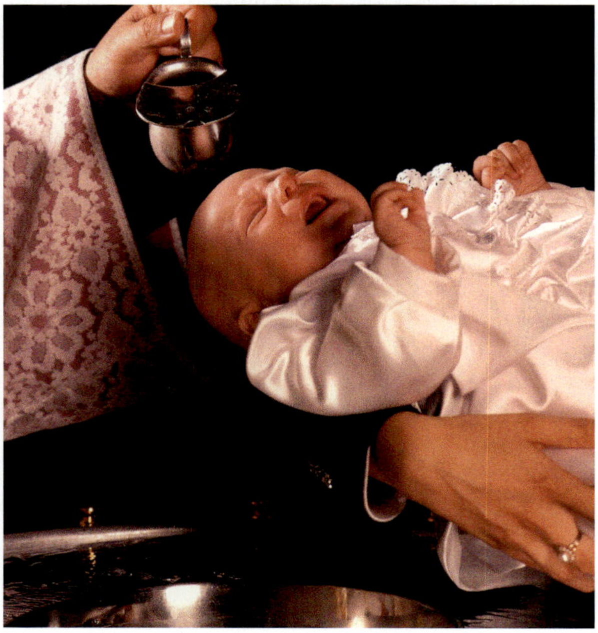

In allen christlichen Kirchen ist die **Taufe** der sakramentale Ritus der Aufnahme in die Gemeinschaft der Gläubigen (Initiation), verbunden mit der Namensgebung. Die dabei erfolgende rituelle Waschung mit Wasser reinigt symbolisch von der „Erbsünde“, die Adam und Eva als Stammeltern des Menschengeschlechtes verursachten (s. S. 29).
Das Christentum wandte sich damit von der auf Abraham zurückgehenden und im Judentum und im Islam als Initiationsritus praktizierten körperlichen Beschneidung (der Jungen) ab (s. Neues Testament, Apostelgeschichte 15, 1–21).

Weltreligionen

	Judentum	Christentum	Islam
Herleitung des Namens	Jude: Juda war der Stammvater einer der 12 Stämme Israels. Israel („Der mit Gott streitet“) war der Beiname Jakobs, des Vaters von Juda.	Jesus von Nazareth wurde Christus, „der Gesalbte Gottes“, genannt.	Muslim ist der, der den Willen Allahs tut, er praktiziert den Islam, die Ergebung in den Willen Allahs.
Symbole und Zeichen	*Davidstern*: Symbol für die Reiche Juda und Israel, die David vereinte. *Siebenarmiger Leuchter*	Das *Kreuz* ist Zeichen für den Erlösertod Jesu, aber auch für die Überwindung des Todes durch die Auferstehung.	Der *Halbmond* symbolisiert sowohl Öffnung als auch Konzentration und verweist auf die Überwindung des Todes durch das ewige Leben.
Entstehung/ Gründer	ca. 1800 v. Chr.: *Abraham* zieht in das von Gott verheißene „Gelobte Land“ ca. 1250 v. Chr.: Moses (Auszug aus Ägypten, Dekalog am Sinai)	Nach Kreuzigung und Auferstehung *Jesu* Entstehung der Urgemeinde; Missionstätigkeit des Apostels Paulus im Mittelmeerraum	*Muhammad* (arab. „der Gepriesene“, 570–632 n. Chr.; 622 Übersiedlung von Mekka nach Medina, 630 Eroberung Mekkas); rasche Ausbreitung unter den ersten Kalifen
Heilige Schrift	Hebräische Bibel: Tora (5 Bücher Mose), Prophetische Bücher, Hagiografen (heilige Texte)	Bibel des Alten und Neuen Testaments	Koran in Arabisch, der Sprache Allahs
andere Erkenntnisquellen	Talmud: „Studium“; Kabbala: „Überlieferung“, „Mystik“; Haggada: „Aussage“	kirchliche Lehrtradition: Kirchenlehrer (z. B. Augustinus, Thomas von Aquin); Konzilsbeschlüsse; Lehre der Reformatoren	Hadith: „Worte Muhammads“; Sunna: „Gewohnheiten Muhammads“
Gottesbild	ein Gott (Jahwe) als Schöpfer, der sich seinem Volk geoffenbart und mit ihm einen Bund geschlossen hat	ein Gott in drei Personen (Trinität); Gott als Schöpfer, Christus als Erlöser, der Heilige Geist als Element der Gegenwart Gottes	Ein Gott (Allah) offenbart sich und ist Schöpfer und Richter.
Erlösung/ Jenseits	Leben nach dem Gesetz des Mose, Lohn oder Strafe im Jenseits	Leben nach dem Wort und Beispiel Jesu, Lohn oder Strafe im Jenseits	Leben nach den Regeln des Koran und dem Vorbild Muhammads; Lohn oder Strafe im Jenseits

Buddhismus	**Hinduismus**	
Siddharta Gautama trug den Ehrentitel Buddha, „Der Erleuchtete“.	Durch den Begriff „Hinduismus“ werden verschiedene religiöse Richtungen in Indien (pers.-islamisch: Hind) zusammengefasst, die nicht buddhistisch oder islamisch sind.	**Herleitung des Namens**
Das *Rad* symbolisiert die verschiedenen (erlösungsbedürftigen) Daseinsformen sowie die Lehre des Buddha. 	Die Silbe *Om* – hier in der Devanagari-Schrift – bezeichnet die höchste Gottesvorstellung: die Weltseele, das „Brahman“. 	**Symbole und Zeichen**
ca. 500 v. Chr.: Siddharta Gautama; friedliche Verbreitung in Indien	Zwischen 1200 v. Chr. und 400 n. Chr. entstanden die heiligen Schriften und der Hinduismus entwickelte sich.	**Entstehung/ Gründer**
Pali-Kanon	Veden, Upanishaden	**Heilige Schrift**
Milindapanja (Erörterung wichtiger Fragen der buddhistischen Dogmatik in Dialogform aus dem ersten Jh. v. Chr.)	religiöse Dichtungen (Ramayana, Mahabharata, Bhagavad Gita), Meditationsformen (Yoga)	**andere Erkenntnisquellen**
kein Gott im Sinne einer außerweltlichen persönlichen oder unpersönlichen Kraft, Boddhisatvas (Erleuchtete, die auf das Nirvana verzichten) als Helfer	Die vielen verehrten Götter (Shiva, Vishnu, Ganesha, ...) sind Verkörperungen des höchsten Gottes oder der Weltseele „Brahman“.	**Gottesbild**
Selbsterlösung durch den rechten Pfad, Ende der Wiedergeburt, Eingang ins Nirwana	Kreislauf der ewigen Wiederkehr (Samsara), je nach Verhalten sammelt der Mensch während des Lebens gutes oder schlechtes „Karma“, danach richtet sich die Art seiner Reinkarnation (= Wiedergeburt) nach dem Tod	**Erlösung/ Jenseits**

Arnold J. Toynbee (1889–1975), britischer Historiker und Geschichtsphilosoph, forschte über die Kulturentwicklung der Menschheit. Hauptwerk: A Study of History (12 Bände, 1934–1961).

Religion und Biografie – Interaktionsspiel

Zeichnen Sie eine „Lebenslinie" quer auf ein Blatt. Überlegen Sie, welche „Gottesbilder" oder Ersatzvorstellungen Sie im Laufe Ihres bisherigen Lebens hatten. Tragen Sie diese dem Alter entsprechend ein.
Notieren Sie für diese Vorstellungen und Ihr Verhältnis zur Religion wichtige Erlebnisse.
Formulieren Sie im Anschluss Ihren Standpunkt zur Religion heute.
Tauschen Sie sich in Kleingruppen über Ihre Erfahrungen und Vorstellungen aus. Sprechen Sie über Gemeinsamkeiten und Unterschiede.
Die abschließende Auswertung im Plenum kann um folgende Fragen kreisen:

- Was ist im Gruppengespräch deutlich geworden? Welche Fragen ergeben sich?
- Gibt es für mich so etwas wie eine generelle Linie, eine Regel für meine Gottesvorstellung?
- Wie hat sich mein Verhältnis zur Religion im Laufe der Zeit verändert?
- Welche Gründe für diese Veränderungen sehe ich?
- Wer bzw. was hat meine Gottesvorstellung und Einstellung zur Religion beeinflusst?

Arnold J. Toynbee: Die Bedeutung der Weltreligionen

Nichtsdestoweniger ist der Durchbruch der Hochreligionen, wie schon gesagt, bislang die folgenschwerste und revolutionärste neue Richtung in der Religionsgeschichte und der Menschheitsgeschichte überhaupt. Die Hochreligionen haben den Menschen aus dem sozialen Gefängnis befreit, das er von seinen vormenschlichen Ahnen geerbt hatte.

Die Lebensweise, die seine vormenschlichen Ahnen dem primitiven Menschen hinterlassen haben, war monolithisch[1]. Sein religiöses Leben war ein wesentlicher Bestandteil seines ganzen sozialen Lebens. In diesem Stadium waren die religiöse und die weltliche Seite des Lebens nicht voneinander zu trennen oder gar zu unterscheiden. Alles was der Mensch tat, war gleichzeitig religiös und politisch und wirtschaftlich und künstlerisch. [...]

Die monolithische Lebensstruktur gestattet einem menschlichen Wesen wenig oder keine Freiheit zu eigener Initiative oder Entscheidung auf irgendeinem Gebiet. In seiner Religion ist der Mensch gezwungen, den Zugang zu Wahrheit und Seligkeit ausschließlich durch Vermittlung seiner Gesellschaft zu suchen. Seine Gesellschaft steht zwischen ihm und der letzten geistigen Realität hinter den Phänomenen des Universums, zu der sich jedes menschliche Wesen hintastet, um mit ihr in Verbindung zu kommen und mit ihr in Harmonie zu leben. Wenn er diese letzte Wirklichkeit überhaupt sieht, so sieht er sie in einem dunklen Spiegel" (I. Kor. 13,12)[2]. Das unablässige Suchen nach der letzten geistigen Wirklichkeit ist jedoch im Menschsein angelegt. Die Hochreligionen haben die Menschen in unmittelbaren persönlichen Kontakt mit der letzten geistigen Wirklichkeit gebracht, und indem sie das taten, haben sie sie geistig unabhängig von der Gesellschaft gemacht, in der sie sich eingebettet finden als Ergebnis des Zufalls, dass sie zu einer bestimmten Zeit und an einem bestimmten Ort geboren sind. Ein Mensch, der von einer Hochreligion erleuchtet und inspiriert ist, hat die geistige Kraft empfangen, sich seiner Gesellschaft als unabhängige sittliche Macht gegenüberzustellen. Er ist in die Lage versetzt worden, seine Gesellschaft von außen zu besehen und sie von einem geistig höheren Standpunkt aus zu beurteilen, als ihr eigener es ist. Und diese geistige Befreiung hat ihm die moralische Verpflichtung auferlegt, seiner Gesellschaft kritisch zu begegnen und im äußersten Fall auf eigene Gefahr ihren Befehlen den Gehorsam zu verweigern, wenn er zu der Überzeugung kommt, dass diese dem höheren Standpunkt der Ethik, von dem er nun Kenntnis hat, zuwiderlaufen. Als sittlich freies Wesen ist er auch sittlich gehalten, Gott mehr zu gehorchen als seinen Mitmenschen, wenn er vor diese gewaltige Entscheidung gestellt wird. Wenn er sich seiner Gesellschaft widersetzt, muss er natürlich auf das Martyrium gefasst sein; aber wenn seine Gesellschaft ihn zum Märtyrer macht, wird sie ihre eigene Niederlage heraufbeschwören, und zwar durch die Prinzipien, für die der Märtyrer sein Leben hingegeben hat.

Diese geistige Freiheit bis zum möglichen Preis des Martyriums ist, wie wir schon bemerkt haben, die Quelle der Freiheit in jeder anderen Sphäre, der politischen, der wirtschaftlichen, der ästhetischen. Die religiöse Sphäre ist die erste, in der Menschen ihre individuelle Freiheit gewonnen haben, und die Hochreligionen sind die ursprünglichen befreienden Wirkkräfte gewesen. [...]

Die Hochreligionen haben damit, dass sie die Menschen aus ihrem unzeitlichen sozialen Gefängnis befreit haben, der Menschheit eine große Wohltat erwiesen; aber die-

---

1 monolithisch: aus einem Stück bestehend

2 Neues Testament, 1. Brief des Apostel Paulus an die Gemeinde in Korinth

se Wohltat musste wie die meisten Wohltaten mit einem Preis bezahlt werden, der dem Eigenwert der Wohltat entspricht. Das Aufleuchtenlassen von Wahrheiten und die Lebenshilfen, die jeder Stifter einer höheren Religion seinen Anhängern gegeben hat, waren und sind erstaunlich neu und wohltätig. Die Stifter der historischen Hochreligionen gehören in der Tat zu den bei weitem größten menschlichen Persönlichkeiten, die bislang aufgetreten sind; und heute, mehr als 1.300 Jahre nach dem Tod des jüngsten von ihnen, üben alle diese Religionsstifter einen weit größeren Einfluss auf das Leben einer weit größeren Zahl von Menschen aus als irgendjemand, der vor ihnen gelebt hat – oder nach ihnen leben wird, einschließlich natürlich der Menschen, die kurzlebig in unseren Zeitungsschlagzeilen erscheinen. Die Stifter der historischen Religionen haben so Großes bewirkt, dass ihnen von ihren Anhängern eine Leistung zugeschrieben worden ist, die die Kraft auch des allergrößten Mannes oder der allergrößten Frau übersteigt. Man glaubt, dass die Stifter die totale und endgültige Wahrheit und die totalen und endgültigen Mittel zu geistiger Rettung entdeckt oder durch Offenbarung empfangen haben. [...]
Die Glaubensaussagen der Muslime, Christen und Juden stimmen darin überein, dass die Offenbarung, die ihnen Gott gegeben hat (welche von den dreien es immer sei), vollkommen und endgültig und ausschließlich ist. Dessen ungeachtet haben die drei judaistischen Religionen ein Register von Intoleranz, Hass, Bosheit, Lieblosigkeit und Verfolgung aufzuweisen, das schwarz ist im Vergleich mit dem Register des Buddhismus. [...] Der Hader zwischen den drei Religionen ist an Erbitterung und Grausamkeit nur übertroffen worden durch den Hader in ihren eigenen Reihen zwischen den Sekten, in die sie sich gespalten haben. Häretiker haben mehr Feindseligkeit hervorgerufen als Ungläubige. [...]
Es ist wahr, dass einige der Hochreligionen neue eigene soziale Gefängnisse gebaut haben. Religion ist ebenso soziales wie persönliches Handeln; soziales Handeln erfordert auf jedem Gebiet einen institutionellen Apparat, und einige Zweige mancher Hochreligionen haben autoritäre kirchliche Organisationen aufgerichtet, die gedroht haben, zwischen das menschliche Einzelwesen und die letzte geistige Wirklichkeit zu treten, so wie die urzeitliche Gesellschaft dies getan hat. Dieses autoritäre Verhalten steht jedoch im Widerspruch zum wesentlichen Ziel und zum Daseinszweck der Hochreligionen. [...]
Der Mensch ist kein soziales Insekt; er ist eine Person. Indem sie seine Persönlichkeit freisetzen, haben die Hochreligionen den Menschen schließlich und endlich in den Besitz seines menschlichen Geburtsrechtes gebracht. Der Mensch existiert nicht um der Gesellschaft willen. Sein Ziel ist Gemeinschaft und Harmonie mit der letzten geistigen Wirklichkeit, und die Gesellschaft ist um dieses persönlichen geistigen Suchens willen da. Die Hochreligionen haben den Menschen diese Wahrheit über sich selbst gelehrt. Es erscheint unwahrscheinlich, dass es den Ideologien[1] gelingen wird, ihn dies vergessen zu machen.

[1] Ideologie (gr.): Ideenlehre; weltanschauliche Konzeption, die ihre Idee absolut setzt (z. B. Nationalsozialismus)

Herbert Schnädelbach: Religion in der modernen Welt, Frankfurt a. M. (Fischer) 2009

1 Worin sieht Toynbee die Bedeutung bzw. Leistung der Weltreligionen?

2 Welchen Gefahren sind die Weltreligionen ausgesetzt bzw. erlegen?

3 Wie grenzt Toynbee die Hochreligionen von Ideologien ab? Nehmen Sie dazu kritisch Stellung.

4 Lesen Sie zum Wahrheitsanspruch und zum Verhältnis der (Offenbarungs-) Religionen untereinander die Ringparabel in Lessings „Nathan der Weise“ (s. dazu S. 368 f.) und nehmen Sie dazu begründet Stellung.

5 Religion als Befreiung oder als „soziales Gefängnis“ – wie sind Ihre Erfahrungen?

Ethos der Weltreligionen

Das Gesetz befolgen: Ethos des Judentums

Die Zehn Gebote

Marc Chagall (1887 – 1985): Moses empfängt die Gesetzestafeln

Die 10 Gebote (Dekalog) waren die erste Grundlage für den Bund Gottes mit Israel am Sinai. Nach der Flucht aus Ägypten bestieg Mose den Berg Sinai, um zu Gott zu beten. Dabei erhielt er in einer Offenbarung zehn Gebote, die er seinem Volk auf zwei Steintafeln überbrachte. Als Mose vom Berg herabkam, war das Volk wegen der langen Wartezeit schon von Jahwe abgefallen und hatte sich selbst ein goldenes Kalb als Götzen geschaffen (s. S. 311). Mose stellte die Ordnung wieder her, indem er das Götzenbild zerstörte.

Ich bin Jahwe, dein Gott, der dich aus Ägypten geführt hat, aus dem Sklavenhaus. Du sollst neben mir keine anderen Götter haben. Du sollst dir kein Gottesbildnis machen, das irgendetwas darstellt am Himmel droben, auf der Erde unten oder im Wasser unter der Erde. Du sollst dich nicht vor anderen Göttern niederwerfen und dich nicht verpflichten, ihnen zu dienen. Denn ich, der Herr, dein Gott, bin ein eifersüchtiger Gott: Bei denen, die mir feind sind, verfolge ich die Schuld der Väter an den Söhnen und an der dritten und vierten Generation; bei denen, die mich lieben und auf meine Gebote achten, erweise ich Tausenden meine Huld.
Du sollst den Namen des Herrn, deines Gottes, nicht missbrauchen; denn der Herr lässt nicht ungestraft, der seinen Namen missbraucht. Achte auf den Sabbat: Halte ihn heilig, wie es dir der Herr, dein Gott, zur Pflicht gemacht hat. Sechs Tage darfst du schaffen und jede Arbeit tun. Der siebte Tag ist ein Ruhetag, dem Herrn, deinem Gott, geweiht. An ihm darfst du keine Arbeit tun: du, dein Sohn und deine Tochter, dein Sklave und deine Sklavin, dein Rind, dein Esel und dein ganzes Vieh und der Fremde, der in deinen Stadtbereichen Wohnrecht hat. Dein Sklave und deine Sklavin sollen sich ausruhen wie du. Denk daran: Als du in Ägypten Sklave warst, hat dich der Herr, dein Gott, mit starker Hand und hoch erhobenem Arm dort herausgeführt. Dann hat es dir der Herr, dein Gott, zur Pflicht gemacht, den Sabbat zu halten.
Ehre deinen Vater und deine Mutter wie es dir der Herr, dein Gott, zur Pflicht gemacht hat, damit du lange lebst und es dir gut geht in dem Land, das der Herr, dein Gott, dir gibt.
Du sollst nicht morden. Du sollst nicht die Ehe brechen, du sollst nicht stehlen, du sollst nichts Falsches gegen deinen Nächsten aussagen, du sollst nicht nach der Frau deines Nächsten verlangen, und du sollst nicht das Haus deines Nächsten begehren, nicht sein Feld, seinen Sklaven oder seine Sklavin, sein Rind oder seinen Esel, nichts, was deinem Nächsten gehört.

(3. Buch Mose [Deuteronomium] 5,6–21)

1 Worin sehen Sie Sinn und ethische Relevanz dieser Gebote?

2 Diskutieren Sie, ob diese Gebote heute noch uneingeschränkte Geltung beanspruchen können. Verfassen Sie ggf. eine geänderte Version.

Aus Lehre und Geschichte des Judentums*

Das Judentum ist die älteste der drei **Offenbarungsreligionen** (Judentum, Christentum, Islam), die u. a. durch ihre Herkunft (Abraham) und durch das Bekenntnis zum Monotheismus sowie durch den Besitz „heiliger Bücher" miteinander verwandt sind und für die Jerusalem als „heilige Stadt" gilt.

Kernbotschaft des Judentums ist die Selbstoffenbarung des **einen** Gottes, der die Welt und die Menschen erschaffen und mit Abraham und dem Volk Israel, dem „auserwählten Volk", einen **Bund** geschlossen hat. Bestandteil des Bundes mit Gott ist u.a. das Wohnrecht in dem von Gott verheißenen „Heiligen Land", aus dem das Volk Israel mehrmals vertrieben wurde. Zur Kernbotschaft gehört auch die **Erwartung des kommenden Messias**, des Erlösers, der in der letzten Phase der Geschichte auftreten und ein Reich des Friedens für die Juden und die Welt auf Erden errichten wird.

Das Gesetz ist eine Willensoffenbarung Jahwes[1] und Grundlage des Bundesverhältnisses zwischen ihm und dem Volk Israel. Insofern gilt das Judentum (wie auch der Islam) als „klassische Gesetzesreligion". Weil das Gesetz göttlichen Ursprungs und damit Ausdruck des göttlichen Willens ist, ist seine Befolgung für den Gläubigen verbindlich. Es regelt durch Normen und Vorschriften sowohl das religiöse wie auch das alltägliche Leben und hilft dem Menschen, das Gute zu tun. Missachtung des Gesetzes wird von Gott bestraft, was zu der spezifisch jüdischen Einstellung führte, im vielfach erfahrenen, entsetzlichen Leid eine Züchtigung und Prüfung Gottes zu sehen.

Wie in den anderen Religionen haben sich auch im Judentum **verschiedene Richtungen** herausgebildet: Sie reichen von strenger Orthodoxie (die z. B. einem säkularen Staat Israel ablehnend gegenübersteht und die untrennbare Einheit von Religion und Staat/Gesellschaft betont) bis hin zum Reformjudentum (das z. B. Frauen als Rabbiner und somit als Lehrer und Leiter einer Gemeinde zulässt oder Ehen von Juden mit Nichtjuden einsegnet).

Aufgrund des Bewusstseins, **zugleich Volk und Religion** zu sein, kennt das Judentum keine Missions- und Bekehrungsversuche anderer Völker.

---

[1] Jahwe (hebr.: „Ich bin, der ich bin", Exodus 3,14): Gottesname in der hebräischen Bibel

Die Tora, das mosaische Gesetz: Die ersten fünf Bücher der Bibel, die „Fünf Bücher Mose" (Genesis, Exodus, Leviticus, Deuteronomium, Numeri), bilden eine Einheit, die in der hebräischen Bibel „Tora" genannt wird. Die Grundbedeutung von „Tora" ist „Auskunft", „Lehre", „Wegweisung für das Leben". Kennzeichen dieser Bücher ist, dass geschichtliche Erzählungen mit Unterweisungen verknüpft sind. Sie stellen somit eine Verbindung von Geschichte und Gesetz dar. Die Hebräische Bibel (für Christen: „Altes Testament") enthält 24 kanonisierte (festgelegte) Schriften in drei Gruppen: die Tora, die prophetischen Bücher (u. a. Jeremias, Könige I/II) und die Hagiografen (heilige Schriften, u. a. Psalmen, Hiob, Hoheslied).

Torarolle

Daten zur Geschichte des Judentums

Ca. 1800 v. Chr.: Abraham zieht in das von Gott verheißene „Gelobte Land."
Ca. 1250 v. Chr.: Moses: Auszug (Exodus) aus ägyptischer Sklaverei; Empfang der Zehn Gebote (Dekalog) am Berg Sinai
Ca. 1000 v. Chr.: Königszeit (Saul, David, Salomon); Errichtung des Tempels in Jerusalem
6. Jh. v. Chr.: Babylonisches Exil; Zerstörung des Tempels
70 n. Chr.: Zweite Zerstörung des Tempels durch Rom, danach Diaspora (Zerstreuung in alle Welt)
7. Jh.: Eroberung des Heiligen Landes durch den Islam
1096–1291: Kreuzzugszeit
1516: Palästina wird Bestandteil des Osmanischen Reiches.
Ende des 19. Jh.: nach antisemitischen Pogromen in Osteuropa Einsetzen der Wiedereinwanderung von Juden nach Palästina
1933–1945: Verfolgung und Vernichtung (Holocaust) deutscher und europäischer Juden durch den Nationalsozialismus
1948: Gründung des Staates Israel nach Abzug der Engländer aus Palästina
1948/49, 1967, 1973: Kriege zwischen Israel und seinen arabischen Nachbarländern
seit 1987: in Israel Wechsel zwischen Aufständen der Palästinenser („Intifada"), Friedensverhandlungen, militärischen Auseinandersetzungen, Terroranschlägen und zunehmender Radikalisierung bei beiden Konfliktparteien. Eine Lösung des Nahostkonfliktes ist nicht in Sicht. Heute (2010) leben Juden in vielen Ländern der Welt, die meisten in den USA (43,5 %) und in Israel (38,4 %). In Deutschland gibt es zurzeit ca. 100 000 Juden.

Den Nächsten lieben: Ethos des Christentums

Die **Bergpredigt** (Neues Testament: Matthäus 5,1–7,29) ist eine Darstellung des ethischen Verständnisses Jesu. In der Formulierung „Ihr habt gehört, dass zu den Alten gesagt worden ist ...“ bezieht sich Jesus auf die Tora, das mosaische Gesetz.
An anderer Stelle fasst Jesus seinen ethischen Anspruch in dem Doppelgebot zusammen: „Du sollst den Herrn, deinen Gott, lieben mit ganzem Herzen, mit ganzer Seele und mit all deinen Gedanken. Das ist das erste und wichtigste Gebot. Ebenso wichtig ist das zweite: Du sollst deinen Nächsten lieben wie dich selbst. An diesen beiden Geboten hängt das ganze Gesetz samt den Propheten.“ (Matthäus 22, 37–40)

Die Bergpredigt

Mt. 5,1 Als er aber die Volksscharen sah, stieg er auf den Berg, und als er sich gesetzt hatte, traten seine Jünger zu ihm.
2 Und er öffnete seinen Mund und lehrte sie:
3 „Selig die Armen im Geiste, denn ihrer ist das Himmelreich.
4 Selig die Trauernden, denn sie werden getröstet werden.
5 Selig die Sanftmütigen, denn sie werden das Land besitzen.
6 Selig, die hungern und dürsten nach der Gerechtigkeit, denn sie werden gesättigt werden.
7 Selig die Barmherzigen, denn sie werden Barmherzigkeit erlangen.
8 Selig, die reinen Herzens sind, denn sie werden Gott schauen.
9 Selig die Friedensstifter, denn sie werden Söhne Gottes heißen.
10 Selig, die verfolgt werden um der Gerechtigkeit willen, denn ihrer ist das Himmelreich.
11 Selig seid ihr, wenn sie euch schmähen und verfolgen und euch alles Böse lügnerisch nachsagen um meinetwillen.
12 Freut euch und frohlocket, denn euer Lohn ist groß im Himmel. Denn so haben sie auch die Propheten vor euch verfolgt. [...]
19 Wer also eines dieser geringsten Gebote aufhebt und die Menschen so lehrt, wird der Geringste heißen im Himmelreich, wer sie aber tut und lehrt, wird groß heißen im Himmelreich.
20 Denn ich sage euch: Wenn eure Gerechtigkeit nicht weit vollkommener sein wird als die der Schriftgelehrten und Pharisäer, so werdet ihr nicht ins Himmelreich eingehen.
21 Ihr habt gehört, dass zu den Alten gesagt worden ist: Du sollst nicht töten. Wer aber tötet, der soll dem Gericht verfallen sein.
22 Ich aber sage euch: Jeder, der seinem Bruder zürnt, soll dem Gericht verfallen sein. Wer aber zu seinem Bruder sagt: Du Dummkopf!, soll dem Hohen Rat verfallen sein. Und wer sagt: Du Narr!, der soll der Feuerhölle verfallen sein. [...]
27 Ihr habt gehört, dass gesagt wurde: ‚Du sollst nicht ehebrechen.‘
28 Ich aber sage euch: Jeder, der eine Frau begehrlich anblickt, hat in seinem Herzen schon die Ehe mit ihr gebrochen.
29 Wenn dich daher dein rechtes Auge zur Sünde reizt, so reiß es aus und wirf es von dir. Es ist besser für dich, dass eines deiner Glieder verloren geht, als dass dein ganzer Leib in die Hölle geworfen wird.
30 Und wenn dich deine rechte Hand zur Sünde reizt, so hau sie ab und wirf sie von dir. Denn es ist besser für dich, dass eines deiner Glieder verloren geht, als dass dein ganzer Leib in die Hölle fährt.
38 Ihr habt gehört, dass gesagt ist: ‚Aug um Aug‘ und ‚Zahn um Zahn‘. Ich aber sage euch: Widersteht dem Bösen nicht, sondern wer dich auf die rechte Wange schlägt, dem halte auch die andere hin, und dem, der dich vor Gericht bringen und deinen Rock nehmen will, dem lass auch den Mantel. [...]
43 Ihr habt gehört, dass gesagt worden ist: Du sollst deinen Nächsten lieben und deinen Feind hassen.
44 Ich aber sage euch: Liebet eure Feinde und betet für die, die euch verfolgen.

Die Bergpredigt und das prophetische Buch Micha im Alten Testament sind zentrale Quellen für die (christliche) Friedensbewegung und den **Pazifismus** (von lat. pax = Friede). Der Pazifismus lehnt jegliche Form der Gewaltanwendung ab und fordert kompromisslose Friedensbereitschaft. Er befürwortet gegenüber einem Aggressor Formen sozialer Verteidigung (z. B. Boykott) und Formen zivilen Ungehorsams und passiven Widerstands (s. S. 260).

Dietrich Bonhoeffer: Brief aus dem Gefängnis an Eberhard Bethge, 21.7.1944

Dietrich Bonhoeffer saß seit 1943 wegen seines Widerstandskampfes gegen das NS-Regime im Gefängnis. Nach dem fehlgeschlagenen Attentat auf Hitler am 20. Juli 1944 durch die Gruppe um Claus von Stauffenberg, zu der Bonhoeffer enge Beziehungen hatte, verschärften sich seine Haftbedingungen. Am 9. April 1945, einen Monat vor Kriegsende, wurde Dietrich Bonhoeffer im KZ Flossenbürg hingerichtet.
Diesen Brief verfasste er, nachdem er die Nachricht vom Scheitern des Stauffenberg-Attentats erhalten hatte.

Dietrich Bonhoeffer
(1906–1945) war ein bedeutender Theologe und Widerstandskämpfer gegen das NS-Regime.

Heute will ich Dir nur einen kurzen Gruß schicken. Ich denke, Du wirst in Gedanken so oft und viel hier bei uns sein, dass Du Dich über jedes Lebenszeichen freust, auch wenn das theologische Gespräch einmal ruht. Zwar beschäftigen mich die theologischen Gedanken unablässig, aber es kommen dann doch auch Stunden, in denen man sich mit den unreflektierten Lebens- und Glaubensvorgängen genügen lässt. [...]
Ich habe in den letzten Jahren mehr und mehr die tiefe Diesseitigkeit des Christentums kennen und verstehen gelernt. Nicht ein *homo religiosus*[1], sondern ein Mensch schlechthin ist der Christ, wie Jesus [...] Mensch war. Nicht die platte und banale Diesseitigkeit der Aufgeklärten, der Betriebsamen, der Bequemen oder der Lasziven[2], sondern die tiefe Diesseitigkeit, die voller Zucht ist und in der die Erkenntnis des Todes und der Auferstehung immer gegenwärtig ist, meine ich. [...]
Ich erinnere mich eines Gespräches, das ich vor 13 Jahren in A. mit einem französischen jungen Pfarrer hatte. Wir hatten uns ganz einfach die Frage gestellt, was wir mit unserem Leben eigentlich wollten. Da sagte er: Ich möchte ein Heiliger werden (– und ich halte für möglich, dass er es geworden ist –); das beeindruckte mich damals sehr. Trotzdem widersprach ich ihm und sagte ungefähr: Ich möchte glauben lernen. Lange Zeit habe ich die Tiefe dieses Gegensatzes nicht verstanden. Ich dachte, ich könnte glauben lernen, indem ich selbst so etwas wie ein heiliges Leben zu führen versuchte.
[...]
Später erfuhr ich und ich erfahre es bis zur Stunde, dass man erst in der vollen Diesseitigkeit des Lebens glauben lernt. Wenn man völlig darauf verzichtet hat, aus sich selbst etwas zu machen – sei es einen Heiligen oder einen bekehrten Sünder oder einen Kirchenmann, [...], einen Gerechten oder Ungerechten, einen Kranken oder einen Gesunden – und dies nenne ich Diesseitigkeit, nämlich in der Fülle der Aufgaben, Fragen, Erfolge und Misserfolge, Erfahrungen und Ratlosigkeiten leben, – dann wirft man sich Gott ganz in die Arme, dann nimmt man nicht mehr die eigenen Leiden, sondern das Leiden Gottes in der Welt ernst, [...] und ich denke, das ist Glaube [...] und so wird man ein Mensch, ein Christ [...]. Wie sollte man bei Erfolgen übermütig oder an Misserfolgen irrewerden, wenn man im diesseitigen Leben Gottes Leiden mitleidet?
Du verstehst, was ich meine, auch wenn ich es so kurz sage. Ich bin dankbar, dass ich das habe erkennen dürfen, und ich weiß, dass ich es nur auf dem Wege habe erkennen können, den ich nun einmal gegangen bin. Darum denke ich dankbar und friedlich an Vergangenes und Gegenwärtiges.

1 Worin sieht Bonhoeffer das Wesen des Christentums?

2 Prüfen Sie, ob seine Ansicht mit den Aussagen des Apostels Paulus (s. S. 143) vereinbar ist.

---

1 homo religiosus (lat.): religiöser Mensch
2 lasziv: lüstern, verdorben

Den Willen Gottes tun: Ethos des Islam

Koran: Sure 17[1]

Die fünf Pflichten der Muslime (Säulen des Islam):
1. Das Glaubensbekenntnis, das mehrmals täglich gesprochen werden soll: „Es gibt keinen Gott außer Allah, Mohammed ist Gesandter Allahs.“
2. Das rituelle Gebet, das fünfmal am Tag an einem sauberen Ort (z. B. Teppich) nach rituellen Waschungen in Richtung Mekka gesprochen werden muss.
3. Die Almosenabgabe als Buße für eigene Sünden und Hilfe für die Bedürftigen.
4. Das Fasten im Monat Ramadan. In dieser Zeit ist nur zweimal am Tag, vor Sonnenaufgang und nach Sonnenuntergang, das Essen erlaubt.
5. Die Pilgerfahrt nach Mekka, die der Muslim einmal im Leben, wenn Gesundheit und finanzielle Situation es erlauben, machen soll.

22 Setz nicht (dem einen) Gott einen anderen Gott zur Seite, damit du (schließlich) nicht getadelt und verlassen dasitzt! 23 Und dein Herr hat bestimmt, dass ihr ihm allein dienen sollt. Und zu den Eltern (sollst du) gut sein. Wenn eines von ihnen (Vater oder Mutter) oder (alle) beide bei dir (im Haus) hochbetagt geworden (und mit den Schwächen des Greisenalters behaftet) sind, dann sag nicht „Pfui!“ zu ihnen und fahr sie nicht an, sondern sprich ehrerbietig zu ihnen, 24 und senke für sie in Barmherzigkeit den Flügel der (Selbst)erniedrigung (d. h., benimm dich ihnen gegenüber aus Barmherzigkeit freundlich und gefügig) und sag: „Herr! Erbarm dich ihrer (ebenso mitleidig), wie sie mich aufgezogen haben, als ich klein (und hilflos) war!“ 25 Euer Herr weiß sehr wohl, was ihr in euch bergt. (Er erkennt,) falls ihr rechtschaffen seid, (euren guten Willen an, auch wenn ihr seinen Geboten nicht durchweg nachzukommen vermögt). Den Bußfertigen ist er bereit zu vergeben. 26 Und gebt dem Verwandten, was ihm (von Rechts wegen) zusteht, ebenso dem Armen und dem, der unterwegs ist (oder: dem, der dem Weg (Gottes) gefolgt (und dadurch in Not gekommen) ist); (w. dem Sohn des Wegs)! Aber sei (dabei) nicht ausgesprochen verschwenderisch! 27 Diejenigen, die verschwenderisch sind, sind Brüder der Satane. Und der Satan ist seinem Herrn gegenüber undankbar. 28 Und falls du dich von ihnen abwendest (ohne ihnen etwas zu geben), indem du erwartest, dass dein Herr, wie du hoffst, sich (ihrer) erbarmen wird (oder: indem du aufgrund eigener Bedürftigkeit) erwartest, dass dein Herr, wie du hoffst, sich (deiner) erbarmen (und deine eigene Not beheben) wird, dann sprich (wenigstens) begütigend zu ihnen! 29 Mach nicht, dass deine Hand (gleichsam) an deinen Hals gefesselt ist (d. h., knausere nicht mit deinen Gaben)! Aber streck sie (auch) nicht vollständig aus (indem du hemmungslos Geschenke austeilst), damit du (schließlich) nicht getadelt und (aller Mittel) entblößt dasitzt! 30 Dein Herr teilt den Unterhalt (reichlich) zu (w. breitet den Unterhalt (mit offener Hand) aus), wem er will, und begrenzt (ihn auch wieder) (w. misst (ihn) ab). Er kennt und durchschaut seine Diener (d. h. die Menschen). 31 Und tötet nicht eure Kinder aus Furcht vor Verarmung! Wir bescheren ihnen und euch (den Lebensunterhalt). Sie zu töten ist eine schwere Verfehlung. 32 Und lasst euch nicht auf Unzucht ein! Das ist etwas Abscheuliches – eine üble Handlungsweise! 33 Und tötet niemand, den (zu töten) Gott verboten hat, außer wenn ihr dazu berechtigt seid! Wenn einer zu Unrecht getötet wird, geben wir seinem nächsten Verwandten Vollmacht (zur Rache). Er soll (aber) dann im Töten nicht maßlos sein (und sich mit der bloßen Talio[2] begnügen). Ihm wird ja (beim Vollzug der Rache) geholfen.

Der **Koran** (arab. „Rezitationstext“), das heilige Buch des Islam, wurde 609/610 und 632 n. Chr. dem Propheten Muhammad in arabischer Sprache geoffenbart. Der Koran enthält 114 Suren (Abschnitte), die z. T. ihrer Länge nach geordnet sind. Die zuerst geoffenbarte Sure ist die Sure 96. Die endgültige Textfassung erfolgte unter dem dritten Kalifen Othman (644–656 n. Chr.). Da Allah als alleiniger Urheber des Koran gilt, ist eine historisch-kritische Exegese (Auslegung; Textwissenschaft) unzulässig.

---

[1] Die in Klammern gesetzten Ergänzungen sind Verstehenshilfen des Übersetzers.
[2] Talio: Vergeltung durch Zufügung des gleichen Übels (s. S. 252)

Aus Geschichte und Lehre des Islam*

Der Islam ist die jüngste der Weltreligionen – seine Gründung wird auf 622 n. Chr., das Jahr der Flucht Mohammeds von Mekka nach Medina festgelegt – und ist nicht nur ein religiöses, sondern auch ein politisches Phänomen. In manchen islamischen Staaten besteht deshalb das Bestreben, das staatliche Recht komplett an religiösen Vorschriften (**Scharia**) auszurichten, denn in der Mehrzahl der Staaten in der islamischen Welt (Ausnahme z. B. Saudi-Arabien) gilt die Scharia heute nur noch im Bereich des Familien- und Erbrechts, in der Türkei wurde sie 1926 gänzlich abgeschafft.

Der Islam ist eine **Offenbarungsreligion**, d. h. seine Entstehung und seine Lehre gründen auf dem Glauben an die Offenbarung Gottes. Wie Abraham, Mose und Jesus wurde auch Mohammed zum Sprachrohr Gottes und verkündete die ihm zuteilgewordene Lehre. Er lebte in Arabien in polytheistischer Umwelt. Die Offenbarung wurde ihm durch den Erzengel Gabriel zuteil. Mohammed traf zunächst auf Unglauben und musste aus Mekka fliehen. In Medina fand er Gehör. Diese Botschaft, als heiliger Text im Koran überliefert, macht den Islam zu einer „Religion des Buches", jedoch mit dem Anspruch, die in der jüdischen Tora und im christlichen Evangelium begonnene, aber entstellte Offenbarung Gottes letztgültig und wahr wiederzugeben. Es sind aber nicht nur die Glaubensformeln, durch die ein Muslim („der den Willen Gottes erfüllt") seine Identität erfährt, sondern auch bestimmte festgelegte Handlungen, die sich in den **fünf Säulen** konkretisieren und im Ritus die – übernationale – Gemeinschaft aller Muslime (**„Umma"**) bewirken.

Besonderer Eifer bei der Verfolgung dieser Glaubensregeln wird im Koran unter dem Begriff **„Dschihad"** ausdrücklich verlangt. Heute wird dieser Begriff aber immer häufiger als „Heiliger Krieg gegen die Ungläubigen" verstanden. In der Auffassung des Dschihad-Begriffs spiegelt sich demnach die ganze Bandbreite, die es im politischen Verständnis des Islam gibt. Sie reicht von aggressiven „islamischen Gottesstaaten" (Iran) oder anderen streng islamisch regierten Ländern und Bewegungen (Saudi-Arabien, Hamas, Hisbollah) über Zwischenstufen bis zu Staaten, die das Konzept der Trennung von Staat und Religion (Laizismus) streng durchführen (Türkei) und den Islam zur reinen Privatsache erklären. Der politische Islam ist demnach eine Angelegenheit, die differenziert zu betrachten ist.

Die ethische Leitlinie für das rechte Handeln sehen die Muslime in der Lehre des Korans und im vorbildlichen Lebens Mohammeds, wobei umstritten ist, ob der Islam einen freien Willen des Menschen überhaupt voraussetzt oder ob nicht Allah alles und damit auch alle Handlungen der Menschen vorherbestimmt. Der Koran bietet Belegstellen für beide Ansichten.

Vergleichen Sie einzelne Aussagen der Sure 17 mit den moralischen Geboten anderer Religionen und mit Bestimmungen der UN-Menschenrechtsdeklaration (s. S. 257). Ziehen Sie zu diesem Vergleich die Vorschläge Küngs zu einem religiös begründeten „Weltethos" heran (s. S. 348).

Sich um den Erhalt der Welt sorgen: Ethos des Hinduismus

Statue des Hindu-Gottes Shiva auf der Insel Mauritius

Angelika Malinar: Grundzüge einer Ethik des Hinduismus

Moralische Verhaltensregeln und die allgemeinen Regeln des Zusammenlebens werden im Hinduismus zumeist unter dem Begriff *dharma* verhandelt. [...] Es gibt [...] allgemeine Verhaltensregeln, die für alle in jeder Situation den Maßstab für das richtige Verhalten setzen. Solche Gebote werden als ‚allgemeine Gesetze' bezeichnet und im Gesetzbuch des Manu wie folgt formuliert: „Gewaltlosigkeit, Wahrhaftigkeit, Verzicht auf unrechtmäßige Aneignung fremder Besitztümer, Reinlichkeit und Zügelung der Sinnesvermögen. So lautet zusammengefasst der Regelkatalog, der die Lebensführung in allen sozialen Schichten bestimmen soll." Dieser Katalog umreißt die verschiedenen Aspekte richtigen Verhaltens recht deutlich. Er umfasst zum einen, was in westlichen Kontexten als ‚moralische' Regeln bezeichnet werden würde, wie etwa Wahrheitsliebe sowie Verbot von Gewalt und Diebstahl, und zum anderen Anweisungen, die den Lebensstil betreffen, wie etwa ‚Reinlichkeit'. [...] Dazu gehören auch die Verhaltensweisen, die mit dem Begriff *sattva* zusammengefasst werden. Damit wird ein ‚reiner' Lebensstil beschrieben, der dem Einzelnen die Konzentration auf Erkenntnisziele und spirituelle Werte ermöglicht, wie er etwa durch Vegetarismus, Lektüre religiöser Texte usw. signalisiert wird.

Allgemein gilt, dass eine Konzentration auf die ‚höheren Ziele' erst dann ernst genommen wird, wenn der Einzelne zeigt, dass er die allgemeinen Verhaltensregeln befolgen kann und z. B. aufrichtig ist, keine Tiere quält oder die Regeln der Reinlichkeit praktiziert. Es soll eine Übereinstimmung zwischen Wissen und Handeln herrschen: Die nur äußerliche Unterdrückung von Wünschen ist falsch, wenn man sich gleichzeitig in seinem Denken andauernd mit ihnen beschäftigt. [...]

Nur die Zügelung eines egoistischen, mit der Verwirklichung von Wünschen und Interessen beschäftigten Denkens führt zur richtigen Praxis. Das ist im Kern auch eine der wichtigsten Lehren der *Bhagavadgītā*, dem *karmayoga*, der Lehre von der Selbstbeherrschung im Handeln. Sie beinhaltet zwei Aspekte: Zum einen soll man die einem zukommenden Aufgaben und Pflichten erfüllen, um damit die Weltordnung zu erhalten. Die Sorge um den Erhalt der Welt ersetzt die Orientierung an den eigenen Wünschen. Zum anderen wird diese Haltung als Verehrung des Gottes gedeutet, der die Welt geschaffen und damit die Erlösung der Lebewesen ermöglicht hat [...]. Gerade aufgrund der Verbindung zwischen moralischen Regeln und Lebensstil gelten die o. g. allgemeinen Regeln für Hindus auf allen Ebenen ihrer Religion und ihres Lebens.

Ein vielleicht besonders wichtiges Prinzip ist die *ahimsā*, die Gewaltlosigkeit bzw. Gewaltvermeidung. Dieses Gebot wird im modernen Hinduismus vor allem von Mahatma Gandhi und seinem ‚gewaltlosen Widerstand' gegen die britische Kolonialherrschaft repräsentiert. Die *ahimsā* ist zum einen auf die Lehre vom *karman* bezogen, wonach Gewalt zu besonders negativen Belastungen im nächsten Leben führt; zum anderen mit der Lehre, dass allen Lebewesen – auch Tieren und Pflanzen – ein ‚unsterbliches Selbst' innewohnt; wie verdunkelt und unmerklich es auch sein mag. Deshalb soll man anderen Lebewesen so wenig Leid wie möglich zufügen und auf Gewalt verzichten. Allerdings gilt das Prinzip der Leidvermeidung auch für einen selbst und beinhaltet deshalb die Sorge um sich.

1 Was beinhaltet die „Lehre von der Selbstbeherrschung im Handeln" (Z. 25 f.)?

2 Vergleichen Sie die Ethik des Hinduismus und die des Buddhismus miteinander. Erstellen Sie dazu eine tabellarische Übersicht.

Nach Vollkommenheit streben: Ethos des Buddhismus

Der Buddha: Erste Rede in Benares an die fünf neu gewonnenen Jünger

Es ist dies der edle achtfache Pfad, der da heißt: rechte Anschauung, rechte Gesinnung, rechtes Wort, rechte Tat, rechtes Leben, rechtes Streben, rechtes Überdenken und rechtes Sichversenken.

Dies ist, ihr Mönche, der mittlere Weg, der durch den Vollendeten entdeckt wurde, der Schau und Erkenntnis bewirkt und zur Ruhe, zum Wissen, zur Erleuchtung, zum Verlöschen führt. Wahrlich, ihr Mönche, das ist die edle Wahrheit vom Leiden: Geburt ist leidvoll, Alter ist leidvoll, Krankheit ist leidvoll, der Tod ist leidvoll, mit Unlieben vereint, von Lieben getrennt sein ist leidvoll, nicht erlangen, was man begehrt, ist leidvoll, kurz die fünf Gruppen von Daseinsfaktoren, die das Hängen an der Welt verursachen, sind leidvoll.

Dies fürwahr, ihr Mönche, ist die edle Wahrheit vom Entstehen des Leidens: Es ist der Durst, welcher zur Wiedergeburt führt, der vereint mit Freude und Begehren sich hier und dort an diesem ergötzt, der Durst nach den Begierden, der Durst nach dem Werden, der Durst nach dem Entwerden.

Fürwahr, ihr Mönche, dies ist die edle Wahrheit von dem Vergehen des Leidens: jenes Vergehen durch das restlose Aufgeben der Leidenschaft; die Entsagung, das Verlassen, das Freiwerden, das sich Abwenden von dem Durst. [...]

Und es stieg mir die Erkenntnis und innere Schau auf: Unwandelbar ist für mich die Befreiung des Geistes. Dies ist die letzte Geburt, nicht gibt es nun ein Wiedersein.

Der Buddha in der Geste, mit der er das Rad der Lehre andreht.

Nach langer mündlicher Tradition wird die Lehre in Pali bzw. Sanskrit aufgezeichnet und kanonisiert (Pali-Kanon; 1. Jh. v. Chr.). „Buddha" bedeutet „der Erwachte" oder „der Erleuchtete" und ist ein Ehrentitel. Er bezieht sich in erster Linie auf **Siddhartha Gautama**, den historischen Buddha, aber auch auf andere Erleuchtete. Siddhartha lebte von ca. 563 bis 483 v. Chr. im Norden Indiens. Aufgewachsen in der Abgeschlossenheit und dem Luxus des väterlichen Palastes, lernte er bei einer ersten Ausfahrt in die Stadt das Leid der Menschen kennen. Schlagartig erkannte er die Leere und Sinnlosigkeit seines bisherigen Lebens. Er verzichtete fortan auf irdische Bindungen, verließ das Elternhaus und begab sich auf die Suche nach Erleuchtung und Erlösung vom Leiden. Ihm wurde schließlich klar, dass das ganze Leben Leiden ist und dass dessen Ursachen in Unwissenheit, Begierde und Neid liegen. Die Überwindung des Leidens ist nur durch Beseitigung der Unwissenheit und durch den Lebenswandel des „achtfachen Pfades" zu erreichen.

Aus Geschichte und Lehre des Buddhismus*

Der Buddhismus ist eine Universalreligion, deren Kern eine **Erlösungslehre** darstellt. Entstanden im 5. Jh. v. Chr. im nördlichen Vorderindien, verbreitete er sich weithin und wies schon früh mehrere unterschiedliche Richtungen auf.

Der Buddhismus war ursprünglich keine Religion, sondern eine philosophisch-psychologische (Moral-)Lehre, in deren Zentrum die Auffassung von der Vergeltung irdischer Taten steht. Ziel des Buddhismus und seiner Ethik ist die **Unterbrechung des Kreislaufs der Wiedergeburten** und das Eingehen ins Nirwana, das ewige Verlöschen. Dies kann nur durch die erfolgreiche Bekämpfung und Abtötung dessen gelingen, was Ursache des Leidens ist: Leidenschaften und Begierden. Diesen Weg kann bzw. muss jeder Mensch selbst gehen, seine Aufgabe ist demnach die **Selbsterlösung**.

Als Protestbewegung gegen die alte vedische Religion, auf die der Hinduismus fußt, lehnt der Buddhismus die Vorstellung eines den Tod überdauernden „Selbst" sowie den Glauben an eine hierarchisch geordnete Welt (Kastenwesen) ab. Jedoch übernahm er die Lehre vom Kreislauf des Lebens durch Geburt, Tod und Wiedergeburt. Während der Hinduismus weder einen Stifter noch ein verbindliches Glaubensbekenntnis kennt, geht der Buddhismus auf den historischen Buddha zurück und verfügt im Pali-Kanon über eine in weiten Kreisen als authentische Worte Buddhas anerkannte Lehre.

Die Zugehörigkeit zum Buddhismus schließt die gleichzeitige Anhängerschaft zu einer anderen Religion nicht aus. So z. B. bekennen sich in China viele Buddhisten auch zum Konfuzianismus (s. S. 142).

Ist ein religiös begründetes Weltethos möglich?

Hans Küng (geb. 1928), katholischer Priester und Theologieprofessor. Wegen seiner theologischen und kirchenkritischen Auffassungen wurde ihm 1979 die kirchliche Lehrbefugnis entzogen. Als Präsident der „Stiftung Weltethos" wurde er 2001 von UN-Generalsekretär Kofi Annan in eine „Gruppe hochrangiger Persönlichkeiten" berufen, die für die UN das Manifest „Brücken in die Zukunft" verfasste.

Hans Küng: Weltreligionen und Weltethos

Gewiss, Religionen waren und sind immer in Versuchung, sich auf spezielle Traditionen, mysteriöse Dogmen und rituelle Vorschriften zu fixieren und sich abzukapseln. Und doch können sie, wo sie wollen, mit noch anderer Autorität und Überzeugungskraft als Politiker, Juristen und Philosophen grundlegende Maximen elementarer Menschlichkeit zur Geltung bringen. Denn alle großen Religionen fordern ja bestimmte „non-negotiable standards": ethische Grundnormen und handlungsleitende Maximen, die vor einem Unbedingten, einem Absoluten begründet werden und deshalb für Hunderte von Millionen Menschen auch unbedingt gelten sollen.
Konkret: Fünf große Gebote der Menschlichkeit, die zahllose Applikationen[1] auch in Wirtschaft und Politik haben, gelten in allen großen Weltreligionen: (1) nicht töten; (2) nicht lügen; (3) nicht stehlen; (4) nicht Unzucht treiben; (5) die Eltern achten und die Kinder lieben. Diese Gebote mögen für alle allgemein klingen. Aber wie viel müsste sich ändern und sollte sich auch ändern, wenn etwa nur das Gebot „Du sollst nicht stehlen" wieder mehr ins allgemeine Bewusstsein träte und angewandt würde auf das (leider immer mehr auch in früher diesbezüglich intakten Staaten grassierende) Übel der Korruption?
Gewiss, Religionen waren und sind immer in Versuchung, sich in einem unendlichen Gestrüpp von Geboten und Vorschriften, Kanones und Paragrafen zu verlieren. Und doch können sie, wo sie wollen, mit ganz anderer Autorität als jede Philosophie begründen, dass die Anwendung ihrer Normen nicht von Fall zu Fall, sondern kategorisch gilt. Religionen können Menschen eine oberste Gewissensnorm geben, jenen für die heutige Gesellschaft immens wichtigen kategorischen Imperativ, der in ganz anderer Tiefe und Grundsätzlichkeit verpflichtet.
Denn alle großen Religionen fordern ja so etwas wie eine **„goldene Regel"** – eine nicht nur hypothetische, bedingte, sondern eine kategorische, apodiktische, unbedingte Norm – durchaus praktikabel angesichts der höchst komplexen Situation, in der Einzelne oder auch Gruppen oft handeln müssen.
[...] Bis heute wirken diejenigen Lebensmodelle motivierend, die sich in Leben und Lehren der großen Leitfiguren der Weltreligionen darstellen: im Buddha, in Jesus Christus, in Konfutse oder Laotse, im Propheten Muhammad. Das Wissen um das Gute, seine Normen, Modelle, Zeichen werden dem Einzelnen nun einmal sozial vermittelt. Und da macht es einen alles entscheidenden Unterschied, ob man Menschen einen neuen Lebensstil abstrakt vordoziert oder ob man sie mit Verweis auf ein verpflichtendes konkretes Lebensmodell zu einem solchen Lebensstil einladen kann: zur Nachfolge Buddhas, Jesu Christi, Konfutses, Laotses. [...] Wer aber wäre heute besser geeignet als die **Weltreligionen**, Millionen von Menschen **für ein Weltethos zu mobilisieren**? Zu mobilisieren, indem sie ethische Ziele formulieren, moralische Leitideen präsentieren und die Menschen rational wie emotional motivieren, damit die ethischen Normen auch in der Praxis gelebt werden können? [...]
Gerade angesichts vieler Frustrationen und vieler Erfahrungen des Leidens und Scheiterns können Religionen helfend und weiterführend ein Sinnangebot über den Tod hinaus und eine Sinngebung schon hier und jetzt vermitteln.

[1] Applikation: das Sichanschließen

Hans Küng: Projekt Weltethos, München (Piper) 1990

M. Klöckler/U. Tworuschka (Hg.): Ethik der Weltreligionen, Darmstadt (Wissenschaftliche Buchgesellschaft) 2005

1 Aus welchen Gründen hält Küng ein religiös begründetes Weltethos für möglich und erstrebenswert?

2 Ist ein Weltethos ausschließlich religiös begründbar? Argumentieren Sie.

3 Religionsfrieden als Voraussetzung für Weltfrieden? Diskutieren Sie.

4 Wie beurteilen Sie die Chancen für das von Küng skizzierte Weltethos?

Robert Spaemann: Wozu brauchen wir das Weltethos?

Robert Spaemann (geb. 1927), ein dem Christentum nahestehender Philosoph. Werk u. a.: „Grenzen. Zur ethischen Dimension des Handelns" (2001). In dem nebenstehenden Text bezieht er sich auf Hans Küngs Buch „Projekt Weltethos".

[Der Kern des Weltethos nach Küng] ist das, was den Menschen befreit, statt ihn einzuengen, was ihm wohltut, statt ihm zu schaden, was ihn glücklich macht, statt ihm Angst zu machen usw. Lauter Leerformeln, die im Wesentlichen dazu dienen, die spezifische Spannung, die durch Religion erzeugt wird, abzubauen. [...] [Ohne diese] wird die Religion genau zu dem, wofür die Gebildeten unter ihren Verächtern sie halten, zu einem Stand im postmodernen[1] Jahrmarkt, das dem irgendwie plausiblen „Seid nett zueinander" noch ein vages „Sinnangebot über den Tod hinaus" hinzufügt. [...]

[Küng kennt fünf Verbote], die allen Weltreligionen gemeinsam sind. Er nennt sie [...] „fünf große Gebote der Menschlichkeit", die in nuce[2] das künftige Weltethos ausmachen sollen: das Verbot zu töten, zu lügen, zu stehlen, die Ehe zu brechen sowie das Gebot, die Eltern zu ehren. Er stellt fest, dass viele Menschen in allen Religionen sich bemühen, diese Gebote zu befolgen, um dann betrübt zu bemerken: „Und doch gibt es in der Welt von heute unendlich viel Lug und Trug, Schwindel und Heuchelei, Ideologie und Demagogie." Das lässt einem guten Menschen keine Ruhe, vor allem, wenn er nicht glaubt, was er im Katechismus[3] über die Erbsünde gelernt hat. Er sinnt auf Abhilfe. Die Abhilfe heißt: Weltethos. Wenn sich alle Religionen zusammentun und gemeinsam das sagen, was bis jetzt jede einzelne sagt und was bis jetzt jedem Menschen seine Vernunft sagen kann, dann soll sich auf einmal die alte Kluft schließen zwischen dem, was die Menschen für gut halten und was sie tatsächlich tun. Warum eigentlich? Wenn es einem denkenden Menschen nicht genügt, dass Jesus Christus dasselbe sagt, wieso sollte er plötzlich den Stimmen beider folgen, nur weil sich noch die Stimme Mohammeds hinzugesellt? Und wieso sollte er seiner Frau, die er sonst betrügen würde, auf einmal deshalb treu bleiben, weil das Weltethos, das die Treue gebietet, angeblich für das Überleben der Menschheit notwendig ist? Die Wahrheit ist: Es hat damit überhaupt nichts zu tun. [...]

Wozu brauchen wir das Weltethos? Eigentlich ist Ethos das, was uns darüber belehrt, was wir brauchen und wozu. Aber das Wozu steht bei Küng im Vorhinein fest. Zweck ist der Frieden, und Zweck des Friedens ist das Überleben der Menschheit. Eine solche Instrumentalisierung trifft jedes Ethos natürlich im Kern. [...] Religionsdialog für den Religionsfrieden, Religionsfrieden für den Weltfrieden, Weltfrieden fürs Überleben der Menschhheit – und wofür dieses? Jetzt käme vielleicht Religion ins Spiel, aber die Religion ist ja schon verbraucht als Mittel zum Zweck einer Ethik des Überlebens. Was also, wenn jemand findet, am Überleben der Menschheit sei ihm wenig gelegen? Soll man ihn tadeln? Soll man sagen, ein solches Desinteresse sei unmoralisch? Aber nachdem Moral sich durch ihre Überlebensdienlichkeit empfohlen hat, kann das ja nur noch heißen, es sei nicht überlebensdienlich, am Überleben kein Interesse zu haben. Das Argument wird zur Tautologie[4]. Es soll dem Menschen guttun, an Gott zu glauben. Aber wofür ist der Mensch gut? Für Gott – sagt fast jede authentische Religion, und das ist eine Antwort, die, ob nun wahr oder falsch, jedenfalls eine klare Antwort ist.

1 Arbeiten Sie Spaemanns Gegenargumente gegen Küngs Weltethos heraus, stellen Sie diese jenem tabellarisch gegenüber und diskutieren Sie sie in einer Podiumsdiskussion mit verteilten Rollen.

2 „Was also, wenn jemand findet, am Überleben der Menschheit sei ihm wenig gelegen? Soll man ihn tadeln? Soll man sagen, ein solches Desinteresse sei unmoralisch?" Was würden Sie diesem Menschen antworten?

3 Erklären Sie, was für Spaemann eine „authentische Religion" ist.

---

1 postmodern (lat.): Bezeichnung für heutige Tendenzen in Kultur und Gesellschaft, die sich von der Eindeutigkeit traditioneller Kulturvorstellungen verabschieden und stattdessen auf Vielfalt bis hin zur Beliebigkeit setzen

2 in nuce (lat.): im Kern, in Kürze

3 Katechismus (gr.): Sammlung kirchlicher Lehrmeinungen in Buchform

4 Tautologie (gr.): Aussage, die aus logischen Gründen immer wahr ist („Alle Menschen sind Menschen.")

Religion und Staat im Spannungsfeld

Das „Kruzifixurteil"

Grundgesetz, Artikel 4 (1, 2):
(1) Die Freiheit des Glaubens, des Gewissens und die Freiheit des religiösen und weltanschaulichen Bekenntnisses sind unverletzlich.
(2) Die ungestörte Religionsausübung wird gewährleistet.

Immer wieder erregt es Aufsehen, wenn Richter oder Politiker fordern, dass die Trennung von Staat und Kirche so weit zu gehen habe, dass auch Kruzifixe in Klassenzimmern staatlicher Schulen abzuhängen seien. Das Bundesverfassungsgericht traf bereits 1995 eine wegweisende Entscheidung in dieser Angelegenheit. Beklagter war damals der Freistaat Bayern. Im Jahr 2009 erregte ein Urteil des Europäischen Gerichtshofs für Menschenrechte, dessen Gerichtsbarkeit alle EU-Staaten unterworfen sind, Aufsehen, das in einem ähnlichen Fall einer Klägerin gegen den italienischen Staat recht gab.

Europäischer Gerichtshof für Menschenrechte: Presseerklärung zum Fall L. gegen Italien (2009)

Barocke Kreuzigungsgruppe (Detail) auf dem Kalvarienberg in Graz (Österreich).
Der römische Statthalter Pilatus versah das Kreuz mit der Inschrift „Jesus Nazareth Rex Judorum" (Jesus von Nazareth, König der Juden; s. Neues Testament, Lukas, 23).

Schilderung des Falls

Die Antragstellerin, Frau S. L., ist italienische Staatsbürgerin und lebt in Abano Terme (Italien). Von 2001 bis 2002 besuchten ihre Kinder, D. und S., 11 und 13 Jahre alt, die staatliche Schule *Istituto comprensivo statale Vittorino da Feltre* in Abano Terme. Dort war in allen Klassenräumen ein Kruzifix an der Wand angebracht, auch in dem, wo Fr. Lautsis Kinder unterrichtet wurden. Sie befand, dass dies im Gegensatz zu den säkularen Prinzipien stehe, nach denen ihre Kinder erzogen werden sollten. Sie informierte die Schule über ihren Standpunkt [...] Im Mai 2002 beschloss die Schulleitung, die Kruzifixe in den Klassenräumen zu belassen. Das Bildungsministerium versandte in der Folge Anweisungen an alle Schulleiter, in denen diese Vorgehensweise empfohlen wurde. Am 23. Juli 2002 erhob die Antragstellerin Klage beim Verwaltungsgericht der Region Veneto hinsichtlich der Entscheidung der Schulleitung. Sie begründete das damit, dass deren Entscheidung die Verfassungsprinzipien des Säkularismus und der Unparteilichkeit öffentlicher Einrichtungen verletze. [...] Am 14. Januar 2004 gab das Gericht dem Antrag der Klägerin statt, dass der Fall dem Verfassungsgericht zugewiesen werde, um die Verfassungsmäßigkeit der Anbringung von Kruzifixen in Klassenzimmern zu prüfen. Vor dem Verfassungsgericht argumentierte die Regierung, dass eine solche Maßnahme [die Anbringung der Kruzifixe] ganz natürlich sei, weil das Kruzifix nicht nur ein religiöses Symbol sei, sondern auch die „Flagge" der einzigen Kirche, die in der Verfassung erwähnt werde[1] – der Katholischen Kirche –, damit also auch ein Symbol des italienischen Staates. [...] Der Prozess vor dem Verwaltungsgericht wurde beendet und am 17. März 2005 wies dieses Gericht die Beschwerde der Antragstellerin zurück. Es führte aus, dass das Kruzifix sowohl das Symbol der italienischen Geschichte und Kultur– und dementsprechend der italienischen Identität – sei, als aber auch das Symbol der Grundsätze von Gleichheit, Freiheit und Toleranz wie auch des säkularen Staates. In einem Urteil vom 13. Februar 2006 wies das *Consiglio di Stato* den Antrag der Klägerin mit der Begründung zurück, das Kreuz sei einer der weltlichen Bestandteile der italienischen Verfassung geworden und repräsentiere die Werte der Zivilgesellschaft.

Werner Hofmeister: Tabula saltandi (Tafel/Tisch des Springens).
Die Installation wurde 2003 gegenüber dem Kalvarienberg in Graz errichtet.

Stellungnahme des Gerichts

Die Gegenwart des Kruzifixes, das man im Klassenraum nicht übersehen konnte, musste von Schülern aller Altersstufen als religiöses Zeichen interpretiert werden und sie mussten daraufhin das Gefühl bekommen, in einer Schulumgebung unterrichtet zu werden, die von einer bestimmten Religion geprägt ist. Für religiöse Schüler mochte das ermutigend sein, für Schüler mit einer anderen Religionszugehörigkeit oder ohne Glauben konnte es aber auch verstörend wirken, gerade wenn sie einer religiösen Minderheit angehören sollten. Die Freiheit, an keine Religion zu glauben, die in der durch die Konvention geschützten Religionsfreiheit inbegriffen ist, ist nicht darauf beschränkt, dass keine religiösen Rituale durchgeführt werden oder ein Religionsunterricht nicht stattfindet. Diese Freiheit erstreckt sich auch auf Gebräuche und Symbole, die einen bestimmten Glauben, eine Religion oder auch Atheismus kennzeichnen. Diese Freiheit verdient gerade dann besonderen Schutz, wenn der Staat einem bestimmten Glauben verbunden ist und das Individuum in eine Situation gebracht wird, aus der es nicht oder nur mit einem unangemessen hohen Aufwand einen Ausweg finden kann. Der Staat muss davon absehen, seinen Bürgern dort Glaubensüberzeugungen aufzunötigen, wo sie auf ihn angewiesen sind. Besonders im öffentlichen Bildungswesen muss die konfessionelle Neutralität eingehalten werden, wo die Schulpflicht unabhängig von der Religionszugehörigkeit herrscht und wo das Erziehungsziel die Förderung des kritischen Denkens bei den Schülern sein sollte. Das Gericht war nicht in der Lage zu begreifen, wie die in Klassenräumen staatlicher Schulen erfolgte Anbringung eines Symbols, das vernünftigerweise mit dem Katholizismus, der Mehrheitsreligion in Italien, verknüpft ist, dem Pluralismus im Bildungswesen dienen könnte, der so grundlegend für die Erhaltung einer „demokratischen Gesellschaft“ ist, wie sie von der Konvention entworfen wurde, ein Pluralismus, der vom Italienischen Verfassungsgericht anerkannt wurde. Die verpflichtende Anbringung des Symbols einer bestehenden Konfession in Räumlichkeiten, die vom öffentlichen Dienst genutzt werden, und besonders in Klassenzimmern, beschränkt das Recht der Eltern, ihre Kinder in Übereinstimmung mit ihren Überzeugungen zu erziehen, und das Recht der Kinder, zu glauben oder nicht zu glauben.

[1] Eigenheit der italienischen Verfassung; im deutschen Grundgesetz wird keine Religionsgemeinschaft den anderen vorgezogen

1 Aus welchen Gründen lehnt das Gericht die grundsätzliche Anbringung von Kreuzen in staatlichen Pflichtschulen ab?

2 Welche Grundsätze über das Verhältnis Staat – Religion vertritt das Urteil? Lässt sich damit auch ein Verbot des Tragens von Kopftüchern an staatlichen Schulen begründen?

3 Worin sieht das Gericht die Bedeutung des Kreuzes?

4 Was will Hofmeister mit seiner Installation zum Ausdruck bringen? Wie geht er mit der Kreuzessymbolik um?

Religiöser Fundamentalismus und Gesellschaft

Sigrun Anselm lebt als freie Autorin in Berlin und lehrt Soziologie an der dortigen Freien Universität.

Kazem Hashemi: Fundamentalismus. Absage an die Moderne, München (Elefanten-Press) 2002

Zwei alte Männer aus der christlich-fundamentalistischen Gemeinschaft der „Amish People“. Die Amish leben hauptsächlich in den USA, sie lehnen jeglichen technischen Fortschritt ab und führen ein weltabgewandtes und gewaltfreies Gemeinschaftsleben.

Sigrun Anselm: Wer glaubt, wird selig?

In den 80er-Jahren des vorigen Jahrhunderts machte das Wort „Fundamentalismus“ zum ersten Mal Schlagzeilen. Damals stand der protestantische Fundamentalismus der Vereinigten Staaten im Vordergrund. Dort haben Begriff und Sache auch ihren Ursprung. Doch die Anfänge sahen ganz anders aus als der heutige Fundamentalismus.

Zwischen 1915 und 1920 wurde eine Reihe von Essays unter dem gemeinsamen Nenner „fundamentals“ publiziert, die dem Versuch, die Religion den modernen Verhältnissen anzupassen, eine grundsätzliche Absage erteilten. Federführend waren die Baptisten, eine der größten amerikanischen Konfessionen. Sie forderten eine Rückkehr zu den religiösen Ursprüngen, also zur Schrift, die buchstabengetreu gelesen wurde. Seitdem gab es die „fundamentalists“ als konservativen Rand in fast allen protestantischen Konfessionen. Sie zogen sich auf das kirchliche Leben zurück, da die Gesellschaft ihrer Meinung nach immer sündiger wurde. Erst in den 70er-Jahren wurden die „fundamentals“ im heutigen Sinne interpretiert. Religiöse Führer stiegen zu Wortführern der schweigenden Mehrheit auf. Sie machten die Religion zum kritischen Maßstab für das soziale Leben und bezogen politisch Position in der Öffentlichkeit. Seit Beginn des islamistischen Terrorismus, kulminierend in den Anschlägen auf das WTC, wird der Fundamentalismus nur noch mit dem Islam in Verbindung gebracht und der Terrorismus scheint seine innere Konsequenz zu sein. Auch wenn die Annahme richtig ist, dass jeder Fundamentalismus im politisch-religiösen Sinne den Fanatismus als Möglichkeit in sich birgt, trägt diese Identifizierung doch nichts zum Verständnis bei. Fundamentalismus gibt es in allen Religionen, selbst im Buddhismus, dem eine Reihe von Elementen fehlen, die den Fundamentalismus der Buchreligionen (Judentum, Christentum und Islam) kennzeichnen. Ob das politische Element überwiegt und schließlich zur Gewalt führt, hat weniger mit der Religion als den sozialen Umständen zu tun. Alle Fundamentalismen sind Reaktionen und Abwehrmaßnahmen gegen Modernisierung. Ihr Kampf gilt der wissenschaftlichen Rationalität und religiöser Toleranz. Zugleich nutzen alle Fundamentalismen moderne Technologien und Massenmedien, um ihre Ziele zu erreichen. Ausgangspunkt ist immer ein geschlossenes traditionelles Weltbild, dessen Zentrum die Familie bildet. Gegen die Bedrohung dieser Lebensvorstellung durch Modernisierung ruft der Fundamentalismus zum Widerstand auf. Deshalb ist jeder Fundamentalismus im eigenen Selbstverständnis militant, ohne zwangsläufig Gewalt auszuüben. Der Fundamentalismus hat also eine Vorgeschichte, aber keine Vorläufer. Insofern ist er ein modernes Phänomen. Sein Kampf gegen alles, was dem westlichen, aufgeklärten Denken entspringt, das auch von den amerikanischen Fundamentalisten verteufelt wird, findet in den ehemaligen Kolonien einen besonderen Nährboden. Studien zu unterschiedlichen Fundamentalismen – vom islamischen des Vorderen Orients bis zu dem des Theravada Buddhismus in Thailand – erkennen als Gemeinsamkeit aller einen verschobenen Widerstand gegen die Hegemonie der früheren europäischen Kolonialherrschaft, deren Spuren ja nie mehr zu tilgen sind. Die heutigen Konflikte dieser Länder sind den inneren Ungleichzeitigkeiten ebenso geschuldet wie der Schwierigkeit, trotz Globalisierung die eigene Identität zu wahren. Einem Modernisierungsprozess ausgesetzt, der ihnen zunächst nichts und vielleicht nie etwas bringt, spüren die Menschen nur ihre eigene Ohnmacht. Religiöse Ideologen greifen die

Ängste der Massen auf und münzen sie um, sei es mit Unterstützung, sei es im Kampf gegen die jeweiligen Regierungen. Ohne religiösen Hintergrund wäre das kaum möglich. Gerade die enge Verknüpfung von Religion und Lebensform, die traditionell selbstverständlich war, macht die armen und gläubigen Massen besonders empfänglich für deren ideologische Beschwörung.

Heribert Prantl: Krisenzeiten und religiöser Fundamentalismus

In einer Welt, die unübersichtlich geworden ist, wächst das Bedürfnis nach der Geordnetheit. [...] Das ist der Kern dessen, was seit einiger Zeit als die „Revitalisierung von Religion" beschrieben wird, das ist wohl auch der Kern dessen, was hinter den Wertedebatten der christlichen Parteien steckt. Es ist das Verlangen nach Deutungsmustern und Praktiken, die bei der Bewältigung von Krisen helfen können.

Der Fundamentalismus bedient diese Suche nach Geborgenheit besonders aggressiv. Er beutet sie aus. Er macht die Welt einfach, er macht sie zu einem binären System, wo gut und böse scharf geschieden wird.

Es ist nicht so, dass die Leute nichts mehr glauben. Im Gegenteil. Sie glauben fast alles – je größer die Ratlosigkeit, umso lieber folgen sie denen, die so tun, als hätten sie den göttlichen Bauplan für die Erlösung der Welt in der Hand. Krisenzeiten sind Zeiten für Fundamentalismen. Das zeigt sich seit dem 11. September 2001[1] auch in den USA und der westlichen Welt. Es ist nicht so, dass der Fundamentalismus den Globus teilt – hier muslimischer Fundamentalismus, dort aufgeklärte Welt. **Der Fundamentalismus durchzieht vielmehr alle Gesellschaften, er ist nicht kultur- und religionsspezifisch.** Weil er das angeblich allein Richtige und Heilige vor sich herträgt, transformiert er die Gesellschaften ins Unheilige, ins Unheilvolle. Der Fundamentalismus ist die dämonische Seite jeder Religion. Er ist praktizierte Unduldsamkeit.

Fundamentalisten nehmen ihre jeweilige Heilige Schrift wörtlich, Buchstabe für Buchstabe. Das gilt für die bibeltreuen Christen in den USA, die Homosexualität als Frevel wider den Schöpfer brandmarken und in dessen Namen sie wieder zu Kreuzzügen aufbrechen wollen. Das gilt für die Siedler in Hebron[2], die sich sicher sind, dass Gott ihnen Erez Israel, das israelische Großreich, versprochen hat. Und das gilt erst recht für die islamischen Fundamentalisten, die für sich das Recht reklamieren, jeden zu beseitigen, der ihnen bei der Umsetzung ihres Erlösungsauftrages im Weg zu stehen scheint. Fundamentalisten ersetzen Demut durch Hybris[3] oder Fanatismus, in allen Kulturen, in allen Religionen. **Es gibt keinen Kampf der Kulturen, es gibt einen Kampf in den Kulturen.** Tatsächlich gleichen sich die Fundamentalisten der verschiedenen Kulturen viel mehr, als es die Fundamentalisten wahrhaben wollen. Jeder wähnt sich vom Feuer seiner Religion erleuchtet und entwickelt dabei ähnliche autoritäre Muster.

---

1 Terrorangriff in den USA (s. S. 60, 221)
2 Hebron: Stadt im israelisch besetzten Westjordanland, in der sich der Überlieferung nach die Gräber von Abraham, Isaak und Jakob befinden
3 Hybris (gr.): Selbstüberhebung, Vermessenheit

Heribert Prantl (geb. 1953), Journalist und Träger des „Geschwister-Scholl-Preises" (1994) sowie des „Erich-Fromm-Preises" (2006)

Hamburger Lektionen
(Regie: Ronuald Karmakar, Deutschland 2007)
Ein Schauspieler verliest eine Hasspredigt, die in der Hamburger Al-Quds-Moschee 2000 gehalten wurde. Zuhörer waren damals wahrscheinlich u. a. die späteren Attentäter auf das World Trade Center in New York am 11.9.2001.

Jesus Camp
(Regie: Rachel Grady und Heidi Ewing, USA 2006)
Dokumentarfilm über ein christlich-fundamentalistisches Ausbildungslager für Kinder in den USA.

Die große Stille
(Regie: Philip Gröning, Deutschland 2005)
Dokumentarfilm über das Leben in einem Kloster des Kartäuserordens, der für sein rigides Schweigegebot bekannt ist.

1 Erläutern Sie den Zusammenhang zwischen Krisenzeiten und der „Revitalisierung von Religion" (Z. 2 f.). Welche Rolle spielt dabei der Fundamentalismus?

2 Veranschaulichen Sie anhand von Beispielen die Aussage in Z. 27 f.

Johann Calvin (1509–1564) musste wegen seiner religiösen Überzeugungen aus seinem Heimatland Frankreich fliehen. 1536 kam er nach Genf, wo er auf Bitten der Bürger die dortige Kirche reformierte und bis zu seinem Tod informelles geistliches Oberhaupt blieb. Er ist Namensgeber einer Richtung innerhalb des Protestantismus („Calvinismus“, „reformierte Kirche“), die in vielem strenger ist als das Luthertum.

Calvin-Statue im Internationalen Reformationsdenkmal in Genf

Johann Calvin: Es ist Gott, der hier spricht

Weil er die Dreifaltigkeit Gottes bestritten hatte, wurde der spanische Arzt und Gelehrte Michel Servet 1553 in der von Calvin beherrschten Stadt Genf angeklagt, verurteilt und verbrannt. Da Servet ansonsten aber als guter Christ galt, sah sich Calvin angesichts aufkommender Kritik dazu genötigt, eine umfangreiche Schrift zu veröffentlichen, die „Verteidigung des richtigen Glaubens“, in der er das harte Vorgehen im Fall Servets und im Kampf gegen Ketzer überhaupt rechtfertigte.

Jeder, der die Ansicht unterstützt, man tue Häretikern und Gotteslästerern durch eine Bestrafung unrecht, macht sich bewusst mitschuldig und zum Komplizen desselben Verbrechens. Man komme mir nicht mit irdischen Autoritäten – es ist Gott, der hier spricht, und man sieht klar, was Er in seiner Kirche bis ans Ende der Welt bewahrt haben will.
Nicht ohne Grund schlägt Er alle menschlichen Gefühle nieder, von denen gewöhnlich das Herz erweicht wird; nicht ohne Grund verjagt Er die Liebe des Vaters zu seinen Kindern und alle Freundschaft zwischen Brüdern und unseren Nächsten; (nicht ohne Grund) entzieht er die Ehemänner den vielleicht milde stimmenden Schmeicheleien ihrer Frauen; mit einem Wort: (nicht ohne Grund) beraubt Er die Menschen quasi ihrer Natur.
(Nämlich:) Damit nichts ihren Eifer erkalten lasse.
Warum fordert Er diese extreme Härte und Unnachgiebigkeit, wenn nicht, um zu zeigen, dass man Ihm nicht die schuldige Ehre erweist, wenn man nicht Seinen Dienst wichtiger nimmt als jede menschliche Rücksicht, und weder Verwandtschaft noch Blut noch sonst irgendetwas schont; und dass man jegliche Menschlichkeit zu vergessen hat, wenn es darum geht, für Seinen Ruhm zu kämpfen.

Hubert Schleichert (geb. 1935), österreichischer Philosph

Hubert Schleichert: Kann man mit Fundamentalisten diskutieren, ohne den Verstand zu verlieren?

Wir wenden uns jetzt der Frage zu, wie eine (verbal, versteht sich) Auseinandersetzung mit jemandem erfolgen könnte, mit dem uns keine gemeinsame Argumentationsbasis verbindet, das heißt mit jemandem, der fundamentale Prinzipien, Werte, Dogmen für richtig hält, die wir für falsch halten. Wenn wir einfach die Thesen oder Dogmen eines solchen Menschen bestreiten und negieren, so ist das keine Argumentation. Wir ersetzen bloß ein dogmatisches System durch ein anderes. [...] Wie kann man mit jemandem in eine Argumentation eintreten, wie kann man gegen jemandes Thesen argumentieren, wenn man mit ihm in den fundamentalen Prinzipien nicht übereinstimmt? Wie können zwei verschiedene Ideologien oder Religionen einander die Richtigkeit der eigenen Dogmen und die Falschheit der anderen argumentativ nachweisen? Sie können es nicht. Argumentieren setzt eine Argumentationsbasis voraus, und gerade um diese Basis geht der Streit. [...]
Ideologien scheinen argumentativ unangreifbar, sie können jeden Einwand, jeden Vorwurf, jede Kritik abschmettern und sinken dann doch dahin. Waren die Attacken, der riesige Aufwand an kritischem Geist, doch nicht so wirkungslos? Auch wenn es unmöglich ist, die Ursachen dafür im Einzelnen zu benennen und zu gewichten, ist doch gewiss, dass die aufklärerische Arbeit ihre Wirkung gehabt hat, langsam, aber nachhaltig hat sie die Mauern der ideologischen Festungen untergraben. Dies ist es, was wir mit dem Begriff *Subversive Vernunft* ausdrücken wollen.

1 Welche Schwierigkeiten der Argumentation mit Fanatikern beschreibt Schleichert? Haben Sie entsprechende Erfahrungen auch selbst gemacht?

2 Schleichert bezeichnet den Abschnitt aus Calvins Schrift als „ein kleines Verzeichnis christlicher Intoleranz-Argumente“. Arbeiten Sie diese Argumente aus dem Text heraus und versuchen Sie, sie vernünftig zu widerlegen.

Gudrun Krämer: Anpassung oder Re-Islamisierung?

Seit dem ausgehenden 19. Jahrhundert wird in jeder Krise die eine Frage gestellt: „Warum", so die berühmt gewordene Formulierung des arabischen Nationalisten Shakib Arslan, „sind die Muslime zurückgeblieben?" Warum sind sie, die Erben eines Weltreichs, einer blühenden Zivilisation, nicht in der Lage, ihren Gegnern Paroli zu bieten? Franzosen, Briten und Italienern in der Vergangenheit, Amerikanern und Israelis in der Gegenwart? Ist es, so wird weiter gefragt, wegen des Islam oder gerade umgekehrt deshalb, weil sie sich von ihm abgewandt und entfremdet haben? Beide Thesen haben ihre Anhänger gefunden, bei beiden verbindet sich die Kritik an den eigenen Traditionen untrennbar mit der Kritik an den herrschenden gesellschaftlich-politischen Verhältnissen. Selbst in den Jahren der intensiven, ja demonstrativen „Re-Islamisierung" sind diejenigen nicht verstummt, die Einheit, Stärke und Entwicklung nur von einer Befreiung aus der, wie Kant gesagt hätte, selbst verschuldeten Unmündigkeit traditioneller, religiös legitimierter Denkweisen und Verhaltensmuster erwarten. Dass allein die Überwindung des Islam das Heil bringe, hatte für europäische Beobachter schon früh festgestanden.

[...] Nicht eine Reform ihres religiösen Erbes könne die Muslime retten, sondern nur eine echte Reformation, die zu Aufklärung führe und letztlich in einer säkularistischen Staats- und Gesellschaftsordnung nach europäischem Vorbild münde. In der arabischen Welt selbst sind die Verfechter einer strikten Trennung von Religion und Politik in den letzten Jahrzehnten jedoch selten geworden und selbst erklärte Atheisten äußerst rar. Eine Säkularisierung[1] von Staat und Gesellschaft, die nicht nur stillschweigend hingenommen, sondern offen bejaht, rechtlich verankert und institutionell festgeschrieben wird, gilt muslimischen Intellektuellen mittlerweile weithin als Tabu.

In den Vordergrund geschoben haben sich diejenigen, die argumentieren, die Muslime verdankten ihre Schwäche nicht ihrem Beharren im Glauben, sondern gerade umgekehrt ihrer Abkehr von ihm, und zu alter Kraft und Stärke könnten sie nur durch eine Rückbesinnung auf den Islam finden. Allerdings nicht den real existierenden, von Aberglaube, Laxheit und Zersplitterung entstellten Islam, sondern den reifen, ursprünglichen Islam der Frühzeit, der Zeit des Propheten und der Prophetengenossen (as-salaf as-salih) – so wie sie ihn sich vorstellen. „Der Islam ist die Lösung" lautet dementsprechend die Losung, politischer islamischer Bewegungen in verschiedenen arabischen Ländern, mit ihr bestreiten sie intellektuelle Debatten, politische Auseinandersetzungen und Wahlkämpfe. Die moralische Läuterung des Einzelnen, gesellschaftliche Reform und kollektive Stärke kommen demnach nur aus dem Islam – aber einem seinerseits gereinigten Islam. Es geht ihnen also um eine zweifache Erneuerung: die der Gesellschaft aus dem Islam und die des Islam aus sich selbst.

[1] Säkularisierung (lat.): Loslösung aus den Bindungen an religiöse Institutionen bzw. Autoritäten; Verweltlichung (s. S. 334 und 370)

John L. Esposito: Von Kopftuch bis Scharia. Was man über den Islam wissen sollte, Leipzig (reclam) 2004

1 Beschreiben Sie die verschiedenen islamischen Reaktionen auf die Konfrontation mit den europäischen (Kolonial-) Mächten.

2 Erörtern Sie die im Titel gestellte Frage.

3 Welche Konfliktpotenziale ergeben sich aus der in den Zeilen 21–24 dargestellten Haltung in einem säkularen Staat (s. dazu auch S. 338 f.)?

Die Auseinandersetzung um das Kopftuch

Ist das Kopftuch freiwilliges Zeichen muslimischen Glaubens oder Symbol der Unterdrückung der Frau im Islam? Der Streit darum tobt seit Jahren, er zieht sich durch alle westlichen Gesellschaften, er wird in den Parlamenten, vor den Gerichten, aber auch auf den Schulhöfen und in den Familien ausgetragen.
Islamwissenschafter kommen zu der Auffassung, dass es im Koran keine genaue Bestimmung über die Kopftuchfrage gibt. Die immer wieder herangezogene Sure 24, 31, die sich über die Kleidung der Frau äußert, ist nicht konkret und wird daher in den verschiedenen Strömungen des Islam unterschiedlich interpretiert.
Anlässlich eines Urteils des Bundesverfassungsgerichts, das einer muslimischen Lehrerin das Tragen ihres Kopftuchs im Unterricht freistellte, wurde am 1. Dezember 2003 eine Stellungnahme veröffentlicht, die von der damaligen Integrationsbeauftragten der Bundesregierung und einer Zahl ausschließlich weiblicher Prominenter aus Politik und Gesellschaft unterzeichnet war. Auf diese Stellungnahme erfolgte eine Entgegnung. Auch sie wurde ausschließlich von Frauen unterzeichnet, darunter befanden sich aber, im Gegensatz zur Stellungnahme, zahlreiche Musliminnen.

Stellungnahme: „Emanzipation und Kopftuch sind kein Widerspruch"

Nicht jede muslimische Frau, die sich für das Kopftuch entscheidet, vertritt den politischen Islam oder sympathisiert mit ihm. Gerade Frauen in der Diaspora greifen auf das Kopftuch zurück, um mit Selbstbewusstsein ihr Anderssein zu markieren oder eine Differenz im Verständnis von Sittsamkeit und Tugendhaftigkeit gegenüber der Aufnahmegesellschaft zu dokumentieren. Emanzipation und Kopftuch sind für viele Musliminnen eben kein Widerspruch. Wenn wir ohne Prüfung der individuellen Motive generell Frauen mit Kopftuch vom öffentlichen Schulleben ausschließen, treffen wir gerade die Frauen, die mit ihrem Streben nach Berufstätigkeit einen emanzipatorischen Weg beschreiten wollen. [...]
Es steht zu befürchten, dass das Verbot des Kopftuchs für Lehrerinnen die allgemeine gesellschaftliche Stigmatisierung derjenigen Frauen, die es tragen, vorantreibt. Mit der Botschaft, das Kopftuch sei per se politisch und gehöre daher verboten, wird diese Einordnung auch die Frau in der Arztpraxis, die Verkäuferin und vielleicht bald auch die Schülerin treffen. Dies kann nicht in unserem Sinne sein. Es gilt, muslimische Frauen auf ihrem Berufsweg zu stärken und es ihnen damit möglich zu machen, einen selbstbewussten, frei gewählten Lebensentwurf zu verfolgen.
Durch ein Kopftuchverbot würden sich viele Muslime in der Einschätzung bestärkt fühlen, sie seien gesellschaftlich ausgegrenzt und chancenlos. Auf Ausgrenzungserfahrungen folgt häufig der Rückzug aus der Mehrheitsgesellschaft. Undemokratische islamische Organisationen wissen dies auszunutzen, dies ist der Nährboden für radikale Gesinnungen.
Nur wenn wir deutlich machen, dass wir nicht den Islam als Religion ablehnen, sondern uns gegen Fundamentalismus und antidemokratische Einstellungen verwahren, werden wir die Auseinandersetzung um den politischen Islam gemeinsam mit der muslimischen Bevölkerung führen können. [...]
Weil in vielen islamischen Ländern Frauen und Mädchen gezwungen werden, ein

Kopftuch zu tragen, wollen wir sie zwingen, es abzusetzen. Fällt uns wirklich nichts Besseres ein, um ihnen zu mehr Bildung und Selbstbestimmung zu verhelfen? Oder wollen wir gar mit dem Kopftuchverbot alle religiösen Symbole in Bildungseinrichtungen verbieten?
Wir appellieren an Politik und Gesellschaft, die Gleichstellung von muslimischen Mädchen und Frauen nicht am Nein zum Kopftuch festzumachen.

Entgegnung: „Sie stellen die Realität auf den Kopf"

Wer würde sich innerhalb der muslimischen Bevölkerung durch die Untersagung des Kopftuchs in den Schulen ausgegrenzt fühlen? Es wären nur diejenigen, die unter dem Einfluss der Islamisten stehen und für die das Kopftuchtragen nicht nur im Privatleben, sondern auch im öffentlichen Dienst als unverzichtbar gilt. Alle, für die die Religion eine private Angelegenheit ist, und alle, die gegenüber religiösen Vorschriften indifferent sind, kennen und akzeptieren problemlos das Verfassungsprinzip von der Neutralität der Schule. Ist es verkehrt, dass den islamistischen Kräften eine Grenze gezeigt wird, deren Übertreten ein wichtiges Prinzip unserer Verfassung verletzt? Nach unserer Auffassung ist eine solche Deutlichkeit in einer demokratisch verfassten Gesellschaft erforderlich, um den islamistischen Kräften zu signalisieren, dass diese Gesellschaft nicht vor ihnen zurückweicht und ihnen nicht Schritt für Schritt immer mehr Raum im öffentlichen Leben überlässt. Die Erfahrung zeigt, dass diese Kräfte jede Erweiterung ihres Spielraums nutzen, um ihre „antidemokratischen, antisemitischen und frauenfeindlichen" Positionen durchzusetzen. Die Erfahrung aus zahlreichen Ländern mit mehrheitlich muslimischer Bevölkerung und Ländern mit signifikanten muslimischen Minderheiten in Europa zeigt hinreichend, dass das Tragen des Kopftuchs in staatlichen Institutionen längst zum Kampfprogramm von islamistischen Kräften geworden ist. Dies übersehen Sie in Ihrer Argumentation.
Sie stellen die Realität auf den Kopf, wenn Sie die Untersagung des Kopftuchs für Lehrerinnen im Staatsdienst mit dem „Kopftuchzwang" in fundamentalistischen und antidemokratischen Ländern vergleichen. Möglicherweise tun Sie dies, um den schwächsten Punkt Ihrer Argumentation zu verschleiern. Das Tragen des Kopftuchs in staatlichen Schulen würde nämlich in massiver Weise die ‚negative Religionsfreiheit' der Schülerinnen einschränken. Sie würden sich dem Einfluss eines weltanschaulichen, religiösen oder politischen Symbols ausgesetzt sehen. Die islamistischen Kräfte würden allein durch die Präsenz von kopftuchtragenden Lehrerinnen im Staatsdienst eine unvergleichlich größere Möglichkeit bekommen, die Mädchen und ihre Eltern unter Druck zu setzen. Diese Möglichkeit des Machtzuwachses darf ihnen nicht zugesprochen werden.
Zum Schluss ein Kommentar zu Ihrer generellen Haltung: Wir meinen, dass diese Diskussion nicht allein innerhalb der Mehrheitsgesellschaft geführt werden darf. Es geht nicht um das Kopftuchtragen der Töchter aus der Mehrheitsgesellschaft, sondern aus zugewanderten muslimischen Familien. Ist die Position der Mehrheit der muslimischen Frauen innerhalb dieser Diskussion so unerheblich, dass Sie überhaupt nicht darauf eingehen, ja, sie nicht einmal zur Kenntnis nehmen? Warum spüren Sie nicht das Bedürfnis, Ihre Rolle als Fürsorgerin, die im Namen einer Minderheit spricht, zu problematisieren?

1 Bilden Sie vier Gruppen, die entweder die Argumente der Stellungnahme oder die der Antwort darauf vertreten. Jede Gruppe wählt eine Sprecherin, die vier Sprecherinnen tragen daraufhin eine möglichst sachliche Debatte über das Thema aus. Die anderen beobachten das Geschehen („Fishbowl", s. S. 117).

2 Übertragen Sie die Argumentation des Europäischen Gerichtshofs für Menschenrechte zum Kruzifixstreit auf diesen Konflikt. Wie müsste demnach hier entschieden werden?

3 Recherchieren Sie die genauen juristischen Regelungen zur Kopftuch- und Verschleierungsfrage in verschiedenen Ländern, z. B. Schweiz, Niederlande, Frankreich, Türkei, Syrien.

Religion und Vernunft

Anselm von Canterbury (1033–1109), Benediktinermönch und Philosoph, sah die Aufgabe der Vernunft darin, Glaubensinhalte rational zu begründen.

„Gottesbeweise“:
Im Lauf der Geschichte hat man versucht, die Existenz Gottes mithilfe der Vernunft und logischer Verfahren zu beweisen. Dabei wurden verschiedene Arten der Beweisführung entwickelt, die immer wieder neue Ausprägungen (und Kritik) erfuhren.
Der bekannteste unter ihnen ist der *ontologische* Gottesbeweis von Anselm von Canterbury. Der *kosmologische* Gottesbeweis dagegen will zeigen, dass jede Ursache eine erste Ursache hat und allem scheinbar Zufälligen und Willkürlichen ein absolut Notwendiges und Vollkommenes zugrunde liegt. Der *teleologische* Gottesbeweis wiederum führt alles Sinnhafte und Zielstrebige auf einen denkenden und schöpferischen Geist zurück. *Immanuel Kant* verwarf die Gottesbeweise u. a. mit dem Argument, dass das menschliche Erkenntnisvermögen nicht in der Lage sei, zu einer Einsicht über die Existenz und das Wesen des „Unbedingten“ zu kommen.

Prüfen Sie Anselms Gottesbeweis auf seine Stichhaltigkeit. Versuchen Sie, ihn zu widerlegen.

Anselm von Canterbury: Ontologischer[1] Gottesbeweis

Dass in Wahrheit Gott existiert

Also Herr, der Du die Glaubenseinsicht gibst, verleihe mir, dass ich, soweit Du es nützlich weißt, einsehe, dass Du bist, wie wir glauben, und das bist, was wir glauben. Und zwar glauben wir, dass Du etwas bist, über dem nichts Größeres gedacht werden kann. Gibt es also ein solches Wesen nicht, weil „der Tor in seinem Herzen gesprochen hat: Es ist kein Gott“? (Psalm 13,1; 52,1) Aber sicherlich, wenn dieser Tor eben das hört, was ich sage, „etwas, über dem nichts Größeres gedacht werden kann“, versteht er, was er hört; und was er versteht, ist in seinem Verstande, auch wenn er nicht einsieht, dass dies existiert. [...] Und sicherlich kann „das, über dem Größeres nicht gedacht werden kann“, nicht im Verstande allein sein. Denn wenn es wenigstens im Verstande allein ist, kann gedacht werden, dass es auch in „Wirklichkeit existiere, was größer ist“. Wenn also „das, über dem Größeres nicht gedacht werden kann“, im Verstande allein ist, so ist eben „das, über dem Größeres nicht gedacht werden kann“, über dem Größeres gedacht werden kann. Das aber kann gewiss nicht sein. Es existiert also ohne Zweifel „etwas, über dem Größeres nicht gedacht werden kann“, sowohl im Verstande als auch in Wirklichkeit.

Dass nicht gedacht werden kann, dass er nicht existiert

Das existiert schlechthin so wahrhaft, dass auch nicht gedacht werden kann, dass es nicht existiert. Denn es lässt sich denken, dass es etwas gibt, das als nicht existierend nicht gedacht werden kann, „was größer ist, als was als nicht existierend gedacht werden kann“. Wenn deshalb „das, über dem Größeres nicht gedacht werden kann“, als nicht existierend gedacht werden kann, so ist eben „das, über dem Größeres nicht gedacht werden kann“, nicht das, über dem Größeres nicht gedacht werden kann; was sich nicht vereinbaren lässt. So wirklich also existiert „etwas, über dem Größeres nicht gedacht werden kann“, dass es als nicht existierend auch nicht gedacht werden kann. Und das bist Du, Herr, unser Gott. [...]

Wie „der Tor im Herzen gesprochen hat“, was nicht gedacht werden kann

Wie aber hat er im Herzen gesprochen, was er nicht hat denken können; oder wie hat er nicht denken können, was er im Herzen gesprochen hat, da doch im Herzen sprechen und denken dasselbe ist? Wenn er dies wirklich, vielmehr weil er es wirklich gedacht hat, da er es im Herzen gesprochen hat, und nicht im Herzen gesprochen hat, da er es nicht denken konnte, so wird nicht nur auf eine Weise im Herzen gesprochen oder gedacht. Anders nämlich wird ein Ding gedacht, wenn der es bezeichnende Laut gedacht wird, anders wenn eben das, was das Ding ist, verstanden wird. Auf jene Art also kann Gott als nicht existierend gedacht werden, auf diese jedoch keinesfalls. Denn niemand, der das einsieht, was Gott ist, kann denken, dass Gott nicht existiert, auch wenn er diese Worte im Herzen spricht, entweder ohne jede oder mit einer fremden Bedeutung. Denn Gott ist „das, über dem Größeres nicht gedacht werden kann“. Wer das gut versteht, versteht durchaus, dass dies so existiert, dass es auch nicht in Gedanken nicht existieren kann. Wer also einsieht, dass Gott auf diese Weise ist, der kann ihn nicht als nicht existierend denken.

---

[1] Ontologie (gr.): Lehre vom Sein; Teilbereich der Philosophie (Grafik, s. S. 132)

Blaise Pascal: Die Wette

B. Ihr sagt also, dass wir unfähig sind zu erkennen, ob es einen Gott gibt. Indessen es ist gewiss, dass Gott ist oder dass er nicht ist, es gibt kein Drittes. Aber nach welcher Seite werden wir uns neigen? Die Vernunft, sagt ihr, kann aber nichts entscheiden. Es ist ein unendliches Chaos, das zwischen uns liegt, und wir spielen hier ein Spiel in dieser unendlichen Entfernung voneinander, wo Kopf oder Wappen fallen wird. Was wollt ihr wetten? Nach der Vernunft könnt ihr weder das eine noch das andre behaupten; nach der Vernunft könnt ihr keins von beiden leugnen. So werft denn nicht denen Irrtum vor, die eine Wahl getroffen haben, denn ihr wisst nicht, ob sie unrecht haben, und ob sie schlecht gewählt haben.

A. Ich werfe ihnen vor, nicht dass sie diese, sondern dass sie überhaupt eine Wahl getroffen haben; wer Kopf und wer Wappen nimmt, alle beide haben unrecht, das Rechte ist: gar nicht wetten.

B. Ja, aber es muss gewettet werden, das ist nicht freiwillig, ihr seid einmal im Spiel und nicht wetten, dass Gott ist, heißt wetten, dass er nicht ist. Was wollt ihr also wählen? Lasst uns erwägen: was euch am wenigsten wert ist. Ihr habt zwei Dinge zu verlieren, die Wahrheit und das Glück, und zwei Dinge zu gewinnen, eure Vernunft und euern Willen, eure Erkenntnis und eure Seligkeit, und zwei Dinge hat eure Natur zu fliehen, den Irrtum und das Elend. Wette denn, dass er ist, ohne dich lange zu besinnen, deine Vernunft wird nicht mehr verletzt, wenn du das eine als wenn du das andre wählst, weil nun doch durchaus gewählt werden muss. Hiermit ist ein Punkt erledigt. Aber eure Seligkeit? Wir wollen Gewinn und Verlust abwägen, setze du auf den Glauben, wenn du gewinnst, gewinnst du alles, wenn du verlierst, verlierst du nichts. Glaube also, wenn du kannst.

A. Das ist wunderbar, ja man muss glauben, aber ich wage vielleicht zu viel.

B. Wir wollen sehen. Weil gleiche Wahrscheinlichkeit des Gewinns und Verlusts ist, so könntest du noch wetten, wenn du nur zwei Leben zu gewinnen hättest für eines. Und wären zehn zu gewinnen, so würdest du unverständig sein, nicht dein Leben einzusetzen um zehn zu gewinnen in einem Spiel, wo die Wahrscheinlichkeit des Verlusts und Gewinns gleich ist. Nun aber ist hier eine Unzahl von unendlich glücklichen Leben zu gewinnen mit gleicher Wahrscheinlichkeit des Verlustes und des Gewinnes, und was du einsetzt, ist so wenig und von so kurzer Dauer, dass es eine Tollheit wäre, es bei dieser Gelegenheit zu sparen. […]

A. Ich gestehe es, ich gebe es zu. Aber sollte es denn kein Mittel geben, den Ausgang des Spiels vorauszusehn?

B. Ja, durch das Mittel der Heiligen Schrift und durch alle die andern Beweise der Religion, die unendlich sind. […]
Was wird dir Übles widerfahren, wenn du dieses Teil ergreifst? Du wirst treu sein, rechtschaffen, demütig, dankbar, wohltätig, aufrichtig, wahrhaftig. Freilich wirst du nicht in den verpesteten Freuden leben, in der Ehre, in den Wollüsten. Aber wirst du nicht andre Freuden haben? Ich sage dir: du wirst gewinnen, noch in diesem Leben und mit jedem Schritt, den du auf diesem Wege machst, wirst du so viel Gewissheit des Gewinnens sehn und so viel Nichtigkeit in dem, was du wagst, dass du am Ende erkennen wirst, wie du gewettet hast auf ein gewisses und unendliches Ding und wie du nichts gegeben hast, um es zu erlangen.

Blaise Pascal (1623–1662) galt schon in jugendlichem Alter als hochbegabter Mathematiker und Naturwissenschaftler. So erfand er mit 19 Jahren eine der ersten Rechenmaschinen der Geschichte. Sein Name ist heute vor allem dadurch bekannt, dass die Maßeinheit für Luftdruck ihm zu Ehren „Pascal“ benannt wurde. Pascal beschäftigte sich sein ganzes Leben lang mit der Religion und ihrer möglichen Vereinbarkeit mit der menschlichen Vernunft. 1654 trat er in die klosterähnliche Gemeinschaft von Port-Royal ein und führte ein zurückgezogenes meditatives Leben. Er verfasste zahlreiche Fragmente einer geplanten Verteidigungsschrift für die Religion, die später unter dem Titel „Pensées“ (= Gedanken) herausgegeben wurden. Nach seinem Tod fand man in seiner Kleidung einen Zettel eingenäht, das sogenannte „Mémorial“, auf dem Pascal eine ekstatische religiöse Vision von 1654 beschreibt, die ihn dazu veranlasste, nur noch für die Religion zu leben.

1 Worum geht es in Pascals Wette?

2 Ist eine Wette das angemessene Mittel, die Frage nach der Existenz Gottes für sich zu entscheiden? Nehmen Sie begründet Stellung.

Positionen der Religionskritik

Aufklärung, religiöser Fanatismus und Fundamentalismus

Voltaire (1694–1778, → Biografie, S. 375), französischer Philosoph und Schriftsteller, gilt als bedeutendster Vertreter der französischen Aufklärung. In seiner Schrift „Abhandlung über die Religionsduldung" (1763) plädierte er vehement für Religionsfreiheit und gegen religiösen Fanatismus.

Voltaire: „Alle Fanatiker sind Schurken mit gutem Gewissen"

Der Fanatismus ist das Ergebnis eines falschen Bewusstseins, das die Religion den Launen der Fantasie und der Unberechenbarkeit der Leidenschaften dienstbar macht. [...]

Stellen wir uns einen gewaltigen Rundbau vor, ein Pantheon[1] mit tausend Altären und mitten darin von allen bereits erloschenen oder noch bestehenden Sekten einen frommen Anhänger zu Füßen der Gottheit, die jeder auf seine Weise verehrt, in all den wunderlichen Formen, die die Fantasie hat ersinnen können. Jener rechts, auf der Matte, ist in tiefe Betrachtungen versunken und wartet mit entblößtem Nabel, dass himmlische Erleuchtung seine Seele durchdringe. Jener links ist ein Besessener; er schlägt mit der Stirn gegen die Erde, um ihren Segen zu erflehen. Dort tanzt ein Gaukler auf der Gruft dessen, den er anruft. Hier steht ein Büßer, reglos und stumm wie die Statue, vor der er sich demütigt. Einer stellt, was die Scham verbirgt, zur Schau, weil Gott sich seines Ebenbildes nicht schämt. Ein anderer verhüllt sogar sein Gesicht, als verabscheue der Schöpfer sein Werk. Einer wendet den Rücken nach Süden, weil von dort der Hauch des Bösen kommt. Ein anderer streckt die Arme gen Osten, wo Gott sein strahlendes Antlitz zeigt. Weinende junge Mädchen kasteien[2] ihr unschuldiges Fleisch, um den Geist der Lüsternheit durch Mittel zu besänftigen, die ihn nur reizen können. [...]

Dann verlassen sie alle den Tempel, um, erfüllt von dem Gott, der ihnen befiehlt, Schrecken und Trug auf Erden zu verbreiten. Sie teilen die Welt unter sich auf, und bald steht sie an allen Enden in Flammen. Die Völker horchen auf, und die Könige zittern. Die Macht, die die Begeisterung eines Einzelnen über die Menge, die ihn sieht und hört, ausübt, die Leidenschaft, die die Versammelten aufeinander übertragen, dieses ganze wilde Treiben, noch verstärkt durch die Erregung jedes Einzelnen, machen den Wahnwitz bald allgemein. Wenn ein paar Betrüger erst ein Volk behext haben, mehren sich unter dem Einfluss der Verführung die Wunder, und bald sind alle hoffnungslos verirrt. Wenn der menschliche Geist einmal die lichtvollen Wege des Natürlichen verlassen hat, findet er nicht mehr zurück; er sucht verzweifelt nach der Wahrheit und findet immer nur einen schwachen Schimmer von ihr, der sich mit dem trügerischen Licht des ringsum herrschenden Aberglauben vermischt, sodass er vollends in der Finsternis versinkt. [...]

Heute versteht man unter Fanatismus einen finsteren und grausamen religiösen Wahn, eine Geisteskrankheit, die man sich zuzieht wie die Blattern. Sie wird weniger durch Bücher als durch Versammlungen und Reden verbreitet. Beim Lesen ereifert man sich selten und kann einen kühlen Kopf bewahren. Aber wenn ein fantasiebegabter Hitzkopf auf einen wenig fantasievollen Menschen einredet, glühen seine Augen, und diese Glut steckt an; sein Tonfall, seine Gesten überwältigen die Zuhörer.

Denken mit Voltaire. Eine Auswahl aus dem Gesamtwerk, hg. von Wolfgang Kraus, Zürich (Diogenes) 2005

[1] Pantheon (gr.): Tempel für alle Götter

[2] kasteien: sich als Bußübung Entbehrungen auferlegen; sich züchtigen

Gott blickt auf euch, ruft er aus, gebt alles hin, was irdisch ist, führe des Herren Kriege (1 Sam 18,17)[1]! Und das geschieht denn auch. [...]
Der Fanatismus verhält sich zum Aberglauben wie der Wahn zum Fieber oder die Raserei zum Zorn. Wer in Ekstase verfällt und Visionen hat, wer Träume für Wirklichkeit nimmt und seine Einbildungen für Prophezeiungen, ist ein angehender Fanatiker, von dem viel zu erwarten ist. Bald wird er aus Liebe zu Gott zum Mörder werden können. [...]
Es gibt kaltblütige Fanatiker. Das sind die Richter, die Menschen nur deshalb zum Tode verurteilen, weil sie anderer Ansicht sind als sie selbst. Die Schuld dieser Richter wiegt umso schwerer, sie verdienen umso mehr den Abscheu der Menschheit, als sie nicht im Affekt handeln, sondern auf die Stimme der Vernunft hören könnten.
Gegen diese Seuche gibt es kein anderes Mittel als den Geist der Philosophie, der, wenn er allmählich um sich greift, schließlich die Sitten der Menschen läutert und den Anfällen des Übels vorbeugt; denn wenn dieses Übel erst einmal Fortschritte macht, muss man flüchten und abwarten, bis die Luft wieder rein ist. Gesetze und Religion vermögen wenig gegen die Verpestung der Seelen. Die Religion ist keine bekömmliche Nahrung für solche verseuchten Seelen; in den infizierten Gehirnen wird sie zum Gift. [...] Die Gesetze vermögen noch weniger gegen solche Wahnsinnsanfälle: Das ist, als lese man einem Tobsüchtigen einen Ratsbeschluss vor. Solche Leute sind überzeugt, dass der Geist, von dem sie besessen sind, über den Gesetzen steht, dass ihre Verzückung das einzige Gesetz ist, dem sie Gehör schenken sollen. Was soll man einem Menschen entgegenhalten, der sagt, er wolle lieber Gott als den Menschen gehorchen, und daher überzeugt ist, in den Himmel zu kommen, wenn er einem den Hals abschneidet? [...] Alle Fanatiker sind Schurken mit gutem Gewissen und morden in gutem Glauben an eine gute Sache.

„Aufklärung ist der Ausgang des Menschen aus seiner selbst verschuldeten Unmündigkeit. Unmündigkeit ist das Unvermögen, sich seines Verstandes ohne Leitung eines anderen zu bedienen."
Immanuel Kant, 1783

„Fundamentalismus ist der selbst verschuldete Ausgang aus den Zumutungen des Selberdenkens, der Eigenverantwortung, der Begründungspflicht, der Unsicherheit und der Offenheit aller Geltungsansprüche, Herrschaftslegitimationen und Lebensformen, denen Denken und Leben durch Aufklärung und Moderne unumkehrbar ausgesetzt sind, in die Sicherheit und Geschlossenheit selbst erkorener absoluter Fundamente."
Thomas Meyer, deutscher Philosoph, 1989

[1] Altes Testament, 1. Buch Samuel

Beispiele prominenter Opfer religiös motivierter Morde

1604 wurde der französische König Heinrich IV. von einem katholischen Fanatiker wegen angeblich hugenottenfreundlicher Politik erstochen.
1949 wurde der indische Hindu Mahatma Gandhi (s. S. 222) von einem Glaubensgenossen wegen angeblich muslimfreundlicher Haltung erschossen.
1981 erschossen islamische Extremisten den ägyptischen Staatspräsidenten Anwar el Sadat wegen seiner Versöhnungspolitik mit Israel.
1995 erschoss ein jüdisch-orthodoxer Fanatiker „im Auftrag Gottes" den um Versöhnung mit den Palästinensern bemühten israelischen Premierminister und Friedensnobelpreisträger Itzhak Rabin.
2004 wurde der islamkritische holländische Filmemacher Theo van Gogh von einem muslimischen Fanatiker erschossen.

1 Was sind nach Voltaire Kennzeichen und Verbreitungsstrategien des Fanatismus? Wie bestimmt er das Verhältnis von Religion und Fanatismus?

2 Wieso ist der „Geist der Philosophie" (Z. 49) geeignet, dem Fanatismus vorzubeugen?

3 Grenzen Sie Fundamentalismus und Fanatismus voneinander ab.

Klassiker der Religionskritik

Ludwig Feuerbach (1804–1872) studierte nach dem Abbruch eines Theologiestudiums in Berlin Philosophie und besuchte die Vorlesungen des Philosophen Hegel (s. S. 62 f.). 1828 promovierte er in Erlangen und wurde Privatdozent für Philosophie. 1830 veröffentlichte er anonym die Schrift „Gedanken über Tod und Unsterblichkeit", in der er den Glauben an die persönliche Unsterblichkeit verwarf. Als zwei Jahre später bekannt wurde, dass Feuerbach der Autor ist, musste er seine Universitätslaufbahn beenden. Er geriet in Isolation und verarmte. Erst die Heirat mit der Miteigentümerin einer Porzellanfabrik im Jahre 1837 gab ihm für eine gewisse Zeit die finanziellen Mittel, seine Meinung frei zu äußern. Obwohl er die gesellschaftliche Wirklichkeit seiner Zeit kritisierte, beteiligte er sich nicht an den politischen Aktionen gegen die Restauration. Stattdessen hielt er in Heidelberg außerhalb des Universitätsbetriebs die Vorlesungsreihe „Wesen der Religion", in der er seine Religionskritik entfaltete. Der Konkurs der Porzellanfabrik im Jahre 1861 stürzte ihn erneut ins Elend.

Ludwig Feuerbach: Gott ist eine Projektion[1]

Die **Religion**, wenigstens die christliche, **ist das Verhalten des Menschen zu sich selbst**, oder richtiger: zu seinem Wesen, aber das Verhalten zu seinem Wesen als zu einem anderen Wesen. Das göttliche Wesen ist nichts anderes als das menschliche Wesen, oder besser: das Wesen des Menschen, abgesondert von den Schranken des individuellen, d. h. wirklichen, leiblichen Menschen, vergegenständlicht, d. h. angeschaut und verehrt als ein anderes, von ihm unterschiedenes, eigenes Wesen – alle Bestimmungen des göttlichen Wesens sind darum Bestimmungen des menschlichen Wesens. In Beziehung auf die Prädikate, d. h. die Eigenschaften oder Bestimmungen Gottes, wird dies denn auch ohne Anstand zugegeben, aber keineswegs in Beziehung auf das Subjekt, d. h. das Grundwesen dieser Prädikate. Die Verneinung des Subjekts gilt für Irreligiösität, für Atheismus, nicht aber die Verneinung der Prädikate. Aber was keine Bestimmungen hat, das hat auch keine Wirkungen auf mich; was keine Wirkungen, auch kein Dasein für mich. Alle Bestimmungen aufheben ist so viel als das Wesen selbst aufheben. Ein bestimmungsloses Wesen ist ein ungegenständliches, ein nichtiges Wesen. Wo daher der Mensch alle Bestimmungen von Gott entfernt, da ist ihm Gott nur noch ein negatives, d. h. nichtiges Wesen. [...]

Die Religion ist die **Entzweiung des Menschen mit sich selbst**: Er setzt sich Gott als ein ihm entgegengesetztes Wesen gegenüber. Gott ist nicht, was der Mensch ist – der Mensch nicht, was Gott ist. Gott ist das unendliche, der Mensch das endliche Wesen; Gott vollkommen, der Mensch unvollkommen; Gott ewig, der Mensch zeitlich; Gott allmächtig, der Mensch ohnmächtig; Gott heilig, der Mensch sündhaft. Gott und Mensch sind Extreme: Gott das schlechthin Positive, der Inbegriff aller Realitäten, der Mensch das schlechtweg Negative, der Inbegriff aller Nichtigkeiten. Aber der Mensch vergegenständlicht in der Religion sein eigenes geheimes Wesen. Es muss also nachgewiesen werden, dass dieser Gegensatz, dieser Zwiespalt von Gott und Mensch, womit die Religion anhebt, ein Zwiespalt des Menschen mit seinem eigenen Wesen ist. [...]

Der Mensch kann keinen anderen Geist – denn der Begriff des Geistes ist lediglich der Begriff des Denkens, der Erkenntnis, des Verstandes, jeder andere Geist ein Gespenst der Fantasie –, keine andere Intelligenz glauben, ahnen, vorstellen, denken als die Intelligenz, die ihn erleuchtet, die sich in ihm bestätigt. Er kann nichts weiter als die Intelligenz absondern von den Schranken seiner Individualität. Der „unendliche Geist" im Unterschied vom endlichen ist daher nichts anderes als die von den Schranken der Individualität und Leiblichkeit – denn Individualität und Leiblichkeit sind untrennbar – abgesonderte Intelligenz, die Intelligenz für sich selbst gesetzt oder gedacht. [...]

Wir haben bewiesen, dass der Inhalt und Gegenstand der Religion ein durchaus menschlicher ist, bewiesen, dass das Geheimnis der Theologie die Anthropologie, des göttlichen Wesens das menschliche Wesen ist. Aber die Religion hat nicht das Bewusstsein von der Menschlichkeit ihres Inhalts; sie setzt sich vielmehr dem Menschlichen entgegen, oder wenigstens sie gesteht nicht ein, dass ihr Inhalt ein menschlicher ist. Der notwendige Wendepunkt der Geschichte ist daher dieses offene Bekenntnis und Eingeständnis, dass das Bewusstsein Gottes nichts anderes ist als das

[1] Projektion: Abbildung, Übertragung

Bewusstsein der Gattung, dass der Mensch sich nur über die Schranken seiner Individualität oder Persönlichkeit erheben kann und soll, aber nicht über die Gesetze, die Wesensbestimmungen seiner Gattung, dass der Mensch kein anderes Wesen als absolutes, als göttliches Wesen denken, ahnen, vorstellen, fühlen, glauben, wollen, lieben und verehren kann als das menschliche Wesen. [...]

Die Religion ist **das erste Selbstbewusstsein des Menschen**. Heilig sind die Religionen, eben weil sie die Überlieferungen des ersten Bewusstseins sind. Aber was der Religion das Erste ist, Gott, das ist, wie bewiesen, an sich, der Wahrheit nach das Zweite, denn er ist nur das sich gegenständliche Wesen des Menschen, und was ihr das Zweite ist, der Mensch, das muss daher als das Erste gesetzt und ausgesprochen werden. Die Liebe zum Menschen darf keine abgeleitete sein; sie muss zur ursprünglichen werden. Dann allein wird die Liebe eine wahre, heilige, zuverlässige Macht. Ist das Wesen des Menschen das höchste Wesen des Menschen, so muss auch praktisch das höchste und erste Gesetz die Liebe des Menschen zum Menschen sein. Homo homini Deus est – dies ist der oberste praktische Grundsatz, dies der Wendepunkt der Weltgeschichte.

1 Stellen Sie den Gedankengang des ersten Abschnittes in einer Grafik dar. Wie bestimmt Feuerbach (im Gegensatz zur Religion) das Verhältnis zwischen Gott und Mensch?

2 Welche Aussage variiert Feuerbach in Z. 57 f. (s. S. 240)? Welche ethische Bedeutung gibt er seiner Religionskritik?

3 „Feuerbach kritisierte lediglich ein Bild von Gott. Er widerlegt nicht seine Existenz." Setzen Sie sich mit dieser These auseinander und beziehen Sie die Gottesbeweise in Ihre Überlegungen mit ein.

Karl Marx: Religion ist Opium des Volkes

Das Fundament der irreligiösen Kritik ist: Der *Mensch macht die Religion*, die Religion macht nicht den Menschen. Und zwar ist die Religion das Selbstbewusstsein und das Selbstgefühl des Menschen, der sich selbst entweder noch nicht erworben oder schon wieder verloren hat. Aber *der Mensch*, das ist kein abstraktes, außer der Welt hockendes Wesen. Der Mensch, das ist die Welt des Menschen, Staat, Sozietät. Dieser Staat, diese Sozietät produzieren die Religion, ein *verkehrtes Weltbewusstsein*, weil sie eine *verkehrte Welt* sind. [...] Sie ist die *fantastische Verwirklichung* des menschlichen Wesens, weil das *menschliche Wesen* keine wahre Wirklichkeit besitzt. Der Kampf gegen die Religion ist also mittelbar der Kampf gegen *jene Welt*, deren geistiges *Aroma* die Religion ist.

Das *religiöse* Element ist in einem *Ausdruck* des wirklichen Elendes und in einem die *Protestation* gegen das wirkliche Elend. Die Religion ist der Seufzer der bedrängten Kreatur, das Gemüt einer herzlosen Welt, wie sie der Geist geistloser Zustände ist. Sie ist das *Opium* des Volkes. Die Aufhebung der Religion als des *illusorischen* Glücks des Volkes ist die Forderung seines *wirklichen* Glücks. Die Forderung, die Illusionen über seinen Zustand aufzugeben, ist die *Forderung, einen Zustand aufzugeben, der der Illusion bedarf*. Kritik der Religion ist also im *Keim die Kritik des Jammertales*, dessen *Heiligenschein* die Religion ist. Die Kritik hat die imaginären Blumen an der Kette zerpflückt, nicht damit der Mensch die fantasielose, trostlose Kette trage, sondern damit er die Kette abwerfe und die lebendige Blume breche. Die Kritik der Religion enttäuscht den Menschen, damit er denke, handle, seine Wirklichkeit gestalte wie ein enttäuschter, zu Verstand gekommener Mensch, damit er sich um sich selbst und damit um seine wirkliche Sonne bewege. Die Religion ist nur die illusorische Sonne, die sich um den Menschen bewegt, solange er sich nicht um sich selbst bewegt.

Es ist also die *Aufgabe der Geschichte*, nachdem das *Jenseits der Wahrheit* verschwunden ist, die *Wahrheit des Diesseits* zu etablieren.

[...] Die Kritik des Himmels verwandelt sich damit in die Kritik der Erde, die *Kritik der Religion* in die *Kritik des Rechts*, die *Kritik der Theologie* in die *Kritik der Politik*.

Karl Marx (1818–1883), deutscher Philosoph und Ökonom (→ Biografie, S. 379)

4 Wo geht Marx direkt auf Feuerbachs Religionskritik ein und wie bewertet er sie?

5 Wie verhält sich nach Marx die Religion zur gesellschaftlichen Wirklichkeit? Welche Funktionen hat die Religion und was bewirkt sie bei den Menschen?

6 Was muss nach Marx auf die Kritik der Religion notwendig folgen? Wie begründet er diese Notwendigkeit?

Sigmund Freud (1856–1939), Arzt und Psychoanalytiker (→ Biografie, S. 381). Freud hat auf der Grundlage seiner Erfahrungen und der Ergebnisse seiner Arbeit als Arzt und Psychologe mehrere kulturtheoretische Schriften verfasst, in denen er eine radikale Kritik an der (christlichen) Religion und dem Marxismus übt. Anstatt den Menschen zu einer realistischen Einschätzung ihrer Glücksmöglichkeiten hier und jetzt zu verhelfen, bedienen sie – nach Freud – die überzogenen Glücksansprüche der Menschen mit Heilsversprechen, die sie nie einlösen können. So hindern sie die Menschen daran, erwachsen zu werden. Daher bezeichnet Freud die Religion als „Kindheitsneurose der Menschheit". Zudem überforderten die moralischen Gebote der Religion – Freud analysiert in diesem Sinne das Gebot der Nächstenliebe – den Menschen. Dies führe letztlich zu einer psychischen Störung nicht nur des Individuums, sondern der ganzen Kultur. So seien diese Gebote, da sie niemand erfüllen könne, mit verantwortlich für das Gegenteil dessen, was sie fordern: Aggression und Massenwahn.

Sigmund Freud: Religion als Illusion

Freud entfaltet seine Religionskritik auf der Grundlage seiner Erfahrungen als Arzt und Psychologe. In dem folgenden Text spricht er einen fiktiven, religiösen Gegner an, mit dem er im letzten Teil seiner Schrift „Die Zukunft einer Illusion" seine Thesen „diskutiert".

Einem Psychologen drängt sich die Auffassung auf, dass die Religion einer Kindheitsneurose vergleichbar sei, und er ist optimistisch genug anzunehmen, dass die Menschheit diese neurotische Phase überwinden wird, wie so viele Kinder ihre ähnliche Neurose auswachsen. Diese Einsichten aus der Individualpsychologie mögen ungenügend sein, die Übertragung auf das Menschengeschlecht nicht gerechtfertigt, der Optimismus unbegründet; ich gebe ihnen alle Unsicherheiten zu. [...]
Der Primat des Intellekts liegt gewiss in weiter, weiter, aber wahrscheinlich doch nicht in unendlicher Ferne. Und da er sich voraussichtlich dieselben Ziele setzen wird, deren Verwirklichung Sie von Ihrem Gott erwarten –: in menschlicher Ermäßigung natürlich, soweit die äußere Realität, die Ananke[1] es gestattet – die Menschenliebe und die Einschränkung des Leidens, dürfen wir uns sagen, dass unsere Gegnerschaft nur eine einstweilige ist, keine unversöhnliche. Wir erhoffen dasselbe, aber Sie sind ungeduldiger, anspruchsvoller und – warum soll ich es nicht sagen? – selbstsüchtiger als ich und die Meinigen. Sie wollen die Seligkeit gleich nach dem Tod beginnen lassen, verlangen von ihr das Unmögliche und wollen den Anspruch der Einzelpersonen nicht aufgeben: Unser Gott Logos[2] wird von diesen Wünschen verwirklichen, was die Natur außer uns gestattet, aber sehr allmählich, erst in unabsehbarer Zukunft und für neue Menschenkinder. Eine Entschädigung für uns, die wir schwer am Leben leiden, verspricht er nicht. Auf dem Weg zu diesem fernen Ziel müssen Ihre religiösen Lehren fallen gelassen werden, gleichgültig, ob die ersten Versuche misslingen, gleichgültig, ob sich die ersten Ersatzbildungen als haltlos erweisen. Sie wissen, warum; auf die Dauer kann der Vernunft und der Erfahrung nichts widerstehen, und der Widerspruch der Religion gegen beide ist allzu greifbar. Auch die geläuterten religiösen Ideen können sich diesem Schicksal nicht entziehen, solange sie noch etwas vom Trostgehalt der Religion retten wollen. Freilich, wenn sie sich auf die Behauptung eines höheren geistigen Wesens einschränken, dessen Eigenschaften unbestimmbar, dessen Absichten unverkennbar sind, dann sind sie gegen den Einspruch der Wissenschaft gefeit, dann werden sie aber auch vom Interesse der Menschen verlassen.
Und zweitens: Beachten Sie die Verschiedenheit ihres und meines Verhaltens gegen die Illusion. Sie müssen die religiöse Illusion mit allen Ihren Kräften verteidigen, wenn sie entwertet wird – und sie ist wahrlich bedroht genug –, dann stürzt ihre Welt zusammen, es bleibt ihnen nichts übrig, als an allem zu verzweifeln, an der Kultur und an der Zukunft der Menschheit. Von dieser Leibeigenschaft bin ich, sind wir frei. Da wir bereit sind, auf ein gutes Stück unserer infantilen Wünsche zu verzichten, können wir es vertragen, wenn sich einige unserer Erwartungen als Illusionen herausstellen.

---

[1] Ananke (gr.): Zwang, Notwendigkeit
[2] Logos (gr.): Freud meint hier Vernunft und Rationalität.

Friedrich Nietzsche: Der Antichrist

Weder die Moral noch die Religion berührt sich im Christentume mit irgendeinem Punkte der Wirklichkeit. Lauter imaginäre Ursachen („Gott", „Seele", „Ich", „Geist", „der freie Wille" – oder auch „der unfreie"); lauter imaginäre Wirkungen („Sünde", „Erlösung", „Gnade", „Strafe", „Vergebung der Sünde"). Ein Verkehr zwischen imaginären Wesen („Gott", „Geister", „Seelen") [...] eine imaginäre Psychologie (lauter Selbst-Missverständnisse, – [...] „Reue", „Gewissensbiss", „Versuchung des Teufels", „die Nähe Gottes"); eine imaginäre Teleologie[1] („das Reich Gottes", „das jüngste Gericht", „das ewige Leben"). – Diese reine Fiktions-Welt unterscheidet sich dadurch sehr zu ihren Ungunsten von der Traumwelt, dass Letztere die Wirklichkeit widerspiegelt, während sie die Wirklichkeit fälscht, entwertet, verneint. Nachdem erst der Begriff „Natur" als Gegenbegriff zu „Gott" erfunden war, musste „natürlich" das Wort sein für „verwerflich", – jene ganze Fiktions-Welt hat ihre Wurzel im Hass gegen das Natürliche (– die Wirklichkeit! –), sie ist der Ausdruck eines tiefen Missbehagens am Wirklichen ... Aber damit ist alles erklärt. Wer allein hat Gründe, sich wegzulügen aus der Wirklichkeit? Wer an ihr leidet. Aber an der Wirklichkeit leiden heisst eine verunglückte Wirklichkeit sein ... Das Übergewicht der Unlustgefühle über die Lustgefühle ist die Ursache jener fiktiven Moral und Religion: ein solches Übergewicht gibt aber die Formel ab für décadence[2] ... [...]

Das Christentum hat die Krankheit nötig, [...], – krank-machen ist die eigentliche Hinterabsicht des ganzen Heilsprozeduren-Systems der Kirche. Und die Kirche selbst – ist sie nicht das katholische Irrenhaus als letztes Ideal? – Die Erde überhaupt als Irrenhaus? Der religiöse Mensch, wie ihn die Kirche will, ist ein typischer décadent; der Zeitpunkt, wo eine religiöse Krisis über ein Volk Herr wird, ist jedes Mal durch Nerven-Epidemien gekennzeichnet; die „innere Welt" des religiösen Menschen sieht der „inneren Welt" der Überreizten und Erschöpften zum Verwechseln ähnlich; die „höchsten" Zustände, welche das Christentum als Wert aller Werte über der Menschheit aufgehängt hat, sind epileptoide[3] Formen, – die Kirche hat nur Verrückte oder große Betrüger in majorem dei honorem[4] heilig gesprochen ... [...]

Wir anderen, die wir den Mut zur Gesundheit und auch zur Verachtung haben, wie dürfen wir eine Religion verachten, die den Leib missverstehn lehrte! die den Seelen-Aberglauben nicht loswerden will! die aus der unzureichenden Ernährung ein „Verdienst" macht! die in der Gesundheit eine Art Feind, Teufel, Versuchung bekämpft! die sich einredete, man könne eine „vollkommne Seele" in einem Kadaver von Leib herumtragen, und dazu nötig hatte, einen neuen Begriff der „Vollkommenheit" sich zurechtzumachen, ein bleiches, krankhaftes, idiotisch-schwärmerisches Wesen, die sogenannte „Heiligkeit", – Heiligkeit, selbst bloß eine Symptomen-Reihe des verarmten, entnervten, unheilbar verdorbenen Leibes! ... Die christliche Bewegung, als eine europäische Bewegung, ist von vornherein eine Gesamt-Bewegung der Ausschuss- und Abfalls-Elemente aller Art: – diese will mit dem Christentum zur Macht ... [...]

– Gott am Kreuze – versteht man immer noch die furchtbare Hintergedanklichkeit dieses Symbols nicht? – Alles, was leidet, Alles, was am Kreuze hängt, ist göttlich ... das Christentum war bisher das größte Unglück der Menschheit. –

Der Philosoph **Friedrich Nietzsche** (1844–1900, → Biografie, S. 380) schrieb sein Werk „Der Antichrist. Fluch auf das Christentum" 1888 kurz vor seinem gesundheitlichen Zusammenbruch.

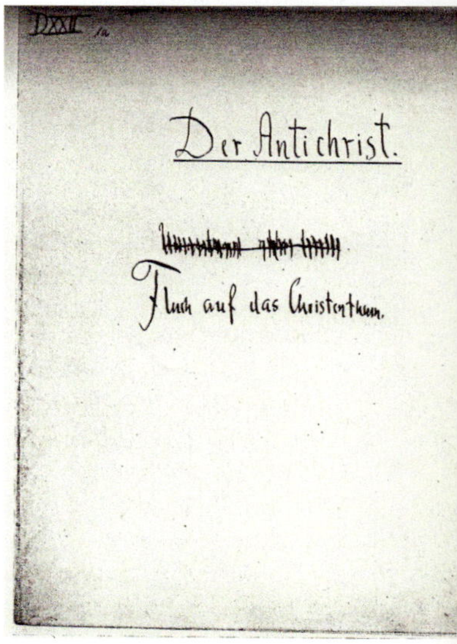

Titelblatt in Nietzsches Handschrift

1 Fassen Sie Nietzsches Kritikpunkte am Christentum zusammen. Wird er dieser Religion damit gerecht? Diskutieren Sie!

2 Vergleichen Sie Nietzsches Religionsauffassung mit der Feuerbachs.

---

[1] Teleologie (gr.): Lehre von der Zielgerichtetheit und Zweckmäßigkeit aller Dinge
[2] décadence (frz.): Verfall, Entartung
[3] epileptoid (gr.): einem epileptischen Anfall ähnlich
[4] in majorem dei honorem (lat.): zur größeren Ehre Gottes

Religionskritische Positionen der Gegenwart

Richard Dawkins (geb. 1941), britischer Evolutionsbiologe. Einer breiteren Öffentlichkeit bekannt wurde er durch seine religionskritischen Bücher (z. B. „Der Gotteswahn“, 2006). Dawkins ist das bekannteste Mitglied der Vereinigung „Brights“ (= die Hellen), deren Anhänger sich zu seiner religionskritischen Haltung und zu einem „naturalistischen Weltbild“ bekennen.

Richard Dawkins: „Brauchen wir Gott, um unsere Moralvorstellungen zu entwickeln?“ – Ein Interview

Warum wehren Sie sich gegen das gesamte Konzept von Religion und Gottesglauben?
Dagegen habe ich überhaupt nichts. Mich interessiert etwas anderes: die Wahrheit. Ich möchte gerne wissen, was wirklich ist. Und an einen Gott zu glauben, der Trost spendet, sagt nichts darüber aus, ob er tatsächlich existiert. Gibt es Gott überhaupt, lautet meine Frage. Denn falls er nicht existiert, ist der Trost, der von ihm ausgeht, eine ziemlich leere Angelegenheit.
Wie sicher sind Sie sich denn?
Ich bin Agnostiker. Üblicherweise sind Agnostiker Leute, die eine 50:50-Wette über die Existenz Gottes eingehen: Kann sein, dass es ihn gibt, kann auch sein, dass es ihn nicht gibt. Das finde ich zu wenig. Auf der anderen Seite stehen die Atheisten. Atheismus in purer Form heißt: Gott gibt es mit hundertprozentiger Wahrscheinlichkeit nicht. Auch diese Position teile ich nicht. Ein Wissenschaftler sollte sich nie hundertprozentig sicher sein. Aber es geht um mehr als 50:50. Vermutlich glauben Sie ebenso wenig wie ich an die Existenz von Feen oder von unsichtbaren Wesen in rosa Uniformen. In diesem Sinne sind wir fast alle Agnostiker. Genau darum geht es auch bei der Existenz Gottes. [...]
Aber es hat auch noch niemand bewiesen, dass Gott nicht existiert.
Auch richtig. Ich fälle ein Urteil über die Wahrscheinlichkeit seiner Existenz. Und die liegt unter 50 Prozent, ich glaube sogar, sie ist äußerst gering. Mir geht es dabei nicht nur um den alten Mann mit dem Vollbart, sondern um jede Form eines übernatürlichen Wesens oder Schöpfers.
Sie aber verwenden viele Seiten [Ihres Buches „Der Gotteswahn“] darauf, gegen den Gott des Alten Testaments zu wettern.
Das berührt eine andere Frage als die nach der Existenz Gottes. In jenen Kapiteln geht es um die Frage: Brauchen wir Gott, um unsere Moralvorstellungen zu entwickeln? Ganz offensichtlich benötigen wir das göttliche Monster des Alten Testaments und seine Werte dazu nicht. Schließlich sind wir nicht mehr Anhänger der Sklaverei oder der Diskriminierung von Frauen. Wir steinigen heute keine Ehebrecherinnen mehr. Unsere Moral hat offensichtlich nichts mit der Bibel zu tun.
Wenn sich für Sie das Leben und seine Wandlungen darwinistisch erklären lassen und sogar die Moral darin Platz findet, fragt man sich, weshalb aus einer darwinistischen Perspektive Religion so hartnäckig überlebt. Sie ist doch nach Ihrer Ansicht gar nicht nötig.
Guter Einwand. Religion hilft wahrscheinlich beim Überlebenskampf. Dafür gibt es ein paar medizinische Belege. Religiöse Menschen scheinen weniger stressanfällig zu sein als ungläubige. Aber das reicht mir nicht als Erklärung. Religion an sich hat keinen biologischen Vorteil, aber die Mentalität, die sich als Religiosität darstellt. Der Respekt vor Autorität; die Bereitschaft, Befehlen zu gehorchen; zu glauben, was die Eltern einem sagen – all diese Eigenschaften könnten für das Überleben eines Kindes von Vorteil sein. Sie werden im Gehirn eines Kindes auf dem Wege der natürlichen Selektion einprogrammiert. [...]
Wäre die Welt besser dran, wenn sie ohne Religion auskäme?
Ja. Aber selbst wenn es nicht so wäre, könnte ich noch immer nicht glauben, dass Religion recht hat. Ganz sicher sind einige der besten Menschen auf der Welt religiös, einige der schlimmsten ebenso.

1 Wodurch versucht Dawkins zu begründen, dass es Gott nicht gibt? Prüfen und diskutieren Sie seine Ansichten.

2 Vergleichen Sie seine Argumentation mit derjenigen Blaise Pascals (s. S. 359). Führen Sie ein Streitgespräch zwischen beiden.

3 Beantworten Sie die letzte Frage des Textes in Form eines Essays (→ Methode, S. 19).

Ian McEwan: „Es ist absolut möglich, ohne jede Beziehung zum Übernatürlichen zu leben"

Ian McEwan (geb. 1948), Sohn eines Berufssoldaten in Aldershot in England, verbrachte seine Kindheit in England, Singapur und Libyen. Er studierte Literatur an der University of Sussex und gewann bereits mit seinem ersten Erzählband den bedeutenden Somerset-Maugham-Preis. Seither arbeitet er als Schriftsteller. Großen Erfolg hatte er mit den Romanen „Abbitte" (2001) und „Am Strand" (2007). Sein Roman „Saturday" (2005) nahm die Terroranschläge in London im Juli 2005 vorweg.

Oft frage ich mich, ob eine Welt vorstellbar ist, die intellektuell reich und emotional befriedigend ist – und die ohne jede Religion auskommt. Es wäre eine Welt voller Demut vor der Heiligkeit des Lebens, der Natur und der Kunst, nur eben ohne den Respekt vor einem übernatürlichen Wesen. Die Religion steht im Zentrum der großen Konflikte unserer Zeit. Sie verleitet Menschen dazu, grausame Dinge zu tun. Immer wieder kidnappt Religion die Moral. Wie destruktiv die Annahme ist, es gäbe ein besseres Leben als dieses! Diese Idee hält Abermillionen in Armut lebende Menschen im Würgegriff. Menschen wenden sich besonders dem Glauben zu in Zeiten, in denen das Leben schwer ist und die Aussichten schlecht sind. Wer aber auf ein besseres Leben nach dem jetzigen hofft, verliert seine Hingabe an die eigene Existenz. Menschen, die die vergleichsweise flüchtigen siebzig oder achtzig Jahre ihrer Lebenszeit als kurzes Aufschimmern von Bewusstsein begreifen in einer riesigen Zeitspanne des Nichts, empfinden eine größere Verantwortung gegenüber ihrer persönlichen Erfüllung.

Tue, was du tun kannst, in der Zeit, die du hast. Gönnen wir uns die Einsicht, wie großartig es ist, dass überhaupt etwas existiert! Dass es so etwas Faszinierendes wie unser Bewusstsein gibt, das nichts anderes ist als ein komplexes Arrangement von Zellen, die uns befähigen, zu begreifen, unsere eigenen Regeln zu schaffen und die Verantwortung für unsere Moral selbst zu tragen.

Das Schöne an dieser Sicht der Dinge ist: Die Welt ist so reich wie zuvor! Wir wissen inzwischen einiges über die natürliche Auslese, über zufällige Mutationen, die Auslöschung von Spezies, wir wissen, wie Viren sich wandeln können und wie wir uns als menschliche Wesen entwickelt haben. Diese Entwicklungsgeschichte sollte ein Gefühl von Ehrfurcht auslösen, gerade weil sie sich ohne einen höheren Zweck entfaltet hat.

Von der Steinzeit bis hin zu modernen Kulturen gibt es erstaunliche Gemeinsamkeiten. Die Ächtung von Diebstahl, Mord oder dem Begehren deines Nächsten Weibes ist überall vorhanden. Auch ohne Religion kennen wir Scham, Mitgefühl, Peinlichkeit und Wut. Für uns als soziale Wesen waren sie sogar von fundamentaler Bedeutung, um in der Gruppe zu überleben. Natürlich kenne ich auch die Versuchung, der Religion eine einzigartige Kraft zuzuschreiben. Schließlich hat der Glaube Menschen zu unglaublichen Werken beflügelt. Ich lausche liebend gern den Bach-Kantaten, mit ihrer Melancholie, die mir den Atem verschlägt. Ich liebe es, alte Kirchen zu betreten und mir die traumähnliche Sehnsucht in der gotischen Architektur zu vergegenwärtigen. Ich habe großen Respekt vor Kunst, die einen religiösen Impuls in sich trägt. Doch es ist absolut möglich, ohne jede Beziehung zum Übernatürlichen zu leben und trotzdem ozeanische Gefühle[1] zu entwickeln: angesichts einer Landschaft, der Pfirsiche von Cézanne[2] oder der unglaublichen Ekstase frischer Verliebtheit. Diese großen, erhabenen Empfindungen sind nicht gespeist aus religiösen Gefühlen, sondern kommen aus sich selbst heraus. [...]

Hätte man mir vor 25 Jahren erzählt, dass Religion eine der bestimmenden Kräfte internationaler Konflikte sein würde, hätte ich es nicht geglaubt.

1 Ist „eine Welt vorstellbar, die intellektuell reich und emotional befriedigend ist – und die ohne jede Religion auskommt"? Nehmen Sie Stellung.

2 Finden Sie Parallelen zwischen McEwans Argumenten und den Einwänden der „klassischen" Religionskritik (s. S. 360 ff.).

3 Lesen Sie ergänzend Toynbees Text über die Stärken und Schwächen der Religionen (s. S. 338 f.) und beantworten Sie die dort gestellten Aufgaben.

---

[1] Anspielung auf eine Formulierung aus Sigmund Freuds Aufsatz „Das Unbehagen in der Kultur", mit der er ein diffuses religiöses Empfinden beschreibt.

[2] Paul Cézanne (1839–1906): französischer Maler

Thomas Assheuer (geb. 1955), Journalist der Wochenzeitung „Die Zeit", nimmt in dem nebenstehenden Text Stellung zu der Frage, ob sich die gegenwärtige Religionskritik, besonders dem Islam gegenüber, auf die Aufklärung berufen kann. Der Text stammt aus dem Jahr 2010.

Thomas Assheuer: Aufklärung und Religionskritik

Wer heute die aufgeheizte Debatte um einen radikalisierten Islam beobachtet, der fühlt sich unwillkürlich an den Streit erinnert, den die Aufklärer im 17. und 18. Jahrhundert um die Wahrheit der Religion ausgetragen haben. Dieser Streit war ein großes intellektuelles Drama, und die Parallelen zu den aktuell brennenden Fragen sind verblüffend. Was tun gegen Fanatiker? Welche Rechte hat die Religion, und wo beginnt das Recht, von ihr verschont zu werden? Gibt es auch einen Fundamentalismus der Vernunft?

Keineswegs waren die Aufklärer [...] militante Gegner der Religion, nicht alle dachten so wie d'Holbach[1]. Sie waren keine Säkularisten, die die „Geisteskrankheit des Fanatismus (Voltaire[2]) kurzerhand durch die Abschaffung der Religion heilen wollten. Intellektuelle wie Pierre Bayle[3], Jean-Jacques Rousseau[4], Voltaire und Lessing[5] besaßen sogar ein ausgeprägtes Gespür dafür, dass auch die religionskritische Aufklärung von einem Fundamentalismus bedroht wird. Nicht von einem Fundamentalismus der Tat, der Andersgläubigen das Messer ins Herz bohrt. Sondern von einem Fundamentalismus des Geistes, der denselben Fehler macht wie die verhassten „Pfaffen": Seine Toleranz duldet nur das, was er selbst als tolerierbar definiert hat. Damit kein Irrtum entsteht: Die von Verfolgung bedrohten Aufklärer fürchteten den „blutdürstigen Sklaven des Aberglaubens" wie die Pest. Ihnen schauderte von dem Fanatiker, der „davon überzeugt ist, in den Himmel zu kommen, wenn er einem den Hals abschneidet". Und trotzdem, so Voltaire weiter, dürfe man die „Tollwut der Intoleranz" nicht mit der „Narretei des Atheismus" austreiben. Kein Bürger dürfe gezwungen werden, über metaphysische Fragen „auf gleiche Art" zu denken wie alle anderen. Ganz ähnlich auch Rousseau: „Die geistige Welt ist voller unbegreiflicher Wahrheiten"; die Vernunft könne sie „nicht berühren, sondern nur wahrnehmen".

Den scharfsinnigen Blick im Streit um Glauben und Vernunft aber hatte der Philosoph Pierre Bayle (1647–1706), ein früher Held der Aufklärung. Obwohl er selbst der klerikalen Gedankenpolizei zum Opfer fiel, weil er standhaft den Atheismus verteidigte, witterte er bei seinen Mitstreitern neue Denkverbote – den Hochmut einer Aufklärung, die über ihre Endlichkeit nicht aufgeklärt ist. Die reine Vernunft sei ein „ätzendes Pulver" und voller „Gebrechen", sie werde niemals alle Fragen des Menschen beantworten können. Ja, die Religionen müssen entgiftet werden, aber die Aufklärer dürfen ihre eigene Wahrheit nicht an deren Stelle setzen. Mag auch der Glaube im Jenseits der Vernunft spekulieren, so sei er damit noch lange nicht „widervernünftig". Aus solchen Einsichten schmiedete Lessing später sein dramatisches Experiment der Brüderlichkeit, die berühmte Ringparabel im *Nathan* aus dem Jahre 1779.

[1] Thiry d'Holbach (1723–1789): französischer Philosoph deutscher Abstammung, vertrat einen konsequenten und kämpferischen atheistischen Materialismus

[2] Voltaire (1694–1778, → Biografie, S. 375): französischer Philosoph, scharfer Kritiker u. a. des Klerus und der Kirchen; setzte sich für Religionsfreiheit ein; Vertreter des Deismus (s. S. 360 f.).

[3] Pierre Bayle (1647–1706): französischer Philosoph, bekämpfte jedwede Form des Dogmatismus, forderte unbedingte Toleranz (auch gegenüber Atheisten) und trat für die Trennung von Kirche und Staat ein.

[4] Jean-Jacques Rousseau (1712–1778, → Biografie, S. 376): französischer Philosoph, trat für die gegenseitige Toleranz der Religionen ein.

[5] Gotthold Ephraim Lessing (1729–1781): deutscher Dichter, verfasste sein Werk „Nathan der Weise" (1779) mit dessen Appell an Toleranz und Humanität als Antwort auf das Verbot seiner religiösen Streitschriften gegen die kirchliche Orthodoxie.

Die **Ringparabel** in Lessings „Nathan der Weise" erzählt von dem Vater dreier Söhne, der einen überaus kostbaren Ring besaß, weil er seinem Träger die Kraft verlieh, sich „vor Gott und den Menschen angenehm" zu machen. Da er seine drei Söhne gleichermaßen liebte, ließ er kurz vor seinem Tod zwei Kopien anfertigen, die von dem echten Ring nicht zu unterscheiden waren. Diese Ringe hinterließ er seinen Söhnen. Die Frage, wer nun den echten Ring besaß, gelangte vor einen Richter, der folgenden Rat gab: „Es strebe von euch jeder um die Wette, die Kraft des Steins in seinem Ring an Tag zu legen! Komme dieser Kraft mit Sanftmut, mit herzlicher Verträglichkeit, mit Wohlmut, mit innigster Ergebenheit in Gott zu Hilf'." Auf diese Weise, so der Richter, könnten die Söhne im Laufe der Zeit die Echtheit ihres eigenen Ringes beweisen.

Die Kämpfe, die die Aufklärer um das Verhältnis von Religion und Vernunft austrugen, setzten einen Lernprozess in Gang, der dann in den Verfassungsrevolutionen seinen Niederschlag fand, in der ingeniösen[1] Formel: säkularer Staat, aber Freiheit der Religion. Als Erster gewährte der Artikel 16 der Bill of Rights of Virginia aus dem Jahre 1776 allen Religionen die gleiche Freiheit, und zwar nicht mit herablassendem Wohlwollen, als bloße Toleranz, sondern als politisches Grundrecht in einer Gesellschaft gleichberechtigter Bürger.

Von der Pointe dieser Rechtsidee zehren die Verfassungen noch heute. Denn das Recht, das die Religionsfreiheit gewährt, ist dasselbe Recht, das die Ausübung der Religion auch begrenzt. Die Staatsbürger dürfen glauben, was sie wollen, aber sie müssen im Gegenzug die Verfassung respektieren, die ihnen diese Glaubensfreiheit einräumt. Sie dürfen weder Gewalt noch Gewissenszwang ausüben und müssen den Meinungs- und Glaubenspluralismus anerkennen. Die Verfassung, und darauf kommt es an, ist kein Glaubensartikel, der den Frommen als „Religion" gegenübertritt. Sie ist das säkulare Fundament religiöser Freiheit und besteht „mit Recht" auf der Loyalität aller Bürger.

Es ist nicht klar, ob die heutigen Islamkritiker, die tagtäglich die träge Masse feiger „Kapitulanten" vor dem islamischen Feind warnen, an der Errungenschaft der Aufklärung, an der Religionsfreiheit festhalten oder diese auf der Abraumhalde liberaler Irrtümer entsorgen wollen. Wer Muslimen nur so viel Toleranz gewähren will, wie sie Juden und Christen in islamischen Ländern gewährt wird, der bestreitet das gleiche Recht auf Religionsausübung und nährt – *tit for tat*[2] – den Geist der Revanche. [...]

Bei aller begründeten Furcht vor islamistischem Terror wird indes niemand behaupten können, in Europa sei die Freiheit ernsthaft in Gefahr. Die Durchsetzung der Verfassungsnormen ist – mit einem Wort von Jürgen Habermas[3] – eine so „unbestrittene Prämisse des Zusammenlebens, dass der hysterische Aufruf zur Verteidigung unserer ‚Werte' als semantische Aufrüstung[4] gegen einen unbestimmten inneren Feind erscheint. Die Bestrafung von Gewalt und die Bekämpfung von Hass verlangt ruhiges Selbstbewusstsein, aber keine Scharfmacherei."

Der Scharfmacher wittert überall den Feind und macht zwischen Islam und Islamismus keinen Unterschied. Jedes Attentat bestätigt ihm die Niedertracht der Religion und die Großartigkeit seiner eigenen säkularen Vernunft. So findet die Spirale der Verfeindung kein Ende, und das bedeutet Krieg bis zum Jüngsten Tag. Das ist nicht Aufklärung, das ist ihr Ende.

1 Was verstanden die im Text genannten Philosophen unter Religionskritik? Wie lautete ihr Verständnis von Toleranz?

2 Beschreiben Sie das Verhältnis von säkularem (Verfassungs-)Staat und Religion. Was versteht man in diesem Zusammenhang unter aktiver und passiver Religionsfreiheit?

3 Welche Reaktion auf religiös-intolerantes Verhalten hält der Autor für angemessen, welche nicht? Erörtern Sie seine Ansicht.

4 Lesen Sie den Text der Ringparabel und übertragen Sie den Inhalt der Parabel auf die drei infrage kommenden Religionen. Nehmen Sie Stellung zum Rat des Richters.

[1] ingeniös (lat.): geistreich, scharfsichtig, kunstvoll erdacht
[2] tit for tat: englische Redewendung, sinngemäß „wie du mir, so ich dir"
[3] Jürgen Habermas (geb. 1929): deutscher Philosoph, Vertreter der Diskursethik
[4] semantische Aufrüstung: hier: über die eigentliche Bedeutung des Begriffs „Wert" hinausreichend

Agnostizismus (von gr.: unerkennbar): Ansicht, nach der eine rationale Erkenntnis des Göttlichen, des Übersinnlichen oder des Seinsgrundes unmöglich ist. Agnostiker sind (im Gegensatz zu Atheisten) der Überzeugung, dass man weder sagen könne, dass Gott existiert, noch dass er nicht existiert.

Atheismus (gr.: ohne Gott): Weltanschauung, die die Existenz eines Gottes verneint bzw. leugnet.

Deismus (lat): Gottesauffassung, nach der Gott die Welt zwar erschaffen hat, sich aber von ihr zurückzog und keinen Einfluss ausübt bzw. sich selbst überlassen hat.

Dogma (gr.): feststehender, unumstößlicher Lehrsatz; Aussage, die den Anspruch absoluter Gültigkeit und Wahrheit beansprucht. Beispiele: der Glaube an einen Schöpfergott im Judentum, Christentum, Islam; der Glaube, dass die Heiligen Schriften (Tora, Bibel, Koran) von Gott gegebene Mitteilungen sind.

Erlösung: Viele Religionen nehmen an, dass der Mensch aufgrund seiner Endlichkeit und seiner Fehler- bzw. Sündhaftigkeit erlösungsbedürftig ist. In den monotheistischen Religionen kann die Erlösung nur von Gott selbst bewirkt werden, in den asiatischen Religionen kann der Mensch aufgrund eines bestimmten Lebenswandels die Erlösung selbst bewirken. Die Annahme eines **Weiterlebens nach dem Tod** im Jenseits (je nach Lebenswandel in verschiedenen Seinsformen) ist in vielen Religionen Bestandteil der Lehre.

Fundamentalismus (lat.): unbeirrtes und kompromissloses Festhalten an religiösen (oder an politischen, ideologischen u.a.) Grundsätzen. Fundamentalistische Gruppierungen und Strömungen gibt es in allen Religionen. So z.B. hält der **Kreationismus** (lat. creatio = Schöpfung) am biblischen Schöpfungsbericht in seinen Grundzügen fest und lehnt wissenschaftliche Entstehungs- und Entwicklungstheorien im Sinne der darwinistischen Evolutionslehre als unbewiesen bzw. unbeweisbar ab.

Glaubensspaltung: verschiedene Glaubensrichtungen innerhalb einer Religion; im Christentum z.B. Katholiken, Protestanten (Evangelische), Orthodoxe; im Islam z.B. Sunniten, Schiiten, Alawiten

Monotheismus (gr.): Eingottglaube (Ggs.: Polytheismus). Monotheistische Religionen sind Judentum, Christentum, Islam. Im Christentum konkretisiert sich der Gottesbegriff in der Lehre von der Trinität (Dreifaltigkeit), nach der Gott in drei Personen (Gott Vater, Gott Sohn, Gott Heiliger Geist) existiert.

Offenbarung: Äußerung/Mitteilung Gottes; die monotheistischen Religionen führen ihren Ursprung und ihre Lehre auf die in den Heiligen Schriften niedergelegte Offenbarung Gottes zurück („Offenbarungsreligionen“).

Religionsfreiheit/Glaubensfreiheit: Freiheit und Recht des Einzelnen, religiöse Überzeugungen zu äußern, zu befolgen und auszuüben (*aktive* Religionsfreiheit) sowie Freiheit und Recht, ohne religiöses Bekenntnis zu leben (*passive* bzw. *negative* Religionsfreiheit). Die Religionsfreiheit ist Bestandteil der UN-Menschenrechtsdeklaration (Art. 18) wie auch des Grundgesetzes Deutschlands (Art. 4). Die Religionsmündigkeit, d.h. die Freiheit, über seine Religionszugehörigkeit bzw. seine Religionslosigkeit selbst zu bestimmen, beginnt in Deutschland juristisch mit dem 14. Lebensjahr.

Religionsphilosophie: philosophische Auseinandersetzung u.a. mit dem Wesen und der Funktion von Religion, mit dem Verhältnis von Vernunft und Offenbarung oder mit sogenannten Gottesbeweisen. Die **Theologie** (gr.: Lehre von Gott) ist eine *inner*religiöse, wissenschaftliche Beschäftigung mit religiösen Lehren und Erscheinungsformen.

Religiöses Ethos: Die Religionen begründen ihre moralischen Normen von einer Gottheit her. Allen Religionen gemeinsam sind: nicht töten, nicht lügen, nicht stehlen, nicht Unzucht treiben, die Eltern achten/die Kinder lieben. Zur Beachtung und Durchsetzung ihrer Ge- und Verbote entwickelten vor allem die monotheistischen Religionen eigene Rechtssysteme mit entsprechenden Sanktionsvorschriften.

Säkularisierung/säkular (lat.: weltlich): Prozess der Begrenzung oder Abschaffung des Einflusses bzw. der Verfügungsgewalt der Religion und ihrer Institutionen auf den Staat (Trennung von Staat und Religion), Gesellschaft und private Lebensführung. In Europa eng mit der Epoche der Aufklärung und der Französischen Revolution verbunden. **Kennzeichen eines säkularen, liberalen Staates**: religiös-weltanschauliche Neutralität; Anerkennung der Ansprüche der Religionsgemeinschaften (z.B. auf „ungestörte Religionsausübung“) mit gleichzeitiger Verpflichtung der Religionen zur Beachtung des säkularen Rechts (z.B. Verbot von Zwangsehen, Beachtung der Religions- bzw. Glaubensfreiheit)

Biografien

Raffael: Die Schule von Athen

Das um 1510 entstandene Fresko gestaltete der italienische Maler Raffael (1483–1520) im Auftrag von Papst Julius II. für den vatikanischen Palast in Rom.

Die „Schule von Athen" zeigt eine in Renaissance-Architektur gestaltete fiktive und idealtypische antike Akademie, in der sich die Großen der Wissenschaft und der Künste versammelt haben, ihr Wissen und ihre Erfahrungen untereinander bzw. mit Schülern austauschen oder lediglich nachdenken oder schreiben. Die Gesichter drücken die ganze Bandbreite philosophischer Haltungen aus: Staunen, Zweifel, Gespanntheit, Nachdenklichkeit, Diskussionsfreude, Erklärungswille, Neugier u. Ä.

Im Mittelpunkt (und erhöht) stehen die beiden Philosophen *Platon* und *Aristoteles*. Platon deutet, entsprechend seiner Ideenlehre, mit der Hand zum Himmel, Aristoteles dagegen verweist auf die sichtbar-reale Welt vor sich. Die philosophischen Grundpositionen der beiden Philosophen sind außer in der Gestik auch in den Büchern, die sie in der linken Hand halten, sinnfällig: Platon trägt seine Schrift „Timaios", Aristoteles seine „Ethik".

Weitere Personen u. a.: *Sokrates* befindet sich in der Diskussion mit Athener Bürgern (halblinks oben), der schreibende *Pythagoras* ist von einer Gruppe mathematisch interessierter Schüler umringt (links unten), *Diogenes* streckt sich, gesellschaftliche Gepflogenheiten missachtend, unflätig auf der Treppe aus.

Wilhelm Weischedel: Die philosophische Hintertreppe. Die großen Philosophen in Alltag und Denken, München (dtv) ^{38}2009

Sokrates (um 470 – 399 v. Chr.)

„Wie zahlreich sind doch die Dinge, deren ich nicht bedarf"

„Keiner ist weiser als Sokrates", hatte das Orakel von Delphi verkündet. Ein merkwürdiger Spruch, galt er doch einem Mann, dessen berühmteste Aussage lautete: „Ich weiß, dass ich nichts weiß."

Aufgewachsen in Athen als Sohn einer Hebamme und eines Bildhauers, erlernte Sokrates den Beruf eines Steinmetzes. Auf Dauer hielt es ihn aber nicht in seinem Atelier, sondern es trieb ihn, sehr zum Ärgernis seiner Ehefrau Xanthippe und seiner drei Kinder, hinaus auf die Straßen und Plätze, um mit den Menschen ins Gespräch zu kommen. Denn ihn bedrückte der Zustand des Staates und der Gesellschaft, die er von Werteverfall und geistiger Orientierungslosigkeit bedroht sah. Er fühlte sich berufen, den **Kampf gegen den ethischen Relativismus** aufzunehmen, der vor allem von den sogenannten Weisheitslehrern, den Sophisten (s. S. 127), vertreten wurde. Diese stellten den Wahrheitsanspruch der geltenden Moral infrage und bezeichneten diese als zeit- und herrschaftsgebunden. Sokrates' Bestreben war, die Argumentationsweise der Sophisten als rhetorisch geschickte Überredungskunst zu entlarven. Während diese den Dialog nur dazu benutzten, ihre Meinung durchzusetzen, hatte für ihn der Dialog nur dann eine ethische Qualität, wenn er die Gleichwertigkeit und Ernsthaftigkeit der Gesprächspartner anerkannte und ein Mittel zur Erkenntnis der Wahrheit und des Guten war. Dazu entwickelte er die sogenannte **„Sokratische Methode"**, ein Dialogprinzip, das unvoreingenommen und mit Mitteln der Sprachkritik und der Logik die Begründbarkeit moralischer Urteile zum Gegenstand hat. Insofern lässt sich Sokrates als Vordenker der sogenannten Diskursethik bezeichnen (s. S. 191 ff.).

Sokrates war der Überzeugung, **dass derjenige, der das Gute kennt, auch danach handelt**. Es gelte also, die Menschen von ihrer Unkenntnis zu befreien. Zwar kenne auch er nicht das Wesen der Dinge, weil die reine Wahrheit nur Gott vorbehalten sei, aber im Gegensatz zu denen, die nur glauben, etwas zu wissen, wisse er wenigstens, dass er nichts wisse. Statt im Scheinwissen zu verharren, bringe deswegen nur das fragende Suchen den Menschen weiter. Sein einfaches, asketisches Leben und seine Lehre, dass sich mit der Erkenntnisfähigkeit der Vernunft und mit der Methode des Diskurses das Gute ermitteln lasse, verschafften ihm zahlreiche Anhänger, vor allem im Kreis der Jugend. Der bedeutendste seiner Schüler war Platon, der die Dialoge und Reden seines Lehrers, der selbst nichts Schriftliches hinterlassen hat, aufschrieb und ihn in seinen Spätschriften zum Sprachrohr seiner eigenen Philosophie machte.

Sein unablässiges Fragen wurde Sokrates zum Verhängnis. Er wurde angeklagt, die Jugend zu verführen, indem er sie lehrte, das Wissen kritisch zu hinterfragen und selbstständig zu denken. Zudem warf man ihm Gotteslästerung vor, weil er der Vernunft einen gottähnlichen Status zugestand. Trotz seiner überzeugenden Verteidigungsrede verurteilte ihn das Athener Gericht zum Tode. Er nahm das Urteil an, machte von der ihm angebotenen Fluchtmöglichkeit keinen Gebrauch und starb im Kreis seiner Freunde (s. S. 8).

Die Gradlinigkeit seines Denkens und Lebens und seine unablässige Wahrheitssuche machen bis heute die Faszination dieses Philosophen aus. Goethe und Schiller schrieben in Anspielung an den oben zitierten Orakelspruch: „Dich erklärte der Pythia Mund für den weisen Griechen./Wohl! Der Weiseste mag oft der Beschwerlichste sein."

Platon (427 – 347 v. Chr.)

„In der Welt des Erkennbaren ist die Idee des Guten die höchste"

Der griechische Philosoph Platon stammte aus einer vornehmen Athener Familie und kam durch Sokrates, dessen Schüler er acht Jahre lang war, zur Philosophie. Seine frühen Werke verfasste er in der Form von Dialogen, in deren Mittelpunkt Sokrates steht.

Nach der Darstellung Platons lebt der Mensch in einer Welt, die er als Realität wahrnimmt. **Die Gegenstände in ihr sind aber nur unvollkommene Abbildungen der vollkommenen Ideen**. Diese Ideen existieren für sich in einer jenseitigen Welt und haben untereinander Verbindung. Die ganze Welt ist eine Einheit. Der Mensch nimmt die Dinge der sichtbaren Welt mit seinen Sinnen wahr, unsichtbare Werte kann er durch seine Ratio begreifen, sie sind aber in der sichtbaren Welt nur verhüllt vorhanden. **Durch die Vernunft kann er die dahinterstehenden Ideen erfassen**. Dies geschieht durch Rückerinnerung, weil die Seele vor der Erzeugung des Menschen Einblick in das Reich der Ideen hatte: „Suchen und Lernen ist demnach ganz und gar Erinnerung."

Das Wissen um die Ideen selbst kann nicht gelehrt werden, es ist nicht mitteilbar. Es zeigt sich aber zum Beispiel in der Erkenntnis logischer Zusammenhänge und auch daran, dass der Mensch eine Vorstellung von Vollkommenheit hat, die er in seinem Leben nicht erworben haben kann.

Der Philosoph soll sich von der vergänglichen Welt ab- und den unvergänglichen Ideen zuwenden, er soll nach Vollkommenheit in den höchsten Werten suchen. Platon sieht die **Seele als den eigentlichen Teil des Menschen**, der im Körper wie in einem Gefängnis eingeschlossen ist. Diese Seele ist dreigeteilt in Denken, Willen und Begierde, wovon nur das Denken, die Vernunft unsterblich und ihrem Wesen nach mit der Weltseele gleichartig ist. Der Tod befreit die unsterbliche Seele, die dann aufsteigend ins Reich der Ideen zurückkehrt. Bei dieser Rückkehr muss sie sich für ihr Leben auf der Erde verantworten.

Platon verstand **Philosophie als Ethik**. Es ist dem Menschen seiner Auffassung nach nämlich möglich, durch die Philosophie zur Erkenntnis des Guten zu gelangen. Seine ethischen Vorstellungen hat Platon in dem Werk „Politeia" (der Staat) auch staatsphilosophisch konkretisiert. Ihm schwebte ein **Idealstaat** vor, in dem die Philosophen Könige und die Könige Philosophen sind. In diesem monarchischen Staat gibt es allerdings auch untergeordnete Menschen, Arbeiter zum Beispiel, die eine dienende Funktion haben.

Wenn ein Staat dauerhaft sein soll, müssen die Menschen erzogen werden. Sie können durch die vier **Kardinaltugenden** Weisheit, Tapferkeit, Besonnenheit und Gerechtigkeit auf den Weg zum Guten gebracht werden.

Platon suchte nach dem Tod des Sokrates den Kontakt zu verschiedenen Philosophen, um seinen Horizont zu erweitern. Der Versuch, dem Tyrannen Dionysios von Syrakus seine staatsphilosophischen Ideen nahezubringen und so vielleicht einen Herrscher zum Philosophen zu machen, scheiterte. Wegen unbequemer Äußerungen wurde er von diesem sogar auf den Sklavenmarkt gebracht, aber von einem Athener Bürger freigekauft. Er gründete danach in Athen die Akademie, einen Ort für das philosophische Gespräch und die philosophische Bildung junger Männer.

Aristoteles (384 – 322 v. Chr.)

„Ohne Ziel ist die Natur nicht tätig"

Neben Platon gilt Aristoteles als der einflussreichste Philosoph der Antike. Er wuchs in Stagira im Osten Makedoniens als Sohn des Arztes Nikomachos auf. Im Jahre 366 ging er nach Athen, um dort an Platons Akademie zu studieren. 20 Jahre blieb er dort, zunächst als Schüler, später als Lehrer. Nach dem Tode Platons reiste Aristoteles nach Assos und gründete dort am Hofe des Fürsten Hermias, dessen Schwester er heiratete, seine erste eigene Schule. Als die Perser Hermias besiegten, floh er zum Hofe seines Jugendfreundes Philipp, dem König Makedoniens, der ihn zum Erzieher seines vierzehnjährigen Sohnes Alexander bestimmte. Als Alexander König wurde, kehrte Aristoteles nach Athen zurück und gründete dort seine Schule, die man auch die „peripatetische" nennt, da Aristoteles beim Lehren in den Gängen des Schulgebäudes, den Peripatoi, umherwandelte. Nach dem Tod seiner Frau hatte er ein Verhältnis mit seiner Haushälterin. Aus dieser Verbindung ging sein erster Sohn, Nikomachos, hervor. Im Jahr 323 drohte Aristoteles ein Prozess wegen Gotteslästerung. Er floh auf seine geerbten Besitztümer in Chalkis/Euböa. Angeblich wollte er mit seiner Flucht die Athener davor bewahren, sich – nach der Tötung des Sokrates – ein zweites Mal an der Philosophie zu versündigen. Kurze Zeit später starb er an einem Magenleiden.

„Alle Menschen streben von Natur nach Wissen." Mit dieser Aussage begründet Aristoteles sein philosophisches Interesse. Er wollte eine Synthese der sich zum Teil widersprechenden philosophischen Theorien seiner Zeit schaffen. Dazu hat er das ihm bekannte Wissen zusammengetragen und in verschiedene Gebiete eingeteilt, die wir heute als Disziplinen kennen: Philosophie, Naturwissenschaften, Geschichte, Medizin und Politik. Zugleich hat er dieses Wissen in eine Rangordnung gebracht. Die Philosophie als theoretische Wissenschaft von den Ursachen und Prinzipien des Seins gilt ihm als das Ziel aller anderen Wissenschaften.

Aristoteles teilt aber nicht Platons Geringschätzung der durch die Sinne erfahrbaren Welt. Er war ein leidenschaftlicher Naturforscher, der den Grundstein legte für die moderne Naturwissenschaft: „Vor der Untersuchung der niederen Lebewesen dürfen wir keinen kindischen Ekel verspüren, denn in allen Naturdingen ist etwas Wunderbares." Mithilfe Alexanders, der ihm aus allen Teilen der Welt Tiere und Pflanzen schickte, richtete er sich einen Zoo ein. Die **Sinneswahrnehmung** und die darauf basierende Erfahrung sind für ihn die Grundlage für Erkennen und Handeln. Im Alltag zeige sich oft, „dass die Erfahrenen mehr das Richtige treffen als diejenigen, die ohne Erfahrung nur den allgemeinen Begriff besitzen."

In seiner **Metaphysik** bestimmt er den Zweck/das Ziel (gr.: telos) als die entscheidende Ursache für den natürlichen Entwicklungsprozess (Entelechie) eines Dinges, vom unbearbeiteten Rohzustand, der Materie, bis zu seiner endgültigen Gestalt, seinem Wesen als dem Ziel dieses Prozesses. Die Dinge streben immer nach der vollkommenen Realisierung dessen, was der Möglichkeit nach bereits in ihnen angelegt ist. Das ursprüngliche Prinzip der Natur, die immer die beste von allen Möglichkeiten verwirklicht, ist die **Vernunft**.

Weil der Mensch im Gegensatz zu den anderen Lebewesen von der Natur mit Vernunft und Sprache ausgestattet wurde, gilt er Aristoteles als die Krönung der Schöpfung. Das höchste Gut des Menschen bestimmt er in der **Nikomachischen Ethik** als die **Eudämonie**, die Glückseligkeit. Er meint damit das vollkommen selbstbestimmte Leben des Weisen, der „denkend tätig ist und die Vernunft in sich pflegt".

Voltaire (1694 – 1778)

„Man muss auch etwas wagen können. Die Philosophie ist es wert, dass man Mut hat."

Den Namen Voltaire legte sich der als François Marie Arouet in Paris geborene Sohn eines Notars im Alter von 25 Jahren zu. Da hatte er wegen satirischer Schriften gegen den Interimsregenten Philipp von Orléans bereits elf Monate in der Bastille, dem französischen Staatsgefängnis, zugebracht, aber auch den großen Erfolg seiner Tragödie **„Oedipus"** erlebt. Ein auf Druck seines Vaters begonnenes Jurastudium hatte er abgebrochen, um sich ganz der Schriftstellerei widmen zu können. Diese Tätigkeit hatte ein außerordentlich wechselhaftes und streitbares Leben zur Folge, geprägt von Ehrungen und Bewunderung, aber auch von Zerwürfnissen (u. a. mit Rousseau), Prozessen, drohenden Haftstrafen und Flucht.

Seine in der dreijährigen Verbannung in England verfassten **„Philosophischen Briefe"** wurden 1734 vom Pariser Parlament als „anstößig und der Religion, den guten Sitten und der Achtung vor der Obrigkeit zuwiderlaufend" verurteilt, beschlagnahmt und öffentlich verbrannt. In dem Lob auf die fortschrittlichen Zustände in England enthielten die Briefe eine beißende Kritik der französischen Verhältnisse: die absolute Gewalt des Königs, die Adelsprivilegien, die religiöse Intoleranz, die Zensur, die Unterwerfung der Wissenschaft unter die Theologie, die Macht des Klerus. Ein Zeitgenosse sah in den **„Philosophischen Briefen"** „die erste Bombe, die auf das Ancien Régime geworfen wurde". Der erneut drohenden Strafe entzog sich Voltaire durch Flucht auf das Landgut der Marquise Emile de Châtelet in Lothringen, wo er sich philosophischen, naturwissenschaftlichen und historischen Studien widmete und zusammen mit der Marquise Schriften über die Gedankenwelt des englischen Physikers und Mathematikers Isaak Newton und des deutschen Philosophen G. W. Leibniz verfasste. 1749 nahm er eine Einladung des Preußenkönigs Friedrichs des Großen, mit dem er schon seit Jahren in regem Briefwechsel stand, nach Potsdam an und gehörte mehrere Jahre zur „Tafelrunde von Sanssouci". Nach dem Zerwürfnis mit Friedrich ließ er sich schließlich in der Schweiz nieder. Dort schrieb er nicht nur das **„Traktat über die Toleranz"**, sondern auch seinen berühmt gewordenen Roman **„Candide oder Der Optimismus"**, in dem er seine Zweifel an einer vernünftigen Einrichtung der Welt und an dem sich daraus ableitenden Optimismus darlegte und mit beißendem Spott überzog. Nicht zuletzt das verheerende Erdbeben von Lissabon 1755 hatte ihn den Glauben an die „beste aller möglichen Welten" (Leibniz) verlieren lassen und ihn in seiner deistischen Haltung bestärkt.

Als **Anwalt für Gerechtigkeit** erreichte er nicht nur die Rehabilitierung unschuldig Verurteilter, sondern setzte sich auch für die Humanisierung des Strafrechts und für eine Reduzierung der Straftatbestände ein. Strafe, so seine Forderung, dürfe nicht als Racheakt zu verstehen sein. Sein Engagement wurde honoriert: „Verteidiger der Unglücklichen", „Befreier der Unterdrückten": So lauteten die Ovationen, die dem 83-Jährigen bei seinem letzten Besuch in Paris, wenige Wochen vor seinem Tod, entgegengebracht wurden.

„Ich schreibe, um zu handeln": Voltaire hat sein aufklärerisches Denken zwar nie in ein geordnetes philosophisches System gebracht, war aber ein außerordentlich brillanter Schriftsteller, der sich mit seinem bedingungslosen Eintreten für Meinungsfreiheit, Toleranz und Gerechtigkeit öffentlich und nachdrücklich Gehör verschaffte. Seine Versepen, Romane, Dramen, Flugschriften, philosophischen und essayistischen Abhandlungen und seine Mitarbeit an der Enzyklopädie Diderots zeichnen sich durch Kenntnisreichtum und rhetorische Meisterschaft aus und wurden zum Tagesgespräch in ganz Europa. Von seiner Korrespondenz, die er mit Königen, Adeligen und mit fast allen bedeutenden Persönlichkeiten seiner Zeit führte, sind mehr als 20000 Briefe erhalten geblieben.

Goethe bezeichnete ihn als „das Wunder seiner Zeit".

Jean-Jacques Rousseau (1712 – 1778)

„Der Mensch ist von Natur aus gut, gesellschaftliche Einrichtungen machen ihn schlecht“

Rousseaus Leben gleicht einer einzigen Odyssee. Als junger Mann übte er zwischen Italien, der Schweiz und Paris fast alle Berufe aus, die einem jungen Mann aus bürgerlichem Haus damals offenstanden: Handwerker, Priesterzögling, Musiklehrer, Kammerdiener, Sekretär, Erzieher, Dramenverfasser und Opernkomponist. Für diese wirre Zeit schreibt er sich selbst allerlei Laster zu: Diebereien, erotische Eskapaden mit einfachen Mädchen, einen Hang zum Masochismus und Exhibitionismus. Schließlich lernt er ein Stubenmädchen in einem Hotel kennen. Die fünf Kinder, die er mit ihr zeugt, lässt er ins Findelhaus bringen, weil sie zu teuer und zu laut sind. Zunehmend von Krankheit, Melancholie, Hypochondrie und nach der wachsenden Kritik an seinen Schriften auch von Verfolgungswahn geplagt, flieht Rousseau zu David Hume nach England, dem er ebenfalls bald misstraut. Mit 66 Jahren stirbt Rousseau vereinsamt in Ermonville.

Rousseaus Philosophie kreist im Wesentlichen um zwei Fragen:

- Was ist das **natürliche, ursprüngliche Wesen des Menschen**?
- Lässt sich dieses mit der jetzigen **Gesellschaft** und dem Staate vereinbaren?

In seinen frühen Schriften entwickelte er folgende Grundgedanken:

1. Der Naturzustand

- **Der Mensch ist von Natur aus gut.**
- Der Mensch lebte ursprünglich in einem **freien Naturzustand** in einer natürlichen Ordnung, die die Freiheit und Gleichheit aller ermöglichte. Er konnte sich völlig auf sein **Gefühl** verlassen.

2. Die gegenwärtige Gesellschaft

- Die Reflexion (als Gegenpol des Gefühls) ist die Ursache aller sozialen Übel.
- Die Entwicklung der Kultur (Sprache, Wissenschaft, Kunst) und die Gesellschaftsformen legen dem ursprünglich freien Menschen Ketten an und lösen die Gleichheit auf. Aus Selbstliebe wird Selbstsucht, z. B. durch die Einführung der Arbeitsteilung und des Privateigentums. Vernunft und Wissenschaft schwächen das natürliche Gefühl für die Sitten. Luxus und Manieren verweichlichen die Menschen. Mit dieser Kritik stellte Rousseau die Grundideen der Aufklärung grundsätzlich infrage.

3. Die Lösung

Auf der Grundlage dieser Erkenntnisse verfasste Rousseau seine zwei wichtigsten Schriften zur Erziehung und zur Staatsphilosophie:

- „Emil oder Über die Erziehung“
  In vollkommenem Gegensatz zu damaligen Erziehungsvorstellungen fordert Rousseau in diesem Mischprodukt aus Roman und pädagogischer Abhandlung über die Entwicklung des Knaben Emile eine Erziehung, die die ursprünglich guten Anlagen eines Kindes fördert und die schädlichen Einflüsse der Gesellschaft fernhält. Das Kind soll **ohne Zwang und moralisierende Vorschriften** erzogen werden, da die **Entwicklung der Freiheit** die Grundlage des Gutseins ist.
- „Der Gesellschaftsvertrag“ („Contrat social“)
  In einem Staat, der notwendig Schranken auferlegen muss, ist dennoch Freiheit möglich, wenn dieser selbst in der Freiheit wurzelt. Das garantiert das Prinzip der „Volkssouveränität“. Der Einzelne muss sich dem Gemeinwohl unterordnen. So tauscht er die individuelle, natürliche Freiheit gegen einen freien Staat, in dem alle rechtlich gleichgestellt sind. Das ist nach Rousseau die „wahre“ Freiheit. Diese Forderungen wurden später von führenden Männern der Französischen Revolution übernommen.

Immanuel Kant (1724 – 1804)

„Sapere aude" – „Wage es zu wissen"

Immanuel Kant wurde 1724 als Kind einer einfachen Handwerkerfamilie in Königsberg geboren. Er verließ seine Geburtsstadt bis zu seinem Tod 1804 nie.

Mit 16 Jahren ging er auf die Universität und studierte Mathematik, Philosophie, Naturwissenschaften und Theologie. Nach Jahren als Hauslehrer wurde er Professor an der Universität Königsberg. Diese wenig aufregenden biografischen Daten zeigen ein schlichtes, geordnetes bürgerliches Leben; dies gibt aber nur den Rahmen ab für eine abenteuerliche geistige Existenz und ein großes philosophisches Werk, mit dem Kant das Denken der westlichen Welt tief greifend beeinflusste. Er hatte sich die Lebensaufgabe gestellt, die Grundlagen der menschlichen Erfahrung, Erkenntnis und des Glaubens einer genauen Prüfung zu unterziehen, sie also zu „kritisieren".

In der **„Kritik der reinen Vernunft"** (1781) arbeitete er heraus, dass das Bild der umgebenden Realität auf bestimmten angeborenen Voraussetzungen der sinnlichen Wahrnehmung und des Denkens beruht. Jedes Ding, das seine Sinne reizt, wird vom Menschen sofort in **Raum** und **Zeit** eingeordnet, nur so kann er es als Gegenstand erfassen. Im weiteren Verlauf der Gegenstandswahrnehmung wendet der Erkennende vorgegebene **logische Denkformen** an wie z. B. die Kausalität, den Ursache-Wirkung-Zusammenhang. Wie die Welt da draußen, das „Ding an sich", wirklich ist, kann der Mensch nicht wissen, er konstruiert sich eine Realität gemäß seinen menschlichen Voraussetzungen. Diese Theorie, die bis heute modern ist und von der Hirnforschung bestätigt wurde, stellte für die damalige Zeit eine Sensation dar. Was galt denn jetzt noch? War auch Gott nur ein menschlicher Entwurf? Gab es überhaupt so etwas wie wahre Wirklichkeit?

In seiner zweiten **„Kritik der praktischen Vernunft"** (1788) befragte Kant das ethische Handeln des Menschen mit strenger Logik: Was sollen wir tun? Er wollte nicht einzelne moralische Vorschriften untersuchen, sondern ein Verfahren finden, mit dem der Mensch eine moralische Handlung begründen kann. Das innere Gesetz, mit dem der Mensch mithilfe seiner Vernunft eine Entscheidung treffen kann, ist von Kant als **„kategorischer Imperativ"** bezeichnet worden: „Handle so, dass du jederzeit wollen kannst, die Maxime (= Regel) deines Handelns solle allgemeines Gesetz werden." Dahinter steht als letztes Motiv die Achtung vor der Person im anderen, vor der „Menschheit in mir und anderen": „Handle so, dass die Menschheit in dir und anderen niemals bloßes Mittel, sondern jederzeit zugleich Zweck sei." Damit hatte Kant die **Definition der Menschenwürde** gefunden.

In seiner letzten **„Kritik der Urteilskraft"** (1790) versuchte er unter anderem, das Wesen der Kunst zu erfassen als ein Reich der Freiheit, in dem ein „interesseloses Wohlgefallen" am Schönen herrscht. Mit 71 Jahren entwirft Kant in der Abhandlung **„Vom ewigen Frieden"** ein politisches Modell, das vieles vorwegnimmt, was heute in der westlichen Welt gilt. Darin fordert er ein allgemeines **„Menschenrecht"**, das innerhalb der Staaten durch Verfassungen und zwischen den Staaten durch ein Vertragssystem geschützt werden soll, das dem heutigen Völkerrecht und der UNO nahekommt.

Hinter der jahrzehntelangen Arbeit dieses Philosophen stand ein sehr diszipliniertes Privatleben. Seine Pünktlichkeit war so exakt, dass die Königsberger ihre Uhren nach seinem Erscheinen an bestimmten Orten gestellt haben sollen. Kant blieb zeitlebens unverheiratet und verbot sich den von ihm geliebten Kaffee, da er seine berauschende Wirkung für schädlich hielt. Er war aber alles andere als langweilig. Im Umgang mit seinen Freunden, die er täglich an seiner Mittagstafel versammelte, war er witzig, schlagfertig und liebenswürdig.

Arthur Schopenhauer (1788 – 1860)

„Leben ist Leiden“ – „Mitleid ist das Fundament der Moral“

„In meinem 17. Jahre, ohne alle gelehrte Schulbildung, wurde ich vom Jammer des Lebens so ergriffen wie Buddha in seiner Jugend, als er Krankheit, Alter, Schmerz und Tod erblickte.“ Was bewog den jungen Schopenhauer zu diesem Tagebucheintrag? Zum einen hatte er in Toulon/Frankreich das unvorstellbare Elend von Galeeren-Sklaven und die Gleichgültigkeit der Bevölkerung dem Leid dieser Menschen gegenüber gesehen. Zum anderen entsetzte ihn das Verhalten seiner Mutter, die sich seiner Meinung nach nicht genug um den schwerkranken Vater kümmerte.

Er zog daraus den Schluss, dass der „Jammer des Lebens“ von zwei Grundtrieben des Menschen hervorgerufen wird: **Egoismus** und **Bosheit**.

Beim Nachdenken darüber kommt er zu Erkenntnissen, die für seine vom Geist der Aufklärung bestimmte Zeit kaum nachvollziehbar waren:

- Das menschliche Leben und Handeln ist nicht von der Vernunft, sondern von übermächtigen Bedürfnissen und von einem blinden, ziellosen und unbändigen **Willen** geleitet. Vor allem im Geschlechtstrieb wird dies deutlich.
- Die Quelle dieses unstillbaren Lebensdurstes entspringt „aus Bedürfnis, also aus Mangel, also aus Leiden“. Somit ist jede Lebensgeschichte eigentlich eine „Leidensgeschichte“, hervorgerufen durch letztlich unerfüllbare Wünsche.
- Tugendlehren wie die von Platon oder moralische Imperative wie der von Kant vermögen in ihrem Vertrauen auf die Vernunft nichts gegen den Willen auszurichten.
- Egoismus und Bosheit können nur vom intuitiven Gefühl des Mitleids, dem dritten Grundtrieb, gemildert werden. Mitleid führt nämlich vom Willen weg und ist somit das Fundament der Moral.
- Wirkliche Überwindung des Leidens gelingt nur durch das Schaffen und Genießen des reinen, zweckfreien **Kunstwerkes** einerseits und andererseits durch die „Verneinung des Willens zum Leben“. Während der Kunstgenuss nur von kurzer Dauer ist, stellt die **Absage an den Lebenswillen** den einzig möglichen Weg dar, dem Kreislauf des Leidens zu entkommen. Die Verneinung des Lebenswillens äußert sich im Erreichen einer inneren und äußeren Ruhe, die sich in der Bedürfnislosigkeit und Leidenschaftslosigkeit einstellt, ähnlich der Haltung eines buddhistischen Asketen.

Dieses Welt- und Menschenverständnis veröffentlichte Schopenhauer in seinem (bereits im Alter von 30 Jahren vollendeten) **Hauptwerk „Die Welt als Wille und Vorstellung“**. Seine Ideen stießen jedoch auf wenig öffentliches Interesse und auf Unverständnis. Dies empfand Schopenhauer als schwere Kränkung und bestärkte ihn noch mehr in seinem Pessimismus. Er zog verbittert nach Frankfurt/Main und verbrachte sein Leben fortan dort völlig zurückgezogen. Seinen Mitmenschen gegenüber begegnete der Junggeselle äußerst misstrauisch und abweisend, er hielt die „Gesellschaft von Zweibeinern“ schließlich gar für „entbehrlich“ und sah nur in seinem Hund, einem Pudel, „Intelligenz ohne menschliche Verstellung“. Erst durch seine weiteren Veröffentlichungen, darunter **„Die beiden Grundprobleme der Ethik“** (1841) und die **„Aphorismen zur Lebensweisheit“** (1851), die Erläuterungen zu seinem Hauptwerk darstellten, wurde die Öffentlichkeit auf seine Philosophie aufmerksam. Schopenhauer empfand diese späte Ehrung als Genugtuung: „Die Menschheit hat einiges von mir gelernt, was sie nie vergessen wird.“

Karl Marx (1818 – 1883)

„Die Philosophen haben die Welt nur verschieden interpretiert, es kommt aber darauf an, sie zu verändern"

Karl Marx war für das 20. Jahrhundert ohne Zweifel der einflussreichste, folgenreichste, umstrittenste Denker. In seinem Namen brachen Revolutionen aus, für seine Ideen setzten Freiheitskämpfer wie Che Guevara ihr Leben ein. Ebenso sehr wurde seine Weltanschauung aber auch abgelehnt, seine Gegner hassten ihn so fanatisch wie seine Anhänger ihn verehrten.

Geboren wurde er 1818 in Trier als Sohn eines jüdischen Rechtsanwalts, der sich protestantisch hatte taufen lassen. In Berlin studierte er Jura und Philosophie. Nach seiner Promotion (1841) über antike Naturphilosophie arbeitete er zunächst als Journalist, später als Chefredakteur für die „Neue Rheinische Zeitung". Schon hier lernte Marx politische Verfolgung kennen, denn die in ganz Deutschland bekannte liberale Zeitung wurde von den herrschenden Regierungen stark zensiert. Er ging deshalb nach Paris, wo damals ca. 85 000 Deutsche lebten, auf der Flucht vor den Bedrückungen der autoritären Adelsherrschaft im Deutschen Kaiserreich. Inzwischen hatte er mit 25 Jahren geheiratet: Jenny von Westphalen stammte aus altem Adel und gab viel auf, als sie sich aus Liebe mit diesem radikalen Gegner ihrer Klasse verband. Die Ehe überdauerte alle persönlichen und politischen Krisen und bestand unverbrüchlich ein Leben lang. Das Paar hatte vier Kinder miteinander.

In Paris wurde Marx klar, dass Philosophie, die auf die Menschen wirken will, sich mit dem neuen Phänomen der industriellen Massenproduktion und ihren ökonomischen Gesetzlichkeiten auseinandersetzen muss. In seiner frühen Schrift **„Die Deutsche Ideologie"** (1845/6) zeigte er, wie der Mensch von Beginn seiner Geschichte an durch Arbeit seine Bedürfnisse befriedigen muss und sich dabei in seinen Produkten als denkendes und planendes menschliches Individuum wiedererkennt. Spätestens seit der industriellen Revolution wurden die Tätigkeiten aber so hochgradig spezialisiert, dass viele Menschen in ihrer Arbeit Entfremdung von sich selbst und den anderen erfahren.

Aus seinem Denken leitete Karl Marx den Auftrag her, angesichts der Not vieler Menschen in den rasend wuchernden Industrien selbst politisch tätig zu werden, die Theorie mit der Praxis zu verbinden. „Die Philosophen haben die Welt nur verschieden interpretiert, es kommt aber darauf an, sie zu verändern", lautet einer seiner berühmtesten Sätze. 1848 verfasste er zusammen mit seinem Freund und engen Mitarbeiter Friedrich Engels, einem Fabrikbesitzer und Manager, das **„Kommunistische Manifest"**, das auf die Revolution in Deutschland reagierte. Darin wurde die rasante Dynamik des Kapitalismus beschrieben, der weltweit auf immer neuen Märkten operiere und ausschließlich von dem ihm innewohnenden Zwang zu Wachstum und Profit geleitet werde. Das Manifest brandmarkte aber auch den Preis für diesen Fortschritt, die zunehmende Verelendung der Arbeiterschaft, dem Proletariat, und forderte: „Proletarier aller Länder, vereinigt euch!"

Nachdem Marx wegen seines politischen Engagements 1849 aus Deutschland ausgewiesen wurde, ging er nach London und lebte dort bis zu seinem Tode in äußerst beengten Verhältnissen. In mühevoller Arbeit, oft nachts in der riesigen Bibliothek des Britischen Museums, schuf er ein neues, epochemachendes Werk: **„Das Kapital"**, in dem er exakt Lohn und Profit, Wachstum und Krisenzyklen analysiert. Dass er diese Arbeit leisten konnte, verdankte er letzten Endes Friedrich Engels, der Marx und seiner Familie den Lebensunterhalt bis zu dessen Tod 1883 zahlte.

Friedrich Nietzsche (1844 – 1900)

„Philosophie ist das freiwillige Leben in Eis und Hochgebirge"

Nietzsches Leben und Werk sind eng miteinander verbunden. Nach dem frühen Tod seines Vaters, eines Pfarrers, wuchs Nietzsche in Naumburg auf. Er studierte klassische Philologie (Griechisch und Latein) und erhielt mit 24 Jahren eine Professur in Basel. Nietzsches eigentliches Interesse galt aber der Philosophie, die er durch die Bekanntschaft mit dem Denken Schopenhauers für sich entdeckt hatte. Schon bald distanzierte er sich von den von ihm bisher weitgehend bejahten Wertvorstellungen seiner Zeit: Seine Erlebnisse als Krankenpfleger im Deutsch-Französischen Krieg ließen ihn seinen Glauben an die Einheit von Kultur und Staat in der Nation aufgeben. Die Freiheit der Kunst setzte er einer Wissenschaft entgegen, die die Vielfalt des Lebens im Namen der Wahrheit unterdrückt. 1878 gab er die Professur auf, die er nicht mehr mit seinem Selbstverständnis als „unzeitgemäßer", freier Denker vereinbaren konnte. Er hatte den Anspruch, „gegen die Zeit und dadurch auf die Zeit und hoffentlich zugunsten einer kommenden Zeit zu wirken". Sein Ausstieg aus der akademischen Welt war der Beginn seines eigentlichen philosophischen Schaffens, das von den meisten seiner Zeitgenossen kaum wahrgenommen oder verachtet wurde. Zwischen 1878 und 1888 schrieb er seine zentralen Werke und eine Fülle von Notizen und Briefen. Er vereinsamte zunehmend und unerträgliche Kopf- und Magenschmerzen sowie Sehstörungen ließen ihn ein unstetes Leben führen. Auf der Suche nach einem guten Klima reiste er in der Schweiz, in Italien und Südfrankreich umher. Außerhalb der bürgerlichen Gesellschaft lebend analysierte er die moralischen Grundlagen des Abendlandes von einem Standpunkt „jenseits von Gut und Böse" aus. In seinen aphoristischen, bewusst fragmentarischen und mehrdeutigen Texten attackiert er den Glauben an die *eine* Wahrheit und zeigt die **geschichtliche und soziale Bedingtheit moralischer Werte** auf. Werte wie Nächstenliebe oder Gleichheit sind für ihn nicht absolut, sie richten sich gegen die wenigen selbstständig denkenden Menschen und beruhen auf dem Hass und der Angst der Masse, die nicht in der Lage ist, die nach Nietzsche prinzipielle Sinnlosigkeit des Lebens und Leidens anzuerkennen und zu bejahen. Er fordert die Verneinung der der abendländischen Kultur zugrunde liegenden Moral, da sie selbst **nichts** wert, **nihilistisch**, sei. Er sieht aber in der Verneinung und **Umwertung aller Werte** die Voraussetzung für eine neue Lebensbejahung: Jeder Mensch muss lernen, ohne die vorgegebenen Ideale und Werte auszukommen. Ziel der menschlichen Entwicklung ist für ihn der **Übermensch**, der sich seinen Lebenssinn selber schafft. Durch seinen **Willen zur Macht** als Wille zum Leben erstrebt er einen höheren Seinszustand. In **„Also sprach Zarathustra"** wählt Nietzsche dafür die Metapher des Kindes: „Unschuld ist das Kind und Vergessen, ein Neubeginnen, ein Spiel, ein aus sich rollendes Rad, eine erste Bewegung, ein heiliges Ja-Sagen. Ja, zum Spiele des Schaffens, meine Brüder, bedarf es eines heiligen Ja-Sagens: Seinen Willen will nun der Geist, **seine** Welt gewinnt sich der Weltverlorene."

Nietzsches Schaffen endete im Januar 1889 mit seinem seelischen und körperlichen Zusammenbruch. Man diagnostizierte eine „fortgeschrittene Paralyse", die aller Wahrscheinlichkeit nach auf eine Syphilisinfektion zurückzuführen ist. Die letzten 11 Jahre seines Lebens verbrachte er in Weimar in „geistiger Umnachtung". Seine jüngere Schwester stellte sein Werk später in den Dienst des Nationalsozialismus, indem sie Teile seiner zahlreichen nachgelassenen Schriften verfälschte.

Sigmund Freud (1856 – 1939)

„Der Mensch ist nicht einmal Herr im eigenen Hause"

Freud untersuchte zunächst als Nervenarzt die Anatomie des menschlichen Gehirns. Er wandte sich dann den psychischen Krankheiten ohne organischen Befund (**Neurosen**) zu. Zuerst versuchte er, durch **Hypnose** unbewusste Inhalte des Gedächtnisses, die zu einer seelischen Verletzung (**Trauma**) geführt hatten, durch Bewusstmachung der Entstehungsgeschichte und nachfolgender Abreaktion zu heilen. Freud stieß dabei auf innere Zusammenhänge psychischer Strukturen, die bis dahin unbekannt waren. Er nannte Erinnerungen, die jederzeit ohne innere Widerstände des Individuums aktualisiert werden konnten, **vorbewusst**. Erlebnisse, die im Moment vergessen waren, aber ohne Schwierigkeiten ins Gedächtnis gerufen werden konnten, bezeichnete er als **unterbewusst**, während er alle die Erinnerungen, die die Person verdrängt hatte und gegen deren Erwähnung sie sich wehrte, weil sie strafbewehrt oder tabuisiert waren, im **Unbewussten** ansiedelte. Freud wandte sich vor allem diesem unbewussten Bereich zu. Er fand heraus, dass verdrängte Erlebnisse und unerfüllte Wünsche in veränderter Form als Neurose oder Psychose wieder auftauchen und den Menschen krank machen können.

Freud entwickelte die psychoanalytische Methode, bei der der Patient im Gespräch mit dem Therapeuten seinen Assoziationen freien Lauf lassen sollte. Dabei lag der Patient, vom Therapeuten abgewandt, in entspannter Ruhe auf der Couch.

Die Arbeit des Therapeuten bestand im intuitiven Erkennen von krank machenden Zusammenhängen. Ziel der Behandlung war es, dem Patienten unbewusste Zusammenhänge vor Augen zu führen und dadurch eine Heilung auszulösen.

Freud hielt den Sexualtrieb (**Eros**) für den wichtigsten menschlichen Trieb, dessen Versagung zur Störung der Psyche führt.

Diese hohe Einschätzung der Sexualität führte anfangs zur Ablehnung seiner Forschung in der Gesellschaft.

1909 konnte Freud auf einer Reise nach Amerika die neue Wissenschaft dort bekannt machen. Danach veröffentlichte er seine berühmtesten Fallgeschichten und psychoanalytische Interpretationen von Werken aus Kunst und Literatur. Dies führte zu einer starken Anerkennung der Psychoanalyse vor dem Ersten Weltkrieg.

Beeindruckt von diesem Krieg stellte er in der Psyche des Menschen den Todestrieb (**Thanatos**) als zweite Kraft und Gegenspieler des Eros fest.

Sigmund Freud ist nicht der Begründer der Psychologie. Seine Leistung liegt in der Ergänzung der vorher geleisteten Forschung. Von ihm stammt die Bezeichnung Psychoanalyse, er hat als Erster die Bedeutung des Unbewussten erkannt.

Seine Bücher wurden 1933 von den Nationalsozialisten verbrannt, weil er Jude war und seine wissenschaftlichen Ergebnisse der Ideologie der Nationalsozialisten zuwiderliefen; er selbst emigrierte 1938 nach London, wo er ein Jahr später an einem Krebsleiden starb.

Seine Tochter Anna – sie war Freuds jüngstes Kind und wurde von ihm „sein einziger Sohn" genannt – blieb bis zu seinem Tod als Sekretärin und Krankenschwester bei ihm.

Sie führte sein Werk fort und widmete sich der Forschung auf dem Gebiet der Jugendpsychologie.

Jean-Paul Sartre (1905 – 1980)

„Der Mensch ist zur Freiheit verdammt"

Fünfzigtausend Menschen aus allen Schichten der Bevölkerung folgten dem Sarg Sartres am 19. April 1980 auf dem Weg zum Friedhof Montparnasse. Das zeigt eindrucksvoll die große Bedeutung, die dieser Philosoph und Schriftsteller für seine Zeit hatte, weit mehr als alle anderen Intellektuellen des zwanzigsten Jahrhunderts.

Am 21. Juni 1905 wurde er in Paris geboren. Er wuchs bei seinem Großvater auf, einem Gelehrten mit großer Bibliothek, in die das Kind früh eingeführt wurde. Nach dem Abitur studierte Sartre an der berühmten Pariser „École normale supérieure" und legte die beste Abschlussprüfung seines Jahrgangs ab. Die zweitbeste Prüfung machte Simone de Beauvoir, seine spätere Lebensgefährtin. Von 1931 bis 1944 arbeitete Sartre an verschiedenen Gymnasien als Lehrer für Philosophie. Nach Militärdienst und deutscher Kriegsgefangenschaft (1940) veröffentlichte er sein erstes unvollendetes Hauptwerk **„Das Sein und das Nichts"** (1943). Darin entwickelte er die **Philosophie des Existenzialismus:** Der Mensch ist durch sein Bewusstsein „zur Freiheit verdammt" (siehe auch die ausführliche Darstellung im Kap. „Freiheit und Determination").

Diese radikale Freiheit des allein auf sich gestellten Menschen, die in der Möglichkeit des Freitodes gipfelt, korrigierte Sartre später unter dem Eindruck des Zweiten Weltkrieges und verschiedener Freiheitsbewegungen. Er engagierte sich nun heftig in der Politik, gründete eine einflussreiche politisch-philosophische Zeitschrift („Les temps modernes") und wandte sich gedanklich dem Marxismus zu, den er mit dem Existenzialismus in seinem zweiten philosophischen Hauptwerk **„Kritik der dialektischen Vernunft"** (1960) zu verschmelzen suchte.

Aus Protest gegen den Einmarsch der Sowjetunion in Ungarn (1956) trennte er sich von der Kommunistischen Partei Frankreichs.

Die besondere Stellung Sartres unter den Philosophen des Jahrhunderts fußt auch auf seiner Begabung, philosophische Probleme in literarisch gelungenen Romanen, Theaterstücken und Essays zu verarbeiten. Sein erster Roman **„Der Ekel"** (1938) handelt von dem existenzialistischen Ekel vor dem sinnlosen Dasein. In den erfolgreichen Theaterstücken „Bei geschlossenen Türen" (1945), „Tote ohne Begräbnis" (1946) und „Die schmutzigen Hände" (1948) zeigte er, wie sich Menschen in extremen Grenzsituationen entscheiden müssen.

Ebenso wie seine provokanten gedanklichen Thesen wirkte das private Leben des Philosophen auf die Menschen seiner Zeit. Die offene Beziehung und geistige Partnerschaft mit der Schriftstellerin Simone de Beauvoir, die zu einer der wichtigsten Leitfiguren des Feminismus wurde, diente vielen als Vorbild für ein neues Verhältnis zwischen Mann und Frau. Die studentische Jugend Europas war um 1950 so stark von Sartres Gedankenwelt fasziniert, dass sie eine „existenzialistische Mode" entwickelte (schwarze Kleidung, Jazzmusik, Kellerkneipen). 1964 wies Sartre den Nobelpreis und damit 250 000 schwedische Kronen zurück: „Ich habe offizielle Auszeichnungen immer abgelehnt."

Bis zu seinem Tode schrieb er, vor allem nachts, über die verschiedensten Themen. Als er blind wurde, diktierte er. Das Geheimnis seines unablässigen Schreibens, seiner ungeheuren Arbeitswut hatte er schon zuvor in der Autobiografie **„Die Wörter"** (1964) enthüllt: Als Kind fing er an zu schreiben, um sich die Achtung und die Liebe der Menschen zu erringen.

Hannah Arendt (1906 – 1975)

„Freisein heißt weder Herrschen noch Beherrschtwerden"

Hannah Arendt verfügte über die „große Tugend, sich selbst nicht zu bemitleiden und sich nie zu beklagen", schrieb Bertolt Brecht über sie. Dabei hätte sie durchaus Grund dazu gehabt: Als sie sieben Jahre alt war, starb ihr Vater, 1933 floh sie nach kurzer Gestapo-Haft über die Tschechoslowakei nach Frankreich, 1937 wurde ihr die deutsche Staatsbürgerschaft aberkannt, 1940 wurde sie in einem Konzentrationslager in Südfrankreich inhaftiert, 1941 gelang ihr die endgültige Flucht in die USA. Woher kamen ihr Selbstbehauptungswille und ihre Charakterstärke? Zu einem wesentlichen Teil durch die Erziehung der Mutter, die, wie Hannah Arendt einmal schrieb, „vor allem eine Erziehung ohne Vorurteile und mit allen Möglichkeiten" betrieb und die „immer auf dem Standpunkt stand: Man darf sich nicht ducken! Man muss sich wehren!". Gerade wegen ihrer jüdischen Herkunft gab ihr diese Erziehung Mut und Selbstbewusstsein in der Konfrontation mit dem Antisemitismus und bestimmte schon früh ihren Weg als politische Denkerin.

Wegen ihres großen Interesses für Philosophie begann sie an den Universitäten Marburg und Freiburg das Studium von Philosophie, Theologie und Griechisch. Dort lernte sie berühmte Philosophen kennen: u.a. Martin Heidegger, Hans Jonas und Karl Jaspers. Diese schätzten ihren außerordentlichen Intellekt und ihre innere Unabhängigkeit und entnahmen ihrer Scharfsinnigkeit wichtige Anstöße für ihre eigenen Werke. An einer Universitätslaufbahn war Hannah Arendt jedoch nicht interessiert. Sie vertiefte sich stattdessen in die Erforschung der Chancen und Schwierigkeiten jüdischer Existenz. So schrieb sie z. B. eine Biografie über Rahel Varnhagen, einer bedeutenden Dichterin der Romantik.

In der amerikanischen Emigration arbeitete sie mit unterschiedlicher politischer Zielsetzung für verschiedene jüdische Organisationen. Kurz vor Kriegsende begann sie mit der Arbeit an ihrem Werk **„Elemente und Ursprünge totalitärer Herrschaft"**, das 1951 erschien und das sie schlagartig bekannt machte. Darin bescheinigte sie der traditionellen Ethik, sie sei „unfähig, mit Verbrechen fertig zu werden, die die Zehn Gebote nicht vorhergesehen haben".

Um solchen Verbrechen auf den Grund zu gehen, nahm sie 1961 in Israel an dem Prozess gegen Adolf Eichmann, der den Holocaust organisiert hatte, teil. Ihre Beobachtungen und Gespräche mit Eichmann fasste sie in dem Buch **„Eichmann in Jerusalem. Ein Versuch über die Banalität des Bösen"** (1963) zusammen (s. S. 160 f.). Als Professorin an verschiedenen amerikanischen Universitäten arbeitete sie weiterhin an Studien über politische Herrschaft. Vor dem Hintergrund des Ost-West-Konflikts, der niedergeschlagenen Aufstände im Ostblock, des Vietnam-Krieges und internationaler Studentenunruhen entstanden ihre Werke **„Vita activa oder Vom tätigen Leben"** (1967) und **„Macht und Gewalt"** (1970, s. S. 262 f.). Darin drückte sie die Überzeugung aus, dass Macht letztlich nicht durch Gewalt ersetzt werden kann, und dass Macht ihre Legitimität allein aus einer intakten, d. h. freien Öffentlichkeit mit politisch mündigen und handlungsbereiten Bürgern herleitet: „Freisein aber heißt weder Herrschen noch Beherrschtwerden." Dabei setzte sie auf das „grundsätzliche Vertrauen auf das Menschliche im Menschen. Anders geht es nicht."

Textquellen

Mit * gekennzeichnete Texte sind Originalbeiträge der Autoren für diesen Band.

Anselm, Sigrun: Wer glaubt, wird selig?
In: fluter. Magazin der Bundeszentrale für politische Bildung, Nr. 20, 2003 **352**

Aquin, Thomas von: Über das Erlaubtsein des Krieges
In: Krieg. Philosophische Texte von der Antike bis zur Gegenwart. Stuttgart: Reclam 2004, S. 16 f. **216**

Arendt, Hannah:
Eichmann und die Ethik Kants
In: Hannah Arendt: Eichmann in Jerusalem. Ein Bericht über die Banalität des Bösen. München: Piper 1986, S. 174 f. **168**
Was ist Autorität?
In: Hannah Arendt: Macht und Gewalt. Aus dem Englischen von Gisela Uellenberg. © 1990 Piper Verlag GmbH, München, S. 46 f. **208**
„Nackte Gewalt tritt auf, wo Macht verloren ist"
In: Hannah Arendt: Macht und Gewalt. Übersetzt von Gisela Uellenberg. München: Piper, 10. Auflage 1995, S. 43, 45, 51–57 **226**

Aristoteles:
Die Hand – „Werkzeug aller Werkzeuge"
In: Aristoteles: Die Lehrschriften. Hg. und übersetzt von P. Gohlke. Paderborn: Schöningh 1959 **34**
Der Mensch braucht Gemeinschaft
In: Aristoteles: Politik. Übersetzt von Eugen Rolfes. Hamburg: Felix Meiner Verlag 1990, S. 2–6 **35**
Die drei Wege glückseligen Lebens
In: Aristoteles: Nikomachische Ethik. Übersetzt von O. Gigon. München: Deutscher Taschenbuch Verlag 1986, S. 59 f., 64 f., 294–297 **135**
Tugend als Mitte
In: Aristoteles: Nikomachische Ethik. Übersetzt von O. Gigon. Düsseldorf und Zürich: Artemis und Winkler, 2. Auflage 1967, S. 1106b f. **136**

Arntzen, Helmut: [Warum wehrt ihr euch nicht ...]
In: Helmut Arntzen: Kurzer Prozess. Aphorismen und Fabeln. München: Nymphenburger 1966, S. 42 **225**

Assheuer, Thomas: Aufklärung und Religionskritik
Aus: Thomas Assheuer: Der Streit um den Islam. In: DIE ZEIT, 4.2.2010, Nr. 06 **368**

Bacon, Francis:
Die Kunst der Naturbeherrschung
In: Francis Bacon: Das neue Organo. Hg. von M. Buhr. Berlin: Akademie-Verlag 1962, S. 136 ff. **320**
Die Insel der Wissenschaft
Aus: Francis Bacon: Nova Atlantis. In: Der utopische Staat. Hg. und übersetzt von Klaus J. Heinisch. Reinbek bei Hamburg: Rowohlt 1960, S. 192 ff. **320**

Bentham, Jeremy: Das Prinzip des größten Glücks als Grundlage der Moral
In: Einführung in die utilitaristische Ethik. Hg. von Otfried Höffe. München: Beck 1975, S. 50 f. **175**

Bierbrauer, Günter: Das Milgram-Experiment von 1963
In: Süddeutsche Zeitung, 16.12.2009, S. 16 **206**

Böhme, Gernot: Entfesselte Naturgewalten – Interview zur Seebeben-Katastrophe 2004
Aus: Gernot Böhme: Es ist eine große Enttäuschung eingetreten. In: Frankfurter Rundschau 10.1.2005 **322**

Bonhoeffer, Dietrich:
Die Lüge als Wahrheit
In: Dietrich Bonhoeffer: Brevier. München: Kaiser 1991, S. 254 f. **161**
Brief aus dem Gefängnis an Eberhard Bethge, 21.7.1944
Aus: Dietrich Bonhoeffer: Brief an einen Freund. In: Ders.: Widerstand und Ergebung. Briefe und Aufzeichnungen aus der Haft. Hg. von Eberhard Bethge. München: Kaiser 1951, S. 247 ff. **343**

Brecht, Bertolt:
Was nützt die Güte?
In: Lesebuch der Ethik. Philosophische Texte von der Antike bis zur Gegenwart, hg. von Otfried Höffe. München: Beck 1998, S. 365; © Suhrkamp **125**
Schwächen
In: Bertolt Brecht: Liebesgedichte. Berlin: Suhrkamp 2006 **152**
Maßnahmen gegen die Gewalt
Der hilflose Knabe
In: Bertolt Brecht: Gesammelte Werke. Bd. 12. Frankfurt am Main: Suhrkamp 1967, S. 375 f., 381 **225**

Breytenbach, Breyten/Schnabel, Ulrich:
Es gibt keinen Fortschritt
In: DIE ZEIT, 2.12.2004, Nr. 50 **65**

Brieskorn, Norbert: Menschenrechtsbewegungen
In: Rechtsphilosophie. Stuttgart: Kohlhammer 1990, S. 154 **259**

Büchner, Georg: Der Fatalismus in der Geschichte
In: Georg Büchner: Werke und Briefe. Hg. von Karl Pörnbacher u. a. München: Deutscher Taschenbuch Verlag 1988, S. 288 **60**

Buddha: Erste Rede in Benares an die fünf neu gewonnenen Jünger
In: Reden des Buddha. Aus dem Pali-Kanon übersetzt von Ilse-Lore Gunsser. Stuttgart: Reclam 1957, S. 32 f. **347**

Burger, Rudolf: Die Vergeblichkeit der Moral
In: Rudolf Burger: Jenseits der Linie. Ausgewählte philosophische Erzählungen. Wien: Sonderzahl 2009, S. 134 f. **129**

Buss, David: Die Idee einer Evolution des Bösen ist gefährlich
In: John Brockman (Hg.): Was ist Ihre gefährlichste Idee? Die führenden Wissenschaftler unserer Zeit denken das Undenkbare. Aus dem Englischen von Hans Günter Holl. Frankfurt: Fischer [2]2009, S. 39 ff. **56**

Calvin, Johann: Es ist Gott, der hier spricht
In: Johann Calvin: Defensio orthodoxae Fidei des Saera Trinitate. Übersetzt von Hubert Schleichert. München: Beck, S. 46 f. **354**

Camus, Albert: Der Mensch in der Revolte
In: Albert Camus: Der Mensch in der Revolte. Übersetzt von Justus Streller. Reinbek bei Hamburg: Rowohlt 1988, S. 14 f. **84**

Canterbury, Anselm von: Ontologischer Gottesbeweis
In: Kurt Flasch (Hg.): Geschichte der Philosophie in Text und Darstellung, Bd. 2. Stuttgart: Reclam 1982, S. 217 ff. **358**

Chatwin, Bruce: Wie die Erde gesund wurde ... – der Mythos der australischen Ureinwohner
In: Bruce Chatwin: Traumpfade. Aus dem Englischen von Anna Kamp. Frankfurt am Main: Fischer Taschenbuch Verlag 1992, S. 103 ff. **30**

Cohen, Martin: Was bedeutet Wissen? – Ein philosophisches Rätsel
In: Martin Cohen: 99 philosophische Rätsel. Frankfurt a. M.: Campus 2001, S. 15, 156 f. **272**

Comte, Auguste: Der Fortschritt der Geschichte in drei Stadien
In: Auguste Comte: Die Soziologie. Die positive Philosophie im Auszug. Hg. von Friedrich Blaschke. Leipzig: Kröner 1974, S. 1 ff. **64**

Crescenzo, Luciano De: Einige Betrachtungen über die Stoiker und die Epikureer
In: Luciano De Crescenzo: Geschichte der griechischen Philosophie. Von Sokrates bis Plotin. Zürich: Diogenes 1990, S. 200 ff. **141**

Dagerman, Stig: Ein Kind töten
In: Stig Dagerman: Spiele der Nacht. Erzählungen. Wiesbaden: Limes Verlag 1961 **70**

Dawkins, Richard: „Brauchen wir Gott, um unsere Moralvorstellungen zu entwickeln?" (Interview)
Aus: Richard Dawkins: „Gott existiert mit großer Wahrscheinlichkeit nicht." In: Stern 40/2007 **366**

Descartes, René: Körper und Geist sind verschieden
In: René Descartes: Meditationen über die Grundlage der Philosophie. Auf der Grundlage von Artur Buchenau neu hg. von Lüder Gäbe. Hamburg: Felix Meiner Verlag 1977, S. 67, 74 und ders.: Von der Methode des richtigen Vernunftgebrauchs und der wissenschaftlichen Forschung. Übersetzt von Lüder Gäbe. Hamburg: Felix Meiner Verlag 1978, S. 45–58 **40**

Deutscher Presserat: Berufliche Grundsätze
In: Deutscher Presserat: Publizistische Grundsätze (Pressekodex) in der Fassung vom 14.02.1996. Bonn 1996 **298**

Djerassi, Carl: „Laborbabys werden mehr geliebt" (Interview)
In: Der Spiegel, 4/2002, S. 76 f. **290**

Dobrinski, Matthias: Sehnsucht nach Vorbild
In: Süddeutsche Zeitung, 3./4./5. April 2010, S. 4 **108**

Dönhoff, Marion Gräfin: Journalismus – Beruf ohne Moral?
In: Die Zeit **296**

Dostojewski, Fjodor M.: Moralische Selbstbestimmung überfordert den Menschen
In: Fjódor M Dostojevskij: Der Großinquisitor. Übersetzt von Hermann Röhl. Stuttgart: Reclam 1949, S. 24 ff. **173**

Dürrenmatt, Friedrich:
Über die Gerechtigkeit
In: Philosophie und Naturwissenschaft. Essays und Reden. Zürich: Diogenes 1998, S. 38 **244**
„Wenn ich ihn schlecht nenne ..."
In: Friedrich Dürrenmatt: Der Richter und sein Henker. Copyright (c) 1986 Diogenes Verlag AG Zürich **50**

Ehrenfeld, David: Wie die Natur schützen?
Aus: Das Naturschutzdilemma. In: Ökophilosophie, hg. von Dieter Birnbacher. Stuttgart: Reclam 1997, S. 134 f., 172 ff. **327**

Eibl-Eibesfeldt, Irenäus: Aggressionstheorien
Aus: Krieg und Frieden. Zur Naturgeschichte der Aggression. In: Funkkolleg „Der Mensch", Studienbrief 10. Tübingen: Beltz 1993, S. 18–20; © Deutsches Institut für Fernstudien **204**

Einstein, Albert/Freud, Sigmund: Warum Krieg? – Ein Briefwechsel
In: Albert Einstein/Sigmund Freud: Warum Krieg? Zürich: Diogenes 1972, S. 18–21 **213**

Einstein, Albert: Wissenschaft als „matter of fact"-Denken?
In: Albert Einstein: Mein Weltbild. Zürich: Europa Verlag 2005, S. 23 f., 27 f. **271**

Eisenberg, Götz/Gronemeyer, Reimer: Kultivierung von Aggression
In: Jugend und Gewalt. Der neue Generationenkonflikt. Reinbek bei Hamburg: Rowohlt 1993, S. 96 ff. **211**

Epikur: Lust als höchstes Lebensziel
In: Epikur: Von der Überwindung der Furcht (Brief an Menoikeus). Eingeleitet und übersetzt von O. Gigon. Zürich: Artemis und Winkler 1968 **138**

Europäischer Gerichtshof für Menschenrechte: Presseerklärung zum Fall L. gegen Italien (2009)
www.coe.ba/web/dokumenti/press2eng.doc; Übersetzung: Johannes Hilgart **350**

Fetscher, Iring: Ermutigung zur Zivilcourage. Plädoyer für eine zu wenig beachtete Tugend
In: Über die Fähigkeit, menschlicher zu leben. Hg. von Karl Rahner und Bernhard Welte. Freiburg: Herder 1979, S. 94 ff. **146**

Feuerbach, Ludwig: Gott ist eine Projektion
In: Das Wesen des Christentums. Stuttgart: Reclam 1974, S. 400 ff., 406 **362**

Finkielkraut, Alain: Das Antlitz
In: Alain Finkielkraut: Die Weisheit der Liebe. Übersetzt von Nicola Volland. Reinbek bei Hamburg: Rowohlt 1989, S. 32–34, © C. Hanser **184**

Foerster, Heinz von: Moral schafft ein „Zwangssystem"
In: Heinz von Foerster/Bernhard Pörksen: Wahrheit ist die Erfindung eines Lügners. Gespräche für Skeptiker. Heidelberg: Carl Auer-Systeme Verlag 1998, S. 164 **111**

Franke, Klaus: Widersprüche des wissenschaftlichen Fortschritts
In: Spiegel Special, „Die Erde 2000", 04/1993, S. 81 f. **262**

Freud, Sigmund:
Die psychische Struktur des Menschen
In: Sigmund Freud: Abriss der Psychoanalyse. Stuttgart: Reclam 2010, S. 9 ff. **44**
Die Macht des Es
In: Sigmund Freud: Abriss der Psychoanalyse. Frankfurt am Main: S. Fischer 1972, S. 12–14 **46**
Die Bedeutung der Träume
In: Sigmund Freud: Abriss der Psychoanalyse. Stuttgart: Reclam 2010, S. 32 ff. **47**
„Die Absicht, dass der Mensch ‚glücklich' sei, ist im Plan der ‚Schöpfung' nicht enthalten"
Aus: Sigmund Freud: Das Unbehagen an der Kultur. In: Gesammelte Werke Band XIV. Frankfurt am Main: Fischer 1976, S. 433 **148**
Kultur und Aggression
In: Sigmund Freud: Kulturtheoretische Schriften. Frankfurt am Main: S. Fischer 1986, S. 186–189 **210**
Religion als Illusion
In: Sigmund Freud: Kulturtheoretische Schriften. Frankfurt a. M.: S. Fischer 1986, S. 186–189 **364**

Fromm, Erich:
Lieben ist eine Kunst
In: Erich Fromm: Die Kunst des Liebens. Aus dem Amerikanischen übersetzt von Liselotte und Ernst Mickel. Berlin: Ullstein, 2003, S. 11 f. **152**
Entstehung und Erscheinungsbild des „autoritären Charakters"
In: Erich Fromm: Studien über Autorität und Familie. Forschungsberichte aus dem Institut für Sozialforschung. Lüneburg: zu Klampen 2/1987, S. 129 f. **208**

Gehlen, Arnold/Adorno, Theodor W.: Orientierung an Institutionen?
In: Anthropologische Forschung. Reinbek bei Hamburg: Rowohlt 1971, S. 63–66 **109**

Gehlen, Arnold: Der Mensch als Mängelwesen und als Prometheus
In: Arnold Gehlen: Anthropologische Forschung. Reinbek bei Hamburg: Rowohlt 1961, S. 46 ff. **37**

Geisler, Linus: Über Organtransplantationen
In: Frankfurter Rundschau, 8.1.2000, S. 26 **293**

Gilligan, Carol: Gerechtigkeit und Fürsorge

In: Lesebuch der Ethik. Philosophische Texte von der Antike bis zur Gegenwart. Hg. von Otfried Höffe. München: Beck 1998, S. 401–405 **120**

Glasersfeld, Ernst von: Ist unser Bild von der Wirklichkeit „wahr“?
In: Die erfundene Wirklichkeit. Wie wissen wir, was wir zu wissen glauben. Beiträge zum Konstruktivismus. Hg. von Paul Watzlawick. München: Piper 1995, S. 24f. **274**

Habermas, Jürgen:
Die ideale Sprechsituation
Aus: Vorbereitende Bemerkungen zu einer Theorie der kommunikativen Kompetenz. In: Jürgen Habermas/Niklas Luhman: Theorie der Gesellschaft oder Sozialtechnologie? Frankfurt am Main: Suhrkamp 1971, S. 136ff. **194**
Forschung am Embryo?
In: DIE ZEIT, 24.1.2002, S. 33 **277**

Hafemann, Michael: Modelle der Umweltethik
In: Psychologie heute, Nr. 2/1988, S. 43–45 **326**

Hamm, Bernd/Nuscheler, Franz: „Maximalistische“ Menschenrechtskataloge?
In: Bernd Hamm/Franz Nuscheler: Zur Universalität der Menschenrechte. Institut für Entwicklung und Frieden der Gerhard-Mercator-Universität - Gesamthochschule Duisburg. Duisburg: INEF, 1995, S. 4f. **258**

Hanika, Iris: Das Eigentliche
In: Iris Hanika: Das Eigentliche. Graz: Droschl-Verlag 2010 **67**

Hauskeller, Michael: Gleicht unser Bewusstsein einem Computerprogramm?
In: Michael Hauskeller: Mögliche Welten. Neue phantastische Reisen durch die Philosophie. München: Beck 2006, S. 98f. **43**

Hell, Daniel: Die Seele als Ort der Freiheit
Aus: Daniel Hell: Der Seele Grenzen kannst du nie erreichen. In: NZZ Online, 4.9.2009 **78**

Hiddemann, Wolfgang: Die Verantwortung des Arztes im 21. Jahrhundert
In: Spektrum der Wissenschaft, Nr. 02/1998, S. 49–50 **286**

Hippokrates: Ärztliche Eidesformel
In: J. Kollesch/D. Nickel: Antike Heilkunst. Ausgewählte Texte aus den medizinischen Schriften der Griechen und Römer. Stuttgart: Reclam 1994, S. 53–55 **284**

Hobbes, Thomas: Der Staat als Garant des Friedens durch Recht und Ordnung
In: Thomas Hobbes: Der Leviathan. Übersetzt von Jacob Peter Mayer. Stuttgart: Reclam 1984, S. 215–226 **240**

Hoerster, Norbert:
Normative Ethik und Metaethik
In: Texte zur Ethik. Hg. von Dieter Birnbacher und Norbert Hoerster. München: Deutscher Taschenbuch Verlag 1976, S. 10ff. **104**
Orientierung an verbindlicher Minimalmoral?
In: Glück und Moral. Arbeitstexte für den Unterricht. Hg. von M. Baumann und H. Kliemt. Stuttgart: Reclam 1987, S. 141–144 **110**

Höffe, Otfried:
Gegenstand und Methode der Philosophie
In: Otfried Höffe: Kleine Geschichte der Philosophie. München: Beck 2001, S. 7ff. **9**
Grundzüge der Religion
In: Ottfried Höffe (hg.): Lexikon der Ethik. München: Beck [6]2002 **335**

Homann, Karl: „Wettbewerb ist solidarischer als teilen“
In: Heinrich v. Pierer, Karl Homann/Gertrude Lübbe-Wolff: Zwischen Profit und Moral – Für eine menschliche Wirtschaft. München: Hanser 2003, S. 35–72 **312**

Honnefelder, Ludger: „Der Mensch muss sich selbst Grenzen setzen“ (Interview)
In: Der Spiegel, Nr. 39, 27.9.99, S. 317f. **281**

Horster, Detlev: Kritik am Utilitarismus
In: Detlev Horster: Ethik. Stuttgart: Reclam 2009, S. 49f. **183**

Hösle, Vittorio:
Gefühle können keine universalistische Ethik begründen
In: Vittorio Hösle: Praktische Philosophie in der modernen Welt. München: Beck 1995, S. 27 **189**
Vor- und Nachteile des Kapitalismus in ethischer Hinsicht
In: Vittorio Hösle: Praktische Philosophie in der modernen Welt. München: Beck 1992, S. 113–129 **306**

Huber, Ellis E.: „Der Arzt ist kein Bioingenieur“
Aus: Ellis E. Huber: Ethik statt Monetik. In: Andrew Kimbell: Ersatzteillager Mensch. Die Vermarktung des Körpers. München: Deutscher Taschenbuch Verlag 1997, S. 258ff. **292**

Huizinga, Johan: Homo ludens – Der spielende Mensch
In: Johan Huizinga: Homo ludens. Vom Ursprung der Kultur im Spiel. Übersetzt von H. Nachod. Reinbek bei Hamburg: Rowohlt 1991, S. 16–22 **94**

Hume, David: Über das moralische Gefühl
In: David Hume: Eine Untersuchung über die Prinzipien der Moral. Übersetzt von G. Streminger. Stuttgart: Reclam 1984, S. 215–226 **188**

Huxley, Aldous: Recht auf Unglück
In: Aldous Huxlex: Schöne neue Welt. Frankfurt am Main: Fischer Taschenbuch 2009 **149**

Jaspers, Karl: Anfang und Ursprung der Philosophie
In: Karl Jaspers: Einführung in die Philosophie. München: Piper 1971, S. 16ff. **10**

Jonas, Hans:
Verantwortung für die Zukunft der Menschheit
In: Hans Jonas: Das Prinzip Verantwortung. Versuch einer Ethik für die technologische Zivilisation. Frankfurt am Main: Insel 1979, S. 7f., 22f., 35f., 245f. **267**

Kafka, Franz: Im Tunnel
In: Franz Kafka: Die Erzählungen. Frankfurt a. M.: S. Fischer 1961, S. 297 **33**

Kant, Immanuel:
Guter Wille und kategorischer Imperativ
In: Immanuel Kant: Grundlegung zur Metaphysik der Sitten. Hg. von Karl Vorländer. Leipzig: Meiner, 3. Auflage 1945, S. 5f. **162**
Pflicht und Neigung
In: Immanuel Kant: Grundlegung zur Metaphysik der Sitten (1785). In: H. Schleichert (Hg.): Von Platon bis Wittgenstein. Ein philosophisches Lesebuch. München: Beck 1998, S. 104f. **164**
Vollkommene und unvollkommene Pflichten
In: Immanuel Kant: Grundlegung zur Metaphysik der Sitten. In: Wilhelm Weischedel (Hg.): Immanuel Kant. Werke in zehn Bänden. Bd. 6: Schriften zur Ethik und Religionsphilosophie. Darmstadt: Wissenschaftliche Buchgesellschaft 1983, S. 51–55 **165**
Völkerrecht und Völkerbund
In: Immanuel Kant: Zum ewigen Frieden. Hg. von Heiner Klemme. Hamburg: Felix Meiner 1992, S. 66ff. **228**

Kastilan, Sonja: Für das Leben, nicht dagegen
In: Frankfurter Allgemeine Sonntagszeitung, 11.7.2010, Nr. 27, S. 53 **288**

Kerber, Walter: Soziale Gerechtigkeit
In: Walter Kerber: Sozialethik. Stuttgart: Kohlhammer (Urbantaschenbücher 397) 1998, S. 84ff. **247**

King, Martin Luther: Was ist gewaltloser Widerstand?

In: Jahrbuch Ökologie 1993. Hg. von Günther Altner u. a. München: Beck 1992, S. 201, 204 **222**

Kleist, Heinrich von: Michael Kohlhaas – ein Fall von Selbstjustiz
In: Heinrich von Kleist: Sämtliche Werke und Briefe. Bd. 2. Hg. von H. Sembdner. München: Hanser 1952 **234**

Kloepfer, Michael: Auf dem Weg zur Ökodiktatur?
In: Jahrbuch Ökologie 1993, hg. von Günter Altner u. a. München: Beck 1992, S. 201, 204 **324**

Konfuzius: Aus den Lehren des Konfuzius
In: Konfuzius: Gespräche. Hg. und übersetzt von Ralf Moritz. Leipzig: Reclam, 5. Auflage 1991, S. 44, 49, 56, 68, 117 f., 126 **142**

Krämer, Gudrun: Anpassung oder Re-Islamisierung?
Aus: Kritik und Selbstkritik. Reformistisches Denken im Islam. In: Der Islam im Aufbruch? Perspektiven der arabischen Welt. Hg. von M. Lüders. München: Piper 1992, S. 212 **355**

Küng, Hans: Weltreligionen und Weltethos
In: Universitas. Zeitschrift für interdisziplinäre Wissenschaft. Stuttgart: Wissenschaftliche Verlagsanstalt, 7. Auflage 1991, S. 633 f. **348**

Levine, Robert: Fragen zum eigenen Zeitgefühl
In: Robert Levine: Eine Landkarte der Zeit. Übersetzt von Chr. Broermann und K. Schuler. München: Piper 1998, S. 51–53 **156**

Lightman, Alan: Und immer wieder die Zeit
In: Alan Lightman: Und immer wieder die Zeit. Übersetzt von Fr. Griese. München: Heyne, 3. Auflage 1996, S. 29 ff. **157**

Magris, Claudio: Gewöhnung an den Krieg?
In: Süddeutsche Zeitung, 19.10.2009, Übersetzung: Ragni Maria Gschwend **218**

Malinar, Angelika: Grundzüge einer Ethik des Hinduismus
In: Angelika Malinar: Hinduismus (Studium Religion). Göttingen: Vanderhoeck & Ruprecht 2009, S. 242 ff. **346**

Márai, Sándor: Freundschaft ist stärker als Leidenschaft
In: Sándor Márai: Die Glut. Roman aus dem Ungarischen von Christina Viragh. München: Piper 2000, S. 143 **150**

Marcuse, Herbert: Revolution und Terror
In: Herbert Marcuse: Kultur und Gesellschaft. Frankfurt am Main: Suhrkamp 1967, S. 133 ff., 139 **220**

Marx, Karl:
Durch die Arbeit verändert der Mensch seine eigene Natur
In: Karl Marx: Das Kapital Bd. 1. Frankfurt am Main: Europäische Verlagsanstalt 1968, S. 192 f. **36**
Religion ist Opium des Volkes
In: Karl Marx: Werke, Band 1. Berlin: Dietz 1973, S. 28 ff. **363**

McEwan, Ian: „Es ist absolut möglich, ohne jede Beziehung zum Übernatürlichen zu leben"
Aus: Ian McEwan: Ich habe einen Traum. In: DIE ZEIT, 27.7.2006, Nr. 31 **367**

Merchant, Carolyn: Der Tod der Natur
In: Der Tod der Natur. Frauen und neuzeitliche Naturwissenschaft. München: Beck 1994, S. 289 f. **321**

Mettrie, Julien Offray de La: Der Mensch ist eine Maschine, der Geist ist ein Teil davon
In: Julien Offray de La Mettrie: Der Mensch als Maschine. Übersetzt von Bernd A. Laska. Nürnberg: LSR-Verlag 1985, S. 67 f., 85 ff. **41**

Metze-Mangold, Verena: Bedrohungen der Presse- und Informationsfreiheit
In: Michael Haller (Hg.): Das freie Wort und seine Feinde. Konstanz: UVK 2003, S. 128 ff. **302**

Miersch, Michael: Eine Antwort auf Peter Singer
Aus: Magna Charta für Fifi. In: Zeitpunkte Nr. 2/95, Hamburg: Zeit-Verlag, S. 82 f. **331**

Mill, John Stuart: Die Lebensauffassung des Utilitarismus
In: John Stuart Mill: Der Utilitarismus. Hg. und übersetzt von Dieter Birnbacher. Stuttgart: Reclam 1976, S. 13–22 **176**

Mirandola, Giovanni Pico della: Über die Würde des Menschen
In: Giovanni Pico della Mirandola: Über die Würde des Menschen, hg. und übersetzt von Gerd von der Gönna. Stuttgart: Reclam 2009, S. 7 f. **39**

Montaigne, Michel de:
Über Demokrit und Heraklit
In: Michel de Montaigne: Essais. Eine moderne Gesamtübersetzung von Hans Stilett. München: Goldmann 2002, Erstes Buch, S. 456 f. **19**
Oberflächliche und wahre Freundschaft
In: Michel de Montaigne: Essais. Erste moderne Gesamtübersetzung von Hans Stilett. Frankfurt am Main: Eichborn Verlag 1998 **150**

Morus, Thomas: Die Insel Utopia
Aus: Thomas Morus: Utopia. In: Der utopische Staat, hg. von K. Heinisch. Reinbek bei Hamburg: Rowohlt 1960 **92**

Münkler, Herfried: Die Fragwürdigkeit der Lehre vom „gerechten Krieg"
In: Herfried Münkler: Die neuen Kriege. Reinbek bei Hamburg: Rowohlt 2002, S. 7, 240, 110 ff. **217**

Nagel, Thomas: Pfirsich oder Torte?
In: Thomas Nagel: Was bedeutet das alles? Eine ganz kurze Einführung in die Philosophie. Aus dem Englischen übersetzt von Michael Gebauer. Stuttgart: Reclam 1990, S. 41 ff. **73**

Nietzsche, Friedrich:
Gegen eine Moral des Mitleidens
Aus: Friedrich Nietzsche: Die fröhliche Wissenschaft, Viertes Buch. In: Friedrich Nietzsche: Um Leib und Leben. Auswahl aus seinem Werk von Rüdiger Safranski, hg. von Joachim Fest und Wolf Jobst Siedler. Gütersloh: Bertelsmann o. J., S. 347 f. **130**
„Herrenmoral" und „Sklavenmoral"
In: Friedrich Nietzsche: Sämtliche Werke, Kritische Studienausgabe Band 5. Hg. von G. Colli und M. Montinari. München: Deutscher Taschenbuch Verlag 1980, S. 274 f. **131**
Aus den „Werkstätten" der „Sklavenmoral"
In: Karl Schlechta (Hg.): Friedrich Nietzsche. Werke in drei Bänden. München: Carl Hanser 1982 **131**
Der Antichrist
Aus: Friedrich Nietzsche: Der Antichrist. Fluch auf das Christentum. In: Ders.: Der Fall Wagner. Götzendämmerung. Der Antichrist. Ecce Homo. Dionysos-Dithyramben. Nietzsche contra Wagner. Kritische Studienausgabe, hg. von G. Colli und M. Montinari, Bd. 6. München: dtv/de Gruyter, S. 165–254, hier S. 181 f. **365**

Nunner-Winkler, Gertrud: Gibt es eine weibliche Moral?
In: Weibliche Moral. Die Kontroverse über die geschlechtsspezifische Ethik. Hg. von Gertrud Nunner-Winkler. München: Deutscher Taschenbuch Verlag 1995, S. 155 ff. **122**

Nüsslein-Volhard, Christiane: Ab wann ist der Mensch ein Mensch?
In: Christiane Nüsslein-Volhard: Von Genen und Embryonen. Stuttgart: Reclam 2004, S. 66 f. **276**

Oorschot, Birgitt van: „Es gibt ein Recht zu sterben"
süddeutsche.de, 2.6.2010; www.sueddeutsche.de/leben/diskussion-um-sterbehilfe-es-gibt-ein-recht-zu-sterben-1.953162 **294**

Pascal, Blaise: Die Wette
In: Blaise Pascal: Pascals Gedanken über die Religion und einige andere Gegenstände. Berlin: Besser 1840, S. 246 ff., Übersetzung: K. A. Blech **359**

Paulsen, Susanne: Die Kunst zu leben – Erkenntnisse der Lebenslauf-Forschung
Aus: Susanne Paulsen: Lebenslauf-Forschung: Die Kunst zu leben. In: Geo 08/2002 **159**

Perelmann, Chaim: Gerechtigkeitskriterien
In: Chaim Perelmann: Über die Gerechtigkeit. München: Beck 1967, S. 14–20 **244**

Pfordten, Dietmar von der: Ziviler Ungehorsam und Widerstand
In: Julian Nida-Rümelin: Angewandte Ethik. Die Bereichsethiken und ihre theoretische Fundierung. Stuttgart: Alfred Kröner Verlag 1996, S. 275–278 **260**

Pieper, Annemarie:
Gegenstand und Ziele der Ethik
In: Annemarie Pieper: Einführung in die Ethik. Tübingen: Francke [6]2007, S. 12 f. **102**
Relativismus in der Moral?
In: Annemarie Pieper: Einführung in die Ethik. Tübingen: Francke [6]2007, S. 51 f., 57 ff. **112**

Platon:
Der griechische Mythos vom Eros
In: Platon: Hauptwerke. Ausgewählt, eingeleitet und übersetzt von Wilhelm Nestle. Stuttgart: Alfred Kröner Verlag 1931, S. 115–119 **24**
Der Mythos von Prometheus
In: Platon: Frühdialoge. Zürich und München: Artemis 1974, S. 202–204 **26**
Das Höhlengleichnis – ein philosophischer Mythos
In: Platon: Der Staat. Übersetzt von August Honeffer. Stuttgart: Alfred Kröner Verlag, 10. Auflage 1973, S. 226 ff. **32**

Popper, Karl R.: Wahrheitssuche und intellektuelle Redlichkeit als ethische Prinzipien – Grundlagen einer „neuen Berufsethik"
In: Auf der Suche nach einer besseren Welt. Vorträge und Aufsätze aus dreißig Jahren. München: Piper 1984, S. 225–229 **264**

Prantl, Heribert: Krisenzeiten und religiöser Fundamentalismus
In: Süddeutsche Zeitung 2004 **353**

Precht, Richard David: Mein Weg zur Philosophie
In: Richard David Precht: Wer bin ich und wenn ja, wie viele? München: Goldmann 2007, S. 9 f. **8**

Preuß, Ulrich K.: Kennzeichen des Terrorismus
In: Ulrich K. Preuß: Krieg, Verbrechen, Blasphemie. Gedanken aus dem alten Europa. Berlin: Klaus Wagenbach 2003, S. 75 f. **221**

Radbruch, Gustav: Gesetzliches Unrecht und übergesetzliches Recht
In: Süddeutsche Juristen-Zeitung, 1946, S. 103 ff. **236**

Radisch, Iris: Scheinheiliges Mitleid mit den Kühen
In: DIE ZEIT, 8.2.2001 **331**

Rauchhaupt, Ulf von: Auslese ist Auslese
In: Frankfurter Allgemeine Sonntagszeitung, Nr. 27, 11. 7.2010, S. 53 **289**

Rawls, John: Gerechtigkeit als Fairness
In: John Rawls: Eine Theorie der Gerechtigkeit. Übersetzt von Hermann Vetter. Frankfurt am Main: Suhrkamp 1979, S. 19–32 **246**

Reiter, Johannes: Menschenwürde als Maßstab – Begriffsgeschichte und Begründung der Menschenwürde
In: Aus Politik und Zeitgeschichte. Beilage zur Wochenzeitung Das Parlament, Heft 23–24/2004, S. 6 f. **114**

Richter, Horst Eberhard: Medizin und Gewissen
In: Universitas. Zeitschrift für interdisziplinäre Wissenschaft, Nr. 02/1997, S. 112 f. **284**

Riehl-Heyse, Herbert: Journalismus – nur ein Geschäft?
In: Spiegel-Special, Nr. 01/1995, S. 145–148 **297**

Rössler, Beate: Quotierung und Gerechtigkeit
In: Beate Rössler (Hg.): Quotierung und Gerechtigkeit. Eine moralphilosophische Kontroverse. Frankfurt/M.: Campus, 1993, S. 7 f., 14–19 **250**

Rothermund, Dietmar: Mahatma Gandhis Vermächtnis
In: Dietmar Rothermund: Mahatma Gandhi – eine politische Biographie. München: Beck 1997 **222**

Rotterdam, Erasmus von: Die Klage des Friedens
In: Erasmus von Rotterdam: Die Klage des Friedens. Übertragen und hg. von Kurt Steinmann. Frankfurt: Insel 2001, S. 46, 69, 72, 74 f. **212**

Rousseau, Jean-Jacques: Mensch, die Übel rühren von dir her!
In: Jean-Jacques Rousseau: Emil oder Über die Erziehung. Übersetzt von Ludwig Schmidts. Paderborn: Schöningh 1981, S. 295, 301 f. **54**

Russell, Bertrand: Gibt es ein sittliches Wissen?
In: Bertrand Russell: Macht und Politik. Übersetzt von Elisabeth Fischer-Wernecke. Frankfurt am Main: Fischer Taschenbuch Verlag 1988, S. 21 ff. **107**

Safranski, Rüdiger: „Wir müssen uns dem Bösen stellen" (Interview)
In: der blaue reiter. Journal für Philosophie, Heft 17. Stuttgart: Omega-Verlag 2003, S. 70 ff. **58**

Sartre, Jean-Paul: Tote ohne Begräbnis
In: Jean-Paul Sartre: Tote ohne Begräbnis. Übersetzt von Traugott König. Reinbek bei Hamburg: Rowohlt 1988, S. 46–48 **86**

Schaar, Peter: Gefahren für die Privatsphäre
In: Peter Schaar: Das Ende der Privatsphäre. Der Weg in die Überwachungsgesellschaft. München: Bertelsmann 2007, S. 11, 14, 16 ff. **304**

Schleichert, Hubert: Kann man mit Fundamentalisten diskutieren, ohne den Verstand zu verlieren?
In: Hubert Schleichert: Wie man mit Fundamentalisten diskutiert, ohne den Verstand zu verlieren. Anleitung zum subversiven Denken. München: Beck 1997, S. 68 ff. **354**

Schmid, Wilhelm: „Exkursion in die Philosophie" – Edward Hoppers Bild Gelassenheit
In: Wilhelm Schmid: Schönes Leben? Frankfurt am Main: Suhrkamp 2000, S. 11–17, 120 f. **12, 154**

Schopenhauer, Arthur:
Die ewige Wiederkehr des Gleichen
In: Arthur Schopenhauer: Werke in 5 Bänden. Bd. 2, hg. von Ludger Lütkehaus. Zürich: Haffmans, S. 552 ff. **61**
Kants Pflichtenlehre ist herzlos
Aus: Arthur Schopenhauer: Preisschrift über die Grundlage der Moral, In: Ders.: Die beiden Grundprobleme der Ethik. Zürich: Diogenes, S. 173 **164**
Die Tugend der Menschenliebe
Aus: Arthur Schopenhauer: Die beiden Grundprobleme der Ethik. In: Werke in 10 Bänden, Bd. II. Zürich: Diogenes 1977, S. 479 ff. **186**

Schulz, Walter: Verharmlosen Aufklärung und Wissenschaft das Böse? Zur Kritik an der Mitleidsethik

In: Walter Schulz: Philosophie in der veränderten Welt. Stuttgart: Neske 1993, S. 719 ff. **57, 189**

Schulz-Wimmer, Heinz: „Frauen sehen Macht weniger als Selbstzeck" (Interview)
In: Süddeutsche Zeitung, 13./14.9.2003, S. V1/17 **123**

Schweitzer, Albert: Die Ehrfurcht vor dem Leben
In: Albert Schweitzer: Die Ehrfurcht vor dem Leben. München: Beck, 6. Auflage 1991 **170**

Searle, John R.: Die „wirkliche Welt" ist erkennbar
In: John R. Searle: Geist, Sprache und Gesellschaft. Frankfurt am Main: Suhrkamp 2001, S. 19 **274**

Seneca: Glück, Tugend und Laster
In: Seneca-Brevier. Hg. und übersetzt von Ursula Blank-Sangmeister. Stuttgart: Reclam 1996, S. 111, 204, 206, 214, 242, 245 **139**

Sennett, Richard: „Der Kapitalismus verändert Ort und Zeit der Arbeit" (Interview)
In: DIE ZEIT, Nr. 49/1998, S. 28 f. **314**

Simm, Hans-Joachim: Gelassenheit als weise Souveränität
In: Hans-Joachim Sinn: Von der Gelassenheit. Frankfurt am Main: Insel 1997, S. 149 f. **155**

Singer, Marcus George: Warum es nicht richtig ist zu lügen
In: Verallgemeinerungen in der Ethik. Frankfurt am Main: Suhrkamp 1984, S. 150–152 **160**

Singer, Peter:
Nur Personen haben ein Recht auf Leben
Aus: Eine nicht gehaltene Rede. In: Die Woche, 3.5.1996, S. 20 **180**
Gleichheit für Tiere
In: Praktische Ethik. Stuttgart: Reclam 1984, S. 73–76 **330**

Sloterdijk, Peter: Zähmung der menschlichen „Bestialität" durch „Anthropotechnik"
In: Peter Sloterdijk: Regeln für den Menschenpark. Ein Antwortschreiben zum Brief über den Humanismus. Frankfurt a. M.: Suhrkamp 1999 **280**

Sokrates: Sokrates im Gespräch mit Menon: Was ist die Tugend?
In: Grundkurs Philosophie. Hg. und übersetzt von Bruno Heller. Bd. 1. München: Bayerischer Schulbuchverlag 1991, S. 74 ff. **192**

Sontag, Susan: Warum Kriegsbilder?
In: Susan Sontag: Das Leiden anderer betrachten. Aus dem Englischen von Reinhard Kaiser. München: Hanser 2003, S. 29, 82, 98f., 104, 133 f. **300**

Soros, George: „Mit seinem Anspruch auf Wertfreiheit hat der Marktfundamentalismus die ethischen Werte ausgehöhlt"
In: George Soros: Der Blick geht nach vorn. Fünf Grundpfeiler der Märkte von morgen, übersetzt von Enrico Heinemann. München: Finanzbuch-Verlag 2010, S. 80 ff. **310**

Spaemann, Robert:
Moral und Recht
In: Ethik-Lesebuch. Von Platon bis heute. Hg. von Robert Spaemann. München: Piper 1987, S. 267 **111**
Alle Menschen sind Personen
In: Personen. Versuche über den Unterschied zwischen „etwas" und „jemand". Stuttgart: Klett Cotta 1996, S. 262 ff. **181**
Das Prinzip der Güterabwägung
In: Funkkolleg praktische Philosophie/Ethik. 6. Studienbegleitbrief. Weinheim und Basel: Beltz 1981, S. 67/68; © Deutsches Institut für Fernstudien an der Universität Tübingen **329**
Wozu brauchen wir das Weltethos?
In: Merkur, Zeitschrift für europäisches Denken 1996, Heft 9/10, S. 891 ff. **349**

Steinbeck, John: Früchte des Zorns
In: John Steinbeck: Früchte des Zorns. Roman. Aus dem Englischen von Klaus Lambrecht. © Paul Zsolnay Verlag Wien 1993 und 2002 **203**

Stiglitz, Joseph: Chancen und Gefahren der Globalisierung
In: Joseph Stieglitz: Die Schatten der Globalisierung. Berlin: Siedler 2002, S. 17–19, 283–285 **316**

Stimpel, Christine: „Frauen sind zunehmend gefragt" (Interview)
In: Frankfurter Allgemeine Sonntagszeitung, 21.3.2010, S. 35 **123**

Stirner, Max: „Ich bin weder gut noch böse"
In: Philosophiekurs Ethik. Materialien für den Philosophieunterricht in der Sekundarstufe 2, hg. von Ossner/Rumpf/Vahland. Heidelberg: Verlag Quelle und Meyer 1982, S. 41 f. **128**

Stölzl, Christoph: Was bleibt von Freud?
Aus: Christoph Stölzl: Der Hausherr der Seele. In: DIE ZEIT – Geschichte: Sigmund Freud – Genie oder Fantast? Hamburg: ZEIT-Verlag 2006, S. 22 **49**

Stosch, Stefan: Fälschung und Fiktion
In: Hannoversche Allgemeine Zeitung, 22.11.1006, S. 6 **299**

Thoma, Ludwig: Wasser predigen – Wein trinken
In: Ludwig Thoma: Moral. Komödie in drei Akten. Stuttgart: Reclam 1970, S. 44 ff. **100**

Thoreau, Henry David: Von der Pflicht zum Ungehorsam
In: Henry David Thoreau: Über die Pflicht zum Ungehorsam gegen den Staat
aus dem Englischen von Walter Erich Richartz
Copyright der deutschsprachigen Ausgabe (c) 2004 Diogenes Verlag AG Zürich **83**

Thrasymachos: Die Gerechtigkeit ist der Vorteil des Ungerechten
In: Platon. Der Staat. Übersetzt und hg. von Karl Vretska. Stuttgart: Reclam 1982, S. 106 ff. **126**

Toynbee, Arnold J.: Die Bedeutung der Weltreligionen
In: Menschheit – woher und wohin? Stuttgart: Kohlhammer 1969, S. 151 ff. **338**

Uthmann, Jörg von: Über den Vorteil des Lasters
In: Jörg von Uthmann: Das Buch der Laster. Berlin: Siedler 1996, S. 14 f. **144**

Vereinte Nationen:
Allgemeine Erklärung der Menschenrechte vom 10. Dezember 1948 (Auszug)
In: Menschenrecht. Ihr internationaler Schutz. Hg. von B. Simma. München: Beck, 2. Auflage 1985 **257**
Übereinkommen gegen Folter und andere grausame, unmenschliche oder erniedrigende Behandlung und Strafe (1984; Auszug)
In: Robert Esser (Hg.): Europäisches und Internationales Strafrecht: Vorschriftensammlung. Heidelberg: C.F. Müller 2009, S. 597 f. **258**

Verlinden, Britta: Ärzte und Bioethiker beklagen, dass dem Schicksal in der Medizin kaum mehr Raum gelassen wird – ein Tagungsbericht
In: Süddeutsche Zeitung, 24.6.2010, S. 16 **282**

Voltaire: „Alle Fanatiker sind Schurken mit gutem Gewissen"
In: Hubert Schleichert: Von Platon bis Wittgenstein. Ein philosophisches Lesebuch. München: Beck 1998, S. 168 ff. **360**

Vossenkuhl, Wilhelm: Willensfreiheit ade?
Wilhelm Vossenkuhl: Willensfreiheit ade – Das Wesen des Menschen (2). Radiovortrag, SWR 2, 25.12.2006 **76**

Wachowski, Laurence und Andrew: The Marix (Drehbuchauszug)
Transkript von Carl Gneist **79**

Watzlawick, Paul: „Was wären wir ohne Unglücklichkeit?“
In: Paul Watzlawick: Anleitung zum Unglücklichsein. München: Piper 1985, S. 9–12, 99–102 **149**

Weber, Max:
Gesinnungsethik und Verantwortungsethik
In: Max Weber: Politik als Beruf. Stuttgart: Reclam 1992, S. 70–71 **172**
Ist wissenschaftlich-technischer Fortschritt „sinnlos“?
Aus: Max Weber: Vom inneren Beruf zur Wissenschaft. In: Soziologie – Universalgeschichtliche Analysen – Politik. Hg. von J. Winckelmann. Stuttgart: Alfred Kröner Verlag 1956, S. 316–323 **270**

Weinrich, Harald: Die Diktatur des Sitzfleisches
In: Merkur 26, 1972, S. 801–812 **198**

Weizsäcker, Ernst Ulrich von: Ökodiktatur vermeiden!
In: Jahrbuch Ökologie 1993, hg. von Günther Altner u. a. München: Beck 1992, S. 207–210 **324**

Weizäcker, Richard von: Ein Tag der Befreiung (Rede am 8. Mai 1985 vor dem Bundestag)
In: Bundeszentrale für politische Bildung; (www.badische-zeitung.de/nachrichten/deutschland/dokumentation-die-rede-von-richard-von-weizsaecker-am-8-mai-1985-im-deutschen-bundestag) **66**

Wesel, Uwe: Kleine Geschichte des Rechts
In: Uwe Wesel: Geschichte des Rechts. München: Beck 1997, S. 45–49 **232**

Widmer, Urs: Waffen der Frau
In: Urs Widmer: Top Dogs. Frankfurt am Main: Verlag der Autoren 1997, S. 63–65 **81**

Williams, Bernard: Stärken und Schwächen des Utilitarismus
In: Bernard Williams: Der Begriff der Moral. Eine Einführung in die Ethik, übersetzt von Eberhard Bubser, Stuttgart 1986, S. 94 ff. und in: Kritik des Utilitarismus, hg. und übersetzt von Wolfgang R. Köhler, Frankfurt 1979, S. 61 f. **182**

Wilson, John: Eine Checkliste für die Liebe
In: Das Abenteuer Liebe. Bestandaufnahme eines unordentlichen Gefühls. Hg. von P. Kemper und U. Sonnenschein. Frankfurt am Main: Suhrkamp 2004, S. 140 f. **153**

Wolken, Simone: Ursprünge des Asylrechts
In: Platz zum Leben gesucht. Lesebuch Asyl. Hg. von G. Klemt-Kozinowski u. a. Baden-Baden 1987, S. 16–17; zitiert nach Wochenschau 11, Nr. 6, Nov./Dez. 1992 **259**

Wollschläger, Hans: Tiere sehen dich an
In: Tiere sehen dich an oder Das Potential Mengele. Göttingen: Wallstein Verlag 2002, S. 7, 8, 14–16 **328**

Wuketits, Franz M.: Die Natur des Bösen
In: der blaue reiter. Journal für Philosophie, Heft 17. Stuttgart: Omega-Verlag 2003, S. 28 ff. **54**

Wunderlich, Dieter: Der ideale Diskurs ist utopisch
In: DU 4, 1970, S. 30 f. **199**

Zelter, Joachim: Rechtfertigung eines Lügners
In: Joachim Zelter: Die Würde des Lügens. Tübingen: Klöpfer und Meier 2007, S. 13 ff. **161**

Zippelius, Reinhold: Das Prinzip der Gegenseitigkeit
Probleme der Strafgerechtigkeit/Straftheorien
In: Rechtsphilosophie. München: Beck, 5. Auflage 2007, S. 81 f., 183 ff. **252, 253**

Žižek, Slavoj:
Kants Begriff der Pflicht
In: Slavoj Žižek: Liebe Deinen Nächsten? Nein Danke! Die Sackgasse des Sozialen in der Postmoderne. Übersetzt von Nikolaus G. Schneider. Berlin: Verlag Volk und Welt 1999, S. 50 f. **166**

Alternativer Nobelpreis für Monika Hauser
In: Süddeutsche Zeitung, 2./3.10.2008, S. 8 **231**

Berlin hat die meisten Chefinnen
In: Süddeutsche Zeitung, 5.8.2010 **250**

Bibeltexte
Einheitsübersetzung der Heiligen Schrift, © Katholische Bibelanstalt **28, 29, 143, 185, 202, 340, 342**

Der König fährt Maybach – und sein Volk hungert
In: Frankfurter Rundschau, 23.2.2005, S. 1 **313**

„Emanzipation und Kopftuch sind kein Widerspruch“ (Stellungnahme)
Offener Brief wider eine Lex Kopftuch; www.bpb.de/themen/XUDYWD,0,Religi%F6se_Vielfalt_statt_Zwangsemanzipation!.html **356**

Embryonenschutzgesetz
Zitiert nach: Ethik in der Medizin. Ein Studienbuch. Hg. von Urban Wiesing. Stuttgart: Reclam 2004, S. 398 ff. **277**

Filme untersuchen – Grundbegriffe der Filmanalyse
In: Martin Kottkamp, Astrid Staude: EinFach Deutsch. Friedrich Dürrenmatt, Der Richter und sein Henker. Paderborn: Schöningh, S. 89 **20**

Gibt es die Willensfreiheit? – Die Libet-Experimente
www.philosophieverstaendlich.de/freiheit/aktuell/libet.html **75**

Junge Manager klagen über zu wenig Werte
In: Süddeutsche Zeitung, 11./12./13.4.2009, S. VI **310**

Leipzig erlebte erneut Montagsdemonstration
In: Leipziger Volkszeitung, 14.11.1989 **224**

Mehr Frauen auf Lehrstühlen
In: Süddeutsche Zeitung, 12.7.2010 **250**

Ministerien testen anonyme Bewerbungen
In: Süddeutsche Zeitung, 4.8.2010, Autor: Roland Preuß **251**

NS-Urteile werden pauschal aufgehoben. Zwischen 200 000 und 500 000 Urteile betroffen
In: Allgemeine Zeitung Mainz, 28.5.1998 **238**

„Sie stellen die Realität auf den Kopf“ (Entgegnung)
In: Für Neutralität in der Schule. Offener Brief; taz Nr. 7284, 14.2.2004, S. 10.; www.bpb.de/themen/VKZXQL,0,0,F%FCr_Neutralit%E4t_in_der_Schule.html **357**

Wie lässt sich Zivilcourage trainieren und im Alltag praktizieren?
In: Den Täter verwirren, DIE ZEIT, 17.9.2009, S. 23 **147**

Personenregister

Sachregister

Bildquellen

aisa, Archivo iconografico, Barcelona: S. 11; akg-images: S. 284 (Erich Lessing), 365 o.; © ALIMDI.NET: S. 68 r. (Mario Tumm), 68 l. (Wilfried Bahnmueller); Foto: Alinari: S. 63; © AP Photo: S. 82 u. (Malcolm Browne), 301 (Nick Ut); Archiv für Kunst und Geschichte, Berlin: S. 6 o. (AP), 6 u., 7 o., 7 u., 10 o., 24, 29 (Erich Lessing), 38, 57, 59 (Erich Lessing), 84 o., 107, 128, 133 (1. Bild v.o.), 133 (2. Bild v.o.), 133 (3. Bild v.o.), 133 (4. Bild v.o.), 135, 138, 142, 162, 176, 186, 191 (Farbe: von John Drummond, Time-Life Books), 213, 214, 222, 240, 261, 264, 309 o., 360, 363, 364, 372, 374, 375, 376, 377, 378, 379, 381; © Arco Digital Images/G. Thielmann: S. 36; © Aufwind-Luftbilder / VISUM: S. 352; Ernst und Hans Barlach Lizenzverwaltung Ratzeburg: S. 157; Georg Baselitz: S. 96 o.; BDZV: S. 146; Matthias Berghahn/Verlagsarchiv Schöningh: S. 93, 117, 193, 245; © Bergmoser + Höller Verlag AG: S. 229, 259 o., 293; bew/media-colors: S. 335; Bildarchiv Preußischer Kulturbesitz, Berlin: S. 83, 167, 188, 242, 252, 297 r., 297 l., 362; Bilderdienst Süddeutscher Verlag: S. 382; Galerie Bose, Wittlich: S. 50 o.; Rotterdam: Museum Boymans-van Beuningen: S. 45; © bpk/RMN/René-Gabriel Ojéda: S. 85; Bundesbildstelle: S. 66; CCC, S. 124 (Fritz Wolf), 158 (Erich Rauschenbach), 178 (Horst Haitzinger), 257 (Zeichnung: Felix Mussil), 259 u. (Zeichnung: Brigitte Schneider), 266 (Burkhard Mohr), 327 (Luis Murschetz); © 20th CenturyFox/Allstar/Cinetext: S. 55; www.cicero.de/karikaturen_detail.php?foto_id=3469&gal_id=127: S. 309 u.; © CINETEXT: S. 79 o.; © courtesy of the artist and Jay Jopling/White Cube, LEARNING TO THINK 1991, Lead, fibreglass, air, 5 figures: each 173 x 56 x 31 cm, 68" x 22" x 12": S. 5; © 1991 by DC Comics Inc.: S. 51 r.; © Arno Declair: S. 72; defd Deutscher Fernsehdienst: S. 67; © Deutscher Verkehrssicherheitsrat e. V.: S. 155; Deutsches Postmuseum: S. 302; dpa: S. 60 u. (Hubert Boesl), 125 o., 133 u.l. (5. Bild v.o.), 194, 227, 232 (Witschel), 267, 330, 383; © dpa-Bildarchiv: S. 112; Steve Eason/Hulton Getty Picture Collection, London: S. 84 u.l., 84 u.r.; Facsimile in Erich Podach: Friedrich Nietzsches Werke des Zusammenbruchs, Heidelberg 1961: S. 365 u.; Museum of Fine Arts, Boston, Sammlung Tompkins: S. 54; B. Fitch/Black Star: S. 223; Flammarion-Giraudon: S. 321; National Gallery for Foreign Art, Sofia: S. 53; © Peter Frischmuth/argus: S. 199 r.; Gamma/Studio X: S. 258; © Jean Gaumy/Magnum Photos: S. 65; Gemäldegalerie Alte Meister, Dresden: S. 145; Gimpel & Weitzenhoffer, New York (Foto)© VG Bild-Kunst, Bonn 2010: S. 46; Graphische Sammlung Albertina, Wien: S. 34; Greenpeace-Magazin 2/2005: S. 308; © Thomas Haertrich/transit-Archiv: S. 171; Foto: Guillaume Herbaut aus der Serie „Die Twitter-Revolution": S. 303; Napa (CA), Hess Collection: S. 80; Edward Hopper: Excursion into Philosophy, 1959, Privatbesitz: S. 12; Hulton Getty Picture Collection, London: S. 82 o.r.; © iStockphoto.com / Marek Tihelka: S. 73: Jorbasa: S. 219; Keystone, Hamburg: S. 199 l.; Klingklang 1991: S. 42 u. (Cover); Herbert Knosowski / AP: S. 307; Kunsthistorisches Museum Wien: S. 185; entnommen aus: Lexikon der Mythologie. Augsburg: Weltbild Verlag 1997: S. 319; mit freundlicher Genehmigung der Library of Congress, Washington: S. 60 o.; I N A L O I T Z L, Videostill aus „Die Seelen in meiner Brust" / Videotrickarbeit / 7'55 / 2004, www.inaloitzl.net: S. 81; © Magnum/Focus: S. 300; aus S. Milgram: Das Milgram-Experiment, Reinbek bei Hamburg (Rowohlt) 1992: S. 206; Paris, Musée Gustave Moreau: S. 27; © Hank Morgan/SPL/AGENTUR FOCUS: S. 278; © Dr. med. J. P. Mueller/OKAPIA: S. 283; © The Munch Museum/The Munch Ellingsen Group/VG Bild-Kunst, Bonn 2010: S. 78 o., 153; Foto: Musée National d'Art Moderne, Centre Georges Pompidou, Paris; © VG Bild-Kunst, Bonn 2010: S. 340; Museum of Art, Philadelphia: S. 269; Nebošja Šerić-Shoba: S. 21; Foto: Hermann Nink/Verlagsarchiv Schöningh: S. 10 u., S. 19, 26, 71, 134, 148, 169, 187, 248, 256 o., 295, 333, 350; Revista Verde Oliva, 1960; Museo Che Guevara (Centro de Estudios Che Guevara en La Habana, Cuba): S. 89; Olla Magnus Design: S. 263; Ossietzky-Archiv der Universität Oldenburg, picture-alliance/dpa, ullstein bild, © ullstein bild – Giribas: S. 230 v.o.n.u.; © Panos Pictures/VISUM: S. 31; Roger Pic/Contact Press Images/Agentur Focus: S. 220; © picture-alliance: S. 51 l. (Godong), 79 u. (Photoshot), 94 (ZB, Martin Schutt), 198 (empics), 249 (dpa-infografik), 325 (landov), 345 (dpa-infografik), 346 (maxppp); © picture-alliance/dpa: S. 74, S. 82 o.l., 221, 260, 313, 343; Pinacoteca Di Brera, Mailand: S. 8; © Pollock-Krasner Foundation/VG Bild-Kunst, Bonn 2010: S. 96 u.; Privatbesitz, Abbildung aus: Gilles Néret: Dalí, Köln: Taschen 2004: S. 44; Prof. Dr. H.-J. Quadbeck-seeger, Bad Dürkheim: S. 359; © Tomas Riehle/artur: S. 318; The Robert Gore Rifkind Collection, Beverly Hills, Kalifornien: S. 115; Rockstar San Diego: S. 95; Herby Sachs/version: S. 341; © Sacred Destinations; S. 354; Sammlung Haags Gemeentmuseum, Den Haag; © M.C. Escher Heirs / Cordon Art-Baarn-Holland: S. 275; Scala, Florenz: S. 371; Eberhard Schallhorn/Verlagsarchiv Schöningh: S. 97; © Susanne Schapowalow: S. 170; Walter Schels: S. 159 l., 159 r.; Erich Schmidt Verlag GmbH: S. 256 u.; Heinrich Schneider/Verlagsarchiv Schöningh: S. 163; © Eberhard Spangenberg / VG Bild-Kunst, Bonn 2010: S. 23; Staatliche Museen zu Berlin, Photographische Abteilung: S. 139; John Steinbeck: „The Grapes of Wrath", Cover der Originalausgabe von 1939: S. 203; Stiftung Deutsches Hygiene-Museum, Dresden 1991: S. 42 o.l.; © SV-Bilderdienst/Scherl; S. 156; London, The National Gallery: S. 311; Rainer Tritschel: S. 121; © ullstein - AKG Pressebild: S. 238; Ullstein-AP: S. 190; © ullstein bild: S. 106 o., 106 u. (Granger Collection), 172, 196 (Granger Collection), 224 (Weber); UNESCO / Lettern Partners: S. 184; Tomi Ungerer: S. 201; © Vandystadt/AGENTUR FOCUS: S. 323 r.; Vanguard Films, Selznick International Pictures: S. 48; © vario images: S. 69, 78 u., 328; © vario-press/Ulrich Baumgarten: S. 125 u.; © VG Bild-Kunst, Bonn 2010: S. 87, S. 99, 144, 202, 212, 265, 272; © VG Bild-Kunst, Bonn 2010 Foto: Hermann Nink/Verlagsarchiv Schöningh: S. 351; London, Victoria and Albert Museum: S. 323 l.; Walt Disney Productions – © 1937: S. 50 u.; © Thomas Willemsen: S. 68 M.; Willis: S. 324; X Verleih AG: S. 209; Axel Weigend: S. 287; Reinhild Kassing/Verlagsrachiv Schöningh: Piktogramme (Buchtipp, Filmtipp); weitere: Verlagsrachiv Schöningh

Sollte trotz aller Bemühungen um korrekte Urheberangaben ein Irrtum unterlaufen sein, bitten wir darum, sich mit dem Verlag in Verbindung zu setzen, damit wir eventuell notwendige Korrekturen vornehmen können.